CHRISTOLOGISCHE
SCHRIFTARGUMENTATION
UND BILDERSPRACHE

SUPPLEMENTS TO

VIGILIAE CHRISTIANAE

Formerly Philosophia Patrum

TEXTS AND STUDIES OF EARLY CHRISTIAN LIFE AND LANGUAGE

EDITORS

J. DEN BOEFT — R. VAN DEN BROEK — A.F.J. KLIJN
G. QUISPEL — J.C.M. VAN WINDEN

VOLUME XXVI

CHRISTOLOGISCHE SCHRIFTARGUMENTATION UND BILDERSPRACHE

ZUM KONFLIKT ZWISCHEN METAPHERNINTERPRETATION
UND DOGMATISCHEN SCHRIFTBEWEISTRADITIONEN
IN DER PATRISTISCHEN AUSLEGUNG DES 44. (45.) PSALMS

VON

ELISABETH GRÜNBECK

E.J. BRILL
LEIDEN · NEW YORK · KÖLN
1994

Gedruckt mit Hilfe der Geschwister Boehringer Ingelheim Stiftung für Geisteswissenschaften in Ingelheim am Rhein und der Erzdiözese Freiburg.

D 25

The paper in this book meets the guidelines for permanence and durability of the Committee on Production Guidelines for Book Longevity of the Council on Library Resources.

Library of Congress Cataloging-in-Publication Data

Grünbeck, Elisabeth.
    Christologische Schriftargumentation und Bildersprache : zum Konflikt zwischen Metapherninterpretation und dogmatischen Schriftbeweistraditionen in der patristischen Auslegung des 44. (45.) Psalms / von Elisabeth Grünbeck.
        p.   cm. — (Supplements to Vigiliae Christianae, ISSN 0920-623X ; v. 26)
    Includes bibliographical references (p. xxx-xxx) and index.
    ISBN 9004100210
    1. Bible. O.T. Psalms XLV—Criticism, interpretation, etc.--History—Early church, ca. 30-600. 2. Jesus Christ—History of doctrines—Early church, ca. 30-600.   I. Title.   II. Series.
BS1450 45th..G78   1994
223'.206'09015—dc20   94-8574
                                                                   CIP

Die Deutsche Bibliothek - CIP-Einheitsaufnahme

Grünbeck, Elisabeth:
Christologische Schriftargumentation und Bildersprache : zum Konflikt zwischen Metapherninterpretation und dogmatischen Schriftbeweistraditionen in der patristischen Auslegung des 44. (45.) Psalms / von Elisabeth Grünbeck. – Leiden ; New York ; Köln : Brill, 1994
    (Supplements to Vigiliae Christianae ; Vol. 26)
    ISBN 90–04–10021–0
NE: Vigiliae Christianae / Supplements

ISSN   0920-623X
ISBN   90 04 10021 0

PRINTED IN THE NETHERLANDS

Meinen Eltern
und
Geschwistern

INHALTSVERZEICHNIS

TEIL I

MESSIANISCHE UND CHRISTOLOGISCHE DEUTUNGEN IM
KONTEXT DES VORNICAENISCHEN SUBORDINATIANISMUS

TEIL II

DIE KRISE DER DOGMATISCHEN ARGUMENTATIONEN
IM STREIT UM DIE GOTTHEIT CHRISTI

TEIL III

CHRISTOLOGISCHE ARGUMENTATION UND CHRISTUSBILD
IN DEN PSALMENAUSLEGUNGEN ZWISCHEN NICAEA
UND CHALCEDON

TEIL IV

SCHLUSS: CHRISTOLOGISCHE SCHRIFTARGUMENTATION
UND CHRISTUSBILD IN DEN AUSLEGUNGEN ZU *PS* 44

VORWORT

Die vorliegende Arbeit wurde im Sommer 1992 von der Katholisch-Theologischen Fakultät der Albert-Ludwigs-Universität Freiburg als Dissertation angenommen und für die Drucklegung nochmals überarbeitet.

Ich danke an dieser Stelle ganz herzlich allen, die auf ihre Weise am Zustandekommen dieses Buches beteiligt waren. Für die Anregung zu dieser Arbeit und für alle Förderung während langer Jahre als Studentische Hilfskraft und als Assistentin, in denen ich sehr viel gelernt habe, danke ich meinem Doktorvater, Prof. Dr. Karl Suso Frank. Für ihre Anregungen, ihr Interesse und ihre Kritik danke ich außerdem Herrn Prof. Dr. Peter Walter, der das Korreferat erstellte, und Herrn Prof. Dr. Jean Doignon in Paris.

Dem Cusanuswerk danke ich für die finanzielle und ideelle Förderung während meiner Studienzeit sowie für ein Promotionsstipendium, den Herausgebern der Reihe Vigiliae Christianae Supplements für die Aufnahme der Arbeit in die Reihe. Der Stiftung für Geisteswissenschaften der Geschwister Boehringer Ingelheim und der Erzdiözese Freiburg danke ich für namhafte Druckkostenzuschüsse.

Besonderen Dank schulde ich den Mitarbeitern des Centre d'Analyses et de Documentation Patristiques in Straßburg und des Vetus Latina-Instituts in Beuron für ihre Hilfe bei den mühsamen Vorarbeiten.

Für ihre Geduld, für ihre Ermunterung und ihr Interesse, für Hilfen bei Problemen mit den Texten und dem Manuskript sowie bei den Korrekturen bin ich zahlreichen Freundinnen und Freunden, Kolleginnen und Kollegen und meiner Familie zu Dank verpflichtet, stellvertretend seien hier P. Dr. Clemens Kasper, Julia Grünbeck, Hedwig Thomas-Kiefer und besonders Susanne Braun genannt.

Freiburg, im Sommer 1994   Elisabeth Grünbeck

PS 44 (45) NACH VULGATA UND LXX

Ps 44 (45)—Vulgata

1 In finem pro his qui commutabuntur
filiis Core ad intellectum canticum pro dilecto
2 Eructavit cor meum verbum bonum
dico ego opera mea regi
lingua mea calamus scribae velociter scribentis
3 speciosus forma prae filiis hominum
diffusa est gratia in labiis tuis
propterea benedixit te Deus in aeternum
4 accingere gladio tuo super femur tuum potentissime
specie tua et pulchritudine tua[1]
5 et intende prospere procede et regna
propter veritatem et mansuetudinem et iustitiam
et deducet te mirabiliter dextera tua
6 sagittae tuae acutae
populi sub te cadent
in corde inimicorum regis
7 sedis tua Deus in saeculum saeculi
virga directionis virga regni tui[2]
8 dilexisti iustitiam et odisti iniquitatem
propterea unxit te Deus Deus tuus
oleo laetitiae prae consortibus tuis[3]
9 murra et gutta et cassia a vestimentis tuis
a domibus eburneis ex quibus delectaverunt te
10 filiae regum in honore tuo
adstitit regina a dextris tuis in vestitu deaurato circumdata varietate
11 audi filia et vide et inclina aurem tuam
et obliviscere populum tuum et domum patris tui
12 et concupiscet rex decorem tuum
quoniam ipse est dominus tuus et adorabunt eum
13 et: filiae Tyri in muneribus
vultum tuum deprecabuntur divites plebis

---

[1] Die Arbeit stützt sich auf die Verseinteilung der LXX; die *Vulgata* rechnet diesen Teilvers zu Vers 5.

[2] In der Fassung *Iuxta Hebr.*: *thronus* statt *sedis*, *sceptrum* statt *virga*.

[3] In der Fassung *Iuxta Hebr.*: *oleo exultationis prae participibus tuis.*

Ps 44 (45)—LXX

1 Εἰς τὸ τέλος, ὑπὲρ τῶν ἀλλοιωθησομένων·
τοῖς υἱοῖς Κορε εἰς σύνεσιν· ᾠδὴ ὑπὲρ τοῦ ἀγαπητοῦ.

2 ἐξηρεύξατο ἡ καρδία μου λόγον ἀγαθόν
λέγω ἐγὼ τὰ ἔργα μου τῷ βασιλεῖ,
ἡ γλῶσσά μου κάλαμος γραμματέως ὀξυγράφου,

3 ὡραῖος κάλλει παρὰ τοὺς υἱοὺς τῶν ἀνθρώπων
ἐξεχύθη χάρις ἐν χείλεσίν σου·
διὰ τοῦτο εὐλόγησέν σε ὁ θεὸς εἰς τὸν αἰῶνα.

4 περίζωσαι τὴν ῥομφαίαν σου ἐπὶ τὸν μηρόν σου, δυνατέ,
τῇ ὡραιότητί σου καὶ τῷ κάλλει σου

5 καὶ ἔντεινον καὶ κατευοδοῦ καὶ βασίλευε
ἕνεκεν ἀληθείας καὶ πραΰτητος καὶ δικαιοσύνης,
καὶ ὁδηγήσει σε θαυμαστῶς ἡ δεξιά σου.

6 τὰ βέλη σου ἠκονημένα, δυνατέ,
λαοὶ ὑποκάτω σου πεσοῦνται
ἐν καρδίᾳ τῶν ἐχθρῶν τοῦ βασιλέως.

7 ὁ θρόνος σου, ὁ θεός, εἰς τὸν αἰῶνα τοῦ αἰῶνος,
ῥάβδος εὐθύτητος ἡ ῥάβδος τῆς βασιλείας σου.

8 ἠγάπησας δικαιοσύνην καὶ ἐμίσησας ἀνομίαν·
διὰ τοῦτο ἔχρισέν σε, ὁ θεὸς ὁ θεός σου,
ἔλαιον ἀγαλλιάσεως παρὰ τοὺς μετόχους σου.

9 σμύρνα καὶ στακτὴ καὶ κασία ἀπὸ τῶν ἱματίων σου
ἀπὸ βάρεων ἐλεφαντίνων, ἐξ ὧν ηὔφρανάν σε.

10 θυγατέρες βασιλέων ἐν τῇ τιμῇ σου·
παρέστη ἡ βασίλισσα ἐκ δεξιῶν σου ἐν ἱματισμῷ διαχρύσῳ
περιβεβλημένη πεποικιλμένη.

11 ἄκουσον, θύγατερ, καὶ ἰδὲ καὶ κλῖνον τὸ οὖς σου
καὶ ἐπιλάθου τοῦ λαοῦ σου καὶ τοῦ οἴκου τοῦ πατρός σου,

12 ὅτι ἐπεθύμησεν ὁ βασιλεὺς τοῦ κάλλους σου,
ὅτι αὐτός ἐστιν ὁ κύριός σου.

13 καὶ προσκυνήσουσιν αὐτῷ θυγατέρες Τύρου ἐν δώροις,
τὸ πρόσωπόν σου λιτανεύσουσιν οἱ πλούσιοι τοῦ λαοῦ.

14 omnis gloria eius filiae regis a intus
  in fimbriis aureis
15 circumamicta varietatibus
  adducentur regi virgines post eam
  proximae eius adferentur tibi
16 adferentur in laetitia et exultatione
  adducentur in templum regis
17 pro patribus tuis nati sunt tibi filii
  constitues eos principes super omnem terram
18 memor ero nominis tui
  in omni generatione et generatione
  propterea populi confitebuntur tibi
  in aeternum et in saeculum saeculi.

14 πᾶσα ἡ δόξα αὐτῆς θυγατρὸς βασιλέως ἔσωθεν
  ἐν κροσσωτοῖς χρυσοῖς περιβεβλημένη πεποικιλμένη.

15 ἀπενεχθήσονται τῷ βασιλεῖ παρθένοι ὀπίσω αὐτῆς,
  αἱ πλησίον αὐτῆς ἀπενεχθήσονταί σοι·

16 ἀπενεχθήσονται ἐν εὐφροσύνῃ καὶ ἀγαλλιάσει,
  ἀχθήσονται εἰς ναὸν βασιλέως.

17 ἀντὶ τῶν πατέρων σου ἐγενήθησάν σοι υἱοί·
  καταστήσεις αὐτοὺς ἄρχοντας ἐπὶ πᾶσαν τὴν γῆν.

18 μνησθήσονται τοῦ ὀνόματός σου ἐν πάσῃ γενεᾷ καὶ γενεᾷ·
  διὰ τοῦτο λαοὶ ἐξομολογήσονταί σοι
  εἰς τὸν αἰῶνα καὶ εἰς τὸν αἰῶνα τοῦ αἰῶνος.

EINLEITUNG

1. Dogmatische Schriftargumentation und spirituelle Auslegung

In der theologischen und christologischen Argumentation der Kirchenväter spielten neben den zentralen Texten des NT bestimmte Psalmen eine nicht unerhebliche Rolle. Außer dem Leidenspsalm 21 sind besonders die *Pss* 2, 109, 8 und 44 zu nennen. Sie sprechen wie zahllose weitere prophetisch interpretierte Texte in Bildern und Metaphern, in einer Sprache also, die, über die der Sprache inhärente Unvollkommenheit und Kontingenz hinaus, programmatisch mehrdeutig ist. Ist diese Uneigentlichkeit schon für den historischen Kontext der Psalmen nicht von der Hand zu weisen, so tritt sie und die damit gegebene Relativität der Sprache um so deutlicher zutage, wenn die Texte auf Gott bzw. Christus interpretiert werden. Die in *Ps* 44,8 genannte Salbung mag in einem Hochzeitslied für einen König wörtlich zu nehmen sein—in Verbindung mit der Formulierung 'Öl der Freude' ist das freilich schon nicht mehr zwingend; für den in Vers 7 als Gott angesprochenen Christus kann sie nurmehr übertragen verstanden werden. Nichtsdestoweniger begegnen diese und ähnliche Psalmverse über Jahrhunderte hinweg als Schriftbeweise in dogmatischen Texten. Damit stellen sich Fragen: Was sollen die Metaphern inhaltlich beweisen? Wie argumentiert man mit ihnen: Suggeriert man ein eindeutiges Verständnis? Wenn ja, wie begründet man das? Reflektiert man auf die Metaphorik und die damit gegebene Vervielfachung der Konnotationen? Wenn ja, wie wirkt sich diese Reflexion auf die theologische Argumentation aus? Welche Beziehungen gibt es zwischen dogmatischen Schriftbeweisen und den in spirituellen Texten, wie Predigten u.ä., weit verbreiteten Interpretationen der Bilder durch Bilder? Wo liegen die Unterschiede, wo die Gemeinsamkeiten im Inhaltlichen wie im Methodischen? Inwiefern beeinflußen dogmatische und spirituelle Exegese einander? Wenn das Sprechen von Gott per definitionem uneigentliches Sprechen ist, ist grundsätzlich zu fragen, inwieweit diese Uneigentlichkeit in der theologischen und exegetischen Reflexion und Argumentation mit Bildern und Metaphern thematisiert und problematisiert wird und inwieweit dieses Bewußtsein die Argumentation prägt.

Vor diesem Hintergrund versucht die vorliegende Arbeit, das komplexe Verhältnis zwischen dogmatischer Schriftargumentation und spiritueller Auslegung aus historischer Perspektive auszuleuchten. Dabei soll es nicht einfach um Auslegungsmethoden oder um den jeweiligen Prozeß des Verstehens gehen, sondern um die praktische Seite der Hermeneutik, um das Bemühen, dieses Verständnis unterschiedlichen Adressatenkreisen plausibel zu machen.[1] Wie versucht der Ausleger, der das Wort Gottes zugleich verstehen und verständlich machen, hören und erklären will, die Angesprochenen in das hermeneutische Geschehen einzubeziehen—als Gegner, die man mit Hilfe der Schrift widerlegen will, als 'Schüler', denen bestimmte Glaubenswahrheiten nahegebracht werden sollen oder die man zu einem besseren Christenleben erziehen will, als Gläubige, die sich und ihren Lebensentwurf im Psalm wiederfinden oder die das Vermittelte aufnehmen und zu ihrem eigenen Wort, in welcher Form auch immer, machen sollen?

Diese Aspekte scheinen in den Untersuchungen zur Auslegungsgeschichte bislang zu kurz gekommen zu sein. Die Forschung konzentrierte sich im wesentlichen auf die Auslegungsgeschichte zusammenhängender Texte in Kommentaren und Reihenauslegungen,[2] auf Studien zur Hermeneutik und Methodik einzelner Autoren oder Autorengruppen,[3] auf die theologische Bedeutung bestimmter Schrifttexte und ihre Auswertung[4] oder auf die Argumentation mit

---

[1] Cf. z.B. H.-G. Gadamer, Wahrheit und Methode, Tübingen [4]1974, 290-295, zum hermeneutischen Problem der Anwendung; H. Schröer, Hermeneutik IV, in: TRE 15 (1986) 150-155, unter Berufung auf E. Schlink.

[2] Cf. z.B. L. Vischer—D. Lerch, Die Auslegungsgeschichte als notwendige theologische Aufgabe, in: StPatr 1 (TU 63) (1957) 414-419; F. Ohly, Hoheliedstudien, Wiesbaden 1958; E. Dassmann, *Ecclesia vel anima*. Die Kirche und ihre Glieder in der Hoheliederklärung bei Hippolyt, Origenes und Ambrosius von Mailand, in: RQ 61 (1966) 121-144; K.-B. Schnurr, Hören und Handeln. Lateinische Auslegungen des Vaterunsers in der Alten Kirche bis zum 5. Jahrhundert, Freiburg 1984; R.A. Greer, The Captain of our Salvation. A Study in the Patristic Exegesis of Hebrews, Tübingen 1973.

[3] Z.B. J. Tigcheler, Didyme l'Aveugle et l'exégèse allégorique, Nimwegen 1977; W.A. Bienert, *Allegoria* und *Anagoge* bei Didymus dem Blinden von Alexandrien, Berlin 1972; A. Kerrigan, S. Cyril of Alexandria Interpreter of the OT, Rom 1952. R.P.C. Hanson, Allegory and Event. A Study of the Sources and Significance of Origen's Interpretation of Scripture, London 1959; H. de Lubac, Histoire et esprit. L'intelligence de l'Ecriture d'après Origène, Paris 1950; P. Jay, L'exégèse de S. Jérôme d'après son *commentaire sur Isaie*, Paris 1985; die Reihe 'Bible de tous les temps', ed. v. C. Mondésert, Bd. 1-2, Paris 1984-85. S. außerdem die zu den einzelnen Autoren im Verlauf der Arbeit angegebene Literatur.

[4] Z.B. T.E. Pollard, Johannine Christology and the Early Church, Cambridge

den jeweils relevanten Schriftbelegen in einzelnen Kontroversen.[5] Des weiteren untersuchte man die Auslegung bestimmter Schriftstellen auch außerhalb größerer Kommentare in ihren jeweiligen Kontexten—in der Apologetik, in dogmatischen Kontroversen oder systematischen Darstellungen, in homiletischen und paränetischen Texten—, allerdings ohne die möglicherweise verschiedenen Instrumentarien eigens zu bedenken.[6] Schließlich entstanden Arbeiten, die die Bedeutung der klassischen wissenschaftlichen Methoden für die theologische Argumentation herausarbeiten,[7] etwa zur prosopologischen oder Person-Exegese,[8] und Untersuchungen zur theologischen und exegetischen Argumentation einzelner Autoren in unterschiedlichen Zusammenhängen.[9]

1970; L. Fatica, I commentari a Giovanni di Teodoro di Mopsuestia e di Cirillo di Alessandria. Confronto fra metodi esegetici e teologici, Rom 1988; auch D. Dideberg, S. Augustin et la première épître de S. Jean, Paris 1975, 209-221; u.a. Zum zweiten, ekklesiologischen Teil von Ps 44: L. Robitaille, L'Eglise, épouse du Christ, dans l'interprétation patristique du Psaume 44(45), in: LTP 26 (1970) 167-179; 279-306; 27 (1971) 41-65: Er systematisiert die ekklesiologischen Aussagen, ohne auf die jeweilige Auslegungsmethode und den Argumentationszusammenhang einzugehen. F. Normann, Teilhabe—Ein Schlüsselwort der Vätertheologie, Münster 1978, untersucht die Rezeption von 2 Petr 1,4 und dem darin verwendeten Teilhabebegriff.

[5] T.E. Pollard, Exegesis of the Scripture and the Arian Controversy, in: BJRL 41 (1959) 414-429; A. Martinez Sierra, La prueba escriturística de los Arrianos según Hilario de Poitiers, in: MCom 41 (1964) 293-376; 42 (1964) 43-153; C. Kannengiesser, Holy Scripture and Hellenistic Hermeneutics in Alexandrian Christology: The Arian Crisis, in: The Center for Hermeneutical Studies 41, Berkeley 1981, 1-40; M. Van Parys, Exégèse et théologie dans les livres Contre Eunome de Grégoire de Nysse. Textes scripturaires controversés et élaboration théologique, in: M. Harl (ed.), Ecriture et culture philosophique dans la pensée de Grégoire de Nysse. Actes du colloque de Chêvetogne (1969), Leiden 1971, 169-196; cf. die entsprechenden Abschnitte bei R.P.C. Hanson, The Search for the Christian Doctrine of God. The Arian Controversy 318-381, Edinburgh 1988, 824-849; R. Williams, Arius. Heresy and Tradition, London 1987, 107-112; T. Böhm, Die Christologie des Arius. Dogmengeschichtliche Überlegungen unter besonderer Berücksichtigung der Hellenisierungsfrage, St. Ottilien 1991, 221-255.

[6] Z.B. A. Verwilghen, Christologie et spiritualité selon S. Augustin. L'hymne aux Philippiens, Paris 1985; P. Meloni, Il profumo dell' immortalità. L'interpretazione patristica di Cantico 1,3, Rom 1975.

[7] Wichtig v.a. C. Schäublin, Untersuchungen zu Methode und Herkunft der antiochenischen Exegese, Köln-Bonn 1974; B. Neuschäfer, Origenes als Philologe, Basel 1987.

[8] C. Andresen, Zur Entstehung und Geschichte des trinitarischen Personbegriffes, in: ZNW 52 (1961) 1-39; M.-J. Rondeau, Les commentaires patristiques du psautier (IIIe-Ve s.), 2 Bd., Rom 1982-1985; H. Drobner, Person-Exegese und Christologie bei Augustinus. Zur Herkunft der Formel una persona, Leiden 1986.

[9] Z.B. K.J. Torjesen, Hermeneutical Procedure and Theological Method in

Vor allem die ältere Forschung arbeitete mit mehreren grundsätzlichen Unterscheidungen: Im Kontext der arianischen Auseinandersetzungen differenzierte man zwischen rationalistischen
und 'spirituellen' Ansätzen theologischer Schriftargumentation, je
nachdem, ob sie auf philosophisch-theologischen Prämissen oder in
Glauben, Bekenntnis, Gebet gründeten. Als Vertreter einer rationalistischen Richtung galten Arius und Eunomius, als beispielhaft
für eine auf der *lex orandi* gründende Schriftargumentation Athanasius.[10] In Untersuchungen zur Geschichte der Schriftauslegung
klassifizierte man, in Anlehnung an die Theorien zum mehrfachen
Schriftsinn, die Methoden nach Literalsinn und Allegorese[11] und
ordnete die jeweils unterschiedlichen Ansätze verschiedenen Schu-
len, der alexandrinischen, antiochenischen, kleinasiatischen etc.,
zu.[12]

Die Einsicht, daß die diversen Ansätze trotz aller Unterschiede in
vielerlei Hinsicht einander anzunähern sind, hat sich mittlerweile
weithin durchgesetzt.[13] Die Beurteilungen bezüglich der Tradi-
tionsgebundenheit, der Spiritualität und der soteriologischen Anliegen der Theologen unterschiedlicher Provenienz sind vorsichtiger
geworden.[14] An Versuchen, die Strukturen einer spezifisch christologischen Argumentation in unterschiedlichen Zusammenhängen,
ihre wissenschaftlichen Instrumentarien und sprachtheoretischen
Grundlagen sowie die Methoden der Darstellung und Vermittlung

---

Origen's Exegesis, Berlin 1986; G.M. Newlands, Hilary of Poitiers. A Study in
Theological Method, Bern 1978.
    [10] Cf. dazu die knappen Hinweise bei Hanson, The Search 826-830; Williams,
Arius 107f. Typisch: T.E. Pollard, Johannine Christology 141-147; 244f. u.ö.
    [11] Grundlegend immer noch H. de Lubac, Exégèse médiévale. Les quatre sens
de l'Ecriture, Paris 1959-1964; M. Simonetti, Lettera e/o allegoria. Un contributo
alla storia dell'esegesi patristica, Rom 1985. Die Diskussion um die Typologie soll
hier ausgeklammert bleiben.
    [12] Cf. Simonetti, Lettera; R.M. Grant, A Short History of the Interpretation
of the Bible, London ²1965; R. Schäfer, Die Bibelauslegung in der Geschichte der
Kirche, Gütersloh 1980.
    [13] S. zur Beurteilung der arianischen Exegese Böhm 222f. u.ö.; Williams, Arius
109f.; Hanson, The Search 828f. Zur Unterscheidung von alexandrinischer und
antiochenischer Exegese cf. die Arbeiten Schäublins und Neuschäfers zur grammatischen Exegese der Antiochener einerseits, des Origenes andererseits.
    [14] M. Simonetti, La crisi ariana nel IV secolo, Rom 1975, 565f.; Hanson, The
Search 826f.; cf. R.C. Gregg—D.E. Groh, Early Arianism. A View of Salvation,
Philadelphia 1981, zum Arianismus; M. Wiles, Eunomius: Hair-Splitting Dialectician or Defender of the Accessibility of Salvation?, in: The Making of Orthodoxy
(FS H. Chadwick) Cambridge 1989, 157-172, zu Eunomius.

systematisch und historisch zu erarbeiten, fehlt es aber nach wie vor.[15]

2. Zum Thema

Die vorliegende Untersuchung setzt mit dem 44. *Psalm* bei einem begrenzten, dabei aber in vielerlei Hinsicht repräsentativen Text an. Der Psalter ist das meistkommentierte und meistzitierte biblische Buch in der alten Kirche,[16] was seine Bedeutung für diese Zeit unterstreicht; er gilt als Kompendium und Mikrokosmos der Bibel[17], der in nuce das Geheimnis Christi und seiner Kirche enthält[18]. Dementsprechend kommen ihm maßgebliche Funktionen im Leben der Kirche zu: Er ist Lehrbuch und *speculum* des Christenlebens, das heißt, Vorbild für den nach Vollkommenheit Strebenden.[19] Schließlich ist er Gebetbuch für die private Andacht sowie für das öffentliche Gebet und die Liturgie.[20] Er bietet damit einzigartige Möglichkeiten, theologische oder moralische Lehren oder geistliche Anstöße zu vermitteln und so das kirchliche Leben zu prägen.[21] In diesem reichhaltigen Wirkungsspektrum sind die Auslegungen und Verwendungsformen des Psalters gleichsam ein Spiegel für Theologie und Spiritualität sowie ihre gegenseitige Ver-

---

[15] Ansätze bei Torjesen und Newlands zu Origenes und Hilarius; cf. außerdem R.M. Siddals, Logic and Christology in Cyril of Alexandria, in: JThS 38 (1987) 341-367; B. de Margerie, L'exégèse christologique de S. Cyrille d'Alexandrie, in: NRTh 102 (1980) 400-425. Die größeren Arbeiten zur Exegesegeschichte bieten meist nur Zusammenfassungen des Bekannten, s. B. de Margerie, Introduction à l'histoire de l'exégèse, 4 Bd., Paris 1980-1990.

[16] Cf. Rondeau I 15; E. Lipinski—E. Beaucamp—I. Saint-Arnaud, Psaumes, in: DBS 9 (1979) 1-214, 214.

[17] Cf. Athanasius, *Ep.Marc.* 2; Rondeau II 7; O. Linton, Interpretation of the Psalms in the Early Church, in: StPatr 4 (TU 79) (1961) 143-154, 143; H.J. Sieben, Athanasius über den Psalter, in: ThPh 48 (1979) 157-173, 158.

[18] Cf. Linton 155; konsequent ausgefaltet bei Augustinus, der die Psalmen als Gebet des *Christus totus*, des Hauptes und seiner Glieder, des Bräutigams und der Braut, sieht.

[19] Cf. Ath., *Ep.Marc.* 12, dazu Sieben, Athanasius 163f.

[20] Zum privaten Psalmengebet cf. u.a. S. Baeumer, Die Geschichte des Breviers, Freiburg 1895, 58; 78f.; J. Pascher, Das Stundengebet der römischen Kirche, München 1954, 31. Nachweislich ab dem 4. Jh. werden Morgen- und Abendhore öffentlich in den Kirchen gebetet, s. H. Leclerq, Bréviaire, in: DACL 2,1 (1910) 1262-1316, 1285; Pascher, *ibid.* 29.

[21] Rondeau II 9; P. Salmon, Das Problem der Psalmen. Text und Interpretation der Psalmen zur Zeit des hl. Hieronymus und hl. Augustinus, in: BM 30 (1954) 393-416, 416.

mittlung.[22] Von daher gewinnt die Frage, wie in den Auslegungen das Christusbild gezeichnet wird, an Bedeutung: Dient der Psalm als Lehrbuch für die Christologie? Wird Christus als das geliebte und verehrte bzw. anzubetende Gegenüber dargestellt, als *Mysterium tremendum et fascinosum*, oder als Vorbild der Nachahmung und Anverwandlung, das eine immer größere Verähnlichung des Christen mit Christus ermöglicht? Dabei ist weiter zu fragen, ob diese Angleichung ontisch oder ethisch zu verstehen ist, ob sie als Einung der Seele mit dem Wort gedacht wird oder als Inklusion in das ekklesiologisch konzipierte *Corpus Christi*.

Der 44. *Psalm* ist ein Lied zur Hochzeit des Königs, gehört also zur Gattung der Königspsalmen. Für wen der Sänger dieses Lied sang und ob es als ursprünglich messianisch anzusehen ist, ist in der modernen Exegese umstritten.[23] Im Psalter ist das Lied einzigartig,[24] zum Teil wird auf Parallelen zum Hohenlied hingewiesen.[25] Die Stationen seiner christlichen Wirkungsgeschichte legitimieren eine Untersuchung zur christologischen Schriftargumentation: In *Hebr* 1,8-9 zitiert der Verfasser die Verse 7-8, um den Unterschied zwischen Christus und den Engeln aufzuzeigen.[26] Diese Passage sowie die ausführliche Verwendung in Justins *Dialog* bezeugen seine Bedeutung für die ältesten christlichen Testimonientraditionen.[27] Im Traktat *De incarnatione* (*Princ.* II 6) ist *Ps* 44,7-8 zentraler Schriftbeleg, mit dessen Hilfe Origenes seine christologische Theorie entwickelt. In den arianischen Auseinandersetzungen gehört er, wie auch *Ps* 44,2a, zu den am meisten umstrittenen Schriftstellen.[28] Cyrill von Alexandrien diskutiert vor allem *Ps* 44,8 von Beginn der nestorianischen Kontroverse an immer wieder.[29] Aus dem späten

---

[22] Zur theoretischen Reflexion auf die Bedeutung des Psalters im Zusammenhang mit der Blüte der Psalmenauslegungen im 4. und 5. Jh. s.u. III 1.1.

[23] H.J. Kraus, Psalmen I, Neukirchen [5]1978, 485-494; R. Tournay, Les affinités du *Ps* XLV avec le *Cantique des Cantiques* et leur interprétation messianique, in: VT.S 9 (1963) 168-212, 169.

[24] Kraus 488; Tournay 168.

[25] Tournay 171f. u.ö.; er beruft sich dabei auf sprachliche Eigentümlichkeiten, die Verwandtschaft zur ägyptischen Liebeslyrik, das gemeinsame Hochzeitsthema sowie auf die jüdische messianische Auslegungstradition.

[26] E. Grässer, An die Hebräer I, Zürich-Neukirchen 1990 (EKK 17,1) 71f.; 83-87 (mit Lit.).

[27] S. dazu I 1.

[28] Athanasius, *Ar.* I 46-52; Hilarius, *Trin.* XI 18-20 u.a. S.u. II. Teil.

[29] *Ep.* 1,10.15 u.a.; s. III 4.2.

4. und frühen 5. Jahrhundert sind einige umfängliche Auslegungen erhalten.[30]

Angesichts der desolaten Quellenlage kann seine Funktion in der Liturgie im folgenden nicht berücksichtigt werden. Die liturgischen Bücher des frühen Mittelalters, die zum größten Teil auf ältere Tradition zurückgehen,[31] weisen im lateinischen Bereich *Ps* 44 für die Weihnachtszeit, für Jungfrauen-, Marien- und Apostelfeste aus.[32] In der Liturgie des Ostens scheint er zu den Psalmen der Osteroktav gehört zu haben.[33]

Die Arbeit untersucht die Entwicklung der christologischen Argumentation, ausgehend von Justin und den Testimonientraditionen, die den Nachweis führen, daß Christus nicht nur Mensch sei, bis zu Cyrill von Alexandrien, der u.a. mit *Ps* 44,8 seine christologische Konzeption formuliert. Es läßt sich zeigen, daß die arianische Hermeneutik für diese Entwicklung von grundlegender Bedeutung auf materialer und formaler Ebene ist:[34] Sie nimmt sprachkritische Ansätze, die sich schon bei Origenes und Eusebius von Caesarea finden, auf und systematisiert sie. Die damit ausgelöste Krise der Schriftargumentation eskaliert mit dem Neuarianismus und der Sprachphilosophie und -theorie des Eunomius. Vor allem letzterer forderte zu grundsätzlichen Reflexionen auf das theologische Sprechen und Argumentieren heraus und wurde so zum Katalysator einer Synthese verschiedener Argumentationsmuster, die in der Geschichte der Theologie eine herausragende Stellung einnimmt.

Die Untersuchung konzentriert sich weitgehend auf Texte, die, in welcher Form auch immer, mit den christologisch interpretierten Versen des Psalms argumentieren bzw. die die christologischen und theologischen Deutungsprobleme erhellen. Auf dieser Grundlage sollen die zentralen Argumentationsmuster und -methoden erarbeitet und ihre Entwicklung nachgezeichnet werden. Die Masse der

---

[30] Basilius, Chrysostomus, Theodor, Theodoret, Augustinus, Hieronymus u.a.

[31] Cf. z.B. R.-J. Hesbert, in der Einleitung zum *Antiphonale Missarum Sextuplex*, Brüssel 1935.

[32] Cf. *ibid.*; *Corpus Antiphonalium Officii* (Hesbert, Rom 1963-1979); J. Pascher, Das liturgische Jahr, München 1963, 374-377; 481-484; 586-588; 611; 614-617.

[33] H.J. Auf der Maur, Die Osterhomilien des Asterius Sophistes als Quelle für die Geschichte der Osterfeier, Trier 1967, 95 u.ö.; A. Baumstark, *Nocturna laus*, Münster 1957, 64.

[34] Cf. den wichtigen Aufsatz von R.L. Wilken, Tradition, Exegesis, and the Christological Controversies, in: ChH 34 (1965) 123–145.

Texte[35] zwingt dazu, sich zu beschränken. 'Häretische' Argumentationen müssen angesichts der nur allzu oft katastrophalen Quellenlage mühselig aus vielen verstreuten Hinweisen in verschiedenen Schriften rekonstruiert werden. Aufgrund der fundamentalen Bedeutung der arianischen Lehren für die christologische Argumentation konzentriert sich die Untersuchung auf deren Auslegungen und Theorien und bezieht am Rand den Apollinarismus mit ein, der in engem Zusammenhang mit der antiarianischen Hermeneutik und ihrer christologischen Differenzierung zu sehen ist. Die Methoden und Inhalte sowie die Bedeutung gnostischer Interpretationen (v.a. im Zusammenhang mit dem Salbungsbegriff und den mit Vers 2a assoziierten Vorstellungen vom Hervorgang des Logos) bedürften eigener Untersuchungen. Es wurden zunächst alle Texte ausgewertet, die zwischen der Mitte des 2. und der Mitte des 5. Jahrhunderts mit den Versen aus dem ersten Teil des Psalms[36] ausführlicher argumentieren, um von da aus Einzelbelege, die die Entwicklung zu erhellen vermögen, einzubeziehen. Einige Autoren, bei denen sich nur verstreute und knappe Einzelauslegungen finden, wie z.B. Hesychius von Jerusalem und Severian von Gabbala oder Ambrosius, konnten nicht oder nur am Rand eingearbeitet werden, weil die Kürze der Passagen einerseits, der Forschungsstand andererseits kein solides Fundament bieten und eine Gesamtanalyse des jeweiligen Werks den Rahmen der vorliegenden Untersuchung gesprengt hätte. Ausgeklammert wurden die lateinischen Auslegungen des späten 4. und 5. Jahrhunderts: Hieronymus argumentiert weniger christologisch als asketisch bzw. individuell adaptierend.[37] Augustins *Enarratio* wie auch seine Einzelauslegungen konzentrieren sich auf die ekklesiologische Dimension der Christologie und in diesem Kontext auf die Sonderstellung Christi gegenüber den Menschen.[38]

Nicht eigens behandelt werden die philosophiegeschichtlichen Hintergründe. Daß der Sprache in den Auseinandersetzungen um den Arianismus eine so überragende Bedeutung zukam, ist in dem

---

[35] Mit der freundlichen Hilfe der Mitarbeiter des Centre d'analyse et de documentation patristiques in Straßburg und des *Vetus-Latina*-Instituts in Beuron ließen sich die Belege für den 44. *Psalm* weitgehend vollständig erfassen.

[36] Auf Kommentare zum ekklesiologisch gedeuteten zweiten Teil des Psalms wird nur verwiesen, wenn sie die christologische Argumentation erhellen.

[37] S.u. IV 1.

[38] S.u. IV 1; ein Aufsatz zu Augustins Auslegung erscheint voraussichtlich Ende 1994 in Vig Chr.

größeren Rahmen der neuplatonischen Philosophie und der philosophisch begründeten Entwicklung einer *theologia negativa* zu sehen.[39] Arbeiten, die auf diese Zusammenhänge hinweisen, wurden dankbar benutzt.

3. BEGRIFFSKLÄRUNGEN

Die Arbeit will den zahllosen Versuchen, das Verhältnis von Literalsinn und Allegorese mit ihren Ausdifferenzierungen genauer zu bestimmen und abzugrenzen, keinen weiteren hinzufügen. Grundsätzlich ist der Terminus Literalsinn für die patristische Exegese von *Ps* 44 mit Vorsicht zu gebrauchen: Die Auslegung auf Christus und die Kirche als solche ist eine Allegorese, d.h. eine Deutung auf einer zweiten Ebene, die nicht logisch zwingend aus der Semantik des Textes zu erklären ist. Der Transfer basiert auf bestimmten Zwischengliedern, in diesem Fall auf der Rede vom Gesalbten und vom König und Gott, die vom Neuen Testament her erklärt wird, sowie auf dem Brautbild, das in anderen Texten explizit für das Verhältnis zwischen Gott und seinem Volk verwendet wird (*Hos* 2; *Eph* 5,25-32 etc.).

Bis auf wenige Ausnahmen wird diese Deutung von den Vätern nicht mehr problematisiert, sondern als selbstverständlich vorausgesetzt.[40] Darüberhinaus ist der Text in sich metaphorisch:[41] Begriffe passen aufgrund ihrer primären Bedeutung 'eigentlich' nicht in den Satzzusammenhang und verweisen so auf eine andere Deutungsebene. Sie sind zu interpretieren, indem man ihre verschiedenen Konnotationen oder Seme analysiert und so versucht, einen Zusammenhang zum Kontext herzustellen. Insbesondere wenn sich Metaphern häufen, wird eine einlinige Deutung problematisch. Insofern lassen Metaphern oder sprachliche Bilder Spielraum für verschiedene Auslegungen, die ihrerseits nicht unbedingt allegorisch sein müssen.[42] Die meisten Argumentationen zum ersten Teil des

---

[39] Einen Überblick bietet R. Mortley, From Word to Silence, 2 Bd., Bonn 1986.

[40] Selbst Theodor von Mopsuestia und Diodor von Tarsus deuten den Text als Prophetie im Literalsinn: Der Prophet habe tatsächlich Christus und die Kirche vorausgesagt. S.u. III 2.3.

[41] Cf. Augustinus, *Civ.Dei* 17,16 (CChr.SL 48, 580f.): *tropice non proprie*.

[42] Das sei an Vers 4 kurz erläutert: Ausgehend von der Prämisse, daß Christus besungen wird, kann die Aufforderung, das Schwert um die Hüfte zu gürten, nur übertragen verstanden werden. Interpretationsansätze ergeben sich dann aufgrund

Psalms sind als Interpretationen der Metaphern und Bilder zu erklären.

Die Terminologie der Väter selbst ist wenig hilfreich. Z.T. verwenden sie Begriffe wie *allegoria* und *metaphora* promiscue, bisweilen differenzieren sie, teilweise ist überhaupt kein System erkennbar. Die unterschiedlichen Begrifflichkeiten der verschiedenen Väter sind erst recht nicht mehr zu harmonisieren. Auf detaillierte Analysen des jeweiligen Gebrauchs wird deshalb weitgehend verzichtet, zumal diese erst auf einer sehr breiten Textbasis sinnvoll sind.[43]

Die Forschungen zur antiken Exegese und Rhetorik, die die Kirchenväter weithin übernahmen, werden vorausgesetzt.[44] Die Gattungen lassen sich in der Alten Kirche nicht so klar trennen, wie das heute der Fall sein mag. So sind z.B. die *Expositio* des Chrysostomus und die *Homilia* des Basilius methodisch kaum zu unterscheiden. Umgekehrt haben die Kommentare von Diodor und Didymus nicht viel gemeinsam, außer daß sie Vers für Vers vorgehen. Die Athanasianischen *Orationes* gegen die Arianer wie auch Justins *Dialog mit dem Juden Tryphon* sind durch katechetische Argumentationsmuster und Intentionen mitgeprägt,[45] während die Apologie des Eusebius, die *Demonstratio evangelica*, auf weite Strecken dogmatisch argumentiert.

---

der Konnotationen von der durch das Schwert bewirkten Spaltung (*Mt* 10,34f., cf. Augustinus, *En.Ps.* 44,11f.), vom Vergleich des Logos mit einem Schwert (*Hebr* 4,12, cf. Basilius, *Hom.Ps.* 44,5), das um die Hüfte, das Fleisch, gegürtet wird, vom Bild des zweischneidigen Schwertes aus dem Mund (*Offb* 2,12; 19,15, cf. Tertullian, *Iud.* 9,17; *Marc.* III 14,2; s.u. I 3.1.a) etc. Je nach Schwerpunkt läßt sich der Vers so verschieden ausdeuten. Lediglich die Auslegung auf die Fleischwerdung des Wortes stellt eine Allegorese dar: Sie setzt eine ausdrückliche Erklärung der 'Hüfte' als Metonymie und des 'Schwertes' als Bild oder Symbol voraus und läßt sich nicht mehr in den unmittelbaren Kontext einfügen. Damit wird der Text auf eine andere Ebene transferiert.—C. Osborne, Literal or Metaphorical? Some Issues of Language in the Arian Controversy, in: Christian Faith and Greek Philosophy in Late Antiquity (FS G.C. Stead), Leiden 1993, 148-170, scheint eine andere Definition vorauszusetzen. Sie setzt sich grundsätzlich mit den Namen für Gott in den Kontroversen um den Arianismus auseinander, nicht mit der Schriftauslegung. Ihr Aufsatz erschien erst nach Abschluß meiner Arbeit. Eine gründliche Auseinandersetzung ist deshalb in diesem Rahmen nicht mehr möglich.

[43] Entsprechende Forschungen wurden denkbar benutzt, cf. z.B. Tigcheler und Bienert zu Didymus.

[44] Schäublin; Neuschäfer; F. Young, The Rhetorical Schools and their Influence on Patristic Exegesis, in: The Making of Orthodoxy (FS H. Chadwick) Cambridge 1989, 182-199; B. Studer, La riflessione teologica nella chiesa imperiale, Rom 1989, 71-97. Wichtigstes Hilfsmittel: H. Lausberg, Handbuch der literarischen Rhetorik, Stuttgart [3]1990.

[45] S.u. I 1; II 2.

Der *Hoheliedkommentar* des Origenes ist eine spirituell höchst anspruchsvolle Schrift über den Aufstieg der Seele, das erste Buch seines *Johanneskommentars* hingegen stellt eine dogmatische Abhandlung zum Logosbegriff und den Namen Christi dar. Die Beispiele ließen sich vermehren. Die Unterscheidung zwischen dogmatischer oder theologischer Schriftargumentation und spiritueller Schriftauslegung, die dieser Arbeit zugrundeliegt, bezieht sich mithin nicht auf bestimmte Textarten, sondern auf den Kontext, in dem argumentiert wird: auf die Argumentation mit bestimmten Versen, mit denen bestimmte Lehren dargestellt, begründet oder legitimiert werden—etwa die Gottheit Christi oder die Zeugung des Wortes aus dem Wesen des Vaters—bzw. auf die Übersetzung oder Entfaltung dieser Lehren in ihrer Bedeutung für die Gemeinde oder einzelne Christen.[46]

Der Terminus 'christologisch' ist, der Theologie der Väter entsprechend, die noch nicht zwischen einzelnen Traktaten unterschieden, weit gefaßt: Er meint nicht nur die Lehre von Gottheit und Menschheit Jesu Christi, sondern alles Reden von Christus. Der Begriff 'trinitätstheologisch' bezieht sich auf die Relationen zwischen Vater und Sohn, zunächst unabhängig davon, ob der jeweilige Autor eine eigene Geisttheologie entwickelt hat.

4. Zum Aufbau der Arbeit

Die Untersuchung geht im wesentlichen chronologisch vor. Sie behandelt im ersten Teil die Texte bis unmittelbar vor dem Ausbruch der arianischen Auseinandersetzungen, im zweiten die Diskussionen um *Ps* 44,2a und 7-8 in der frühen und mittleren Phase der Streitigkeiten und verweist nur punktuell auf einige später zu datierende Einzelauslegungen. Der dritte Teil setzt chronologisch mit den Fragmenten des Apollinaris und dem System des Eunomius ein, mit dem die Auseinandersetzungen um die arianische Schriftauslegung und antiarianische Hermeneutik in ein neues Stadium treten, und analysiert die Auslegungen zum 44. *Psalm*, die in einigermaßen vertrauenswürdigen Ausgaben vorliegen. Soweit vor-

---

[46] Das Begriffspaar Kerygma und Dogma ist in diesem Zusammenhang ungeeignet: Zum einen bezeichnen die Termini bei den Vätern z.T. völlig andere Sachverhalte als heute, cf. Basilius, *Spir.* 27-28; zum anderen kommt dabei der Prozeß der individuellen Aneignung des verkündeten Christusbildes zu kurz.

handen, werden die Einzelauslegungen der betreffenden Autoren einbezogen. Die Analyse der Argumentation Cyrills stützt sich ausschließlich auf die zahlreich vorhandenen Einzelbelege.

Inhaltliche und methodische Fragen sind dabei kaum auseinanderzuhalten: Die Untersuchung wird zeigen, daß der Inhalt die Methode bestimmt. Eine strikte Trennung führte einerseits zu ermüdenden Wiederholungen, andererseits zu Verallgemeinerungen, die die Brisanz bestimmter Methoden für bestimmte Texte nicht mehr deutlich werden ließen.

TEIL I

MESSIANISCHE UND CHRISTOLOGISCHE
DEUTUNGEN IM KONTEXT DES
VORNICAENISCHEN SUBORDINATIANISMUS[1]

1. KAPITEL

METHODEN 'DOGMATISCHER' ARGUMENTATION

1.1 Die prophetisch-messianische Deutung im Kontext der frühen apologetischen und antihäretischen Literatur

Die frühesten Argumentationen gründen ausschließlich auf der Tatsache, daß *Ps* 44 wie das ganze AT als Prophetie auf Christus und sein Heilswerk verstanden wurde.[2] Die Deutung zahlreicher Passagen auf Christus scheint schon sehr früh ein konstitutiver Bestandteil der Predigt und Katechese gewesen zu sein. Die Schriften des NT greifen jedenfalls mit größter Selbstverständlichkeit auf das AT zurück und stehen dabei offensichtlich in einem älteren Traditionsstrom.[3] Diese Traditionen werden bei der weiteren Ausbreitung des Christentums mit den Herausforderungen durch das philosophisch gebildete Heidentum konfrontiert, die zu grundlegenden Reflexionen auf die Rechtfertigung des christlichen Glaubens zwingen. Die Bemühungen, diese beiden Strömungen zu vereinigen und so das Evangelium 'systematisch' zu begründen, schlagen sich in den Schriften der Apologeten nieder.

Die Prophetiekonzeption Justins und ihre Weiterentwicklung bei Irenäus bilden das Fundament der späteren christologischen

---

[1] (S. S. 13) Subordinatianismus ist nicht wertend im Sinn von Häresie oder Orthodoxie zu verstehen, cf. W. Marcus, Der Subordinatianismus als historiologisches Phänomen. Ein Beitrag zu unserer Kenntnis von der Entstehung der altchristlichen Theologie und Kultur, unter besonderer Berücksichtigung der Begriffe *Oikonomia* und *Theologia*, München 1963. Er hat die 'Orthodoxie' des vornicaenischen Subordinatianismus systematisch neu erarbeitet. Charakteristisch im Umgang mit der Schrift sei eine heilsgeschichtliche Exegese, die auf die *Oikonomia* der Trinität, nicht auf eine innertrinitarische *Theologia* ziele. Er unterscheidet vor diesem Hintergrund ontische, ethische und historiologische Aussagegruppen (77-83) und zeigt ihre biblischen Grundlagen auf.

[2] Das wird sich im Lauf der Jahrhunderte nicht grundsätzlich ändern; aber der Schwerpunkt liegt dann auf spezielleren, bei *Ps* 44 v.a. christologischen Fragen. Das Verständnis des Psalms als Prophetie wird vorausgesetzt, aber nur noch in seltenen Fällen eigens thematisiert.—Nach wie vor ungeklärt ist das Verhältnis zwischen messianischer und christologischer Exegese, cf. die neueste Monographie von D. Juel, Messianic Exegesis: Christological Interpretation of the Old Testament in Early Christianity, Philadelphia 1988 und die Rezension von W. Groß, in: ThRev 85 (1989) 296-298.

[3] S.u. S. 26f., zur Testimonienthese.

Schriftargumentationen, indem sie einerseits alttestamentliche Testimonien, wie sie mit hoher Wahrscheinlichkeit auch in der Katechese gebräuchlich waren, und philosophische Reflexion (Justin),
andererseits alttestamentliche Prophetie, Neues Testament und
kirchliche Tradition im Rahmen einer christlichen Geschichtskon-
zeption (Irenäus) systematisch verknüpfen. Aus diesem Grund
sollen sie im folgenden ausführlicher dargestellt werden.

*a) Zur philosophischen und geschichtstheologischen Begründung der Prophetie
als 'Christus-Beweis'*

Justins *Dialog mit dem Juden Tryphon* ist nach dem *Hebr*-Brief die erste
erhaltene Schrift, die mit *Ps* 44 argumentiert.[4] Der Dialog ist zunächst eine apologetische Selbstdarstellung des Christentums,[5] die
sich mit jüdischer Schriftauslegung[6], heidnischer Philosophie und
häretischen Tendenzen[7] auseinandersetzt. Gegenüber Heiden, die

---

[4] Ed. G. Archambault, 2 Bd., Paris 1909 (im folgenden A. abgekürzt). Ent-
standen nach der ersten *Apologie*, cf. *Dial.* 120,6, zwischen 155 und 160; cf. O. Skarsaune, Justin der Märtyrer, in: TRE 17 (1988) 471-478, 472; E.F. Osborn, Justin
Martyr, Tübingen 1973, 8; L.W. Barnard, Justin Martyr. His Life and Thought,
Cambridge 1967, 23; u.a. Wahrscheinlich ist der *Dialog* Fiktion, in der möglicherweise tatsächliche Diskussionen verarbeitet wurden, cf. Skarsaune, Justin 471f.;
N. Hyldahl, Philosophie und Christentum, Kopenhagen 1966, *passim;* J.C.M. van
Winden, An Early Christian Philosopher, Leiden 1971, 26f. u.ö. Barnard 23f. geht
wohl zu weit, wenn er hinter dem Dialog eine Debatte kurz nach dem Bar Kochba-
Krieg 132-135 n.Chr. (cf. *Dial.* 1,3) vermutet, die Justin mit Hilfe mündlichen und
schriftlichen Testimonienmaterials ausgearbeitet habe.—Versuche, Tryphon zu
identifizieren, wurden inzwischen aufgegeben; die Identifizierung mit Rabbi
Tarphon kann als widerlegt gelten, s. Hyldahl, Tryphon und Tarphon, in: StTh
10 (1956) 77-88.
[5] Hyldahl 294: ''Höhepunkt von Justins apologetischer Leistung''.
[6] Es ist inzwischen nachgewiesen, daß Justin das nachbiblische Judentum, die
LXX, nachbiblische Praktiken und exegetische Methoden, recht gut kannte,
cf. Skarsaune, Justin 474; Ders., The Proof from Prophecy. A Study in Justin
Martyr's Proof-Text Tradition. Text-Type, Provenance, Theological Profile,
Leiden 1987, 432-434; Barnard, Old Testament and Judaism in the Writings of
Justin Martyr, in: VT 14 (1964) 395-406 *passim;* W.A. Shotwell, The Biblical Exe-
gesis of Justin Martyr, London 1965, will Abhängigkeiten von der rabbinischen
Exegese nachweisen, s. bes. 71-113; cf. F. Manns, L'exégèse de Justin dans le *Dialogue avec Tryphon*, témoin de l'exégèse juive ancienne, in: Ders., Essais sur le Judéo-
Christianisme, Jerusalem 1977, 130-152. E. Goodenough, The Theology of Justin
Martyr, Jena 1923, hebt auf Philonische Einflüsse ab, ist aber sehr umstritten.
[7] V.a. der Gnosis, cf. *Dial.* 35. P. Prigent, Justin et l'Ancien Testament, Paris
1964, stellt die These auf, daß Justin im *Dialog* auf weite Strecken seine eigene ver-
lorene Schrift *Syntagma gegen alle Häresien* als Quelle benutzte. Zwar geht er in vielem
zu weit—cf. die Rezensionen von J. Daniélou, in: RSR 53 (1965) 141-146; V.
Hahn, in: ThR 63 (1967) 28-30 u.a.—, aber einzelne Beweisführungen sind durch-

sich für die christliche und die jüdische Religion interessieren, und gegenüber Christen, die in Auseinandersetzung mit Juden[8] oder judaisierenden Christen Argumentationshilfen suchen, geht es um eine intellektuelle Rechtfertigung der Vernünftigkeit des christlichen Glaubens.[9]

Von dieser umfassenden Ausrichtung zeugt die philosophische Einleitung: In Form eines fiktiven Berichts über seinen eigenen Weg durch verschiedene Philosophenschulen[10] und eines Dialogs[11] handelt Justin von der grundsätzlichen Bedeutung der Philosophie[12] und vom Verhältnis zwischen Philosophie und Prophetie.[13] Die Philosophie als Fragen nach dem Göttlichen[14] sei der einzige Weg, der zur Erkenntnis der Wahrheit und zu Gott, dem höchsten Seienden und Prinzip allen Seins, führe, mit ihm verbinde und selig

---

aus überzeugend (z.B. zu *Dial.* 79-81). Seine These, daß Justin auf eine ältere Schrift, die sich offensichtlich gegen verschiedene Häresien richtete, zurückgreift, zeigt zumindest sehr klar, wie problematisch eine spezifisch religionsgebundene Eingrenzung des Adressatenkreises ist.

[8] Höchstwahrscheinlich wendet sich Justin mit seinem *Dialog* nicht direkt an Juden, s. die Diskussion der Argumente bei Hyldahl 17-21.

[9] Hyldahl 20f.—J. Nilson, To whom is Justin's *Dialogue with Trypho* addressed? in: TS 38 (1977) 538-546, *passim*, wollte den Kreis auf römische Heiden eingrenzen, die sich für Christentum und Judentum interessieren. Aber warum soll *Dial.* 1-9 einen christlichen Leserkreis ausschließen? Warum sollte in einer an Heiden gerichteten Schrift alles um die Schriftauslegung kreisen? Warum wird das Wissen um Jesu Taten und Wunder so selbstverständlich vorausgesetzt? Shotwell 2 verweist darauf, daß sich im *Dialog* keine Offenbarungskonzeption finde wie in der primär an Heiden gerichteten *Apologie*. R. Joly, Christianisme et philosophie. Etudes sur Justin et les Apologistes grecs du IIe s., Brüssel 1973, 18, sieht in dem Text darüberhinaus eine Auseinandersetzung mit den einfachen Christen, den *simpliciores,* die Justin eine zu intensive Beschäftigung mit der Philosophie vorgeworfen hätten.

[10] *Dial.* 2,3-6.

[11] *Dial.* 3-6: Im Gespräch mit dem alten Weisen setzt er sich vor allem mit dem Platonismus und bestimmten mittelplatonischen Lehren auseinander.

[12] Die Diskussionen um Justins literarische, philosophische oder geistesgeschichtliche Abhängigkeiten, um seine Vita und Bekehrung etc. sollen hier nicht im einzelnen aufgenommen werden. Cf. die beiden Monographien zu *Dial.* 1-9 von Hyldahl, mit einem umfangreichen Forschungsbericht, S. 22-85, und Van Winden; außerdem Joly 9-74 und dagegen D. Bourgeois, La Sagesse des Anciens dans le mystère du Verbe. Evangile et philosophie chez S. Justin philosophe et martyr, Paris 1981.

[13] Gleich zu Beginn, *Dial.* 1,3, fragt Justin, ob Tryphon von der Philosophie tatsächlich so großen Nutzen erhoffe, wie er ihn durch Gesetzgeber und Propheten schon habe.

[14] *Dial.* 1,3: ἐξετάζειν περὶ τοῦ θείου (A. I 4).

mache.[15] Demgegenüber hätten zahlreiche klassische Philosphen[16] versagt, die sich von Äußerlichkeiten beeindrucken ließen[17] und die für unsere εὐδαιμονία entscheidenden Fragen vernachlässigten.[18] Ihnen stellt er die Propheten gegenüber, die mit den Attributen der griechischen Weisen bezeichnet werden.[19] Sie seien älter als alle sogenannten Philosophen und bürgten schon deswegen für Wahrheit und Autorität ihrer Lehre.[20] Weil sie allein das Wahre gehört und gesehen hätten, während die Väter der Philosophenschulen es nur berührt hätten,[21] seien ihre Schriften die einzigen, die die Philosophie bewahrten. In ihnen seien die zentralen philosophischen Fragen behandelt,[22] zwar ohne logische Beweise, aber glaubwürdig,[23] weil vernünftig, geschichtlich argumentierend:[24] Vergangenheit und Gegenwart, die Ankündigungen der Propheten,

---

[15] *Dial.* 3,4-5 (A. I 16): Θεὸν δὲ σὺ τί καλεῖς; ἔφη. Τὸ κατὰ τὰ αὐτὰ καὶ ὡσαύτως ἀεὶ ἔχον καὶ τοῦ εἶναι πᾶσι τοῖς ἄλλοις αἴτιον, τοῦτο δή ἐστιν ὁ θεός. Hyldahl 185 und Van Winden 59 plädieren im Anschluß an zahlreiche Forscher dafür, mit Rücksicht auf den Kontext das Θεὸν durch τὸ ὄν zu ersetzen. Hyldahl liest auch statt des zweiten θεὸς ὄν. Dem widerspricht, m.E. zu Recht, Van Winden 59-61 unter Verweis auf die Bestimmung der Philosophie in *Dial.* 1,3-4. Er hebt überdies auf biblische Einflüsse von *Ex* 3,14 her ab. Joly 44 warnt vor einer Überbewertung solchen biblischen Einflusses und ist im übrigen, 45f., gegen jede Konjektur an dieser Stelle.

[16] Längst nicht alle, wie Joly 23-38 betont.

[17] *Dial.* 2,1. Die 'Vielköpfigkeit' der Philosophie (*Dial.* 2,2) gründe darin, daß sich den 'ersten, die sie berührten und dadurch berühmt wurden,' andere anschlossen, die nur vom Äußeren, z.B. καρτερία, ἐγκράτεια, beeindruckt waren, ohne nach der Wahrheit zu fragen. Hyldahl 114-120 gibt einen guten Forschungsbericht zur Lehre von der wahren Philosophie.

[18] *Dial.* 1,4-5: Sie kümmerten sich nicht darum, ob es einen oder mehrere Götter gebe und ob die Götter sich um jeden einzelnen von uns sorgten oder nicht. Und sie ignorierten die Frage nach Gott im praktischen Leben, wenn sie lehrten, daß die Vorsehung für die Welt als Ganze und für die Gattungen und Arten, nicht aber für die Individuen da sei. Konsequenzen seien Mißachtung jeder Autorität, Zügellosigkeit, Leugnung von Gericht und Vergeltung. Zur Interpretation cf. Van Winden 32f.

[19] Sie sind μακάριοι, δίκαιοι, θεοφιλεῖς, erfüllt vom Hl. Geist und von Gott begnadet, cf. *Dial.* 7,1; 2,1; 4,3 und Kontext; cf. Hyldahl 228; Van Winden 113.

[20] *Dial.* 7. Cf. Hyldahl 228; Van Winden 112f.; zum Altersbeweis cf. P. Stockmeier, 'Alt' und 'Neu' als Prinzipien der frühchristlichen Theologie, in: *Reformatio Ecclesiae* (FS E. Iserloh) Paderborn 1980, 15-22.

[21] *Dial.* 7,1; cf. 2,2.

[22] *Dial.* 7,1-2; cf. dazu Hyldahl 228f.: Er verweist auf die philosophische Bedeutung der Begriffe ἀρχή, τέλος.

[23] Van Winden 114f.; Hyldahl 228f.

[24] *Dial.* 7,2; cf. *Apol.* I 30. Cf. zum Problem Glaube und Vernunft: Van Winden, Le Christianisme et la philosophie. Le commencement du dialogue entre la foi et la raison, in: FS J. Quasten I, Münster 1970, 205-213; Joly 94-118 betont

die Wunder Jesu und der Apostel, bezeugten das Eingreifen des
Logos, der auch die Gnade des Verständnisses gebe, die dem Philosophen, der sich auf sein eigenes Erkenntnisvermögen stütze, versagt bleibe.[25]
Mit dieser Konzeption von Prophetie als Philosophie wird die
griechische Philosophie als Heilsweg zur Erkenntnis der Wahrheit
überflüssig. Die wahre Philosophie wird einzig durch die rechte
Auslegung der Prophetenschriften erreicht, auf die Juden und
Christen Anspruch erheben. Von daher läßt sich erklären, warum
Justin seine Selbstdarstellung des Christentums in einen Dialog mit
einem Juden kleidete. Weiterhin wird angesichts der Charakterisierung von Philosophie als Suchen nach dem Göttlichen die
Frage, wie die Gottheit Christi angesichts des jüdischen Monotheis-
mus und angesichts philosophisch geprägter transzendenter Gottes-
vorstellungen zu begründen sei, brisant.[26] Als dritter Aspekt kommt
ein kerygmatischer hinzu:[27] Auch eine intellektuell und philosophisch ausgerichtete Selbstdarstellung des Christentums läßt sich
nicht von der Verkündigung trennen.[28] Es wird zu zeigen sein, wie
ähnlich sich apologetische und katechetische Argumentationssche-
mata zur Heiligen Schrift sind und wie lange die Deutungsmuster
Justins in katechetischen Texten und apologetischen Schriften nach-
wirken.
Irenäus von Lyon ergänzt diesen im Rahmen der hellenistischen
Philosophie argumentierenden Ansatz zur Deutung der alttestamentlichen Prophetien. Konsequenter als Justin bezieht er den

---

stark Justins Rationalismus. Grundsätzlich zur Geschichtstheologie Justins:
C. Andresen, Logos und Nomos. Die Polemik des Kelsos wider das Christentum,
Berlin 1955, 308-372. Er bearbeitet v.a. die *Apologien* und streift *Dial.* nur; der *Dialog* setzt als später entstandenes Werk diese Geschichtstheologie voraus, ohne sie
im einzelnen philosophisch zu begründen.
[25] *Dial.* 7,3. Andresen, Logos und Nomos 338f., verweist auf *Apol.* II 13,5. Die
Stelle knüpfe an Platons *7. Brief* an: Die griechischen Philosophen könnten nur
dunkel erkennen, weil sie auf ihr eigenes begrenztes Erkenntnisvermögen an-
gewiesen seien. Der Christ hingegen sei vom menschlichen Unsicherheitsfaktor
befreit, weil ihm die volle Wahrheit durch die göttliche Gnade mitgeteilt werde
(339).
[26] Cf. *Dial.* 8,3; 10,3 u.ö.
[27] Cf. Hyldahl 294f.
[28] Cf. die Verbindung mit Glaubens- und Bekenntnisformeln (*Dial.* 76,6-7; 86
u.ö.): Die Schrift beweist und verkündet; Justin beweist noch einmal und schließt
sich damit der Verkündigung der Schrift an (und umgekehrt). Die Wahrheit liegt
in der verkündigenden Schrift offen zutage; Wahrheitskriterium ist einzig die
schriftgemäße Argumentation, cf. Joly 197-110, zu *Dial.* 58,1.

Fortgang der Geschichte in seine Argumentation ein und entwickelt
so eine christliche Geschichtstheologie, die auf der Übereinstimmung zwischen Altem und Neuem Testament und auf der Tradition der Kirche aufbaut.[29] Im Mittelpunkt steht auch bei Irenäus
das Verständnis des AT als Prophetie, allerdings anders konzipiert
als bei Justin. Für Justin erweist sich die Wahrheit der Prophetie
zwar in der Geschichte, zugleich aber ist sie der Geschichte ent-
hoben: Schon die Propheten haben die ganze Wahrheit gesehen.
Irenäus dagegen ordnet die Prophetien—er bevorzugt den Plural—
in die Geschichte ein.[30] Wenn er auch mit verschiedenen Schemata
arbeitet, um das Verhältnis zwischen AT und NT zu erklären,[31] so

---

[29] 5 Bücher *Adversus Haereses* (SCh 263f; 293f.; 210f.; 100; 152f., A. Rousseau
—L. Doutreleau u.a., 1962-82), nur lateinisch vollständig, griechisch und armenisch in Fragmenten erhalten, entstanden 180-185 über einen längeren Zeitraum hinweg (cf. die *praefationes* zu den einzelnen Büchern). Die Frage nach der
Bedeutung der Tradition und der Verwendung von überlieferten Schriftbeweis-
sammlungen ist hier um so interessanter, als er eine Vielzahl von Quellen einar-
beitet: Clemens von Rom, *Pastor Hermae*, Ignatius, Polycarp, Papias, Justin, Ps-
Justin (*De resurrectione*), Hegesipp u.a. Die ältere Forschung versuchte teilweise,
verschollene Schriften daraus zu rekonstruieren, z.B. A. Harnack, Der Presbyter-
Prediger des Irenäus (*Haer.* IV 27,1-32,1), in: *Philotesia* (FS P. Kleinert) Berlin
1907, 1-37; F. Loofs, Theophilus von Antiochien, *Adversus Marcionem*, und die
anderen theologischen Quellen des Irenäus, Leipzig 1930 (TU 46,2). Zur Kritik
an Loofs: F.R.M. Hitchcock, Loofs' Theory of Theophilus of Antioch as a Source
of Irenäus, in: JThS 38 (1937) 130-139; 255-266. In jüngerer Zeit betont man zu
Recht stärker die Einheitlichkeit und Geschlossenheit der Konzeption des Irenäus:
A. Benoît, Saint-Irénée. Introduction à l'étude de sa théologie, Paris 1960,
151-201; 202-233. Ph. Bacq, De l'ancienne à la nouvelle alliance selon S. Irénée.
Unité du livre IV de l'*Adversus haereses*, Paris 1978, interpretiert das 4. Buch in die-
sem Sinn. Daß Irenäus ältere Traditionen rezipierte, bleibt freilich unbestreitbar.
Die *Demonstratio apostolicae praedicationis* (TU 31,8, K. Ter-Mekêrttschian—E. Ter-
Minassiantz, 1908; frz. SCh 62, F.M. Froidevaux, 1959), nur in einer arme-
nischen Übersetzung erhalten, besteht aus zwei Teilen, einem katechetischen Ex-
posé (1-42) und einer *Demonstratio* dazu aus der Schrift (43-100), die verschiedene
Aspekte der Christologie entfaltet. Zum Umgang mit der Schrift cf. Benoît 74-102
(AT), 103-147 (NT); D. Farkasfalvy, Theology of Scripture in St. Irenäus, in:
RBén 68 (1968) 319-333; N. Brox, Offenbarung, Gnosis und gnostischer Mythos
bei Irenäus von Lyon. Zur Charakteristik der Systeme, München 1966, 69-103;
B. Sesboüé, La preuve par les Ecritures chez S. Irénée. A propos d'un texte difficile
du livre III de l'*Adversus haereses*, in: NRTh 103 (1981) 872-887.
[30] Cf. J. Daniélou, S. Irénée et les origines de la théologie de l'histoire, in:
RSR 34 (1947) 227-231 hebt auf den Erziehungsgedanken ab. S.a. A. Bengsch,
Heilsgeschichte und Heilswissen. Eine Untersuchung zur Struktur und Entfaltung
des theologischen Denkens im Werk *Adversus Haereses* des hl. Irenäus von Lyon,
Leipzig 1959, 51-62 u.ö.
[31] Cf. Farkasfalvy 328-329. 322-324; v.a. Sesboüé *passim;* A. Houssiau, La
christologie de S. Irénée, Löwen 1955, 79-104.

bleibt die Grundvorstellung doch gleich:[32] Die Prophetien sind für ihn nicht einfachhin Typen überzeitlicher Wahrheiten, sondern auf das Christusereignis hingeordnet. Der Geist, der durch die Propheten spreche, bereite die Menschen auf den Sohn Gottes vor, der Sohn führe sie zum Vater, dieser gebe ewiges Leben.[33] Die Propheten selbst sähen Gott nicht deutlich: Sie sagten voraus, daß er gesehen werde; sie sähen Erscheinungen, Gestalten, Zeichen, Anordnungen, *dispositiones* und *mysteria*, die dem Menschen anfanghaft ermöglichten, Gott zu schauen.[34] Dahinter steht eine Art Pädagogik: Gott bleibe unsichtbar, damit der Mensch ihn nicht geringachte und nach ihm vorwärtsstrebe; er werde aber durch seine *dispositiones* in gewisser Weise sichtbar, damit der Mensch nicht gänzlich von Gott abfalle und aufhöre zu sein.[35] Dementsprechend sieht Irenäus die Rolle der Propheten in der Schriftauslegung. Während Justin die Propheten für sich sprechen läßt und sich oft mit vagen Verweisen auf das Geschehene begnügt, sucht Irenäus die Übereinstimmung innerhalb der ganzen Schrift aufzuzeigen: Er beruft sich auf Propheten, Apostel und Jesus selbst, zumindest auf Propheten und

---

[32] Die folgenden Beispiele stammen v.a. aus dem sog. Prophetietraktat. Seine Eingrenzung ist nicht ganz klar. Benoît 186-190 rechnet IV 19-20,6 zur Einleitung, 20,7-25,3; 33,10-14 zum Hauptteil, 34-35 zur *Conclusio*. Bacq *passim* teilt bei IV 20.—Wenn Irenäus ein geschlossener Traktat vorlag, so hat er entscheidend eingegriffen und umgestaltet: Er geht auf die angekündigten prophetischen Auditionen erst nach dem eingeschobenen Presbytertraktat ein und versucht in 34-35, die Quellen—Prophetietraktat und Presbytertraktat—zu verbinden. Selbst Loofs 413-420, gesteht zu, daß gegen Ende Irenäus zunehmend selbst spricht. Bacq 153-231 zweifelt die bisher von der Forschung vertretene Abgrenzung, m.E. zu Recht, an. Warum folgen die Auditionen erst 33,11-14 und beginnen mit zwei Visionen (*Dan* 7,13; *Jes* 6,1); er zeichnet die kohärente Argumentationsstruktur von IV 20-35 nach und vermutet verschiedene Traditionen anstelle des einen 'Prophetietraktats' als Quellen (Justin, Theophilus von Antiochien). Wie diese Traditionen aussahen, wird sich kaum mehr rekonstruieren lassen. Als sicher kann gelten, daß Irenäus sehr selbständig mit ihnen verfuhr.

[33] *Haer.* IV 20,5; cf. IV 20,11; 33,10: Was die Propheten anzeigten, tat Christus. Er ist ἐξηγήτης des Vaters (cf. *Joh* 1,18), der sich in verschiedenen Erscheinungen sehen ließ und nun die Menschen zum Vater führt, s. *Haer.* IV 20,6-7. Bacq 324f. verweist auf den Wechsel vom Johanneischen Aorist (ἐξηγήσατο) zum Präsens, das die kontinuierliche Offenbarung des Vaters durch das Wort ausdrücke.

[34] Und zwar nicht in seiner Größe, sondern in seiner Liebe (*Haer.* IV 20,5). Beispiele: Mose, Elia, Ezechiel (*Haer.* IV 20,9-10). Dazu grundsätzlich: J. Ochagavia, *Visibile Patris Filius. A Study of Irenäus' Teaching on Revelation and Tradition*, Rom 1964; R. Tremblay, *La manifestation de la vision de Dieu selon S. Irénée de Lyon*, Münster 1978.

[35] *Haer.* IV 20,7.

Apostel oder Propheten und Evangelium. Das Ganze ist für ihn notwendig, um die Wahrheit zu erwiesen.[36] Mit diesen beiden Pro-
phetiekonzeptionen sind die weiteren Entwicklungen der Auslegung
grundgelegt.

b) Zur Struktur des Beweisgangs in den Testimoniensammlungen zum erhöhten Christus bei Justin und Irenäus

Vor dem Hintergrund seiner Prophetiekonzeption—die Propheten
verkünden die Wahrheit, die sie geschaut haben, die Wahrheit über
den transzendenten Gott, und darüber, wie dieser Gott durch den
ἕτερος θεός, den Logos, den Boten, sich um die Menschen sorgt—
ist Justins Dialog mit seinen zahlreichen Schriftzitaten, die oft nur
knapp kommentiert werden, zu lesen. Wie der in *Dial.* 38 (ohne
Titel) zitierte *Ps* 44 zu verstehen ist, erschließt sich aus dem Kontext, auf den die einleitenden Abschnitte verweisen. Tryphon nimmt
in 38,1 die Argumentation des ganzen Abschnitts 30-39 auf, der
(nach der Auseinandersetzung mit dem jüdischen Anspruch in *Dial.*
10-29) die christologischen Ausführungen eröffnet.[37] Justin deutet
längere Prophetenzitate, v.a. aus den Psalmen, auf Christus, um zu
zeigen, daß die Gottheit Christi und die entscheidenden Stationen
der Heilsökonomie von den Propheten angekündigt und durch die
Geschichte bestätigt wurden. Verbunden sind diese Zitate durch die
Kommentierung auf bestimmte Heilsereignisse und Christustitel
hin, durch häufige Querverweise[38] und durch Justins Beharren,
den Gedankengang zu beenden, bevor er auf weitere Fragen Tryphons eingehe.[39]

Näherhin behandelt er *Ps* 18[40]; *Dan* 7,9-28; *Ps* 109; 71; 23;

---

[36] Sesboüé 886 spricht von 'neuer Komplexität' im Vergleich zum NT und zu
Justin; cf. grundsätzlich M. Simonetti, *Per typica ad vera.* Note sull'esegesi di Ireneo,
in: VetChr 18 (1981) 357-382, v.a. 358-363.

[37] Zu den verschiedenen Gliederungsversuchen s. Prigent, Justin 13-18; F.M.
Sagnard, Y-a-t-il un plan du *Dialogue avec Trypho?*, in: Mél. J. de Ghellinck I, Genf
1951, 171-182. Zu *Dial.* 30-39 s. Prigent, Justin 74-116; Skarsaune, Proof 174-177.

[38] *Ps* 109,1 in *Dial.* 32,3.6; 33,1-2; 36,5; auf *Jes* 29,14 wird in 32,5 und 38,2
angespielt, auf *Jer* 4,22 in 32,5 und 36,2, auf *Jes* 53,2-3 in 32,2 und 36,6.

[39] Z.B. *Dial.* 36,2, cf. dazu unten S. 24.

[40] Nach Prigent, Justin 74-78 liegt den knappen Anspielungen in *Dial.* 30 eine
vollständigere Auslegung aus Justins verlorengegangenem *Syntagma gegen alle Häresien* zugrunde. Dagegen meinen Archambault (Anm. zu 30,2; I 130-132); Skarsaune, Proof 175 u.v.a., das Zitat sei durch Abschreiber verlorengegangen. Sicher

46,6-9; 98; 44. Ausgangspunkt der Argumentation ist das heilbringende Leiden des Menschen Jesus Christus, das die Dämonen besiegte und auch jetzt besiege,[41] wenn man ihre Angriffe in Geduld ertrage und an der wahren Gottesverehrung festhalte, will heißen: im Gekreuzigten den Messias erkenne und seine zweite Ankunft, gemäß *Dan* 7,9-28, erwarte. Die Psalmen werden jeweils auf einige der entscheidenden Heilsereignisse und Christustitel hin ausgelegt.[42]

> Der Gekreuzigte präexistierte als Gott: *Dial.* 37—*Ps* 98;
> ist Gott: 37,1—*Ps* 46,6-9;
>   38,3-5—*Ps* 44;
> wurde Mensch und gekreuzigt: 32,1-2; 36,6—*Jes* 53,2-9 (All.);
>   33,1-2—*Ps* 109,7a;
>   36,6—*Ps* 23,8-10;
> kehrt wieder: 31-32—*Dan* 7,9-28; *Sach* 12,10-14;
> und ist zu verehren: 34,3-7—*Ps* 71,11;
>   37—*Ps* 98;
>   38—*Ps* 44;
> er herrscht als ewiger König: 32-33—*Ps* 109
>   34—*Ps* 71;
>   36—*Ps* 23;
>   37—*Ps* 46,6-9.

Die Argumentation wirkt unsystematisch: Weder legt Justin die Psalmen nach einer bestimmten Methode aus noch ordnet er bestimmten Titeln oder Heilsereignissen bestimmte Psalmen oder Psalmverse zu. Er nennt manche Titel, die sich nicht in den zitierten Psalmen finden. So führt er in *Dial.* 34,2 außer "König", "Priester", "Gott" (βασιλεύς, ἱερεύς, θεός) auch "Bote", "Feldherr", "Stein" (ἄγγελος, ἀρχιστράτηγος, λίθος)[43] an, Titel, die erst später aus der Schrift belegt und begründet werden. Das und ähnliche Titelsammlungen in *Dial.* 61,1; 126,1 weisen darauf hin,

---

scheint zumindest zu sein, daß Justin eine ihm vertraute und durchdachte Deutung heranzieht, cf. Prigent, Justin 75f.; angesichts der Tatsache, daß Justin *Ps* 18,1-6 in *Dial.* 64,8 zitiert, ist es durchaus denkbar, daß er sich hier auf die knappen Bemerkungen beschränkt.

[41] *Dial.* 30,3; 32,1-3. Cf. Andresen, Logos und Nomos 328-331.

[42] Cf. *Dial.* 38,1 (A. I 168); 36,1 (A. I 162); 34,2 (A. I 148), mit einer ganzen Reihe von Titeln.

[43] S.a. 36,1. Skarsaune, Proof 209 Anm. 62, übergeht den Titel 'Stein', der auch nicht in der von ihm postulierten Kernsammlung *Dial.* 56-62 erscheint. Zu dieser, s.u. S. 28-31. Auffällig auch die Einführung des *Dan*-Zitats bei Justin in *Dial.* 31,1: Er nennt Engel, die im Text nicht vorkommen; cf. Prigent, Justin 79.

daß Justin auf bereits organisierte Sammlungen zurückgreift.[44] Außerdem zitiert er nicht immer nach derselben Textversion[45] und benutzt Text-Kombinationen, die sich schon im NT finden, ohne daß sich ein Bezug auf die betreffende neutestamentliche Stelle nachweisen ließe.[46]

Justin geht es nicht um einzelne Titel oder Wahrheiten, sondern um die komplexe Wirklichkeit des menschgewordenen Gottessohnes, ohne daß er eine systematische Christologie entwickelte. Dementsprechend reagiert er auf Teilzugeständnisse Tryphons: In *Dial.* 36,1 beispielsweise gibt Tryphon zu, daß der Messias leidensfähig sei, danach in Herrlichkeit kommen werde zum Gericht und ewiger Priester und König sein werde, um dann den Beweis zu fordern, daß Jesus dieser Messias sei. Justin insistiert demgegenüber darauf, weitere Belege für die Gottheit Christi und seine Präexistenz vorzubringen. Genau da liegt der eigentliche Konflikt: Empört weist Tryphon alles als Gotteslästerung zurück.[47] Justin versucht daraufhin erst gar nicht, an dem, was Tryphon bereits akzeptiert hat, nochmals anzuknüpfen, sondern kündigt an, den παράδοξα noch Paradoxeres hinzuzufügen. Die einzige Möglichkeit für das Verständnis sei, willig zuzuhören, im Forschen auszuhalten und nicht auf die Überlieferung ihrer Väter zu hören, die erwiesenermaßen die Prophetien nicht verstehen könnten. Die wahre Bedeutung erschließe sich durch aufmerksames Hören auf das, was sich ereignet habe, auf die Geschichte. So könne in *Ps* 109 keinesfalls der jüdische König Ezechias gemeint sein, weil er nicht Priester war, geschweige denn, ewiger Priester. Das Gericht in *Ps* 71 beziehe sich

---

[44] Cf. Prigent, Justin 86; cf. unten zur Testimonienthese, S. 26f.

[45] Z.B. *Dan* 7,13 in *Dial.* 31,3: Lesart nach Theodotion, μετὰ τῶν νεφελῶν, während es sonst, nach einer nur bei Justin überlieferten Variante: ἐπάνω τῶν νεφελῶν heißt, *Apol.* I 51,9; *Dial.* 14,8; 120,4; s.a. 31,1; cf. Prigent, Justin 78f. Auch bei *Sach* 12,10 greift er auf eine besondere Tradition zurück, die vom 'Erkennen' anstelle des in der LXX überlieferten 'Sehens' spricht; LXX: ἐπιβλέψονται; ähnlich: *Apol.* I 52,12; in *Dial.* 32,2 dagegen: ἐπιγνώσεσθε; *Dial.* 14,8: ὄψεται ὁ λαὸς καὶ γνωριεῖ; *Dial.* 64,7: γνωρίσητε; cf. Prigent, Justin 80f.

[46] *Dan* 7,13 und *Sach* 12,10 in *Offb* 1,7; *Dan* 7,13 und *Ps* 109,1 in *Mk* 14,62; cf. C.H. Dodd, According to the Scriptures, London 1952, 67-70. In *Dial.* 14,8 spielt Justin ebenfalls auf *Dan* 7,13 und *Sach* 12,10 an, schreibt das *Sach*-Zitat aber Hosea zu. Auch bei Irenäus und Tertullian finden sich die beiden Stellen eng verbunden; Iren., *Haer.* IV 33,11; Tert., *Iud.* 14; *Marc.* III 7.

[47] *Dial.* 38,1.

auf den ewigen König, nicht auf Salomo: Der 'Herr der Mächte' in
Ps 23 könne ebenfalls nicht Salomo sein.[48]

Als weiterer Geschichtsbeweis nennt er Jesus selbst, der seiner-
zeit voraussagte, was tatsächlich eintrat, nämlich Spaltungen und
Häresien: Das Kapitel 35 ist nicht zufällig eingeschoben. Es zeigt
wiederum, daß Justin nicht einzelne Wahrheiten gegen spezifische
Angriffe verteidigen, sondern das Ganze des Christentums als die
einzig wahre Philosophie darstellen will; und ebensowenig, wie die
Philosophie als solche in Frage gestellt werden kann, wenn einzelne
sog. Philosophen statt der ganzen Wahrheit nur einzelne Aspekte
akzeptierten, könnten einzelne Häretiker dem Christentum etwas
anhaben. Justin stellt damit einen Zusammenhang zur Einleitung
und ihrem Programm einer vernünftigen Rechtfertigung des Christentums her. Daraus erklärt sich die rationale Terminologie, mit
der er seine Schriftzitate als ἀποδείξεις einführt; ihr Ziel ist vernünftige Einsicht.[49] Die, die nicht zu überzeugen sind, werden, inspiriert durch *Jer* 4,22, Unverständige (ἀσύνητοι) genannt, die die
anderen in die Irre führen.[50] Andererseits scheint Justin seine
Grenzen recht klar zu sehen: Es ist nicht zwingend, daß seine Beweisführung die παράδοξα einsichtig macht. Aber zumindest stehe er
dann am Tag des Gerichts frei von Schuld da.[51] Damit wird der
apologetische Anspruch in gewisser Weise relativiert, und der Ver-
kündigungsauftrag erweist sich als ein weiteres entscheidenden
Movens.[52]

Der Argumentation liegt die Prämisse zugrunde, daß die zitierten
Texte im eigentlichen Sinn und von Anfang an Prophetien sind.[53]
Anders ist die Selbstverständlichkeit, mit der Justin auf die entsprechenden Titel und Begriffe in ihrer christlichen Bedeutung
zurückgreift, nicht erklärlich.[54] Zwar kennt er auch die Typologie,
aber eine konkrete Zuordnung von *Typos* und *Antitypos* fehlt im

---

[48] *Dial.* 33,1; 34,1-2.7-8; 36,5-6.

[49] *Dial.* 36,2; 38,2; cf. 34,3 u.ö.: ἵνα νοήσητε.

[50] *Dial.* 36,2. Cf. Joly 94f. u.ö.

[51] *Dial.* 38,2; 58,1; 64,2; cf. auch die Glaubensformeln und Anrufungen des
Namens Jesu, *Dial.* 30,3 u.ö.

[52] Von daher sind 'rationalistische' Gesamtdeutungen wie die von Joly fragwürdig. G. Otranto, Esegesi biblica e storia in Giustino (*Dial.* 63-84), Bari 1979,
57.61 u.ö. verweist auf den 'intento catechetico'.

[53] S.o. Einleitung, S. 9f.; cf. Theodor von Mopsuestia und Diodor von Tarsus.

[54] Cf. auch die Ablehnung von Bezügen auf israelitische Könige, s.o. Anm. 48.
Justin verwirft damit nicht die historische Exegese, es geht ihm vielmehr um das
richtige historische Verständnis.

Abschnitt 30-39 ebenso wie die für eine typologische Deutung charakteristischen Begriffe.[55] In *Dial.* 30-39 geht es nicht um τύποι, sondern um λόγοι, die prophetische Rede im eigentlichen Sinn, ohne weitere Verschlüsselungen wie Rätsel, Gleichnisse etc., deren Verständnis gewissen Bedingungen unterliegt: Auch wenn der Prophet das Imperfekt gebraucht, bezieht er sich auf die Zukunft; was das AT prophezeite, erfüllte sich in Christus, ohne daß es dazu eines breit angelegten Kommentars bedürfte.[56]

Schon das *Mt-*, und das *Lk-*Evangelium argumentierten in ähnlicher Weise.[57] Die Christen sammelten offensichtlich schon sehr früh alttestamentliche Zitate, die auf Christus gedeutet wurden. Diese Testimonien[58] wurden wohl mündlich überliefert, reicherten sich mehr und mehr an und wurden miteinander verbunden. Ursprünglich bestanden sie aus einzelnen Begriffen oder kurzen Versen, wobei der Kontext als bekannt vorausgesetzt wurde.[59] Im Rahmen der Katechese stellten diese Sammlungen gewissermaßen 'Kurzformeln' des Glaubens dar. Präzisierungen erzwang vermutlich die antijüdische Polemik, so daß mehr und mehr ganze Zitate gesammelt und verknüpft wurden.[60] Einiges spricht dafür, daß

---

[55] Z.B. τύπος, σύμβολον, παραβολή, cf. Shotwell 13-23.

[56] Dazu *Dial.* 114,1. Cf. die Unterscheidung zwischen direkt-messianischer und typisch-messianischer Deutung bei K. Grube, Die hermeneutischen Grundsätze Justins des Märtyrers, in: Der Katholik 43 (1880, 1) 1-42; J. Daniélou, Message évangélique et culture hellénistique au IIe et IIIe s., Paris 1961, 186-195, zur Typologie bei Justin; *ibid.* 195-202 zur prophetischen *demonstratio*.

[57] Zu den christlichen Vorgängern Justins cf. Shotwell 48-70; zu *Mt*: Osborn 108f.; K. Stendahl, The School of Matthew and its Use of the Old Testament, Uppsala 1954, 43; zu *Lk*: Hyldahl 267-270 u.ö.; zu *Mt/Joh*: B. Lindars, New Testament Apologetics, London 1961, 259-272. Parallelen gibt es auch im *Habakuk*-Kommentar von Qumran: Zu den einzelnen Versen wird kurz dargelegt, daß sie sich zumindest teilweise schon erfüllt hätten. Cf. Lindars 15: Die Deutung folge nach dem Zitat des jeweiligen Verses, eingeleitet durch *pishro*; nach dieser Form wird sie Pesher-Methode genannt cf. Barnard 67f.; Osborn 108f. Belege für messianische Deutungen von *Ps* 44,8 in der jüdischen Exegese bei F. Manns, L'exégèse de Justin dans le *Dialogue avec Tryphon*, témoin de l'exégèse juive ancienne, in: Ders., Essais sur le Judéo-Christianisme, Jerusalem 1977, 130-152, 147f.

[58] Die Testimonienthese wurde ausführlich erstmals von R. Harris, Testimonies I-II, Cambridge 1916-20 begründet und seither vielfältig modifiziert und differenziert. Cf. Forschungsbericht bei Lindars 13-17; grundlegend: Dodd, According to the Scriptures.

[59] Cf. Barnard 68; Lindars 17-24 u.ö.; Dodd *passim*.

[60] Cf. Lindars *ibid.*; Beispiele für verschiedene Sammlungen zu verschiedenen Themen *ibid.* 251-259; cf. J. Daniélou, Etudes d'exégèse judéo-chrétienne, Paris 1966, 9-10; P. Prigent, L'épître de Barnabée I-XVI et ses sources, Paris 1961, v.a. 29-83; 147-182.

Justin auf solche Traditionen zurückgreift, wenngleich der Dialog nicht darauf zu reduzieren ist: Er zitiert weit ausführlicher als es in den Primitivformen wahrscheinlich und praktikabel war, schafft neue Verknüpfungen, fügt neue Texte hinzu, verarbeitet die Traditionen selbständig.[61]

Auch bei Irenäus finden sich Spuren von Testimoniensammlungen.[62] Sie sind allerdings ungleich schwieriger nachzuweisen, da seine Werke weitgehend nur in Übersetzungen vorliegen, so daß Textvarianten der Bibelzitate weniger aufschlußreich sind. Ein Vergleich einiger charakteristischer Abschnitte macht es zumindest wahrscheinlich, daß er Einzeltraditionen verarbeitete, dies allerdings sehr selbständig: *Haer.* IV 33,1.11-14; III 19,2; *Dem.* 43-85 haben zahlreiche Zitate und Allusionen gemeinsam[63] und scheinen überdies mit denen, die Justin benutzte, verwandt zu sein.[64] Seine Prophetiekonzeption wirkt sich dergestalt aus, daß er konsequenter als Justin bestimmte Texte bestimmten Heilsereignissen oder

---

[61] Cf. Lindars 23; Barnard 74; Osborn 99-119. Wichtig v.a. Prigent, Justin, der allerdings als unmittelbare Quelle das *Syntagma* Justins ansieht und damit das Problem verlagert; Skarsaune, Proof, unternahm den Versuch, verschiedene Testimonienquellen zu rekonstruieren: Eine Kerygma-Quelle, die primär auf die Erfüllung der alttestamentlichen Prophetien in Christus abziele und Texte zur Niedrigkeit und Hoheit enthalte, *ibid.* 228-234; 260-379, und eine Rekapitulations-Quelle, die auf der Grundlage erfüllter Prophetien Christus als zweiten Adam interpretiere, 234-242; 380-424. Diese Quellen sind ihrerseits wieder aus verschiedenen Traditionen entstanden. Es ist hier nicht der Ort, die ganzen komplizierten Zusammenhänge darzustellen. Die vorliegende Arbeit beschränkt sich auf *Ps* 44 und den engeren Kontext.

[62] So verweist Benoît 99-101 auf gleiche Einleitungsformeln in *Haer.* IV 33,11 und bei Just., *Apol.* I 48,1f. Cf. die Hinweise bei Skarsaune, Proof 435-453 u.ö.

[63] Einige Kombinationen sind so stabil, daß eine festgefügte Tradition zugrundeliegen dürfte, z.B. *Jes* 53,2-3; *Sach* 9,9 und u.U. *Jes* 53,7 oder *Ps* 68,22.—*Jes* 53,8; 7,14; *Jer* 17,9.—*Jes* 50,8-9; 2,17 (cf. auch *Dem.* 88).—*Jes* 26,19; 35,5-6; 53,4 (cf. auch *Dem.* 67) u.a.m.

[64] *Dan* 7,13 und *Sach* 12,10 begegneten in Kombination schon bei Justin. Die hebräische Version von *Jes* 9,5 kennt Justin nicht, wohl aber den Titel 'Starker Gott', s.u. I 2.1.a. *Jes* 9,5 LXX erscheint wie bei Justin im weiteren Begründungszusammenhang von Auferstehung und Himmelfahrt.—In den Einzelheiten zeigt sich die Unabhängigkeit gegenüber Justin: *Jes* 53,2-9 wird gemeinhin als Quelle für die Leiden des Menschensohnes benutzt. Irenäus spielt auf andere Teilverse an als Justin; cf. Bacq 337. Prigent, L'Epître de Barnabée 183-190, führt die o.g. drei Abschnitte auf eine gemeinsame Testimonienquelle zurück, nicht auf Justin. Vermutlich benutzen beide gleiche oder ähnliche Quellen; cf. N. Brox, Zum literarischen Verhältnis zwischen Justin und Irenäus, in: ZNW 58 (1967) 121-128, v.a. 127f., begründet die Ähnlichkeiten mit dem einheitlichen christlichen Schema von Apologetik und Katechese. Bacq 333-340 ist skeptisch gegenüber der Testimonienthese, lehnt sie aber nicht prinzipiell ab.

Wahrheiten zuordnet[65] und daß er die alttestamentlichen Belege
häufig mit neutestamentlichen verbindet, um die Kontinuität und
Erfüllung in der Geschichte aufzuzeigen. In *Haer*. IV 33,11-14
schöpft Irenäus weder aus einer einzigen Quelle noch arbeitet er völlig eigenständig: Die einzelnen Abschnitte sind uneinheitlich gestaltet. Einige zitieren ausführlich aus AT und NT, andere reihen
in komprimierter Form Allusionen aneinander,[66] andere fügen Erläuterungen und Erklärungen hinzu:[67] Offensichtlich sind verschiedene Einzeltraditionen verknüpft und teilweise erläutert. In
einem Abschnitt zitiert Irenäus *Ps* 44,3a.8bc.4-5b, um die Herrlichkeit des künftigen Reiches darzustellen.[68] Es läge näher, die Verse
unmittelbar auf Christus selbst zu beziehen. Dieses eschatologische
Verständnis[69] entwickelte sich aus der ursprünglichen Deutung auf
die Gottheit und Herrlichkeit Christi im Rahmen von Sammlungen
zur Verherrlichung und Wiederkunft, die im *de eo* noch anklingt.[70]
Ziel der Darstellung ist es, daß die Hörer oder Leser in dieses Reich
zu gelangen begehren und entsprechend handeln.

1.2 DIE PROSOPOLOGISCHE EXEGESE ALS GRUNDLAGE DOGMATISCHER DIFFERENZIERUNGEN[71]

a) Vorformen bei Justin und Irenäus: Theo-logie, Kyrio-logie

Die prophetisch-messianische Deutung bildet das Fundament, auf
dem speziellere Methoden, die Gottheit Christi aus der Schrift zu

---

[65] Cf. *Haer*. IV 33,10: Jeder Prophet als einzelnes Glied stellt eine bestimmte
dispositio dar; die Propheten in ihrer Gesamtheit verweisen auf den einen Christus,
s.o. S. 19-22.

[66] Z.B. im Abschnitt über das Leiden Christi; cf. die Parallelen in IV 33,1 und
III 19,2. Nach Prigent, L'Épître à Barnabée 188, stellen die Passionsstellen den
Kern der Testimoniensammlungen dar.

[67] Z.B. zur Menschwerdung Gottes, *Haer*. IV 33,11.

[68] *Haer*. IV 33,11 (SCh 100, 828,212/222): *Et qui dicunt: 'Speciosus forma prae filiis
hominum', et: 'Unxit te, Deus, Deus tuus oleo laetitiae prae consortibus tuis', et: 'Accingere
gladium tuum circa femur tuum, potentissime, specie tua et pulchritudine tua, et intende et
prospere procede et regna propter veritatem et mansuetudinem et justitiam', et quaecumque alia
talia dicta sunt de eo, eam quae est in regno speciem ejus et decorem et exsultationem, supercorus-
cantem et supereminentem omnibus qui regnantur sub ipso, significabant, ut qui audiunt con-
cupiscerent ibi inveniri placentia facientes Deo.*—Der lateinische Text scheint vom Abschreiber geglättet worden zu sein: Irenäus nimmt im Kommentar *species* und
decorus wieder auf, was für die Lesart *'decorus specie'* spricht (die auch in III 19,2 begegnet); ähnlich *exsultatio*—,vermutlich zitierte Irenäus *'oleo exsultationis'*.

[69] Cf. Simonetti, *Per typica ad vera* 369f: die eschatologische Deutung sei bei
Irenäus relativ häufig.

[70] Cf. die Zusammenstellung S. 22f, sowie unten, I 2.1.a.

[71] Verbreitet sind auch die Bezeichnungen 'prosopographische Exegese' (z.B.

begründen, entwickelt und für eine dogmatische Exegese fruchtbar gemacht werden. In *Dial.* 56-62[72] will Justin zeigen, daß es neben bzw. unter[73] dem Weltschöpfer noch einen ἕτερος θεός gebe, der auch ἄγγελος genannt werde, weil er den Menschen alles verkünde, was der Weltschöpfer, über dem kein anderer Gott sei, ihnen verkünden lassen wolle. Dieser 'andere Gott' sei mit Jesus Christus identisch. In *Gen* 18-21 werde einer der drei Engel Gott genannt. Damit könne aber nicht der transzendente Gott und Weltschöpfer gemeint sein.[74] Es sei ein anderer 'der Zahl nach, nicht hinsichtlich der Verstandeserkenntnis' (ἀριθμῷ, ἀλλὰ οὐ γνώμῃ), einer, der die eine göttliche Macht und den einen Willen nicht zerstöre oder in Frage stelle, der Logos Gottes als dessen Bote und Offenbarer.[75] Wie das Verhältnis zwischen Gott und Logos und die Einheit Gottes genauerhin zu denken ist, thematisiert Justin in diesem Zusammenhang nicht. Die von Tryphon geforderten Beweise, daß dieser ἕτερος θεός existiere, liefert Justin u.a. aus Benennungen, die in der Schrift vorkommen:[76] Er zitiert *Gen* 19,23-25, wo in Vers 24 (*Igitur Dominus pluit super Sodomam et Gomorram sulphur et ignem a Domino de caelo*)[77] vom Hl. Geist noch ein anderer als der transzendente Weltschöpfer 'Herr genannt' würde (κυριολογεῖται), und das nicht nur an dieser Stelle durch Mose, sondern auch andernorts durch David, in *Ps* 109,1 (*Dixit Dominus Domino meo: sede a dextris meis donec ponam inimicos tuos scabillum pedum tuorum*); in *Ps* 44,7-8 würden zwei als 'Gott' bezeichnet. Vermutlich waren die beiden Psalmenzitate schon vorher mit *Gen* 19,24 verbunden: Sie werden als Schriftbeweise dafür, daß außer dem einen transzendenten Gott der Juden und Christen noch ein anderer in der Hl. Schrift Gott genannt wer-

---

Andresen) und 'Person-Exegese' (z.B. Drobner). Erstere Bezeichnung ist aufgrund der Tatsache, daß der Begriff Prosopographie besetzt ist, ungeeignet; letztere kanalisiert das Verständnis stärker auf den Person-Begriff hin. Zur antiken Person-Exegese cf. Neuschäfer 263-276 (Rezeption bei Origenes).

[72] Z.St. Skarsaune, Proof 206-213; 409-424; 430f.: Auf weite Strecken sei die Exegese Justins eigene Leistung, in antimarkionitischem Kontext.

[73] Παρά mit Akk.: *Dial.* 55,1 (A. I 240); 56,3 (A. I 248); ὑπό mit Akk.: *Dial.* 56,4 (A. I 248).

[74] *Dial.* 56,1; cf. die transzendente Gottesvorstellung, die Justin in der Einleitung des Dialogs entwickelt.

[75] *Dial.* 56,11 (A. I 252), cf. 128,4: δύναμις, βούλη. Zur Einheit Gottes bei Justin: M. Simonetti, Il problema dell'unità di Dio da Giustino a Ireneo, in: RSLR 22 (1986) 201-240, 210-212.

[76] *Dial.* 56,14.

[77] Sofern nicht eine charakteristische Textvariante vorliegt oder *Vulgata-* und LXX-Text signifikant voneinander abweichen, werden Bibelstellen im Verlauf der Arbeit nach *Vulg.* zitiert.

de, abgerufen. Danach knüpft Justin bruchlos wieder an die Ausführungen zu den Theophanien in *Gen* an.[78]

Der Argumentation liegt eine grammatische Analyse zugrunde,
die unter der Prämisse, daß die vom Geist oder Logos inspirierte
Schrift wahrhaftig ist, auf eine ontologische Ebene rückschließt.
Zumindest für die beiden Psalmverse handelt es sich um eine Vorform der prosopologischen Exegese, auch wenn der Schlüsselbegriff
ἀπὸ προσώπου hier nicht fällt.[79] Ihn erklärt Justin in *Apol.* I 36[80]:
Worte, die wie von einer Person (ὡς ἀπὸ προσώπου) gesprochen
seien, seien nicht die des Inspirierten, sondern des sie bewegenden
göttlichen Logos. Die unmittelbar prophetische Qualität tritt damit
in den Hintergrund. Der Hl. Geist sage nicht wie in einer Weissagung die Zukunft voraus, sondern spreche auf einer überzeitlichen Ebene wie aus einer Person: bald wie aus der Person des
Herrschers aller und Vaters, bald wie aus der Person Christi, bald
wie aus der Person der dem Herrn oder seinem Vater antwortenden
Völker.[81] Justin unterscheidet die 'Personen' freilich nicht auf einer innertrinitarischen Ebene. Er unterstellt auch kein direktes
Sprechen, sondern vergleicht das 'Vorgehen' des Hl. Geistes mit
dem von heidnischen Schriftstellern, die eine Vielzahl von Personen
sprechen lassen[82]—über die Realität der auftretenden Personen ist
damit zunächst nichts gesagt.[83] Auf den jeweils Angesprochenen
reflektiert er nicht eigens, ebensowenig auf den, über den gesprochen wird. Er argumentiert auf grammatischer und 'dramatischer' Ebene, oder besser: auf der Ebene der Repräsentation.
Wenn der Hl. Geist verschiedene Personen auftreten läßt, muß dem
eine entsprechende Wirklichkeit zugrundeliegen,[84] wenn auch von

---

[78] Cf. Skarsaune, Proof 209.

[79] Belegt ist die Formel in *Dial.* 25,1; 30,2; 36,6; 42,2.3; 88,8.—Cf. Rondeau
II 26f.; Andresen, Zur Entstehung 12. J. Moingt, Théologie trinitaire de Tertullien, 4 Bd., Paris 1966-1969, II 560f., zeigt, daß diese grammatische Exegese auf
Tertullians Personexegese einwirkt.

[80] *Apol.* I 36 (A. Wartelle, Paris 1987, 146,1/3). Zum hermeneutischen Exkurs
Apol. I 36-49 s. Skarsaune, Proof 157-162.

[81] *Apol.* I 36,2.

[82] *Apol.* I 36,2. Die Person-Exegese war dementsprechend in der antiken Exegese allgemein üblich.

[83] Er verbindet die Formel ἀπὸ προσώπου häufig mit ὡς, in *Dial.* 30,2 mit
σχηματοποιήσας.

[84] Shotwell 34-38, v.a. 34-35, bezeichnet die zugrundeliegende Methode als
eine Form der Analogie: Zwei 'Herren' sind genannt, also muß es zwei 'personages' geben, die mit Herr tituliert werden. Problematisch ist freilich sein Versuch,
diese Analogie von der rabbinischen Exegese her zu erklären. Seine Beispiele dafür
(S. 90-93) liegen auf einer anderen Ebene als Justins Argumentation. Als Beispiel

anderer Qualität als etwa die historische Realität der Dialogpartner des Sokrates. Damit liefert er erst das Werkzeug für eine vertiefte Personbetrachtung und -Exegese,[85] noch keine systematische Reflexion auf die trinitarischen 'Personen'.

Irenäus bedient sich einer ähnlichen Form der Exegese. Am Anfang des III. Buches *Adversus Haereses*, das die Widerlegung der Gnosis aus der Schrift begründen soll, geht es zunächst um die Einheit Gottes.[86] Wie Justin argumentiert auch Irenäus, daß die Hl. Schrift, also der Herr oder der Hl. Geist oder die Apostel, 'Gott' und 'Herrn' nur den nenne, der das auch sei.[87] Κυριολεκτέω heißt ursprünglich 'im eigentlichen Sinn sagen';[88] in der Patristik verschiebt sich die Deutung auf 'als Herrn bezeichnen' hin, ausgehend vom entsprechenden Christustitel.[89] Irenäus hat primär diese Bedeutung im Blick; gleichwohl schwingt die ursprüngliche Verwendung mit, wenn er nachdrücklich verschiedene Wendungen für 'im eigentlichen Sinn' heranzieht: κυρίως, ἐξ ἰδίου προσώπου, und damit gnostische Einwände, die sich auf die uneigentliche Sprache der Schrift berufen, abwehrt.[90] Als Belege zitiert er *Ps* 109,1; *Gen*

---

für eine Analogie, die sich aus zwei Objekten in einem Vers ergibt, zitiert er die rabbinische Auslegung zu *Dtn* 24,6: 'Man darf nicht die Handmühle oder den oberen Mühlstein als Pfand nehmen, denn dann nimmt man das Leben selbst als Pfand.' Für die Rabbinen heißt das, daß nichts, was für die Zubereitung der Mahlzeit notwendig ist, als Pfand genommen werden darf. Aus dem speziellen wird ein allgemeines Gesetz abgeleitet.—Die einzige formale Übereinstimmung mit Justins Argumentation in *Dial.* 56,12-14 besteht darin, daß der gleiche Begriff in einem Vers zweimal vorkommt. Die grammatische Struktur ist eine völlig andere: Das rabbinische Beispiel impliziert eine parallele Konstruktion, während Justins Zitate den entscheidenden Begriff in jeweils verschiedenen Kasus enthalten. Justin geht es um zwei komplementäre Realitäten, deren Existenz dadurch plausibel gemacht werden soll, daß der Hl. Geist sie benennt.

[85] Rondeau II 26-29; *Dial.* 105,1.

[86] Cf. dazu Simonetti, Il problema dell'unità, v.a. 229-231.

[87] *Haer.* III 6,1 (SCh 211, 65,1/6): Der griechische Text, dem die Herausgeber hier den Vorzug geben, (SCh 210, 247f.) ist präziser und pointierter als der lateinische: Οὔτε οὖν ὁ Κύριος οὔτε Πνεῦμα ἅγιον οὔτε ἀπόστολοι τὸν οὐκ ὄντα Θεὸν κυρίως ἐθεολόγησαν ποτε εἰ μὴ ἦν ἀληθῶς Θεός, οὔτε ἐκυριολέκτησάν τινα ἐξ ἰδίου προσώπου, ἀλλ' ἢ τὸν κυριεύοντα πάντων Θεὸν Πατέρα καὶ τὸν Υἱὸν αὐτοῦ τὸν τὴν κυρείαν λαβόντα παρὰ τοῦ Πατρὸς αὐτοῦ πάσης τῆς κτίσεως.

[88] Cf. H.G. Liddell—R. Scott, A Greek-English Lexicon, NDr. Oxford 1973; G.W.H. Lampe, A Patristic Greek Lexicon, Oxford 1961.

[89] Rousseau—Doutreleau, in: SCh 210, 247f. weisen auf die Häufigkeit der Wortverbindung θεολογέω, κυριολογέω in diesem Abschnitt hin; cf. III 5,1; Index, S. 443; 440.

[90] Cf. die Auseinandersetzung des Origenes in *Com. Ioh.* I um die Namen bzw. *Epinoiai* Christi, s.u. S. 60f. Cf. A. Orbe, Hacia la primera teología de la procesión del Verbo, Rom 1958, 3-99, zu Namen und Benennungen Gottes in der Gnosis;

19,24 (mit Anspielung auf *Gen* 18,17-32); *Ps* 44,7-8b. Wie bei Justin
fehlt die *ex-persona*-Formel. Die unterschiedliche Reihenfolge, die
unterschiedlichen Zitationen (Irenäus zitiert nicht den ganzen Vers
44,8) und der Kontext sprechen gegen eine direkte Abhängigkeit
von Justin:[91] Dieser will in *Dial.* 56,14 die Existenz eines 'anderen
Gottes' beweisen; Irenäus geht es um die 'eigentliche' und die 'uneigentliche' Nennung Gottes. *Ps* 81,1 (*Deus stetit in synagoga dei, in
medio autem deos discernit*);[92] *Ps* 49,1 (*Deus deorum Dominus locutus est*);
Ps 81,6 (*Ego dixi: Dii estis et filii Altissimi omnes*) u.a. nennen Vater
und Sohn 'Gott'; 'Götter' hießen die, die die Kindschaft empfangen
haben, die Christen. Gegen die gnostischen Auflösungstendenzen,
die mehrere Götter und Söhne unterscheiden, insistiert Irenäus auf
der Einheit Gottes und seines Sohnes, der er die 'Götter' genannten
Geschöpfe entgegensetzt. Wahrscheinlich ist, daß Justin und
Irenäus bei ihren biblischen Belegen auf gleiche oder ähnliche Traditionen zurückgreifen.

Dem. 43-51 scheint eine ähnliche Sammlung zugrundezuliegen.[93]
Ausgehend von *Gen* 1,1 zeigt Irenäus die Existenz des Sohnes im AT
auf, zitiert *Gen* 18,1-3 und 19,24; *Gen* 28 (die Jakobsleiter);[94] *Ex*
3,7f. (der brennende Dornbusch) und 17,9ff. (die Schlacht gegen
Amalek); in *Dem.* 47-50 zitiert und deutet er *Ps* 44,7-8; *Ps* 109,1; *Jes*
45,1 (*Haec dicit Dominus christo meo domino*);[95] *Ps* 2,7-9 (*Dominus dixit
ad me: Filius meus es tu, ego hodie genui te*) und *Jes* 49,5-6 (*et nunc dicit
Dominus formans me ex utero servum sibi, ut reducam Iacob ad eum* [...]
et Deus meus factus est fortitudo mea), um zu zeigen, daß jeweils Vater
und Sohn 'Herr' und 'Gott' genannt würden. In der Formel ἐξ ἰδίου
προσώπου in *Haer.* III 6,1 ist die prosopologische Deutung rudi-
mentär grundgelegt, auch wenn sie hier mit 'im eigentlichen Sinn'
übersetzt werden muß. In *Dem.* 49 wird Irenäus deutlicher: Er
bezieht sich auf *Jes* 45,1; *Ps* 2,7-8 (u.U. Allusion zu *Ps* 44,7-8); *Ps*
109,1: an all diesen Stellen könne nicht David gemeint sein,[96] viel-

---

Mortley, From Word to Silence I 107-109; II 27-32, zum Zusammenhang mit der
negativen Theologie.

[91] Zum gleichen Ergebnis kommt Benoît 96; Prigent, Justin 131-133 bewertet
die literarische Abhängigkeit des Irenäus von Justin über.

[92] Ursprünglich in der Lesart des griechischen Textes: ἐν συναγωγῇ θεοῦ, nicht
in der lateinischen LXX-Version *synagoga deorum*; cf. Rousseau—Doutreleau 252f.
(Hervorhebung von mir).

[93] Dazu Brox, Zum literarischen Verhältnis, bes. 127f.

[94] Bei Justin in *Dial.* 86,2, gefolgt von *Ps* 44,8bc.

[95] In der Lesart Κυρίῳ statt Κύρῳ. Cf. *Ep.Barn.* 12,11 u.ö.

[96] Irenäus greift hier eine bei Justin häufigere Argumentation auf, cf. *Dial.*
30-39, Anm. 48.

mehr handle es sich um ein Gespräch zwischen Vater und Sohn (der ebenfalls Gott sei).[97]

Die Stelle ähnelt Justins Ausführungen in *Apol.* I 36,1. Leider ist der Text nur armenisch erhalten, so daß es schwierig ist, Abhängigkeiten festzustellen. Immerhin sind Unterschiede erkennbar: Während Justin promiscue 'Geist' oder 'Logos' als Autor, der durch die Propheten spricht, nennt, ist es für Irenäus nurmehr der Geist. Justin verwendet die Formel ἀπὸ προσώπου, allerdings nur für den Sprecher, der die 'Personen' auftreten läßt wie ein antiker Schriftsteller. Irenäus setzt einen Dialog voraus, geht in dieser Hinsicht also etwas weiter, scheint aber die Formel nicht zu kennen. Der Geist, der durch die Propheten spricht, nehme eine Gestalt an, setze also 'Personen' gegenwärtig und spreche in ihrem Namen.[98] Auch Irenäus löst sich hier von seiner geschichtlichen Prophetiekonzeption. Obgleich er den Personbegriff nicht verwendet, scheint er mit seinem dialogischen Verständnis—das auch in *Haer.* III 6,1 zu *Ps* 109,1 anklingt[99]—einen Schritt weiter zu sein als Justin, dessen Personbegriff man, zumal angesichts des Vergleichs mit der heidnischen Literatur, nicht überbewerten sollte.

b) Methodische Entfaltung der prosopologischen Exegese bei Tertullian

Tertullian ist der erste, der die bei Justin und Irenäus u.a. grundgelegte Methode konsequent und systematisch entfaltet und als Person-Exegese für die Trinitätslehre nutzt.[100] Sein Personbegriff ist zum einen durch das damals geläufige Verständnis, d.h. juridische und rhetorische Konnotationen, beeinflußt,[101] zum anderen

---

[97] *Dem.* 49 (SCh 62, 110): 'en effet, il dit que le Père s' entretient avec le Fils [...]'.

[98] *Dem.* 49 (SCh 62, 110): 'ce n'est pas un homme qui dit les prophéties, mais [c'est] l' Esprit de Dieu qui, prenant lui-même une figure et une forme semblables aux personnages présents, s'exprimait chez les prophètes [et] discourait tantôt au nom du Christ, tantôt au nom du Père'. Cf. Rondeau II 29.

[99] *Haer.* III 6,1 (SCh 211, 65,8f.): τὸν γὰρ Πατέρα τῷ Υἱῷ προσωμιληκέναι ἐμήνυσε.

[100] Cf. Rondeau II 30-34; Andresen, Zur Entstehung 18f. *et passim*: Er zeigt, daß Tertullian bereits auf christliche Traditionen zurückgreift. Zum Personbegriff: R. Braun, *Deus Christianorum*, Paris 1962, 207-242; J. Moingt, Théologie trinitaire II 551-674; IV 142-150.

[101] Moingt II 555-557. 565f. 566-569; Braun 208-212 heben auf diese Zusammenhänge besonders ab.—Des weiteren sind wohl LXX-Zitate, die πρόσωπον enthalten von Bedeutung, z.B. *Spr* 8,30; *Klgl* 4,20; *Jes* 57,1; *2 Kor* 4,6; *Ps* 4,7; *Apg*

und besonders aber durch die grammatische Analyse, die nach dem Subjekt und dem Angesprochenen fragt[102] und, (wie auch Justin) in Anlehnung an das dramatische Personverständnis, erörtert, in wessen Namen, mit welcher Autorität die Schrift an der jeweiligen Stelle spricht.[103]

Die Auseinandersetzungen mit dem Monarchianismus und Patripassianismus (und seinem Protagonisten Praxeas) provozierten weitergehende theologische Differenzierungen im Personbegriff und in der prosopologischen Methode. In *Adversus Praxean* vertieft Tertullian die ersten Ansätze auf einen Dialog hin: wer spricht zu wem über wen?[104] *Persona* bezeichnet mithin den Sprecher eines Diskurses. Praxeas, der die Einheit Gottes verteidigen zu müssen glaubt, betrachtet Tertullian zufolge Vater, Sohn und Geist als Erscheinungsweisen einer einzigen 'Person':[105] Der Vater selbst sei also aus der Jungfrau geboren worden und habe gelitten.[106]

Demgegenüber verteidigt Tertullian mit Hilfe eines differenzierten Monarchieverständnisses die Einheit Gottes in der *Oikonomia*.[107]

3,20; *2 Kor* 2,10 u.a., Moingt II 597-615; Braun 216-223. Braun 223-227 weist überdies auf den Gebrauch des Begriffs in der Valentinianischen Gnosis hin.

[102] Andresen, Zur Entstehung *passim*; Drobner, Person-Exegese 184-186.

[103] Moingt II 585-590 zur Aufschlüsselung der verschiedenen Verwendungsformen der *persona*-Formel außerhalb von *Prax.: ex persona, in personam, ad personam* verwende Tertullian im Zusammenhang grammatischer Deutungen oder zur 'Dramatisierung': In beiden Fällen gehe es um eine 'moralische' Person, um ein Sprechen im Namen von jemandem; *in persona,* im Sinn von 'im Fall von jemandem', ziele ebenfalls auf eine 'moralische' Person, als Antwort auf die Frage 'Wer?' auf ein reales Individuum. Dazu Drobner, Person-Exegese 178-183.

[104] *Prax.* 11,4; 11,10 u.ö.—Die Schrift gegen Praxeas entstand vielleicht um 213, sicher in der späteren, montanistischen Phase; cf. E. Evans, Tertullian's Treatise against Praxeas, Edition, Introduction, Commentary, London 1948, 18; cf. Braun 576 (mit Forschungspositionen).

[105] *Prax.* 13,6 (CChr.SL 2, 1175,46, A. Kroymann—E. Evans, 1954).

[106] Cf. *Prax.* 1-2 *et passim*; Ps-Tert., *Adv.Haer.* VIII 4 (CChr.SL 2, 1410).—Literatur: Evans 21-22; B.L. Verhoeven, Studien over Tertullianus' *adversus Praxean,* Amsterdam 1948; ders., *Monarchia* dans Tertullien *adversus Praxean,* in: VigChr 5 (1951) 43-48. Knapper Forschungsbericht in der Einführung zur Ausgabe von G. Scarpat, Turin 1985, 13-35.

[107] *Prax.* 3-4.—Programmatisch: *Prax.* 2,1 (CChr.SL 2, 1160,4/8): [...] *unicum quidem Deum credimus, sub hac tamen dispensatione quam oikonomiam dicimus, ut unici Dei sit et Filius, sermo ipsius qui ex ipso processerit, per quem omnia facta sunt et sine quo factum est nihil*; es folgen Glaubensformeln aus der Schrift und die Berufung auf die *regula evangelii* und die Tradition.—Begrifflich differenzierter: *Prax.* 2,4 *(ibid.* 1161,31/ 37): [...] *oikonomiae sacramentum, quae unitatem in trinitatem disponit, tres dirigens Patrem et Filium et Spiritum, tres autem non statu sed gradu, nec substantia sed forma, nec potestate sed specie, unius autem substantiae et unius status et unius potestatis quia unus Deus ex quo*

Wie Justin und Irenäus auf der literalen Deutung der einschlägigen Stellen insistierend,[108] hebt er darauf ab, daß die Namen 'Gott', 'Herr' in der Schrift nicht nur auf Gott-Vater bezogen sein könnten.[109] Tertullian unterscheidet 'logische Subjekte' in Gott und verbindet den Personbegriff dieser prosopologischen Exegese mit dem Alltagsverständnis eines selbständigen, realen, physischen Individuums mit eigenem Charakter und eigenen Funktionen, noch nicht im Rahmen eines reflektierten Personverständnisses.[110] Neu ist bei Tertullian darüberhinaus, daß er die Person-Exegese auch auf den Hl. Geist ausweitet.[111] Der Personbegriff findet so Eingang in die Zusammenhänge um die *Oikonomia* der Offenbarung. Er bezieht sich nicht auf eine innertrinitarische Ontologie.[112]

1.3 THEOLOGISCHE BEGRIFFSANALYSE ALS METHODE DOGMATISCHER EXEGESE: DIE BEDEUTUNG DER SALBUNG BEI JUSTIN UND IRENÄUS

Neben bzw. auf der Grundlage der prosopologischen Exegese, die den Text ausgehend von der Frage nach den grammatischen Personen analysiert, wird die Erklärung einzelner Begriffe zu einer

---

et gradus isti et formae et species in nomine Patris et Filii et Spiritus sancti [...]. Die komplexen Begriffe und Zusammenhänge—*monarchia, oikonomia; sophia, sermo, ratio; Filius; generatio, processio* etc.—werden im Kontext, *Prax.* 1-10, erklärt und begründet, um auf dieser Grundlage mit Hilfe von Schriftbeweisen die Trinitätslehre darzulegen. Die Begriffserklärungen des ersten Teils bilden die wesentlichen Voraussetzungen für den zweiten, cf. Moingt I 242-247 am Beispiel von *sophia—sermo— Filius*; s.u. I 2.2.a. Die wichtigsten Arbeiten sind die von Braun und Moingt. Zur *oikonomia* bei Tertullian s. Evans 192f.; Braun 158-167; Moingt III 851-932.

108 *Prax.* 13,4 (CChr.SL 2, 1174,24/26): *scripta* [...] *quae non in allegoriis et parabolis, sed in definitionibus certis et simplicibus habent sensum.* Cf. die Prämisse, daß die Schrift nichts Falsches sagt, *Prax.* 11,3-4 (*ibid.*, 1171,27/29).

109 *Prax.* 13,6 u.ö.

110 Cf. die sorgfältige Analyse bei Moingt II 590-597.—Zur prosopologischen Methode bei Tertullian: Braun 212-216; 234f.; Moingt II 557-561; Zur Kritik an Moingt, s. Drobner, Person-Exegese 178f.

111 Z.B. zu *Ps* 109,1: Der Geist spreche *ex tertia persona* von Vater und Sohn: *Prax.* 11,7 (CChr.SL 2, 1172,50/55), s.a. 11,8; cf. Rondeau II 31f. Tertullian fügt sie so in die Argumentation zugunsten der *distinctio trinitatis* ein: Sie ermöglicht es, jede der drei göttlichen 'Personen' in ihren Eigenarten oder *proprietates* zu umschreiben, s. *Prax.* 11,9-10 (*ibid.* 1172,64/68): [...] *His itaque paucis tamen manifeste distinctio trinitatis exponitur. Est enim ipse qui pronuntiat Spiritus et Pater ad quem pronuntiat et Filius de quo pronuntiat* [...] *unamquemque personam in sua proprietate constituunt.* Zu Ansätzen eines christologischen Personbegriffs Drobner, Person-Exegese 175-188.

112 Cf. Moingt II 597: Auf metaphysischer Ebene korrespondieren der einen *substantia* Gottes Begriffe wie *species, gradus, forma*; dazu Moingt II 431-549; Braun 167-207.

wichtigen Methode dogmatischer und theologischer Interpretation. Sie verbindet sich eng mit anderen Argumentationsmustern wie der prosopologischen Exegese. So ist die Person-Exegese von *Ps* 44,2a, wie zu zeigen sein wird, in hohem Maß vom Verständnis des Logosbegriffs abhängig.[113] Ein gewisses Eigenleben entfaltet die Begriffsanalyse bei der in *Ps* 44,8 genannten Salbung und den damit assoziierten Christus-Titeln.[114] In *Dial.* 86,3 kommt Justin inmitten einer Reihe alttestamentlicher Verweise auf das Kreuz Christi— Stab (ῥάβδος), Holz (ξύλον) etc.[115]—im Zusammenhang des Jakobstraums auf die Salbung zu sprechen.[116] Alles Salben, mit Öl oder zusammengesetzten Salben, 'verkünde symbolisch' Christus, wie er schon bewiesen habe. Von diesem Gesalbten her erhielten alle Könige und Gesalbten des AT und der Kirche[117] den Namen 'König' bzw. 'Gesalbter'. Den Christustitel habe er wie die anderen

---

[113] S.u. I 2.2.a-c.

[114] Die komplexen Salbungsvorstellungen des alten Orients, der hellenistischen Philosophie und der diversen gnostischen Systeme zu untersuchen, führte an dieser Stelle zu weit. Ausgehend von der praktischen Verwendung von Salbölen (z.B. als Heilmittel, beim Opfer etc.) kann die Salbe symbolisch das Göttliche, Ewige bezeichnen. Der Akt der Salbung steht dann für eine 'Kommunikation' zwischen Göttlichem und Menschlichem, die Vermittlung göttlicher Gegenwart, göttlichen Beistands, göttlicher Beauftragung. Verschiedene gnostische Systeme, z.B. die des Valentinian oder des Basilides entwickelten daraus Theorien vom Vater als Salbendem, vom Sohn als 'Salbe', die die Göttlichkeit symbolisiert, vom Geist als Duft, der diese an die Vollkommeneren vermittelt. Hinweise bei A.S. Pease, Oleum, in: RE 17,2 (1937) 2454-2474. Einen knappen Überblick zur biblischen und patristischen Tradition bietet J. Wolinski, Onction, in: DSp 11 (1982) 788-819. A. Orbe, La unción del verbo, Rom 1961, untersucht die patristischen Texte v.a. vor dem Hintergrund gnostischer Vorstellungen. Cf. P. Meloni, Il profumo dell' immortalità. L'interpretazione patristica di *Cantico* 1,3, Rom 1975, 3-28; 45-88; 351-359. Zur Geschichte und Mythologie s. J.P. Albert, Odeurs de sainteté. La mythologie chrétienne des aromates, Paris 1990.

[115] Analyse bei Prigent, Justin 194-199; cf. Skarsaune, Proof 215; 276; 416: Er verweist auf die jüdische Tradition der Salbung des Messias durch Elia, cf. *Dial.* 52,3; cf. 49,3.6f. Zu den Testimonien auch: J. Daniélou, Théologie du Judéo-Christianisme, Tournai 1958, 300f; ders., Etudes 10.

[116] *Dial.* 86,3 (A. II 64): Die Formulierung ἐκηρύσσετο συμβολικῶς gehört nicht nur zu 'Stein', sondern auch zum folgenden. [...] καὶ ὅτι τὸ χρῖσμα πᾶν, εἴτε ἐλαίου εἴτε στακτῆς εἴτε τῶν ἄλλων τῶν τῆς συνθέσεως τοῦ μύρου χρισμάτων, τούτου ἦν, ὁμοίως ἀπεδείξαμεν, τοῦ λόγου λέγοντος· Διὰ τοῦτο ἔχρισέ σε, ὁ θεός, ὁ θεός σου ἔλαιον ἀγαλλιάσεως παρὰ τοὺς μετόχους σου. Καὶ γὰρ οἱ βασιλεῖς πάντες καὶ οἱ χριστοὶ ἀπὸ τούτου μετέσχον καὶ βασιλεῖς καλεῖσθαι καὶ χριστοί· ὃν τρόπον καὶ αὐτὸς ἀπὸ τοῦ πατρὸς ἔλαβε τὸ βασιλεὺς καὶ Χριστὸς καὶ ἱερεὺς καὶ ἄγγελος, καὶ ὅσα ἄλλα τοιαῦτα ἔχει ἢ ἔσχε. Archambault verweist an dieser Stelle auf *Dial.* 56,14 und 63,4. Dort ist zwar vom Gesalbten die Rede, allerdings nicht so ausführlich, wie Justin in *Dial.* 86,3 suggeriert.

[117] Cf. *Dial.* 63,5.

Titel—König, Priester, Bote etc.—vom Vater empfangen. Sie alle bezeichnen für Justin die Gottheit Christi, der zwischen dem transzendenten Weltschöpfer und den Menschen vermittelt.[118] Justin begründet sie jeweils mit den alttestamentlichen Theophanien, die das Eingreifen Gottes in die Welt bezeugten. Implizit ist damit der Christus-Name, mithin die Salbung, an diese Vermittlungsfunktion des ἕτερος θεός gebunden. Der Titel fungiert demzufolge nicht als Vorbild oder *Typos* der geschichtlichen Sendung des Menschen Jesus Christus, öffentlich kundgetan bei der Taufe am Jordan, die schon im NT als Salbung mit Hl. Geist interpretiert wird,[119] sondern bezeichnet direkt und unmittelbar den von Gott gesandten und gesalbten Logos.

Wie wichtig diese Unterscheidung ist, erhellt aus einem Abschnitt in der *2. Apologie,* wo Justin die Salbung ausführlicher behandelt:[120] Gott, der Weltschöpfer, der Vater aller Dinge, führe keinen Namen, weil das einen Größeren, Älteren voraussetzte, der ihm den Namen verliehen hätte. Die Titel, mit denen man ihn benenne—Vater, Gott, Schöpfer, Herr, Herrscher—seien Anreden, keine Namen. Sein Sohn, der als einziger in eigentlicher Weise (κυρίως) 'Sohn' genannt werde, der Logos, der vor allen Geschöpfen mit ihm gewesen und gezeugt worden sei, als er am Anfang alles durch ihn 'geschaffen und geordnet' habe, werde Christus genannt, weil er 'gesalbt' worden sei und Gott alles durch ihn 'geordnet' habe.[121] Dieser 'Name' umfasse eine 'nicht erkennbare Bedeutung', ähnlich wie die Anrede 'Gott' kein Name sei, sondern 'eine der menschlichen Natur entsprechende Weise', eine 'schwer zu erklärende Rea-

---

[118] Alle schon mehrmals genannt: ἄγγελος—z.B. *Dial.* 76,3; 61,1; 126,6; βασιλεύς—33,1; 36,1.5; 37,2 etc.; ἱερεύς—33,1.2; χριστός—32; 35; 36; 37,1; 39; 56,15; 63,5; 76,6-7 etc.; cf. Irenäus, *Dem.* 43-50.

[119] Cf. I. de la Potterie, L'onction du Chrétien par la foi, in: Bib. 40 (1959) 12-69, 14.

[120] *Apol.* II 6,1-4 (Wartelle, 204,1/11): Ὄνομα δὲ τῷ πάντων Πατρὶ θετόν, ἀγεννήτῳ ὄντι, οὐκ ἔστι· ᾧ γὰρ ἂν καὶ ὄνομά τι προσαγορεύηται, πρεσβύτερον ἔχει τὸν θέμενον τὸ ὄνομα. Τὸ δὲ Πατὴρ καὶ Θεὸς καὶ Κτίστης καὶ Κύριος καὶ Δεσπότης οὐκ ὀνόματά ἐστιν, ἀλλ' ἐκ τῶν εὐποιῶν καὶ τῶν ἔργων προσρήσεις. Ὁ δὲ Υἱὸς ἐκείνου, ὁ μόνος λεγόμενος κυρίως Υἱός, ὁ Λόγος πρὸ τῶν ποιημάτων καὶ συνὼν καὶ γεννώμενος, ὅτε τὴν ἀρχὴν δι' αὐτοῦ πάντα ἔκτισε καὶ ἐκόσμησε, Χριστὸς μὲν κατὰ τὸ κεχρῖσθαι καὶ κοσμῆσαι τὰ πάντα δι' αὐτοῦ τὸν Θεὸν λέγεται, ὄνομα καὶ αὐτὸ περιέχον ἄγνωστον σημασίαν, ὃν τρόπον καὶ τὸ Θεὸς προσαγόρευμα οὐκ ὄνομά ἐστιν, ἀλλὰ πράγματος δυσεξηγήτου ἔμφυτος τῇ φύσει τῶν ἀνθρώπων δόξα. Ἰησοῦς δὲ καὶ ἀνθρώπου καὶ σωτῆρος ὄνομα καὶ σημασίαν ἔχει.

[121] Nach Andresen, Logos und Nomos 313-316 belegt diese Formulierung die Synthese griechischer Kosmologie und christlicher Schöpfungslehre.

lität' in Worte zu fassen. 'Jesus' enthalte 'Name und Bedeutung' des Menschen und Erlösers.

Diese sprachwissenschaftliche Differenzierung ist bedeutsam. Justin unterscheidet 'Benennungen' oder 'Anreden' (προσρήσεις), 'Name' (ὄνομα) und 'Bedeutung' (σημασία). Die höchste Wirklichkeit, Gott, der keine Instanz mehr über sich habe, die ihm einen Namen verleihen könnte,[122] kann angesprochen, aber nicht benannt oder gar in seinem Sein bezeichnet werden. 'Christus' ist ein 'Name', denn der Logos wurde von Gott gesalbt und muß ihm folglich in irgendeiner Weise untergeordnet sein, aber die Realität, die dieser Name bezeichnet, ist für uns nicht erkennbar. Faßbar ist lediglich der Name 'Jesus', der den realen Menschen, durch den die Welt erlöst wurde, bezeichnet. Als 'Christus', Gesalbter, ist der Logos mithin der göttlichen Sphäre zugewiesen, die für das menschliche Erkennen und Definieren prinzipiell unzugänglich ist, aber er ist nicht absolut transzendent wie der höchste Gott, sondern mit einem Namen versehen, gesalbt, beauftragt als 'Bote' und Instrument der Schöpfung.[123] Erst in zweiter Linie ist die Salbung auf den Menschgewordenen zu beziehen, dem am Jordan der Geist nicht deshalb verliehen worden sei, weil er seiner bedurft hätte, sondern als Zeichen dafür, daß Jesus dieser Präexistente, Gesalbte, der Logos ist.[124] Demzufolge kann Justin von Salbung auf zwei Ebenen sprechen.[125] Der Christus-Titel bezieht sich—als Anrede für das Unfaßbare—so wie die Titel 'König', 'Priester', 'Engel' zunächst auf den präexistenten, zwischen Gottheit und Menschheit vermit-

---

[122] In der jüdischen und christlichen Tradition verbindet sich die philosophische Sprachentstehungstheorie κατὰ φύσιν (Gegenmodell κατὰ θέσιν), die in Platons *Kratylos* breit erörtert wird, mit der Benennung des Geschaffenen durch Gott in *Gen* 1. Zum Verhältnis von Name und Sein in der griechischen und jüdisch-hellenistischen Philosophie s. Mortley, From Word to Silence I 94-109; außerdem die unten, III 1.3, zu Eunomius angegebene Literatur.—Zur negativen Theologie Justins bzw. der Apologeten Mortley, From Word to Silence II 33-35; D.W. Palmer, Atheism, Apologetic, and Negative Theology in the Greek Apologists of the Second Century, in: VigChr 37 (1983) 234-259.

[123] Cf. *Joh* 1,1-3; *Kol* 1,15-17; Just., *Dial.* 76,7; 84,2; 114,3. Zur gnostischen Interpretation Orbe, La unción 67-72; 115-173; Meloni 45-88: 356f.; Houssiau 170f. erklärt diese Salbung mit hellenistischen Salbungsvorstellungen, bleibt allerdings schlüssige Belegstellen schuldig.

[124] S. *Dial.* 87,3 und 87-88 insgesamt. Cf. zum ganzen Komplex Wolinski 804; Orbe, La Unción 21-82; 166-168.

[125] Orbe, La unción 189-228; 325-394, hat gezeigt, daß sich ähnliche Vorstellungen auch in der Valentinianischen Gnosis finden; cf. Wolinski 802f.

telnden Logos und kann mithin als Beleg für seine Gottheit verwendet werden. Seinen die Menschen erlösenden Auftrag erfüllt er aber erst mit seinem Kommen als Mensch.[126] Ps 44,8 ist als Zeugnis für die Salbung durch Gott als solche der ersten Ebene zuzuordnen.[127] Irenäus thematisiert die Salbung ausführlicher. In Haer. III 6,1 unterscheidet er zu Ps 44,7-8b Vater und Sohn hinsichtlich der Salbung: Der Geist nenne beide Gott, den Sohn, der gesalbt werde, und den Vater, der salbe.[128] Wie dieser Vorgang zu verstehen ist, erhellt aus seiner Erklärung der Taufe Jesu.[129] Das Wort Gottes, das Retter und Herrscher sei, Jesus—offensichtlich bezieht er diesen Namen auf die Gottheit—, der Fleisch angenommen habe und vom Vater mit Geist gesalbt worden sei, sei Jesus Christus geworden. Die Salbung bindet er an seine Sendung zu den Menschen im Geist,[130] illustriert durch Jes 11,1-4 und 61,1-2.[131] Ähnlich argumentiert er in Haer. III 18,3: Ein und derselbe Jesus Christus habe für uns gelitten, sei begraben worden, auferstanden, zum Himmel aufgefahren, als Sohn Gottes, der Menschensohn geworden sei, wie sein Name anzeige:[132] In ihm seien Salbender, Gesalbter und Salbe, Vater, Sohn und Geist, mitzuhören. Der Name bezeichne den Menschensohn gewordenen Gottessohn. Irenäus assoziiert die Salbung eng mit der Sendung des Sohnes zu den Menschen, mit der Menschwerdung selbst. Im Zentrum steht der eine Christus, ohne daß bestimmte Titel seiner Gottheit oder seiner Menschheit zugeordnet würden. Gesalbt werden kann er nur als Mensch, aber gesalbt wird im Menschensohn auch der Gottessohn.

---

[126] Cf. Grillmeier I 70-72. Andresen, Logos und Nomos 318-321, zur geschichtlichen Offenbarungsfunktion des präexistenten und inkarnierten Logos.

[127] Cf. dazu De la Potterie 14; Ders., L'onction du Christ. Etude de théologie biblique, in: NRTh 80 (1968) 225-252, 248f.

[128] S.o. S. 31f.

[129] Haer. III 9,3 (SCh 211, 108,76/80): [...] Verbum Dei qui est Saluator omnium et dominator caeli et terrae, qui est Iesus, quemadmodum ante ostendimus, qui et adsumpsit carnem et unctus est a Patre Spiritu, Iesus Christus factus est.

[130] Ibid. (112,105f.): ut de abundantia unctionis eius nos percipientes saluaremur.

[131] Auffällig die Lesart zu Jes 61,1f. (Haer. III 9,3, SCh 211, 108,88-110,89): Das euangelizare wird mit der Salbung verbunden, nicht mit der Sendung; quapropter unxit me euangelizare humilibus, misit me curare [...]. Novatian, Trin. 29,11/15, zitiert die gleichen Stellen, um die Wirkung des Geistes in Jesus Christus zu zeigen.

[132] Haer. III 18,3 (SCh 211, 350,64-352,72, 64/69): [...] Filius Dei Filius hominis factus, quemadmodum et ipsum nomen significat: in Christi enim nomine subauditur qui unxit et ipse qui unctus est et ipsa unctio in qua unctus est; et unxit quidem Pater, unctus est vero Filius, in Spiritu qui est unctio, cf. Jes 61,1. Dazu Houssiau 180.

Dem. 47 erschwert das genauere Verständnis: Vater und Sohn seien Herr und Gott. Hinsichtlich des Wesens und der Macht ('selon l'essence et la puissance') gebe es einen Gott; wenn es um die Heilsökonomie für uns gehe ('en tant qu'administrateur de la dispensation de notre salut'), gebe es Vater und Sohn. Wie Justin begründet Irenäus das damit, daß der Vater transzendent, unzugänglich, unsichtbar für die Geschöpfe sei, der Sohn also notwendiger Mittler zum Vater, wobei er diese Vermittlung pointiert heilsgeschichtlich erklärt. David, so Irenäus in *Dem.* 47, sage das in *Ps* 44,7-8 sehr deutlich:

> 'En effet, le Fils en tant qu'il est Dieu, reçoit du Père, c'est-à-dire de Dieu, le trône de l'éternelle royauté et l'huile de l'onction, [c']est l'Esprit dont il est oint, et ses compagnons [sont] les prophètes, les justes, les apôtres, et tous ceux qui recoivent participation à sa royauté, c'est-à-dire ses disciples.'[133]

Spricht Irenäus also von einer Salbung 'en tant qu'il est Dieu', im Sinn einer 'präkosmischen Salbung', ähnlich wie Justin?[134] Im Textzusammenhang geht es um Gott, der als Mensch kommt[135], also wieder um die enge Verbindung von Gott und Mensch, die das Grundanliegen der Irenäischen Soteriologie ist.[136] Dementsprechend könnte man die Salbung verstehen: Der Mensch, der Gott ist, wird gesalbt.[137] Allerdings sollte man die Widersprüche nicht vorschnell harmonisieren: Tatsächlich haben beide Lesarten vor dem Hintergrund der frühchristlichen Salbungsvorstellungen wie auch im Zusammenhang der Irenäischen Argumentation, die die Einheit von Gott und Mensch in Christus zeigen will, ihre Berechtigung: eine Salbung des Menschen, wie sie in *Haer.* III 9 nahegelegt wird, und eine Salbung des Sohnes Gottes, wie sie aus *Dem.* 47 herausgelesen werden kann, als Salbung des Gottes, der Mensch wurde, um den Menschen Anteil an sich zu gewähren.[138]

---

[133] SCh 62, 107f.

[134] Cf. v.a. Orbe, La unción 501-541.

[135] *Dem.* 51 u.ö.

[136] Cf. dazu B. Studer, Gott und unsere Erlösung im Glauben der Alten Kirche, Düsseldorf 1985, 83f.; J. Liébaert, Christologie, Freiburg 1965, 32-34.

[137] Cf. die Auseinandersetzung mit der These von Orbe bei Rousseau—Doutreleau 249-252; Houssiau 180, z.St.; 184f.; Y. de Andia, *Homo vivens.* Incorruptibilité et divinisation de l'homme selon Irénée de Lyon, Paris 1986, 190, hält Orbes These einer Salbung des Wortes für legitim: Das Wort werde in seiner Menschheit und für die Menschheit gesalbt; cf. *Dem.* 9.

[138] Cf. Wolinski 804f.; De Andia 192: Salbung als Vorbereitung für einen be-

Grundlegend für die theologische Argumentation ist die Bedeutung des Begriffs im Rahmen der gesamten Hl. Schrift, zumal die Bedeutung der Stellen, an denen von Salbung die Rede ist.[139] Nur in seltenen Fällen, besonders in den Kommentaren späterer Zeit, wird eine semantische Analyse zur Stelle direkt und ausdrücklich durchgeführt.[140] Aber die genannten Passagen bei Justin und Irenäus bieten zumindest knappe Erklärungen, die eine durchdachte Verwendung des Begriffs und sorgfältige Reflexionen auf seine Bedeutung bestätigen. Die entscheidenden Fragen dabei sind die nach dem gemeinten 'Sachverhalt' (*res, pragma*) und die nach dem Verhältnis zwischen Begriff und Bedeutung, *res-signum, rhema-pragma*. Für die christologische Argumentation mit dem Terminus 'salben', 'gesalbt werden' heißt das: Welcher konkrete Akt ist gemeint, die Salbung mit Geist bei der Taufe, mithin eine Salbung als Mensch, oder die Einsetzung und Beauftragung des Logos durch Gott? In welchem Verhältnis steht dieser Akt zur Inkarnation? Ist überhaupt ein konkreter Akt gemeint oder verweist der Terminus als Zeichen, Symbol, Metapher auf eine andere Wirklichkeit? Wenn eine übertragene Redeweise vorliegt: Wie ist ihre Bedeutung zu erschließen?[141] Die theologische Relevanz dieser Methode liegt auf der Hand. Ihre theologisch-dogmatische Brisanz enthüllt sich vor allem im Lauf des 4. Jahrhunderts, wie sich an den Auseinandersetzungen um den Arianismus zeigen läßt. Die Frage, wie ausdrücklich metaphorische Sprache als solche reflektiert wird und wie diese Reflexion sich im Gedankengang auswirkt, ist von entscheidender Bedeutung für die Argumentation als solche. Das läßt sich sowohl an *Ps* 44,2a als auch an Vers 7-8 aufweisen. Die Frage nach der Bedeutung der Begriffe bzw. der Bilder und Metaphern stellt überdies einen wichtigen Ansatzpunkt für die spirituelle Auslegung dar.[142]

---

stimmten Auftrag.—Cf. die Formulierung in *Haer.* IV 39,2 zu *Ps* 44,12a (SCh 100, 966,47/49): *liniet te ab intus et a foris auro puro et argento, et in tantum ornabit te, ut et ipse Rex concupiscat speciem tuam.* In der griechischen Fassung (967,44/47) heißt es χρίσει, κοσμήσει; das sind die Begriffe, die Justin in *Apol.* II 6 für die 'präkosmische' Salbung benutzt.

[139] Cf. zum paganen Hintergrund Neuschäfer 276-285.

[140] Cf. zur antiken Methode der Worterklärung Neuschäfer 140-155; Schäublin 95-123; zu Origenes auch M. Harl, Origène et la semantique du langue biblique, in: VigChr 26 (1972) 161-187.

[141] Cf. zur Tropenlehre Schäublin 110-123; Neuschäfer 218-227.

[142] S. I 3.

2. KAPITEL

ENTFALTUNG—DER THEOLOGISCHE ERTRAG

2.1 *Ps* 44 in der prophetisch-messianischen Interpretation und erste Ansätze einer christologischen Differenzierung

a) Sammlungen zur Gottheit Christi als Quellen bei Justin

Die Einführungen und Kommentare zu den ausführlicheren Zitaten in *Dial.* 30-39 verweisen—neben anderen Indizien—darauf, daß Justin verschiedene Traditionen verarbeitete.[1] An zwei weiteren Stellen kombiniert Justin einige der in *Dial.* 30-39 aufgeführten Schrifttexte unter veränderten Perspektiven und mit unterschiedlicher Akzentuierung, so daß es sich kaum um bloße Zusammenfassungen von *Dial.* 30-39 handeln kann.[2]

In *Dial.* 63 fordert Tryphon, im Anschluß an Justins Ausführungen über die Existenz eines 'anderen Gottes',[3] den Nachweis, daß dieser Gott von einer Jungfrau geboren und gekreuzigt wurde, starb, auferstand und in den Himmel auffuhr. Justin verweist auf das, was er schon sagte, und spricht einiges davon noch einmal an: *Jes* 53,8 und *Gen* 49,11 bezeugten, daß seine Geburt keine rein menschliche war;[4] *Ps* 109,3-4 zeige die göttliche—πρὸ ἑωσφόρου, ἄνωθεν—und die menschliche Geburt—ἐκ γαστρός—zugleich an.[5] Daran schließt er *Ps* 44,7-13a an. Mit der jungfräulichen Geburt haben diese Verse offenkundig nichts zu tun.[6] Sie begründen viel-

---

[1] S.o. I 1.1.b; Skarsaune, Proof 174-177; 426f. u.ö.: Kombination der Kerygma- und der Rekapitulationsquelle, cf. I 1 Anm. 61.

[2] So postuliert von Prigent, Justin 103-111, v.a. 109; Skarsaune, Proof 199-203, 201f.

[3] *Dial.* 56-62, dazu s.o. I 1.2.a.

[4] *Dial.* 63,2; cf. 54,1-2; 43,3; die Deutung von *Gen* 49,11 auf die jungfräuliche Geburt—wie das Blut der Trauben nicht von einem Menschen stammt, so auch nicht Jesus Christus—ist ein Beispiel dafür, daß es bei Justin auch Formen allegorischer Schriftauslegung im Rahmen der erfüllten Prophetie gibt.

[5] *Dial.* 63,3. Otranto 43-51 führt Parallelen zu dieser seltenen Exegese an: Ps-Hippolyt, *In S. Pascha* 3,2; Tertullian, *Marc.* V 9,7-8; Marcell v. Ancyra, *Fragm.* 28-31.

[6] Otranto 51-57 vertritt die These, daß ursprünglich doch ein Zusammenhang mit der jungfräulichen Geburt gegeben war: Justin habe auch *Ps* 44,2 zitiert; aber der Vers sei in der handschriftlichen Überlieferung verloren gegangen. Gewiß fin-

mehr Christi Gottheit ähnlich wie in *Dial.* 30-39:[7] Er sei zu verehren, Gott, Christus (προσκυνητός, θεός, χριστός), wie der Vater,
der diese Welt geschaffen habe, bezeuge—damit wird die Autorität
des Gesagten als unanfechtbar hingestellt[8]—und wie die Worte
selbst ganz klar anzeigten.[9] Darüberhinaus bestätige die Wirklichkeit der an ihn Glaubenden, vom Logos[10] als Tochter angesprochen, mithin als Einheit, als μία ψυχή, συναγωγή, ἐκκλησία, die aus
seinem Namen entstanden sei und an seinem Namen Anteil habe,
genauso klar die Wahrheit des Gesagten.[11]

   Auffällig ist ein Unterschied in der Lesart: *Dial.* 38 zitiert *Ps*
44,13a in der häufigeren LXX-Version προσκυνήσουσιν αὐτῷ,
Dial. 63 nach der hebr. Version προσκυνήσεις αὐτῷ, die noch die
'Tochter' aus *Ps* 44,11 als Subjekt annimmt. Gemeinsam ist beiden
Lesarten, daß sie, dem hebräischen Text folgend, nach αὐτῷ erst
einen Einschnitt setzen, während die überlieferten Textversionen
mit καὶ προσκυνήσουσιν einen neuen Satz beginnen lassen, dessen
Subjekt die θυγατέρες Τύρου sind. Der Text in *Dial.* 38 wurde entweder entsprechend der später gebräuchlichen Textvariante geglättet,[12] wobei der ungewöhnliche Einschnitt—außer Justin gibt es

---

det sich *Ps* 44,2a häufig in Verbindung mit *Ps* 109,3c. Aber eine Deutung des
Verses auf die Menschwerdung ist nicht nachweisbar: Otranto 54, nennt nur Marcell von Ancyra, aber die Interpretation der entsprechenden Passage des Briefs an
Julius ist umstritten, s.u. II 1.2.c. Es liegt im Kontext von *Dial.* 30-39 begründet,
daß in 38,1 die Menschwerdung genannt wird; mit *Ps* 44,2a hat das nichts zu tun.
Wo ein Zusammenhang mit dem Vorkommen von *Ps* 44,2a in späteren Jungfräu-
lichkeitsschriften liegen soll, ist völlig unklar. Im übrigen ist die Jungfrauengeburt
im unmittelbaren Kontext kein Thema mehr: Tryphon nimmt im folgenden
προσκυνητός kritisch auf. Und die Tatsache, daß Justin *Ps* 44,7-13 als Selbstzeugnis des Vaters ansieht (*Dial.* 63,5), berechtigt nicht dazu, auf eine entsprechende
Interpretation von Vers 2a zurückzuschließen.
   [7] *Dial.* 63,5 (A. I 300).
   [8] Cf. *Dial.* 7: Die Propheten sprechen nicht in eigener Verantwortung, sondern
sagen, was Gott selbst ihnen durch den prophetischen Geist eingibt.
   [9] *Dial.* 63,5 (A. I 300): καὶ οἱ λόγοι οὗτοι διαρρήδην σημαίνουσι. Er besteht auf
einer 'literalen' Deutung. Dazu paßt die Interpretation des ἐκ γαστρός auf Maria,
nicht als Anthropomorphismus für Gott.
   [10] Zum noch etwas unklaren Logosbegriff: Barnard 85-100; Osborn 28-43.
   [11] Die Macht des Namens Christi klang auch in *Dial.* 30 an, ebenso in 35 (Unterscheidung zwischen Lippenbekenntnis und Verehrung des Namens; die in Jesu
Namen gewirkten Wunder) und in 39,6 (die in Jesu Namen gewirkten Wunder).—
Zur Realität des Namens cf. *Apol.* I 31,7: Bei den Propheten finden wir, daß er
Sohn Gottes sei und heiße; *Apol.* II 6,1-4, s. I 1.1 Anm. 120.
   [12] Cf. Archambault, Anm. z.St., S. 301; Prigent, Justin 105. Osborn 128 weist
darauf hin, daß Psalmen besonders häufig von Abschreibern korrigiert wurden.
Die bei Justin überlieferten Textvarianten sind wertvoll für die Erforschung des

keine Textzeugen—stehen blieb; er begünstigt die messianische
Deutung Justins, der neben θεός und χριστός auch προσκυνητός als
christologische Kernaussage des Psalms anführt.[13] Oder Justin zitiert in *Dial.* 38 unabhängig von einer Testimonienquelle aus seiner
besonderen LXX-Version, während er in *Dial.* 63 eine Quelle aus-
schreibt.[14] Der Skopos seiner Deutung—daß Jesus Christus zu
verehren sei—bleibt unbeeinflußt davon, ob die Tochter-Kirche direkt dazu aufgefordert wird oder ob von den Gläubigen in der
3. Person Plural die Rede ist.

Im folgenden knüpft Justin an den Titel προσκυνητός an; er behandelt die Verehrungswürdigkeit Christi und die Rettung allein
durch ihn und zitiert dabei aus einigen weiteren der aus *Dial.* 30-39
bekannten Psalmen:

> *Ps* 98,1-7, cf. *Dial.* 37,3f.;
> *Ps* 71,1-5.17-19, cf. *Dial.* 34,3-6;
> *Ps* 18,1-6, cf. *Dial.* 30 Allusionen.

Er spielt auf *Sach* 12,10 und, versteckt, auf *Dan* 7,13 an.[15] Wie in
Dial. 30-39 hebt Justin auf Gott- und Menschsein Jesu Christi ab.
Während er das dort aber vorwiegend aus Texten zu den späteren
Stationen der Heilsgeschichte, besonders mit der Erhöhung, Verherrlichung und Wiederkunft, begründete,[16] begegnet hier als
weiteres wichtiges Argument die jungfräuliche Geburt.[17] In *Dial.*
76 kommt Justin nochmals auf die Schriftstellen zurück, um die

---

griechischen Bibeltexts, cf. Barnard 175f.; v.a. J. Smit Sibinga, The O.T. of Justin
Martyr I. The Pentateuch, Leiden 1963; D. Barthélemy, Les devanciers d'Aquila.
Première publication intégrale du texte des fragments du Dodécapropheton,
Leiden 1963. Weitere Forschungen wären dringend notwendig, zumal sich Prigent
leider auf seine These von der Abhängigkeit des *Dialogs* vom *Syntagma* beschränkt.
  [13] Cf. Prigent, Justin 105; Skarsaune, Proof 200; cf. *ibid.* 126: unterstützt durch
den Kontext von *Hebr* 1,8-9, unter Verweis auf *Hebr* 1,6 (= *Dtn* 32,43). Es könnte
sich aber auch umgekehrt verhalten: Aus einer oder mehreren Testimonienquellen
gelangte *Ps* 44,7-8 in den *Hebr*-Brief und zu Justin.
  [14] Nach Skarsaune, Proof 425, benutzte er eine 'targumizing' Version der
LXX. Otranto 57 unterstellt eine Änderung durch Justin, der das Verhältnis
Braut—Bräutigam verstärken wollte. Das erscheint höchst zweifelhaft, zumal O.
nicht die anderen Belegstellen für den Psalm überprüft und die Testimonienthese
außer Acht läßt.
  [15] *Dial.* 64,7 (Arch. I 306): [. . .] ἵνα καὶ θεὸν ἄνωθεν προελθόντα καὶ ἄνθρωπον
ἐν ἀνθρώποις γενόμενον γνωρίσητε, καὶ πάλιν ἐκεῖνον παραγενησόμενον [. . .]—
'[. . .] damit ihr ihn als Gott, der von oben kam, und als Mensch, der unter
Menschen geboren wurde, erkennt, und daß jener wiederkommen wird [. . .]'.
  [16] S.o. 1.1.b.
  [17] Z.St. Skarsaune, Proof 199-202.

bisherigen Argumente, auch aus *Dial.* 43; 54,1-2; 63-64, erneut anders akzentuiert, zusammenzufassen. In *Dial.* 75-76 geht es um die Offenbarung des Namens Jesu im AT und um die Ankündigung der jungfräulichen Geburt sowie um die Gottheit Christi.[18]

Einiges ist bemerkenswert: In *Dial.* 76,1 spielt Justin auf *Dan* 7,13f. an, wobei es ihm um das ὡς υἱὸν ἀνθρώπου geht, nicht um die Wiederkunft, und er verbindet die Stelle mit *Dan* 2,34: Jesus Christus entstand nicht als Mensch aus Menschen, so wie der Stein sich ohne menschliches Zutun vom Fels löste. In *Dial.* 30-39 hat Justin mehrmals den 'Stein' als Christustitel genannt, ohne ihn eigens zu begründen und herzuleiten. Die Erklärung erfolgt offensichtlich erst hier.[19]

– In *Dial.* 76,3 zitiert er—unter ausdrücklicher Berufung auf Jesaja—*Jes* 9,5 in der LXX-Lesart: "Bote des großen Rats" (ἄγγελος μεγάλης βουλῆς). Auch der ἄγγελος-Titel war in *Dial.* 34,2 nicht begründet worden.

– In *Dial.* 76,6-7[20] kommt er wieder auf die Gottheit des Gekreuzigten zurück. Nach bekenntnishaften Formulierungen und dem Zitat von Jesu Leidensweissagung beruft er sich auf David: Die Formulierung, daß Christus vor der Sonne und dem Mond aus dem Mutterleib gezeugt worden sei (πρὸ ἡλίου καὶ σελήνης ἐκ γαστρός γεννηθήσεσθαι αὐτὸν [...]) setzt sich aus *Ps* 71,17b (*ante solem permanet nomen eius*); *Ps* 71,5b (*et ante lunam generationes generationem*) und *Ps* 109,3c (*ex utero ante luciferum genui te*) zusammen. Ähnlich schreiben Justin in *Dial.* 45,4, kompiliert aus *Ps* 109,3c und 71,5b: "Er war vor der Morgenröte und dem Mond" (πρὸ ἑωσφόρου καὶ σελήνης ἦν), und Irenäus in *Dem.* 43: 'avant l'étoile du matin je t'ai engendré et avant le soleil [est] ton nom', zusammengesetzt aus *Ps* 109,3c und *Ps* 71,17b und—vermutlich bedingt durch die Ähnlichkeit mit *Jer* 1,5—Jeremia zugeschrieben.[21] Es geht jeweils um die Präexistenz und die Zeugung aus Gott, in *Dial.* 76,7 außerdem um die Geburt aus der Jungfrau.[22] Sehr wahrscheinlich greifen beide Theologen auf von der Tradition geprägte Formeln und Kom-

---

[18] Z.St. Skarsaune, Proof 202f.

[19] *Dial.* 34,2; 36,1; cf. 86,3.

[20] *Ibid.* 76,6-7 (A. II 10-12), cf. 30 u.ö.

[21] *Ibid.* 76,7 (A. II 12); 45,4 (A. I 200); Iren., *Dem.* 43 (Sch 62, 101). Skarsaune, Proof 235f., sieht die Kombination als Teil der von ihm rekonstruierten Rekapitulationsquelle an, cf. 234-242; 380-391 u.ö.

[22] S.o. zu *Dial.* 63, S. 42-44.

binationen zurück, wobei die Unterschiede allerdings gegen eine gemeinsame Quelle sprechen.[23] Die Testimonien, zumal wenn sie mündlich tradiert wurden, fanden offensichtlich verschiedene Ausformungen.

 – An die Psalmenkompilation fügt Justin eine Kombination von Christus-Titeln an, χριστός, θεός ἰσχυρός, προσκυνητός.[24] Θεός ἰσχυρός wird von Archambault, z.St., als Wiederaufnahme der Formulierung von *Ps* 18,6 gedeutet: ἀγαλλιάσεται ἰσχυρὸς ὡς γίγας δραμεῖν ὁδόν. Dafür spricht, daß alle Titel dieses kleinen Abschnitts in *Dial.* 30-39 ausführlich, in 63-64 etwas knapper biblisch hergeleitet wurden und dort jeweils auch *Ps* 18 eine Rolle spielt. 'Starker Gott' kommt in dieser Form aber nur in *Dial.* 76,7 vor. Normalerweise gebraucht Justin θεός und ἰσχυρός getrennt. 'Starker Gott' ist ein Titel aus der hebräischen Variante von *Jes* 9,5,[25] und diese Stelle wird bei Irenäus in Verbindung mit anderen Testimonien aus *Ps* 44; *Jes* 53,8; *Dan* 7,13 zitiert.[26] Justin scheint zu *Jes* 9,5 nur die LXX-Variante (ἄγγελος μεγάλης βουλῆς) zu kennen.[27] Offensichtlich ist ihm der Titel 'starker Gott' aus einer Quelle überkommen, ohne daß er ihn *Jes* 9 hätte zuordnen können.

Gerade der Titel 'starker Gott' und die Kompilation aus *Ps* 71 und 109, die in verschiedenen Varianten offensichtlich weiter verbreitet war, sprechen dafür, daß möglicherweise in *Dial.* 76,7 die ursprünglichere Quelle vorliegt, nämlich Kombinationen verschiedener Titel,[28] die in *Dial.* 30-39 von Justin mit Hilfe weiterer Traditionen breiter und ausführlicher begründet werden.[29] Die Kompilation wäre der Kern der Ausführungen zur Zeugung aus Gott und zur jungfräulichen Geburt, die zweite Titelkombination

---

[23] Zur Verbindung von *Ps* 109 und 71 cf. Prigent, Justin 92-94. Gerade hier ist seine These vom *Syntagma* als gemeinsamer Quelle nicht sehr überzeugend.

[24] *Dial.* 76,7 (A. II 12): Καὶ Δαυῒδ δὲ πρὸ ἡλίου καὶ σελήνης ἐκ γαστρὸς γεννηθήσεσθαι αὐτὸν κατὰ τὴν τοῦ πατρὸς βουλὴν ἐκήρυξε, καὶ θεὸν ἰσχυρὸν καὶ προσκυνητόν, Χριστὸν ὄντα, ἐδήλωσε.

[25] R. Lorenz, *Arius judaizans?* Untersuchungen zur dogmengeschichtlichen Einordnung des Arius, Göttingen 1979, 163, verweist (unabhängig von Justin) auf das *Trishagion* als Ursprungsort für den Titel. Aber auf welchen Wegen er aus der dreigliedrigen Formel abgeleitet worden sein soll, bleibt unklar.

[26] Iren., *Haer.* IV 33,11; III 19,2.

[27] Cf. *Dial.* 76,3; 126,1. Skarsaune, Proof 390.

[28] Beide Reihen möglicherweise aus der Rekapitulationsquelle, Skarsaune, Proof 235f. Leider problematisiert er den Titel 'Starker Gott' nicht.

[29] S.o. S. 26f.; cf. Dodd 114-123 über 'Messias'-Testimonien.

zur Gottheit, Auferstehung und Verherrlichung.[30] Beide Ansätze
zielen darauf, Präexistenz und Gottheit des 'anderen Gottes'
Christus zu beweisen. In *Dial.* 30-39 leitete Justin die in der zweiten
Reihe genannten Titel biblisch her und verknüpfte sie mit einer
anderen Tradition zur Auferstehung, Himmelfahrt, Wiederkunft.[31] Weil Justin θεός ἰσχυρός nicht fand, da er *Jes* 9,5 nur in
der LXX-Version kannte, zog er statt dessen *Ps* 18,6[32] sowie *Ps* 44
und 46,6-9 zu 'Gott' heran, προσκυνητός erklärt er, wie gesehen,
durch *Ps* 71; 98 und 44, χριστός durch *Ps* 44. Der Christus-Titel
wird in *Dial.* 30-39 nicht eigens thematisiert; dort dominiert 'Gott',
möglicherweise im Zusammenhang mit einer weiteren Tradition,
die sich ihrerseits in *Dial.* 56 niederschlägt.[33] Erst in *Dial.* 86,3
kommt Justin auf die Salbung im Rahmen einer Reihe von 'symbolischen' alttestamentlichen Verweisen auf Christus, vermutlich
wieder eine eigene Tradition, zurück.[34]

Ps 44 wäre also Teil verschiedener früher Testimoniensammlungen, die die Gottheit und Verehrungswürdigkeit Christi beweisen
bzw. in Gestalt von Kurzformeln tradieren sollen. Wir erinnern uns
an eines der Grundanliegen des Dialogs: Es soll nachgewiesen werden, daß der Mensch Jesus Christus, der gekreuzigt wurde, Gott ist
(zumal angesichts der philosophisch geprägten transzendenten Got-
tesidee). Justin forciert im Dialog zwei Zugänge besonders, nämlich
Auferstehung, Himmelfahrt, Wiederkunft, ewige Herrschaft einerseits und die Präexistenz und Zeugung aus dem Vater sowie die
wunderbare Geburt aus der Jungfrau andererseits,[35] beides von
den Propheten, den 'wahren Philosophen'[36] angekündigt. In dem
komprimierten Abschnitt *Dial.* 76,7 ist beides angelegt, und zwar
ausgehend von den bekenntnishaften Formulierungen in 76,6-7:
Wir glauben an den unter Pontius Pilatus gekreuzigten Herrn
Jesus, der die Dämonen besiegte. Die Propheten verkündeten sein
Leiden und seine Herrschaft, aber Christus selbst mußte das den

---

[30] Cf. die Kombination von *Jes* 9,5 (Hbr) und *Ps* 44,3 bei Iren., *Haer.* III 19,2,
s.u. S. 49f.
[31] Möglicherweise die Kerygma-Quelle Skarsaunes.
[32] Ausführlich vermutlich in der verlorenen Quelle zu *Dial.* 30, s.o. I 1 Anm.
40.
[33] S.o. 1.2.a.
[34] Zur Salbung s.o. 1.3.
[35] Cf. Skarsaune, Proof 380-391.
[36] Zur wahren Philosophie s.o. 1.1.a.

Aposteln erklären, wie seine Leidensankündigung (cf. *Mk* 8,31;
Lk 9,22) zeige. Die beiden Kombinationen stellen den prophetischen Beleg dafür dar, daß der Gekreuzigte und Auferstandene der
von Gott gesandte 'andere Gott' ist. Aus diesen tradierten Reihen,
deren Zusammenstellung in *Dial.* 76,7 auch von Justin selbst stammen könnte, entwickelt er in *Dial.* 30-39, unter Rückgriff auf andere
Sammlungen, Auferstehung, Himmelfahrt und ewige Herrschaft,
in *Dial.* 43.48-55 die jungfräuliche Geburt und kommt in *Dial.*
63-64 in etwas knapperer Form darauf zurück.[37]

Grundlegend für die weitere Argumentation mit *Ps* 44 ist die Einbindung in Sammlungen zur Präexistenz und zur Verherrlichung,
die auf das Gottsein Christi abheben. Bestimmte Kombinationen
bleiben bemerkenswert stabil, z.B. mit *Ps* 109, und zwar mit Blick
auf das Gott—bzw. Herrsein als solches[38] sowie im Rahmen der
Zeugung aus Gott (*Ps* 109,3). Weniger breit ist der Traditionsstrom, der *Ps* 44 mit *Ps* 18 kombiniert; er wird vor allem im Westen
gepflegt und findet dort Eingang in die Liturgie.[39] Aus dem Kontext von Himmelfahrt und Wiederkunft verschwindet der Psalm
wieder.[40]

b) Christologische Ansätze in antithetisch strukturierten Sammlungen bei Irenäus und Tertullian

Zunächst begegnet *Ps* 44 häufiger in Text- und Testimoniensammlungen zu den beiden Parusien, die zum Ausgangspunkt für grund-
sätzlichere christologische Erwägungen werden. So fügt Irenäus,
der es, zumal im Zusammenhang seiner Soteriologie,[41] liebt, poin-

---

[37] Möglicherweise deutet die Textvariante zu *Ps* 44,13 in *Dial.* 63 wieder auf
eine eigene Tradition.

[38] S.o. zu *Dial.* 56: I 1.2.a.

[39] S. die Auslegungen von Hieronymus, *Ep.* 65,9, und Augustinus, *En.Ps.*
44,3. In der Weihnachtsliturgie sowie bei Apostel-, Jungfrauen- und Marienfesten
begegnen zumeist beide Psalmen, s. Pascher, Das liturgische Jahr 374-377; 481-
484; 611; 614-617.

[40] Auch das spricht möglicherweise dafür, daß die Verbindung der Testimonien in *Dial.* 30-39 nicht ursprünglich ist.

[41] Cf. u.a. *Haer.* III 19,1: *qui Filius Dei est Filius hominis factus est*; III 19,3: *Sicut
enim homo erat ut temptaretur, sic et uerbum ut glorificaretur* (SCh 211, 374,18f.; 378,54f.).
Grillmeier spricht von einer 'Theologie der Antithesen' (I 217-219). Literatur: s.
H.-J. Jaschke, Irenäus von Lyon, in: TRE 16 (1987) 258-268; Ders., Der Heilige
Geist im Bekenntnis der Kirche. Eine Studie zur Pneumatologie des Irenäus von
Lyon im Ausgang vom altchristlichen Glaubensbekenntnis, Münster 1976; De
Andia; R. Tremblay, La manifestation et la vision de Dieu selon S. Irénée de Lyon,

tiert Gegensätze nebeneinander zu stellen, die beiden Parusien einer Zusammenschau von Gottheit und Menschheit Christi ein. Während Justin die beiden Parusien mit Blick auf den einen präexistenten Christus und 'anderen Gott' darstellt, der angebetet werden muß, ist die Perspektive bei Irenäus verschoben: Gegen gnostische Tendenzen, die Einheit Christi aufzulösen, besonders gegen diejenigen, die den leidenden Jesus für einen bloßen Menschen halten, verteidigt er die Einheit von Gott und Mensch. In diesem Zusammenhang kontrastiert er an verschiedenen Stellen seiner Schrift *Gegen die Häresien* Testimonien zu den beiden Parusien, um zu zeigen, daß sie von einem und demselben prophezeit worden seien.[42]

Die Schrift nenne nur Gott wirklich und eigentlich Gott, und deshalb werde Christus über alle Menschen hinaus—παρὰ πάντας gleicht den Formulierungen in *Ps* 44,3a und *Ps* 44,8c[43]—als Gott, Herr, ewiger König, Eingeborener, fleischgewordenes Wort verkündet.[44] Z.T. streng parallel konstruiert stellt er in *Haer.* III 19 die beiden Existenzweisen, ausgehend von den beiden Geburten, nebeneinander:[45]

> et quoniam homo indecorus et passibilis (cf. *Jes* 53,2-3), et super pullum asinae sedens (cf. *Sach* 9,9), aceto et felle potatus (cf. *Ps* 68,22), <qui> et spernebatur in populo (cf. *Ps* 21,7) et usque ad mortem descendit (cf. *Ps* 21,16), et quoniam Dominus sanctus, et mirabilis Consiliarius (cf. *Jes* 9,5), et decorus specie (cf. *Ps* 44,3a), et Deus fortis (cf. *Jes* 9,5), super nubes ueniens uniuersorum Iudex (cf. *Dan* 7,13.26): omnia de eo Scripturae prophetabant.

Die Anspielung auf *Ps* 44,3a schiebt er zwischen die beiden Titel aus der hebräischen Version von *Jes* 9,5 und ordnet dem in der ersten

---

Münster 1978; R. Berthouzoz, Liberté et grâce suivant la théologie d'Irénée de Lyon. Le débat avec la gnose aux origines de la théologie chrétienne, Paris 1980; R. Schwager, Der Gott des Alten Testaments und der Gott des Gekreuzigten. Eine Untersuchung zur Erlösungslehre bei Markion und Irenäus, in: ZKTh 102 (1980) 289-313; J. Fantino, L'homme image de Dieu chez Irénée de Lyon, Paris 1986.

[42] *Haer.* IV 33,1.11-14; III 19,2.

[43] *Ibid.* III 19,2 (SCh 211, 377,36), lat. *praeter omnes* (376,37).

[44] Der Verweis auf verschiedene Titel, bevor er Testimonien zitiert, ähnelt dem Vorgehen Justins, cf. *Dial.* 30-39.

[45] *Haer.* III 19,2 (SCh 211, 376,43-378,47, 376,43-378,47): *Haec autem non testificarentur Scripturae de eo, si similiter ut omnes homo tantum fuisset. Sed quoniam praeclaram praeter omnes habuit in se eam quae est ab Altissimo Patre genituram* (cf. *Jes* 53,8), *praeclara autem functus est et ea quae est ex Virgine* (cf. *Jes* 7,14) *generatione, utraque Scripturae diuinae de eo testificantur.*

Reihe die Allusion auf *Jes* 53,2-3 (*homo indecorus et passibilis*) zu.[46]
Auf der Ebene der biblischen Bilder und Begriffe verknüpft Irenäus
antithetische Formulierungen, um das Paradox der Einheit von
Gottes- und Menschensohn zu demonstrieren. In der sorgfältigen,
auch rhetorisch durchdachten Zuordnung manifestiert sich die Tendenz, diese Reihe von Gegensätzen nicht mehr auf die beiden Parusien in ihrer zeitlichen Abfolge, sondern grundsätzlicher auf das
menschliche und das göttliche Dasein Jesu Christi zu beziehen.[47]
In seiner menschlichen Niedrigkeit offenbare sich gerade die göttliche Glorie, werde seine Liebe[48] und seine rettende Macht greifbar.[49]

Bei Tertullian läßt sich eine ähnliche Entwicklung beobachten. In
der Schrift *Adversus Iudaeos*[50] behandelt er am Schluß, anknüpfend
an ältere Traditionen,[51] die zwei Parusien. Er zitiert aus *Dan* 7,13;
Sach 12,10; *Jes* 53; *Ps* 21; *Dan* 2,34.[52] Offensichtlich ist Tertullian
nicht unmittelbar von Justin und Irenäus, sondern wiederum von
gemeinsamen Traditionen abhängig: Er greift andere Teilverse aus
Jes 53 und *Ps* 21 heraus und deutet teilweise anders, so z.B. *Jes* 53,8
auf die *humilitas* des Menschseins Christi, während Justin und
Irenäus die Stelle auf die wunderbare Geburt beziehen,[53] *Dan* 2,34
auf seine Herrschaft, während Justin den Vers auf die jungfräuliche
Geburt deutet.[54] Schärfer als Irenäus arbeitet er die Antithesen
zwischen den beiden *adventus* und *habitus* heraus,[55] um die Einheit
Christi zu umschreiben.[56] Sein einleitender Kommentar zu *Ps*

---

[46] Noch deutlicher wird der Kontrast in der zweiten Gruppe von Texten: *Ps*
21,17 versus *Dan* 7,26; *Ps* 21,16 vs. *Dan* 7,13.
[47] Cf. Houssiau 119-121. 121-127 untersucht er die einschlägigen Stellen und
zeigt auch Unausgeglichenheiten.
[48] S.o. S. 21 Anm. 34.
[49] Cf. *Haer.* III 19,3; IV 33,11-14.1 u.ö.
[50] Ed. H. Tränkle, Wiesbaden 1964; zur Echtheit und Entstehung cf. *ibid.* XI-
LXXXVIII.
[51] Tränkle XLIX weist auf die Fülle und Dichte leicht abgewandelter Allusionen in *Iud.* 13-14 hin, während Tertullian sonst im Anschluß an einleitende Formulierungen ausdrücklich zitiere.
[52] Tert., *Iud.* 14,5.—Zur Verwendung von Testimonien bei Tertullian cf. J.
Daniélou, Le Christianisme Latin 124f.; Skarsaune, Proof 435-453.
[53] Cf. Iren., *Haer.* IV 33,11; III 19,2; Just., *Dial.* 76,2; 63,2 u.ö.
[54] Cf. *Dial.* 76,1.
[55] Zur Terminologie für die beiden Parusien, *status, habitus* etc. cf. Moingt III
797-849; IV 104f.; 214-219.
[56] Zur Rhetorik bei Tertullian cf. R.D. Sider, Ancient Rhetoric and the Art of
Tertullian, New York 1971; J.C. Fredouille, Tertullien et la conversion de la cul-

44,3-4 nimmt die Begriffe aus dem oben zitierten *Jes* 53,2-3 wieder auf; ähnlich kontrastiert er *Ps* 8,6 und *Ps* 8,6-7.

In *Adv. Marcionem* III[57], wo Tertullian auf weite Strecken Abschnitte aus *Adv. Iudaeos* beinahe wörtlich wiederholt, geht er noch weiter. Hier stellt er den genannten Abschnitt an den Beginn christologischer Ausführungen und verstärkt damit die Wirkung in der Darstellung der *humilitas*, um die es im Kontext geht: Der Leser erwartet eine Schilderung der Niedrigkeit und liest von den Zeichen seiner geheimen Macht.[58] In die Passagen zur Menschheit fügt er Allusionen ein, die den Kontrast verschärfen, z.B. zu *lapis offensionis* (cf. *Jes* 8,14) *petra scandali*. Außerdem strafft er den Text und vereinheitlicht die Tempora.[59]

> *Duos dicimus Christi habitus a prophetis demonstratos totidem aduentus eius praenotasse:*
> *unum in humilitate, utique primum, cum tamquam ouis ad uictimam deduci habebat et tamquam agnus ante tondentem sine uoce, ita non aperiens os, ne aspectu quidem honestus* (*Jes* 53,7). *'Adnuntiauimus' enim, inquit, de illo: sicut puerulus, sicut radix in terra sitienti, et non est species eius neque gloria, et uidimus eum, et non habebat speciem neque decorem, sed species eius inhonorata, deficiens citra filios hominum, homo in plaga et sciens ferre infirmitatem'* (*Jes* 53,2-3), *ut positus a patre in lapidem offensionis et petram scandali* (*Röm* 9,33; *1 Petr* 2,6.7; *Jes* 28,16; 8,14), *minoratus ab eo modicum citra angelos* (*Ps* 8,6), *uermem se pronuntians et non hominem, ignominiam hominis et nullificamen populi* (*Ps* 21,7).
> *Quae ignobilitatis argumenta primo aduentui competunt sicut sublimitatis secundo, cum fiet iam non lapis offensionis nec petra scandali, sed lapis summus angularis post reprobationem adsumptus et sublimatus in consummationem templi* (*Jes* 28,16; *Ps* 117,22; *Eph* 2,21; *1 Petr* 2,4-6), *ecclesiae scilicet, et petra sane illa apud Danihelem de monte praecisa, quae imaginem saecularium regnorum comminuet et conteret* (*Dan* 2,34). *De quo aduentu idem prophetes: 'et ecce cum nubibus caeli tamquam filius hominis ueniens uenit usque ad ueterem dierum. Aderat in conspectu eius, et qui adsistebant adduxerunt illum. Et data est ei potestas regia et omnes nationes terrae secundum genera et omnis gloria famulabunda. Et potestas eius usque in aeuum quae non auferetur, et regnum eius quod non uitiabitur'* (*Dan* 7,13-14). *Tunc scilicet habiturus est speciem honorabilem et decorem indeficientem super filios hominum, — 'tempestiuus' enim, inquit, 'decore citra filios hominum, effusa est gratia in labiis tuis; propterea*

---

tûre antique, Paris 1972, 29-178; H. Steiner, Das Verhältnis Tertullians zur antiken Paideia, St. Ottilien 1989, 80-92.

[57] Zum vieldiskutierten Verhältnis der beiden Schriften s. Tränkle LIII-LXVII; s.u. I 3.2.b Anm. 1.

[58] Cf. Tränkle LXVf.

[59] Z.B. *coronabit* statt *coronavit*, *Marc.* III 7 (CChr.SL 1, 517,13, A. Kroymann, 1954).

benedixit te deus in aeuum. Accingere ensem super femur tuum, potens tempestiui-
tate tua et pulchritudine tua' (*Ps* 44,3-4)—*cum et pater, posteaquam diminuit*
eum modicum quid citra angelos, gloria et honore conorabit illum et subiciet
omnia pedibus eius (*Ps* 8,6-7)[60].

Bevorzugte Stilmittel sind Antithesen, dadurch betont, daß im
zweiten Teil die Niedrigkeitsaussagen z.T. wiederholt werden, um
die Überbietung beim zweiten Kommen um so eindringlicher darzustellen.[61] Wo die Zusammengehörigkeit zweier Belege nicht auf
den ersten Blick ins Auge springt, ergänzt er die entsprechenden
Begriffe in der Einleitung des Zitats,[62] so zu *Ps* 44,3a, der ihm in
einer eigenen Lesart (*tempestiuus decore*) vorliegt und dem er deshalb
Bemerkungen zur *species honorabilis* und zum *decor indeficiens* voran-
stellt, die auf *Jes* 53,2-3 verweisen. Andere Stellen sind diskreter,
aber nicht weniger eindeutig aufeinander bezogen, so der 'Wurm,
nicht Mensch' aus *Ps* 21,17 und die Herrlichkeit, in der ihm laut *Ps*
8,7 alles zu Füßen gelegt wird, die 'Wurzel in dürstender Erde' (*Jes*
53,2) und das Kommen auf den Wolken (*Dan* 7,13f.).

In *Marc.* III 17 schließlich hebt Tertullian, seine bisherigen Ausführungen zu den zwei Parusien und zur Menschheit Christi
resümierend, die geschichtliche Abfolge der beiden Parusien zugunsten einer gleichzeitigen Betrachtung der *habitus* auf.[63] Elend und
Niedrigkeit des Menschgewordenen werden als Ausweis seines
Christus-Seins verstanden. Die in *Ps* 44,3a genannte göttliche
Schönheit wirke und offenbare sich im *status allegoricus* der geistlichen Gnade und in der Macht des göttlichen Wortes, die Tertullian in den voraufgehenden Abschnitten ausführlich erörtert hat.[64]
Wichtig für die weitere Entwicklung sind zwei Ansätze: Die
Kombination von *Ps* 44,3 mit *Jes* 53,2-3, die sicherlich älter ist als
die vorliegenden Quellen, begegnet immer wieder im Zusammen-

---

[60] *Ibid.* III 7,1-5 (CChr.SL 1, 516,8-517,13).

[61] So zum 'Stein' und zu *Ps* 8,6.

[62] Cf. auch *Iud.* 14,5.

[63] Cf. de Margerie II 48: Tertullian ist Zeuge der fortschreitenden Entwicklung
einer Christologie 'des deux états successifs' auf eine Christologie der zwei Substanzen hin.—*Ibid.* 40: christologische Relevanz der Parusien: 'deux états et natures du Christ, Dieu et homme'.

[64] *Marc.* III 17,2 (CChr.SL 1, 530,13/19): *Quodcumque illud corpusculum sit, quonam habitu et quonam conspectu fuit? Si inglorius, si ignobilis, si inhonorabilis, meus erit
Christus. Talis enim habitu et adspectu adnuntiabatur. Nam etsi 'tempestiuus decore' apud
Dauid 'citra filios hominum', sed in allegorico illo statu gratiae spiritalis, cum accingitur ense
sermonis, qui uere species et decor et gloria ipsius est.* Zum Thema s.u. I 3.1.a.

hang der Frage nach Gottheit und Menschheit Christi. Beide Verse argumentieren mit ästhetischen Kategorien. Das prädestiniert sie, vor allem im lateinischen Westen, schon fast für eine intensivere Verwendung in Texten wie Predigten, in denen die Rhetorik von besonderer Bedeutung ist, während in christologisch reflektierenden und dogmatisch argumentierenden Texten eher andere Stellen herangezogen werden. Tertullian interpretiert in *Marc.* III 17,2 die Schönheit Christi auf die Macht seines Wortes, indem er Vers 3 und 4 eng miteinander verknüpft. Diese Interpretation wird bei den griechischen Auslegern des 4. Jahrhunderts, die Tertullian sicherlich nicht kannten, breit entfaltet.[65] Möglicherweise gibt es auch dafür ältere Quellen, die von Tertullian wie von griechischen Theologen (über verschiedene Zwischenstationen) benutzt wurden.

2.2 Die prosopologische Exegese von *Ps* 44,2a und 44,7-8

a) Ps 44,2a als Beweis für das Hervorgehen des Sohnes aus dem Vater bei Tertullian und Novatian

Die trinitätstheologische Argumentation mit *Ps* 44,2a in *Adv. Praxean* 5 gründet auf einer sorgfältigen Analyse der Begriffe *logos, ratio, sermo*:[66] Vor aller Schöpfung sei Gott allein gewesen, insofern als außerhalb seiner (*extrinsecus*) nichts gewesen sei; nicht allein, insofern als er die *ratio* gehabt habe. Ihr entspreche im Griechischen λόγος, was in Afrika mit *sermo* übersetzt werde. Deshalb sei es berechtigt zu sagen, daß im Anfang das Wort bei Gott gewesen sei, auch wenn das Wort als solches erst später aus Gott hervorgegangen sei.[67] In *Prax.* 6,1-2 zeigt er eben diese göttliche *dispositio*

---

[65] S.u. zu Didymus, Diodor, Basilius, Chrysostomus.
[66] S.o. I 1 Anm. 107.
[67] *Prax.* 5,1-4. In 5,5-7 vergleicht er das mit dem menschlichen Denken trotz allem Ungenügen: *Quanto ergo plenius hoc agitur in Deo*; 5,7 (CChr.SL 2, 1164,39f.).— Im Hintergrund des gesamten Gedankengangs steht das stoische Modell vom λόγος προφορικός und λόγος ἐνδιάθετος. Dazu M. Mühl, Der λόγος ἐνδιάθετος und προφορικός von der älteren Stoa bis zur Synode von Sirmium 351, in: ABG 7 (1962) 7-56, 27-32; M. Spanneut, Le stoïcisme des Pères de l'Eglise. De Clément de Rome à Clément d'Alexandrie, Paris ²1957, 296-316. Einen ersten Überblick zum Logosbegriff bietet G.C. Stead, Logos, in: TRE 21 (1991) 432-444 (mit Lit.); Zum Logosbegriff der Apologeten: Grillmeier I 225-231 (Lit.); R. Holte, *Logos Spermatikos*, Christianity and Ancient Philosophy According to St. Justin's *Apologies*, in: StThL 12 (1958) 109-168. Cf. außerdem die Literaturangaben zu Justin, Tertullian, Origenes. Das Verhältnis zwischen stoischer und gnostischer Logos-

am Begriff der *sophia* auf, die nach *Spr* 8,22-30 zuerst im Inneren
Gottes gezeugt und gegründet worden sei, um ihm dann bei seinem
Werk beizustehen. *Sophia* und *ratio* und *sermo* seien also in Gott
'eingerichtet'—wie das zu denken ist, läßt Tertullian offen—, um
bei der Erschaffung der Welt als Schöpfungsmittler zu dienen. In
Prax. 6,3 setzt er die drei Begriffe in eins. Wenn das Wort wirklich
aus Gott hervorgehe, wenn er spreche: 'Es werde Licht', sei das die
'vollkommene Geburt des Wortes', dasselbe meinten *Spr* 8,22 und
Spr 8,27: Die Weisheit sei zuerst in seinem Denken und werde
gezeugt auf das Wirken, auf die Schöpfung hin. Dieses Gezeugtwer-
den, Geborenwerden, Hervorgebrachtwerden berechtige dazu, in
den Termini Synonyme für den 'Sohn' zu sehen, der laut *Joh* 1,18
und *Kol* 1,15 Erstgeborener vor aller Schöpfung und Eingeborener
sei.[68]

Unter dieser Prämisse können Begriffe wie *sophia* und *sermo*, die
von sich aus nicht auf eine 'Person' hinweisen, in die prosopologische Schriftargumentation, die die Eigenexistenz des Sohnes
nachweisen soll, einbezogen werden.[69] Der erste der Belege ist *Ps*
44,2a:[70] Unter den eben genannten Voraussetzungen nimmt Tertullian für sich in Anspruch, daß er wörtlich (*proprie*) auslegt, wenn
er den Vers als Selbstzeugnis des Vaters von der Zeugung des Sohnes
versteht. Zentrales und die Deutung tragendes Stichwort ist *sermo*,
das die oben genannten Parallelbegriffe evoziert. Die metaphorische
Redeweise vom Herzen wird durch eine neue Metapher, *uulua cordis*, verdeutlicht; *eructauit* wird stillschweigend mit 'hervorbringen',
'zeugen' gleichgesetzt. Damit ist die *generatio* des Sohnes belegt,
ohne daß 'Sohn' oder 'Zeugung' eigentlich genannt werden. Diese
Begriffe erscheinen in *Ps* 2,7, einem alten Beleg für die Messianität
Jesu.[71] In *Ps* 109,3c begegnet nur *gignere*, nach Tertullian vom
Vater zum Sohn, *in persona*, gesprochen.[72] Er fügt weitere Schrift-

---

deutung in ihrem Einfluß auf den christlichen Logosbegriff ist trotz der Forschungen von Orbe, Hacia la primera teología, noch nicht hinreichend erklärt.
  [68] *Prax.* 7,1 (CChr.SL 2, 1165,6/9); cf. zu den Hervorgängen Moingt III
977-1074.
  [69] Cf. die Analyse bei Moingt I 246f.
  [70] *Prax.* 7,1 (CChr.SL 2, 1165,8/11): [. . .] *ut solus ex Deo genitus, proprie de uulua
cordis ipsius secundum quod et Pater ipse testatur: 'Eructauit cor meum sermonem optimum'.* —
Es handelt sich um eine nordafrikanische Textversion.
  [71] Schon *Apg* 13,33; mit der Formel 'Gott sagte' in *Hebr* 1,5; 5,5; außerdem in
Mk 1,11; cf. Dodd 31f. Irenäus zitiert ihn in *Dem.* 49 im Zusammenhang mit der
'prosopologischen' Methode.
  [72] *Prax.* 7,3 (CChr.SL 2, 1165,11/13).

belege an—*Spr* 8,24-25; *Ps* 32,6; *Joh* 1,3—und begründet unter der
Voraussetzung, daß aus Gott nichts Leeres und Nichtiges hervorgehen könne, wie es der Schall des menschlichen Wortes sei,[73] die
Eigenständigkeit des Sohnes: aus der *substantia* Gottes hervorgebracht, *substantivus, proprietas substantiae*.[74]

Diese Argumentation ermöglicht erst die umfassende *demonstratio*
in *Prax*. 11-13: Sie begründet die grundsätzliche Einheit Gottes—
der Sohn, *sermo*, die *sophia*, sei aus der *substantia* des Vaters hervorgegangen—und schafft die Grundlage für das Verständnis der Unterscheidung der Personen in Gott, indem sie eine Zwei-Götterlehre
ausschließt. In *Prax*. 11, in direkter Auseinandersetzung mit Lehren
des Praxeas, greift Tertullian die in Kap. 7 genannten Stellen auf
und faßt sie zusammen: In der Schrift sei der Sohn Gottes genannt,
der, wenn er denn wirklich Sohn sei, aus Gott hervorgehe[75]—wie
das Wort und die Weisheit. Die drei Begriffe bezeichneten somit
dieselbe Wirklichkeit. Praxeas dagegen unterstelle, daß der Hervorgehende und der, aus dem er hervorgeht, ein und derselbe seien.
Dem widersprächen eine ganze Reihe von *probationes*, die den Sohn
als unterschieden (*distincte*), nicht getrennt (*diuise*) vom Vater aus-
wiesen, und die Praxeas wohl kaum aus der Schrift widerlegen
könne: *Ps* 44,2a heiße eben nicht *eructauit me cor meum*, so daß Her-
vorbringender und Hervorgebrachter, Gott und sein Wort, derselbe
wären.[76] In derselben Weise argumentiert er mit *Ps* 2,7; 109,3c
und *Spr* 8,22. Nach Praxeas' Lehre müßte es heißen, daß der Herr
zu sich selbst gesagt habe, daß er sich selbst vor dem Morgenstern
gezeugt habe, daß er sich selbst als Anfang der Wege gegründet
habe.[77]

Mittels der prosopologischen Exegese und auf der Grundlage der

---

[73] *Ibid.* 7,6.

[74] *Ibid.* 7,9 (CChr.SL 2, 1167,54/56): *Quaecumque ergo substantia sermonis fuit,
illam dico personam et illi nomen Filii uindico, dum Filium agnosco, secundum a Patre defen-
do.*—cf. Moingt II 313-333 als *sermo* als *corpus*/Substanz.

[75] *Prax.* 11,1; geradezu suggestiv wiederholt er *prodire* mit Derivaten.

[76] *Ibid.* 11,2 (CChr.SL 2, 1170,8-1171,16): *Aut exhibe probationem, quam expostulo
meae similem, id est sic scripturas eundem Filium et Patrem ostendere quemadmodum apud nos
distincte pater et filius demonstrantur, distincte, inquam, non diuise. Sicut ego profero dictum
a Deo: Eructauit cor meum sermonem optimum, haec tu contra opponas alicubi dixisse Deum:
'Eructauit me cor meum sermonem optimum', ut ipse sit qui et eructauit et quod eructauit et ipse
qui protulerit et qui prolatus sit, si ipse est et sermo et Deus.*

[77] *Ibid.* 11,3 (CChr.SL 2, 1171,19/23): *Dominus dixit ad se: filius meus sum ego, ego
hodie generaui me,* bzw. *Ante luciferum genui me* und *Dominus condidi me initium uiarum
in opera mea, ante omnes autem colles generaui me.*

Begriffserklärungen, die auf die Identität von Sohn, Wort, Weisheit abzielen, führt Tertullian die Lehre des Praxeas ad absurdum. Wie in *Prax.* 7 enthalten die Belege keineswegs alle der entscheidenden Begriffe. Unhinterfragt bleibt der selbstverständliche Anspruch, daß die vorgeführte prosopologische Exegese[78], die, ausgehend von *sermo*, Vers 2a auf den Vater als Sprecher deutet[79], der sein Wort hervorbringe, korrekt und dem Text angemessen ist. Die Metaphorik des Verses und die damit verbundene Frage nach dem Verhältnis von 'hervorgehen', was Tertullian bevorzugt, und 'hervorbringen', was der Psalmtext nahelegt, wird nicht weiter reflektiert.

Wie die Auslegung von *Ps* 2,7 auf die ewige Geburt ist auch die Deutung von *Ps* 44,2a zumindest in dieser ausdrücklich exegetischen Argumentation neu. Allerdings assoziierte schon Theophilus von Antiochien ἐξηρεύξατο mit dem Hervorgang des Sohnes: Er erklärt diese Zeugung, die von der Schöpfung zu unterscheiden sei, mit dem stoischen Modell vom λόγος ἐνδιάθετος und λόγος προφορικός. Gott zeugte das Wort 'in seinen Eingeweiden' und 'stieß' es durch seine Weisheit 'auf'.[80] Theophilus bleibt auf einer metaphorischen Ebene, der des Aufstoßens, die Tertullian zwar zur Kenntnis nimmt, aber für seine Argumentation nicht berücksichtigt.[81] Einzeldeutungen von *Ps* 44,2a vor Tertullian sind nicht erhalten. Vorbereitet ist seine Interpretation durch das prophetische

---

[78] Der Begriff *persona* fällt im programmatischen Abschnitt 11,4 (CChr.SL 2, 1171,26/37): *Unum tamen ueritus est: mentiri ueritatis auctorem semetipsum et suam ueritatem. Et ideo ueracem Deum credens, scio illum non aliter quam disposuit pronuntiasse nec aliter disposuisse quam pronuntiauit. Tu porro eum mendacem efficias et fallacem et deceptorem fidei huius si, cum ipse esset sibi filius, alii dabat filii personam quando scripturae omnes et demonstrationem et distinctionem trinitatis ostendant a quibus et praescriptio nostra deducitur non posse unum atque eundem uideri qui loquitur et de quo loquitur et ad quem loquitur, quia neque peruersitas neque fallacia Deo congruat ut, cum ipse esset ad quem loquebatur, ad alium potius et non ad semetipsum loqueretur.*

[79] So selbstverständlich muß das nicht sein, wie Tertullians eigene Formulierungen zeigen: *ego profero dictum a Deo, Prax.* 11,2 (CChr.SL 2, 1171,12); *ex ore nostro proferimus, ibid.* 13,6 *(Ibid.* 1175,42).

[80] Theoph.Ant., *Ad Autolycum* II 10 (R.M. Grant, Oxford 1970 [= I.C.Th. Otto, Jena 1861] 38): Ἔχων οὖν ὁ θεὸς τὸν ἑαυτοῦ λόγον ἐνδιάθετον ἐν τοῖς ἰδίοις σπλάγχνοις ἐγέννησεν αὐτὸν μετὰ τῆς ἑαυτοῦ σοφίας ἐξερευξάμενος πρὸ τῶν ὅλων. Er verknüpft dieses Hervorbringen des Wortes im folgenden mit seiner Funktion als Schöpfungsmittler, in Anspielung auf *Joh* 1,3. S.a. *Autol.* II 22. Cf. Orbe, Hacia la primera teología 144-146; Mühl 25-27.

[81] Die Metapher vom Aufstoßen wird auch in späteren Schriften wenig bedacht. Die Argumentation konzentriert sich auf das 'Wort', das 'gute Wort' und das 'Herz'.

Verständnis des ganzen Psalms[82] und durch Justins Argumentation in der Auseinandersetzung um die Präexistenz. Um die Präexistenz geht es auch in den älteren Deutungen zu *Ps* 109, allerdings verknüpft mit der jungfräulichen Geburt. Tertullian läßt das für die letztere Deutung entscheidende *ex utero* weg und kann den Vers 109,3c so ausschließlich für die ewige Geburt verwenden.

Schon vor *Prax.* legte Tertullian *Ps* 44,2a auf den göttlichen Logos hin aus, ohne dabei auf eine eigenständige 'Person' des Wortes abzuheben. In *Adversus Hermogenem*[83], einer Auseinandersetzung um die Schöpfung aus dem Nichts bzw. die Ewigkeit der Materie, unterscheidet er—wie Theophilus von Antiochien an der oben genannten Stelle—den Hervorgang des Sohnes und die Schöpfung und zitiert den Vers an einer leider verderbten Stelle: Es geht um die *sophia* als Schöpfungsinstrument Gottes, erläutert aus *Spr* 8,22-31; sie sei 'gezeugt', 'gegründet' für die Schöpfung der Welt, habe als Schöpfungsinstrument (nicht als Vernunft Gottes!) also einen Anfang in Gott.[84] Um so mehr müsse demzufolge die Schöpfung, die Materie einen Anfang haben.[85] Wie in *Prax.* setzt er die *sophia* mit dem *sermo* und dem Sohn gleich: Wenn er geboren ist, wie soll da die Materie ungeboren sein! Dieses Geborensein des Sohnes als Schöpfungsmittler belegt er mit *Ps* 44,2a.[86] Damit steht er in der Tradition der Logoslehre der Apologeten; sie deuten den Logos, unter dem Einfluß der stoischen und mittelplatonischen Philosophie, auf verschiedene Funktionen hin, deren eine die des Schöpfungsworts und -mittlers ist.[87] Der Vergleich zwischen den Argumentationen in *Herm.* und *Prax.* zeigt die Ausdifferenzierung der trinitätstheologischen Schriftargumentation, die die Entwicklung und Vertiefung der prosopologischen Exegese in *Prax.* ermöglichte. *Herm.* spiegelt noch ein frühes Stadium, das im Rahmen einer funk-

---

[82] S.o. I 1.1; cf. Moingt I 244.

[83] Entstanden 204-205.

[84] R. Cantalamessa, La cristologia di Tertulliano, Fribourg 1962, 25-27 (cf. auch sein Resumé, 192-196) bewertet den Subordinatianismus über. Nach Moingt III 1071f. u.ö., sind die verschiedenen Perspektiven der Argumentation—von der Schöpfung her oder von der Substanz her—zu beachten. S. auch die differenzierte Terminologie *facere, generare, condere*, dazu Marcus 142.

[85] *Herm.* 18,1-5 (CChr.SL 1, 411-412).

[86] Zur Argumentation im einzelnen: Moingt III 1033-1036. Er zeigt, daß es hier auf den zeitlichen Aspekt im Zusammenhang der Schöpfung ankommt, nicht auf das 'Wesen' oder die *substantia* des Sohnes Gottes.

[87] S. Anm. 67. Cf. zur Salbung bei Justin, I 1.3.

tionalen Unterscheidung des (Schöpfungs-)Mittlers vom Vater die grammatischen Strukturen und den Sprecher bestimmt, während Tertullian in *Prax.* verschiedene reale Personen mittels der prosopologischen Exegese zu unterscheiden weiß, allerdings ohne diesen Ansatz bis ins Letzte zu durchdenken.[88] Nach wie vor geht es um die Funktion des Logos, nicht um eine Personbeziehung in Gott.

Novatian[89], vielleicht ein Schüler Hippolyts[90], rekurriert in *De Trinitate* in dem umfangreichen Teil[91], der sich gegen diejenigen richtet, die die Gottheit Christi bestreiten, an mehreren Stellen auf *Ps* 44,2ab. In Verbindung mit dem *Joh*-Prolog, nach dem Zitat von *Joh* 1,14, das zeige, daß Gottes Wort Mensch geworden ist, belegt er mit diesen Versen, daß dem Sohn, Christus, dem *verbum Dei*, durch den alles geschaffen sei (*Joh* 1,3), auch der Titel 'König' zukomme. Der Name *verbum* eigne ihm zu Recht, denn er (= Gott-Vater) sage, daß sein Herz ein gutes Wort hervorbringe und nenne dieses Wort im folgenden 'König'. Daran anschließend zitiert er nochmals *Joh* 1,3.[92] Etwas später kommt er auf dieselben Verse im Kontext von Jesu Aussagen bei Johannes, daß er aus dem Vater hervorgegangen sei (*Joh* 16,28 u.a.), zurück:[93] Ein Mensch könne das nicht von sich behaupten, wohl aber Gottes Wort, von dem in *Ps* 44,2a die Rede sei und das hervorgebracht worden sei, damit durch es alles geschaffen werde.[94] Er verknüpft die Verse wieder mit *Joh*

---

[88] Der Argumentation in *Herm.* ähnlich sind die Belege in *Marc.* II 4,1: Das Wort als Gehilfe des Vaters, als Schöpfungsmittler, nach Moingt III 1071f. ebensowenig im Sinn eines ontologischen Subordinatianismus zu verstehen.—In *Marc.* IV 14,1 deutet er den *sermo* als Schöpfungsmittler und als *sermo benedictionis* und Initiator des Neuen Bundes, also auch mit Blick auf seine Menschwerdung.

[89] *Trin.* entstand ca. 240; zur Biographie, Zuweisung, Textüberlieferung etc., H. Weyer, Novatianus. *De Trinitate.* Text und Übersetzung mit Einleitung und Kommentar, Darmstadt 1962, 5-20; cf. außerdem R.J. DeSimone, The Treatise of Novatian the Roman Presbyter on the Trinity, Rom 1970, 21-52. Zur Christologie: DeSimone 63-137; Grillmeier I 257-259.

[90] Weyer, in der Einleitung der Ausgabe 23-25.

[91] *Trin.* 12-28.

[92] *Ibid.* 13,1 (CChr.SL 4, 32,4/7, G.F. Diercks, 1972): *nam et uocatur nomen eius uerbum Dei* (*Offb* 19,13). *nec inmerito. Eructauit inquit cor meum uerbum bonum. quod uerbum regis nomine consequenter appellat inferendo: Dico ego opera mea regi. Per ipsum enim omnia facta sunt opera, et sine ipso factum est nihil'* (*Joh* 1,3).

[93] Johanneische Selbstaussagen Jesu zu seinem Hervorgang finden sich hier erstmals im Kontext von *Ps* 44,2a. Tertullian, *Herm.* 18,6; *Prax.* 8,4; 24,8 u.ö., zitierte, außer dem *Joh*-Prolog, die Einheitsaussagen, *Joh* 10,30; 14,11 etc.

[94] *Trin.* 15,6 (CChr.SL 4, 37,45/55): *Si homo tantummodo Christus, quomodo dicit: ego ex Deo prodii et ueni* (*Joh* 8,23), *cum constet hominem a Deo factum esse, non ex Deo processisse? ex Deo autem homo quomodo non processit, sic Dei uerbum processit, de quo dictum est:*

1,3: Dieser Vers, *Ps* 44,2b und die Schöpfungsbefehle Gottes in *Gen* 1 bezeichneten alle dasselbe. Das Wort, durch das Gott geschaffen habe, sei bei Gott gewesen, aus Gott hervorgegangen (*Ps* 44,2a), sei Gott, der nach *Joh* 1,14 Mensch geworden sei.[95] Altes und Neues Testament stimmten also darin überein, daß Christus Gott und Mensch sei.[96]

Novatian stellt verschiedene Bibelstellen neben- und gegeneinander, ohne sie im einzelnen zu exegetisieren. Neu ist die enge Verbindung von *Ps* 44,2ab mit *Joh* 1,1-3, die so ausgeprägt bislang nicht begegnete.[97] Novatian akzentuiert so die trinitätstheologische Deutung auf die Schöpfungsmittlerschaft des Wortes hin, also zunächst auf eine bestimmte Funktion, ohne es allerdings darauf zu reduzieren: Indem er in *Trin.* 13,1 und 17,2-3 Vers a und b eng verbindet, verweist er darauf, daß dieses Wort nicht nur bei der Schöpfung wirksam wurde, sondern weiter als König herrscht und als solcher von Gott Vater angesprochen wird. Auch wenn die prosopologische Argumentation nicht durchgeführt wird, geht der Gedankengang über eine bloße Bestimmung der Funktion des Wortes für die Schöpfung hinaus und deutet seinen Stand in der trinitarischen Ökonomie an. Dieser Aspekt der trinitätstheologischen Deutung wird im folgenden vor allem in der lateinischen Tradition wirksam.[98]

Bemerkenswert im Vergleich zu Tertullian, der in *Prax.* die Rede von einer zweiten göttlichen *persona* zu begründen versuchte, ist darüberhinaus, daß *Ps* 44,2a im Zusammenhang der Differenzierung zwischen Gott und Mensch auftaucht und selbstverständlich als Beleg für die Gottheit des Sohnes dient. In dieser Funktion wird er offensichtlich weiter tradiert und benutzt, wie auch Cyprians Testimoniensammlung *ad Quirinum*[99] belegt: *Ps* 44,2ab steht

---

Eructauit cor meum uerbum bonum. quod quoniam ex Deo est, merito et apud Deum est, quodque, quia non otiose prolatum, merito omnia facit. [...] Deus ergo processit ex Deo, dum qui processit sermo Deus est, qui processit ex Deo.

[95] Grillmeier I 257-259 weist darauf hin, daß die *Logos-Sarx*-Christologie Novatians bereits Spuren einer *Verbum-Homo*-Christologie trägt.

[96] *Trin* 17,2-3 (CChr.SL 4, 42).

[97] Tertullian, *Herm.* 18, zitierte nur *Joh* 1,1 im Kontext von *Ps* 44,2a.

[98] Cf. Augustinus, *En.Ps.* 44,4-5. In einem Origenes zugeschriebenen Fragment wird diese Verbindung abgelehnt, s.u. Anm. 130. Das Verhältnis von 2a und b ist bei den griechischen Kommentatoren umstritten, s.u. zu Eunomius, III 1.3.b. (Verbindung) bzw. zu Didymus, *In PsT* 44,2 (G. 334,16) (Personwechsel).

[99] Entstanden oder bearbeitet schon früh, vermutlich in den frühen 40er Jahren, cf. M. Bévenot, Cyprian von Karthago, in: TRE 8 (1981) 246-254, 247.

unter den Beweisen, daß Christus das Wort Gottes ist,[100] und *Ps*
44,2-5 (sowie *Ps* 44,10-12) nochmals unter der Überschrift, daß er
König sei, der in Ewigkeit herrsche;[101] diese Bestimmung knüpft
an der Schöpfungsmittlerfunktion, die mit der Erhaltung der Schöpfung als ihr König (*Ps* 44,2b) verbunden ist, einerseits, und an der
Herrschermetaphorik der Verse 3-5 andererseits an.[102]

b) Der Logosbegriff und die Metaphorik des Psalmverses: Die Kritik des
Origenes an der trinitätstheologischen Deutung

Die trinitätstheologische Deutung von *Ps* 44,2a war so unproble-
matisch nicht, wie ihre Inanspruchnahme in Testimoniensammlungen nahelegen könnte. Die Schwierigkeiten spiegeln sich in einer
ausführlichen Erörterung bei Origenes. Im ersten Buch des
Johannes-Kommentars[103] wendet er sich gegen die, die zwar die vielen
Namen und Bezeichnungen Christi,[104] die sich in der Hl. Schrift
finden, zur Kenntnis nehmen, sie aber, wenn überhaupt, nur in al-
legorischem Sinn[105] akzeptieren wollen und einzig den Titel Logos
gelten lassen, obwohl diesen nur Jesus Christus selbst und Johannes
gebrauchen.[106] Problematisch sei vor allem die Art, wie sie, gemeint sind wohl Vertreter der Valentinianischen Gnosis,[107] λόγος
verstünden:[108] Ohne Unterlaß zögen sie *Ps* 44,2a zur Erklärung

---

[100] *Test.* II 3 (CSEL 3,2, 64,17/18, G. Hartel, 1868).

[101] *Ibid.* II 29 (CSEL 3,2, 97,16-98,4).

[102] Cf. dazu unten I 3.1.a.

[103] Eines der frühesten Werke, entstanden ab 228, cf. E. Schadel, Origenes.
Die griechisch erhaltenen *Jeremiahomilien*, Stuttgart 1980, 348; C. Blanc, Introduction, in: SCh 120, 1966, 8-9; P. Nautin, Origène I, Paris 1977, 62; 410, datiert
auf 229-230.—Ausgaben: GCS Orig. 4, E. Preuschen, 1903; SCh 120; 157; 222;
290; 385, C. Blanc, 1966-1992. Dazu: J.J. Maydieu, La procession du Logos
d'après le Commentaire d'Origène sur l'Evangile de S. Jean, in: BLE 35 (1934)
3-16; 49-70; E. Früchtel, ARXH und das erste Buch des *Johanneskommentars* des
Origenes, in: StPatr 14 (TU 117) (1976) 122-144.

[104] Die ἐπίνοιαι, cf. H. Crouzel, Le contenu spirituel des dénominations du
Christ selon Livre I du *commentaire sur Jean* d'Origène, in: Orig. II (Bari 1977)
131-150. S.u. S. 74-76.

[105] Cf. *Com. Ioh.* I 21,125 (GCS 4, 25,26): Origenes stellt κυρίως und τροπικῶς
polemisch einander gegenüber.

[106] *Ibid.*; s.a. I 23,150; 36,266.

[107] Blanc 136 Anm. 3 z.St.

[108] *Com. Ioh.* I 24,151 (GCS 4, 29,21/26): [...] καὶ μάλιστα ἐπεὶ συνεχῶς χρῶν-
ται τῷ· Ἐξηρεύξατο ἡ καρδία μου λόγον ἀγαθόν'. οἰόμενοι προφορὰν πατρικὴν οἱονεὶ
ἐν συλλαβαῖς κειμένην εἶναι τὸν υἱὸν τοῦ θεοῦ, καὶ κατὰ τοῦτο ὑπόστασιν αὐτῷ, εἰ
ἀκριβῶς αὐτῶν πυνθανοίμεθα, οὐ διδόασιν οὐδὲ οὐσίαν αὐτοῦ σαφηνίζουσιν, οὐδέπω
φαμὲν τοιάνδε ἢ τοιάνδε, ἀλλ' ὅπως ποτὲ οὐσίαν.

heran, um so aus dem Sohn Gottes eine Art προφορὰ πατρική zu machen, eine Hervorbringung des Vaters gleichsam in Silben; dergestalt sprächen sie ihm eine eigene ὑπόστασις, ein Für-sich-Sein, ab und könnten seine οὐσία nicht angemessen erklären. *Ousia* meint hier die besondere Wesenheit des Sohnes, nicht das Wesen des dreieinigen Gottes im Nicaenischen Verständnis.[109] Der Sohn könne, so Origenes, nicht nur verkündigtes Wort sein: Wie sollte der Gott-Logos als solches Wort eigenes Leben in sich haben? Entweder wäre er nicht getrennt vom Vater, damit auch nicht Sohn, oder getrennt und mit völlig eigener Wesenheit.[110] Der Logos als bloß ausgesprochenes Wort könne nicht das ganze Sein des Sohnes, seine geistige Zeugung, seine Subsistenz und die Wesenseinheit mit dem Vater, umfassen.[111] Origenes fordert mithin eine eingehende Untersuchung des Logos-Titels auf dem Fundament der Schrift und unter Berücksichtigung aller anderen Bezeichnungen für den Sohn, aller ἐπίνοιαι. Auf sie geht er zunächst ein, bevor er in den letzten Kapiteln des ersten Buches die Bezeichnung λόγος erörtert.[112]

Er bestimmt den Logos in erster Linie als die Vernunft, die die Menschen von ihrer Neigung zu unvernünftigen Handlungen befreit, damit sie alles zur Ehre Gottes tun.[113] Voraussetzung dafür sei die Verkündigung des Wortes, das den Menschen Anteil an sich gebe, und zwar in ihrem Innern, in Gestalt der Vernunft.[114] Diese Partizipation hat zwei Ebenen: Sie ist zunächst Teilhabe aller Erwachsenen an der Vernunft überhaupt, sodann Teilhabe der Vollkommenen an der Vernunft in ihrer höchsten Ausformung (ἀκρότης). Der Logos zeige in der Verkündigung des Fleischgewordenen, was zu tun vernünftig sei; die Teilhabe an der Vernunft erreiche aber ihre Vollendung in den Vollkommenen, die zur Gottheit des Logos vorgedrungen seien.[115]

---

[109] Cf. Blanc 254 Anm. 1, verweist auf Parallelen und andere Verwendungen des Begriffs; cf. *ibid.* 401f. zu ὑπόστασις.

[110] *Com.Ioh.* I 24,152 (GCS 4, 29,27/31).

[111] Cf. R. Gögler, Zur Theologie des biblischen Wortes bei Origenes, Düsseldorf 1963, 245f.; M. Harl, Origène et la fonction révélatrice du verbe incarné, Paris 1958, 124, cf. 125-129.

[112] *Com.Ioh.* I 36,266-39,288.

[113] *Ibid.* I 37,267: Origenes definiert den Sohn als Logos in seinem Verhältnis zu uns, ähnlich verfährt er bei den meisten anderen Titeln, z.B. Licht, Auferstehung, Hirte, Lehrer etc. Cf. z.St. Crouzel, Le contenu spirituel, 136f.

[114] *Com.Ioh.* I 37,269-272.

[115] *Ibid.* I 37,273-275. Zur *participatio* an der Vernunft durch den Logos cf. *Princ.* I 3,5-6. Harl, Origène et la fonction révélatrice 124f.; 129 weist darauf hin,

Eine weitere Bedeutungsebene ist die des Logos als Verkündiger
der verborgenen Gottheit des Vaters, analog dem Verhältnis von
νοῦς und λόγος: Er sei Bote des Vaters (*Jes* 9,5 hbr), dem keines der
Geschöpfe sich ohne Führer nähern könne (cf. *Mt* 11,27).[116] Damit
läßt er dem traditionellen Verständnis von Justin und Irenäus, die
auf die Offenbarungsfunktion des Logos als Wort abhoben, seine
Berechtigung,[117] fordert aber zugleich eine sorgfältige Differenzierung für das Verhältnis zwischen νοῦς und λόγος. Die Tatsache,
daß er sich in *Com.Ioh.* I 280-287 ausführlich mit der Deutung von
Ps 44,2a auseinandersetzt, bezeugt eine lebhafte und kontroverse
Diskussion um diesen Vers bei Gnostikern und Orthodoxen.[118]
Wenn λόγος wie die Valentinianer meinten, keiner näheren Erklärung bedürfe, dann auch nicht 'Herz'. Aber wenn Gott-Vater
der Sprecher wäre, wäre es dann nicht absurd, ihm ein dem unseren
ähnliches Herz, als Sitz der Vernunft, zuzusprechen? Wie die anderen Anthropomorphismen sei das Herz nicht im 'bloßen Wortsinn'
zu verstehen, sondern, Gott angemessen, als seine 'geistige und alles hervorbringende Macht'. Der Logos sei demzufolge das Wort,
das den Menschen diese Macht verkünde und offenbar mache. Wer
anders aber verkündete den Würdigen den Willen Gottes und weilte
bei ihnen als der σωτήρ?[119] Von daher sei das 'Aufstoßen' zu
verstehen, für das es zahllose andere Ausdrücke (wie προέβαλεν
oder ἐλάλησεν) gebe: Der Vater wolle die Schau der Wahrheit nicht
für sich festhalten und stoße deshalb, wie die Luft sich durch Aufstoßen einen Weg nach draußen suche, ein Abbild, einen τύπος auf,
der 'Bild des unsichtbaren Gottes' (*Kol* 1,15) genannt werde.[120]

---

daß Origenes den Logos kaum mit Jesus Christus identifiziert. Zur *participatio* cf.
D.L. Balas, The Idea of Participation in the Structure of Origen's Thought. Christian Transposition of a Theme of the Platonic Tradition, in: Orig. I (Bari 1975)
257-275; G. Gruber, ΖΩΗ. Wesen, Stufen und Mitteilung des wahren Lebens bei
Origenes, München 1962, 209-229, Normann, Teilhabe 158-176.

[116] *Com.Ioh.* I 38,277f.; cf. Harl, Origène et la fonction révélatrice 125f.
[117] Cf. Blanc 198 Anm. 5.
[118] Cf. Orbe, Hacia la primera teología 449-452; 687-690.
[119] *Com.Ioh.* I 38,280-283, 282 (GCS 4, 49,29/33): [...] οὐχ ἐρειδόντων ἡμῶν
τὴν διάνοιαν εἰς ψιλὴν τὴν λέξιν, ἀλλ᾽ ἐξεταζόντων πῶς ταῦτα ὑγιῶς ἐκλαμβάνειν καὶ
ἀξίως θεοῦ δεῖ, οὕτως καὶ τὴν καρδίαν τοῦ θεοῦ τὴν νοητικὴν αὐτοῦ καὶ προθετικὴν
περὶ τῶν ὅλων δύναμιν ἐκληπτέον, τὸν δὲ λόγον τῶν ἐν ἐκείνῃ τὸ ἀπαγγελτικόν.
[120] *Ibid.* 38,283 (GCS 4, 50,4/11): [...] ἀλλὰ μήποτε ὥσπερ πνεύματός τινος
ἀποκρύπτου εἰς φανερὸν πρόοδός ἐστιν ἡ ἐρυγὴ τοῦ ἐρευγομένου, οἱονεὶ διὰ τούτου
ἀναπνέοντος, οὕτω τὰ τῆς ἀληθείας θεωρήματα οὐ συνέχων ὁ πατὴρ ἐρεύγεται καὶ
ποιεῖ τὸν τύπον αὐτῶν ἐν τῷ λόγῳ, καὶ διὰ τοῦτο εἰκόνι καλουμένῳ τοῦ ἀοράτου θεοῦ.

Origenes drängt so auf eine Differenzierung des vorgängigen Verständnisses: Tertullian ging es gegen Praxeas darum, Vater und Sohn zu unterscheiden, gegen Hermogenes, den Sohn, die Weisheit, den Logos als Schöpfungsmittler in seiner Stellung gegenüber der aus dem Nichts geschaffenen Materie herauszustellen, gegen Markion, die Einheit von AT und NT zu erweisen. Dazu genügte es, als Sprecher den Vater zu bestimmen und den Logos von ihm zu unterscheiden, ohne seine 'Wesenheit' näher zu erklären und ohne zu erläutern, wie die Hervorbringung oder der Hervorgang eigentlich zu verstehen ist. Demgegenüber sind für Origenes mehrere Aspekte wichtig: Der Vater will seine Macht nicht für sich behalten, sondern offenbaren, und er tut das, indem er den Logos hervorbringt, der Abbild und als Abbild Verkünder seiner Machtfülle ist, insofern Zwischenglied, 'Mittleres' (μεταξύ) zwischen dem transzendenten Gott und dem Menschen.[121] Zu beachten ist also, daß Gott Vater der Handelnde ist, in der Fülle seiner Macht und seines Seins.[122] In diesem Sinn muß das 'Herz' erklärt werden. Die göttliche Fülle will sich verströmen; sie dringt über das vollkommene Sein Gottes als solches hinaus, und zwar ohne daß eine ausdrückliche Willenssetzung dazwischengeschoben wäre, die gar zeitlich zu bestimmen wäre.[123] Dafür zieht Origenes die Metapher des 'Aufstoßens' heran. Der Vater, höchstes Sein und Prinzip allen Seins, 'stößt' den Logos auf, der Vernunft und Wort zugleich ist und als Abbild zwar eigenständig, aber doch zum göttlichen Wesen gehörig subsistiert.

Der grammatisch-prosopologische Kommentar Tertullians wird abgelöst durch eine prosopologisch-metaphorische Deutung, die auf der Grundlage der 'Person'-Bestimmung versucht, die Metaphern dem Wesen Gottes entsprechend zu interpretieren und auch die spezifische Bedeutung des 'Aufstoßens' herauszuarbeiten.[124] Origenes will so die Zugehörigkeit des Logos zu Gott und seine eigene Subsistenz oder Hypostase verteidigen. Aber offensichtlich sind es

---

121 Cf. *ibid.* I 37,276, mit *Joh* 1,1 und 1,14.

122 Δύναμις νοητική, geistige Macht, bezieht sich auf Gott selbst, nicht auf sein Wirken nach außen, das durch προθετική τῶν ὅλων bezeichnet wird.

123 Das ist wichtig im Zusammenhang der arianischen Logosdeutung. Zum Unterschied zwischen Origenischen Differenzierungen und arianischer Terminologie neuerdings Böhm 160f.

124 Wahrscheinlich gehen dem gnostische Deutungen voraus, die aber leider nicht erhalten sind. Eine Rekonstruktion, wenn sie überhaupt möglich ist, sprengte den Rahmen dieser Arbeit.

ihm zuviele der Vorbedingungen, um die metaphorische Sprache
des Psalms angemessen auf Gott übertragen zu können. Überdies
widerspricht das aus der trinitätstheologischen Deutung folgende
Logos-Verständnis, in dem die Bedeutung 'Wort' sehr stark gewichtet ist, dem bei Origenes vorherrschenden. Überhaupt ist er
dem Begriff 'Hervorbringung' gegenüber skeptisch, weil er der Unkörperlichkeit Gottes und seiner Weisheit unangemessen scheint.[125]
Deshalb zieht er es vor, als Sprecher nicht den Vater, sondern den
Propheten anzunehmen: Erfüllt vom Heiligen Geist bringe er das
'gute Wort' der Prophetie auf Christus hervor, das er nicht für sich
zurückbehalten könne.[126] In diesem Sinn sei *Ps* 44,2a-3a zu deuten.[127] Ab *Ps* 44,3b wende sich der Prophet—keinesfalls Gott, denn
von ihm sei in *Ps* 44,3c und 8bc in der dritten Person die Rede—
dann an Christus. Das Gegenargument, daß *Ps* 44,11 unmöglich
dem Propheten in den Mund gelegt werden könne, weil er nicht die
Kirche als Tochter anspreche, widerlegt er damit, daß es auch in
anderen Psalmen Personwechsel gebe (ἐναλλαγαὶ προσώπων), so
daß *Ps* 44,11 durchaus vom Vater gesagt sein könne.[128] Dieses Argument würde auch einen Personwechsel nach *Ps* 44,2a rechtfertigen. Vermutlich aus diesem Grund—und aus Respekt vor der
Tradition[129]—lehnt er die trinitätstheologische Deutung von *Ps*
44,2a nicht völlig ab. Der Vers spielt allerdings über das Besprochene hinaus—zumindest in den erhaltenen Schriften—keine
Rolle mehr.[130]

---

[125] Cf. *Princ.* IV 4,1; *Com.Ioh.* XX 18,157, cf. Lorenz, *Arius judaizans* 72f.

[126] *Com.Ioh.* I 39,284.

[127] Daß Vers 3a noch zu 2, dem Wort, gehört, scheint für Origenes selbstverständlich zu sein, cf. I 3.1.b. Vermutlich liegt dem eine eigene Tradition zugrunde,
die noch bei Didymus nachwirkt, s.u. *In PsT* 44, z.St. Die Testimonientraditionen
bei Irenäus und Tertullian bezeugen einen Einschnitt vor 3a: Die trinitätstheologische Deutung von Vers 2a auf den göttlichen Logos und die Interpretation von 3a
auf den verherrlichten wiederkommenden Christus liegen nicht auf derselben
Ebene.

[128] *Com.Ioh.* I 285-287. Zu den rhetorischen und grammatischen Methoden des
Origenes cf. Neuschäfer.

[129] Cf. *ibid.* I 38,283 (GCS Orig. 4, 50,9/10): [. . .] ἵνα συμπεριφερόμενοι τῇ τῶν
πολλῶν ἐκδοχῇ παραδεξώμεθα ἀπὸ τοῦ πατρὸς λέγεσθαι τὸ Ἐξηρεύξατο [. . .]—
'damit wir uns der Übernahme der meisten anschließen und annehmen, daß vom
Vater gesagt sei, "Mein Herz . . ."'.

[130] Die Psalmenauslegungen des Origenes (Scholien, Kommentare und Homilien) sind weitgehend verloren. Zur komplizierten Zuordnung der Gattungen und
der Bezeichnungen dafür: Rondeau I 44-52 (mit Forschungsbericht); zur Überlieferung der Handschriften und zu den Ausgaben, *ibid.* 52-63; Devreesse, *Les an-*

Festzuhalten bleibt, daß Origenes sehr klar die metaphorische Struktur von *Ps* 44,2a analysiert[131] und auf dieser Basis die trinitätstheologische Deutung in Frage stellt—ohne sie rundweg abzulehnen—, weil sie zu viele Mißverständnisse provoziere bzw. zu viele Erklärungen voraussetze.

c) Die Reflexion auf den Logosbegriff: Der Vergleich zwischen göttlichem Logos und menschlichem Wort bei Dionysius von Alexandrien und Laktanz

Die Diskussion um den Logosbegriff in *Ps* 44,2a kreist in den genannten Texten vor allem um den Akt der Hervorbringung aus

ciens commentateurs 1-88; ders., Les chaînes exégétiques 1120-1122; s.a. Nautin I 261-292. Fragmente sind nur aus der indirekten Tradition erhalten: bei anderen Autoren, in Katenen oder in lateinischen Übersetzungen. Die Homilien zu *Ps* 36-38 wurden von Rufin übersetzt (PG 12, 1319-1410; E. Prinzivalli, Florenz 1991); zahlreiche Homilien sind unter dem Namen des Hieronymus erhalten (G. Morin, 1913-1923, neu herauegegeben in CChr.SL 78); dazu V. Peri, Omelie Origeniane sui Salmi. Contributo all'identificazione del testo latino, Vatikanstadt 1980. Die edierten Fragmente bei Pitra (Anal. sacra III (Paris 1883) 40-44 (zu *Ps* 44)), Delarue (PG 12, 1427-1432) und Cadiou (R. Cadiou, Commentaires inédits des Psaumes. Etudes sur les textes d'Origène, contenus dans le Ms. Vindob. 8, Paris 1936, 77-79) sind z.T. fehlerhaft und vermischt mit Fragmenten anderer Autoren, v.a. des Evagrius Ponticus (H.U. von Balthasar, Die Hiera des Evagrius, in: ZKTh 63 (1939) 86-106; 181-189; M.-J. Rondeau, Le *commentaire sur les Psaumes* d'Evagre le Pontique, in: OrChrP 26 (1960) 307-348). Einigermaßen gesichert: G. Rietz, *De Origenis prologis in Psalmos quaestiones selectae*, Jena 1914. Eine systematische Auswertung für unser Thema ist auf dieser Grundlage nicht möglich. Weder ist geklärt, welche der Fragmente als authentisch und fehlerfrei ediert anzusehen sind, noch, welcher Art von Auslegung—Kommentar, Homilie, Scholie—sie letztlich zugehören.—Die Fragmente bezeugen übereinstimmend die Neuinterpretation von *Ps* 44,2a: Die Deutung auf den Sohn wird teils ignoriert, teils abgelehnt. Das erste Fragment bei Cadiou charakterisiert den Sprecher dadurch, daß er 'vernünftiges Brot' gegessen und seine Seele erfüllt habe, ohne ihn näher auf eine bestimmte Rolle oder Funktion festzulegen. (Cadiou 77): ὁ τροφεὶς τῷ λογικῷ ἄρτῳ καὶ πλήσας τὴν ψυχὴν αὐτοῦ, ἐξερεύγεται τῇ καρδίᾳ ἑαυτοῦ λόγον ἀγαθὸν, ὡς ἐπὶ τοῦ μάννα τοῦτο ἐλέγομεν. Das Fragment bei Delarue, das weitgehend mit dem zweiten Fragment bei Cadiou übereinstimmt, nennt David als Sprecher. Der Vater könne jedenfalls nicht Sprecher sein, denn dann wäre der Sohn unwissend und jünger als die Werke—der Exeget bezieht hier *Ps* 44,2b in die Argumentation ein—und sie wären nicht durch ihn geschaffen: Ἀντὶ τοῦ ἐφθέγγατο, ἐξηρεύξατο [...] εἶπεν, οὐχ ἵνα τὸν υἱὸν ἐρυγὴν εἴπῃ, ἀλλ᾽ ἵνα τὴν περὶ αὐτοῦ διήγησιν λόγον ἀγαθὸν ὀνομάσῃ. Δῆλον οὖν ὅτι ἐκ προσώπου τοῦ Δαυεὶδ λέγεται, καὶ οὐχὶ ἐκ προσώπου τοῦ πατρός. Εἰ γὰρ τῷ υἱῷ ὁ πατὴρ ἀπήγγειλεν τὰ ἔργα αὐτοῦ, εὑρεθήσεται καὶ ὡς ἀγνοοῦντι λέγων καὶ μεταγενεστέρῳ τῶν ἔργων, καὶ οὐκέτι εἴσεται πάντα δι᾽ αὐτοῦ γεγενημένα (Cadiou 77).—Die Begründung stimmt nicht mit der vorsichtigen Argumentation in *Com. Ioh.* I überein. Cf. dagegen die bei Novatian greifbare Tradition, 2ab zusammen für die Schöpfungsmittlerschaft auszuwerten, s.o. 2.2.a.

[131] *Ps* 44,2b zitiert er zwar im unmittelbaren Zusammenhang, geht aber nicht weiter darauf ein.

Gott und bei Origenes um die damit gegebenen Probleme. Der Vergleich zwischen der Zeugung des Logos und dem Sprechen als Hervorbringen des menschlichen Wortes wurde bei Origenes kritisiert,
ansonsten in den erhaltenen Quellen nicht ausgeführt. Sein Vorschlag, den Vers auf den vom Geist erfüllten Propheten als Sprecher
zurückzuführen, konnte sich offensichtlich nicht durchsetzen. Vielmehr verschärften sich die trinitätstheologischen Deutungsprobleme beim Vergleich mit dem menschlichen Sprechen, wie die
wenigen Zeugnisse aus dem 3. und frühen 4. Jahrhundert zeigen.

Dionysius von Alexandrien[132] war in der Auseinandersetzung
mit sabellianischen Irrlehren im libyschen Raum zu weit gegangen
und bei Dionysius von Rom des Tritheismus angeklagt worden.
Seine nur fragmentarisch erhaltene *Refutatio*, die dem Streit der
beiden Dionyse ein Ende machte,[133] konnte die Gemüter offensichtlich beruhigen; er geriet erst wieder ins Zwielicht, als Arius sich
auf ihn berief[134] und Athanasius daraufhin eine Verteidigung *De
sententia Dionysii* verfaßte. Sie urteilt und bewertet aus der abstrak-
teren theologischen Perspektive des 4. Jahrhunderts, so daß ihre
Kommentare für die Analyse nur von bedingtem Wert sind, überliefert aber einige Fragmente der verlorenen Schrift.[135]

Dionysius gesteht Fehler ein und sucht mißglückte Vergleiche
oder Formulierungen zurechtzurücken. So habe er zwar den Begriff
ὁμοούσιος für den Sohn abgelehnt, weil er nicht biblisch sei, aber
nicht die Sache, wenn er das Verhältnis von Vater und Sohn mit der
menschlichen Abstammung vergleiche und es als ὁμογενής und

---

[132] Cf. W.A. Bienert, Dionysius von Alexandrien, in: TRE 8 (1981) 767-771;
ders., Dionysius von Alexandrien. Das erhaltene Werk. Einleitung und Übersetzung, Stuttgart 1972; ders., Dionysius von Alexandrien. Zur Frage des Origenismus im dritten Jahrhundert, Berlin-New York 1978.
[133] Bienert, Zur Frage 200-221; Grillmeier I 283-290. Sehr skeptisch bezüglich
der Quellenlage ist L. Abramowski, Dionys von Rom (+ 268) und Dionys von
Alexandrien (+ 264/5) in den arianischen Streitigkeiten des 4. Jahrhunderts, in:
ZKG 93 (1982) 240-272: Sie untersucht die Verwendung der Fragmente im Streit
um das *homoousios* und datiert die bei Athanasius, Basilius und Johannes von
Damaskus überlieferten Texte in das 4. Jh. Sie deutet sie als Versuch, die Marcellische Trinitätstheologie und die Origenische Hypostasenlehre einander anzunähern; sie seien unmittelbar vor der Synode von Serdica 342 entstanden (S. 253f.)
und in den folgenden Jahren auf den Streit um das *homoousios* hin aktualisiert worden (S. 259; 262). Zur Kritik cf. G. Feige, Die Lehre Markells von Ankyra in der
Darstellung seiner Gegner, Erfurt 1991, 113-118.
[134] Cf. L.W. Barnard, The Antecedents of Arius, in: VigChr 24 (1970)
172-188, v.a. 176-179.
[135] Ediert von G. Opitz: GCS Ath. 2, 46-67.

ὁμοφυής umschreibe.[136] Er spricht vor allem in Bildern, Vergleich-
en und Analogien[137] und versucht nur an wenigen Stellen präzisere
theologische Aussagen. Zu ihnen gehört das bei Athanasius, *Sent.
Dion.* 23,3, überlieferte Fragment, in dem er eingangs *Ps* 44,2a
zitiert[138] und daran anschließend das Verhältnis von Vater und
Sohn mit dem von νοῦς und λόγος vergleicht, um die Verschiedenheit in der Einheit aufzuzeigen.[139] Er deutet den Vers nicht explizit
auf Gott-Vater, der den Sohn hervorbringt. Als Sprecher nennt er,
ohne nähere Bestimmung, den Propheten. Die trinitätstheologische
Deutung ergibt sich erst auf der Vergleichsebene, wie sie unmittelbar vor dem Zitat hergestellt wird: Das Verhältnis zwischen dem
Logos-Sohn und dem Vater ist demnach ähnlich zu denken wie die
Relation zwischen *Nous* und *Logos* beim Sprechen, und diese illustriert er mit dem Sprechen des Propheten in *Ps* 44,2a.[140]

Im Fragment in *Sent.Dion.* 23,2 bezeichnet er das Wort als Ausfluß (ἀπόρροια) der Vernunft, das sich insofern unterscheide, als
eines zurückbleibe, eines verbreitet werde, wobei aber jeder in jedem sei.[141] In ähnlicher Weise greift er auf diesen Vergleich im Zusammenhang von *Ps* 44,2a zurück: Verstand und Wort seien voneinander getrennt, insofern als der eine im Herzen, das andere auf
der Zunge sei. Sie seien nicht getrennt, weil weder der Verstand
wortlos noch das Wort ohne Verstand sei—damit bestätigt Dionysius indirekt die Ewigkeit des Sohnes.[142] Nach wie vor verteidigt er
gegen die Sabellianer die Unterschiedenheit und gebraucht dabei
die Formulierung— auf die sich später Arius berufen kann—, daß
der νοῦς den λόγος schaffe: ποιεῖ.[143] Im folgenden sucht er wieder

---

[136] Ath., *Sent.Dion.* 18 (GCS Ath. 2, 59,1-60,9); cf. Bienert, Zur Frage 210.

[137] Bienert, Zur Frage 218.

[138] Z.St. cf. Bienert, Zur Frage 220; übersetzt bei Bienert, Das erhaltene Werk
83.

[139] GCS Ath. 2, 63,21-64,2. Cf. Bienert, Zur Frage 219f.; R.P.C. Hanson,
Did Origen apply the Word *Homoousios* to the Son?, in: Epektasis (FS J. Daniélou)
Paris 1972, 293-303, 294f.; Böhm 161.

[140] *Sent.Dion.* 23,3 (GCS Ath. 2, 63,12f.): ὡς γὰρ ὁ ἡμέτερος νοῦς ἐρεύγεται μὲν
ἀφ᾽ ἑαυτοῦ τὸν λόγον, ὡς εἶπεν ὁ προφήτης. Die Verbindung von νοῦς und Herz ist
stoischen Ursprungs und weit verbreitet, s. Chrysipp bei Galen, SVF II 894; cf.
Orbe, Hacia la primera teología 618f.

[141] *Sent.Dion.* 23,2 (GCS Ath. 2, 63,5/11, 9/11).

[142] *Ibid.* 23,3 (GCS Ath. 2, 63,13/17): καὶ ἔστι μὲν ἑκάτερος ἕτερος θατέρου, ἴδιον καὶ τοῦ λοιποῦ κεχωρισμένον εἰληχὼς τόπον, ὁ μὲν ἐν τῇ καρδίᾳ, ὁ δὲ ἐπὶ τῆς
γλώττης καὶ τοῦ στόματος οἰκῶν τε καὶ κινούμενος· οὐ μὴν διεστήκασιν οὐδὲ καθάπαξ
ἀλλήλων στέρονται οὐδέ ἐστιν οὔτε ὁ νοῦς ἄλογος οὔτε ἄνους ὁ λόγος. [...].

[143] GCS Ath. 2, 63,17.

die Zusammengehörigkeit zu zeigen: Der Verstand werde im Wort
sichtbar, das Wort verweise auf den Verstand, in dem es geworden
sei. Jeder sei im anderen; der νοῦς verwandle sich in den λόγος, der
λόγος fasse in sich den νοῦς für den Hörer, so daß durch den λόγος
der νοῦς in die Seelen der Hörer gelange.[144] Dionysius definiert
den Logos in Anlehnung an das Modell vom λόγος ἐνδιάθετος und
λόγος προφορικός durch seine Mittler- und Offenbarerfunktion.
Der Verstand, der für sich selbst existiere, sei gleichsam der Vater
des Wortes; aus ihm 'keime' das Wort 'hervor' (βλαστήσας),[145]
das der erste Sohn und Deuter und Bote (ἑρμηνής und ἄγγελος) des
νοῦς sei.

Welche Einflüsse dieser Deutung des Verhältnisses von Vater
und Sohn zugrunde liegen, ist schwierig zu klären. Dionysius verwendet die Begriffe νοῦς und λόγος in vereinfachter Form und greift
dabei auf alte apologetische Traditionen zurück,[146] um in unaus-
gefeilter Terminologie zwischen den Fronten, dem Sabellianismus,
den er bekämpft, und dem Tritheismus, dessen er geziehen wird, zu
lavieren. Ein direkter Einfluß Tertullians an dieser Stelle ist eher
unwahrscheinlich.[147] Für die Theologie des Dionysius sind Origenische Einflüsse nicht zu leugnen,[148] aber im vorliegenden Fall
nicht nachweisbar: In *Com.Ioh.* I äußerte sich Origenes höchst skeptisch gegenüber der trinitätstheologischen Deutung von *Ps* 44,2a
und ließ sie nur mit Präzisierungen, die sich gegen valentinianische
Fehldeutungen wenden, gelten. Diese ähneln den Ausführungen
des Dionysius: In *Com.Ioh.* I 280-284 deutet Origenes das Herz als
die νοητικὴ καὶ προθετικὴ δύναμις, den Logos als den, der verkün-
digt, und gebraucht ebenfalls die Formulierung ποιεῖ (τὸν τύπον
αὐτῶν [= τῆς ἀληθείας θεωρήματα] ἐν τῷ λόγῳ).[149] Die Terminologie des Dionysius ist einfacher.[150] Indem er den Vers als Aus-

---

[144] GCS Ath. 2, 63,17/21.

[145] Wenn Bienert mit 'hervorgehen' übersetzt, suggeriert das ein orthodoxeres
Verständnis: βλαστήσας impliziert streng genommen ein Wachstum und Heran-
reifen.

[146] Cf. Orbe, Hacia la primera teología 617-621, 619. Cf. dagegen die Logos-
reflexion bei Orig., *Com.Ioh.* I 38,280-284, s.o. I 2.2.b; s.a. Mühl 52f.

[147] Nahegelegt bei Opitz 63 und K. Müller, Kleine Beiträge zur alten Kirchen-
geschichte 10. Dionys von Alexandrien im Kampf mit den libyschen Sabellianern,
in: ZNW 24 (1925) 278-285.

[148] Bienert, Zur Frage 200-211; 217-221.

[149] S.o. Anm. 119 und 120.

[150] Orbe, Hacia la primera teología 617-621, 618, vermutet hinter der Terminologie eher Valentinianische denn Origenische Einflüsse.

gangspunkt für einen Vergleich benutzt, verbindet er die Deutung auf den Propheten mit der auf die innertrinitarische Relation. *Ps* 44,2a ist also nicht dogmatisches Argument auf der Grundlage einer prosopologischen Exegese. Damit muß er nicht, wie Origenes oder Tertullian, die Prämissen der Deutung klären. Der Psalmvers erläutert und illustriert seine Theorie von der Unterschiedenheit und Einheit im Verhältnis von *Nous* und *Logos*. Mit dem Wortlaut und der Metaphorik von Vers 2a haben seine Ausführungen nicht mehr viel zu tun. Damit aber zieht Dionysius—ob bewußt, mag dahingestellt sein—auf subtile Weise die Konsequenz aus Origenes' Bedenken gegen dogmatische Argumentationen mit diesem Vers, weil zu viele Voraussetzungen erst geklärt sein müßten, um die eigentlich bildliche Sprache recht zu verstehen.

Wie problematisch, weil simplifizierend, Vergleiche sein können, wird bei Laktanz deutlich. Im IV. Buch der *Institutiones divinae*[151] verwendet er u.a. *Ps* 44,2a als Beleg für einen Vergleich des Sohnes mit dem Wort. Er vergleicht das Wort als Geist[152] mit den Engeln. Während sie nur 'Geister' und Hauchungen durch die Nase seien, komme beim Wort, das durch den Mund 'gehaucht' werde, die Stimme, die es ermögliche, zu offenbaren und zu lehren, hinzu.[153]

---

[151] Entstehungszeit zwischen 310 und 325, cf. P. Monat, Les 'testimonia' bibliques de Cyprien a Lactance, in: Bible de tous les temps II, Paris 1985, 499-507, 504f. *Inst. div.* ist der Versuch einer systematischen Darstellung des christlichen Glaubens gegenüber den Heiden. L. bevorzugt dabei meist Argumentationen auf philosophischer Grundlage anstelle von Schriftbeweisen, cf. *Inst. div.* I 5,1 (CSEL 19, 13,3/5, S. Brandt, 1890); erst im Zusammenhang der Gottheit Christi greift er darauf zurück, wobei ihm offensichtlich Testimonientraditionen vorlagen, s. P. Monat, Lactance et la Bible. Une propédeutique latine à la lecture de la Bible dans l'Occident Constantinien, Paris 1982, 89-108; Ders., Les 'testimonia'; A. Wlosok, Zur Bedeutung der nichtcyprianischen Bibelzitate bei Laktanz, in: StPatr 1 (TU 79) (1961) 234-250, 235-237. Wichtig außerdem V. Loi, Lattanzio nella storia del linguaggio e del pensiero pre-niceno, Zürich 1970.

[152] Zur Geistchristologie bzw. binitarischen Theologie des Laktanz cf. Grillmeier I 326-345; Loi 155-199.

[153] *Inst. div.* IV 8,6-9 (CSEL 19, 296,11-297,3): [...] *nam sermo est spiritus cum uoce aliquid significant prolatus. sed tamen quoniam spiritus et sermo diuersis partibus proferuntur, siquidem spiritus naribus, ore sermo procedit, magna inter hunc dei filium ceterosque angelos differentia est. illi enim ex deo taciti spiritus exierunt, quia non ad doctrinam dei tradendam, sed ad ministerium creabantur. ille uero cum sit et ipse spiritus, tamen cum uoce ac sono ex dei ore processit sicut uerbum, ea scilicet ratione, quia uoce eius ad populum fuerat usurus, id est quod ille magister futurus esset doctrinae dei et caelestis arcani ad homines perferendi.* Cf. z.St. Grillmeier I 333f.—Die Definition geht auf stoische Schultraditionen zurück,—cf. Tertullian, *Prax.* 7,6 (CChr.SL 1, 1166,33/38); Orbe, Hacia la primera teología 545f.; Monat, Lactance 174; Loi 169 u.ö.—ist aber nicht streng im Sinn eines stoischen Materialismus zu deuten, zumal Laktanz in platonischer

Die menschlichen Stimmen seien zwar vergänglich, dennoch hätte
vieles Bestand, weil es schriftlich gefaßt werde. Um wieviel eher
müsse also die Stimme Gottes als ewig angenommen werden.[154]
Laktanz illustriert den Vergleich und damit die Überlegenheit des
Sohnes über die Engel aufgrund seiner Funktion mit Prophetenzita-
ten:[155] *Ps* 32,6 (*Verbo Domini caeli firmati sunt et spiritu oris eius omnis
virtus eorum*) belege das Hervorgehen des Wortes aus dem Mund des
Vaters[156] und sein Wirken in der Schöpfung. *Ps* 44,2ab ergänzt
darüberhinaus sozusagen die Bedingung der Möglichkeit des Offen-
barens: Nur der Sohn, der in Ewigkeit herrsche, kenne die Werke
des Vaters.[157] Prämisse des Kommentars ist eine prosopologische
Deutung *ex persona Patris* für beide Teilverse, wie sie Novatian ausführte.[158] Sie wird durch den Verweis auf die Fortdauer des König-
seins, möglicherweise motiviert durch *Ps* 44,7, ergänzt.[159] Zur
Gottheit des Wortes, das aus dem Vater hervorgeht, zitiert er *Sir*
24,5f. (*ego ex ore Altissimi prodivi primogenita ante omnem creaturam*) und
Joh 1,1-3. Der Kontext des Vergleichs ist problematisch:[160] Laktanz unterscheidet den Logos von den Engeln lediglich auf funktio-
naler, nicht auf ontologischer Ebene;[161] der *sermo* wird durch seine
Aufgabe als Offenbarer und Lehrer[162] bzw. Schöpfungsmittler bestimmt und von daher deutlich untergeordnet; unklar bleibt das
Verhältnis des *sermo* zum 'sprechenden' Vater und ihre Zusammengehörigkeit.

---

und hermetischer Tradition die Unkörperlichkeit Gottes und den Abstand
zwischen Gott und Menschen betont. Cf. Grillmeier 334 Anm. 31. Loi 155-199;
275 wehrt sich gegen eine Überbewertung des stoischen Einflusses. Zum geistes-
geschichtlichen Hintergrund cf. Grillmeier I 327-331. Monat, Lactance 175-177
leitet, gegen Loi, den Vergleich von den nachfolgenden Schriftstellen her.
   [154] *Inst. div.* IV 8,10-11, ergänzt durch das Bild vom Fluß aus der Quelle, das
schon bei Tertullian begegnete.
   [155] *Ibid.* IV 8,14-16; Monat, Lactance 92-95 u.ö., hat gezeigt, daß nicht Cyprians Testimonienbuch die Quelle ist, sondern beiden (und anderen frühchristlichen
Schriftstellern) ältere Testimoniensammlungen vorlagen; cf. Wlosok.
   [156] Üblich war in der Patristik eine Interpretation auf den Sohn und den Geist.
   [157] *Inst. div.* IV 8,14 (CSEL 19,299,3/5): *contestans uidelicet nulli alii opera dei esse
nota nisi filio soli, qui est uerbum dei et quem regnare in perpetuum necesse est.*
   [158] Novatian, *Trin.* 13,1; Cyprian, *Test.* II 29.
   [159] Monat, Lactance 176, verweist auf die Überschriften der Testimoniensammlungen als mögliche Quelle, z.B. Cypr., *Test.* II 29.
   [160] Er fällt in der *Epitome* weg.
   [161] Monat, Lactance 174; 175-177.
   [162] Cf. die Titel für den Präexistenten: *legatus, nuntius, princeps angelorum*, Loi
214f.

Deutlich wird: Tertullians selbstverständlich und klar anmutende Interpretation von *Ps* 44,2a auf den innertrinitarischen Hervorgang des Sohnes als Zeugnis für seine Göttlichkeit birgt eine Vielzahl von Problemen in sich, die mit dem Aufkommen der arianischen Lehren eskalieren und zu einer tieferen Reflexion und genaueren methodischen Begründung des exegetischen und dogmatischen Argumentierens zwingen werden.

d) Ps 44,7-8 prosopologisch gedeutet als Argument für die Gottheit Christi

Nachdem Tertullian in *Prax.* 11, ausgehend von den Selbstzeugnissen des Vaters oder des Wortes, die *distinctio trinitatis* mit Hilfe der prosopologischen Exegese begründet hat,[163] erörtert er in *Prax.* 13 Stellen, in denen verschiedene *personae* 'Gott' oder 'Herr' genannt werden. Er nimmt einen möglichen Einwand des Praxeas vorweg und spricht provozierend von 'zwei Göttern', die in der Bibel verkündet würden. Dazu nennt er gleich eine Reihe von Belegen, an erster Stelle *Ps* 44,7-8b[164]: Wenn zu Gott gesprochen und zugleich ein von Gott gesalbter Gott genannt werde, impliziere das zwei Götter.[165] Der Angesprochene, Gesalbte, und der, über den gesprochen werde, der Salbende, würden Gott genannt. Im Anschluß daran zitiert er *Jes* 45,14f.[166] mit der Formel *ad personam Christi*, wo Gott als *Deus in te* und der Angesprochene selbst Gott genannt würden, und *Joh* 1,1; als Belege, die zwei Personen 'Herr' nennen, führt er *Ps* 109,1 an sowie *Jes* 53,1 (*Dominus, quis credidit auditui nostro et brachium Domini cui revelatum est?*) und *Gen* 19,24. Neu sind in diesem Zusammenhang *Jes* 45,14f. und 53,1; bei Irenäus, Justin und in

---

[163] In *Prax.* 12 wendet er sie auf Zitate aus der Urgeschichte an, in denen der Plural gebraucht wird, z.B. *Gen* 1,26f.; *Gen* 3,22 etc.

[164] Wie Irenäus, *Haer.* III 6,1, in der abgekürzten Form, während Justin die beiden Verse vollständig zitierte: *Dial.* 56,14. Iren., *Dem.* 47 ebenfalls vollständig.

[165] *Prax.* 13,1-2 (CChr.SL 2, 1174,2/8): *et ut adhuc amplius hoc putes, accipe et in psalmo duos deos dictos: Thronus tuus, Deus, in aeuum; < uirga directionis > uirga regni tui; dilexisti iustitiam et odisti iniquitatem; propterea unxit te Deus, Deus tuus. Si ad Deum loquitur, sed unctum Deum a Deo, affirmat et hic duos deos. [Pro uirga regni tui].*—Ich schließe mich dem Herausgeber Kroymann an, der die letzte Floskel *pro uirga regni tui* streicht. Das Pronomen *tui* paßt nicht in den Satzzusammenhang.

[166] In einer vom *Vulg*-Text abweichenden Lesart, *ibid.* 13,2 (CChr.SL 2, 1174,7/13): *Esaias ad personam Christi: 'Et Seboin' inquit, 'uiri elati, ad te transibunt et post te sequentur uincti manibus et ad te adorabunt, quia in te Deus est; tu enim es Deus noster et nesciebamus, Deus Israhelis.' Et hic enim dicendo 'deus in te' et 'tu Deus' duos proponit: qui erat in Christo et Christum ipsum.*

älteren Testimoniensammlungen und Quellen finden sich keine
Belege.

Laut Tertullian belegt besonders die Tatsache, daß die Schrift
hier nicht in Allegorien und Parabeln spreche, sondern in 'sicheren
und einfachen Definitionen',[167] daß Christus 'Gott' und 'Herr'
genannt werden müsse. Auf den ersten Blick geht seine Deutung der
beiden Verse nicht über die von Justin und Irenäus hinaus, aber der
Kontext zeigt die Entwicklung: Der exegetische Nachweis der Gottheit Christi ist eingebunden in ein trinitarisches Verständnis der
Ökonomie.[168] Tertullian zitiert den Psalmvers mit den anderen
prophetischen Belegen zusammen im Rahmen einer pädagogischen Konzeption der Prophetien: Indem sie jeweils zwei 'Gott'
und 'Herr' nennten, mithin eine Zwei-Götterlehre implizierten,
machten sie keine Wesensaussagen über Gott, sondern bereiteten
darauf vor, daß der noch nicht offenbarte Christus nach seiner
Ankunft als Gott erkannt werde.[169] Wenn die Schrift Gott nur in
einer Person nennte, wäre das nicht möglich, und Praxeas behielte
recht. Auf der ontologischen Ebene hingegen sei das Reden von
zwei Göttern unzulässig: Vater und Sohn seien *res, species* der einen
unteilbaren *substantia*.[170] Die Zurückhaltung gegenüber einer ontologischen Deutung von *Ps* 44,7-8 zeigt, wie unreflektiert aus trinitätstheologischer Perspektive der Personbegriff Tertullians noch ist,
so verblüffend 'fortschrittlich' manche Formulierungen auch an-
muten mögen. Offensichtlich empfindet er es als problematisch, daß
die gleichen Begriffe eine einzige ontologische Ebene nahelegen,
zumal da Gefahr bestand, einer Zwei-Götter-Lehre angeklagt zu
werden. *Ps* 44,7-8 ist insofern nicht ein aus dem geschichtlichen Zusammenhang gelöster Beleg für die Existenz eines 'anderen Gottes',
sondern Hinweis und Vorbereitung der künftigen Offenbarung.

Im Kontext der bereits genannten Schriftbelege kehrt *Ps* 44,7f. in
unterschiedlichen Zusammenhängen wieder, um die Gottheit
Christi zu beweisen, so in einer auf den Pascha-Traktat Hippolyts

---

[167] *Ibid.* 13,4 (CChr.SL 2, 1174,24/26), s.o. I 1 Anm. 108.

[168] *Ibid.* 13,5 (CChr.SL 2, 1175,35/39): *Nos enim qui et tempora et causas scriptura-
rum per Dei gratiam inspicimus, maxime Paracleti, non hominum discipuli, duos quidem
definimus, Patrem et Filium et iam tres cum Spiritu sancto secundum rationem oikonomiae, quae
facit numerum.*

[169] *Ibid.* 13,6-7 (CChr.SL 2, 1175,41/59).

[170] *Ibid.* 13,10 (CChr.SL 2, 1176,72/77) demonstriert Tertullian das am Beispiel von Sonne und Strahl.

zurückgehenden anonym überlieferten *Pascha-Homilie*:[171] Sie nennt
vier Namen, mit denen die Göttlichkeit des Retters und Erlösers
Jesu Christi bezeichnet werde: κυριότης, θεότης, υἱότης, βασιλεία
αἰώνιον, und zitiert *Ps* 44,7-8 als Beleg für θεός und βασιλεύς.[172]
Im sogenannten Hymenäus-Brief, den sechs Bischöfe unter
Führung des Hymenäus von Jerusalem gegen Paul von Samosata
schrieben,[173] verteidigen sie die Gottheit des Sohnes Gottes οὐσίᾳ
καὶ ὑποστάσει[174] mit Schriftbeweisen aus der kirchlichen Tradition: *Ps* 44,7-8; *Jes* 45,14f.; *Röm* 9,5; *Hos* 11,9f.[175] Der Text ist
wichtig, insofern als er sich ausdrücklich auf eine allgemein anerkannte kirchliche Tradition in engem Zusammenhang mit den
Schriftbelegen beruft.

Eine solche bezeugt auch die Testimoniensammlung Cyprians, in
der *Ps* 44,7-8 unter der Überschrift *Quod Deus Christus* figuriert.[176]
Bei Laktanz begegnen die Verse ebenfalls als prophetischer Beleg
für die Gottheit Christi gemeinsam mit *Jes* 45,14-16 und *Bar*
3,36-38.[177] Er nennt die Salbung als Begründung des Christus-
Namens. Bezeichnenderweise fällt dieses Zitat als einziges in der
Epitome weg.[178]

Ps 44,7-8 diente in verschiedenen Testimonientraditionen, die
sich im Lauf der Zeit weiter anreicherten, ziemlich konstant als Beleg für die Gottheit Christi, eingeleitet mit verschiedenen Titeln,
vorzugsweise 'Gott' oder 'König'. War zunächst die grammatische
Analyse maßgebend, ohne daß der Personbegriff weiter ausgedeutet

---

[171] Ediert von P. Nautin, Paris 1950 (SCh 27); zur Quelle, *ibid.* 51-57; cf.
Grillmeier I 237 Anm. 33. Bis jetzt liegt kein überzeugender Versuch vor, den Text
historisch und geographisch einzuordnen.

[172] *Hom.Pasch.* 46 (SCh 27, 169,8/14).

[173] G. Bardy, Paul de Samosate, Löwen 1929, 9-34, ediert: *ibid.*; cf. F. Loofs,
Paulus von Samosata, Leipzig 1924 (TU 44) 265-283; zum Text: H. de Riedmatten, Les actes du procès de Paul de Samosate, Freiburg/Schw. 1952, 121-134.

[174] *Ep.* 2 (Bardy 14).

[175] *Ibid.* (Bardy 14): Ὅς δ᾽ ἂν ἀντιμάχηται ＜τῷ＞ τὸν υἱὸν τοῦ θεοῦ θεὸν [μὴ]
εἶναι πρὸ καταβολῆς κόσμου πιστεύειν καὶ ὁμολογεῖν [...] τοῦτον ἀλλότριον τοῦ ἐκ-
κλησιαστικοῦ κανόνος ἡγούμεθα, καὶ πᾶσαι αἱ καθολικαὶ ἐκκλησίαι συμφωνοῦσιν
ἡμῖν. περὶ γὰρ τούτου γέγραπται [...].—'Wer aber dagegen ankämpft, zu glauben
und zu bekennen, daß der Sohn Gottes Gott ist vor dem Anbruch der Welt [...],
den halten wir für der kirchlichen Richtschnur entfremdet, und alle katholischen
Kirchen stimmen mit uns überein. Denn über dieses steht geschrieben: [...]' Es
folgen die genannten Schriftbeweise.

[176] *Test.* II 6 (CSEL 3,1, 69,18-70,1).

[177] *Inst. div.* IV 13,9 (CSEL 19, 318,5/10).

[178] *Epit.* 38,8-39,7; cf. Monat, Lactance 188-190.

worden wäre, nutzt man deren Ergebnisse zunehmend, um, unter
Berufung auf die Tradition, mehr oder weniger explizit auf eine ontologische Ebene rückzuschließen. Damit aber scheint die Deutung
angreifbar zu werden, wie aus dem Verlauf der theologischen Auseinandersetzungen um Arius hervorgeht.

2.3 DIE SALBUNG IN DER CHRISTOLOGISCHEN ARGUMENTATION DES ORIGENES

a) Interpretation der Titel: Christus und König, Mensch und Gott

Im ersten Buch des *Johannes-Kommentars* diskutiert Origenes im
Zusammenhang seiner *Epinoiai*-Lehre[179] auch die Titel 'Christus'
und 'König'. Ἐπίνοιαι sind die vielfältigen Namen und Titel für
Christus, die, im Gegensatz zu den Benennungen für den Vater,
reale Eigenschaften bezeichnen. Während das Wesen des Vaters
transzendent und jenseits aller Bestimmung ist, entsprechen die Namen für den Sohn seiner Seinsfülle, ohne daß damit sein Wesen
geteilt würde.[180] Aus der Perspektive der Menschen bezeichnen die
Epinoiai die Vorstellungen, die sie vom Sohn haben.[181] Origenes
versucht, sie hierarchisch zu ordnen: Je nach der Stufe, auf der der
gefallene und nun im Aufstieg begriffene Christ steht, kann er die
verschiedenen Bedeutungen erfassen und zu einer neuen Erkenntnis des Logos gelangen.

In diesem Zusammenhang werden die Titel 'Christus' und
'König'—Namen, die Jesus Christus sich selbst gibt—erörtert, und
zwar gemeinsam, um den Unterschied besser aufzeigen zu können.[182] Interessanterweise begründet Origenes nur den Christus-
Titel aus *Ps* 44,8; für den Königstitel zieht er *Ps* 71 heran, nicht etwa

---

[179] Cf. auch *Princ.* I 2,6; Grillmeier I 270-274; Gruber 241-267; H. Koch,
Pronoia und *Paideusis*. Studien über Origenes und sein Verhältnis zum Platonismus,
Berlin-Leipzig 1932, 65-74; Crouzel, Le contenu spirituel; A. Orbe, La Epinoia,
Rom 1955, 16-32; J. Rius-Camps, El dinamismo trinitario en la divinisazión de
los seres racionales según Origenes, Rom 1970, 118-161; H. Crouzel, Origène et
la connaissance mystique, Paris 1961, 389-391; L. Brühl, Die Erlösung des Menschen durch Jesus Christus. Anthropologische und soteriologische Grundzüge in
der Theologie des Origenes, Diss. masch. Münster 1970, 198-200. Zur subjektiven
Seite s. neucrdings auch E. Schockenhoff, Zum Fest der Freiheit. Theologie des
christlichen Handelns bei Origenes, Mainz 1990, 198-208.
[180] *Com.Ioh.* I 20,119-124.
[181] Cf. *ibid.* I 28,200.
[182] *Ibid.* I 28,191; cf. Grillmeier I 273f.

Ps 44,7. Der mehr als seine Gefährten Gerechtigkeit liebte und Unrecht haßte, sei wegen der Annäherung an die Gerechtigkeit und des Hasses auf das Unrecht, gesalbt worden.[183] Das hieße, daß die Salbung ein Verdienst wäre und nicht zu seinem eigentlichen Sein gehörte. So stellt sich die Frage, ob analog zur Salbung bei den Geschöpfen, die Symbol des Königtums und des Priestertums sei, die Königsherrschaft dem Sohn Gottes auch nur zugewachsen (ἐπιγενητή), nicht von Natur mit ihm verbunden (συμφυής) sei.[184] Wie aber sollte der Erstgeborene der Schöpfung erst König geworden sein, weil er Gerechtigkeit liebte, wo er doch selbst die Gerechtigkeit sei?[185] Die Lösung, die Origenes schon durch seine Paraphrase nahelegt, indem er παρὰ τοὺς μετόχους mit *Ps* 44,8a verbindet und weder den Salbenden—Gott-Vater—noch die Art der Salbung— mit dem 'Öl der Freude'—erwähnt, also alles, was traditionell auf die Göttlichkeit des Gesalbten hinweist, wegläßt, liegt in der christologischen Differenzierung: 'Christus' beziehe sich auf den Menschen, 'König' auf das Göttliche.[186] Den Menschen bestimmt Origenes näherhin von seiner Seele her, die, wie die Seelen aller Menschen, 'verwirrt' und 'betrübt' sein konnte (*Joh* 12,27; *Mt* 26,38), die damit prinzipiell veränderbar war, und folglich Verdienste erwerben konnte.

Er unterstützt diese Differenzierung durch die Deutung von *Ps* 71,1-2, der sicher auf Christus zu interpretieren sei, dabei aber vom 'König' und vom 'Sohn des Königs' spreche. Auch hier gelte der eine Titel für den 'Erstgeborenen', der andere für den Menschen, den er angenommen habe.[187] Das bestätige der Verlauf des Psalms, in dem nur noch von einem die Rede sei: Der 'Retter' mache aus zweien eins (cf. *Eph* 2,14), als Erstlingsgabe für die Menschen, deren Seele mit dem Hl. Geist vereinigt werden solle.[188] Wie die Eini-

---

183 *Com.Ioh.* I 28,191 (GCS Orig. 4, 35,16/19): [. . .] ὁ ἠγαπηκὼς δικαιοσύνην καὶ ἀνομίαν μεμισηκὼς παρὰ τοὺς μετόχους αἰτίαν τοῦ κεχρῖσθαι τὸ οὕτω δικαιοσύνῃ προσεληλυθέναι ἐσχηκέναι καὶ τὴν ἀνομίαν μεμισηκέναι, [. . .].

184 *Ibid.* (GCS Orig. 4, 35,19/22).

185 Cf. *ibid.* I 35,253; Crouzel, Le contenu spirituel 139f.

186 *Com.Ioh.* I 28,192 (GCS Orig. 4, 35,25/28): μήποτε δὲ λανθάνει ἡμᾶς ὁ μὲν ἄνθρωπος αὐτοῦ χριστὸς ὤν, κατὰ τὴν ψυχὴν διὰ τὸ ἀνθρώπινον καὶ τεταραγμένην καὶ περίλυπον γεγενημένην μάλιστα νοούμενος, ὁ δὲ βασιλεὺς κατὰ τὸ θεῖον.

187 *Ibid.* I 28,193-196.

188 *Ibid.* 97 (GCS Orig. 4, 36,10/11): πεποίηκε γὰρ ὁ σωτὴρ 'τὰ ἀμφότερα ἕν', κατὰ τὴν ἀπαρχὴν τῶν γινομένων ἀμφοτέρων ἐν ἑαυτῷ πρὸ πάντων ποιήσας. Zu dieser Lesart P. Nautin, Notes critiques sur l'*In Iohannem* d'Origène (Livres I-II), in: REG 85 (1972) 155-177, 171, gegen die Konjekturen von Delarue, Preuschen und

gung in Christus genauerhin zu denken ist, läßt Origenes offen. Die
Bedeutung der menschlichen Seele Jesu für die Menschwerdung
klingt nur an. Er zeigt die Vereinigung dieser menschlichen Seele
mit dem Logos aus dem Duktus des 71. *Psalms* auf. Der Christus-
Titel spielt dafür im Fortgang der Argumentation ebensowenig eine
Rolle wie für die Vereinigung der Menschen mit dem Heiligen
Geist zu 'Pneumatikern'.[189]

Im Zusammenhang der subjektiven Bedeutung der *Epinoiai* figuriert der Christus-Titel auf einer niedrigeren Stufe der Hierarchie:
Von einem König regiert würden die, die in ihrer Gottesverehrung
fortgeschritten seien, während die Unvernünftigeren vom Hirten
geweidet würden. Unterschiede gäbe es auch unter den vom König
Regierten: Diejenigen, die das Nichtkörperliche, Unsichtbare be-
trachteten, würden von der herausragenden (προηγουμένης) Natur
des Eingeborenen beherrscht, diejenigen, die bis zur 'Vernunft'
(λόγος) des Sichtbaren gelangt seien und ihren Schöpfer lobten,
vom Logos, insofern er Christus, also Mensch, sei.[190] Damit steht
der Christus-Name an der Grenze vom Sichtbaren zum Unsichtbaren, der Titel 'König' auf seiten des Göttlichen.

b) Die Salbung als Zeichen der Einung von Logos und Seele Christi

In *Princ.*[191] entwickelt Origenes auf der Grundlage der eben ange-

---

Blanc: Blanc ersetzt in ihrer Ausgabe, im Anschluß an frühere Ausgaben, κατὰ
durch τάχα und ergänzt nach ἀμφοτέρων ἕν.

[189] *Com. Ioh.* I 28,197.

[190] *Ibid.* 98-200; cf. I 20,124: Dort preist Origenes die selig, die die Vielzahl der
Epinoiai, die für die Sünder bestimmt sind, nicht mehr brauchen, nur noch 'Weisheit', 'Wort', Gerechtigkeit', 'Wahrheit'.

[191] Entstanden nach Schadel 352 vielleicht in den Jahren 220-225; cf. auch in
den Ausgaben: H. Görgemanns—H. Karpp, Darmstadt ³1992, 6; H. Crouzel—
M. Simonetti, SCh 252f.; 268f.; 312 (1978-1984), in: SCh 312, 22-33. Nautin,
Origène I 410: 229-230. Zum Aufbau: Görgemanns—Karpp 15-17; M. Harl,
Structure et cohérence du *Peri Archon*, in: Orig. I, Bari 1975, 11-32. *Princ.* ist vollständig nur in der lateinischen Übersetzung Rufins erhalten. Man kann davon
ausgehen, daß er den Gedankengang im wesentlichen korrekt wiedergibt. Unzuverlässig ist er allerdings, was die dogmatische Terminologie betrifft, cf. G.
Bardy, Recherches sur l'histoire du texte et des versions latins du *De princ.*
d'Origène, Paris 1923; H. Crouzel, Comparaisons précises entre les fragments du
Peri Archôn selon la *Philocalie* et la traduction du Rufin, in: Orig. I, Bari 1975,
113-121; B. Studer, Zur Frage der dogmatischen Terminologie in der lateinischen
Übersetzung von Origenes' *De principiis*, in: Epektasis (FS J. Daniélou), Paris
1972, 403-414; cf. den knappen Forschungsbericht bei Torjesen 16-18.—Ich zitiere
nach der Ausgabe von Görgemanns—Karpp (= G-K), die einen gegenüber der

deuteten Gedanken in einem eigenen Traktat seine Christologie.[192]
Zwar sei der Mensch eigentlich nicht fähig, das Wesen des Logos,
der Weisheit, der Wahrheit zu erfassen, durch die alles geschaffen
sei; noch schwieriger zu begreifen und noch erstaunlicher sei die
Tatsache, daß diese alles überragende *natura* sich ihrer Majestät
entäußert habe, Mensch geworden sei und unter den Menschen
geweilt habe als der notwendige Mittler zwischen Gott und Menschen.[193] Aber eben dieses Wunder bezeugten er selbst—*gratia
labiis eius infusa testatur* (cf. *Ps* 44,3b)—, der Vater (cf. *Mt* 3,17), die
Zeichen und Wunder, die Propheten und die Apostel, mithin die
gesamte Hl. Schrift.[194]

Die christologische Theorie[195] des Origenes gründet auf seiner
Lehre von der Präexistenz der Seelen:[196] Die Seelen, mit Willensfreiheit begabte Vernunftwesen, hätten je nach dem Maß ihrer
Liebe zum Schöpfer, der seinerseits die Schöpfung liebe (*Weish*
11,24), Anteil am unsichtbaren Bild des unsichtbaren Gottes.[197]
Sie seien nicht mehr eins mit ihm, weil sie infolge der Unvollkom-
menheiten ihrer Liebe in die Leibeswelt abgestiegen seien.[198] Nicht

---

Ausgabe von P. Koetschau (GCS Orig. 5, 1913) verbesserten Text bietet, der sich
auf Rufin und die Philocalie beschränkt und die Fragmente in den Apparat
verweist.

[192] *Princ.* II 6: *De incarnatione Christi.* Außer der bereits genannten Literatur zur
Christologie s. Grillmeier I 266-280; J.N. Rowe, Origen's Doctrine of Subordina-
tion. A Study in Origen's Christology, Bern u.a. 1987; zahlreiche Aufsätze in L.
Lies (ed.), Orig. IV, Innsbruck 1987, v.a. 146-281.

[193] *Princ.* II 6,1; cf. I 2; cf. Harl, Origène et la fonction révélatrice 112-115;
Gögler 246-252 u.ö. Zum gesamten Komplex cf. die umfassende Arbeit von H.
Crouzel, Théologie de l'image de Dieu chez Origène, Paris 1956.

[194] *Princ.* II 6,1 (G-K 358,13/24).

[195] Als solche deklariert er sie: *suspiciones potius nostras quam manifestas aliquas ad-
firmationes* (II 6,2; G-K 360,23f.); cf. dazu F.H. Kettler, Der ursprüngliche Sinn
der Dogmatik des Origenes, Berlin 1966: Der Vf. versteht diese und ähnliche Bemerkungen des Origenes als Versuche, sich gegenüber Außenstehenden abzu-
sichern. Den Fortgeschrittenen sei klar, daß es sich für Origenes nicht nur um Ver-
mutungen handle.

[196] *Princ.* II 6,3; cf. I 5.7-8; II 8-9. Brühl 10-120; P. Heimann, Erwähltes
Schicksal. Die Präexistenz der Seele und christlicher Glaube im Denkmodell des
Origenes, Tübingen 1988, 13-122 (religionsgeschichtliche und philosophische
Zusammenhänge); H. Karpp, Probleme altchristlicher Anthropologie, Gütersloh
1950, 186-229.

[197] Cf. *Princ.* IV 4,2; I 2,6; 3,5-6.

[198] G-K 363 fügen in die Übersetzung an dieser Stelle ein Fragment von Hieronymus, *Ep.* 124,6, ein: Rufin übergeht den Abstieg in die Leibeswelt hier, cf. aber
die in der voraufgehenden Anm. genannten Stellen und die zahlreichen Zeugnisse
zur Origenischen Lehre von der Präexistenz der Seelen im Apparat bei G-K;
Crouzel—Simonetti, in: SCh 253, 174f. Anm. 15.

so jedoch die Seele Jesu, die zwischen Göttlichem und Menschlichem vermittle, weil Gott selbst sich nicht mit einem Körper verbinden könne.[199] Sie allein sei als νοῦς von Beginn der Schöpfung
an dem Logos untrennbar und in reiner Liebe verbunden geblieben
und hätte als ψυχὴ den Menschen annehmen können.[200] Sie sei
somit die *substantia medians*, die die Einheit von Gott und Mensch,
das Ein-Geist-Sein, ermögliche.[201] Damit wird erstmalig die Seele
Jesu in die Reflexion der gottmenschlichen Einheit einbezogen, ja
von seiten des Menschen zum entscheidenden Träger dieser Einheit,[202] und neben ihr spielt der Leib eine sehr untergeordnete Rolle
(ohne gänzlich ausgeklammert zu sein).[203] Sie ermöglicht es, die
göttlichen Prädikate auf den Menschensohn und die menschlichen
Prädikate auf den Gottessohn zu übertragen:[204] Die Seele Jesu,
zusammen mit dem Fleisch, könne Sohn Gottes, Gottes Kraft,
Christus, Gottes Weisheit genannt werden, der Sohn Gottes Jesus
Christus und Menschensohn[205]. Die Einheit zwischen Gott und

---

[199] Die Terminologie der Rufinschen Übersetzung ist bemerkenswert weit fortgeschritten, z.B. *Princ.* II 6,2 (G-K 360,12f.): [. . .] *ut in uno eodemque ita utriusque
naturae veritas demonstretur.* Studer, Zur Frage der dogmatischen Terminologie 411,
ist skeptisch bezüglich der Zwei-Naturen-Terminologie bei Origenes. Crouzel—
Simonetti gehen nicht weiter darauf ein.—Es ist in der Tat fraglich, ob Origenes
die zwei 'Naturen' so klar formulierte, wenn ihm auch die Differenzierung
zwischen Göttlichem und Menschlichem durchaus geläufig war, s. z.B. *Com.Ioh.*
I 28,191-200; *Cels.* III 28; VII 17 u.ö.

[200] *Princ.* II 6,3; zu νοῦς/Gott s. *ibid.* I 1,7; IV 4,9-10; II 8,3; zu ψυχὴ/Mensch
s. II 8,1; 10,7; zum Verhältnis νοῦς—ψυχὴ, s. R. Williams, Origen on the soul of
Jesus, in: Orig. III, Rom 1985, 131-137; Grillmeier 278f.; Crouzel—Simonetti, in:
SCh 253, 176 Anm. 19; Karpp, Probleme altchristlicher Anthropologie 188-190.

[201] *Princ.* II 6,3 (G-K 362,10/14); cf. *Cels.* VII 17 u.ö.; zu *1 Kor* 6,17 s. H.J.
Vogt, Ein-Geist-Sein (*1 Kor* 6,17b) in der Christologie des Origenes, in: TThZ 93
(1984) 251-265.

[202] S. vor diesem Hintergrund *Com.Ioh.* I 28,191-200, s.o. S. 74-76; A. Le
Boulluec, Controverses au sujet de la doctrine d'Origène sur l'âme du Christ, in:
Orig. IV, Innsbruck 1987, 223-237, 223f.: Subjekt der Inkarnation ist bald der
Sohn, bald Christus, bald die Seele Jesu. Die genaue Terminologie ist bei Origenes
noch geklärt. Nach dem Vf. hat der Subjektswechsel heuristische Funktion.

[203] *Princ.* II 6,3 (G-K 364,4): *ipsa cum qua assumpserat carne*; (GCS Orig. 5,
143,3/4): *ipsa cum ea quam assumserat carne*; cf. *Cels.* IV 18; III 28.41.

[204] Studer, Zur dogmatischen Terminologie 411, ist auch zurückhaltend bezüglich der Terminologie zur Idiomenkommunikation, während Crouzel—Simonetti,
in: SCh 253, 176f. Anm. 20, darin eine Vorwegnahme der später formulierten
Lehre von der Idiomenkommunikation sehen. Die kritische Haltung Studers
bezüglich der Begriffe mag berechtigt sein, zumal wir eine Übersetzung aus dem
späten 4. Jh. vor uns haben; die Idiomenkommunikation als solche liegt in der
Konsequenz des Origenischen Gedankens wie der Tradition.

[205] *Princ.* II 6,3 (G-K 364,3/12). Der Titel aus *Dan* 7,13 hat hier seine messia-

Seele ist nach Origenes enger als die 'willentliche' Einheit zwischen Mann und Frau, wie sie in *Mt* 19,5 beschrieben wird: Logos und Seele seien wirklich ein Geist, nicht nur eine besonders enge 'moralische' Verbindung. Er versucht, mit solchen Vergleichen und überbietenden Formulierungen die Einheit der Person darzustellen, für die ihm die Begriffe fehlen.[206] Auffällig ist, daß der Christus-Titel hier unter den Bezeichnungen für die Gottheit auftaucht, während er im *Johanneskommentar* dem Menschen, wenn auch an der Schwelle zur Welt des Unsichtbaren, zugeteilt worden war. Warum das so ist, erhellt aus der Erklärung der Salbung in den folgenden Abschnitten.

Die Einheit des Logos mit der Seele gründe nicht auf Zufall, sondern auf der vollkommenen Liebe dieser Seele, mithin auf einem Verdienst, aufgrund dessen sie mit dem 'Öl der Freude' gesalbt worden sei. Der Grundgedanke entspricht dem in *Com.Ioh.* I 28, 191-200 ausgeführten, aber Origenes geht noch weiter: Wenn die Seele mit dem Öl der Freude gesalbt werde, heiße das, daß sie durch die Einheit mit dem Wort zu Christus werde.[207] Oder: Wenn sie gesalbt werde, werde sie mit Hl. Geist erfüllt, und zwar nicht so wie die *participes*, die Propheten, sondern wesenhaft (*substantialis*), mit der Fülle der Gottheit (*Kol* 2,9).[208] Offensichtlich setzt Origenes beide Bestimmungen, die in einer gewissen Spannung zueinander stehen, in eins, denn er schließt direkt die Formulierung 'substantielle Fülle des Wortes Gottes' in der Seele Jesu an.[209] Die prinzipielle Frage nach der Funktion des Geistes bei der Einigung zwischen Logos und Seele bleibt damit offen.[210]

---

nische Prägung verloren und ist einzig auf die christologische Reflexion bezogen, cf. Crouzel—Simonetti, in: SCh 253, 177 Anm. 21; das illustriert sehr deutlich den Stand der Christologie gegenüber Justin und Irenäus.

[206] Cf. Crouzel—Simonetti, in: SCh 253, 177f. Anm. 22-24; *Cels.* III 41; die *persona mediatoris*, cf. *Com.Cant.* I 3,10 (GCS Orig. 8, 100,4); *Orat.* 1 (GCS Orig. 2, 297,1/11), stellt, insofern sie Mensch ist, in mancher Hinsicht einen graduell unterschiedenen Sonderfall des Menschseins dar, s. Grillmeier I 277f.; Brühl 188-200.

[207] *Princ.* II 6,4 (G-K 364,1f.); Justinian, Fragm. 20, verkürzt hier offensichtlich den Gedankengang und urteilt anachronistisch vor dem Hintergrund der nestorianischen Streitigkeiten, wenn er Origenes unterstellt, er habe die Einheit zwischen Gott und Mensch als bloße Willenseinheit verstanden; cf. G-K z.St. Anm. 17; Crouzel—Simonetti, in: SCh 253, 178f. Anm. 25, sowie das folgende.

[208] Cf. Crouzel—Simonetti, in: SCh 253, 179 Anm. 27.

[209] *Princ.* II 6,4 (G-K 364,5-366,7).

[210] Cf. Irenäus, *Dem.* 47; Novatian, *Trin.* 29, mit *Ps* 44,8bc: In Christus wohne

Aus *Ps* 44,8a entwickelt er weiter:[211] Weil diese Seele, die mit derselben Willensfreiheit begabt sei wie alle anderen Seelen, niemals sündigte,[212] habe sie sich, im Unterschied zu allen anderen, niemals von ihrem Schöpfer getrennt. Ihre Liebe sei so unermeßlich groß gewesen, daß sie ihm unverbrüchlich und ohne jede Veränderung angehangen sei, so daß aus dem ursprünglich freien Entschluß durch lange Übung Natur geworden sei.[213] Ausgehend von *Ps* 44,8 gebraucht er noch einen weiteren Vergleich, um die unwandelbare Einheit der Seele Jesu mit dem Logos und ihre Besonderheit gegenüber der Einheit anderer Seelen mit dem Hl. Geist zu unterstreichen:[214] Die *participes* hätten Anteil an seinem Duft—das Bild stammt aus *Hld* 1,2-3[215]—, während die Seele Jesu selbst Gefäß der Salbe, d.h. Gefäß von Gottes Wort und Weisheit, sei. Die *participes*, das sind hier die Propheten und Apostel, könnten sich von der Salbe entfernen und schlechten Geruch annehmen, wohingegen die Seele Jesu selbst die Substanz der Salbe in sich fasse und demzufolge nicht von ihrem Duft zu trennen sei.

Origenes argumentiert mit *Ps* 44,8 differenzierter als seine Vorgänger: Justin, Irenäus, Tertullian, auch Clemens von Alexandrien, der von der Salbung des κύριος spricht, sehen den κύριος und θεός Jesus Christus als angesprochenes Subjekt an.[216] Origenes setzt die bei Tertullian in anderem Zusammenhang anklingende

---

der Geist ganz und gar, als Quelle, von der her die Menschen Anteil am Geist und an der Gnade erhalten.

[211] *Princ.* II 6,5 (G-K 366,24-368,4): *Verum quoniam boni malique eligendi facultas omnibus praesto est, haec anima, quae Christi est, ita elegit 'diligere iustitiam', ut pro immensitate dilectionis inconvertibiliter ei atque inseparabiliter inhaereret, ita ut propositi firmitas et affectus inmensitas et dilectionis inextinguibilis calor omnem sensum conversionis atque inmutationis abscideret, ut quod in arbitrio erat positum, longi usus affectu iam versum sit in naturam; ita et fuisse quidem in Christo humana et rationabilis anima credenda est, et nullum sensum vel possibilitatem eam putandum est habuisse peccati.* Crouzel—Simonetti, in: SCh 253, 180-182 Anm. 31, verweisen auf die Konsequenzen für die Seelen der Fortgeschrittenen: Auch sie könnten zu einer gewissen Unveränderlichkeit gelangen.

[212] *Princ.* II 6,4, begründet mit *Jes* 53,9; *Hebr* 4,15; *Joh* 8,46; 14,30; *Jes* 8,4; 7,16.

[213] Barg dieser Gedanke für spätere Theologen die Gefahr des Nestorianismus in sich, so weist der nun folgende Vergleich der Einheit mit einem Eisenbarren, der völlig vom Feuer durchglüht wird (*Princ.* II 6,6), eher in die monophysitische Richtung. Das allein sollte davor warnen, Origenes vorschnell (und anachronistisch) bestimmte christologische Irrlehren unterzuschieben; cf. Crouzel—Simonetti, in: SCh 253, 182 Anm. 33; 183f. Anm. 38.

[214] *Princ.* II 6,6; cf. dazu Meloni 134-137.

[215] S.u. zu den *Hohelied*-Auslegungen: I 3.2.c.

[216] *Paed.* I 98,3; II 65,3; dazu s.u. I 3.2.b.

Erkenntnis, daß nur Körper, will heißen: Veränderliches, gesalbt werden können,[217] voraus.[218] Was im Kontext—*Ps* 44,7—darauf hinweist, daß 'Gott' angesprochen ist, läßt er weg. Gesalbt wird die Seele Jesu Christi, die dadurch gleichsam vergöttlicht wird.[219] Das Subjekt des Handelns ist dabei freilich nicht eindeutig festgelegt: Die 'Annahme der Seele' und die passivischen Konstruktionen des Gesalbtwerdens[220] bezeichnen den göttlichen Logos als Träger des Geschehens. Gleichzeitig ist aber auch die in Vers 8 angesprochene Seele Subjekt, die zwischen Gut und Böse wählen kann, sich für die 'Liebe zur Gerechtigkeit' entscheidet und so das Ihre zur Einheit zwischen Logos und Seele, die Bedingung der Möglichkeit der Inkarnation ist, beiträgt. Das eigentliche christologische Problem, das sich aus der Exegese von Vers 7 und 8 ergibt, bleibt damit ungelöst.[221]

Diese Unklarheit spiegelt sich auch in *Contra Celsum* I 56, anknüpfend an die Lehre von den zwei Parusien: Der Prophet spreche in *Ps* 44,7 Gott an und sage trotzdem, daß dieser Gott von Gott, der sein Gott sei, gesalbt worden sei vor seinen μέτοχοι. Er beziehe sich also auf den Mensch gewordenen Gott, auf Christus, den Messias, wie selbst ein Jude, mit dem Origenes diskutiert habe, zugegeben hätte.[222] Origenes kann dabei die beiden Bewegungen nicht in

---

[217] Tert., *Marc.* III 15,6.

[218] Explizit in *Com. Ioh.* I 28,191-192.

[219] Gegen diese Lehre von der Seele Christi polemisiert offensichtlich Methodius von Olympus in *Symposium* VII 8 (GCS Meth., G.N. Bonwetsch 1917, 78-79; SCh 95, H. Musurillo, 1963), unter Rückgriff auf *Ps* 44,10: Er deutet die Braut als das makellose Fleisch des Herrn, um dessentwillen er den Vater verlassen habe und zu uns herabgestiegen sei. Es sei makellos und allen überlegen an Glanz und Schönheit der Gerechtigkeit, keiner könnte sich mit ihm an Tugend messen, so werde es gewürdigt, die Herrschaft mit dem Eingeborenen zu teilen, mit in den Himmel aufgenommen zu werden, wo es zur Rechten des Vaters sitze, geschmückt mit den Merkmalen der Unvergänglichkeit: Reinheit, Klugheit, Glauben, Liebe, Geduld etc.—Methodius nimmt bei dieser Charakterisierung der Tugend und Vortrefflichkeit des Fleisches Formulierungen des Origenes für die Tugend der Seele Christi auf. Cf. Liébaert, Christologie 53f.; E. Prinzivalli, L'esegesi biblica di Metodio di Olimpo, Rom 1985, 57-65, sowie die Anmerkungen des Herausgebers Bonwetsch.

[220] *Princ.* II 6,4 (G-K 364,26;4f.;5f. u.ö.); cf. zu den Unklarheiten um das handelnde Subjekt Rowe 128-131.

[221] Cf. Anm. 202.

[222] *Cels.* I 56 (GCS Orig. 1, 107,22/26, P. Koetschau, 1899): καὶ κατανόει ὅτι θεῷ ὁμιλῶν ὁ προφήτης, οὗ ὁ θρόνος ἐστιν εἰς τὸν αἰῶνα τοῦ αἰῶνος·, καὶ ῥάβδος εὐθύτητος ἡ ῥάβδος τῆς βασιλείας αὐτοῦ, τοῦτον τὸν θεόν φησι κεχρῖσθαι ὑπὸ θεοῦ, ὃς ἦν αὐτοῦ θεός.

Einklang bringen: In *Ps* 44,7 ist Gott angesprochen, in *Ps* 44,8 laut
Princ. die präexistente Seele. Wie deren Einheit exegetisch an den
beiden Versen zu begründen ist, bleibt offen.

Im Traktat über die Inkarnation (*Princ.* II 6) thematisiert Origenes die in der Auslegungstradition dominierende Gottheit Christi
nicht eigens—sie ist im Kontext des Werks vorauszusetzen. Er bezieht, erstmals in den erhaltenen Quellen, *Ps* 44,8a in die Reflexion
ein und versucht, den Vers über die nur 'moralische' Ebene hinaus
auf die Sündlosigkeit des versuchbaren Gottmenschen zu interpretieren. Von überragender Bedeutung ist dabei—und hierin liegt die
Originalität des Origenes—die Lehre von der menschlichen Seele
Jesu Christi, die zum Zentrum für die Christologie und für die
Christusnachahmung wird.[223]

In der *Recapitulatio* in *Princ.* IV 4[224] kommt Origenes kurz auf
den Gedankengang zurück und gewichtet dabei stärker soteriologisch:[225] Der Sohn Gottes habe eine menschliche Seele angenommen, als er sich zum Heil der Menschheit offenbaren wollte. Erneut
vergleicht er die Anwesenheit des Sohnes Gottes in den Aposteln
und Heiligen und in Jesus Christus. Während kein Mensch frei von
Unreinheit sei (*Ijob* 14,4f.), sei die Seele Jesu von Anfang an völlig
sündlos, wie *Jes* 7,15f. und *Ps* 44,8 zeigten. Sie sei nämlich mit Gott
in unbeflecktem Bund vereinigt, *substantialiter* von Gott erfüllt. Auf
den Hl. Geist geht Origenes an dieser Stelle nicht weiter ein.[226] Er
hebt vielmehr auf die Vorbildfunktion der sündlosen Seele Christi

---

[223] Cf. Harl, Origène et la fonction révélatrice 117: Die Seele ist Ort und Mittel
der Begegnung von Gott und Mensch und Modell für die Menschen.

[224] Nach Crouzel—Simonetti, in: SCh 269, 235f., eher eine *Retractatio*; nach
Harl, Origène et la fonction révélatrice 118, u.U. etwas später entstanden.—
Möglicherweise kürzte Rufin in *Princ.* IV 4,4-5, um Origenes vom Verdacht, einen
mehrfachen Abstieg Jesu zu lehren, zu befreien: cf. J. Chênevert, L'Eglise dans
le Commentaire d'Origène sur le Cantique, Paris 1969, 56 unter Verweis auf
Koetschau; s.a. G-K 799 Anm. 34.

[225] Cf. Harl, Origène et la fonction révélatrice 118;—s. *Princ.* IV 4,4 (G-K 792,
9/14): *Volens igitur filius dei pro salute humani generis apparere hominibus et inter homines
conversari, suscepit non solum corpus humanum, ut quidam putant, sed et animam, nostrarum
quidem animarum similem per naturam, proposito vero et virtute similem sibi et talem, qualis
omnes voluntates et dispensationes verbi ac sapientiae indeclinabiliter posset implere.*—*ut quidam
putant* ist vielleicht eine antiapollinaristische Einfügung, Studer, Zur dogmatischen
Terminologie 412; Crouzel—Simonetti, in: SCh 269, 250 Anm. 28; dagegen G-K,
Anm. 26.

[226] *Princ.* IV 4,4 (G-K 794,6-796,18); in IV 4,5 (G-K 800,6/13) spricht er von
der Teilhabe am Hl. Geist, die notwendig ist, um geistlich zu werden. Nach
Studer, Zur dogmatischen Terminologie 406f., ein von Rufin bearbeiteter Abschnitt.

und die *participatio* ab, die er nicht mehr ausschließlich auf die vom Geist erfüllten Propheten und Apostel bezieht,[227] sondern auch auf die geistlich fortgeschrittenen Christen;[228] diese ahmten das Beispiel der Seele Christi—Liebe zur Gerechtigkeit, Haß auf das Unrecht—nach und würden so, durch *imitatio*, Teilhaber der göttlichen Natur (*2 Petr* 1,4).[229] In dieser Universalisierung der Teilhabe am Hl. Geist liegt dem Traktat *de incarnatione* zufolge die Bedeutung der Menschwerdung, die damit vom Begriff der Salbung her bestimmt wäre.[230]

Um die aktive Rolle des Logos im Vermittlungsprozeß herauszustreichen, rekurriert Origenes auf Paulus, *1 Kor* 9,22: Der Logos werde allen alles. Er sei Ausgangs- und Endpunkt; Rettung und Vergöttlichung gebe es für die menschliche Seele nur auf seine Initiative hin, wobei sie ihrerseits aktiv reagieren müsse, indem sie die Seele Christi nachahme. Nicht ganz klar wird in seinem Entwurf die soteriologische Funktion der Inkarnation. Er konzentriert sich in *Princ.* auf die Einheit zwischen Logos und Seele, die als präexistent zu denken ist, und arbeitet so die Bedeutung der menschlichen Seele Jesu als notwendige Mittler-Substanz und entscheidende Voraussetzung für die Annahme des Fleisches heraus. Letztere wird nicht mehr ausführlich behandelt.

Im Vergleich zur Tradition ist die exegetisch-christologische Argumentation des Origenes zu *Ps* 44,8 bei allen Schwächen ausgefeilter. Justin beschränkte die Vermittlungsfunktion des Gesalbten

---

[227] S. *Princ.* II 6,1. Grundsätzliche Voraussetzung für ihre Inspiriertheit sind allerdings—und das ist wichtig für die spirituelle Stufenlehre—lautere und reine Seelen, s. Gögler 289-292. Cf. zu *Princ.* II 6,4.6. Das Problem wird in *Princ.* II 7 eigens behandelt.

[228] S. *Princ.* I *Praef.* 3 (G-K 86, 8/11); I 3,8.

[229] *Ibid.* IV 4,4 (G-K 796,26-798,7) *Propterea enim et omnibus credentibus ad exemplum Christus exponitur, quia sicut ille semper et 'antequam sciret omnino malum elegit bonum'* (*Jes* 7,15f.) *et 'dilexit iustitiam atque odio habuit iniquitatem, et propterea unxit eum deus oleo laetitiae': ita et unusquisque vel post lapsum vel post errorem expurget se a maculis exemplo proposito, et habens itineris ducem arduam viam virtutis incedat; ut, si forte, per hoc in quantum fieri potest per imitationem eius participes efficiamur divinae naturae.*—Die Inkarnation als Eröffnung eines Wegs für jeden gewinnt für Origenes erst allmählich an Relevanz; Harl, Origène et la fonction révélatrice 269; 287-304, bes. 288-296; zur Bedeutung der Inkarnation: Rowe 233-240; 105-107 u.ö.; Grillmeier I 268-270; 274f. (mit knappem Forschungsbericht).

[230] Weitere Forschungen zum Verhältnis von Inkarnation und Salbung und zur Funktion des Geistes in diesem Zusammenhang im Gesamtwerk des Origenes wären wünschenswert. Orbe, La unción 550-558 beschränkt sich auf den 'ewigen Priester' Christus.

auf sein Wirken als Schöpfungsmittler und auf seine Sendung als
Bote in der Welt, ohne das Bild von der Salbung näher zu erklären.
Irenäus hob auf die Offenbarungsfunktion und soteriologische Sendung ab. Origenes weist diese soteriologische Funktion der Salbung,
geknüpft an die menschliche Seele Jesu, durch eine differenzierte
Auslegung von *Ps* 44,8 nach. Dabei bestimmt der Modellcharakter
der Logos-Seele-Einheit in Jesus Christus zunehmend sein theologisches Denken, wie sich an *Contra Celsum*, einer seiner spätesten
Schriften, entstanden zwischen 244 und 249,[231] zeigen läßt.

Celsus fragt an[232], warum Gott, wenn er die Menschheit schon
retten wollte, seinen Geist nur in den einen Winkel, in den einen
Menschen sandte, wo der Erfolg doch weit größer gewesen wäre,
wenn er viele an viele Stellen gesandt hätte. Origenes beruft sich
dagegen auf die alttestamentliche Verheißung des einen Messias—
den für die gesamte Apologetik grundlegenden Geschichtsbeweis—,
von dem aus sich das Heil in alle Welt ausbreiten sollte. Durch ihn
strahlte das göttliche Wort aus zu allen, die ihn aufnehmen wollten,
zuerst zu den Aposteln, die ebenfalls 'Gesalbte' (*Ps* 104,15) genannt
würden. Ihm 'analog'[233] hätten sie Gerechtigkeit geliebt und Unrecht gehaßt und seien deshalb von 'Gott, seinem Gott', mit
Freudenöl gesalbt worden. Jesus Christus habe 'mehr als die *participes*' die Gerechtigkeit geliebt—wie in *Com. Ioh.* I und *Princ.* bezieht Origenes diese Formulierung aus *Ps* 44,8c auf 8a—und deshalb die ἀπαρχή der Salbung, die ganze Salbung empfangen,
während die *participes* je nach Vermögen Anteil erhielten.

Hier appliziert Origenes den ganzen Vers, mithin auch die Salbung mit dem 'Öl der Freude', direkt auf alle Gesalbten, während
in *Princ.* (und den *Hohelied*-Auslegungen)[234] die Salbung mit Freudenöl von der der Teilhaber unterschieden wird. Es ist nicht notwendig, darin einen Widerspruch zu sehen:[235] Daß die *participes*
Anteil an derselben Salbung haben, liegt in der Konsequenz seiner

---

[231] Schadel 352. Nautin, Origène I 375f.; 412 datiert auf 249.

[232] *Cels.* VI 78f.

[233] *Ibid.* VI 79 (GCS Orig. 2, 150,28-151,1): [. . .] ἀνάλογον ἐκείνῳ ἠγάπησαν
δικαιοσύνην καὶ ἐμίσησαν ἀδικίαν· καὶ διὰ τοῦτο ἔχρισε καὶ αὐτοὺς ὁ θεός, ὁ θεὸς τοῦ
Χριστοῦ, ἐλαίῳ ἀγαλλιάσεως. ἀλλ' ἐκεῖνος μὲν οὖν ὑπὲρ τοὺς μετόχους αὐτοῦ ἀγαπή
σας δικαιοσύνην καὶ μισήσας ἀνομίαν· καὶ τὴν ἀπαρχὴν εἴληφε τοῦ χρίσματος καὶ, εἰ
χρὴ οὕτως ὀνομάσαι, ὅλον τὸ χρῖσμα τοῦ τῆς ἀγαλλιάσεως ἐλαίου· οἱ δὲ μέτοχοι
αὐτοῦ, ἕκαστος ὡς κεχώρηκε, μετέσχον καὶ τοῦ χρίσματος αὐτοῦ.

[234] S.u. I 3.2.c.

Gedanken und der zunehmenden Gewichtung der soteriologischen
Bedeutung Jesu Christi für alle. Das bestätigt das sich anschließende
Bild von der Kirche als Leib.[236] Von ihrem Haupt, Christus, aus
breite sich die Salbe über die Vollkommeneren hinweg in der ganzen Kirche aus (*Ps* 132,2). Origenes überträgt damit das Verhältnis
zwischen Logos und Seele auf das zwischen Christus und Kirche.
Dieses Ineinander ist sehr bezeichnend für den soteriologischen
Duktus der Argumentation an dieser Stelle. Ohne das spezifisch
christologische Problem zu behandeln,[237] stellt er die Inkarnation
als Grundlage für die höchste Gottesnähe der Menschen heraus, die
menschliche Heiligkeit von innen, von der Seele des einzelnen her
erst verständlich macht,[238] und als die Heilstat, die diese Gottesnähe allen ermöglicht. Im Blick auf die weitere Entwicklung der
christologischen Argumentation ist die Interpretation der Salbung
auf zwei Ebenen—ihre Funktion für die Einung zwischen Gott und
Mensch; die Salbung mit Hl. Geist als Vorbild und wirkmächtiges
Zeichen für die *participes*— im Auge zu behalten.

---

[235] Gegen Rowe 199-201.
[236] *Cels.* VI 79.
[237] Cf. dazu *ibid.* III 28.41; V 39 u.ö.
[238] H.J. Vogt, Das Kirchenverständnis des Origenes, Köln 1974, 260.

3. KAPITEL

BILDER UND FORMEN DER CHRISTUSVERKÜNDIGUNG

Über die bislang behandelten spezifisch theologisch-christologischen Argumentationen und Interpretationen hinaus begegnen Verse des 44. *Psalms* im Kontext hermeneutischer Fragestellungen bei Tertullian und Origenes sowie in spirituell ausgerichteten Texten und Traktaten. Letztere gründen auf den gleichen Methoden wie die dogmatischen Argumentationen: Sie setzen voraus, daß die Prophetie auf Christus zu beziehen sei, sie fragen nach Sprechern und Angesprochenen und nach der Bedeutung zentraler Begriffe. Die Fragestellung ist allerdings modifiziert, nämlich: Was bedeutet das jeweils für uns bzw. die Gläubigen? Inwiefern geht uns die Gottheit Christi etwas an? Welche Funktion hat die Salbung Christi für die Menschen? Inwiefern sind die Psalmworte auf das Leben der Christen zu beziehen? Dementsprechend werden die Methoden spezifiziert: Bei der Frage nach den handelnden 'Personen' wird der Adressat des jeweiligen Texts in die Reflexion einbezogen. Bei der Analyse der Begriffe hebt man vor allem auf ihre bildliche oder symbolische Bedeutung ab und interpretiert sie mit Hilfe weiterer Bilder und Metaphern, häufig im Zusammenhang allegorischer Auslegungen. Wie und warum so interpretiert wird, soll an einigen Einzelauslegungen in hermeneutischen Zusammenhängen gezeigt werden.

3.1 METHODEN UND FUNKTION BILDLICHER INTERPRETATIONEN IN HERMENEUTISCHEN KONTEXTEN

a) Metapherninterpretation bei Tertullian: Die sanfte Macht des Wortes Christi

In den Schriften gegen Marcion und gegen die Juden[1], in denen er die christliche Deutung des AT verteidigt, reflektiert Tertullian auf

---

[1] *Marc.* III 13-14; *Iud.* 9,1-20. Zum Verhältnis der beiden Schriften s. Tränkle LIII-LXVII: *Iud.* entstand relativ früh und wird in *Marc.* gestrafft, überarbeitet und umgestellt wieder aufgenommen.

die metaphorische Sprache der Verse 3-6, bei denen wörtliches Verstehen an Grenzen gerate. Im Kontext geht es um die jungfräuliche
Geburt Christi, dargestellt und begründet mit Hilfe der Immanuel-
Prophetie *Jes* 7,14f. (*propter hoc dabit dominus ipse vobis signum: ecce virgo
concipiet et pariet filium*), verknüpft mit *Jes* 8,4.[2] Marcion wie die
Juden lehnten eine christliche Deutung der Prophetie ab, da *Jes* 8,4
nahelege, daß es sich bei dem Kind, dessen Geburt angekündigt
werde, um einen Kriegshelden handle—mithin könne unmöglich
der verheißene Messias gemeint sein. Tertullian übertreibt im
Gegenzug dieses wörtliche Verständnis ins Groteske: Schon das
Kind werde als Kriegsheld bezeichnet, rufe also wohl mit Geplärre
zur Schlacht, gebe Signale mit der Klapper, reite auf der Amme
etc.[3] Solches sei—im Gegensatz zur jungfräulichen Geburt—nicht
als Zeichen angekündigt; also liege eine *figurata pronuntiatio* vor[4]:
Die *uirtus Damasci* und die *spolia Samariae* aus *Jes* 8,4 deutet er auf die
Gaben der drei *magi* aus dem Orient an das Kind (*Lk* 2,11), nämlich
Gold und Weihrauch, welche seine Macht und Stärke bezeichneten,
sowie auf die Bekehrung der Heiden.[5] Bestätigt werde dieses bildliche Verständnis durch andere Stellen in der Schrift, in denen
Christus als Kriegsherr dargestellt werde, so *Ps* 44,3-6: Im Zentrum
des prophetischen Psalms[6] stehe der *Christus creatoris*[7], der zum
Schöpfergott gehörende gesalbte Sohn Gottes, um den es im 3. Buch
von *Marc.* geht.

---

  [2] *Marc.* III 13,4 (CChr.SL 1, 524,9/12, 27/29): *Jes* 8,4 in einer abweichenden
Version: *quoniam priusquam cognoscat <puer> uocare patrem et matrem, accipiet uirtutem
Damasci et spolia Samariae aduersus regem Assyriorum.* Die Kombination findet sich
mehrmals bei Justin: *Dial.* 43,5-6: *Jes* 7,10-16a; 8,4; 7,16b-17; cf. *ibid.* 66,2-3; all.
ibid. 77,2. Nach Skarsaune, Proof 380f. u.ö., liegt dem eine alte Verbindung
zugrunde. Möglicherweise greift Tertullian auf Justin zurück, er geht aber in der
Erklärung deutlich über ihn hinaus: cf. Prigent, Justin 149-155, bes. 153-155 zu
Gemeinsamkeiten und Unterschieden.
  [3] *Marc.* III 13,2-3; *Iud.* 9,5-6.
  [4] *Marc.* III 13,3 (CChr.SL 1, 524,24).
  [5] *Ibid.* III 13,5-10.
  [6] Cf. zum Weissagungsbeweis bei Tertullian; de Margerie II 47; J.E.L. van
der Geest, Le Christ et le VT chez Tertullien, Recherche terminologique, Nimwegen 1972, 121-131.
  [7] Der Titel ist vielschichtig: Er bezeichnet die Gottheit des Sohnes, cf. *Marc.* III
1; seine Zugehörigkeit zum Schöpfergott, *ibid.* III 5,1 (CChr.SL 1, 512,24); seine
Sendung, *ibid.* III 15,2 (527,26/28): Christus ist nicht Name *ex natura*, sondern *ex
dispositione*, und seine Menschwerdung, *ibid.* III 15,6 (528,24/27): Salben kann man
nur Körper. Damit fügt sich der Titel gut in die o.g. Deutungen Tertullians zum
44. *Psalm* ein, cf. zu *Ps* 44,7-8 und 2a (der Schöpfungsmittler, s. *Herm.* 18,6; *Marc.*
II 4,1 u.ö.).

Dem Grundsatz entsprechend, daß vom 'Literalsinn' auszugehen sei,[8] zeigt Tertullian, indem er das wörtliche Verständnis auf die Spitze treibt, daß ein solches wegen verschiedener Widersprüche nicht weiterführe: Wie solle einem, der das Schwert um die Hüfte gürte (V. 4), wegen seiner Schönheit und der auf seine Lippen ausgegossenen Gnade geschmeichelt werden (V. 3)? Und wie passe die Aufforderung zur Herrschaft (V. 5a) zu Wahrheit, Milde und Gerechtigkeit (V. 5b), da doch Macht durch List, Härte und Ungerechtigkeit errungen werde?[9] Er erklärt folglich die Metaphorik zu *Ps* 44,4f. mit Hilfe anderer Belege für 'Schwert':[10]

– Das zweischneidige Schwert, kompiliert aus *Offb* 19,21 und 2,12,[11] bezeichne das Wort, das aus dem Mund Gottes hervorgehe und 'allegorisch' zu deuten sei. Es sei zweischneidig wegen der beiden Testamente des Gesetzes und des Evangeliums, geschärft durch Weisheit, eine Waffe gegen den Teufel und die geistlichen Feinde, die uns um des Namens Gottes willen sogar von unseren Freunden trennten (cf. *Mt* 19,29).[12]

– In *Eph* 6,14-17 entwickelt Paulus eine Allegorie der geistlichen Rüstung des Glaubenden. Auch da bezeichnet das Schwert den *sermo Dei*.

– In *Mt* 10,34 verkündet Jesus selbst, er sei nicht gekommen, den Frieden zu bringen, sondern das Schwert.

Dementsprechend müsse, da Christus eben kein Kriegsheld sei— das widerspräche anderen Stellen und der *regula fidei*[13]—auch in *Ps* 44,4 eine *machaera allegorica* gemeint sein: Der *Christus creatoris* sei umgürtet mit dem 'bildlichen Schwert des Wortes';[14] nur so füge sich

---

[8] Cf. H. Karpp, Schrift und Geist bei Tertullian, Gütersloh 1955, 26; De Margerie II 26f.: z.B. Tert., *Res.* 19-21.

[9] *Marc.* III 14,1-2.

[10] Cf. Karpp 26; De Margerie II 26: Die Schrift müsse als Ganzes interpretiert werden.

[11] *Offb* 19,21 (V): *et ceteri occisi sunt in gladio sedentis super equum qui procedit de ore ipsius*; *Offb* 2,12 (V): *haec dicit qui habet rompheam utraque parte acutam*.

[12] Auffällig ist die Abweichung von der Deutung in *Iud.* 9,18: dort zitiert Tertullian als einzige Parallele das zweischneidige Schwert aus der *Offb* und deutet es auf die beiden Testamente und auf die Vergeltung gemäß der Taten eines jeden einzelnen (Tränkle 23,14/16). U.U. kam Tertullian durch sein Bestreben, mehrere Parallelen zur Unterstützung seiner Deutung heranzuziehen, v.a. wohl beeinflußt durch *Eph* 6. zu dieser Umakzentuierung.

[13] Dazu cf. Karpp 26-27; De Margerie II 28-34.

[14] *Marc.* III 13,5 (CChr.SL 1, 526,23-527,3): *ense sermonis [. . .] figurato.*— 'Schwert' als 'Wort' Gottes begegnet auch bei Origenes in einem Fragment zum *Lam.-Kommentar*: Fragm. 104 zu *Klgl* 4,9 (GCS Orig. 3, 272f., E. Klostermann—

Vers 4a zu *Ps* 44,3, zu seiner Schönheit und zur Gnade seiner Lippen.[15] Dieses Schwert habe er, als er auf die Erde gesandt worden
sei, genommen, und in diesem Sinn deutet Tertullian die weiteren
Verse:[16] Christus breite das Wort über die ganze Erde aus, um alle
Völker zu rufen, er werde fortschreiten durch den Erfolg und die
Ausbreitung des Glaubens, und er herrsche durch den Sieg über den
Tod. Führer sei ihm die Kraft der geistlichen Gnade, durch die er
anerkannt werde. Seine Pfeile seien seine *praecepta* und Drohungen
und Überführungen des Herzens,[17] die jedes Gewissen durchbohr-
ten, so daß die Völker ihm anbetend unterworfen seien.[18] Insofern
also sei Christus Kriegsheld, als er durch sein Wort siege und
herrsche.

Tertullian unterscheidet bei seiner Erklärung nicht zwischen
figurate und *allegorice*,[19] wie seine Bestimmung dieser Begriffe überhaupt noch recht unscharf ist und teilweise von Werk zu Werk dif-
feriert.[20] Seine Interpretation des Psalms bewegt sich im Grenz-
bereich einer Ausdeutung der Metaphorik, die noch dem literalen
Verständnis zuzuordnen ist,[21] und der Allegorese. Es ist fraglich,

---

P. Nautin, [2]1983): Das Schwert ist der Logos Gottes (cf. *Eph* 6,17), und es ist besser von ihm getroffen und ihm unterworfen (cf. *Hld* 2,5; *Ps* 44,4.6b) als vom Hun-
ger getötet zu werden.

[15] Zur Bedeutung des Kontextes, cf. Karpp 26; De Margerie II 27.

[16] Zu Tertullians Methode, die Bildersprache logisch auszuarbeiten, cf. T.P.
O'Malley, Tertullian and the Bible. Language—Imagery—Exegesis, Nimwegen-
Utrecht 1967, 113.

[17] *Praecepta et minae et traductiones cordis*, *Marc.* III 14,7 (CChr.SL 1, 527,6/7).
Minae ist ein negativ besetzter Begriff. Auch von daher erscheint Tertullians Insistieren auf dem Widerspruch zwischen dem schönen Christus und milden
Herrscher und dem Kriegshelden überzogen und in erster Linie rhetorischer
Natur. Abgeschwächt wird diese 'negative' Komponente durch die Umakzentuierung des zweischneidigen Schwerts vom vergeltenden Gericht auf die Waffe
gegen den Teufel hin.

[18] *Ibid.* III 13,7 (CChr.SL 1, 527,8f.).

[19] *Ibid.* III 14,7 (CChr.SL 1, 527,11/12): *spolia figurata, arma allegorica*.

[20] Ähnlich unklar ist die Forschungslage: *Figura* kann nach O'Malley 158-164
sowohl rhetorische Figuren im allgemeinen (nicht eigens von den Tropen unterschieden) meinen als auch ein typologisches Verhältnis andeuten. Die Definition
von *allegoria* in *Marc.* ist nach O'Malley 145-158, v.a. 152; 157f., durch die Polemik
gegen Marcion bedingt: 'Allegorisch' sind die Stellen zu deuten, die wörtlich keinen Sinn ergeben, cf. *Marc.* III 5,3 (CChr.SL 1, 513,13/15). Zentrales Anliegen
dabei ist die Einheit der beiden Testamente. Die Grundbedeutung von Allegorie
ist damit sehr weit gefaßt und bezieht auch die metaphorische Sprache und ihre
Deutung ein.

[21] De Margerie II 41 nennt als Beispiel ausgerechnet unsere Stelle, die nicht

ob von *allegorica* auf Allegorese geschlossen werden darf: Tertullian
wechselt nicht völlig auf eine andere, allegorische Ebene wie etwa
bei seiner Deutung zu *Jes* 8,4. Dort wird die metaphorische Sprache
des Propheten zum Anlaß für eine Interpretation, die auf dem Weg
über ein typologisches Verhältnis zwischen *Jes* 8,4 und *Lk* 2,11 und
über verschiedene andere Bilder, wie Gold und Weihrauch, die an
den betreffenden Stellen (*Sach* 14,14; *Ps* 71,15.10) nicht
metaphorisch gebraucht sind, die Macht Christi an der Berufung
und Verehrung der Völker demonstriert.

In der christlichen Auslegung von *Ps* 44,3-6 aber geht es durchweg um den Lobpreis des *Christus creatoris*, des zu den Menschen
gesandten Gottessohnes, dessen Wirkmacht mit Bildern aus der
kriegerischen Sprache umschrieben wird. Die 'eigentliche' Ebene,
seine Schönheit, Gnade, Gerechtigkeit, Milde, bleibt gegenwärtig,
von ihr aus sind die Metaphern zu deuten: Sein Wort wirkt wie ein
Schwert im übertragenen Sinn. Der *sermo Dei* meint dabei nicht
Christus selbst als das fleischgewordene Wort des Vaters,[22] sondern
das Wort, das Christus den Menschen verkündet, sein Kerygma,
das zum Glauben ruft, wie aus den Beispielen, die Tertullian heranzieht, hervorgeht. Er erklärt das Schwert durch Allegorien und
Bilder aus der Schrift, bleibt aber konsequent im Rahmen der
prophetisch-messianischen Deutung auf den milden und schönen
Herrscher Christus. Die semantischen Merkmale von 'Schwert'
und 'Wort' werden durch die biblischen Parallelen einander angenähert. Überdies ist die Basis für eine Deutung auf die Macht des
Wortes durch den Kontext, besonders Vers 3, gegeben. Insofern
bleibt die Auslegung auf der Ebene der Metapherninterpretation,
reizt sie aber bis zur Grenze aus. Sie umreißt ein Bild vom machtvollen Wirken des Gesalbten, der sein Wort und den Glauben ausbreitet kraft seiner geistlichen Gnade, der herrscht, weil er den Tod
besiegte, und der, indem er auf Herz und Gewissen eines jeden
wirkt, von allen Völkern verehrt wird.[23]

---

ganz eindeutig ist. Das hängt vielleicht mit seiner etwas simplifizierenden These,
daß der Literalsinn die Menschheit, der geistliche Sinn die Gottheit bezeichne,
zusammen, *ibid.* 51. O'Malley 149-151 zieht eben diese Stelle als Beispiel für Tertullians allegorische Interpretation des AT heran. Der Kontrast macht zumindest
klar, daß eine schlichte Berufung auf Tertullians eigene Terminologie offensichtlich nicht ausreicht. H. Hoppe, Syntax und Stil des Tertullian, Leipzig 1903, 205f.,
ordnet die Deutung von *Jes* 8,4 den Gleichnissen zu.

[22] Eine solche Allegorese scheint grundgelegt bei Origenes, *In Ps* 44,4 (Cadiou
78); cf. Basilius, *Hom.Ps.* 44,5; Augustinus, *En.Ps.* 44,13.

[23] Cf. *Marc.* V 18,5-6: Tertullian zeigt anhand von *Eph* 4,8 (*captivam duxit cap-*

b) Lesevariante bei Origenes: Die Schönheit des Schriftwortes

Origenes bietet mit seiner Interpretation des Verses 3 eine hermeneutische Grundlegung für die Metapherninterpretation. Seine Exegese beruht auf einer Lesevariante, die in den erhaltenen Schriften nicht diskutiert, aber an mehreren Stellen vorausgesetzt wird.[24]

In seinem Hermeneutik-Traktat in *De Principiis*[25] begründet er zunächst die Göttlichkeit der Schrift aus der Geschichte: Keine anderen Gesetzgeber konnten so viele Völker überzeugen wie Mose und Jesus Christus und ihre Botschaft in so kurzer Zeit über die ganze Erde ausbreiten;[26] außerdem seien ihre (und andere) Prophezeiungen—Vernichtung der jüdischen Institutionen und Erwählung der Heiden[27]—und die Christus-Weissagungen erfüllt worden.[28] Als deren erste, die verschiedene Aspekte des hermeneutischen Problems erfaßt, zitiert Origenes aus *Ps* 44,1-3, dem Lied 'für den Geliebten' (cf. *Ps* 44,1): Seine Zunge heiße 'Griffel des flinken Schreibers', 'schöner als die Söhne der Menschen', denn über seine Lippen sei Gnade ausgegossen. Beweis sei die Ausbreitung seiner Lehre in kürzester Zeit über den ganzen Erdkreis.[29] Origenes läßt μου nach γλῶσσα weg, versteht den Vers als über

---

tivitatem), daß auch Paulus, den Marcion akzeptiert, allegorisch spricht: Mit welchen Waffen, in welchen Kämpfen sollte dies geschehen? Anspielungen auf *Ps* 44,4 (*succinctus gladio super femur*) und *Jes* 8,4 zeigen, daß es nicht um einen sichtbaren Krieger (*visibilis proeliator*) gehen kann, sondern daß vielmehr eine *armatura et militia spiritalis* anzunehmen ist. Über *Ps* 44,4 sagt Tertullian an dieser Stelle nichts Direktes aus. Dem Hinweis liegt ebenfalls ein metaphorisches Verständnis zugrunde.

[24] Eusebius, *In Ps* 44,2-3 (PG 23, 396B) begründet die unterschiedlichen Gliederungsmöglichkeiten mit Differenzen zwischen LXX- und hebräischem Text, bleibt aber genauere Erläuterungen schuldig. Diese Lesevariante wird im folgenden kaum rezipiert. Einzige Ausnahme ist Didymus, *In PsT* 44,2-3 (G. 331,26-332,8; 336,15-18), s.u. III 2.2. Motiviert durch Vers 3b bleibt die Verknüpfung der Schönheit mit dem Wort Christi zwar ein gewichtiges Thema, wird aber auf völlig anderem Weg entwickelt: als Schönheit Christi, die sich in seinen Worten offenbart, s.u. zu Basilius, Chrysostomus u.a.

[25] *Princ.* IV 1-3; cf. dazu Torjesen 35-43; Daniélou, Message évangélique 256-264 u.a.

[26] *Princ.* IV 1,1-2; cf. *Cels.* I 26.

[27] *Princ.* IV 1,3-4.

[28] *Ibid.* 1,4-6.

[29] *Ibid.* IV 1,5 (G-K 682,4/11): Τί δὲ δεῖ λέγειν περὶ τῶν ἐν ψαλμοῖς προφητειῶν περὶ Χριστοῦ, ᾠδῆς τινος ἐπιγεγραμμένης 'ὑπὲρ τοῦ ἀγαπητοῦ', οὗ 'ἡ γλῶσσα' λέγεται εἶναι 'κάλαμος γραμματέως ὀξυγράφου, ὡραῖος κάλλει παρὰ τοὺς υἱοὺς τῶν ἀνθρώπων', ἐπεὶ 'ἐξεχύθη χάρις ἐν χείλεσιν αὐτοῦ'; τεκμήριον γὰρ τῆς 'ἐκχυθείσης χάριτος ἐν χείλεσιν αὐτοῦ' τὸ ὀλίγου διαγεγενημένου χρόνου τῆς διδασκαλίας αὐτοῦ (ἐνιαυτὸν γάρ που καὶ μῆνας ὀλίγους ἐδίδαξε) πεπληρῶσθαι τὴν οἰκουμένην τῆς διδασκαλίας αὐτοῦ καὶ τῆς δι' αὐτοῦ θεοσεβείας.

Christus gesprochen und bezieht die Verse auf seine Worte, Verkündigung, Lehren. Die Interpretation dürfte kaum auf eine Textvariante zurückzuführen sein, weil Origenes in *Com. Ioh.* I 284 den
gesamten Text korrekt zitiert—dort freilich auf den Propheten gedeutet.[30] Sie hängt vielmehr mit einer anderen Interpunktion zusammen, die der antike Leser selbst zu leisten hatte. Damit verbindet sich vermutlich eine Interpretation *ex persona Patris* auch von
Vers 2c als Äußerung über sein (verkündigendes) Wort, das durch
Vers 3a umschrieben wird.[31] Von der 'Gnade seiner Worte' (cf. *Ps*
44,3b) ist außerdem in *Princ.* II 6,1[32] die Rede, dort im Zusammenhang mit der Göttlichkeit seines Auftretens. In der ersten
Jeremia-Homilie assoziiert Origenes den Vers 3b mit dem wahren
Propheten Christus, der auch jetzt noch bei allen Völkern weissage,
um die Menschen zum Heil zu ziehen.[33]

Origenes verbindet *Ps* 44,3a mit 44,2c, also mit dem Sprechen,
den Worten Jesu, die aufgrund ihrer Wirkmacht alles menschliche
Sprechen an Schönheit überbieten, während die Tradition[34] den
Vers—im Kontrast zu *Jes* 53,2-3—auf den in der zweiten Parusie
verherrlicht wiederkommenden Jesus Christus bezog und darin
einen Beweis für seine Gottheit sah.[35] Er überträgt die ästhetische
Manifestation der Göttlichkeit auf Christi Lehre, sein Wort, die er
im folgenden soteriologisch umschreibt: Mit Christus ist die Gerechtigkeit und die Fülle des Friedens aufgegangen und herrscht bis
zum Ende der Welt—das Futur in *Ps* 71,7f. wird durch Präsens und
Perfekt ersetzt. Erst danach nennt er das Zeichen der jungfräulichen
Geburt (*Jes* 7,14), das die Heiden besiege (*Jes* 8,8); der Erfolg
gründe, Origenes wiederholt es, auf der χάρις seines Wortes.[36] Die
Verbindung dieser Prophetien ist alt,[37] aber für die Konzentration
auf Christi Worte und Lehre gibt es vor Origenes keine Textzeugen.
Zwar spricht auch Tertullian bei der Exegese von *Ps* 44,3-6 von der

---

[30] S.a. ein Fragment zu *Ps* 44,2 (Cadiou 78).

[31] Belege für diesen Zusammenhang sind leider nicht erhalten. Im *Hld-Kommentar* greift Origenes den Teilvers 2c heraus und bezieht die 'Zunge' auf Christus,
Com. Cant. I 3,8 (GCS Orig. 8, 99,15/17): *Sed et 'calamus' assumitur, quia 'lingua' eius
est ut 'calamus scribae velociter scribentis', doctrinae gratiam pigmenti suavitate designans.*

[32] *Princ.* II 6,1 (G-K 358,13/18).

[33] *Hom. Ier.* 1,12 (GCS Orig. 3, 10,22/27, E. Klostermann—P. Nautin, ²1983).

[34] Irenäus, *Haer.* III 19,2; IV 33,11; Tertullian, *Iud.* 14,5; *Marc.* III 7,5; 17,2.

[35] Dazu s.o. I 2.1.b.

[36] *Princ.* IV 1,5 (G-K 684,1/6).

[37] Cf. Justin, *Dial.* 63; 76,7: *Ps* 44 und 71 werden mit dem Komplex um die
jungfräuliche Geburt verknüpft. Zu *Jes* 7,14 und 8, s.o. I 3 Anm. 2.

Ausbreitung des Wortes, aber er tut das auf der Grundlage der Deutung von *gladius* auf *sermo*.[38]

Origenes ordnet die Prophetie in sein hermeneutisches Konzept ein. In diesem ersten Abschnitt seines Traktats geht es darum, die Göttlichkeit der Schrift zu begründen, und zwar, indem er zeigt, wie die prophetischen Worte und die Worte Jesu Christi sich gegenseitig ergänzten und bestätigten und wie diese Worte, durch die Apostel in die Welt hinausgetragen,[39] dort ihre universale Wirkung entfalteten; wie sie so die Wahrheit der Schrift bewiesen und durch ihre historischen Erzählungen und rätselhaften Redeweisen hindurch den Weg zu Gott zeigten.[40] Als Ausgangspunkt, Wegweiser und Zielverheißung, als Dokument der in Christi Worten geschenkten Gnade sei die Hl. Schrift, die nicht mit gewöhnlichen Schriften zu vergleichen sei, weil sie über die Gedanken der Menschen hinausgehe,[41] notwendig und hilfreich. Im Prozeß des Verstehens und Vorwärtsdringens bleiben dann der Wortlaut und der historische Sinn oft zurück. Die metaphorische Sprache und widersprüchliche Aussagen werden zum Argument dafür, daß der geistige Sinn der entscheidende ist.[42] Hinter der Sprache der Schrift liege ein verborgener Glanz, ein Schatz, aufbewahrt in irdenen Gefäßen (*2 Kor* 4,7),[43] die wahre Schönheit und Herrlichkeit im Innern (*Ps* 44, 14a),[44] die dem offenbar werde, der über die Elementarlehren hinausgelange und über die prophetischen Schriften und die Erscheinung des Herrn und Heilands Jesus Christus (cf. *Röm* 16,25-27) den Weg zur Vollkommenheit gehe. Ermöglicht wird dieser nach Origenes dadurch, daß Christus[45] in seinen Worten und Taten

---

[38] S.o. 3.1.a. *Marc.* III 14; *Iud.* 9,17.

[39] *Princ.* IV 1,5 (G-K 684,15-686,8).

[40] *Ibid.* 1,6; cf. Gögler 102; 270-274 (über die Macht des Wortes) u.ö. Zum philosophischen Kontext und der Sonderrolle des Origenes im Verhältnis zum Neuplatonismus und der Tradition der *via negativa* s. Mortley, From Word to Silence II 63-84.

[41] *Princ.* IV 1,6 (G-K 688,4/6); 1,7 (G-K 690,1/2).

[42] *Ibid.* IV 2,8-3,5 u.ö. Zum geistigen Sinn IV 2,2-7; 3,6 u.ö.—cf. De Lubac 139f.; Gögler 347; zur Problematik dieses Arguments cf. H.J. Vogt, Origenes. Der *Kommentar zum Matthäusevangelium* I, Stuttgart 1983, 19f.

[43] *Princ.* IV 1,7; 3,14.

[44] *Ibid.* IV 3,14 (G-K 774,5/10): *Verum in his omnibus sufficiat nobis sensum nostrum regulae pietatis aptare et ita sentire de sancti spiritus verbis, quod non secundum humanae fragilitatis eloquium nitet sermo conpositus, sed sicut scriptum est: 'omnis gloria regis intrinsecus est'* (*Ps* 44,14a), *et divinorum sensuum 'thesaurus' intra 'fragile vasculum'* (*2 Kor* 4,7) *vilis litterae continetur inclusus.* Cf. Gögler 325.

[45] Bemerkenswert ist, daß der Logos-Titel in diesen Ausführungen überhaupt keine Rolle spielt, cf. Harl, Origène et la fonction révélatrice 123-129.

die Schrift erfülle; daß er durch seine Lehre, die mit seiner Menschwerdung allen zugänglich geworden sei, allen die Möglichkeit er-
öffne, zur Erkenntnis, zur Vollkommenheit, zum Heil zu gelangen,[46] so sie zunächst seine Worte ernstnähmen, beachteten, was
damit bezeichnet werde, und ihre eigentliche Schönheit entdeckten,
die über menschliche Worte hinausgehe.[47] Denn menschliche
Worte reichten nicht aus, wenn es um die Erkenntnis des Göttlichen
gehe. Die in *Ps* 44,2c-3a verheißene Schönheit seiner Worte manifestiert sich so nur auf den ersten Blick in den äußeren Worten. Sie
breiten sich aus, werden allen zugänglich, regen zur Nachahmung
an und vermitteln seine Gnade, um zur Erkenntnis ihrer wahren
und eigentlichen Schönheit und zur Teilhabe an seiner Gottheit zu
führen.

Tertullians und Origenes' Auslegungen zu *Ps* 44,3 und dessen
Kontext illustrieren sehr schön Methoden und Funktion einer
Metapherninterpretation, die man analog zur Begriffsanalyse in
dogmatisch-theologischen Kontexten Bildanalyse nennen könnte.
Sie zeigen, wie Bilder durch ähnliche Bilder und Metaphern erklärt
und mit anderen Bildern und Bildfeldern verknüpft werden, um so
bestimmte Züge oder gar ein geschlossenes Bild von Christus und
seiner Sendung in die Welt zu zeichnen, das, je tiefer man ein-
dringt, je 'schöner' wird, je mehr Anziehungskraft entfaltet, um so
den Aufstieg zum Göttlichen immer weiter zu motivieren.

3.2 BILDANALYSE UND VERKNÜPFUNG VON BILDFELDERN

a) Paradox und Überbietung: Hervorgang des Wortes und Geburt des Erlösers
bei Hippolyt

Die wenigen Interpretationen zu *Ps* 44,2a, die im Werk Hippolyts
von Rom[48] überliefert sind, sind insofern aufschlußreich, als sie

---

[46] Cf. Harl, Origène et la fonction révélatrice 110f.; 118-120, zur Rolle Christi.
Zur Dynamik des Schriftverständnisses: H.-J. Vogt, Die Lehre des Origenes von
der Inspiration der Hl. Schrift, in: ThQ 170 (1990) 97-104.

[47] Cf. *Cels.* I 62; VI 2 (nicht Redegewandtheit, sondern Gottes Kraft); Gögler
312-314 spricht von Adaptation an die menschliche Sprache, um auf die volle
Wahrheit hin zu erziehen.

[48] Hippolyts Identität, Lebenszeit und Werk sind nach wie vor nicht ganz ge-
klärt. Nautins These (Hippolyte et Josipe, Paris 1947), daß das unter Hippolyts
Namen überlieferte Werk zwei Verfassern zuzuschreiben sei, cf. auch Grillmeier
I 231 Anm. 15; V. Loi (ed.), Ricerche su Ippolito, Rom 1977, wird inzwischen be-
sonders von J. Frickel, Das Dunkel um Hippolyt von Rom. Ein Lösungsversuch:
Die Schriften *Elenchos* und *Contra Noetum*, Graz 1988, massiv in Frage gestellt.

sich nicht in direkt apologetischen oder antihäretischen Zusammenhängen finden[49], sondern in Schriftkommentaren[50] mit weniger polemischer denn spiritueller Ausrichtung. Hippolyt ordnet den Hervorgang des Wortes nach *Ps* 44,2 der menschlichen Geburt Jesu Christi zu, um die Göttlichkeit des Wortes von seiner soteriologischen Funktion her zu bestimmen. In *Ben.Iac.* 27[51] deutet er *Gen* 49,25f., den 'segensreichen Mutterschoß deines Vaters und deiner Mutter',[52] auf die zwei Geburten des Sohnes[53], offensichtlich in Opposition gegen adoptianistische Vorstellungen. Der Logos sei dem Geist nach aus dem Herzen und den heiligen Eingeweiden wie aus der Gebärmutter des Vaters gezeugt worden, bestätigt durch *Ps* 44,2a, dem Fleisch nach am Ende der Zeit aus der jungfräulichen Gebärmutter geboren, belegt mit *Jes* 49,5 und *Jer* 1,5. Dieser Christus sei also nicht nur Mensch, sondern auch Gott, einer aus Fleisch und Geist.[54] Die Hinordnung des unsichtbaren Logos auf die sichtbare Geburt aus der Jungfrau, die sich an seine Bestimmung als Schöpfungsmittler anschließt, unterscheidet den Logos vom Vater, ohne daß das eine Vervollkommnung des Logos durch die Menschwerdung bedeutete.[55] Der Logos—zu ergänzen wäre wohl: der Logos als Jesus Christus—erfährt seine vollkommene Manifestation in der Menschwerdung und ist mithin aus zwei 'Wesenheiten' gezeugt.[56]

M. Marcovich, Hippolyt von Rom, in: TRE 15 (1986) 381-387, geht von einem Hippolyt aus. Zur neuesten Diskussion cf. Nuove Ricerche su Ippolito, Rom 1989.

[49] Dazu ist auch die Diskussion bei Origenes im *Johanneskommentar* zu zählen: Das erste Buch behandelt dogmatische Fragen und setzt sich mit Irrlehren auseinander.

[50] Hippolyt ist nach den vorliegenden Quellen der erste Kirchenvater, der Kommentare zur Hl. Schrift verfaßte.

[51] PO 27, M. Brière—L. Mariés—B.-Ch. Mercier, 1954.

[52] Zu dieser Stelle s.u. Ambrosius, *Patr.* 51, s.u. II 1.3.c.

[53] Das Thema begegnet schon bei Ignatius v. Antiochien, *Eph.* 7,2.

[54] *Ben.Iac.* 27 (PO 27, 110,1/10, 1/5): τὰ ἀμφότερα συνάψας ἓν ἐποίησεν, ἵνα νοηθῇ αὐτοῦ < καὶ τὸ κατὰ πνεῦμα καὶ τὸ > κατὰ σάρκα· ἦν γὰρ ὁ λόγος ἐκ καρδίας πατρὸς καὶ ἐκ σπλάγχνων ἁγίων < ὡς > ἐκ μήτρας πατρὸς γενόμενος. ὡς καὶ διὰ τοῦ προφήτου λέγει· ἐξηρεύξατο ἡ καρδία μου λόγον ἀγαθόν. ἦν δὲ τὸ κατὰ σάρκα ἐπ' ἐσχάτων ἐκ παρθενικῆς μήτρας κυοφορούμενος, ἵνα καὶ ἐκ μήτρας μητρὸς πάλιν γενόμενος < φανῇ > φανερός. Z.St. A. Zani, La cristologia di Ippolito, Rom 1984, 120-124: er weist bes. auf die Präpositionen ἐκ und ἐν hin und arbeitet die antithetische Struktur des Abschnitts heraus.

[55] Cf. dazu Grillmeier I 232-234; L. Bertsch, Die Botschaft von Christus und unserer Erlösung bei Hippolyt von Rom, Trier 1967, 14-17; Zani 108-148; 215-308.

[56] *Ben.Iac.* 27 (PO 27, 112,1/2): ἵνα δὴ νοήσῃς τὸν λόγον ἐκ δύο οὐσιῶν γεγεννῆσθαι, ἐκ θεοῦ καὶ ἐκ παρθένου.

Ps 44,2a wird zwar weiterhin auf den innergöttlichen Hervorgang
gedeutet, verbindet sich aber enger mit Aussagen zur jungfräulichen
Geburt. Damit dominiert ein heilsgeschichtliches Verständnis des
Verses wie des Logos überhaupt. Anknüpfend an die ganz offenkundig bildliche Sprache des auszulegenden *Gen*-Verses wird die
Metaphorik des *Psalm*-Verses nicht eigens problematisiert. Hippolyt
nimmt ältere Metaphern auf, wie z.B. die bei Theophil überlieferte
von den Eingeweiden des Vaters,[57] und ordnet sie mit der Inkarnation zusammen: Von der tatsächlichen Menschwerdung des Sohnes
her ist also seine göttliche Geburt zu verstehen und zu deuten.

Auch in der Hippolyt zugeschriebenen *Psalmen-Homilie*[58] wird die
Einheit Christi durch die Verknüpfung verschiedener Bilder
demonstriert. Der 44. ist ein Psalm 'für den Geliebten' und 'Knecht
Gottes', für den παῖς τοῦ θεοῦ,[59] das 'vor dem Morgenstern' gezeugte Wort (*Ps* 109,3c), durch das der Vater alles erschaffen habe.
Er sei es, den die Stimme vom Himmel als den geliebten Sohn
bezeichne (*Mt* 17,5), was wiederum *Ps* 44,2a bestätige.[60] Der Verfasser setzt wie in der eben genannten Passage den eigentlich für den
präexistenten Logos geltenden Vers in enge Beziehung zur Offenbarung des von Gott gesandten Menschensohnes: Sie sind ein und
derselbe. Die einander widersprechenden und ausschließenden
Bilder, die durch die Schrift autorisiert sind, dienen dabei als Argument für das noch viel schärfere Paradox der Menschwerdung und
machen seine spirituelle Dimension plastischer.

b) *Allegorese der Salbung bei Clemens von Alexandrien*

Clemens von Alexandrien beschreitet bei der Erklärung der Salbung einen anderen Weg, indem er bestimmte Aspekte ihrer symbolischen Funktion herausgreift und auf die Adressaten überträgt.

---

[57] *Autol.* II 10; s.o. I 2.2.a.

[58] P. Nautin, Le dossier d'Hippolyte et de Méliton, Paris 1953, 166-183. Cf.
dazu Rondeau I 33-37.

[59] Der Titel wird hier für den Präexistenten verwandt, cf. dazu Grillmeier I 232
Anm. 15; Frickel 221-246; 257f. (mit Forschungsdiskussion); Zani 334-361.

[60] *Hom.Ps.* 16 (Nautin 179,19/26): Τίς δ' ἂν εἴη ἀγαπητὸς ἄλλος, ἀλλ' ἢ ὁ παῖς
τοῦ θεοῦ, λόγος, ὁ 'πρὸ ἑωσφόρου' γεννηθείς, δι' οὗ τὰ πάντα ἐποίησεν ὁ πατήρ; Οὗτος
ὁ ἀγαπητός, περὶ οὗ ὁ ἀπ' οὐρανοῦ κέκραγε λέγων· 'οὗτός ἐστιν ὁ υἱός μου ὁ ἀγαπητός,
εἰς ὃν εὐδόκησα· τούτου ἀκούετε'. Ὅτι δὲ τοῦτο σημαίνει ἡ γραφὴ καὶ περὶ τούτου
λέγει "Ὁ ἀγαπητὸς οὗτός ἐστι', βοᾷ ὁ ψαλμὸς καὶ λέγει· Ἐξηρεύξατο ἡ καρδία μου
λόγον ἀγαθόν'.

Während Justin und Irenäus die Salbung als 'Aktion' Gottes am
Logos interpretierten, als Symbol für einen 'von oben' verliehenen
Auftrag, fragt Clemens, teils losgelöst von der Salbung Christi, nach
ihrer Bedeutung für die Menschen. Im ersten Buch des *Paedagogus*,[61] einer primär katechetisch ausgerichteten Schrift mit apologetischen Invektiven gegen Marcion und die Gnosis[62], die zum
christlichen Leben erziehen soll,[63] faßt er das Wirken des Erziehers
Christus/Logos zusammen.[64] Unser Pädagoge Jesus habe uns das
wahrhafte Leben entworfen (ὑποτυπώσασθαι) und den Menschen ἐν
Χριστῷ erzogen (παιδαγωγῆσαι). Seine Gebote seien erfüllbar für
jeden und somit nicht einer kleinen Elite der 'wahren Gnostiker'
vorbehalten. Das begründet er schöpfungstheologisch, anthropologisch und christologisch: Christus[65] habe den Menschen aus Erde
gebildet, durch Wasser wiedergeboren, durch den Geist wachsen
lassen, durch sein Wort (ῥῆμα) erzogen, indem er ihn durch heilige
Gebote zur Sohnschaft und Rettung führte, um ihn in einen heiligen

---

[61] *Paed.* I 12,98 (GCS Clem. 1, O. Stählin, 1936; SCh 70, H.-I. Marrou—M.
Harl, 1960).

[62] Cf. H.-I. Marrou, Introduction, in: SCh 70, Paris 1960, 29-34; J. Bernard,
Die apologetische Methode bei Klemens von Alexandrien. Apologetik als Entfaltung der Theologie, London 1968, 84-85; 93 u.ö.

[63] Zum Adressatenkreis: A. Knauber, Ein frühchristliches Handbuch katechumenaler Glaubensinitiation: der *Paidagogos* des Clemens von Alexandrien, in:
MThZ 23 (1972) 311-334 (ein pastorales Handbuch zur Katechese für Neulinge im
Glauben vor der Taufe); A. Méhat, Etude sur les *Stromates* de Clément d'Alexandrie, Paris 1966, 301f. (Katechese nicht in unlöslicher Verbindung zur Taufe;
Elementarunterricht für Katechumenen, Neugetaufte und gewöhnliche Christen
zusammen); J. Moingt, La Gnose de Clément d'Alexandrie dans ses rapports avec
la foi et la philosophie, in: RSR 37 (1950) 195-251; 398-421; 537-564; RSR 38
(1951) 82-118, 115 (Die Hörerschaft in der Katechetenschule von Alexandrien sei
zusammengesetzt aus vornehmen heidnischen, hellenistischen Interessenten, evt.
seinen Gegnern, jedenfalls Sympathisanten, Katechumenen, Neugierigen und
Wissensdurstigen).

[64] *Paed.* I 2-3 u.ö. unterscheidet den Pädagogen Jesus Christus, der zum
rechten christlichen Leben erzieht, und den Lehrer, der über christliches Leben
und Glauben und über die *imitatio* Christi zur Erkenntnis (γνῶσις) und Gottähn-
lichkeit führt; cf. Marrou 9-10; 14-19; 37-42; Knauber 313; F. Normann, *Christos
Didaskalos*, Münster 1966, 166-168; ders., Teilhabe 152-156.—Zum Verhältnis
von Glauben und Gnosis, cf. P. Th. Camelot, Foi et gnose. Introduction à l'étude
de la connaissance mystique chez Clément d'Alexandrie, Paris 1945, v.a. 43-68;
Normann, *Christos Didaskalos*, 162-163; Méhat, Etude, 421-488; R. Mortley, Connaissance réligieuse et herméneutique chez Clément d'Alexandrie, Leiden 1973,
126-149; zum ganzen Komplex: U. Neymeyr, Die christlichen Lehrer im 2.
Jahrhundert, Leiden 1989, 50-95.

[65] Das Subjekt wechselt nicht: Es ist von Christus die Rede, nicht von Gott-
Vater oder dem Logos.

und himmlischen Menschen zu verwandeln.[66] Während Christus in vollkommener Weise 'Bild und Ähnlichkeit' Gottes geworden sei (cf. *Gen* 1,26), sei der Mensch zunächst nur 'Bild' Gottes. Die 'Ähnlichkeit', als letztes Ziel die Vergöttlichung (ἐκθεούμεθα), erreichten die Kinder des guten Vaters und Zöglinge des guten Erziehers, indem sie den Willen des Vaters erfüllten, auf den Logos hörten und das heilbringende Leben unseres Erlösers wahrhaft genau 'erlernten' (ἀναμανθάνω). Wenn wir uns, indem wir einfach und anspruchslos lebten,[67] um das himmlische Leben (πολιτεία)[68] bemühten, durch das wir vergöttlicht würden, würden wir gesalbt mit der ewigen Salbe der Freude und der reinen Salbe des Wohlgeruchs, dem sichtbaren Abbild der Unvergänglichkeit.[69]

Die Salbung stellt ein Symbol der Unvergänglichkeit, Ewigkeit, Reinheit des Göttlichen dar, wobei Clemens auf ältere Traditionen, bei Ignatius und Theophilus von Antiochien, zurückgreifen kann.[70] *Ps* 44,8 wird zwar nicht zitiert, klingt aber in der Verbindung von Salbe mit Freude an.[71] Die Metapher 'Öl der Freude' ist Ausgangspunkt für eine Allegorese.[72] Implizite Basis der Deutung ist

---

[66] *Paed.* I 98,2 (GCS Clem. 1, 148,18/24).

[67] *Ibid.* I 98,3-99 u.ö.

[68] Damit ist die christliche Lebensführung und—gestaltung gemeint, cf. Knauber 314f.

[69] *Paed.* I 98,3 (GCS Clem. 1, 149,4/7): ἐνθένδε ἤδη τὴν ἐπουράνιον μελετῶντες πολιτείαν, καθ᾽ ἣν ἐκθεούμεθα, τὸ ἀειθαλὲς εὐφροσύνης <καὶ> ἀκήρατον εὐωδίας ἐπαλειφώμεθα χρῖσμα, ἐναργὲς ὑπόδειγμα ἀφθαρσίας τὴν πολιτείαν ἔχοντες τοῦ κυρίου καὶ τὰ ἴχνη τοῦ θεοῦ διώκοντες.

[70] Ignatius von Antiochien, *Eph.* 17; Theophil von Antiochien, *Autol.* I 12.

[71] *Ps* 22,5; 103,15; *Koh* 9,8 kennen zwar auch Öl bzw. Salbung im Zusammenhang mit Wohlbefinden, aber nicht in der ausdrücklichen Verbindung mit 'Freude'.

[72] Die allegorische Schrifterklärung des Clemens steht in engem Zusammenhang mit der Stufung Glauben—Erkenntnis, Erzieher—Lehrer: Der Glaubende gelangt über die Allegorese zu einer tieferen Schrifterkenntnis (Gnosis), die nicht einfachhin jedem zugänglich ist, sondern gebunden an ein wahrhaft christliches Leben und die Glaubenserkenntnis des Gnostikers. Eine eingehende Diskussion dieser schwierigen Materie führte zu weit. Clemens gebrauchte und vermischt verschiedene traditionelle Methoden der Schriftauslegung: aus der jüdischen Exegese, aus der Allegorese Philons und hellenistischen Traditionen, aus der christlichen Typologie und Prophetie (NT, Justin, Irenäus) sowie aus gnostischen Formen alexandrinischen und palästinischen Ursprungs. Cf. dazu Daniélou, Message évangélique, 217-233; ders., Typologie et allégorie chez Clément d'Alexandrie, in: StPatr 4 (1961) (TU 79) 50-57, 50; De Margerie I 95-103; A. Méhat, L'hypothèse des Testimonia à l'épreuve des *Stromates*. Remarques sur les citations de l'AT chez Clément d'Alexandrie, in: La Bible et les Pères, Paris 1971, 229-242; Camelot 69-90; C. Mondésert, Clément d'Alexandrie. Introduction à l'étude de sa pensée réligieuse à partir de l'Ecriture, Paris 1944, 97-113; Mortley, Connaissance 39-49.

die Salbung Christi, dessen Gott-Ähnlichkeit und Überlegenheit anhand von *Gen* 1,26 ausgeführt worden war. Indirekt bezieht Clemens die *participatio* aus *Ps* 44,8c auf die Vergöttlichung des Menschen und versteht das *prae* somit eher zeitlich als ontologisch. Damit überträgt er den Vers konsequent auf die Ebene der Christen, genauerhin des Erziehungs- und Vergöttlichungsgedankens, der im Psalm selbst fehlt.

Etwas anders akzentuiert zitiert Clemens *Ps* 44,8b-9a in *Paed.* II 65,2-3. Im ganzen Buch geht es um praktische Richtlinien für ein rechtes Christenleben, im Kontext ganz konkret um die Verwendung von Salben: Weil sie verweichlichten, seien sie abzulehnen.[73] Anstatt nach Salben sollten die Männer nach sittlicher Güte (καλο-καγαθία) duften, die Frau nach Christus, der königlichen Salbe; sie solle sich mit der unvergänglichen Salbe der σωφροσύνη salben und erfreut werden durch das heilige Öl, das der Geist sei. Die sich anschließende christologische Begründung generalisiert die Allegorese der Salbung. Diese Salbe des Wohlgeruchs, die sich aus himmlischen Düften zusammensetze, bereite Christus den ihm Vertrauten (γνωρίμοις), und mit ihr sei er laut David in *Ps* 44,8b-9a selbst gesalbt worden.[74] Auch hier werden die Salbung und die *participatio* Christi in das theologische Konzept der *imitatio* Christi und ἐξομοίω-σις θεοῦ eingeordnet.[75] Schon Irenäus, der in *Haer.* IV 33,11 einige Verse des Psalms auf die eschatologische Herrlichkeit auslegt,[76] bezeugt eine solche Entwicklung, allerdings nicht in dieser Deutlichkeit: Bei ihm ist die Teilhabe der Menschen an Christus, der wunderbare Tausch, in die Ewigkeit verlegt. Clemens knüpft

---

[73] Neutestamentliche Belegstellen für eine positive Bewertung der Salben, z.B. die Salbung Christi durch die Sünderin, werden allegorisch umgedeutet, in dem Fall auf die Lehre, die durch die mit Heiligem Geist gesalbten Apostel verkündet wird, *Paed.* II 61f.

[74] *Ibid.* II 65,2-3 (GCS Clem. 1, 196,27-197,6): χρὴ δὲ καὶ μάλα τοὺς μὲν ἄνδρας τοὺς παρ' ἡμῖν μὴ μύρου, ἀλλὰ καλοκαγαθίας ὄζειν, γυνὴ δὲ ἀποπνείτω Χριστοῦ, τοῦ ἀλείμματος τοῦ βασιλικοῦ, μὴ διαπασμάτων καὶ μύρων, ἀεὶ δὲ τῷ σω-φροσύνης ἀμβροσίῳ χρίσματι συναλειφέσθω, ἁγίῳ τερπομένη μύρῳ τῷ πνεύματι. τοῦ-το σκευάζει Χριστὸς ἀνθρώποις γνωρίμοις, εὐωδίας ἄλειμμα, ἐκ τῶν οὐρανίων συν-τιθεὶς ἀρωμάτων τὸ μύρον. τουτῷ καὶ αὐτὸς ὁ κύριος συναλείφεται τῷ μύρῳ, ὡς διὰ Δαβὶδ μεμήνυται· διὰ τοῦτο ἔχρισέν σε, ὁ θεός, ὁ θεός σου, ἔλαιον ἀγαλλιάσεως παρὰ τοὺς μετόχους σου· σμύρνα καὶ στακτὴ καὶ κασία ἀπὸ τῶν ἱματίων σου·.

[75] Cf. H. Crouzel, L'imitation et la 'suite' de Dieu et du Christ dans les premiers siècles chrétiens ainsi que leurs sources Gréco-Romaines et hebraiques, in: JAC 21 (1978) 7-41, 31-33.

[76] S.o. I 1.1.b, Anm. 68.

grundsätzlich an die prophetische Deutung an,[77] übergeht jedoch die christologischen Implikationen der Salbung. Wie die oben angeführte Passage aus dem ersten Buch zeigt, dürfte ein ähnliches Verständnis wie bei Justin und Irenäus vorauszusetzen sein: Der Vater schenkt den Menschen die Unsterblichkeit, indem er den Logos als Mittler sendet und salbt.[78] Zentral ist die Deutung der Salbung als geschichtsloses Symbol der Unvergänglichkeit und dergestalt als Dreh- und Angelpunkt einer mystisch-moralischen Allegorese, die sich mit einem pädagogischen Interesse verbindet.[79] Die Mahnung zur unmittelbaren *imitatio* des Lebens Christi als Grundbedingung für den Glaubenden, der nach Vergöttlichung strebt, ermöglicht die Applikation von Versen, die der christlich-prophetischen Tradition entsprechend Christus gewidmet sind, auf die Christen.[80]

c) Das Bildfeld des Salbendufts in der Hohelied-Auslegung des Origenes

In den Auslegungen des Origenes zum *Hohenlied* und zu *Leviticus*[81] begegnet *Ps* 44,8 in Verbindung mit verschiedenen Bildkomplexen. In der Allegorese des Salbendufts im *Hld-Kommentar* ist der Vers Beleg für die Unterscheidung zwischen der Salbung Christi und der der Christen, gründend auf der traditionellen christologischen Deutung.[82] Die Homilien wenden sich an die Durchschnittschristen,

---

[77] Zur Prophetie und ihrer Bedeutung in der Heilsgeschichte sowie als *demonstratio* der Wahrheit des Christentums cf. *Strom.* VI 122,1-2; 127f.; s. Mortley, Connaissance 132.

[78] Wolinski 802.

[79] Cf. dazu grundsätzlich Camelot 78.

[80] Cf. zur individuellen Adaptation unten I 3.3.

[81] Leider, wie *Princ.*, nur in lateinischen Übersetzungen erhalten, die den Gedankengang wohl korrekt wiedergeben, aber bei spezifisch dogmatischen Termini nicht unbedingt zuverlässig sind, cf. B. Studer, A propos des traductions d'Origène par Jérôme et Rufin, in: VetChr 5 (1968) 137-155; A. Jaubert, Origène. *Homélies sur Josué*. Introduction, Paris 1960 (SCh 71) 68-82; P. Nautin, Origène. *Homélies sur Jérémie*. Introduction, Paris 1976 (SCh 232) 33-43, s.o. I 2 Anm. 191, die zu *Princ.* angegebene Literatur.

[82] GCS Orig. 8, W.A. Baehrens, 1925; die beiden Homilien in: SCh 37bis, O. Rousseau, 1966; der Kommentar in: SCh 375-376, L. Brésard—H. Crouzel, 1991-1992. Im folgenden wird der Kommentar mit der Kapiteleinteilung aus SCh und den Seiten- und Zeilenangaben aus GCS zitiert.—Die Datierung ist umstritten: nach Brésard—Crouzel 10-13; Rousseau 9; A.T. Ceresa-Gastaldo, L'esegesi origeniana del *Cantico dei Cantici*, in: Orig. II, Bari 1980, 245-252; Meloni 137, entstand der Kommentar um 240, die Homilien um 244 oder später. E. Schadel, Origenes. Die griechisch erhaltenen *Jeremiahomilien*, Stuttgart 1980, 344, und

laut Prolog des Hieronymus an die kleinen Kinder,[83] während der Kommentar höhere Ansprüche stellt und für die geschrieben ist, die festes Brot vertragen (cf. *1 Kor* 3,1-2).[84]

Hld 1,2-3a (*Osculetur me ab osculis oris sui, quia bona sunt ubera tua super vinum, et odor unguentorum tuorum super omnia aromata*) sei von der Braut gesprochen und bezeuge ihre Sehnsucht nach dem Kommen des Bräutigams.[85] Nachdem sie bislang von Moses und den Propheten 'Küsse' empfangen habe, bitte sie nun den Vater um den Sohn selbst. Ihr Gebet werde erfüllt, noch während sie spreche (cf. *Jes* 65,24). Sie sehe den Sohn und preise ihn mit *Hld* 1,2b-3a.[86] Knapp erklärt Origenes in der Homilie die zentralen Begriffe.[87] Der Bräutigam ist Christus, der, vom Vater gesandt, in die Welt gekommen, also Mensch ist. Nach *Hld* 1,3a sei dieser Mensch allen anderen überlegen, und genau das erläutert Origenes durch *Ps* 44,8: Christus komme als der Gesalbte, der in *Ps* 44,8 angesprochen sei.[88] Das Psalmenzitat legt nahe, daß Christus, insofern er 'Mensch', mithin veränderlich ist, gesalbt wurde. Das muß sich aber vor seiner Ankunft in der Welt abgespielt haben, denn er kommt bereits als Gesalbter. Vor dem Hintergrund der in *Princ.* entwickelten Theorie von der von Anbeginn an dem göttlichen Logos verbundenen und dadurch gesalbten Seele Jesu ist das plausibel, es wird aber hier nicht erklärt. Im Mittelpunkt der Interpretation steht vielmehr die

---

Nautin, Origène I 403-412 setzen den Kommentar um 245 an, die Homilien dagegen früher, 241 bzw. 239-242. Die dogmatisch und exegetisch ausgereiftere Form des Kommentars kann freilich gattungsbedingt sein. Zur exegetischen Methode in beiden Schriften und zur Anlage des sorgfältig aufgebauten Kommentars s. Neuschäfer 77-84 (zum Prolog) *et passim*; Torjesen 54-62; Ceresa-Gastaldo *passim*.

[83] GCS Orig. 8, 26,11/12.

[84] GCS Orig. 8, 62,1/9. Zu den verschiedenen Stufen des Verständnisses im Zusammenhang der Abstufung zwischen den *simplices* und den sog. Pneumatikern, s. Vogt, Das Kirchenverständnis 81-94; 271-281; Rowe 205-216 u.a.

[85] *Hom.Cant.* 1,2; *Com.Cant.* I 1-3, dort verknüpft mit einleitenden Erwägungen zur 'dramatischen' Anlage der Lieder sowie zur Deutung auf Christus und die Kirche bzw. das Wort und die Seele. Zur Kirche als Braut s. Vogt, Das Kirchenverständnis 210-225; Chênevert *passim*.

[86] *Hom.Cant.* 1,2 (GCS Orig. 8, 30,4/14). Z.St. cf. Meloni 138-140 u.ö.

[87] Zum exegetischen Vorgehen in den *Hld-Homilien* cf. Torjesen 57-59: Auf das jeweilige Zitat folgt die Darlegung der dramatischen Situation, eine Erklärung der Schlüsselworte und schließlich der Bezug auf die Hörer, entweder als Braut/Kirche oder als zur Gruppe der Mädchen gehörig.

[88] *Hom.Cant.* 1,2 (GCS Orig. 8, 30,9/12): *Sponsus igitur Christus missus a patre venit unctus ad sponsam et dicitur ad eum: 'dilexisti iustitiam [...]'.*

geschichtliche Sendung und Beauftragung des Gesalbten, der der 'Braut' von seinem Wohlgeruch mitteilt.

Origenes wechselt in seinen folgenden Ausführungen in die erste und zweite Person, um die Interpretation für die Zuhörer zu aktualisieren. Durch die Berührung Christi—was darunter zu verstehen ist, erhellt aus den folgenden Abschnitten zum *amor spiritalis*[89]—, die durch die Inkarnation allen ermöglicht worden sei, nähmen wir von seinem Wohlgeruch an—Origenes formuliert das als Wunsch —und würden, nach *2 Kor* 2,15, zu Christi Wohlgeruch an jedem Ort; das heißt, wir würden befreit vom Gestank der Sünden (cf. *Ps* 37,6), dufteten nach Tugend (*virtus*) und würden erfüllt von Weisheit und Erkenntnis.[90] Ohne weitere Erläuterungen verweist er in diesem Zusammenhang auf die Typen der duftenden Salben in *Ex* 30,34, die er im Kommentar ausführlich erklärt. Im Rahmen der Allegorese des Salbendufts von *Hld* 1,3 illustriert Origenes mit *Ps* 44,8 den Unterschied zwischen der Salbung Christi und dem Salbenduft der Christen, ohne diese Differenz weiter begrifflich zu begründen, während er in *Princ.* II 6,6 sorgfältig zwischen der Fülle in Christus und dem Anteil der *participes* unterschieden hatte.[91] Auch wo er andernorts in der Homilie auf die Salbung zurückkommt, wird er nicht deutlicher.[92] Er versucht die Besonderheit vielmehr durch Wiederholungen einzuprägen: Christus sei es, der mit einer Vielzahl von Salben in unvergleichlicher Weise gesalbt und Quelle des Dufts aller anderen sei. Die universale Bedeutung dieses Dufts thematisiert er in den folgenden Abschnitten.[93]

Der Kommentar ist breiter angelegt:[94] Die einzelnen Bilder und Begriffe werden ausführlich allegorisch erklärt, biblisch begründet und eingeordnet und gegebenenfalls dogmatisch ausgelegt. Wo er in der Homilie nur knapp die Sendung und Salbung durch den Vater erwähnt, interpretiert er im Kommentar eingehend auf die Inkarnation des Gottessohnes hin. Der Unterschied ist deutlich, selbst wenn man in Rechnung stellt, daß Rufin und Hieronymus die Christus-Titel nicht immer korrekt übersetzten.

---

[89] *Ibid.* 1,2 (GCS Orig. 8, 31,1/22).
[90] *Ibid.* 1,2 (GCS Orig. 8, 30,12-31,1).
[91] S.o. I 2.3.b; cf. auch *Cels.* VI 79.
[92] *Hom. Cant.* 1,3 (GCS Orig. 8, 32,3/4.18; 33,2/10).
[93] Cf. Meloni 140-143.
[94] Zum exegetischen Vorgehen cf. Torjesen 54-57: Zitat—dramatische Situation—Kirche—Seele—Applikation, i.a. in der ersten Person. Z.St. Meloni 147-165.

Die *aromata*, die diese besondere Salbe übertreffe, seien, anknüpfend an die voraufgehenden Ausführungen (zu *Hld* 1,2a), Gesetz und Propheten, die durch die Inkarnation überboten würden: Als die Fülle der Zeiten gekommen (*Gal* 4,4) und herangewachsen sei[95], habe der Vater den 'eingeborenen Sohn' in diese Welt gesandt, 'gesalbt mit Heiligem Geist' (*Apg* 10,38).[96] Der Titel *Unigenitus* ist im Gegensatz zu *Christus* (*Hom. Cant.* 1,2) eindeutig auf die Göttlichkeit des Sohnes bezogen.[97] Die Salbung wird nicht nur erwähnt, sondern näher bestimmt als durch den Hl. Geist geschehen. Im folgenden sucht Origenes die Minderwertigkeit aller anderen Salben im Vergleich zu dieser aufzuzeigen,[98] begründet durch die Überlegenheit der *Epinoiai* 'Bräutigam' und 'Priester'. Er erläutert die Mittlerfunktion biblisch und heilsgeschichtlich und unternimmt keinen Versuch einer ontologischen Erklärung wie in *Princ.*, wo er die Seele als *substantia medians* darstellt. *Pontifex* bezeichnet den Mittler, der sich selbst für die Sünde der Welt als Opfer darbrachte.[99] Bräutigam ist Christus für die Kirche ohne Makel und Runzeln (*Eph* 5,27), als Logos für die einzelne Seele. Die soteriologische Relevanz der beiden Titel unterstreicht Origenes durch die folgende Allegorese der vier Salben aus *Ex* 30,22-25:[100] Sie verwiesen nach Origenes auf die Inkarnation des Wortes Gottes, der einen Leib aus vier Elementen angenommen habe. Die Myrrhe deute auf seinen Tod,[101] den er als Priester für das Volk, als Bräutigam für die Braut erlitten habe. Als *flos myrrhae* bezeichne sie zugleich den Erstgeborenen von den Toten und die, die mit ihm stürben und auferstünden, die Berufenen und Erwählten. *Cinnamonum*, das Unbefleckte, stehe für die makellose, durch das Taufbad gereinigte Kirche, *calamus* (Rohr, Kalmus) unter Rückgriff auf *Ps* 44,2c für die

---

[95] Zur Idee des Wachstums und der Entwicklung der Kirche, die nach Origenes schon vor dem Kommen Jesu Christi existiert habe, cf. Chênevert 164, s.u. Anm. 122.

[96] *Com. Cant.* I 3,2 (GCS Orig. 8, 98,7/9): *Sed 'ubi venit plenitudo temporum'* (*Gal* 4,4) *et adolevit atque 'unigenitum suum'* (*1 Joh* 4,9) *pater 'Spiritu sancto unctum'* (*Apg* 10,38) *'misit in hunc mundum'* (*1 Joh* 4,9), [...]. Cf. die Übersicht bei Meloni 149.

[97] Cf. P. Hofrichter, Das Verständnis des christologischen Titels 'Eingeborener' bei Origenes, in: Orig. IV, Innsbruck 1987, 187-193.

[98] *Com. Cant.* I 3,2 (GCS Orig. 8, 98,9/13).

[99] Zur *propitiatio* cf. Brühl 214-220.

[100] *Com. Cant.* I 3,5-9 (GCS Orig. 8, 99,3/23).

[101] Traditionell, von der Salbung seines Leichnams her; cf. *Cels.* I 60; *In Ps* 44,9-10 (J.B. Pitra, Anal. sacra III, Paris 1883, 42). In *Princ.* war Christi Tod kein Thema im Zusammenhang der Salbung gewesen, s. Meloni 149f.

Gnade seiner Lehre, *ireos* (Iriswurzel) für die Glut des Hl. Geistes
und des künftigen Gerichts. Die Maßangabe 50 deute auf die vollendeten fünf Sinne oder die Vergebung der Sünden. Werde das
alles mit reinem Öl vermischt, verweise dieses entweder auf den
eigentlichen Grund der Barmherzigkeit, die Erniedrigung Gottes
(*Phil* 2,7), oder darauf, daß das, was aus der körperlichen Substanz
in Christus aufgenommen worden sei, das Fleisch, durch den Hl.
Geist zu Einem und einer *species*, einer sichtbaren Gestalt, zur einen
Person des Mittlers gemacht worden sei.[102] Dieses materiale Öl
aber sei vom 'Öl der Freude', auf das es hinweise, zu unterscheiden,
der Salbe des Hl. Geistes (cf. *Gal* 5,22), mit der Christus von Gott
gesalbt worden sei, weil er Gerechtigkeit liebte und Unrecht haßte,
und deren Duft die Braut bewundere und annehme.[103]
      Der dem zugrundeliegende Akt der Salbung wird, wie in der
Homilie, beim Kommen in die Welt bereits vorausgesetzt.[104] Wenn
Christus aber andererseits aufgrund dieser Salbung den anderen
Menschen überlegen ist, legt das einen Vergleich nahe, der freilich
nur auf der menschlichen Ebene möglich ist. Auch das Verdienst ist
im Origenischen System nicht auf den göttlichen Logos zu beziehen. Insofern dürfte die in *Princ.* entfaltete Salbung der präexistenten menschlichen Seele wiederum vorauszusetzen sein. In der Auslegung zu *Hld* 1,2f. sind also wesentliche christologische Fragen
zumindest implizit angesprochen:
      – Der Gesalbte ist der menschgewordene Gottessohn, formuliert
mit *Phil* 2,6f. und dem aus *1 Tim* 2,5 und dem *Hebr*-Brief entlehnten
Mittlerbegriff.[105] Über den Akt selbst und den Zeitpunkt schweigt
Origenes sich aus. Handelndes Subjekt ist Gott, der den bereits
Gesalbten sendet, auf daß er die 'Gestalt eines Sklaven' annehme

---

[102] *Com. Cant.* I 3,9 (GCS Orig. 8, 99,23-100,5): *Sed haec omnia 'oleo' puro colli-
guntur, per quod ostenditur vel misericordiae solius causa fuisse, quod is 'qui erat in forma Dei,
formam servi susceperit', vel ea, quae ex materiali substantia in Christo fuerant assumpta, per
Spiritum sanctum redacta in unum fuisse atque in unam speciem, quae est persona 'mediatoris'
effecta.* —cf. Chênevert 172-174.
[103] *Com. Cant.* I 3,11 (GCS Orig. 8, 100,5/12): *Illud ergo oleum materiale nullo genere
'oleum laetitiae' appellari potuit: Istud autem 'oleum', id est 'sancti Spiritus' 'unguentum',
quo 'unctus est' Christus et cuius nunc 'odorem' sponsa percipiens admirata est, 'oleum
laetitiae', quia 'fructus spiritus gaudium' est, merito appellatur, quo 'Deus unxit eum' qui
'dilexit iustitiam et odio habuit iniquitatem'. 'Propterea' enim dicitur 'unxit eum Dominus Deus
suus oleo laetitiae prae participibus suis'. Et ideo 'Odor unguentorum' eius est 'super omnia
aromata'.*
[104] Cf. *ibid.* I 3,2 (GCS Orig. 8, 98,8f.).
[105] Zu *Hebr* bei Origenes cf. Greer, The Captain 7-64, bes. 44-63.

bzw. diese *forma servi* aus der Schöpfung in Christus hinein auf-
nehme.

– Die Salbung geschieht durch den Hl. Geist. Die in *Princ.* häufigere Variante—die Seele wird mit dem Logos gesalbt—bleibt un-
erwähnt. Die Darstellung des Origenes konzentriert sich auf das
Wirken des Geistes im Inkarnierten; seine Funktion bei der Salbung
und der Inkarnation im Verhältnis zu der des Logos deutet er in der
Allegorese des Öls nur an: Der Hl. Geist ist es, der die Aufnahme
des Menschlichen in Gott ermöglicht.[106] Im Zusammenhang der
Salbung scheint Hl. Geist für Origenes die Gottheit als solche zu
bezeichnen, die Vater, Sohn und Geist gemeinsam ist und an der
die 'geistlichen' Menschen Anteil haben. Mit dieser Gottheit wird
das 'Menschliche' Jesu Christi gesalbt, d.h. auf der Grundlage von
Princ. II 6: Seele und Logos werden zu einer unauflöslichen Einheit,
die im Akt der Inkarnation menschliche Materie, Fleisch annimmt.
Hier erst gewinnt der Geist gewissermaßen eigenes Profil gegenüber
dem Logos, insofern als er die verschiedenen 'Substanzen' eint
und—ausgedrückt im Bild des Duftes—die universale Wirkung
dieses Akts ermöglicht.[107] Auf diesem Komplex, der Bedeutung des
Gesalbten für die Menschen, die an ihrem Duft partizipieren, liegt
der Schwerpunkt der Argumentation in den *Hld*-Auslegungen des
Origenes.[108]

– Der Verdienstgedanke, in den bisher behandelten Schriften
für die christologische Exegese des Psalms zentral, bleibt am Rand,
ebenso wie der Mensch Jesus. Die menschliche Seele Jesu wird nicht
genannt. Origenes spricht von der Annahme des Leibes oder der
forma servi, nicht von der Seele, auch nicht von einer Mensch-
Werdung. Der von Gott gesandte Christus in seiner Herrlichkeit
beherrscht das Drama.[109]

– In seiner Allegorese der Salben schafft Origenes jeweils Verbindungen zur Kirche: Christus erlitt den Tod für das Volk, die
Braut; er ist Erstgeborener derer, die mit ihm auferstehen, Quelle
der Lehre etc. Damit wird die soteriologische Deutung, die über die
participatio Eingang in die exegetische Argumentation fand, im

---

[106] Cf. Meloni 152f. Bezüglich des Verhältnisses Logos—Geist müßte stärker
differenziert werden als Meloni dies tut.

[107] Meloni 154f. (mit Forschungspositionen) kommt zu ähnlichen Ergebnissen.

[108] Zum weiteren Kontext s. Meloni 172-176; 360-362 u.ö.

[109] Cf. Harl, Origène et la fonction révélatrice 231f.

Hohelied-Kommentar ekklesiologisch ausgerichtet. Die Tatsache, daß Origenes es vorzieht, vom *corpus* Christi zu sprechen, nicht von seiner *anima*, ist auch von daher zu verstehen: Häufig steht hinter inkarnatorischen Aussagen ein ekklesiologischer Zusammenhang.[110] Die Auslegung des Verses auf die einzelne Seele schließt sich nicht eng an wie in den Homilien. Origenes beginnt de facto ein neues Thema, die Überlegenheit der *spiritalis intelligentia et mystica* über die *'aromata' moralis naturalisque philosophiae*.[111] Eine moralische Wendung wie in der Homilie, orientiert an *2 Kor* 2,15 und *Ps* 37,6 (der drastischen Ausmalung des Sündengestanks) fehlt.

In ähnlicher Weise wird die spezifisch christologische Problematik bei der zweiten für unsere Frage relevanten Stelle zur soteriologisch-ekklesiologischen hin verlagert. In der zweiten Homilie zu *Hld* 1,13[112] kommt Origenes in ähnlichem Zusammenhang[113] auf die Salbung zu sprechen. Er verweist, ausgehend von *gutta*, einer Textvariante von *stactes*, knapp auf die priesterliche Salbung in *Ex* 30,34f., entscheidet sich schließlich für die Lesart *stilla* und deutet den Vers auf die Herabkunft des Erlösers. Er kontrastiert die göttliche Größe und die menschliche Niedrigkeit[114] und illustriert den Gegensatz aus der Schrift: *Dan* 2,34 zeige den ankommenden Erlöser als kleinen Stein, erläutert durch *1 Petr* 2,8: *lapis offensionis, petra scandali*, nicht als Berg, der er eigentlich, insofern er Gott ist, sein müßte. *Mi* 2,11f. und *Jes* 40,15 verwiesen auf die Kleinheit der Völker (*stilla*), für die er klein, ein 'Tropfen' wurde, um sie zu retten, was Origenes mit Paulinischen Gedanken (*Phil* 2,7; *1 Kor* 1,21.25) unterstreicht. Er werde wie wir, damit wir Anteil an ihm erhielten,[115] damit durch ihn von unseren Kleidern der *odor stillae* ausgehe, wie es in *Ps* 44,9-10a zur Braut gesagt werde.[116]

---

[110] Cf. Chênevert 208-232, v.a. 212-214.

[111] *Com. Cant.* I 3,13-14 (100,12-101,8).

[112] Die Lesart im *Com.* lautet: *alligamentum guttae fraternus meus mihi in medio uberum meorum manebit.*

[113] Cf. *Hom. Cant.* 2,2 zum Wohlgeruch der guten Werke und zum Gestank der Sünde.

[114] *Ibid.* 2,3 (GCS Orig. 8, 44,20-45,2).

[115] Kenose/Inkarnation in doppelter Bedeutung: Teilhabe Gottes am Menschen und Teilhabe des Menschen an Gott. Cf. dazu Chênevert 159-207, v.a. 185-189.

[116] *Hom. Cant.* 2,3 (GCS Orig. 8, 45,13/20): *Nos 'populus stultus et non sapiens' (Dtn 32,6), et ille factus est 'stultitia praedicationis' (1 Kor 1,21), ut 'fatuum Dei sapientius fieret hominibus'. Nos infirmi, 'infirmum Dei fortius hominibus factum est' (1 Kor 1,25). Quia igitur universae 'gentes ut stilla situlae et ut momentum staterae reputatae sunt' (Jes 40,15), idcirco factus est 'stilla', ut per eum 'a vestimentis' nostris odor 'stillae' procederet iuxta*

Im Kommentar deutet er wieder pointiert christologisch.[117] *Alligamentum guttae* bezeichne das *sacramentum corporeae nativitatis*. *Alligamentum*, Bündel, weise auf den Körper als Fessel der Seele hin, durch den in Christus der Tropfen der 'göttlichen Kraft und Süßigkeit' zusammengehalten werde.[118] In bezug auf die Seele bezeichne *alligamentum guttae* die *dogmatum continentia et constrictio ac divinarum sententiarum nodositas*,[119] die feste Einbindung in die göttlichen Lehren und Urteile, deren Typus der sündlose Christus ist. An dieser Stelle kommt Origenes wieder auf die Christologie zurück:[120] *gutta* bedeute, wie in der Homilie, wo er sich allerdings etwas umständlicher ausdrückt, die Ankunft des Sohnes Gottes im Fleisch, unterstrichen durch dieselben Schriftzitate, allerdings hier straffer und systematischer geordnet.[121] Er sei, als er sich aus der *forma* Gottes erniedrigt habe, selbst zum Tropfen geworden, um das Volk zu sammeln.[122] Die Argumentation im Kommentar ist konsequent christologisch. Origenes zitiert nur *Ps* 44,9a, sieht darin den 'Geliebten' (cf. *Ps* 44,1) angesprochen, nicht die Braut, und legt jedes einzelne Glied allegorisch aus: Von den Gewändern des *verbum Dei* gehe die Myrrhe aus, die die *doctrina sapientiae*—hier klingen die in der zweiten Homilie genannten Paulinischen Paradoxa von der Torheit der Predigt und der Weisheit Gottes an—bezeichne und den Tod, den er für uns auf sich genommen habe; *gutta* sei die der Gottheit entäußerte *forma* und Würdigung der sklavischen *forma* (cf. *Phil* 2,7),[123] *casia* die Erlösung des menschlichen Geschlechts durch die Wasser

---

illud: 'myrrha et stilla et casia a vestimentis tuis, a domibus elephantinis, ex quibus laetificaverunt te filiae regum in honore tuo', quae in quadragesimo quarto psalmo dicuntur ad sponsam.

[117] Zu *Hld* 1,12 geht es um die *deitas Christi*, den Wohlgeruch des Wortes, die Inkarnation.

[118] *Com. Cant.* II 10,4 (GCS Orig. 8, 169,1/5), cf. Chênevert 162f.

[119] *Com. Cant.* II 10,5 (GCS Orig. 8, 169,5/7).

[120] Er hält sich offensichtlich nicht strikt an ein methodisches Schema, cf. oben Anm. 94.

[121] Zuerst *Dan* 2,34, von da aus *Mi* 2,11f. und *Jes* 40,15. In *Hom.*: *Mi-Dan-Jes.*

[122] Hier ist von der Sammlung in der Zukunft die Rede, andere Stellen sprechen von der Sammlung in der Vergangenheit. In dieser Differenz klingt ein für Origenes grundlegendes Thema an, das auch seine Lehre von der Präexistenz der Seelen bestimmt, die Rückkehr zur Einheit. Cf. *Com. Cant.* II 8,7 (GCS Orig. 8, 158,8-11): Christus kam, weil er die Kirche liebte; I 1,1-12 (89-91): Die Kirche sehnt sich nach dem Kommen des Bräutigams. Beide Male setzt Origenes eine Existenz der Kirche vor der Inkarnation voraus. Wichtig: II 8,4 (157,13-20). Cf. dazu Chênevert, 13-78, z.St. 60-63.

[123] Auch *Phil* 2,7 ist in *Hom.* 2 angesprochen.

der Taufe.[124] Das dergestalt soteriologisch ausgezeichnete 'Bündel'
ruhe zwischen den Brüsten der Kirche, d.h. am Ort des *principale cordis*, wo die Kirche Christus und die Seele das Wort Gottes mit den
Fesseln ihres Begehrens und Sehnens gebunden halte, um so mehr
und mehr seinen Duft anzunehmen.[125] Die Allegorese umgreift
beide Bezugsebenen, Christus—Kirche, Wort—Seele, und schiebt
sie ineinander. Die Homilie führt diesen Gedankengang nicht aus
und verkürzt so sehr stark.

Der Vergleich zwischen Homilien und Kommentar ist aufschlußreich:[126]

– Der Kommentar ist christologisch präziser gefaßt und differenziert stärker, während sich die Homilien im wesentlichen auf
Titel wie Christus und *Salvator* beschränken.[127]

– Im Kommentar sind Schriftzitate und Allusionen fest in den
Text eingefügt, während die Homilien eher aneinanderreihen und
häufen.[128] Der Kommentar erklärt eine Vielzahl von Bildern, Begriffen, Titeln aus der Schrift, die einander ergänzen und ablösen,
allegorisch auf christologischem, soteriologischem und ekklesiologischem Fundament, während die Homilien sich oft nur mit Zitaten begnügen und viele Bilder unkommentiert stehen lassen.[129]

– Der Kommentar ist im wesentlichen streng aufgebaut, geht
über die Christologie zur Ekklesiologie und dann zur einzelnen

---

[124] Cf. Chênevert 178f.; 194-196; Zur engen Verbindung von Kenose, Erlösung und Taufe cf. *ibid.* 183f.

[125] Chênevert 178f.; 212-214. Der Gedanke der *imitatio* Christi ist interessanterweise im Kommentar nur von untergeordneter Bedeutung; dazu *ibid.* 190f.

[126] Cf. M. Simonetti, Origene catecheta, in: Sal 41 (1979) 299-308: Er bietet
eine Zusammenfassung wichtiger Unterschiede zwischen Katechese für die *simplices* und Lehre für die Fortgeschrittenen, die mit meinen Ergebnissen übereinstimmt.

[127] *Hom.* sprechen vom 'Kommen des Erlösers', *Com.* vom 'Geheimnis seiner
körperlichen Geburt'; im *Com.* finden sich häufig Titel wie *filius Dei, Verbum Dei,
persona mediatoris, unigenitus.*

[128] S.o. zu *Hom.* 2,3 und *Com.* II 10 (GCS Orig. 8, 169f.).

[129] Das hängt auch mit dem Verhältnis von Literalsinn und Allegorese zusammen. Das Verständnis der letzteren ist nur dem Fortgeschrittenen möglich; demzufolge erklärt der für diesen Kreis geschriebene Kommentar mehr; cf. G. af Häll-
ström, *Fides simpliciorum* according to Origen of Alexandria, Helsinki 1984, 45f.;
Simonetti, Origene Catecheta 300; Harl, Origène et la fonction révélatrice
254-268; außerdem die sorgfältigen Beobachtungen von G. Chappuzeau, Die Exegese von *Hl* 1,2ab und 7 bei den Kirchenvätern von Hippolyt bis Bernhard. Ein
Beitrag zum Verständnis von Allegorie und Analogie, in: JAC 18 (1975) 90-143,
z.B. 103f.

Seele, während Origenes in den Homilien Schritte überspringt,[130] was sich z.B. darin äußert, daß er *Ps* 44,9 verschiedene Adressaten zuschreibt.[131]

Sehr deutlich wirkt sich also die Ausrichtung auf verschiedene Adressaten aus, in den Homilien auf 'Anfänger' im geistlichen Leben, die erst noch zur rechten Liebe ermuntert werden müssen, im Kommentar auf Fortgeschrittene, die tiefer in die zentralen Geheimnisse des christlichen Glaubens, in Fragen der Christologie und Ekklesiologie, eindringen können und sollen.[132]

d) Der gesalbte Hohepriester in den Leviticus-Homilien

In den *Lev-Homilien*[133] greift Origenes anläßlich der Salbung des Hohenpriesters[134] auf Formulierungen aus *Ps* 44,8 zurück. Aufschlußreich ist die 12. Homilie *De magno sacerdote* zu *Lev* 21,10-15. Der jüdische Hohepriester sei, so Origenes, bei allem Gehorsam und sorgfältiger Pflichterfüllung nur Bild (*imago*), klein durch die Sünde.[135] Wahrhaft Hoherpriester hingegen sei Jesus, der ohne Sünde sei[136]—ein Thema, das auch in *Princ.* und in den *Hld*-Auslegungen angesprochen wurde—und der über alle Schöpfung hinaus aufsteigen könne zu Gott-Vater, der im unzugänglichen Licht wohne (*1 Tim* 6,16).[137] Ohne zwischen Gottheit und Menschheit zu differenzieren, entwickelt Origenes im folgenden den Gegensatz zwischen *peccatum* und *virtus*, Kleinheit und Größe; er stellt Jesus, nach *Lk* 2,52 (*et Iesus proficiebat sapientia aetate et gratia apud Deum et homines*), als den, der wächst *propter magna et ingentia opera* dar, nach dessen Beispiel auch die Seelen der Menschen aufgrund ihres freien Willens wachsen sollten.[138] Das damit gegebene christologische Problem spricht er nicht an, allerdings bezieht er das Wachsen—so

---

[130] Torjesen 59.

[131] So kein Übersetzungsfehler vorliegt. Im Apparat finden sich keine Hinweise.

[132] Cf. Torjesen 60-62; Simonetti, Origene catecheta 303-304.

[133] Ediert: GCS Orig. 6, W.A. Baehrens 1920; SCh 286-287 M. Borret, 1981. Übersetzung: Rufin; Entstehung: Schadel 340: ca. 243; Nautin, Origène 401-405; 411: 239-242.

[134] Cf. *Com.Cant.* I 3,3 (GCS Orig. 8, 98).

[135] *Hom.Lev.* 12,2 (GCS Orig. 6, 455,29-456,4).

[136] *Ibid.* 12,2 (GCS Orig. 6, 456,7/10).

[137] *Ibid.* 12,1 (GCS Orig. 6, 454,24-455,3).

[138] *Ibid.* 12,2 (GCS Orig. 6, 457); die *parvuli in fide* werden den *magni et fortes* gegenübergestellt; s.o. S. 101.

die Übersetzung Rufins korrekt ist—ausschließlich auf Jesus, den
Menschen. Vor Jesus seien Isaak, Moses und Johannes der Täufer
groß genannt worden im Vergleich zu den anderen Menschen, seit
Jesus aber, der aus sich groß sei, niemand mehr: Er sei der *pastorum
pastor, pontificum pontifex, dominantium Dominus, regum rex*[139], freilich
auch, damit der Abstand nicht unendlich werde, der Bruder.

Dieser Hohepriester werde nicht mit irdischem Öl gesalbt, sondern mit dem Öl, das David in *Ps* 44,8 nennt, und so werde er
zum Christus.[140] Origenes erläutert das an dieser Stelle zunächst
nicht weiter, sondern expliziert entlang der Vorschriften in *Lev* 21
Christi Sündlosigkeit, Reinheit und Heiligkeit,[141] um schließlich,
die Adressaten direkt ansprechend, den Bogen zu den Christen zu
schlagen.[142] Wer in der Nachfolge und Nachahmung Christi nicht
sündige, werde immer unter den Heiligen sein, unabhängig davon,
an welchem Ort er sich befinde, weil Heiligkeit durch Taten, Leben
und Sitten, durch Leben im Wort Gottes, definiert werde.[143] Er
bleibe—*post acceptam gratiam*—rein, beschmutze nicht die Heiligung,
die Gott an ihm bewirkt habe, 'weil immer das heilige Öl der Salbung seines Gottes über ihm ist'.[144] Origenes erklärt im folgenden,[145] daß das Öl, mit dem Aaron gesalbt wurde, nicht im eigentlichen Sinn das 'Öl Gottes' sei. Mit diesem werde allein der gesalbt,
der von David in *Ps* 44,8bc Gesalbter genannt werde. Er sei der
Hohepriester, in dem immer das heilige Öl der Salbung bleibe. So
wird das 'Öl der Freude' zum 'Öl Gottes', damit indirekt—und

---

[139] *Ibid.* 12,2 (GCS Orig. 6, 458,8/11); cf. *1 Petr* 5,4; *Hebr* 4,14; *1 Tim* 6,15.
[140] *Ibid.* 12,3 (GCS Orig. 6, 458,13/18): *Istud 'oleum' noli requirere in terris, quod
'super caput' infunditur 'magni sacerdotis', ut fiat Christus; sed si videtur, disce a propheta
David istud 'oleum', quale sit: 'Dilexisti' inquit 'iustitiam et odisti iniquitatem; propterea unxit
te Deus Deus tuus oleo laetitiae prae participibus tuis.' Istud est ergo 'oleum laetitiae', quod
'capiti eius infusum' fecit eum Christum.*
[141] *Ibid.* 12,3-4.
[142] *Ibid.* 12,4 (GCS Orig. 6, 462,1/2): *Sed et tu, qui sequeris Christum et imitator eius
es* [. . .].
[143] *Ibid.* (462,5.2f.): *in actibus et vita et moribus;* [. . .] *si permaneas in verbo Dei.*
[144] *Ibid.* 12,4 (GCS Orig. 6, 462,2/19, 16/19): [. . .] *sed permanet mundus ab omni
contagione peccati, 'non exivit' iste 'de sanctis', et non contaminavit sanctificationem Dei sui
in semet ipso, quia sanctum 'oleum chrismatis' Dei sui super ipsum est.*
[145] *Ibid.* (462,19/26)): *Illud 'oleum', de quo in Exodo scriptum est, quomodo potest
secundum litteram proprie oleum Dei dici, quod arte myrepsica confectum est a pigmentario? Sed
si vis videre oleum Dei, audi quem propheta dicat unctum esse oleo Dei, illum sine dubio, de
quo dicit: 'Propterea unxit te Deus Deus tuus oleo laetitiae prae participibus tuis'. Hic ergo est
'magnus sacerdos', qui solus oleo Dei unctus est et in quo semper sanctum permansit divini
'chrismatis oleum'.*

ohne daß Origenes spezifisch dogmatische Termini gebrauchte—
zur Metapher für die Gottheit, mit der Christus gesalbt ist. Offenbart wird sie durch seine einzigartige Reinheit und Heiligkeit, an
der der reine tugendhafte Christ durch Nachahmung Anteil erhalten kann. Origenes umschreibt diese Teilhabe ethisch mit
Heiligung, Einheit mit den Heiligen, Reinigung von der Sünde,
nicht ontologisch oder eschatologisch durch Vergöttlichung, Teilhabe an der Unsterblichkeit o.ä. Wie in der ersten *Hld-Homilie* dient
Ps 44,8 dazu, die Differenz zwischen Christus und den Christen im
Rahmen ethisch-moralischer Ausführungen zur *imitatio* Christi zu
wahren, ohne daß diese Differenz begrifflich präzisiert würde.

In *Hom.Lev.* 10[146] stellt Origenes dem 'Öl der Sünde' (*Ps* 140,5),
mit dem der Fastende sein Haupt nicht salben soll, das 'Öl des
Jubels', 'der Freude', der Barmherzigkeit[147] gegenüber, auf daß
den Fastenden, der sein Haupt damit salbe (*Mt* 6,17), Barmherzigkeit und Glauben nicht verließen (*Spr* 3,3). Origenes zieht den Vers
als Gegenbegriff zum 'Öl der Sünde' heran. Bemerkenswert ist, daß
er hier offenkundig keine Probleme hat, das 'Öl der Freude', das er
als 'Öl Gottes' in der 12. Homilie sorgfältig von der materialen Salbung Aarons unterscheidet, auf die geistliche Salbung der Christen
zu beziehen. Das bestätigt und konturiert die ethische Interpretation des Verses *Ps* 44,8, zumal da er die Differenz zwischen Christus
und den Christen hier nicht thematisiert—obwohl der als Pascha-
lamm geopferte und auferstandene Christus im Mittelpunkt des
Abschnitts steht.

In der *Hom.Lev.* 5[148] kontrastiert Origenes das heilbringende
Opfer *in oleo* und das Opfer für die Sünde, ohne Öl, denn die Sünde

---

[146] *Ibid.* 10,2 (GCS Orig. 6, 444,10/13): '*Unge' etiam 'caput tuum', sed observa ne
oleo peccati: 'Oleum' enim 'peccatoris non impinguet caput tuum' (Ps* 140,5). *Sed 'unge caput'
oleo exsultationis, 'oleo laetitiae', oleo misericordiae, ita ut secundum mandatum sapientiae
'misericordia et fides non deserant te' (Spr* 3,3).
[147] Cf. zur *misericordia* Gottes als zentrales Motiv der Inkarnation *Com.Cant.* I
3,10 (GCS Orig. 8, 100,1); Brühl 188.
[148] *Hom.Lev.* 5,6 (GCS Orig. 6, 344,25-345,5): *Post haec: 'et omne' inquit 'sacrificium factum in oleo sive non factum omnibus filiis Aaron erit, singulis aequaliter' (Lev* 6,40).
*Quod sacrificium est 'factum in oleo' vel quod est 'non factum in oleo'? 'Sacrificium salutaris'
'in oleo' fieri iubetur, sicut supra iam diximus. 'Sacrificium' vero 'pro peccato' non fit 'in oleo';
dicit enim: 'Non superponet ei oleum, quoniam pro peccato est' (Lev* 5,11). *Quod ergo 'pro peccato est', nec 'oleum laetitiae' ei nec tus suavitatis imponitur; de peccantibus enim dicit Apostolus: 'et lugeam eos, qui ante peccaverunt et non egerunt poenitentiam' (2 Kor* 12,21). *Nec 'odor'
in eo 'suavitatis' (Lev* 2,9) *est, quia ex persona peccatoris dicitur: 'computruerunt et corruptae
sunt cicatrices meae' (Ps* 37,6).

solle nicht mit dem 'Öl der Freude', dem Weihrauch, der Süßigkeit verbunden werden, wie aus *2 Kor* 12,21 und *Ps* 37,6[149] ersichtlich. Der Zusammenhang zwischen der besonderen Salbung Jesu Christi und seiner Sündlosigkeit klingt hier an, ohne weiter erklärt zu werden.

In den *Leviticus-Homilien* dominiert ein ethisch-moralisches Verständnis der Salbung als Zeichen für Reinheit und Sündlosigkeit. Die Interpretation des 'Öls der Freude' auf Christi Gottheit wird in der 12. Homilie angedeutet, aber nicht ausgeführt. Von einer Salbung mit Hl. Geist ist nicht die Rede. Was die Methode betrifft, werden in den Homilien die Beobachtungen zu den *Hld-Homilien* bestätigt: Sie sind christologisch weniger präzise und ziehen sich oft auf nicht weiter erläuterte Bilder zurück.

Im Vergleich zu *Princ.* fällt auf, wie wenig in den Auslegungen von der Unterscheidung zwischen Gottheit und Menschheit die Rede ist.[150] Bedingt auch, aber nicht nur, durch die unterschiedlichen Textarten—in *Princ.* wird ein System entwickelt, zu dem Schriftbeweise herangezogen werden, während die Auslegungen am vorliegenden Schrifttext entlanggehen und versuchen, ihn mit Hilfe anderer Stellen zu erklären und zu aktualisieren—steht in den Auslegungen die grundlegende soteriologische Bedeutung der Inkarnation im Mittelpunkt, ohne daß das Wie der Salbung Christi näher bedacht würde. Origenes setzt den Akt voraus und fragt nach den Konsequenzen. In den Interpretationen zum *Hld* werden sie ekklesiologisch entfaltet: So allegorisiert er die Salben aus *Exodus*, die er zur Erklärung des Salbendufts heranzieht, auf die Relation zwischen Christus und der Kirche. Indem Christus Gesalbter für die Kirche ist und die Kirche umgekehrt an seiner Salbung partizipiert, wird das Bild von Braut und Bräutigam ergänzt und relativiert. Die Kirche ist auch Leib Christi[151], vom Logos Angenommene, die mehr und mehr mit ihm vereinigt werden soll, um die gefallene Schöpfung zu Gott zurückzuführen, ausgedrückt durch die Allegorese des Wohlgeruchs. Origenes kennt offensicht-

---

[149] Diese Stelle begegnet auch in den *Hld*-Auslegungen häufig im Kontext, s.o.

[150] Harl, Origène et la fonction révélatrice 232, weist darauf hin, wie selten im *Com. Cant.* die konkrete Menschennatur Jesu Christi genannt wird. Die Schriftbelege zur Seele Jesu, die in *Princ.* höchst bedeutsam für die Christologie sind, fehlen, wie der Index belegt, gänzlich.

[151] Zur Leib-Christi-Vorstellung in *Com. Cant.* s. Chênevert 208-232; insgesamt Vogt, Das Kirchenverständnis 235-246.

lich analog zur Präexistenz der Seelen eine Art Präexistenz der Kirche:[152] Sie ist zu denken als vollkommene Einheit der Seelen mit ihrem Schöpfer vor dem Fall;[153] zu einer solchen Einheit, die nur eine 'gnadenhafte' sein kann, keine natürliche mehr, will der Logos die Seelen zurückführen. Das manifestiert sich in seinem Handeln im Alten Bund[154] und findet seinen letzten und endgültigen Ausdruck in der Inkarnation. In ihr ist nicht nur der individuelle Leib Jesu angenommen, der, beherrscht durch seine sündlose Seele, von Gott durchdrungen, verklärt[155] und in der Auferstehung verherrlicht und vergöttlicht wird, sondern alle Menschen, die, nach Gott suchend, sich in der Kirche sammeln.[156] Indem sie an der vollkommenen Liebe und am Gehorsam Jesu teilhaben und in der *imitatio* fortschreiten, formt er sie mehr und mehr zu sich hin und läßt sie an seiner Göttlichkeit real partizipieren.[157] Der Kommentar zeichnet diesen Weg nach als Weg über die Kirche—von daher ist die untergeordnete Bedeutung der individuellen *imitatio* Christi durch die Seele erklärlich: Christus nimmt die Kirche als seinen Leib an, so daß die *imitatio* der Kirche als Leben in und mit der Kirche mit der *imitatio* Christi gleichgesetzt werden kann.

In den *Lev-Homilien* entfaltet Origenes das Anliegen mittels der Allegorese des alttestamentlichen Priesterbilds in ethischer Hinsicht und gewichtet die individuelle *imitatio* stärker. In *Princ.* II 6 diskutiert er diesen Komplex einzig vom göttlichen Logos und der Seele Jesu her. Die Ausführungen zur Einheit von Logos und Seele Christi werden schon in *Princ.* IV 4,4, deutlicher in *Cels.* VI 78f., ergänzt durch soteriologische und ekklesiologische Akzente. Den substantiellen Unterschied zwischen Christus und den Christen,

---

[152] Chênevert 13-78; Vogt, Das Kirchenverständnis 205-210; M. Harl, La préexistence des âmes dans l'œuvre d'Origène, in: Orig. IV, Innsbruck 1987, 238-258, 251f., mahnt zu Recht zur Vorsicht bei der Verwendung des Begriffs 'Präexistenz' im Hinblick auf verschiedene Sprechweisen des Origenes; cf. oben Anm. 122.

[153] Cf. *Princ.* III 5,4; I 8,1.4 u.ö.—Der Theorie liegt die Theodizee-Frage zugrunde; cf. Vogt, Das Kirchenverständnis 206f.; Heimann 162f.

[154] Chênevert 79-113.

[155] Zur Verklärung Christi bei Origenes cf. M. Eichinger, Die Verklärung Christi bei Origenes. Die Bedeutung des Menschen Jesus in seiner Christologie, Wien 1969.

[156] Chênevert 159-232.

[157] Gruber 209-229, zur wirkursächlichen und realen Teilhabe 217-223; H. Crouzel, Théologie de l'image de Dieu chez Origène, Paris 1956, 222-232; zum Fortschrittsgedanken cf. Gruber 241-267; Gögler 258f.

den Origenes in *Princ.* begrifflich zu fassen sucht, begründet er in den Auslegungen biblisch und aus der heilschaffenden Wirkung Christi, die nur ihm möglich ist, der als Gott die *forma servi* annahm und durch den Hl. Geist zur einen Person des Mittlers, zum Hohenpriester ohne Sünde wurde. Die konkrete Menschheit Jesu Christi bleibt dabei im Hintergrund, während *Princ.* zwar die Einigung von Logos und Seele Jesu behandelt, nicht aber die Motive der Inkarnation und das Drama der Erlösung.[158]

e) Spiritualisierung der Parusien: Die göttliche Schönheit des Logos-Christus in secreto

In *Cels.* I 28-II 79 bringt Celsus Einwände gegen das Christentum aus der Sicht des Judentums vor. Die Argumentationsmuster des Origenes sind traditionell. In I 54-56 geht es um die Messianität des Leidenden, erläutert durch die zwei Parusien:[159] Durch die Ankunft in Niedrigkeit lehre Christus die Menschen den Weg zu Gott und verwehre ihnen die Entschuldigung, vom Gericht nichts gewußt zu haben. Mit der zweiten Ankunft erscheine er in seiner Gottheit, ohne menschliches Leiden, wie sie im 44. *Psalm* 'für den Geliebten' (*Ps* 44,1) dargestellt werde: In *Ps* 44,3b-6 und 7-8 werde er klar als Gott verkündet. Somit wird das von Celsus inkriminierte Leiden des Messias in eine übergeordnete Perspektive gerückt, die die Macht und Schönheit des Gottessohnes siegen läßt. Die Argumentation ist eher altmodisch: Origenes zitiert ausgiebig Testimonien aus *Jes* 52-53 und *Ps* 44, ohne sie weiter zu kommentieren und differenziert auszulegen.

In *Cels.* VI 75-76 kommt eine ähnliche Anfechtung von philosophischer Seite her: Wenn Jesus Christus einen göttlichen Geist hatte, so Celsus, hätte er sich in irgendeiner Weise von den anderen Menschen unterscheiden müssen: Origenes wirft ihm im Gegenzug

---

[158] Harl, Origène et la fonction révélatrice 105f.—Rowe 199-201 nimmt die verschiedenen Stellen, die *Ps* 44,8 behandeln, als Ausgangspunkt, um die Unausgewogenheit der christologischen Konzeption des Origenes zu zeigen. Er wird dabei aber dem Text nicht immer gerecht: So ist nicht ersichtlich, warum er die Belege aus *Com. Cant.* und *Hom. Cant.* auf Christus als Gott bezogen wissen will: Der Kontext der betreffenden Stellen behandelt eindeutig den zu den Menschen gekommenen Erlöser. Zwar hat er recht, wenn er behauptet, daß Origenes das christologische Problem nicht gelöst habe. Fraglich ist aber, ob der Vorwurf angesichts der frühen Zeit gerechtfertigt ist.

[159] *Cels.* I 56.

vor, nur eine Prophezeiung, die aus *Jes* 53,1-3, zu akzeptieren, nicht
aber eine andere: *Ps* 44,4-5a. Tertullian zitierte in diesem Zusammenhang *Ps* 44,3-4, jedenfalls *Ps* 44,3a in seinem direkten Gegensatz zu *Jes* 53,2-3. Bei Origenes ist der Akzent verlagert: Nicht
'Schönheit' als solche ist entscheidend, sondern die Verbindung von
Schönheit und Macht, wie sie in *Ps* 44,4-5 zum Ausdruck kommt.
Erst in einem zweiten Schritt gewinnt die Schönheit als ästhetische
an Bedeutung, wenn er auf die Verklärung Jesu vor den Jüngern
(*Mt* 17,1-3) verweist.[160] Dahinter steht die Origenische Vorstellung
von den verschiedenen Stufen des Glaubens und der Erkenntnis:
Die Macht-Demonstration Jesu (z.B. in seinen Wundern) sei allen
begreiflich, während seine Schönheit, die seiner Gottheit adäquate
forma, erst den Fortgeschrittenen erkennbar werde.[161]

Damit geht Origenes in der christologischen Deutung der zwei
Parusien einen Schritt weiter: Tertullian suchte deren zeitliche
Differenz durch seine antithetische Rhetorik zu verbinden,[162] Origenes zeigt die Erfüllung der beiden gegensätzlichen Prophetien im
einen Jesus des Evangeliums, der zwar in verschiedener Weise—
leidend oder verklärt—körperlich erscheint,[163] dessen Gottheit sich
aber in seinem Wirken manifestiert und dessen göttliche Schönheit
und Herrlichkeit den in der *imitatio* und Erkenntnis Fortgeschrittenen sichtbar wird.[164]

Von da ist es nur noch ein kleiner Schritt bis zur Spiritualisierung
der zwei Parusien im Kommentar zu *Mt* 24,3.[165] Der öffentlichen
Ankündigung, den Tempel zu zerstören, folgt die Frage seiner Jün-

---

[160] *Ibid.* VI 76.

[161] Cf. Gögler 314; *Com.Matth.* XII 37 (GCS Orig. 10, 153,1/25, E. Klostermann, 1935): Jesus wurde vor den Augen der vertrautesten Jünger verklärt.

[162] S.o. I 1.1.b.

[163] Eichinger 78-82.

[164] Harl, Origène et la fonction révélatrice 250-254, v.a. 253 zur Spiritualisierung.

[165] *Com.Matth. ser.* 32 (GCS Orig. 11,2, 57-59, 58,22-59,3, E. Klostermann,
1933): *secundus autem adventus est Christi in viris perfectis, de quibus dicit dispensator verbi
ipsius: 'sapientiam autem loquimur inter perfectos' (1 Kor 2,6). hi autem perfecti amatores facti
sunt pulchritudinis eius et rogant verbum, ut accingat se rationabilem gladium suum et circumpo-
nat eum super mysterium nativitatis carnalis, quae appellata est mysterialiter femur. huiusmodi
enim discipuli laudant pulchritudinem et decus verbi, et huic secundo adventui iuncta est consum-
matio saeculi in viro ad perfectionem venienti et dicenti: 'mihi autem absit gloriari, nisi in cruce
domini nostri Iesu Christi, per quem mihi mundus crucifixus est et ego mundo' (Gal 6,14). si
enim mundus crucifixus est iustis, quibus 'mundus crucifixus est', facta est eis etiam consumma-
tio mundi.* cf. Harl, Origène et la fonction révélatrice 256-258.

ger im Verborgenen, am Ölberg, wann das geschehen werde und welches das Zeichen seiner Ankunft und der Vollendung der Welt sei. In der Allegorese des Origenes bezeichnet der Ölberg die Kirche aus den Heiden, bebaut vom Wort Gottes, Christus. Daß die Jünger im Verborgenen kämen, deute darauf hin, daß sie mehr Glauben (*fiducia*) hätten als die große Masse. Von daher sei auch die doppelte Ankunft übertragen (*aliter*) zu verstehen, nämlich als Ankunft des Wortes in der Seele: zuerst durch die 'törichte Predigt' (cf. *1 Kor* 1,21; 2,2.6) vom geborenen und gekreuzigten Christus, in deren Niedrigkeit (*Jes* 53,2f.) wir die *luciditas pulchritudinis* noch nicht erkennen können. Die zweite Ankunft erfolge in den vollkommenen Männern (*Eph* 4,13), den vollkommenen Liebhabern seiner Schönheit, die das Wort bäten, daß es sich das 'vernünftige Schwert' (*gladius rationabilis*) umgürte und um das Geheimnis seiner fleischlichen Geburt lege, wie die 'Hüfte' *mysterialiter* genannt werde. So gelangten sie über seine Menschheit hinaus zur Erkenntnis seiner Göttlichkeit, rühmten die Schönheit und Pracht des Wortes und vollendeten in sich die Welt, indem sie der Welt gekreuzigt würden (*Gal* 6,14). Die Formulierungen aus *Ps* 44,4 bezeichnen die Gottheit, die den Fortgeschrittenen, denen, die der Welt abgestorben sind, erkennbar wird und die sich über seine Menschheit legt: Letztere ist für die Pneumatiker nicht mehr wichtig. Origenes allegorisiert somit auf ein spirituelles Konzept hin: Die Vollkommenen vollziehen die erste Ankunft nach und erfahren so im Vorgriff die zweite Ankunft, die Überwindung alles Irdischen durch die Herrlichkeit des Gottesworts.[166]

3.3 ADAPTATION AUF DEN EINZELNEN: *IMITATIO* UND *PARTICIPATIO*

In den bislang erörterten spirituellen Argumentationen werden einzelne Bilder und Verse auf ihre Bedeutung für die Menschen hin ausgelegt, indem ihr symbolischer Gehalt entfaltet wird oder indem sie mit anderen Bildern verknüpft und in allegorische Erklärungen einbezogen werden. Daneben gibt es einige wenige Ansätze, einzelne Verse des Psalms direkt auf die Christus nachahmenden und nachfolgenden Gläubigen zu beziehen, indem sie zu Adressaten der vom Propheten gesprochenen Verse werden.

---

[166] Hier ist es tatsächlich der Logos-Christus, um dessen Schönheit es geht, nicht die seiner Worte, aber begründet mit Vers 4.

Im 6. Buch der *Stromata* charakterisiert Clemens von Alexandrien
den wahren Gnostiker, der Christus in vollkommenster Weise ähnlich geworden ist. Er bilde die διάνοια des Lehrers nach, er belehre
die, die bereit seien, zu hören und zu lernen, und beginne damit,
indem er selbst vorbildlich lebe: Die Gebote des Herrn seien erfüllbar, und tatsächlich müsse der 'Königliche' und Christ zum Herrschen und Leiten geeignet sein, da er nicht nur von außen, sondern
durch die Leidenschaften von innen bedroht werde. So gelte *Ps* 44,5
für den Gnostiker, der, geführt vom κύριος Christus, seine Leidenschaften beherrsche, vorbildlich lebe und so zu tieferer Erkenntnis
gelange.[167] Clemens fügt unmittelbar *Hos* 14,10 an, die Frage,
welcher Weise dies erkennen und verstehen könne: Damit sei angedeutet, daß es allein dem Gnostiker möglich sei, das vom Geist
verhüllt Gesagte zu verstehen. Er entfaltet das an weiteren Schriftstellen, auf die hier nicht einzugehen ist. Wichtig ist die Konsequenz
für *Ps* 44,5. Clemens sichert ihn gegen eine Übertragung auf jeden
beliebigen ab: Allein der Gnostiker, der seine Leidenschaften beherrscht, der seine Lebensführung an Christi Geboten ausrichtet,
der dadurch und durch seine Glaubenserkenntnis seine Befähigung
als Lehrer ausgewiesen hat, der mithin in seiner *imitatio* und Anähn-
lichung an Christus schon weit fortgeschritten ist, kann verstehen
und begreifen, daß und wie die Psalmverse nicht nur für Christus,
sondern auch direkt für ihn, den auf dem Weg zur Vergöttlichung
Voranschreitenden, gelten können.

Bei Origenes begegnen ähnliche Deutungen, allerdings—zumindest im erhaltenen Werk—eher selten und zurückhaltender als
bei Clemens von Alexandrien. Ein typisches Beispiel findet sich in
einer der *Homilien zu Ezechiel*: Origenes legt *Ez* 28,12bc aus, einen
Lobpreis auf den König von Tyrus, bevor er Böses tat: *Tu signaculum
similitudinis plenus sapientia et decoris corona*: Der *decor* sei im Innern der
Seele, im Denkvermögen, zu suchen, wo die wahre Schönheit sei,
vermittelt durch den Heiland, von ihm aufgrund seines Erbarmens

---

[167] *Strom.* Vl 115, 2-3 (GCS Clem. 2, 489,30-490,8, O. Stählin—L. Früchtel,
³1960): δυνατὰ γὰρ ἐνετείλατο, καὶ δεῖ τῷ ὄντι ἀρχικὸν εἶναι καὶ ἡγεμονικὸν τὸν
βασιλικόν τε καὶ Χριστιανόν, ἐπεὶ μὴ τῶν ἔξω μόνον θηρίων κατακυριεύειν ἐτάγημεν,
ἀλλὰ καὶ τῶν ἐν ἡμῖν αὐτοῖς ἀγρίων παθῶν. κατ' ἐπίστασιν οὖν, ὡς ἔοικεν, τοῦ κακοῦ
καὶ ἀγαθοῦ βίου σῴζεται ὁ γνωστικός, 'πλέον τῶν γραμματέων καὶ Φαρισαίων' συνιείς
τε καὶ ἐνεργῶν. 'ἔντεινον καὶ κατευοδοῦ καὶ βασίλευε', ὁ Δαβὶδ γράφει, 'ἕνεκεν
ἀληθείας καὶ πραότητος καὶ δικαιοσύνης, καὶ ὁδηγήσει σε θαυμαστῶς ἡ δεξιά σου',
τουτέστιν ὁ κύριος.

und seiner Großzügigkeit verteilt.[168] Seine Schönheit werde durch
Ps 44,4 illustriert; daß auch die menschliche Seele schön sein könne,
lehre der Prophet in *Ps* 44,11-12a.[169] Ohne näher auf das Wie einzugehen, zeigt Origenes durch die beiden Zitate, daß Christus an
seiner Schönheit Anteil gibt, und warnt zugleich davor, diese
Schönheit durch die Sünde wieder zu verspielen. Er begründet die
Schönheit der Christenseele mit einem eigenen Zitat, *Ps* 44,11-12,
das ihre abhängige Stellung zum Ausdruck bringt, nicht indem er
für Christus selbst geltende Belege überträgt.

Aufschlußreich für sein Bemühen, den Abstand zu wahren, ist
auch ein Fragment aus dem Kommentar zu *Eph* 6,10:[170] Wenn von
der Stärke (ἰσχυς) des Herrn die Rede sei, so sei das analog zur körperlichen Kraft zu verstehen, ebenso wie seine in *Ps* 44,4 bezeugte
Schönheit von der körperlichen Schönheit her so genannt werde.[171]
Diese Analogie gelte im übrigen auch für uns, die wir im Herrn
stark sein sollten, oder die wir als Braut in *Hld* 4,7 und *Ps* 44,12a
schön genannt würden. Statt Vers 4 auf den Christus nachahmenden
Christen zu adaptieren, zitiert er eine andere Stelle und betont so
die Differenz zwischen den beiden Gestalten von Schönheit und
Kraft.

Im *Com.Rom.* I 7 (zu *Röm* 1,5) gesteht Origenes zwar den
Aposteln die 'Gnade' der Worte zu, die ursprünglich Christus eig-
net, aber er leitet diese Gnade auch explizit von Christus ab, der den
Aposteln, und nur ihnen, seine eigene Autorität und begnadete
Predigt zuspreche.[172] Die erhaltenen Quellen geben keine weiteren
Hinweise darauf, daß Origenes 'christologische' Verse aus dem

---

[168] *Hom.Ez.* 13,2 (GCS Orig. 8, 446,20/26, W.A. Baehrens, 1925): *Hunc autem
'decorem' noli extra te quaerere, sed circa animae re[li]gionem, ubi cogitatorium, ubi intellectuale
consistit, ubi vera est 'pulchritudo'. Quodsi volueris ibi quaerere 'decorem', ubi est caro et san-
guis, humor et venae, ubi materia corporalis, non poteris invenire; siquidem verus 'decor' in Sal-
vatore est et ita ab illo iuxta largitionem et misericordiam eius in cunctorum divisus est animas.*

[169] *Ibid.* (446,26-447,4): *'Accingere gladium tuum circa femur, potentissime, specie tua
et decore tuo': est igitur aliquis 'decor' in principali cordis nostri et in anima. Quia autem istius-
modi 'decor' etiam animam pertingat humanam, prophetes te doceat dicens: 'audi filia, et vide
et inclina aurem tuam, et obliviscere populi, et domus patris tui, quia concupivit rex decorem
tuum' id est, sponsus. Quis ita habet pulchram animam, quis tantum possidet 'decorem', quis
ita ab omni est extraneus foeditate, ut possit ei dici: 'concupivit rex decorem tuum?'*

[170] *Fragm.* 32 (J.A.F. Gregg, in: JThS 3 (1902) 554-576, 569f.

[171] *Ibid.* (570,11/17).

[172] *Com.Rom.* I 7 (PG 14, 852D-853A; FontesChr 2,1, 106,12/14, T. Heither,
1990): *Omnia ergo, quae sua sunt, dat etiam discipulis suis. Gratia dicitur diffusa in labiis
eius. Dat et apostolis suis gratiam.*

ersten Teil des Psalms direkt und unmittelbar auf Christen überträgt. Diese Form der geistlichen Auslegung und Aneignung christologischer Passagen des Psalms bleibt auch in den folgenden
Jahrhunderten auf wenige Texte und Theologen beschränkt.[173]

---

[173] Bedeutsam wird sie vor allem für Hieronymus, s. IV 1.

4. KAPITEL

ZUSAMMENFASSUNG

In diesem ersten Teil sollten die frühen christologischen Deutungen und Deutungstraditionen zum 44. *Psalm* bis vor den Ausbruch der arianischen Streitigkeiten, die die christologische Exegese vor neue Herausforderungen stellten, aufgezeigt werden.

Die frühesten greifbaren Traditionen wurzeln in einem für Apologetik wie Katechese gleichermaßen bedeutsamen prophetisch-messianischen Psalmenverständnis, demzufolge das AT in Christus und der Kirche erfüllt ist: Der 44. *Psalm* bzw. Titel daraus wie Χριστός, θεός, βασιλεύς, προσκυνητός wurden in verschiedenen Testimoniensammlungen, die Christi Präexistenz und Herrlichkeit und damit sein Gottsein aus dem AT nachweisen, verwendet bzw. in Kurzformeln tradiert. Von daher fand *Ps* 44,3a Eingang in antithetisch angeordnete Testimonienreihen zu den zwei Parusien, die einen ersten exegetischen, dabei dezidiert rhetorisch argumentierenden Zugang zum christologischen Problem von Gott und Mensch darstellen. Die Argumentation verschiebt sich allmählich auf eine von der heilsgeschichtlichen Abfolge abstrahierende ontologische Fragestellung hin.

Ebenfalls sehr früh kombinierte man Zitate, in denen zwei verschiedene 'Personen' 'Herr' oder 'Gott' genannt werden. Aus diesem grammatischen Befund entwickelte sich, beeinflußt durch die antike Exegese und die verschiedenen Schattierungen des Personbegriffs—v.a. dramatische und rhetorische, u.U. auch juridische Konnotationen—die prosopologische oder Person-Exegese, die zunehmend trinitätstheologisch relevant wurde. Mittels grammatischer, syntaktischer und semantischer Analysen werden die jeweils handelnden oder sprechenden 'Personen' eruiert, um so Existenz und Wirken von Vater, Sohn und Geist aus dem AT zu demonstrieren. Neben *Ps* 44,7-8 gewinnt Vers 2 in diesem Zusammenhang an Bedeutung. Das Gewicht verlagert sich dabei vom prophetisch-messianischen Verständnis auf die Ökonomie, wo es um die Stellung und Funktion der 'Personen' in der Offenbarung geht. Die Unterscheidung der 'Personen' in diesem Rahmen schafft die Grundlage für Schriftargumentationen zur immanenten Trinität.

Schlagkräftig wird die Argumentation auf prosopologischer Grundlage erst in Verbindung mit sorgfältigen semantischen Untersuchungen zur Bedeutung bestimmter Worte bzw. zum Verhältnis zwischen Wort und Bedeutung. Diese verselbständigen sich bei zentralen Begriffen zu eigenen Argumentations- und Auslegungsmethoden. Exemplarisch läßt sich das an der in *Ps* 44,8 genannten Salbung zeigen, die man, ausgehend von biblischen und hellenistischen Vorstellungen, mit Hilfe von Parallelen aus der Schrift in ihrer christologischen Funktion näher zu bestimmen sucht. Die Reflexion auf den Begriff erschließt die komplexe christologische Thematik, indem sie fragt, wer gesalbt wird, von wem, zu welchem Zweck, wie sie zu verstehen ist. Erklärungen zum 'Logos' (Vers 2a) oder 'König' (Vers 7 u.ö.) argumentieren mit demselben Instrumentarium, entfalten aber nicht so ein ausgeprägtes Eigenleben im Lauf auch der folgenden Jahrhunderte. Als theologische Begriffsanalyse bildet diese Methode einen wichtigen Strang in der christologisch-dogmatischen Argumentation mit *Ps* 44,7-8.

Die spirituelle Dimension wird v.a. von der metaphorischen Sprache her, mit Hilfe einzelner Bilder oder ihrer Verknüpfung, entfaltet. Das geschieht auf sehr unterschiedliche Weise: Durch rhetorisch strukturierte Verknüpfung bestimmter Bilder und Begriffe (z.B. *Ps* 44,3 und *Jes* 53,2 oder die beiden 'Geburten'), mit Hilfe sorgfältiger Interpretationen der Metaphern oder durch Verlagerung einzelner Begriffe (wie Salbung), Bilder (Salbenduft) oder Sachverhalte (die zwei Parusien) auf eine andere Bedeutungsebene, also durch Allegorese. Die Bildanalyse operiert in erster Linie auf heilsgeschichtlicher Ebene und gewichtet soteriologische Zusammenhänge sehr stark. Je nachdem, welche Bildfelder dominieren (z.B. Priester- oder Brautthematik), variiert die Deutung einzelner Verse.

Wie komplex diese verschiedenen Methoden ineinander und aufeinander wirken, erhellt aus der konkreten Umsetzung am 44. *Psalm.* Die trinitätstheologische Deutung von *Ps* 44,2a gründet auf der prosopologischen Exegese und dem Logos-Begriff (Tertullian). Aber bei einer tieferen Reflexion auf die Metaphorik des Verses verliert das Argument an Prägnanz. Origenes bevorzugt aus diesem Grund eine Interpretation auf das Sprechen des Propheten. Spätere Zeugen (Dionysius von Alexandrien, Laktanz) belegen nach wie vor ein trinitätstheologisches Verständnis, allerdings auf der Grundlage des Vergleichs mit der *Nous-Logos*-Relation oder mit dem Sprechen

überhaupt entfaltet. Das in der Metaphorik steckende Konflikt-
potential wird in den arianischen Streitigkeiten zum Ausbruch
kommen.

Ungelöste Fragen bleiben auch bei der christologischen Deutung
von *Ps* 44,7-8. Die grammatische Struktur bedingt in Vers 8 ein
irgendwie geartetes Verdienst der angesprochenen 'Person', die in
Vers 7 als 'Gott' mit 'ewigem Thron' tituliert wird. Die Metapher
vom 'Öl der Freude' wird zwar weithin übereinstimmend auf den
Hl. Geist interpretiert, aber seine Funktion ist damit noch nicht geklärt. Für die auf der Lehre von der Präexistenz der Seelen gründende christologische Theorie des Origenes ergibt sich daraus—
zumal im Rahmen des frühchristlichen Subordinatianismus—nicht
unbedingt ein Widerspruch. Aber mit der Verwerfung dieser Lehre
wird der Konflikt eklatant. Auch er eskaliert im Streit um den Arianismus.

Offensichtlich wird die Metaphorik in dogmatisch argumentierenden oder in spirituellen Texten auch methodisch unterschiedlich
ausgedeutet: In *Princ.* oder *Com.Ioh.* bemüht sich Origenes um eine
christologische Analyse des komplexen Begriffs der Salbung, ohne
seine Uneigentlichkeit als solche zu problematisieren. In den Auslegungen zu *Hld* oder *Lev* greift er jeweils andere Konnotationen
heraus—sei es das Wirken des Geistes oder die Reinheit des gesalbten Priesters—und assoziiert sie mit weiteren Bildern—Bräutigam,
Allegorese der Salben etc.—in soteriologischer Akzentuierung. Mit
der Gegenüberstellung von Literalsinn und Allegorese ist diese
methodische Differenz nicht zu fassen. Wenn Origenes die Einung
zwischen dem Logos und der Seele Salbung nennt, kann das nicht
als Literalsinn bezeichnet werden. Daß Origenes in dogmatisch argumentierenden Zusammenhängen die Metaphorik oder Uneigentlichkeit bestimmter Verse als solche nicht problematisiert, obwohl er
ansonsten keine Schwierigkeiten hat, Bilder als Bilder oder Vergleiche zu benennen (z.B. das Salbengefäß), hängt möglicherweise
mit dem Alter der entsprechenden Schriftbeweistraditionen zusammen: Die Deutung auf Christus wird nicht mehr hinterfragt und ist
selbstverständlich akzeptiert, von daher solides Fundament für weitere theologische und exegetische Spekulationen.

In den spirituellen Auslegungen ist die Metaphorik von Vers 8
dadurch, daß er mit weiteren Bildern und allegorischen Deutungen
verknüpft ist, als solche präsent. Die Erklärung der Bilder durch
Bilder spiegelt ein anderes Erkenntnisinteresse: Nicht theologisch-

spekulative Begründungen und Erläuterungen sind gefragt, vielmehr sollen die einander relativierenden und überbietenden Bilder und Begriffe (cf. die *Epinoiai*-Lehre) den Aufstieg zum unsichtbaren und unfaßbaren Gott ermöglichen, wie Origenes in seinem Hermeneutik-Traktat darlegt. Gegenüber *Ps* 44,2 und 7-8 treten die Verse 3-6 in den Hintergrund. Daß sie auf Christus zu beziehen seien, bleibt unstrittig. Aber im Rahmen dieses Konsenses ergibt sich ein gewisser Spielraum. Origenes deutet *Ps* 44,2-3a auf das Wort der Schrift und kontrastiert Vers 4 mit *Jes* 53,2-3. Tertullian interpretiert die Metaphorik der Verse auf die sanfte Macht Christi, die durch sein Wort wirkt. Bei Clemens von Alexandrien finden sich Ansätze, im Rahmen des Konzepts der *imitatio* Christi einzelne Verse auf geistlich fortgeschrittene Menschen zu beziehen, die wiederum von Origenes offensichtlich nicht oder nur bedingt rezipiert werden. Die Komplexe 'Schönheit' und 'Macht' werden für das Christusbild ausgenutzt, von den christologischen Konflikten aber nur am Rande, im Zusammenhang mit der umfassenden Rechtfertigung des AT als christlicher Schrift, gestreift.

TEIL II

DIE KRISE DER DOGMATISCHEN
ARGUMENTATIONEN IM STREIT UM DIE
GOTTHEIT CHRISTI

1. KAPITEL

DIE KRISE DER TRINITÄTSTHEOLOGISCHEN DEUTUNG VON *PS* 44,2

1.1 METAPHERNINTERPRETATION UND KRITIK AN DER TRADITIONELLEN ARGUMENTATION

a) Aporien der traditionellen Deutung bei Eusebius von Caesarea

Eusebius von Caesarea steht am Beginn der Epoche erbitterter Auseinandersetzungen um das rechte Verständnis der Gottheit Christi, die im Konzil von Nicaea 325 ihren ersten Höhepunkt fand. Seine Rolle dort ist ebenso umstritten wie sein Verhältnis zu Arius und dessen Lehre.[1] Eusebius wurzelt, als belesener und gelehrter Historiker, einerseits in der frühchristlichen Tradition des ökonomischen Subordinatianismus, den er andererseits mit Hilfe der Philosophie seiner Zeit, vor allem mit den Theorien des Mittelplatonismus, zu begründen und zu systematisieren versucht.[2] Nicht immer gelingt es ihm, die beiden Traditionen, die biblische und die philosophische, zu integrieren:[3] *Ps* 44,2a ist ein gutes Beispiel dafür,

---

[1] Grundlegende Literatur: Grillmeier I 301-326; Hanson, The Search 46-59; F. Ricken, Die Logoslehre des Eusebios von Kaisareia und der Mittelplatonismus, in: ThPh 42 (1967) 341-358; ders., Zur Rezeption der platonischen Ontologie bei Eusebios von Kaisareia, Areios und Athanasios, in: ThPh 53 (1978) 321-352; H. Berkhof, Die Theologie des Eusebius von Caesarea, Amsterdam 1939; A. Weber, ΑΡΧΗ. Ein Beitrag zur Christologie des Eusebius von Caesarea, Rom 1965; G.C.Stead, 'Eusebius' and the Council of Nicaea, in: JThS 24 (1973) 85-100; H. von Campenhausen, Das Bekenntnis Eusebs von Caesarea (Nicäa 325), in: ZNW 67 (1976) 123-139; R. Farina, L'Impero e l'Imperatore Cristiano in Eusebio di Cesarea. La prima teologia politica del Cristianesimo, Zürich 1966; C. Luibhéid, Eusebius of Caesarea and the Arian Crisis, Dublin 1981.

[2] Bezeichnend ist die Divergenz der Urteile: W. Marcus, Der Subordinatianismus als historiologisches Phänomen, München 1963, 57f. u.ö., rückt Eusebius wegen seines spekulativen Interesses und dessen ontologischen Charakters von der heilsgeschichtlich-kosmologischen Betrachtungsweise der Vornicaener ab. Ricken, Zur Rezeption 323, bezeichnet ihn als den letzten nichthäretischen Vertreter des von den Apologeten und Origenes gelehrten Subordinatianismus.

[3] Zu den heidnischen und christlichen Quellen cf. die Untersuchung von E. des Places, Eusèbe de Césarée commentateur. Platonisme et Ecriture Sainte, Paris 1982, 79-84: christliche Quellen; 48-56: mittelplatonische Quellen. Grundlegend für die Bedeutung des Mittelplatonismus: Ricken, Zur Rezeption, v.a. 323-337;

wie die philosophischen Begriffe und ihre Herausforderungen, je
mehr sich die Theologie ontologischen Fragen zuwendet, das traditionelle Schriftverständnis problematisieren und in Zweifel ziehen
können.

In der *Demonstratio evangelica*[4] untersucht Eusebius Person und
Wirken Jesu Christi anhand von prophetischen Texten. Nachdem
er in *DE* III das irdische Wirken Jesu Christi dargestellt und aus den
Prophetien begründet und erläutert hat, widmet er das vierte und
die folgenden Bücher der μυστικώτερα θεολογία, der 'verborge-
neren Rede vom Gott' Jesus Christus.[5] Er knüpft in seiner Argumentation grundsätzlich am traditionellen Beweis aus den prophetischen Schriften an. Seine geschichtstheologische Konzeption
verbindet die Grundideen von Justin und Irenäus: Wie bei Justin
sind die Propheten Gottgeliebte (θεοφιλεῖς), von moralischer Inte-
grität, die unmittelbar Gott schauten.[6] Was sie freilich davon
weitergeben und lehren, ist eingebunden in die sich auf ein Ziel hin
entwickelnde Heilsgeschichte und ihre Pädagogik.[7] So ordnete
Mose, gewürdigt, das Göttliche zu schauen und die Offenbarungen
über den Gesalbten zu empfangen, auf Erden Bilder und Symbole
für das in der Gottesschau Erkannte an, so daß sich dadurch alle,
die später derselben Schau des Wahren gewürdigt werden sollten,
darauf vorbereiten konnten.[8] Anders als bei Justin und Irenäus
sind die Propheten nicht nur gottesfürchtige Männer, die ohne
Sophistereien in klaren Worten verkünden, was sie geschaut haben,
sondern Lehrer, 'Theologen',[9] die als solche selbst theologische

---

ders., Die Logoslehre; zusammenfassend: Grillmeier I 305-307. Die Frage, wie
sich mittelplatonische Theorien und traditionelle Schriftargumentation im Denken
des Eusebius zueinander verhalten, bedarf noch weiterer eingehender Untersuchungen; cf. dazu Ricken, Zur Rezeption 332f.

[4] GCS Eus. 6, I.A. Heikel, 1913; engl. W.J. Ferrar, London 1920, NDr.
Grand Rapids 1981. Entstanden spätestens zwischen 312 und 318 als zweiter Teil
seines apologetischen Doppelwerks nach der *Praeparatio evangelica*; cf. D.S. Wallace-
Hadrill, Eusebius von Caesarea, in: TRE 10 (1982) 537-543, 537.

[5] *DE* IV 1,1 (GCS Eus. 6, 150,4f.).—Während der Begriff *theologia* bei Justin
und Irenäus noch 'Gott nennen' heißt, meint *theologia* bei Eusebius häufig schon
die spezifische Rede und Lehre von der Göttlichkeit; cf. Marcus 64-66.

[6] *DE* I *praef.* 2; I 1,1-7; V *praef.* 20f.; 23f.

[7] Cf. *DE* V *praef.* 22; s.o. I 1.1.a, zu Justin und Irenäus.

[8] *DE* IV 15,17.44-46.

[9] *DE* I 1,9-10 (GCS Eus. 6, 5,13/17) werden die Propheten als θεολόγοι bezeichnet; sie verkünden θεοσεβείας καὶ φιλοσοφίας τὰ μαθήματά τε καὶ τὰ δόγματα
κύρια καὶ ἀληθῆ; cf. I 1,11 (5,35) u.ö.

Beweisführungen bieten und als Gewährsmänner für philosophisch begründete Ausführungen über den δεύτερος θεός und seine Stellung fungieren.

Eusebius diskutiert *Ps* 44,2a im 15. Kapitel des 4. Buches der *DE*, das vom 'Gesalbten' handelt.[10] Seiner Argumentation zufolge läßt der Kontext—*Ps* 44,1 kündige ein Lied vom 'Geliebten' an[11]—keine andere Wahl, als den Vers auf den Vater und den Sohn, den er auch γέννημα, Erzeugnis, nennt,[12] zu beziehen. Die Deutung selbst referiert er allerdings im Konjunktiv, als ob er sich davon distanzieren wolle: Wie in *Joh* 1,1 sei mit λόγος der Eingeborene Gottes gemeint, der aus dem Vater subsistiere.[13] Die Terminologie ist unscharf und für eine genauere Differenzierung, etwa zwischen Zeugung und Schöpfung, ungeeignet. Eine genauere Definition dieser ἄρρητος γενεσιουργία läßt er nicht zu. Während Origenes zwar Skepsis hinsichtlich eines möglichen Mißverstehens als προφορικὴ πατρική oder διαίρεσις äußerte, sich aber dennoch bemühte, die Metaphern inhaltlich zu füllen und begrifflich zu präzisieren,[14]

---

10 *DE* IV 15,51-54, s.a. II 2.1.a.

11 Im *Psalmenkommentar* ist ἀγαπητός der zentrale Titel, der ausführlich aus der Schrift begründet wird, cf. *In Ps* 44,2 (PG 23, 392A-393C). Eusebius hat wahrscheinlich in seinen späteren Jahren den ganzen Psalter ausgelegt, Rondeau I 67-69; vollständig erhalten sind allerdings nur die Kommentare zu *Ps* 37 im Corpus der Homilien des Basilius und zu *Ps* 51-95,3 im Codex Paris. Coisl. 44. Der Rest muß aus den Katenen rekonstruiert werden und ist bislang nur lückenhaft und unzuverlässig ediert; cf. Devreesse, Chaînes exégétiques 1122-1124; Mühlenberg III 45; Rondeau I 64-66. Mit Hilfe der Handschriftenzuweisungen bei Devreesse, Les anciens commentateurs 89-146, zu *Ps* 44: 111f., und des Indexes bei Mühlenberg III 191-94 (zu *Ps* 44) läßt sich PG 23 vorsichtig benutzen. Der Kommentar zeigt, wie souverän Eusebius das wissenschaftliche Instrumentarium seiner Zeit, historische Grundlegung, philologische Analysen, prosopologische Exegese, Begriffs- und Bilderklärungen mit Hilfe von Lexika und Bibelkonkordanzen bzw. seiner profunden Schriftkenntnis beherrscht. C. Curti, Eusebiana I. *Commentarii in Psalmos*, Catania 1987, enthält wichtige Vorarbeiten für die Edition. Angesichts der Lage ist es nicht möglich, eine durchgehende Argumentationsstruktur des Kommentars zu erarbeiten. Was im Vergleich zu *DE* fehlt—*Ps* 44,2a als metaphorisch verschlüsselte trinitätstheologische Aussage oder die typische und symbolische Bedeutung der Salbung—kann in der Tradition verlorengegangen sein. So sollen einige Hinweise in den Anmerkungen genügen.

12 *DE* IV 15,54; V 1,28.

13 *Ibid.* 15,52 (GCS Eus. 6, 181,21): ὑφεστῶτα; cf. σύστασις, οὐσίωσις, *ibid.* 54 (182,2); ὑφίστημι, σύστασις, οὐσίωσις besagen Entstehung, Werden, Gründung, ganz allgemein: ins Dasein treten, subsistieren. Cf. *PE* XI 7,9 (GCS Eus. 8,2, 22,18f.): σύστασις κόσμου; 19,5 (46,1f.): τὰ περὶ τῆς τοῦ δευτέρου αἰτίου συστάσεώς τε καὶ οὐσιώσεως; zu ὑφίστημι, cf. XI 7,10 (23,4); 23,11 (53,6).

14 Orig., *Com.Ioh.* I 24,151; 28,280-284; s.o. I 2.2.b.

fügt Eusebius eine Reihe negativer Bestimmungen an: Das Subsistieren des Sohnes aus dem Vater sei nicht zu denken als Hervorbringen, Teilung, Schnitt, Verminderung oder in körperlicher
Art.[15]

Für Eusebius gibt es offensichtlich außer dem Begriff des 'Zeugens' selbst, der sowohl biblisch als auch mittelplatonisch zu rechtfertigen und für das Verhältnis des transzendenten Gottes zum
Mittler-Logos nur analog zu verstehen ist,[16] und außer der mittelplatonischen Hypostasenterminologie—der λόγος ist die vom νοῦς
'gezeugte' und ihm demzufolge untergeordnete Hypostase, die die
Funktion der mittelplatonischen Weltseele übernimmt[17]—keine
Möglichkeit, das Ursprungsverhältnis des Vaters zum Logos zu
benennen oder zu umschreiben. Die wenigen Vergleiche, die er anführt, verhüllen mehr als sie aussagen; er grenzt sie sofort wieder
ein: Der Lichtstrahl bzw. der zur Salbe gehörende Duft subsistier-
ten nicht eigenständig wie der Sohn; der 'Vater' werde nicht durch
den Logos vervollkommnet und gehe ihm als 'Ungewordener' voraus; dem Verhältnis liege keine wie immer zu verstehende Teilung
zugrunde.[18] Ein 'Hervorbringen' wie auch einen Vergleich mit
dem menschlichen Wort, das aus dem Geist bzw. der Seele hervorgehe, lehnt er ab: Das gesprochene Wort könne außerhalb des
Geistes nicht subsistieren.[19] Während er die erstgenannten Ver-

---

[15] *DE* IV 15,52 (GCS Eus. 6, 181,18/24): τὸ δ' 'ἐξηρεύξατο ἡ καρδία μου λόγον
ἀγαθόν' εἴπερ ἐκ προσώπου τοῦ πατρὸς καὶ θεοῦ τῶν ὅλων λέγοιτο, τὸν μονογενῆ τοῦ
θεοῦ λόγον ὑποφαίνοι ἄν, ὡς ἄν υἱὸν ἐκ τοῦ πατρὸς ὑφεστῶτα, ἀλλ' οὐ κατὰ προβολήν,
ἢ κατὰ διαίρεσιν, ἢ τομήν, ἢ μείωσιν, ἢ κατά τι τῶν ἐν σώμασιν ὑπονοουμένων· ἀσεβῆ
γὰρ ταῦτα καὶ πάμπαν ἀπῳκισμένα τῆς ἀρρήτου γενεσιουργίας.—Zu προβολή cf. *PE*
XIII 15,4 (GCS Eus. 8,2, 232,21/24): Platon bezeichne die vielen Götter als Ausfluß und Hervorbringung (ἀπορροίας καὶ προβολάς) der ersten und zweiten Ursache. Zur Logoslehre des Eusebius cf. Grillmeier I 303-312.
[16] Eus., *Ecl.theol.* I 12,8; Ricken, Zur Rezeption 325-327; 335; cf. Plotin, *Enn.*
V 1,6 (*PE* XI 17,6f.).
[17] Ricken, Zur Rezeption 328-332.
[18] *DE* V 1,18-24; cf. Luibhéid 37f.; Weber 49-51; Williams, Arius 171f.
[19] *DE* V 5,8-10 (GCS Eus. 6, 228,15/36), bes. 10 (29/34): ἀλλ' οὐ καὶ ὁ τοῦ θεοῦ
τοιοῦτος, ἔχων δὲ καθ' ἑαυτὸν οἰκείαν ὑπόστασιν πάντη θείαν καὶ νοεράν, ἰδίως μὲν
ὑφεστῶσαν, ἰδίως δ' αὖ πάλιν ἐνεργοῦσαν, ἄυλόν τε οὖσαν καὶ ἀσώματον καὶ κατὰ
πάντα τῇ τοῦ πρώτου καὶ ἀγενήτου καὶ μόνου θεοῦ φύσει παρωμοιωμένην, τοὺς τῶν
γενητῶν ἁπάντων λόγους καὶ τὰς τῶν ὁρωμένων ἀσωμάτους τε καὶ ἀοράτους ἰδέας ἐν
ἑαυτῇ φέρουσαν;—'Aber das [Wort] Gottes ist nicht ein solches; es hat in bezug auf
sich selbst eine eigene ganz göttliche und geistige Hypostase, die eigenständig subsistiert und wiederum eigenständig wirkt, die immateriell und unkörperlich ist,
und in allem der Natur des ersten und ungewordenen und einzigen Gottes ähnlich
gemacht, die die *logoi* von allem Gewordenen und die unkörperlichen und unsicht-

gleiche mit Eingrenzungen und Differenzierungen noch gelten ließ, impliziert für ihn dieser letzte zuviel an Menschlichem, Nichtigem, Vergänglichem einerseits und könnte andererseits möglicherweise den Gedanken an zwei ἀγέννητα nahelegen:[20] Vater und Sohn existierten aber nicht als eines im anderen seit anfanglosen Ewigkeiten, dergestalt daß irgendwann einmal einer aus dem anderen hervorgebracht worden wäre.[21] Eusebius hält daran fest, daß dem Sohn, der aus dem Willen des Vaters gezeugt wurde, eine andere Art von Ewigkeit zukommt als dem ungewordenen Vater.

Wenn Ps 44,2a, trotz aller Kritik an der Unvollkommenheit der Sprache, von der Zeugung des Sohnes durch den Vater kündet, so nur metaphorisch:[22] Übertragen (τροπικῶς) sei er formuliert, wie auch Ps 109,3c[23], und unterliege den 'Gesetzen der Allegorie'[24], da 'Herz' bei Gott der Schau, der *theoria* der geistigen, intelligiblen Dinge entsprechend zu verstehen sei, mithin anders als bei uns. Im Gegensatz zu Origenes, der die Metaphern zu erklären versucht, bleibt bei Eusebius als *Tertium comparationis* außer allgemeinen Begriffen wie 'Existenz', 'Subsistenz' einzig der analoge Begriff 'Zeugung', der nicht weiter zu hinterfragen ist: Fast refrainartig zieht er sich auf *Jes* 53,8 (*generationem eius quis enarrabit?*), die Unsagbarkeit dieser göttlichen Zeugung, zurück,[25] die mit der sterblichen Sprache[26] nicht genauer erfaßt werden könne und deren Verständnis ungeklärt bleibt.

---

baren Ideen von allem Sichtbaren in sich trägt.' Cf. *Ecl. theol.* II 17,4-6, dort präzisiert er den von Marcell eingeführten Vergleich; Weber 82-95. Zur Auseinandersetzung mit Marcell zusammenfassend Feige 42-44; 217-226 u.ö.

[20] Die Differenzierung zwischen ἀγέννητος und ἀγένητος setzte sich erst im späten 4. Jh. endgültig durch, cf. G.L. Prestige, *Agen[n]etos* and *gen[n]etos* and Hindred Words in Eusebius and the Early Arians, in: JThS 24 (1923) 486-496, 486-489.

[21] *DE* V 1,12.

[22] *DE* IV 15,53f. (GCS Eus. 6, 181,25-182,4, s. 181,25/29): ὥσπερ γε 'ἀπὸ γαστρὸς' τοῦ θεοῦ καὶ 'πρὸ ἑωσφόρου' ἐλέγετο γεγεννῆσθαι, τροπικῶς ἀκουόντων ἡμῶν τὰ τοιαῦτα, [καὶ] κατὰ μόνην τὴν ἐν νοητοῖς θεωρίαν τὸ παραπλήσιον ἀποδέχεσθαι χρὴ καὶ ἐν τῷ 'ἐξηρεύξατο ἡ καρδία μου λόγον ἀγαθόν', κατὰ μόνην διάνοιαν τοῦ θείου πνεύματος καὶ ταῦτα διεξιόντος. [...].

[23] Im Gegensatz zu Ps 44,2a zitiert Eusebius Ps 109,3c häufiger als Testimonium für die Zeugung: *DE* IV 16,7.56; V 3,7. Hier kommt der Terminus 'zeugen' selbst vor.

[24] *DE* IV 15,53 (GCS Eus. 6, 181,34f.); ἀλληγορία von Ferrar richtig mit 'metaphor' übersetzt.

[25] Besonders häufig auch in *DE* V 1; cf. auch *Ecl. theol.* I 12.

[26] *DE* IV 15,53 (GCS Eus. 6, 181,32): θνηταῖς καὶ ἀνθρωπίναις φωναῖς.

Der Metapher ἐξηρεύξατο werden damit weitgehend die Grund-
lagen, die einen Vergleich ermöglichen, entzogen.[27] Als einziger
Anhaltspunkt bleibt das Abbild-Sein des Sohnes, der so wesenhaft
an Gott partizipiert. Konkretere Ausdeutungen sind nicht möglich:
Wie verhält sich die Zeugung zu den mittelplatonischen Vorstellungen einer Emanation, wie zur biblischen Schöpfung der Welt?
Wie ist die Teilhabe zu denken? Fragt man nach der Bedeutung der
Exegese für die Dogmatik bzw. Apologetik[28], bleibt noch weniger:
Was besagen Metaphern in einem rationalen Diskurs, die man fast
im selben Atemzug der Vergleichsmöglichkeiten beraubt? Welchen
Ertrag liefert das exegetische Argument für ein vertieftes Verständnis theologischer 'Geheimnisse'?[29] Der traditionelle Schriftbeweis
einerseits und die sprachkritische Erkenntnis, daß es mit Hilfe der
mittelplatonischen für die Theologie adaptierten Kategorien
'eigentlich' nicht zu rechtfertigen ist, andererseits stehen unverbunden nebeneinander. Eusebius zeigt zwar die Grenzen des überlieferten Arguments, schlägt aber weder eine alternative Interpretation
vor wie Origenes[30] noch versucht er, die Metaphern in anderer
Form theologisch fruchtbar zu machen.

b) Die Verwerfung der traditionellen Deutung bei Arius und den Arianern

Die Konsequenzen aus den sprachkritischen Erkenntnissen des
Eusebius ziehen Arius und die 'Arianer'[31], deren grundsätzliche

---

[27] Cf. die antike Definition der Metapher als verkürzter Vergleich, Lausberg
558-564 (mit Nachweisen).

[28] Die beiden Gattungen lassen sich in DE nicht so deutlich trennen, wie
Ricken, Zur Rezeption 334, das für Ecl.theol. im Verhältnis zur DE postuliert: Die
christologischen Ausführungen in DE IV stellen ungeachtet ihres apologetischen
Impetus eine theologisch-philosophisch durchdachte 'Dogmatik' dar, cf. Stead,
'Eusebius' 90.

[29] Der Verweis darauf, daß im Bereich der theologia nichts ausgesagt werden
könne—so Weber 43-48—, vermag angesichts der begrifflichen Anstrengungen
der Theologen zwischen Nicaea und Chalcedon (und nicht nur da) nicht zu be-
friedigen.

[30] Cf. aber In Ps 44,2 (PG 23, 393BC): Auf die trinitätstheologische Deutung
weist er nur hin, um sogleich für eine Deutung auf den Propheten zu plädieren,
die dem Gesamtduktus des Psalms eher gerecht würde. Er entwickelt diesen
Gedanken an den folgenden Versen weiter.

[31] Arius gründete keine Sekte oder eigene Kirche, wie der Begriff Arianer nahelegen könnte. 'Arianismus' bezeichnet vielmehr die gesamte Koalition gegen das
Nicaenum bzw. das Homoousios, in der Arius nicht sehr lange die Hauptrolle inne-
hatte: Die Zahl der Arianer, die Schriften des Arius kennen, ist gering. Cf.

Position sich trotz der sehr schlechten Quellenlage und der einseitigen Referate bei Alexander und Athanasius von Alexandrien rekonstruieren läßt.[32] Ein Brief des Arius an Eusebius von Nikomedien[33]
enthält eine Anspielung auf *Ps* 44,2a im Zusammenhang mit der
Frage nach dem Anfang bzw. der Anfangslosigkeit des Sohnes:
Alexander und andere lehrten, daß der Sohn Gott-Vater gleichewig
sei, ewig von ihm gezeugt werde und realiter aus ihm hervorgehe.[34]
Arius hingegen verwahrt sich gegen diese Irrlehrer, die den Sohn
'Aufstoßen' (ἐρυγή), 'Hervorbringung', 'mit-ungeworden' nennten.[35] Der Sohn sei nicht ungeworden und in keiner Weise Teil des

---

Williams, Arius 165f.; Hanson, The Search 19f.; 123-128; M. Meslin, Les Ariens
d'Occident, Paris 1967, 302f.

[32] Von Arius sind drei kurze Briefe erhalten: H.-G. Opitz, Urkunden zur Geschichte des arianischen Streites 318-328, Berlin 1934 (= GCS Ath. 3), *Urk.* 1; 6;
30. Die Echtheit der Fragmente aus der *Thalia* bei Athanasius, *Ar.* I 5; *Syn.* 15, ist
neuerdings wieder umstritten: C. Kannengiesser, Les 'Blasphèmes d'Arius' (Athanasius, *De syn.* 15): un écrit néo-Arien, in: Mémorial A.-J. Festugière, ed. E.
Lucchesi—H.D. Saffrey, Genf 1984, 143-151; ders., Holy Scripture and Hellenistic Hermeneutics in Alexandrian Christology. The Arian Crisis, in: The Center for
Hermeneutical Studies 41, Berkeley 1981, 1-40, 12-17: Der Autor, der Teile der
Thalia verarbeite, sei ein Zeitgenosse des Aetius und Eunomius. Dagegen: Stead
und Kopecek, *ibid.* 51-68; Williams, Arius 65f.; vorsichtig: Hanson, The Search
11. Fragmente des Asterius: G. Bardy, Recherches sur Lucien d'Antioche et son
école, Paris 1936, 341-357; neue Edition mit Übersetzung und Kommentar: M.
Vinzent, Asterius von Kappadokien, Die theologischen Fragmente, Leiden 1993.
—Die Zeugnisse der Bischöfe von Alexandrien, Alexander und Athanasius, sind
nicht unbedingt und in jeder Hinsicht zuverlässig: G.C. Stead, The *Thalia* of Arius
and the Testimony of Athanasius, in: JThS 29 (1978) 20-52, äußert schwere Bedenken gegen die Zuverlässigkeit des Athanasius, kritisch auch Williams, Arius 95
u.ö. R. Lorenz, Die Christusseele im Arianischen Streit, in: ZKG 94 (1983) 1-51,
17-35, und R.C. Gregg—D.E. Groh, Early Arianism. A View of Salvation, Philadelphia 1981, X, sind weniger skeptisch: Athanasius und Alexander verzerrten
zwar, phantasierten aber nicht völlig Neues hinzu. K. Metzler, Ein Beitrag zur
Rekonstruktion der *Thalia* des Arius mit einer Neuedition wichtiger Bezeugungen
bei Athanasius, in: K. Metzler—F. Simon, Ariana et Athanasiana. Studien zur
Überlieferung und zu philologischen Problemen der Werke des Athanasius von
Alexandrien, Opladen 1991, 11-45, 11-14, weist die Kritik von Stead und Kannengiesser zurück. Zu den späteren Texten s.u. II 2.1.b. Zur Literatur cf. die Berichte
von A.M. Ritter, in: ThRu 55 (1990) 153-187, und T. Böhm, in: MThZ 44 (1993)
109-118.

[33] *Urk.* 1; entstanden nach Opitz: 318, nach Williams, Arius 58: 321/322; U.
Loose, Zur Chronologie des arianischen Streites, in: ZKG 101 (1990) 88-92, plä-
diert gegen Williams für die alte Chronologie. Zur Überlieferung: E. Boularand,
L'hérésie d'Arius et la foi de Nicée, 2 Bd., Paris 1972, I 41-47.

[34] *Urk.* 1,2 (Opitz 2,1/3): ἀεὶ θεὸς ἀεὶ υἱός, ἅμα πατὴρ ἅμα υἱός, συνυπάρχει ὁ
υἱὸς ἀγεννήτως τῷ θεῷ, ἀειγεννής, ἀγεννητογεννής, οὔτ' ἐπινοίᾳ οὔτ' ἀτόμῳ τινὶ
προάγει ὁ θεὸς τοῦ υἱοῦ, ἀεὶ θεὸς ἀεὶ υἱός, ἐξ αὐτοῦ τοῦ θεοῦ ὁ υἱός.

[35] *Ibid.* 1,3 (Opitz 2,7f.): [...] ἀνθρώπων αἱρετικῶν ἀκατηχήτων τὸν υἱὸν λεγόν-
των οἱ μὲν ἐρυγήν, οἱ δὲ προβολήν, οἱ δὲ συναγέννητον.

Ungewordenen, er sei nicht aus einem Zugrundeliegenden ins Dasein getreten, sondern durch Willen und Entschluß Gottes vor Zeiten und Äonen.[36] Ohne sich direkt auf bestimmte Testimonien zu
berufen, evoziert Arius durch einzelne Begriffe die damit verbundenen Deutungstraditionen[37], die er ebenso ablehnt wie die ihm
unterstellte Gleichsetzung des Sohnes mit den Geschöpfen[38]: Der
Sohn sei vielmehr vor Zeiten und Äonen als Gott, Eingeborener
(μονογενής), unverändert (ἀναλλοιώτος) entstanden.[39]

Die traditionelle trinitätstheologische Deutung von *Ps* 44,2a steht
aus arianischer Sicht vor zwei Problemen. Die Arianer lehnen das
Modell einer 'Hervorbringung', das eng mit dem Begriff ἐρυγή verknüpft ist, ab: In seinem Glaubensbekenntnis an Alexander[40] bezeichnet Arius den Sohn als in Wahrheit Gezeugten, als vollkommenes Geschöpf, unveränderlich und unwandelbar, das sich von
allen anderen Geschöpfen unterscheide:[41] Er sei gezeugt, aber nicht
wie die anderen Gezeugten, nicht als Hervorbringung (προβολή),
wie Valentinian lehrte, nicht als 'gleichwesentlicher Teil' (μέρος
ὁμοούσιον) nach 'Manichäus', nicht im Sinne des Sabellius als Er-
scheinungsform der Monas Vater-Sohn (υἱοπατώρ), nicht als Licht
vom Licht (λύχνον ἀπὸ λύχνου), wie der Gnostiker Hierakas behauptete.[42] Die Skepsis gegenüber diesen Vorstellungen hängt
offensichtlich mit gnostischen Deutungen zusammen, ist aber nicht
nur daraus zu erklären.[43] Arius wendet sich gegen die damit assoziierte Bedeutung, daß neben oder mit dem einen, ungewordenen,
ewigen Gott[44] schon etwas war, das durch die Zeugung hervorgebracht und in den Sohn gleichsam 'hineingeschaffen' wurde,[45]

---

[36] *Ibid.* 1,4 (Opitz 2,10-3,2): ὅτι ὁ υἱὸς οὐκ ἔστιν ἀγέννητος οὐδὲ μέρος ἀγεννήτου
κατ' οὐδένα τρόπον οὔτε ἐξ ὑποκειμένου τινός, ἀλλ' ὅτι θελήματι καὶ βουλῇ ὑπέστη
πρὸ χρόνων καὶ πρὸ αἰώνων.
[37] Cf. auch die Anspielung auf *Ps* 44,2a bei Theophil von Antiochien, *Autol.* II
10.
[38] Cf. z.B. Athanasius, *Ar.* I 9; *Decr.* 6,1 (GCS Ath. 2, 5,24-29); Alexander,
Urk. 4b (Opitz 7,19-23) u.ö.
[39] *Urk.* 1,4 (Opitz 3,2f.).
[40] *Urk.* 6 (Opitz 12f.), entstanden ca. 320, nach Williams, Arius 58: 321; cf.
Boularand I 47-54.
[41] *Urk.* 6,2 (Opitz 12,7/10).
[42] *Ibid.* 6,3 (Opitz 12,10-13,6).
[43] Cf. Tertullian, *Prax.* 8,1: Häretischer Mißbrauch mache den Begriff nicht
schon falsch; s.a. Dionysius von Alexandrien und, bei aller Skepsis, Origenes.
[44] Cf. die Prädikationen in *Urk.* 6,2.
[45] *Urk.* 6,3 (Opitz 13,2): ἐπικτισθέντα.

denn dann wäre Gott veränderlich, anthropomorph, körperlich, nicht mehr der schlechthin transzendente, der ewig auf sich selbst bezogen ist.[46]

Arius scheint, wie neuerdings R. Williams gezeigt hat,[47] in seinem Gottesbild bzw. in seiner Lehre von der Schöpfung bereits von der nachplotinischen Philosophie beeinflußt, wenn er die Transzendenz Gottes so betont, eine Korrelation in Gott ablehnt[48] und den Logos als δύας bezeichnen kann,[49] ohne allerdings sein biblischchristliches Fundament zu verlassen: Im Unterschied zur nachplotinischen Tradition gibt es für ihn eine Verbindung zwischen Gott und Schöpfung, indem Gott in freier Selbstbestimmung 'vor allen Zeiten' den Logos schafft,[50] der die Vielheit der Ideen und Formen in sich trägt;[51] er subsistiert mit Gott und empfängt alles von ihm, ohne wesenhaft zu sein, was Gott ist.[52] Wenn das so ist, kann nicht von 'Aufstoßen' oder 'Hervorbringen' gesprochen werden, weil das voraussetzte, daß schon 'vorher' ein zweites Ungewordenes in Gott war.

Daraus ergibt sich ein zweites Problem für eine trinitätstheologische Exegese von *Ps* 44,2a. Wenn Vater und Sohn wesenhaft verschieden sind, wie kann der Sohn dann göttlicher Logos, göttliche Sophia sein? Athanasius berichtet, daß Arius zwei oder gar viele λόγοι und σοφίαι lehre, so daß der Sohn nur 'aus Gnade', übertragen (καταχρηστικῶς, κατ' ἐπίνοιαν)[53] *Logos* oder *Sophia* genannt werde.[54] Stead hat gezeigt, daß zumindest letzteres eine polemische

---

[46] Cf. *ibid.* 6,5 (Opitz 13,17/20).

[47] Williams, Arius 181-198; cf. R. Hübner, Der Gott der Kirchenväter und der Gott der Bibel. Zur Frage der Hellenisierung des Christentums, München 1979, 12-16; Kannengiesser, Holy Scripture 31-40; Forschungsberichte zu den verschiedenen Erklärungsversuchen der philosophischen Abhängigkeit: Kannengiesser, *ibid.* 20-31; Hanson, The Search 84-94; Böhm 4-15.

[48] Cf. die Gottesprädikationen in seinem Glaubensbekenntnis, *Urk.* 6,2: 'Vater' fehlt. S. schon die Kritik bei Hilarius, *Trin.* VI 9.

[49] *Thalia* 19 (Athanasius, *Syn.* 15 [GCS Ath. 2, 243, 1]): σύνες, ὅτι ἡ μόνας ἦν, ἡ δύας δὲ οὐκ ἦν, πρῖν ὑπάρξῃ. Cf. Williams, Arius 195f. u.ö.

[50] *Urk.* 6,3 (Opitz 13,4/6).

[51] Cf. Williams, Arius 197f.

[52] *Thalia* 8f. (Ath., *Syn.* 15 [242,16f.]), 18 (*ibid.* 27); cf. Eusebius v. Nikomedien, *Urk.* 8,3 (Opitz 16,3/6).

[53] Κατ' ἐπίνοιαν ist der Gegenbegriff zu καθ' ὑπόστασιν; Origenes, *Com.Ioh.* X 37,246.

[54] *Ar.* I 5-6.9; II 37f.; *Decr.* 6,1-2; 16,1-3; cf. die Zusammenstellung bei Lorenz, *Arius Judaizans* 40-43.

Verzerrung ist.[55] Zweifelhaft ist auch, ob Arius Begriffe wie καταχρηστικῶς verwendete, um so eine nur metaphorische Rede vom
Logos im Unterschied zum 'eigentlichen' göttlichen Logos zu cha-
rakterisieren.[56] Der Sohn ist ihm zufolge Logos oder Sophia und besitzt realiter die Würde der in der *Thalia* genannten *Epinoiai*,[57] freilich nicht von Natur, sondern durch den Willen Gottes, der sich in
ihm offenbaren will.[58] Weil es keine Wesensgemeinschaft zwischen
ihnen gibt, läßt sich analoges Sprechen im strengen Sinn des Wortes
damit nicht begründen.[59] Auch wenn der 'Sohn' zu Recht Logos
genannt wird, so ist er es doch in völlig anderer Weise als der eine
Gott: gnadenhalber und insofern in einem un-eigentlichen Sinn.

Vor diesem Hintergrund wird ein trinitätstheologisches Verständnis von *Ps* 44,2a doppelt fragwürdig: Der Logos als zum Wesen
der göttlichen Vernunft gehöriges 'Attribut' wird nicht erst 'aufgestoßen'. Er ist in und mit dem anfanglosen Gott. Dem Sohn wird
die *Epinoia* und Würde des Logos aus Gottes freiem Willen mitgeteilt: Er ist Logos von völlig anderem Wesen, mithin als solcher
nicht aus dem Innersten Gottes (καρδία) hervorgebracht.[60] Wie
Arius den Vers positiv deutete, ist nicht mehr genau festzustellen.[61]

---

[55] G.C. Stead, Arius on God's Many Words, in: JThS 36 (1985) 153-157, am
Beispiel von *Decr.* 16: Für Arius war der Titel Logos nicht ausreichend, um die Sonderstellung des Sohnes gegenüber den Menschen zu beschreiben; Athanasius miß-
verstand das; cf. Böhm 215-217.

[56] Cf. Williams, Arius 224.

[57] *Thalia* 24/26 (Ath., *Syn.* 15 [GCS Ath. 2, 243,6/8]); *Urk.* 6,3 (Opitz 13,4/6);
cf. die *Epinoiai*-Lehre des Origenes, *Princ.* I 2,6. Dazu Lorenz, *Arius judaizans* 81-85;
92-94; s.o. I 2.3.a.

[58] *Thalia* 23/25.37 (Ath., *Syn.* 15 [GCS Ath. 2, 243,5/7.19); Williams, Arius
226-228; Stead, *Thalia* 34f. 38f.; Hanson, The Search 23f.; Lorenz, Die Christusseele 15; 24-27.

[59] Williams, Arius 221-228, spricht von 'theologischer Analogie', nachdem er
die Unmöglichkeit eines philosophischen Analogieverständnisses aufgezeigt hat;
cf. Ricken, Zur Rezeption 340f.

[60] P. Nautins These (Deux interpolations orthodoxes dans une lettre d'Arius,
in: Anal.Boll. 67 (1949) 131-141), daß es sich dabei um Interpolationen von
orthodoxer Seite handle, die Arius diffamieren sollten, wurde von M. Simonetti,
Studi sull' Arianesimo, Rom 1965, 88-109, widerlegt.

[61] In einer der jahrzehntelang Asterius Sophista zugeschriebenen *Psalmenhomilien* deutet der Vf. *Ps* 44,2a ohne weiteren Kommentar auf den Propheten als
Sprecher, *Hom.* 29,21 zu *Ps* 18,3a (M. Richard, Oslo 1956, 237,28-238,2): "Ἡμέρα
τῇ ἡμέρᾳ ἐρεύγεται ῥῆμα'. Ἐρεύγεται δὲ ῥῆμα ὁ προφήτης τῇ ἐκκλησίᾳ λέγων·
'ἐξηρεύξατο ἡ καρδία μου λόγον ἀγαθόν'. Vgl. den Index von M. Richard—E.
Skard, Oslo 1962. W. Kinzig, In Search of Asterius. Studies on the Authorship of
the *Homilies on the Psalms*, Göttingen 1990, hat die Zuschreibung an den Sophisten
mit guten Gründen wieder in Frage gestellt. Ihm zufolge sind die Homilien

Die Verwerfung des Begriffs ἐρυγή im Brief an Eusebius[62] läßt darauf schließen, daß er eine Interpretation auf die 'Zeugung' des Sohnes ablehnt, zumindest als dogmatisches Argument. Die Deutung traditionell ähnlich ausgelegter Stellen, wie *Ps* 109,3c, *Joh* 8,42 oder *Röm* 11,36, grenzt er in seinem Glaubensbekenntnis an Alexander allerdings lediglich durch negative Bestimmungen ein.[63] Möglicherweise stellt das ein Zugeständnis an den Adressaten dar, dem gegenüber Arius die gemeinsamen Grundlagen in der kirchlichen Tradition hervorheben will. De facto fehlt den Schriftstellen das Fundament für die traditionelle dogmatische Argumentation:[64] Formulierungen wie 'aus ihm', 'zeugen', 'hervorgehen' etc. sind im eigentlichen Sinn und materialiter für das Verhältnis von Vater und Sohn im Rahmen seines Systems nicht zu rechtfertigen. Bei Eusebius hat der Sohn als Abbild am Vater wesenhaft Anteil,[65] so daß, trotz einer dezidiert 'negativen Theologie', was die Frage der 'Zeugung' des Sohnes betrifft, noch ein letzter gemeinsamer Nenner für die Metaphern in *Ps* 44,2a oder 109,3c bleibt. Bei Arius fehlt auch das. Zwar verwendet er Begriffe wie 'zeugen' oder 'aus Gott',[66] aber nur in dem für die gesamte Schöpfung gültigen allgemeinen Sinn,[67] erklärt durch Formulierungen wie 'aus dem Willen des Vaters'[68]. Der Metapher ἐξηρεύξατο wird damit die Sinnspitze für das im engeren Sinn dogmatische Argument genommen, die darauf zielt, daß der Vater den Sohn zeugt, weil die Beziehung zwischen beiden zum Wesen Gottes gehört.

---

zwischen 385 und 410 in Palästina oder Westsyrien entstanden, cf. auch Ders., Asterius Sophista oder Asterius Ignotus? Eine Antwort, in: VigChr 45 (1991) 388-398.

[62] *Urk.* 1,3.

[63] *Urk.* 6,5 (Opitz 13,17/20).

[64] Cf. die Kritik des Hilarius, *Trin.* VI 15-16.

[65] Ricken, Zur Rezeption 340.

[66] *Thalia* 30.27.39. (Ath., *Syn.* 15 [GCS Ath. 2, 243,12.9.21]).

[67] Cf. Simonetti, Studi 105-109.

[68] *Thalia* 21.37 (Ath., *Syn.* 15 [GCS Ath. 2, 243,3.19]). Cf. unten zu Eunomius, III 1.3.

1.2 Die Argumentation auf der Grundlage der Tradition

a) Testimonientraditionen bei Alexander und Athanasius

Ein frühes Zeugnis für die Verwendung von *Ps* 44,2a in der Auseinandersetzung mit arianischen Thesen liegt mit dem Brief Alexanders von Alexandrien[69] an alle Bischöfe, *Henos somatos*,[70] vor. Nach einer kurzen Zusammenfassung arianischer Lehren[71] setzt er in einer Reihe rhetorischer Fragen den auf Kurzformeln reduzierten arianischen Thesen Schriftzitate entgegen:[72] Wie sollte einer, der Johannes hörte—'Im Anfang war das Wort' (*Joh* 1,1)—, die nicht verurteilen, die sagten, daß er einmal nicht gewesen sei; und wie sollte einer, der hörte, daß er 'eingeborener Sohn' (*Joh* 1,18) und alles durch ihn geschaffen worden sei (*Joh* 1,3), die nicht hassen, die ihn zu den Geschöpfen rechneten? Wie könnte er aus dem Nichtseienden sein, von dem der Vater sage: 'Mein Herz stieß ein gutes Wort auf' (*Ps* 44,2a) und 'Vor dem Morgenstern habe ich dich gezeugt' (*Ps* 109,3c)? Und wie sollte er dem Vater unähnlich sein, der sein vollkommenes 'Bild' und 'Abglanz' sei (*Kol* 1,15; *Hebr* 1,3), und der sage: 'Wer mich gesehen hat, hat den Vater gesehen' (*Joh* 14,9). Und wie könnte er einmal nicht gewesen sein, der Logos und Weisheit des Vaters sei, wäre doch Gott dann ἄλογος und ἄσοφος gewesen.

Alexander zitiert traditionelle Testimonien, die als solche das arianische System nicht schon in Frage stellen können: *Joh* 1,3 widerspricht nicht der Vorstellung, daß der 'Sohn' vollkommenes Geschöpf und Mittler der gesamten Schöpfung ist, ebensowenig wie die Titel 'eingeborener Sohn', vollkommenes Bild, Abglanz; *Joh* 1,1 läßt sich auf den Anfang der Schöpfung deuten; die Metaphern in *Ps* 44,2a und *Ps* 109,3c bedürften, zumal angesichts arianischer Anfragen, zumindest genauerer Erklärungen, um als dogmatische Argumente für einen Hervorgang des Sohnes bzw. des Logos aus dem Wesen des Vaters überzeugen zu können.[73]

---

[69] Zu seiner Theologie: Hanson, The Search 139-145; 151 (Echtheit von *Henos somatos*); Simonetti, Studi 110-134; La crisi 55-60; F. Dinsen, *Homoousios*. Die Geschichte des Begriffs bis zum Konzil von Konstantinopel (381), Kiel 1976, 68-71.

[70] Opitz, *Urk.* 4b, um 319; nach Williams, Arius 58, um 325.

[71] *Urk.* 4b,7-10.

[72] *Ibid.* 12-13 (Opitz 8,18-9,6).

[73] Cf. oben zu Origenes und Eusebius, I 2.2.b; II 1.1.a.

Eine positive Entfaltung seiner Theologie bietet er in dem langen Brief an Alexander von Thessalonich,[74] in dem er allerdings nicht *Ps* 44,2a zitiert. Als Belege für die Sohnschaft von Natur dienen ihm *Mt* 3,17; *Ps* 2,7; 109,3c,[75] ebenfalls traditionelle Testimonien, deren letzteres geradewegs 'die natürliche Sohnschaft der väterlichen Entbindung zeige, die er nicht aufgrund der Sorge um die Lebensführung und aufgrund der Übung des Fortschritts, sondern der Eigenart der Natur empfange'[76]. Die reale Zeugung aus Gott bleibt zwar Geheimnis. Wie Eusebius zitiert Alexander u.a. *Jes* 53,8[77] und grenzt die Zeugung gegen körperliche Vorstellungen ab:[78] Sie sei nicht anthropomorph (κατὰ τὰς τῶν σωμάτων ὁμοιότητας) als Schnitt (τομή) oder als Ausfluß (ἀπόρροια)—wie Sabellius und Valentinian lehrten—zu verstehen, sondern unsagbar (ἀρρητὼς καὶ ἀνεκδιηγήτως). Nichtsdestoweniger figurieren die Verse für ihn aber als ein dogmatisches Argument für eine materiale Zeugung des Sohnes aus dem Vater, die den Sohn als zweite göttliche ewige Hypostase der Schöpfung gegenüberstellt.[79] Auch hier argumentiert Alexander an Arius vorbei,[80] insofern er die Metaphorik der Verse nicht problematisiert und insofern er ihm im Unterschied zu der von ihm selbst verteidigten 'natürlichen' Zeugung ein adoptianistisches Modell, begründet in der sittlich-moralischen Vollkommenheit des Sohnes, unterstellt. Mit dem Logos des Arius, der vor allen Zeiten als vollkommenes Geschöpf und offenbarendes Mittlerwesen ins Dasein gerufen wurde, hat das nichts zu tun.

Auch die Argumentation des Athanasius mit *Ps* 44,2a vermag exegetisch nicht zu überzeugen, wenngleich er seine Logoslehre sorgfältig auf der Grundlage der Schrift und der platonischen Ontologie entwickelt, um Arius zu widerlegen.[81] Exemplarisch sei hier auf die

---

[74] Opitz, *Urk.* 14, um 324; nach Williams, Arius 58, um 321/22.

[75] *Urk.* 14,33f.

[76] *Ibid.* 34 (Opitz 25,1f.): οὐχὶ ἄντικρυς τῆς πατρικῆς μαιώσεως φυσικὴν ἐνδείκνυται υἱότητα, οὐ τρόπων ἐπιμελείᾳ καὶ προκοπῆς ἀσκήσει, ἀλλὰ φύσεως ἰδιώματι ταύτην λαχόντος. Die Formulierungen erinnern an Origenes, *Princ.* IV 4,4 (G-K 792-794) u.ö.; zur Christologie s.u. II 2.1.

[77] *Urk.* 14,21 (Opitz 23,5f.); 46 (27,7f.).

[78] *Ibid.* 46 (Opitz 27,5/8).—Cf. Simonetti, Studi 128-130; La crisi 56-58.

[79] Zur Trinitätstheologie und Abhängigkeit von Origenes, s. Simonetti, Studi 110-134, zusammenfassend 134.

[80] Ähnlich aber auch Arius, wenn er Alexander unterstellt, er lehre zwei ἀγέννητα (*Urk.* 1,2-4), cf. Simonetti, Studi 112-114 zu den Schwierigkeiten Alexanders, die Einheit der beiden göttlichen Hypostasen zu erklären.

[81] Cf. dazu die grundlegenden Ausführungen bei Ricken, Zur Rezeption 343-

Argumentation in *De decretis*[82] verwiesen: Konsequent verteidigt
Athanasius den Wesenszusammenhang zwischen Vater und Sohn
bzw. zwischen Gott und Logos. Der Logos sei Sohn nicht uneigentlich wie die Menschen, die in *Dtn* 13,19; 14,1 oder *Joh* 1,12 'Söhne'
bzw. 'Kinder' genannt würden, sondern eigentlich, von Natur her,
wie Isaak der Sohn Abrahams sei, andernfalls wäre er nicht von uns
unterschieden und empfinge den Namen 'Sohn' aufgrund seiner
Tugend.[83] Wie Alexander unterstellt er dem arianischen System
nicht ganz zu Recht ein adoptianistisches Modell.[84] Im wesentlichen zielt seine Argumentation darauf ab zu zeigen, daß der Sohn
ohne jede Einschränkung auf der Seite Gottes steht, der ewig Vater
ist:[85] Vater und Sohn gehörten zusammen wie Licht und Abglanz
oder Quelle und Fluß[86] und stünden als die eine Gottheit der
Schöpfung gegenüber. Alle anderen Modelle seien ontologisch nicht
haltbar. Ein Mittelwesen, eingeführt, um die Transzendenz Gottes
jenseits der Schöpfung zu wahren, führe zu Widersprüchen:[87]
Sollte Gott zu erhaben sein, um zu schaffen, obwohl es doch in
der Schrift heißt, daß alles 'aus ihm' sei?[88] Wäre ein geschaffener
Mittler für die Schöpfung notwendig, bräuchte Gott, um ihn zu
schaffen, wiederum einen Mittler, und so ginge es in einem unendlichen Regreß weiter. Wie wäre unser Verhältnis zu Gott zu denken:

350: Er zeigt die differenzierte Betrachtung des Verhältnisses von Transzendenz
und Immanenz und die begriffliche Unterscheidung bei Athanasius. Sein Verdienst sei es, das Verhältnis von Vater und Sohn von den Kategorien Schöpfer—
Geschöpf gelöst zu haben, es mit Hilfe der platonischen Lehre vom Wesenszusammenhang zu erklären und diese Gedankengänge von der Soteriologie her biblisch
zu begründen. Zum Platonismus des Athanasius, s. E.P. Meijering, Orthodoxy
and Platonism in Athanasius. Synthesis or Antithesis?, Leiden [2]1974; zum *ousia*-
Begriff und seiner Argumentation mit biblischen Bildern und Vergleichen, G.C.
Stead, The Significance of the *Homoousios*, in: StPatr 3 (1961) 397-412, 410-412;
Ders., *Homoousios* dans la pensée de S. Athanase, in: Politique et théologie chez
Athanase d'Alexandrie, Paris 1974, 231-253.
  [82] GCS Ath. 2, 1-45; Entstehung um 350/351.
  [83] *Decr.* 6,3f.
  [84] Cf. auch den irreführenden Vorwurf, Arius lehre mehrere *Logoi*, s.o. S.
135f.
  [85] *Decr.* 12,2 (GCS Ath. 2, 10,29) u.ö.
  [86] *Ibid.* 12,2f. (mit *Hebr* 1,3; *Ps* 35,10; *Bar* 3,12; *Jer* 2,13 u.a.) cf. 23f.; *Ar.* I
12.14.16.20; u.ö.; II 32f. u.ö. Athanasius betont im Gegensatz zu Eusebius, der
dieselben Vergleiche benutzt, die Gemeinsamkeiten, s.o. S. 130f., cf. Ricken, Zur
Rezeption 346.
  [87] *Decr.* 7-8.
  [88] *Ibid.* 9 mit *Jes* 66,2; 44,24 u.a.

Sollen wir etwa Söhne des Sohnes des Vaters sein, im Sinn einer 'gestaffelten' Teilhabe, und nicht Söhne des Vaters?[89]

Zwischen der Schöpfung des Menschen und der Zeugung des Sohnes sei also prinzipiell zu unterscheiden, ohne daß aber Genaueres über die Zeugung des Sohnes ausgesagt werden könne: Sie sei keinesfalls menschlich zu verstehen,[90] weil Gott immateriell und unkörperlich und unendlich anders sei; aber die unvollkommenen menschlichen Begriffe seien notwendig, um überhaupt von Gott reden zu können.[91] Allerdings setzt er diese Erkenntnis nicht unmittelbar für die dogmatisch-exegetische Argumentation um. Seine Sammlungen von Schriftstellen suggerieren vielmehr, daß bei Berücksichtigung von Zeit, Personen und Umständen,[92] und wenn geklärt ist, ob vom göttlichen Logos oder vom inkarnierten Christus die Rede ist, der Wortlaut jeweils eindeutig ist und die Texte demzufolge als nicht hinterfragte Schriftbeweise zu verwenden sind.[93]

So zitiert er wie Alexander ohne Reflexion auf die Metaphorik die klassischen Testimonien als dogmatische Argumente für die Zeugung des Sohnes aus dem Wesen des Vaters[94] gegen die Lehre einer Schöpfung des Sohnes aus dem Nichts: *Ps* 44,2a und 109,3c; *Joh* 8,42 sowie *Joh* 6,46; 10,30; 14,10; 1,18.[95] Mag die Verwendung von *Ps* 44,2a als dogmatischer Schriftbeweis—gesprochen 'vom Vater durch David'[96]—in *Decr.* aufgrund der voraufgehenden Gedankengänge zur Tradition,[97] zur Relativität der Sprache und zum Verhältnis zwischen Vater und Logos in ihrem Gegenüber zur Schöpfung noch zu rechtfertigen sein: In anderen Schriften wird die Selbstverständlichkeit, mit der Athanasius die sprachkritischen An-

---

[89] *Ibid.* 9,4-10,3 mit *Jes* 1,2 u.a.

[90] Wie Eusebius, Arius und Alexander grenzt er sie *ex negativo* ein, *Decr.* 11,4f.: ἀμερίστως, ἀπαθής, nicht ἀπορροή oder ἐπιρροή.

[91] *Ibid.* 10,5f.; erklärt am Begriff der Zeugung: 11,1-3.

[92] *Ibid.* 14,1 (GCS Ath. 2, 12,8): καιρός, πρόσωπα, χρεία. Zur Hermeneutik s.u. II 2.3.a.

[93] Die umstrittene Stelle *Spr* 8,22 deutet er so mit Hilfe der klassischen Testimonien *Gen* 1,1 und *Joh* 1,3 gegen *Ps* 109,3c; 2,7 und *Joh* 1,18 auf den Menschgewordenen, den Erlöser Christus, *Decr.* 14, cf. *Ar.* II 44-47 u.ö.

[94] In *Decr.* 1; 21 mit ausdrücklicher Berufung auf das *Nicaenum*, die in *Ar.* noch fehlt.

[95] *Decr.* 21,3f. (GCS Ath. 2, 18,8/20).

[96] *Ibid.* 21,4 (GCS Ath. 2, 18,12); die Formel 'aus der Person des Vaters' begegnet in *Sent.Dion.* 2,2 (GCS Ath. 2, 47,1); cf. in *Ep.Marc.* 5 (PG 27, 13D): φωνὴ τοῦ πατρὸς.

[97] Cf. *Decr.* 5.

fragen bei Origenes oder Arius ignoriert, ähnlich problematisch wie
bei Alexander.

In *Ar.* II 57 zitiert er *Ps* 2,7; 109,3c; 44,2a und *Joh* 1,1a als Belege
für die Zeugung des Sohnes:[98] Die Argumentation zielt auf den
Unterschied zwischen 'zeugen' und 'schaffen', aber eben der Terminus γεννάω fehlt in *Ps* 44,2a. Im antiarianischen Einleitungs-
abschnitt der Verteidigung für Dionysius von Alexandrien[99] stellt
er Schriftzitate arianischen Thesen gegenüber, die er auf knappe
'slogans' verkürzt hat,[100] und zitiert ohne weiteren Kommentar
ausgerechnet *Ps* 44,2a gegen ein Verständnis des Logos κατ' ἐπίνοιαν.[101] Das Argument setzt selbstverständlich voraus, daß 'aufstoßen' mit 'zeugen' gleichzusetzen ist, und ignoriert die metaphorische Struktur des Verses, die ein im Athanasianischen Sinn
'eigentliches' Verständnis des Logos-Begriffs erschwert. Ob das einen Gegner überzeugen kann, der den Schriftbeweis aufgrund seiner Bildlichkeit hinterfragt, darf angezweifelt werden.

Problematisch sind aufgrund ihrer Kürze auch die Bemerkungen
in der *Epistula ad Marcellinum*[102]—*Ps* 44,2a und 109,3c als Zeugnisse
für den Sohn Gottes—und in der zweiten *Epistula ad Serapionem*[103],
wo das ὁμοούσιος ausschließlich mit *Ps* 44,2a belegt und *Ps* 148,5 als
Zeugnis für die Schöpfung gegenübergestellt wird. Beide Briefe
richten sich an Adressaten aus dem eigenen Lager. Wenn Athanasius hier die Schriftargumentation verkürzt, kann man folgern,
daß über die Deutung ein weit verbreiteter Konsens bestand, der
durch metaphernkritische Bedenken noch nicht beeinflußt war.

Etwas ausführlicher ist Athanasius in *Ar.* III 59-67, wo es um die
Zeugung aus dem Willen des Vaters (θελέσει καὶ βουλῇ) geht, hinter
der bei den Arianern die Schöpfung des Sohnes aus dem Nichts

---

[98] *Ar.* II 57 (PG 26, 268B).
[99] *Sent.Dion.* 2-4; 2 (GCS Ath. 2, 46,22-47,16).
[100] Zu diesem Begriff Kannengiessers s.u. S. 145f.
[101] S.o. S. 135f.; *Sent.Dion.* 2,2 (GCS Ath. 2, 47,1f.): τοῦ δὲ Δαυὶδ ψάλλοντος
ἐκ προσώπου τοῦ πατρός· 'ἐξηρεύξατο ἡ καρδία μου λόγον ἀγαθόν', ὃν οὗτοι λέγουσι
κατ' ἐπίνοιαν εἶναι καὶ ἐξ οὐκ ὄντων γεγενῆσθαι.
[102] *Ep.Marc.* 5 (PG 27, 13D-16A): Τοῦτον δὲ τὸν Λόγον εἰδὼς ὄντα τὸν Υἱὸν τοῦ
θεοῦ, ᾄδει φωνὴν τοῦ Πατρὸς ἐν τῷ τεσσαρακοστῷ τετάρτῳ ψαλμῷ·.
[103] *Ep.Ser.* 2,6 (PG 26, 617B): Εἰ τοίνυν Πατήρ ἐστι καὶ Υἱός, ἀνάγκη τὸν Υἱὸν
φύσει καὶ ἀληθείᾳ εἶναι Υἱόν. Τοῦτο δέ ἐστι τὸ ὁμοούσιον εἶναι τῷ Πατρί, ὡς ἐκ πολλῶν
ἐδείχθη. Ἀμέλει περὶ μὲν τῶν ποιημάτων· 'Αὐτὸς εἶπε, καὶ ἐγενήθησαν· αὐτὸς
ἐνετείλατο, καὶ ἐκτίσθησαν.' Περὶ δὲ τοῦ Υἱοῦ· Ἐξηρεύξατο ἡ καρδία μου Λόγον
ἀγαθόν.

stehe.[104] Einleitend zitiert er einige Testimonien—*Mt* 3,17; *Ps* 44,2a; *Joh* 1,1; *Ps* 35,10; *Hebr* 1,3; *Phil* 2,6; *Kol* 1,15—die er teilweise im folgenden erklärt.[105] *Ps* 44,2a präzisiert er in Form einer rhetorischen Frage und mit Hilfe von *Joh* 14,10: Wenn das Wort unmittelbar im Herzen sei und aus ihm hervorgehe, wo sollte dann ein Wille zur Zeugung überhaupt Platz haben?[106] Damit erklärt er aus seiner Sicht das unvermittelte Ursprungsverhältnis von Vater und Sohn, nicht mehr.

Methodisch gründen diese Argumentationen in der prosopologischen Exegese—der Psalmist spreche *ex persona Patris*—, in dem Begriff *Logos*, der traditionsgemäß mit dem 'Sohn' gleichgesetzt wird, sowie in der Metapher vom 'Herzen', interpretiert als Anthropomorphismus, die Gottes 'Innerstes', sein Wesen, seine Substanz bezeichnet,[107] analog zum anthropologischen Verständnis als Personmitte.[108] Nichts davon ist neu.[109]

Das 'Aufstoßen' wird mit größter Selbstverständlichkeit und ohne weitere Erklärungen als Metapher für 'Zeugen' aufgefaßt. Eine Ausnahme aus einem völlig anderen theologischen Umfeld stellt ein anonym überlieferter Kommentar zum *Symbolum Nicaenum* dar,[110]

---

[104] Cf. Marcell, *Fragm.* 34. Die Vorstellung, daß der Vater ohne Wahl und Willen zeuge, wurde auf der Synode von Philippopolis 343 von den östlichen Bischöfen verurteilt, möglicherweise um die Absetzung des Athanasius zu rechtfertigen, A. Hahn, Bibliothek der Symbole und Glaubensregeln der Alten Kirche, Breslau ³1897, 191; cf. J.N.D. Kelly, Altchristliche Glaubensbekenntnisse. Geschichte und Theologie, Göttingen 1972, 274.

[105] Zu *Mt* 3,17 und *Hebr* 1,3, cf. *Ar.* III 65.

[106] *Ar.* III 67 (PG 26, 464C): Οὕτω γὰρ καὶ ὁ μὲν Πατὴρ εἴρηκεν, Ἐξηρεύξατο ἡ καρδία μου Λόγον ἀγαθόν· ὁ δὲ Υἱὸς ἀκολούθως, Ἐγὼ ἐν τῷ Πατρὶ, καὶ ὁ Πατὴρ ἐν ἐμοί. Εἰ δὲ ὁ Λόγος ἐν καρδίᾳ, ποῦ ἡ βούλησις; Καὶ εἰ ὁ Υἱὸς ἐν τῷ Πατρὶ, ποῦ ἡ θέλησις;

[107] Zur Bedeutung der Metapher cf. den neuplatonischen Theologen Marius Victorinus. Er zieht *Ps* 44,2a in *Ad Candidum* 26 (CSEL 83,1, 41f., P. Henry—P. Hadot, 1971) im Anschluß an eine philosophische Erörterung und Kritik des Begriffs des Nichtseienden (neben *Joh* 1,1 und 1,18) heran: Die Schöpfung sei nicht aus dem 'wahrhaft' Nichtseienden entstanden, sondern aus Sein in Potenz, das durch Gottes schöpferischen Hauch, der der Logos sei, ins Dasein gerufen worden sei. Wie solle der Logos also nicht aus dem Innersten Gottes, seinem 'Herzen', geboren sein.—Die Schrift entstand 359/360 oder etwas früher; zu Mar. Vict. cf. Hanson, The Search 531-556; Simonetti, La crisi 287-298.

[108] Cf. W. Biesterfeld, Herz, in: HWP 3 (1974) 1100-1112, bes. 1102-1106.

[109] C. Stead, Athanasius als Exeget, in: J. van Oort—U. Wickert, Christliche Exegese zwischen Nicaea und Chalcedon, Kampen 1992, 174-184, 178f., verweist darauf, daß Athanasius, ausgehend vom Prinzip der Suffizienz der Schrift nur selten bereit sei, neue Auslegungen zu akzeptieren.

[110] Ed. C.H. Turner, *Ecclesiae Orientalis Monumenta Iuris antiquissima* I 2, Oxford 1913, 329-346; abgedruckt in PLS 1, 220-240. Cf. Hanson, The Search 528.

entstanden wohl zwischen 350 und 390 in Oberitalien[111]: Er hebt
darauf ab, daß *Verbum, Virtus, Sapientia* der *cogitatio* zugrundelägen,
die arianische Lehre, daß der Sohn durch das Denken 'gezeugt'
worden sei, also schon von daher absurd sei, und rundet den
Gedankengang mit *Ps* 44,2a ab: Dort heiße es nicht *cogitavit*, sondern *eructavit*.[112] Die Sinnspitze der Metapher wäre damit die
Unmittelbarkeit: Zwischen Aufstoßendem und Aufgestoßenem gibt
es schlechthin nichts. Alle weiteren mit der Metapher gegebenen
Probleme bleiben offen: Wie läßt sich das Unwillkürliche, das die
Metapher impliziert und das in Opposition zu einer Zeugung aus
dem Willen des Vaters vielleicht auch nützlich erscheinen mag, mit
Gottes Zeugung vereinbaren? Wie läßt sich so die Ewigkeit der Zeugung begründen?

Im wesentlichen beschränkt sich die Schriftargumentation der
beiden Alexandrinischen Bischöfe mit *Ps* 44,2a auf Ansammlungen
von Testimonien, die beständig variiert werden. Das setzt voraus,
daß sie auf lebendige Traditionen zurückgreifen konnten, deren
theologische Aussage als weithin klar galt. Die Kombination von *Ps*
44 und *Ps* 109 lag schon Justin vor. Verbindungen mit *Ps* 2,7 und
Joh 1,1 sind bei Tertullian[113], Cyprian[114] und Novatian[115] ebenso
nachweisbar wie bei Irenäus[116] und Origenes[117]. Im Lauf der Entwicklung wurden die Sammlungen alttestamentlicher Belege zur
Zeugung des Sohnes bzw. zum Hervorgang des Wortes und der
ersten neutestamentlichen Stellen, v.a. aus dem *Johannes-Prolog*,
dem *Philipper-Hymnus* und *Kol* 1,15-16, erweitert und vertieft, besonders durch die Johanneische Theologie[118] und die Theologie des

---

[111] Turner 329; Hanson, The Search 528.

[112] *Com. symb.* 16 (Turner 344, 37/48): *a deo Verbum dictus est, a deo Virtus, a deo
Sapientia: nulla autem umquam cogitatio, quantum humani sensus capiunt, sine sapientia cog-
nita est, sine uirtute perfecta est, sine uerbo est pronuntiata; si ergo istis tot uirtutum officiis filius
nominatur, cur non etiam cogitationem praecessit, qui cogitationi per haec etiam magnitudine
anteiuit? clamat tibi propheta et dicit: 'eructauit cor meum verbum bonum': numquid dixit:
'cogitauit cor meum verbum bonum'?*

[113] *Prax.* 7; 11.

[114] *Test.* II 3.

[115] *Trin.* 15,6.

[116] *Dem.* 43-51.

[117] *Com.Ioh.* I 151; 280-287.

[118] Cf. Pollard, Johannine Christology 146-164 zu Alexander, 184-245 zu
Athanasius. Er zeigt auf, wie die Alexandriner durch die Verbindung alttestamentlicher Vorstellungen von der Schöpferkraft des Wortes mit der neutestamentlichen, v.a. johanneischen Christologie das Verhältnis von Vater und Sohn zu erklären suchen. Allerdings stellt er dabei (arianische) auf Literalexegese basierende

Hebräerbriefs.[119] Diese Traditionen waren über die erhaltenen Quellen hinaus verbreitet und selbstverständliches theologisches Gemeingut, das u.a. in katechetischen Texten verwendet wurde. Im Rahmen solcher Sammlungen schienen Reflexionen auf einzelne Begriffe vermutlich nicht notwendig. Die Argumentation gründete darauf, daß eine Stelle die andere erklärte, und auf der Tradition der Deutung. Man kann wohl unterstellen, daß sich Athanasius der Bildlichkeit bewußt war, zumal sich seine Argumentation auf weite Strecken auf die Bilder und Metaphern der Bibel stützt.[120] Die Tatsache, daß er sie an dem umstrittenen Vers nicht exegetisch erklärt, zeigt, daß er die metaphernkritischen Einwände von arianischer Seite nicht berücksichtigt, nicht mehr und nicht weniger.[121]

Etwas verständlicher wird ein solches Vorgehen angesichts der Herausforderung, die die arianischen Lehren darstellten und der man auf anderen Gebieten durchaus etwas entgegenzusetzen hatte, wenn man Intention und Adressatenkreis der beiden Alexandrinischen Bischöfe berücksichtigt: Es geht in den besprochenen Schriften weniger um eine direkte intellektuelle Auseinandersetzung mit dem theologischen Gegner als darum, den (noch) 'Rechtgläubigen' die Vernünftigkeit ihres Glaubens und den Irrtum der Arianer klar zu machen. Die *Ep.Marc.* ist explizit spirituell ausgerichtet, indem sie Hilfen zum rechten Verständnis und Beten der Psalmen geben will.[122] Die pastorale Prägung der ersten beiden Reden gegen die Arianer hat Kannengiesser herausgearbeitet:[123] Die Polemik des Athanasius gründet weniger auf hochdifferenzierten Gedankengängen als auf einfacher Logik, Berufung auf Gottes Wort, Überlieferungen der Liturgie und Frömmigkeit seiner

---

intellektualistische und spekulative und (orthodoxe) biblisch und soteriologisch begründete Theologie allzu schematisierend einander gegenüber (S.144; 244f.).

[119] *Hebr* 1,3 taucht erst relativ spät auf, mit Origenes, dann Eusebius. Zur Bedeutung von *Hebr* für Athanasius und den Arianismus cf. Gregg—Groh 166-168; Greer, The Captain 65-97.

[120] Cf. Stead, The Significance 410-412.

[121] Athanasius war in vielem von Marcell abhängig. Aber was unseren konkreten Vers betrifft, ist die Textbasis für einigermaßen begründete Spekulationen zu dünn. Bezüglich möglicher Marcellischer Einflüsse auf die Schriftargumentation des Athanasius fehlen die Vorarbeiten. Zu Marcell s.u. II 1.2.c.

[122] H.J. Sieben, Athanasius über den Psalter. Analyse seines Briefes an Marcellinus, in: ThPh 48 (1973) 157-173; M.J. Rondeau, L'épître à Marcellinus sur les Psaumes, in: VigChr 22 (1968) 176-197; Rondeau I 79f.; II 218-222.

[123] C. Kannengiesser, Athanase d'Alexandrie, évque et écrivain, Paris 1983, v.a. im 3. Kapitel, 255-368.

Zeit.[124] Er bedient sich dabei häufig wiederkehrender und ineinander übergehender 'slogans'[125], wie z.B. daß der Sohn nach Arius
aus dem Nichtseienden sei, eines von den Geschöpfen etc. Zweifelsohne vereinfacht er damit die Theorien des Arius und seiner Anhänger, um sie so auf derselben vereinfachenden Ebene klar und
einleuchtend widerlegen zu können. Streckenweise verläuft seine
Schriftargumentation ausschließlich auf diesem Niveau—und in
diesem Zusammenhang ist die Verwendung von *Ps* 44,2a weithin zu
sehen: Die sprachlichen und exegetischen Probleme werden nicht
thematisiert; die Testimonien, bewährte katechetische Argumentationsmuster, erscheinen am Anfang oder Ende eines Gedankengangs, um das Schriftgemäße der Orthodoxie und die mangelnde
Schrifttreue der Arianer zugespitzt zu demonstrieren.

b) Die Zeugung aus der Substanz des Vaters als unhinterfragte Deutungsgrundlage

Im Westen scheinen sich eigenständige Auslegungstraditionen in
Anlehnung an Tertullian und Novatian entwickelt zu haben. In
seiner Auseinandersetzung mit der *II. Sirmischen Formel*[126] und den
Arianern argumentiert Phoebadius von Agen[127] auf weite Strecken
mit Hilfe der Schrift, um dem Biblizismus der Formel zu entgegnen.
Gegen eine ausschließlich negative Theologie unter Berufung auf *Jes*
53,8 unterscheidet er zwischen dem Wie, das der menschlichen
Erkenntnis völlig entzogen sei, und dem Woher der Zeugung; letz-

---

[124] *Ibid.* 200f.—Zum Fundament cf. G.C. Stead, *Homoousios* dans la pensée de
S. Athanase, in: Politique et théologie chez Athanase d'Alexandrie, Paris 1974,
231-253; zu seinen rhetorischen Strategien: Ders., Rhetorical Method in Athanasius, in: VigChr 30 (1976) 121-137.

[125] Kannengiesser, Athanase 190-229: 'Le leitmotiv des slogans et de leur
amalgame'.

[126] 357 in Sirmium, Text: Hahn 199-201, cf. Hilarius, *Syn.* 11; Ath., *Syn.* 28.—
Die Formel verbot die οὐσία-Terminologie und unter Berufung auf *Jes* 53,8 auch
das Reden von der Zeugung des Sohnes; cf. Kelly 282-285; W.A. Löhr, Die Entstehung der homöischen und homöusianischen Kirchenparteien. Studien zur Synodalgeschichte des 4. Jahrhunderts, Bonn 1986, 44-57; H.C. Brennecke, Hilarius
von Poitiers und die Bischofsopposition gegen Konstantius II. Untersuchungen zur
dritten Phase des arianischen Streites, Berlin-New York 1984, 312-325.

[127] CChr.SL 64, R. Demeulenaere, 1985; entstanden 357 oder 358.—Cf. Löhr
55-57; Simonetti, La crisi 283f.; Hanson, The Search 516-519; P.P. Gläser, Phoebadius von Agen, Augsburg 1978. H.C. Brennecke, Studien zur Geschichte der
Homöer. Der Osten bis zum Ende der homöischen Reichskirche, Tübingen 1988,
34-37.

teres sei zwar an sich für die Menschen nicht zu erfassen, werde aber durch den Sohn, der, aus und in Gott geboren, als einziger darüber berichten könne, offenbart.[128] Neben zahlreichen Texten, die von diesem Offenbarungswillen zeugten, benutzt er *Joh* 16,28 und *Joh* 1,18;[129] *Röm* 11,36[130] sowie *Ps* 44,2a und *Sir* 24,5[131] als Zeugnisse für die Herkunft des Sohnes. Zwar gäbe es Menschen, die die Zeugung aus Gott nicht akzeptierten, weil sie nicht in der Lage seien, geistlich zu erkennen (cf. *Joh* 8,14f.); das gelte aber nicht für die, die das in der Schrift über die *nativitas perfecta Sermonis*[132] Geoffenbarte verstünden. Phoebadius verknüpft, abweichend von Tertullian, den er intensiv benutzt, *Ps* 44,2a mit *Sir* 24,5, eine Verbindung, die erstmals bei Laktanz in Verbindung mit dem Sprachvergleich begegnete.[133] In *Ar.* 25 stützt er sich auf die prosopologische Exegese, wie sie Tertullian in *Prax.* 11 ausführte, läßt dabei aber *Ps* 44,2a weg, zitiert nur *Ps* 2,7; 109,3c; *Spr* 8,22 und verbindet damit verschiedene *Joh*-Stellen.[134] Offensichtlich trennt er Belege, die von Vater und Sohn bzw. vom Zeugen sprechen, und solche, in denen das Wort und sein Hervorgang im Zentrum stehen.[135] Im Unterschied zu Athanasius, der seine Schriftargumentation grundsätzlich mit einem wissenschaftlich-hermeneutischen Instrumentarium, das auch die prosopologische Exegese umfaßt, zu rechtfertigen sucht und implizit die Tradition voraussetzt,[136] beruft sich Phoebadius im Kontext der Anthropomorphismen und Metaphern von *Ps* 44,2a

---

[128] *Ar.* 9-11, mit *Mt* 11,27; *Joh* 16,13; *1 Kor* 2,10-11; *Röm* 8,9 u.a.

[129] *Ibid.* 10,3.

[130] *Ibid.* 9,10.

[131] *Ibid.* 11,5-6 (CChr.SL 64, 36,17/24): *Hoc est: 'Nemo scit quomodo genitus sit Filius'. Nemo utique, sed ex his in quibus, ut ait Dominus, uerbum eius non capit, sicut nec Iudaeis ad quos idem Dominus ait: 'Vos', inquit, 'ignoratis unde ueniam et quo eam, quia secundum carnem iudicatis'* (*Joh* 8,14-15). *Quomodo enim nemo si Pater dicit: 'Eructauit cor meum uerbum bonum'? Quomodo nemo? Filius ait: 'Ego ex ore Altissimi prodiui'* (*Sir* 24,5). *Noli quaerere amplius, et non habes quod requiras. Nosti enim totum, quia quod dicitur totum est.*

[132] *Ibid.* 11,7 (CChr.SL 64, 36,26), cf. Tert., *Prax.* 7,1 (CChr.SL 2, 1165,3).

[133] S.o. I 2.2.c; zu Tertullian cf. die Anmerkungen in der Ausgabe Demeulenaeres. Phoebadius folgt Tert. allerdings nicht sklavisch; dagegen spricht schon die unterschiedliche Intention der beiden Werke: *Prax.* richtet sich gegen den Patripassianismus.

[134] *Joh* 14,10.11; 10,30; 14,9, s. *Prax.* 11,3-4, s.o. I 2.2.a., cf. 12,6. *Spr* 8,22 zitiert Tertullian zwischen den beiden *Ps*-Belegen; zu den *Joh*-Stellen cf. *ibid.* 8,3-4.

[135] Die Gleichsetzung Logos—Sohn ist damit nicht in Frage gestellt, s. *Ar.* 25,4.

[136] S.o. II 1.2.a; cf. unten II 2.3.a.

und *Sir* 24,5 auf eine geistliche Schrifterkenntnis des Christen gegenüber jenen, die nur fleischlich sähen.[137] Was für Athanasius selbstverständlich und offenkundig zu sein scheint, wird hier zumindest ansatzweise problematisiert.

Im Großen und Ganzen scheinen sowohl an den Alexandrinischen Bischöfen wie auch an Phoebadius die von Origenes erstmals formulierten kritischen Einwände weithin spurlos vorübergegangen zu sein. Ungeachtet der Tatsache, daß eben dies gegen das arianische System nicht mehr plausibel gemacht werden kann, benutzen sie *Ps* 44,2a als dogmatischen Schriftbeweis für die Zeugung des Sohnes.

c) Die wörtliche Interpretation der Metaphern bei Marcell von Ancyra

Möglicherweise eskalieren die Deutungsprobleme erst, nachdem Marcell die traditionelle Interpretation im Rahmen seiner Ein-Hypostasen-Theologie verteidigt und radikalisiert hat.[138] Für ihn stellt der Sohn keine eigene Hypostase dar, wie etwa für die Arianer und ihre Lehre von einem göttlichen Mittelwesen, sondern er bleibt als Logos in der *Dynamis* Gott-Vaters und tritt nur in der Inkarnation kraft seines Wirkens (ἐνεργείᾳ) aus ihm heraus.[139] Eine 'Zeugung' des Sohnes ist für ihn undenkbar, weil sie die Einheit des Wesens Gottes zerstörte. So läßt er als einen der wenigen Titel für den noch nicht Inkarnierten im AT *Logos* gelten, weil er damit offenbar keine Trennung der Hypostasen assoziiert. Die meisten Namen, die üblicherweise als Zeugnisse für den Präexistenten verstan-

---

[137] *Ar.* 10-11 (CChr.SL 64, 135,1.3f.): z.B. *Spiritus notitiae et veritatis; per eundem Spiritum possumus inuenire quod quaerimus;* etc.

[138] Zu Marcell: J. Lienhard, Marcellus of Ancyra in Modern Research, in: ThS 43 (1982) 486-503, v.a. 488f.; 493-495; W. Gericke, Marcell von Ancyra. Der Logos-Christologe und Biblizist. Sein Verhältnis zur antiochenischen Theologie und zum NT, Halle 1940; E. Schendel, Herrschaft und Unterwerfung Christi, Tübingen 1971, 111-143; grundlegend die Forschungen von M. Tetz, Zur Theologie des Markell von Ankyra, I-III, in: ZKG 75 (1964) 215-270; 79 (1968) 3-42; 83 (1972) 145-194; Grillmeier I 414-439; R. Hübner, Soteriologie, Trinität, Christologie. Von Markell von Ankyra zu Apollinaris von Laodicea, in: Im Gespräch mit dem dreieinen Gott (FS W. Breuning) Düsseldorf 1985, 175-196, 178-190.—Die folgenden Ausführungen stützen sich über weite Strecken auf R. Hübner, Die Schrift des Apolinarius von Laodicea gegen Photin (Ps-Athanasius, *Contra Sabellianos*) und Basilius von Caesarea, Berlin-New York 1989, 134-146.

[139] Cf. *Ep. ad Iulium = Fragm.* 129 (GCS Eus. 4, 215, 25/31; 214,28-215,3, E. Klostermann, 1906); *Fragm.* 58-62; 71; 73; Feige 218-226.

den werden, wie 'Sohn', 'Geliebter', 'Erzeugter' etc., haben für ihn
nur prophetische Bedeutung als Voraussagen dessen, was sich zur
Zeit des NT ereignete. Bezöge man sie auf den Gott-Logos, trüge
man körperliche Vorstellungen an ihn heran.[140] Aus der antimar-
cellischen pseudoathanasianischen 4. *Oratio c. Arianos*[141] und den
Fragmenten läßt sich erschließen, daß Marcell *Ps* 2,7; 109,3c und
44,1, unter Hinweis auf Begriffe wie 'zeugen', 'Mutterleib' etc., als
Voraussagen über den Inkarnierten auffaßte[142] und als Belege für
den präexistenten Logos nur *Ps* 32,6[143] und 44,2a anerkannte.[144]

Die pseudoathanasianische, möglicherweise Apollinaris zuzu-
weisende Schrift *Contra Sabellianos*, die sich mit marcellianischer
Theologie auseinandersetzt,[145] wirft den Gegnern Formulierungen, die durch *Ps* 44,2a angeregt sind, vor: Sie sprächen vom 'Logos
aus dem Herzen' oder 'Logos im Herzen',[146] erklärten den göttlichen Logos wie das menschliche Wort,[147] ohne eigene Subsistenz,

---

[140] *Fragm.* 36; 37; u.ö.
[141] A. Stegmann, Die pseudoathanasianische *IVte Rede gegen die Arianer* als
KATA AREIANON LOGOS ein Apollinarisgut, Würzburg 1917, 43-87 Edition; 93-
109; Tetz I 218; Gericke 46; 115f.; R.P.C. Hanson, The Source and Significance
of the Fourth *Oratio c. Arianos* attributed to Athanasius, in: VigChr 42 (1988) 257-
266.
[142] *Fragm.* 28-31; 117; 109.
[143] *Fragm.* 47.
[144] Ps-Ath., *Ar.* IV 24; 27. Die Argumentation des wohl apollinaristischen
Kreisen zugehörigen Verfassers (cf. Hübner, Die Schrift des Apolinarius 140f.), zu
datieren zwischen 362 und 374, hebt auf die Widersprüche bei Marcell ab: Wenn
der 'Mutterleib' aus *Ps* 109,3 (ἐκ γαστρός) zum Körper gehöre und der Vers deshalb auf die Inkarnation zu beziehen sei, müsse das auch für das 'Herz' in *Ps* 44,2
gelten, (PG 26, 505A; 509B). Er hält dem eine Interpretation der Metaphern als
Anthropomorphismen entgegen: Eigentlich gehörten sie zum Menschen; auf Gott
angewendet, weil auch die Hl. Schrift gezwungen sei, in menschlicher Weise vom
transzendenten Gott zu reden, verwiesen die beiden sich ergänzenden Bilder auf
die Zeugung des Sohnes bzw. Wortes aus dem Eigenen und Ursprünglichen des
Vaters: *Ar.* IV 27 (PG 26, 509BC): [...] Καὶ ὥσπερ, καρδίας Θεοῦ λεγομένης, οὐκ
ἀνθρωπίνην νοοῦμεν αὐτήν· οὕτως ἐὰν, ἐκ γαστρὸς ἡ Γραφὴ λέγῃ, οὐ σωματικὴν δεῖ
ταύτην ἐκδέχεσθαι. [...] Γαστὴρ γὰρ καὶ καρδία τὸ ἴδιον καὶ γνήσιον δηλοῦσι. Dazu
Feige 176-181.
[145] So mit guten Argumenten Hübner, Die Schrift des Apolinarius *passim*. Ihm
zufolge ist der Gegner Photin. M. Simonetti, Sulla recente fortuna del *Contra Sabellianos* ps-atanasiano, in: RSLR 26 (1990) 117-132, ist vorsichtiger; er siedelt den
Verfasser aber ebenfalls in apollinaristischen Kreisen an.
[146] *Sab.* 2 (PG 28, 97C-100B); cf. 5 (105C); 7 (108C); 13 (117B); Hübner, Die
Schrift des Apolinarius 30-32. Die *Ekthesis makrostichos* (344) verurteilt die Lehre
vom inneren und geäußerten Logos als marcellianisch, Hahn 193f.; cf. die Kritik
von Eusebius v. Caes., *C.Marc.* I 1; II 1; dazu Feige 56f.
[147] *Fragm.* 61; 71. Dahinter steht wieder die Diskussion um den stoischen
Logosbegriff; Hübner, Die Schrift des Apolinarius 132-139.

bald redend, bald schweigend, und sähen so im Vater mit seinem Wort nur eine Person.[148]

In diese Richtung weist auch die schwierig zu deutende Stelle in Marcells *Ep. ad Iulium*:[149] Es handelt sich um ein Bekenntnis seines Glaubens, mit dem er sich gegen Angriffe auf seine Theologie verteidigt.[150] Marcell spricht zwar vom 'Sohn', interpretiert den Begriff aber als δύναμις, λόγος, σοφία, die von Ewigkeit und untrennbar mit Gott sei, um die Vorstellung zweier Götter zu vermeiden.[151] *Joh* 1,1 zufolge sei durch dieses Wort alles geschaffen, und so kann er zumindest metaphorisch von einem 'Hervorgehen' des Logos sprechen.[152] Marcell zitiert als Belege *Lk* 1,2; *Ps* 44,2a und *Joh* 8,42:[153] Die durch die Schrift, Evangelisten, Propheten und Christus selbst vorgegebenen Bilder sind somit als Bilder für das Wirken des Logos in den Ökonomien von Schöpfung und Erlösung zulässig;[154] Insofern nimmt er das durch die arianischen Anfragen akut gewordene Sprachproblem ernst. Der Psalmvers illustriert das vorübergehende Hervortreten des Logos als unpersönliche 'Macht' in Schöpfung und Inkarnation,[155] wohingegen ein eigenständig subsistierender Logos ein zweites göttliches Wesen in Gott hineintrüge. Als Beleg für eine Zeugung ist für ihn nicht nur *Ps* 44,2a untauglich.[156]

---

[148] Cf. die Vorwürfe des Eusebius gegen Marcell in *Ecl.theol.* I 20,30 (GCS Eus. 4, 96,34-97,15); II 7-15; *C.Marc.* I 1; Feige 183-185; 190f.

[149] *Fragm.* 129 (GCS Eus. 4, 215,4/18), cf. *Fragm.* 20; 36; 65. Die Auslegung ist sehr umstritten; die Person-Formel fehlt; die Inkarnation wird erst später ausdrücklich genannt. Cf. Hübner, Die Schrift des Apolinarius 139f. (mit Forschungspositionen).

[150] Um 340? Cf. Hanson, The Search 218; 230f.

[151] *Fragm.* 129 (GCS Eus. 4, 215,26/31), cf. zum 'Sohn'-Begriff Feige 219-221.

[152] Cf. *Fragm.* 112-117.

[153] GCS Eus. 4, 215,12/18: οὗτός ἐστιν ὁ λόγος περὶ οὗ καὶ Λουκᾶς ὁ εὐαγγελιστὴς μαρτυρεῖ λέγων 'καθὼς παρέδωκαν ἡμῖν οἱ ἀπ' ἀρχῆς αὐτόπται καὶ ὑπηρέται γενόμενοι τοῦ λόγου'. περὶ τούτου καὶ Δαυὶδ ἔφη 'ἐξηρεύξατο ἡ καρδία μου λόγον ἀγαθόν'. οὕτω καὶ ὁ κύριος ἡμῶν Ἰησοῦς Χριστὸς ἡμᾶς διδάσκει διὰ τοῦ Εὐαγγελίου λέγων 'ἐγὼ ἐκ τοῦ πατρὸς ἐξῆλθον καὶ ἥκω'. οὗτος 'ἐπ' ἐσχάτων τῶν ἡμερῶν' κατελθὼν διὰ τὴν ἡμετέραν σωτηρίαν καὶ ἐκ τῆς παρθένου Μαρίας γεννηθεὶς τὸν ἄνθρωπον ἔλαβε.

[154] Cf. Hübner, Die Schrift des Apolinarius 139f.; Soteriologie 182f.

[155] Cf. Hübner, Die Schrift des Apolinarius 142f.; Feige 221-224.

[156] Cf. zu *Ps* 109,3c etc. oben S. 149. Angesichts der Tatsache, daß die Menschwerdung im folgenden eigens behandelt wird, und mit Blick auf die genannten ps-athanasianischen Texte ist eine Deutung der umstrittenen Passage auf die Inkarnation m.E. auszuschließen.

Die Widerlegung des Ps-Athanasius, der ihm in der 4. *Rede gegen
die Arianer* vorwirft, daß er willkürlich einige Verse auf den präexistenten Logos, andere als Prophetien deute, trifft nur bedingt.[157] Grundsätzlich müssen sich alle Kirchenväter dieser Kritik
stellen: Alle unterscheiden zwischen prophetisch-ökonomischen
und theologisch-ontologischen Aussagen. Maßstab ist jeweils das
Verständnis, das sie mit bestimmten Begriffen verbinden. Von da
aus gesehen argumentiert Marcell offensichtlich konsequent. Deu-
tungstragend ist der Logosbegriff, seine Interpretation als 'Macht'
Gottes, unlöslich zu Gott gehörig. Vor diesem Hintergrund wird
das 'Aufstoßen' als Metapher für das Wirken des Logos in Schöpfung und Erlösung verstanden, ohne daß sein Sein davon berührt
würde. Als Antwort auf arianische Anfragen ist seine Schriftargumentation insofern nicht ausreichend, als seine Deutung genau die
Veränderungen in das Wesen Gottes einträgt, die die Arianer vermeiden wollten, wenn er das Wirken des Logos nach außen als
'Ausweitung' oder 'Sonderung' bezeichnet.[158]

In der zweiten Hälfte des 4. Jahrhunderts könnte die Marcellische
Radikalisierung einer trinitätstheologischen Deutung auf Seiten
der antiarianischen Orthodoxie die Bereitschaft gefördert haben,
den Psalm im Hinblick auf seine Metaphorik sorgfältiger zu interpretieren. Um diese These zu belegen, wäre freilich noch Grund-
lagenforschung zum Einfluß Marcells auf die nachfolgende Theo-
logengeneration zu leisten.[159] Erste Hinweise liefert die o.g.
ps-athanasianische Schrift *Contra Sabellianos*, die die Unklarheiten
der Redeweise vom 'Logos aus dem Herzen' herausarbeitet.[160] Sie
war ihrerseits Basilius bekannt, der sie in seiner Homilie *contra Sabellianos, Arium et Anomoeos* benutzte und den Finger auf den gleichen
wunden Punkte legte.[161] Basilius gebraucht den *Logos*-Titel wie
auch Bilder und Vergleiche im Zusammenhang der Zeugung des
Sohnes mit äußerster Vorsicht.[162] Das hängt, wie zu zeigen sein

---

[157] *Ar.* IV 24.
[158] *Fragm.* 71; 116f.
[159] Zu Marcell und Gregor von Nyssa cf. R. Hübner, Gregor von Nyssa und
Markell von Ankyra, in: M. Harl (ed.), Ecriture et culture philosophique dans la
pensée de Grégoire de Nysse, Leiden 1971, 199-229.
[160] *Sab.* 2 (PG 28, 97C-100B).
[161] Bas., *Hom. C.Sab.* 1 (PG 31, 601AB), cf. Hübner, Die Schrift des Apolinarius 56-63.
[162] *Eun.* II 16 (SCh 305, 62,24-64,45, B. Sesboüé, 1983); *Hom. in s. Christi
generationem* (PG 31, 1457-1476, v.a. 1457-1461).—Von den zahlreichen tradi-

wird, grundsätzlich mit der Auseinandersetzung um den Neuarianismus zusammen, in Einzelfällen möglicherweise aber auch
mit Fehlentwicklungen, wie sie bei Marcell sichtbar wurden.

1.3 SPRACHREFLEXION UND IHRE KONSEQUENZEN FÜR DIE DEUTUNG VON Ps 44,2A

a) Argumentum e silentio?—Hilarius von Poitiers

Ein *argumentum e silentio*[163] für einen kritischen Umgang mit den
metaphorischen Schriftbelegen im Zusammenhang dogmatischer
Argumentationen liefert möglicherweise Hilarius von Poitiers. Bei
ihm fehlt die trinitätstheologische Deutung von *Ps* 44,2a ganz, obwohl er sie gekannt haben muß.[164] An zwei Stellen in *De trinitate*[165]
geht er auf *Ps* 109,3c ein:[166] Er deutet den Vers zwar traditionell
auf die Zeugung des Sohnes, verweist gleichzeitig aber auf die
Begrenztheit der Sprache und die Erkenntnis des Glaubens.[167] Die
menschliche Sprache sei notwendig, müsse aber auf das Göttliche
hin transzendiert werden; sie liefere nur Hinweise, in diesem Fall
auf die Tatsache der Zeugung, sage aber nichts über die Art der
Geburt aus.[168] Wenn Hilarius von der innergöttlichen Zeugung

---

tionellen alttestamentlichen Schriftbeweisen zum Thema benutzt er nur die, die die
wichtigen Begriffe möglichst eindeutig enthalten, also *Ps* 2,7, mit dem Gott den
von ihm gezeugten Sohn anredet, und *Ps* 109,3c, in dem ebenfalls Gott-Vater von
der Zeugung spricht, bzw. beide zusammen, *Eun.* II 8 (30,4-32,1); II 17 (66,25);
24 (100,19/21).

[163] Die Argumentation *e silentio* ist als solche nicht zwingend. Angesichts der
Quellen, die Hilarius benutzte, ist das Fehlen der trinitätstheologischen Deutung
von *Ps* 44,2a aber durchaus bemerkens- und bedenkenswert.

[164] Hilarius kannte Tertullian, Novatian, Phoebadius, Laktanz, cf. P. Smulders, La doctrine trinitaire de S. Hilaire de Poitiers, Rom 1944, 207; 219; u.ö.;
J. Moingt, La théologie trinitaire de S. Hilaire, in: Hilaire et son temps, Paris
1969, 159-173, 170f.; M. Simonetti, Ilario e Novaziano, in: RCCM 7 (1965) 1034-
1047; Literatur s. R. Herzog (ed.), Restauration und Erneuerung. Die lateinische
Literatur von 284 bis 374 n.Chr., München 1989, 465.

[165] CChr.SL 62-62A, P. Smulders, 1979-1980, s.u. II 2 Anm. 68.

[166] *Trin.* XII 8; VI 16 (CChr.SL 62, 214,17-215,25): *Non enim membris corporalibus consistens Deus, cum generationem Fili commemoraret, ait: 'Ex utero ante luciferum genui
te'. Sed inenarrabilem illam unigeniti ex se Fili natiuitatem ex diuinitatis suae ueritate confir-
mans ad intelligentiae fidem locutus est, ut de diuinis suis rebus secundum humanam naturam
humanae naturae sensum ad fidei scientiam erudiret, ut cum ait: 'ex utero', non ex nihilo creatio
substitisse, sed ex se unigeniti sui naturalis natiuitas doceretur.*

[167] Cf. *ibid.* II 2.5; IV 2; VI 9; VII 28; u.ö.

[168] Cf. Phoebadius, *Ar.* 10-11.

spricht, bevorzugt er gewöhnlich *nativitas* in einem sehr abstrakten Verständnis; *portio, dilatio, emissio, prolatio* lehnt er ebenso ab wie den Vergleich mit der *prolatio vocis*.[169] Überhaupt verwendet er *verbum* für den Sohn relativ selten.[170]

In den *Psalmentraktaten*, in denen es nicht um dogmatische Argumentation, sondern um geistliche Durchdringung der Psalmen geht, findet sich zu *Ps* 118,171 (*eructauerunt labia mea hymnum*) eine Deutung von *Ps* 44,2a auf den Propheten:[171] Der vom Geist Erfüllte bricht in Worte aus, die nicht mehr vom Intellekt gesteuert sind. Damit nimmt Hilarius den Vorschlag des Origenes auf, den dieser im *Joh-Kommentar* aufgrund der dogmatischen Probleme gemacht und vermutlich in seinem Psalmenkommentar durchgeführt hatte.[172]

b) Die Metaphorik des Verses in der dogmatischen Argumentation—paradoxe Bilder und via eminentiae

Von Ps-Serapion von Thmuis (es ist unwahrscheinlich, daß es sich tatsächlich um den mit Athanasius korrespondierenden Serapion von Thmuis handelt) ist ein dogmatischer Brief *De Patre et Filio* erhalten, entstanden vor 358, der die Gleichewigkeit des Sohnes verteidigt.[173] Er tut das nicht auf spekulativem Weg bzw. diskursiv ar-

---

[169] Cf. *Trin.* VI 9-12, in Auseinandersetzung mit Arius' Brief an Alexander, *Urk.* 6; VII 11; Smulders 165; 146-153.

[170] Cf. Smulders 157f.; Moingt, La théologie trinitaire de S. Hilaire 162f.

[171] *Tract.Ps. 118 tau 2* (CSEL 22, 541,8/23, A. Zingerle, 1891): '*eructauerunt labia mea hymnum. cum docueris me iustificationes tuas, pronuntiabit lingua mea eloquia tua; quia omnia mandata tua aequitas'* (*Ps* 118,171). *omne prophetiae eloquium sub eructandi significatione meminimus ostendi, cum dicitur: 'eructauit cor meum uerbum bonum', uel illud: 'eructabo abscondita a constitutione mundi' (Mt 13,35), uel illud: 'dies diei eructat uerbum' (Ps* 18,3). *omnis autem sermo hominum ex sensu cogitationis initur ac motu, ubi ad aliquid enuntiandum mota mens nostra id, quod in adfectum sibi inciderit, per uerba declarat. at uero, ubi extra humanae mentis instinctum non ad animae sententiam lingua famulatur, sed per ineuntem spiritum officio oris nostri diuini sensus sermo diffunditur, illic eructatum uidetur esse, quod dicitur: cum non ante cogitatione motuque percepto id, ad quod pulsa sit, mens loquatur, sed ignorante sensu spiritus uocem in uerba distinguat.*

[172] S.a. Asterius, s.o. II 1 Anm. 61; cf. Athanasius, *Apol. fug.* 20 (SCh 56bis, 224,11/13, J.M. Szymusiak, 1987): Ausgehend von einer historischen Rekonstruktion, der zufolge David den 44. *Psalm* nach seiner geglückten Flucht sang, stellt sich Athanasius selbst in die Tradition alttestamentlicher Flüchtlinge.

[173] Überliefert in einer Sammlung liturgischer Texte, ed. G. Wobbermin, Altkristliche liturgische Stücke aus der Kirche Ägyptens nebst einem dogmatischen Brief des Bischofs Serapion von Thmuis, Leipzig 1898, (TU 17, 3b) 21-25. K. Fitschen, Serapion von Thmuis. Echte und unechte Schriften sowie die Zeugnisse

gumentierend, sondern indem er eine Fülle von Schriftzitaten, Christus-Titeln und einander überbietenden Epitheta fast hymnisch aneinanderreiht. Die eigentlichen theologischen Probleme, die mit dem Arianismus aufgeworfen wurden, berührt er nicht: Seine Christologie ist vornicaenisch-subordinatianisch, er sieht den Logos primär in seiner Funktion innerhalb der Ökonomie, weniger ontologisch: Er sei der Offenbarer, der uns das Leben schenke, das Licht zeige, die Liebe des Vaters erbitte, der alles schmücke, alles erfülle, alles vollende etc. Er sei das Bild seiner Güte, ὑπόστασις seiner Macht, Frucht seines Herzens, sein gutes Wort; er sei gekommen, um Licht zu bringen, alles zu offenbaren, das Unsichtbare und Verborgene, den Reichtum seiner Herrlichkeit, wie David im 44. und im 109. *Psalm* sage:[174] Beide Stellen werden nicht weiter ausgedeutet, sind aber durch den Kontext auf das Hervorbringen des alles schenkenden und überragenden Sohnes und guten Wortes bezogen, dessen Größe und Gottheit er *via eminentiae* zu umschreiben versucht. Er fügt noch einige Schriftstellen hinzu, die den Offenbarer des Verborgenen, Allmächtigen, Gott und Abglanz preisen, um das Ganze dann hermeneutisch zu untermauern: Bilder und Vergleiche seien nicht verwerflich und unpassend, sondern notwendig, wenn man vom Geistigen (νοητά) sprechen wolle. Aus diesem Grund habe auch Christus Gleichnisse benützt.[175] Damit werden die Schriftbelege als einzelne unvollkommene Hinweise im überfließenden Lobpreis Gottes noch einmal relativiert.

Während Phoebadius nur vage auf ein geistiges Verständnis der Schrift verweist, sieht sich Gregor von Elvira einige Jahre später veranlaßt, die Metaphern des Verses zumindest zu erklären. In *De fide orthodoxa contra Arianos*[176] diskutiert er verschiedene Stellen zur Sohnschaft bzw. Herkunft des Sohnes und verteidigt das ὁμοού-

---

des Athanasius und anderer, Berlin-New York 1992, 95-98, datiert den Text in das späte 3. Jh.

[174] *Patr.* 4 (Wobbermin 23,22/29): [...] τὰ ἀόρατα καὶ τὰ ἀπόκρυφα καὶ ἀνερμήνευτα καὶ ἀνεκλάλητα ἐφανέρωσεν ἡμῖν ἀφθόνως ὁ ἀγαθὸς λόγος αὐτοῦ, τὸ πλοῦτος τῆς δόξης αὐτοῦ, καθὼς καὶ δαυεὶδ λέγει ἐν τῷ μδ' ψαλμῷ· 'ἐξηρεύξατο ἡ καρδία μου λόγον ἀγαθόν'. ἀλλὰ καὶ ἐν τῷ ρθ' ψαλμῷ λέγει· 'ἐν τῇ λαμπρότητι τῶν ἁγίων ἐκ γαστρὸς πρὸ ἑωσφόρου ἐξεγέννησά σε'. (*Ps* 109,3c).

[175] *Ibid.* 5 (Wobbermin 24,10/13).

[176] CChr.SL 64, V. Bulhart 1967; M. Simonetti, Turin 1975; 1. Redaktion 360, 2. Redaktion 363/364? (verbessert auf Sabellianismus-Vorwürfe hin), cf. Simonetti, La crisi 286; Hanson, The Search 519-526, 520f: Offenbar besaß Gregor eine gute Kenntnis der zeitgenössischen Theorien und unterschied sorgfältig zwischen Arius und Arianern.

σιος.[177] Im Unterschied zu den Menschen sei der Sohn als zweite göttliche Person, die von sich sage: 'Ich und der Vater sind eins' (*Joh* 10,30), aus Gott. So bestätige es der Prophet 'mit der Stimme Gottes' in *Ps* 44,2ab.[178] *Verbum bonum* bezeichne dabei den Sohn Gottes, der 'aus der väterlichen Brust', sozusagen dem *uterus* seines Herzens,[179] geboren sei und den der Vater deshalb 'König' nenne. Der Anthropomorphismus 'Herz' wird durch andere, einander eigentlich ausschließende Bilder, u.a. aus *Ps* 109,3c, erläutert: Weder ist eine 'Geburt aus der Brust' denkbar noch eine 'Gebärmutter des Herzens', geschweige denn in Verbindung mit 'Vater'. An die Paradoxa schließt er eine Auslegung von *Joh* 1,1 an ('Im Anfang war das Wort', nicht: wurde das Wort gemacht), die wiederum durch Bilder, jetzt aus *Sir* 24,5, ergänzt wird. Gregor steht, indem er auch *Ps* 44,2b sowie *Sir* 24,5 zitiert, in westlicher Tradition.[180] Er bedenkt zwar nicht ausdrücklich die Möglichkeiten der Sprache, fügt die Bilder aber durchdacht in die Argumentation ein.

Die unter dem Namen Gregors von Nyssa überlieferte Schrift *De patre et filio adversus Arium et Sabellium*[181] benutzt den Psalmvers als Aufhänger, um die beiden Irrlehren kurz zu erläutern:[182] Für die Sabellianer stelle der Sohn keine eigene Hypostase dar, für die Arianer ein Geschöpf. Wie aber könne er letzteres sein, da doch σοφία und δύναμις Voraussetzung für das Schaffen[183] und damit Erstge-

---

[177] *Fid.* 20-31 mit *Jes* 1,2; *Ps* 81,6; *Kol* 1,15; *Gen* 1,27.

[178] *Ibid.* 24 (CChr.SL 64, 226,193/206): *Vnde et filius, sicut ipse dominus ait: 'Ego et pater unum sumus'. Quod ideo dixit, ut duarum personarum uocabula in unius deitatis maiestate monstraret [unius deitatis maiestatisque demonstraret], sicut [sicuti] et propheta ex uoce dei: 'Eructauit', inquit, 'cor meum uerbum bonum, dico ego opera mea regi'. Vides ergo hoc 'uerbum bonum' filium dei esse, quem non aliunde quam de paterno pectore et, ut ita dixerim, de utero cordis dei credimus natum [exstitisse]. Et proinde eum regem appellat [appellauit], quia [qui] ipse est rex regum, deum dominum, cui omnia diuina opera succumbunt, qui dixit: 'Omnia quae pater habet, mea sunt' (Joh 16,15) [rex regum et dominus dominorum, cui et opera diuina subiecta sunt: 'Omnia' inquit 'patris mea sunt'].* (In eckigen Klammern jeweils die zweite Redaktion).

[179] Cf. Tertullian, *Prax.* 7,1 (CChr.SL 2, 1165,9): *de uulua cordis*; zur Abhängigkeit von Tertullian, cf. Simonetti, Introduzione 23; 147f.; Hanson, The Search 521.

[180] Cf. Phoebadius, s.o. II 1.2. b.

[181] Gregor von Nyssa, Opera III 1, F. Mueller, 1958, 71-85.—Zur Auseinandersetzung um die Pseudonymität cf. R. Hübner, Gregor von Nyssa und Markell von Ankyra, in: M. Harl (ed.), Ecriture et culture philosophique dans la pensée de Grégoire de Nysse, Leiden 1971, 199-229, 211 Anm. 1; Feige 196-200.

[182] *Adv.Ar.* (Müller 71,2/4): τοῦτον τὸν ἀγαθὸν λόγον τοῦ θεοῦ οἱ μὲν κατὰ Ἄρειον καὶ Ἀχίλλιον τὴν ἀσεβεστάτην φωνὴν προϊέμενοι ἐτόλμησαν κτίσμα καὶ ποίημα διακηρύξαι.

[183] Cf. *Com. symb.* 16, s.o. S. 143f.

borene der Schöpfung seien; die Bezeichnung λόγος verweise auf
das Gezeugt-, nicht Geschaffensein, denn es werde aus dem Mund
hervorgebracht und aus dem Herzen bewegt, wie es der Vater mit
Ps 44,2a und der Sohn mit *Sir* 24,5 bezeugten.[184] Im Ansatz wird
die Metaphorik problematisiert, indem der Verfasser das 'Herz'
eigens erklärt: Das Wort geht aus dem Innersten hervor, kann mithin nicht aus etwas außerhalb von Gottes Wesen geschaffen sein.
Wieder, wie schon bei Athanasius, in *Ar.* III 67, Marius Victorinus
und möglicherweise Phoebadius, ist der Anthropomorphismus Zentrum des Arguments. Nur vage umschreibt der Verfasser das 'Aufstoßen' mit 'Bewegen'.

In einem pseudo-athanasianischen Dialog *Disputatio contra Arianos*[185] 'diskutieren' 'Ar.' und 'Ath.' *Ps* 109,3c und 44,2a:[186] ἐκ
γαστρός bezeichne die Zeugung ἐκ τῆς οὐσίας, so der sog. Athanasius. 'Ar.' hält dem entgegen, daß Gott keinen *uterus* habe,
woraufhin 'Ath.' erklärt, daß solche Bilder wegen der menschlichen
Schwäche, das Göttliche zu begreifen, nötig seien. 'Ar.' verweist
daraufhin auf den aus seiner Sicht genauso fragwürdigen Vers
44,2: 'Ath.' deutet ihn als notwendige Ergänzung zu 109,3c: Das
Bild vom *uterus* könnte dazu verleiten, sich die göttliche Zeugung auf
menschliche Art vorzustellen; das völlig andere Bild von 44,2a solle
das verhindern. Umgekehrt korrigiere 109,3c eine Fehldeutung des
Logos als λόγος προφορικός—wobei die Mißverständlichkeit des
eructare mitbedacht wird. Die Schrift beuge auf diese Weise jeglicher
Häresie vor und stelle doch klar, daß der Logos ἐκ τῆς οὐσίας τοῦ
πατρός gezeugt sei. Bei aller Naivität dieser letzten Feststellung
demonstrieren die knappen Ausführungen ein vertieftes sprachkri-
tisches Bewußtsein und bemühen sich, dem exegetisch gerecht zu
werden.

---

[184] *Adv.Ar.* (Opera III 1, 80,27-81,3): Καὶ λόγος δὲ προηγόρευται ὁ υἱός, ἵνα
γεννητὸς ἀποδειχθῇ καὶ μὴ κτιστὸς ὑποληφθῇ· λόγος γὰρ τίκτεται, ἀλλ᾽ οὐ κτίζεται,
διὰ στόματος μὲν προφερόμενος ἐκ καρδίας δὲ κινούμενος. ὁ πατὴρ μαρτυρεῖ μοι λέ-
γων· Ἐξηρεύξατο ἡ καρδία μου λόγον ἀγαθόν. συνομολογεῖ καὶ ὁ υἱός· Ἐγὼ ἐκ στόματος ὑψίστου ἐξῆλθον. πῶς ἤνεγκέ μου ἡ διάνοια τὸ τηλικοῦτον ἄχθος τοῦ τολμήματος
ποίημα αὐτὸν ὑπειληφυῖα.

[185] PG 28, 439-502; vielleicht aus dem späteren 4. Jahrhundert?

[186] *Disp.* 29-30 (PG 28, 476C-477B): [...] Ὅταν οὖν φάσκῃ ἡ Γραφὴ ἐκ γαστρὸς
γεγεννῆσθαι τὸν Υἱόν, τὴν ἐκ τῆς θεϊκῆς ὑποστάσεως γνησιότητα τοῦ Υἱοῦ σημαίνει.
Ἵνα οὖν μὴ τὸ τῶν ἀνθρώπων γένος, ἀσθενὲς ὑπάρχον, ἀνθρωπίνην τὴν γέννησιν τοῦ
Χριστοῦ ὑπολάβοιεν, εἶπε τὸ Ἐξηρεύξατο ἡ καρδία μου λόγον ἀγαθόν. Εἰ δὲ πάλιν
ἐπιχειρεῖν τολμήσει τις προφορικὸν Λόγον φάσκειν τὸν Υἱόν, μνημονεύσει τὸ, Ἐκ
γαστρὸς, καὶ παύσεται τῆς πονηρᾶς ἐννοίας.

c) Annäherung zwischen dogmatischer Argumentation und spiritueller Ausgestaltung

In einer Weihnachtspredigt Zenos von Verona werden, im Anschluß an eine kurze Polemik gegen Adoptianismus und Arianismus, *Ps* 44,2a und *Sir* 24,5 unversehens Argument dafür, daß die geistliche Geburt aus Gott-Vater unsagbar sei[187] und es Wahnsinn wäre, über das Innere Gottes Nachforschungen anzustellen.[188] Geblieben ist das traditionelle Argument, aber ohne daß sich daraus nähere Bestimmungen ableiten ließen: Die Metaphern haben nur verhüllende Funktion. Etwas präziser bestimmt Zeno sie im *Tract.* I 56, wo er den Hervorgang des Logos als Schöpfungsmittler erklärt und sie damit, in der Tradition Tertullians, an eine bestimmte Funktion bindet.[189] Er betont aber auch hier wieder die Unsagbarkeit.

Ambrosius deutet in der Tradition Hippolyts *Gen* 49,25-26 in *De patriarchis* auf die beiden Geburten.[190] Für die göttliche zitiert er *Ps* 44,2a—ein Vers, dessen Metaphorik mit *uulua* zunächst nichts zu tun hat—um die Bilder zu erklären: Ambrosius schiebt dabei verschiedene Bilder und Bildfelder ineinander, um sich dem Geheimnis der doppelten 'Zeugung' (*generatio*) gemäß der Gottheit und gemäß dem Fleisch zu nähern.[191] Die Begriffe aus dem Bereich des Zeugens und Gebärens (*uulua, aluum, generare, sinus*) veranschaulichten, insofern als sie für die göttliche und menschliche Herkunft verwendet werden, die Einheit Jesu Christi. Das 'Herz', verknüpft mit der 'Brust des Vaters' (*Joh* 1,18), bezeichne die innerste, unbegreifliche Substanz des Vaters, das Geheimnis der Liebe und seiner Natur, aus der er hervorgehe und in der er immer bleibe.[192] *Verbum, os* (*Sir* 24,5) schließlich verwiesen auf die Offenbarung, die von der Weisheit und Gerechtigkeit Gottes kündet. *Eructare* wird unhinterfragt

---

[187] *Tract.* II 8,1 (CChr.SL 22, 176,19/24, B. Löfstedt, 1971): *Haec miranda, inenarrabilis illa, propheta dicente: 'Natiuitatem autem eius quis enarrabit?' (Jes* 53,8). *Cur autem sit inenarrabilis, patre loquente noscamus; dominus ipse nos docet: 'Eructuauit', inquit, 'cor meum uerbum bonum' et cetera, et apud Salomonem hactenus dicens: 'Ego ex ore altissimi prodiui ante omnem creaturam'.* Cf. *Tract.* I 54: Verbot, darüber zu sprechen.

[188] *Tract.* II 8,2 (CChr.SL 22, 176,27/30): *Dementiae genus est inuisibilis incomprehensibilisque uelle opinari secretum eiusque interna discutere, cuius extraria nequeat suspicari, quia deus hoc est; quod uero homo definiendum putauerit, non est.*

[189] *Tract.* I 56 (CChr.SL 22, 131,6/9); cf. Tertullian, *Herm.* u.a., s.o. I 2.2.a.

[190] *Patr.* 51 (CSEL 32,2, 153,6/18, C. Schenkl, 1897).

[191] *Ibid.* 51 (CSEL 32,2, 153,4/6. 19/23).

[192] *Ibid.* 51 (CSEL 32,2, 153,7/15).

mit *procedere* oder *prodire* gleichgesetzt, von 'hervorbringen' o.ä. ist nicht die Rede.

In *De fide ad Gratianum*, seiner Auseinandersetzung mit den Arianern, also einer dogmatischen Schrift, verfährt er in konzentrierterer Form ähnlich:[193] Er spielt mit einigen Begriffen auf verschiedene Testimonien an. *Uterus* verweist auf *Ps* 109,3c, *cor* auf *Ps* 44,2a, *dextera* auf *Ex* 15,6; *Ps* 117,6 u.a., *os* auf *Sir* 24,5, die in ihrer Vielzahl immateriell verstanden die Unbegreiflichkeit der göttlichen Zeugung zu offenbaren versuchen. In seiner Argumentation geht es Ambrosius nicht um eine zwingende Beweisführung, sondern um die Erkenntnis, daß die Liebe des Vaters größer ist als menschliches Verstehen einzelner Worte. Für den kleinen Abschnitt gibt der Herausgeber keine Vorlagen an. In der Tat scheint die Ausgestaltung der klassischen Testimonien auf der Grundlage ihrer Bilder auf das Konto des Ambrosius zu gehen, der sich auch in *Patr.* auf dem Weg über eine Vielzahl von Bildern dem Göttlichen anzunähern versucht.

---

[193] *Fid.* I 10,67 (CSEL 78, 29,45/54, O. Faller, 1962): *Audis 'dei filium': aut dele nomen aut agnosce naturam; audis 'uterum': agnosce generationis perspicuae veritatem; audis 'cor': verbum intellege; audis 'dexteram': agnosce virtutem; audis 'os': agnosce sapientiam. Non haec sunt in deo corporalibus aestimanda: inconpraehensibiliter generatur filius, inpassibiliter generat pater, et tamen ex se generat et ante omnem intellectum generat ut deus verus 'deum verum'. 'Pater diligit' et tu discutis, [...].*

2. KAPITEL

CHRISTOLOGISCHE HERMENEUTIK IN DER REAKTION AUF DIE ARIANISCHE DEUTUNG VON *PS* 44,7-8

2.1 Grammatische Analysen und ihre Konsequenzen für den Nachweis der Gottheit Christi

a) *Christus als 'zweiter Gott' bei Eusebius*

Sein Verständnis Jesu Christi als des Gesalbten, auf das er im folgenden immer wieder zurückkommt, entwickelt Eusebius im vierten Buch der *DE* auf biblisch-historischer Grundlage[1] und in engem Zusammenhang mit der Funktion der Inkarnation:[2] Die von der Erkenntnis des Vaters abgeirrten Menschen sollen durch die Ankunft des Gesalbten zum Vater zurückgeführt werden.[3] Zunächst erörtert er mit Hilfe der Konkordanzmethode und einer darauf gründenden Begriffsanalyse die allgemeine symbolische Bedeutung der Salbung, ausgehend von der Einsetzung der Priester unter Mose mit 'zubereiteter Salbe' (μύρον σκευαστόν),[4] und erklärt sie bzw. ihren Wohlgeruch als Mittel und Symbol für die Nähe

---

[1] *DE* IV 15; er greift darauf zurück in IV 16,47-49; V 1,28-2,10; 3,9-12; 19,4; VI 13,2; VII 1,6; VIII 2,41. Cf. außerdem *HE* I 3,14. *DE* und *HE* gehören zu den Frühschriften: Wallace-Hadrill 39-58 (Datierungsfragen), 57-58 (Tabelle): Zu *DE*, s.o. II 1 Anm. 4; *HE* vor 303 begonnen und mehrmals überarbeitet.—Hier nicht behandelt werden die Frühschrift *Ecl.Proph.* (= *Intr.*) I 20 (vor 303 entstanden) sowie *Ecl.theol.* I 20 (335), wo *Ps* 44,7f. jeweils inmitten einer Vielzahl von Testimonien zu verschiedenen Christustiteln auftaucht, ohne im einzelnen erklärt zu werden. Die grundsätzliche Deutung bleibt unverändert.

[2] Cf. *DE* IV 9-10.

[3] *Ibid.* 15,1; cf. 28-31; 50 (zu *Ps* 44,1), dazu V 1,28 (GCS Eus. 6, 215,30-216,2): Dort interpretiert Eusebius die Überschrift des Psalms. Die 'Veränderung' könne auf die Inkarnation bezogen werden, auf die Verwandlung des geoffenbarten Geliebten auf die Menschen hin und seine Wiederherstellung in Gott, sowie auf die Zurückführung der Menschen vom Irrtum zur εὐσέβεια. S.a. *In Ps* 44,1 (PG 23, 392BC). Zum menschgewordenen Logos cf. Grillmeier I 312-321: Er setze die Akte des Gehorsams, durch die er das Wohlgefallen des Vaters erlange. Insofern sei seine Verherrlichung tatsächlich Aufhebung einer durch die Annahme des Fleisches verursachten größeren Distanz.

[4] *DE* IV 15,4-6.

guter Mächte.[5] Dieser symbolischen Bedeutung liegt zuerst eine
Bewegung von oben nach unten zugrunde: Sofern man sich den
Wohlgeruch als zu guten Mächten gehörig denkt, läßt er den Hauch
des Göttlichen (θεία ἀπορροή)[6] spüren und macht es gleichsam
gegenwärtig. Derjenige, der in besonderer Verbindung zu diesem
Göttlichen steht, wird gesalbt, um diese Nähe zu versinnbildlichen;
gleichzeitig aber übernimmt er eine stellvertretende Funktion für
die Gemeinschaft, zunächst im sakralen Raum als Priester, dann
auch auf politischer und ethischer Ebene (als König bzw. Prophet),
in einer Rückbewegung nach oben, zu diesen göttlichen Mächten
hin.

Darüberhinaus bezeichnet die Salbe Eusebius zufolge als *Typos*
das Göttliche im Besonderen,[7] entsprechend dem Befehl Gottes an
Mose in *Ex* 25,40: "Siehe, du wirst alles machen gemäß dem τύπος,
der dir auf dem Berg gezeigt worden ist".[8] Die δύναμις des Einen,
Ungezeugten, allein Guten, der 'Ursache allen Lebens', des Allherrschers vergleicht er mit Öl.[9] Ἔλαιον bezeichne die Frucht des
Ölbaums in ihrer Reinheit, als Lichtspender, heilend, lindernd und
entspannend, selbst hell und glänzend, so daß der, der davon
Gebrauch mache, selbst klar und heiter schauen könne (cf. *Ps*
103,15).[10] An dieser δύναμις habe allein Christus, der Gesalbte,
unmittelbar Anteil, wobei das Öl die eine φύσις des göttlichen Logos
bezeichne, während die Salbe als zusammengesetzte auf das Zusam-
menkommen der vielen ἐπίνοιαι im Logos zu beziehen sei, insofern
als er Schöpfer und König sei, vorsehend und richtend, die Menschen liebend und rettend.[11] Als zentralen Schriftbeweis für die
Gottheit Christi, auf den die folgende Argumentation hingeordnet
ist, zitiert Eusebius bereits hier *Ps* 44,7-8.[12]

---

[5] Einen knappen Überblick zur Eusebianischen Deutung des Wohlgeruchs
bietet Meloni 176-182.

[6] *DE* IV 15,5 (GCS Eus. 6, 174,10).

[7] *Ibid.* 15,7-9.

[8] *Ibid.* 15,11f.

[9] *Ibid.* 15,12f. (GCS Eus. 6, 175,8/15).

[10] *Ibid.* 15,14.

[11] *Ibid.* 15,16.

[12] *Ibid.* 15,15 (GCS Eus. 6, 175,23/28): τούτῳ τοιγαροῦν ὁ λόγος τὴν ἀνωτάτω
τοῦ πανηγεμόνος καὶ παμβασιλέως θεοῦ δύναμιν συμβαλὼν τῷ παραδείγματι, τὸν
πρῶτον καὶ μόνον ὅλῳ τούτῳ χρισθέντα καὶ τῆς θεϊκῆς καὶ πᾶσιν ἀκοινωνήτου
πατρικῆς εὐωδίας μετειληφότα, καὶ μόνον ἐξ αὐτοῦ γεννηθέντα θεὸν λόγον, μετοχῇ τε
τοῦ γεννήσαντος ἀγενήτου καὶ πρώτου καὶ μείζονος θεὸν ἐκ θεοῦ ἀποφανθέντα,
χριστὸν καὶ ἠλειμμένον ἀπεκάλεσεν.—'Mit diesem Beispiel verglich das Wort also

Die im Alten Bund Gesalbten,[13] die Priester, Könige und Propheten,[14] und die, die so genannt werden, obwohl sie nicht gesalbt wurden, die Patriarchen (*Ps* 104), verwiesen, insofern als sie nicht für sich selbst, sondern für das ganze Volk geheiligt worden seien, als Typen auf Christus, der für alle Menschen eintrete, und sie versinnbildlichten diejenigen, die durch die verschiedenen Gnadengaben (cf. *1 Kor* 12,4) Anteil am innergöttlichen Geist hätten und deshalb immer wieder von Gott gerettet würden.[15]

Im nächsten Schritt zitiert Eusebius prophetisch-messianische Stellen, die nicht nur typologisch, sondern auch prosopologisch gedeutet werden: In *Jes* 61,1-3 spreche der Prophet in der Person Christi,[16] der, gesalbt mit der väterlichen Gottheit, seiner ungewordenen und 'allguten' Macht, als Erlöser und Retter zu den Menschen gesandt worden sei.[17] In *Ps* 109[18] werde er als κύριος angesprochen, als Mitinhaber des Thrones des höchsten Gottes (σύνθρονος), als γέννημα des höchsten Gottes und als ewiger Priester. Auch der Name Melchisedech dient dazu, die Überlegenheit dieses Gesalbten und Priesters, der mit innergöttlicher Tugend und Macht gesalbt sei,[19] über die Menschen nachzuweisen.[20]

Bis hierher versuchte Eusebius mit Hilfe der verschiedenen Bilder und Titel zu zeigen, daß der Christus einerseits in enger Verbindung mit Gott zu sehen ist, obgleich er nicht selbst der Ungewor-

---

die höchste Macht Gottes, des Allherrschers und Allkönigs, und nannte ihn, den ersten und allein mit all diesem Gesalbten und Teilhaber an dem göttlichen und niemandem sonst zuteil werdenden väterlichen Wohlgeruch, den einzigen aus ihm gezeugten Gott Logos, und den aufgrund seiner Teilhabe am zeugenden Ungezeugten und Ersten und Besseren als Gott aus Gott Erschienenen Christus und Gesalbten.' Deswegen werde ihm *Ps* 44,7f. zugesprochen.

[13] *Ibid.* 15,17-20.

[14] Hier und in *HE* I 3,7-8 findet sich der erste Beleg für eine systematische Begründung der Lehre vom dreifachen Amt Christi, cf. P. Beskow, *Rex gloriae*. The Kingship of Christ in the Early Church, Stockholm 1962, 119f. Eusebius greift dabei auf einzelne Traditionen bei Justin und Irenäus zurück und verbindet sie.

[15] *DE* IV 15,21-28.

[16] *Ibid.* 15,28-31.

[17] *Ibid.* 15,29 (GCS Eus. 6, 177,36f.); 15,31 (178,6/8): οὐ σκευαστῷ μύρῳ ἀλλὰ τῷ τῆς ἀγενήτου πατρικῆς τε καὶ παναγάθου δυνάμεως χριστὸν γεγονέναι θεσπίζει.

[18] *Ibid.* 15,32-43.

[19] *Ibid.* 15,41 (GCS Eus. 6, 179,34-180,1): οὐ γεώδει καὶ ἀνθρωπίνῳ μύρῳ, θεοπρεπεῖ δέ τινι καὶ ἐνθέῳ ἀρετῇ τε καὶ δυνάμει ἱερᾶσθαι καθεσταμένη τῷ ἐπὶ πάντων θεῷ.

[20] *Ibid.* 15,39: Melchisedech ist dem Abraham überlegen, weil er ihn segnet; cf. *Gen* 14,18f.; *Hebr* 7,7.

dene ist, sondern von ihm gezeugt, und daß er andererseits keinesfalls auf gleicher Ebene wie die Menschen steht, sondern ihnen weit
überlegen ist.[21] Nach einem kurzen Rekurs auf die prophetische
Schau des Mose und *Ex* 25,40[22] mündet die Argumentation in
die Auslegung von *Ps* 44, mit dessen Hilfe Eusebius die Mittlerstellung des Sohnes zu präzisieren sucht. Die Deutung des Psalms, in
dem David den Angesprochenen 'Gott', 'König' und 'Christus'
nenne,[23] faßt die voraufgehenden Ausführungen zusammen und
gipfelt in dezidierten Aussagen zur Gottheit Christi, deren Kenntnis
unerläßlich ist, um die weitere Argumentation mit den Versen im
arianischen Streit zu verstehen.[24]

Hier formuliert Eusebius im Zusammenhang des Kapitels erst-
mals klar, daß dieser Geliebte[25], von Gott Gezeugte von Gott-
Vater selbst aus Gründen, die sich aus dem Bisherigen ergäben, mit
Öl, dem Symbol für die Einfachheit und Einheit des Ungezeugten,
gesalbt worden und Gott sei. Eusebius erläutert die Gottheit des
Sohnes mit Hilfe grammatischer Analysen beim Vergleich der verschiedenen Versionen:[26] Die LXX-Fassung zeige, daß 'Gott' und
'Christus' angesprochen seien. Deutlicher sei die Version nach
Aquila, der in *Ps* 44,7a statt ὁ θεός den Vokativ θεέ setze und damit
Mißverständnisse über den Angesprochenen vermeide. Entscheidend aber sei die hebräische Variante, die diesen Vokativ auch in
44,8b bevorzuge: Die Unterscheidung zwischen ὁ θεός und θεέ sei
in der hebräischen Unterscheidung zwischen *Elohim* und *Eloach*
grundgelegt.[27] Auf der Basis dieser Analyse paraphrasiert er den

---

[21] Zum Unterschied des γέννητος Christus von den γέννητα der Schöpfung cf.
ibid. 15,15.19.47; 16,3.13 u.ö.; cf. Luibhéid 31-35 u.ö.
[22] *DE* IV 15,44-46.
[23] *Ibid.* 15,48 (GCS Eus. 6, 180,30); cf. bei Justin: θεός, χριστός, προσκυνητός.
[24] Eusebius übergeht an dieser Stelle *Ps* 44,2b-6, ordnet aber in *DE* V 2,5-9 *Ps*
44,3b-6 (hier im Anschluß an die syntaktische Zuordnung des Origenes) vorberei-
tend *Ps* 44,7-8 zu: Die Verse zeigten, daß Jesus Christus wunderbar und besser als
die Menschen sei, weil er nicht durch militärische Gewalt, sondern durch 'Wahrheit, Milde und Gerechtigkeit' die bösen Mächte besiegte und weil seine Lehre sich
durch die Gnade seiner Lippen innerhalb kürzester Zeit überallhin verbreitete.
[25] In *DE* V 1,28 (GCS Eus. 6, 216,7/9) erläutert Eusebius ἀγαπητός durch *Mt*
3,17 und ordnet den Titel damit der Offenbarungsfunktion des Sohnes zu; ähnlich
In Ps 44,1.
[26] *DE* IV 15,57-61.
[27] Eusebius korrigierte häufig die LXX-Texte; i.a.bevorzugte er die Version,
die am besten zu seinen messianischen Vorstellungen paßte, cf. Wallace-Hadrill
62.

Gehalt der Verse wie folgt: 'Du, o Gott (θεέ), liebtest das Recht und haßtest Unrecht, eben deshalb salbte dich, o Gott (θεέ), der höchste und Größere und dein Gott selbst (ὁ [. . .] σου θεός)'.[28] Er liest damit die schon von Origenes benutzte und auf antiken Grammatiktheorien zum Gebrauch des Artikels gründende Unterscheidung zwischen dem höchsten und ungewordenen Gott (ὁ θεός) und dem von ihm gezeugten Logos-Gott (θεός),[29] der nur 'zweiter Gott'[30] ist, in den Psalm hinein, um auch auf diesem Weg die Mittlerstellung des Logos und Gesalbten zwischen Gott und Schöpfung aus den Psalmversen aufzuzeigen.

Das Problem, das die 'Tugend' Christi (*Ps* 44,8a) als Voraussetzung für die Salbung[31] stellt, vertieft er nicht weiter. Er schreibt sie unreflektiert dem Logos zu, nicht etwa dem angenommenen Fleisch; das geht aus seinem Verständnis der Salbung hervor und entspricht seinen christologischen Vorstellungen, die auf einem *Logos-Sarx*-Schema, das keine menschliche Seele Jesu kennt[32], basieren. Der im Fleisch erschienene Logos ist es, der durch seinen Gehorsam Gottes Wohlgefallen erreicht und den Menschen die Rückkehr ermöglicht.[33]

Die Bedeutung der Salbung wird nicht ganz klar: Es ist der Logos, der mit der väterlichen δύναμις gesalbt wird, ohne daß das Verhältnis dieser Salbung zur innergöttlichen Zeugung problematisiert würde. Sie bezieht sich in ihrer Funktion als Einsetzung und Sendung offenkundig auf sein gesamtes Wirken[34] in der *oikonomia*[35], als Schöpfungsmittler, als Offenbarungsmittler in den alt-

---

[28] *DE* IV 15,59 (GCS Eus. 6, 183,1/5): ἠγάπησας, ὦ θεέ, τὸ δίκαιον καὶ ἐμίσησας τὸ ἀσέβημα· διόπερ ἐπὶ τούτῳ ἔχρισέν σε, ὦ θεέ, ὁ ἀνωτάτω καὶ μείζων αὐτὸς ὁ καὶ σοῦ θεός, ὡς εἶναι καὶ τὸν χριόμενον <θεὸν> καὶ τὸν χρίοντα πολὺ πρότερον, πάντων μὲν ὄντα θεὸν καὶ αὐτοῦ δὲ διαφερόντως τοῦ χριομένου.

[29] Cf. Orig., *Com.Ioh.* II 2-3; dazu Lorenz, *Arius judaizans* 76; Rowe 45f.; N. Brox, 'Gott'—mit und ohne Artikel. Origenes über *Joh* 1,1, in: Bibl.Not. 66 (1993) 32-39. Cf. Neuschäfer 203-207; Apollonios Dyskolos, *De synt.* 1,37-49.

[30] Cf. *DE* V 1,28 (GCS Eus. 6, 215,24f.): [. . .] καὶ τοῦτον μετὰ τὸν ἀνωτάτω θεὸν βασιλέα ὁμοῦ καὶ χριστὸν καὶ θεὸν δεύτερον ἀναγορεύει.

[31] In *DE* IV 16,47-49 ebenfalls nur angedeutet; *DE* V 2,1 (GCS Eus. 6, 216,34-217,2) spricht von der Vollkommenheit seiner Tugend: κατ' ἀρετὴν τελείωσις; ähnlich *HE* I 3,14f. (GCS 2, 34,20-35,2, T. Mommsen, 1903).

[32] Cf. Grillmeier I 312-321; Berkhof 119-126; H. de Riedmatten, Les actes du procès de Paul de Samosate, Freiburg/Schw. 1952, 68-81; Farina 78-81.

[33] Cf. Grillmeier I 316-319.

[34] Cf. μύρον als Symbol für die ἐπίνοιαι, s.o. S. 159f.

[35] *Oikonomia* ist bei Eusebius noch nicht eingeschränkt auf das Wirken in der Heilsgeschichte in Absetzung von der innertrinitarischen *theologia*; cf. Marcus 57f.

testamentlichen Prophetien und in seiner Inkarnation. Daß der
'Geist' des Vaters auf den Sohn übergeht, ist aber bereits in seiner
Zeugung angelegt. Umgekehrt: Macht erst die Salbung mit der
väterlichen *Dynamis* den Logos-Sohn zu Gott? Eine Trennung
zwischen Salbung und Zeugung ist kaum möglich,[36] höchstens auf
logischer Ebene: Die Tatsache, daß der Vater den Sohn salbt,
impliziert einen Vorrang des Sohnseins vor dem Gesalbt-sein.[37]
Ebensowenig thematisiert Eusebius eine Salbung des Menschen
Christus.[38] Vor dem Hintergrund der Theorie, daß der Logos als
Subjekt einen Leib ohne Seele annimmt, stellt sich die Frage nicht:
Die Salbung und Sendung des Logos gipfelt in der letzten Theo-
phanie der Inkarnation; es ist nicht einsichtig, daß es dazu einer
Wiederholung des symbolischen Akts bedürfte.[39] Dazu paßt die
geringe Bedeutung, die den μέτοχοι—er scheint damit nur die vor
Christus als χριστοί Bezeichneten zu meinen[40]—in der dogmatischen Auslegung des Verses zukommt: Christus ist als Logos, der
das Fleisch wie eine äußere Hülle angenommen hat, den γεννητά
der Schöpfung unendlich überlegen.[41] Seine 'Menschheit' ist demzufolge nur von untergeordneter Bedeutung für sein 'Heilswerk',
die Wiederherstellung der Harmonie des Kosmos,[42] zu der auch
gehört, dem Menschen Anteil am göttlichen Geist, Gotteserkenntnis, Befreiung von der Sünde zu vermitteln.[43]

---

[36] Cf. Orbe, La Unción 578 plädiert für ein Zusammenfallen von Zeugung und
Salbung.

[37] Cf. Weber 62; er verweist auch darauf, daß meist der Christus-Titel als dritter nach 'Gott' und 'Herr' genannt werde.

[38] *DE* IV 16,50-52 zitiert er *Lk* 4,20-21 ohne diesbezüglichen Kommentar.

[39] A. Weber, Die Taufe Jesu im Jordan als Anfang nach Eusebius von
Caesarea, in: ThPh 41 (1966) 20-29, Zusammenfassung 28f., schlägt eine noch-
malige Salbung als unsichtbare geistige Realität vor, relativiert aber: Zu verstehen
sei das vor dem Hintergrund der absoluten Herrschaft des Logos über das menschliche Fleisch in Jesus Christus. Insofern spreche Eusebius von ihm als Menschen
nur in seiner göttlichen Natur; cf. Wallace-Hadrill 116-119. Das heißt nicht, daß
Eusebius als Vorläufer des Apollinaris mißverstanden werden darf; er trennt sehr
klar zwischen göttlichem Logos und menschlichem Fleisch, cf. Berkhof 120-124
u.ö.

[40] *DE* IV 15,62 (GCS Eus. 6, 183,17/19).

[41] *Ibid.* 15,47.63.

[42] Berkhof 119f.; 123-126: Jesus Christus ist Teil und Gipfel der kosmischen
Vorsehung; 126-129: Eusebius hebt auf die Lehre, nicht auf die Person ab. De
Riedmatten 73f.; Weber 175f. u.ö.; Farina 78-81. Cf. dazu beispielsweise *DE* IV
12, die Gründe für die Kreuzigung.

[43] S.o. zur Bedeutung der Inkarnation. In *Ecl.Proph.* (= *Intr.*) IV 31 (PG 22,
1256D, cf. A) preist Eusebius in seiner Deutung zu *Jes* 61,1-3 geradezu enthu-

Eusebius identifiziert mittels der prosopologischen Exegese den göttlichen Logos mit dem Christus. Der aus dem Vater Gezeugte wurde von diesem gesalbt, d.h. in seine Aufgaben als Mittler der Schöpfung und Erlösung eingesetzt. Mit Hilfe der sorgfältigen Analyse des Begriffs der Salbung in der Hl. Schrift, zeigt er an ihm Stellung und Funktionen des 'Zweiten Gottes' zwischen dem ungewordenen Gott und der Schöpfung auf. Die von Origenes entwickelte christologische Bedeutung im engeren Sinn rezipiert er nicht.

b) Das Problem der Veränderlichkeit Christi in den arianischen Deutungen

Die arianische Exegese scheint die Probleme der traditionellen Deutung von *Ps* 44,7-8 als Beweis für die Gottheit Christi zu verschärfen. Aus der frühen Phase sind keine arianischen Textzeugnisse erhalten, aber schon Alexander argumentiert gegen Arius mit diesen Versen. Ausführlich setzten sich Athanasius und Hilarius mit der dogmatischen Exegese der Stelle auseinander.[44] Außerdem sind in den späteren lateinischen arianischen Quellen fragmentarische Deutungen überliefert. Die Rekonstruktion der arianischen Argumentation ist, zumal angesichts der desolaten Quellenlage, was die Christologie betrifft, nicht ganz einfach.

– Dreh- und Angelpunkt ihrer Interpretation ist das 'deshalb' nach *Ps* 44,8a: Es setze voraus, daß der Angesprochene aufgrund einer besonderen Tugend gesalbt wurde, daß er demzufolge ein wandelbares Geschöpf sei, das sich besondere Verdienste erwarb, das aber in freier Entscheidung auch anders hätte handeln können.[45]

– Gesalbt, damit gleichsam erhöht und in eine bestimmte Aufgabe eingesetzt werden könne nur ein Geschöpf, nicht der vollkommene und unwandelbare Gott.[46] Das Argument ist alt.[47] Mög-

---

siastisch die Befreiung der Gefangenen durch den Gesalbten: Sie würden nun gleichfalls mit dem 'Öl der Freude' gesalbt und so Teilhaber seiner Salbung und seiner Königsherrschaft. Diese Aussagen sind aber eschatologisch, nicht ontologisch zu verstehen; cf. Irenäus, *Haer.* IV 33,11.

[44] Alex., *Urk.* 14,10-14; Ath., *Ar.* I 37.46-51; Hil., *Trin.* XI 10. 18-20. Gregg —Groh 14f. sehen im Zusammenhang ihrer These von der zentralen Bedeutung der Soteriologie (s.u. S. 167f.) in *Ps* 44,8 einen der wichtigsten arianischen Schriftbeweise.

[45] Ath., *Ar.* I 35 u.ö.; Alex., *Urk.* 14,11-14; Asterius, *Fragm.* 45 (Vinzent 110). Cf. Cyrill v. Alex., *Thes.* XX, s.u. III 4.2.1.b.

[46] Ath., *Ar.* I 46.

[47] S.o. Tertullian, *Marc.* III 15,6; cf. auch Cyrill v. Alex., *In Ioh.* II 1 (1,32-33) (116e-117a).

licherweise spielte es eine Rolle in der adoptianistischen Christologie Pauls von Samosata.[48] Umgesetzt wurde es von Origenes mit
Hilfe seiner Theorie von der präexistenten Seele Jesu.

– Weiterhin deutete man die Formulierung 'dein Gott' auf eine
Abhängigkeit von Gott-Vater, die der der Geschöpfe zumindest
ähnlich, wenn nicht gleich sei.[49] Dahinter steht die Theorie, daß
das Possessivpronomen eine Abhängigkeit und damit eine Unterordnung voraussetzt.

– Schließlich diskutiert Athanasius noch den Einwurf, daß die
doppelte Bestimmung von Ps 44,8a nicht zur Einfachheit Gottes
passe, mithin ebenfalls auf Wandelbarkeit schließen lasse.[50] Das
Argument dürfte vor dem Hintergrund christianisierter neuplato-
nischer Theorien zu sehen sein, die die Plotinische Lehre vom
Einen, das jenseits aller Vielheit und aller Gegensätze stehe, für die
Gottesvorstellung adaptierten.[51]

– Mit der gebotenen Zurückhaltung angesichts unterschiedlicher theologischer Milieus lassen sich diese Punkte aus Texten
westlicher Arianer ergänzen,[52] die die frühen arianischen Ansätze
auf biblischer Grundlage weiterentwickelten und mit den unten
zu erörternden neuarianischen Theorien außer der Opposition gegen das *homoousios* nicht viel gemeinsam haben. Die Verfasser des
anonymen *Lukas-Kommentars*[53] und der in der *Collectio Veronensis*
überlieferten Schrift *Contra Iudaeos*[54] bestätigen, daß nach *Ps 44,8*

---

[48] Einige der ihm zugeschriebenen Fragmente, deren Authentizität heute aber
weithin abgelehnt wird, bezeugen, daß der Mensch gesalbt werde, nicht Gott bzw.
der Logos; cf. Fragm. 6; 8; 25-27 (De Riedmatten 137; 138; 153). Plausibel wäre
eine solche Argumentation durchaus in Reaktion auf die Schriftbeweise im
Hymenäusbrief, s.o. I 2.2.d; cf. Williams, Arius 160f. Zur Diskussion um die Echtheit der Fragmente zuletzt A. Grillmeier, in: ThPh 65 (1990) 392-394 mit knappem
Forschungsbericht.
[49] Hilarius, *Trin.* XI 10, cf. 18-20, mit *Joh* 20,17; dieser Vers erscheint auch in
der massiv arianisierenden *II. Sirmischen Formel* von 357 als Schriftbeweis für die
Unterordnung des Sohnes: Hahn 199-201, 200,4/6: *duos autem deos nec posse nec debere
praedicari, quia ipse Dominus dixit: 'ibo ad patrem meum et ad Patrem vestrum, ad Deum
meum et ad Patrem vestrum'.* Zu der Stelle: Cf. A. Martinez Sierra, La prueba escriturística de los Arrianos según Hilario de Poitiers, in: MCom 41 (1964) 293-376;
42 (1964) 43-153, 116-118; Van Parys 171-179.
[50] Ath., *Ar.* I 51f.
[51] Cf. zu Plotin, Mortley, From Word to Silence II 46f. Zu neuplatonischen
Einflüssen auf den Arianismus s.o. I 1.1.b, S. 135.
[52] CChr.SL 87, R. Gryson, 1982; dazu Meslin; Simonetti, Arianesimo latino.
[53] CChr.SL 87, 197-225; über ihn ist fast nichts bekannt, Gryson, *ibid.* XXIII;
Meslin 135-149; Simonetti, Arianesimo latino 691.
[54] CChr.SL 87, 1-145; zur Diskussion um Maximinus als möglichen Verfasser
Meslin 105f.; Gryson IX. Zur Theologie der Schrift Meslin 372-375.

Christus, insofern er Gott ist, gesalbt wurde,[55] möglicherweise im Zusammenhang mit zukünftigen Verdiensten.[56] Maximinus betont eigens, daß das vor der Inkarnation geschehen sei, da bei der Taufe im Jordan keine Salbung erwähnt werde.[57]

Die entscheidende Frage ist, wie der 'Fortschritt' des Gesalbten zu verstehen ist. Alexander und Athanasius warfen Arius eine adoptianistische Christologie und Lehren in der Tradition Pauls von Samosata vor, weil er ein Verdienst Christi, eine besondere Bewährung voraussetze, die auf der Grundlage ihrer Ontologie nur für ein Geschöpf denkbar ist.[58] In modifizierter Form stützen sich Gregg und Groh mit ihren Thesen zur soteriologischen Bedeutung des Arianismus, u.a. unter Berufung auf die Deutung von *Ps* 44,7f., auf die Aussagen über das Vorankommen und die Bewährung Christi. Der Sohn und Logos sei Geschöpf wie wir, *exemplum*, das wegen seiner Fortschritte und der Vervollkommnung seiner Tugend 'Anteil' an Gott erhalte. Diese *participatio* sei ethisch aufzufassen, nicht substantiell, und die Salbung als Begnadung und Einung mit Gott sei jedem Menschen möglich.[59]

Dagegen stehen aber die Zeugnisse des Arius selbst, die den Sohn als unverändert vollkommenes Geschöpf, das vor allen Zeiten geschaffen wurde und von allen anderen Geschöpfen zu unterscheiden ist, als Schöpfungsmittler und Weisheit, als ἀρχή, bezeichnen.[60]

---

[55] *Com. Luc.* 4,18 (CChr.SL 87, 212, 143ᵛ,3/12): '*Propterea uncxit me' propter praeterita, praesentia et factura omnia beneficia, quae primum Galilaeis et post haec toto intulit mundo. Deus ante saecula uncxit me deum: 'Propterea uncxit te deus deus tuus'.* [. . .]; *C. Iud.* 3,3 (97, 81ʳ, 21/24): *Vides quia ad deum loquens dicebat ei: 'Uncxit te, deus, deus tuus', id est te filium uncxit pater tuus illo unguento aeterne laetitiae, aeterni sacramenti et caelestis mysterii.*

[56] *Com. Luc.* aaO.: Die Wiederholung von *propterea* läßt darauf schließen, daß der Verweis auf die vergangenen, gegenwärtigen und zukünftigen Verdienste nicht nur für die Sendung zu den Galiläern, sondern auch für die erste Salbung und Beauftragung als Gott gilt.

[57] *Coll.* 14,16 (PL 42, 734); entstanden 427/428.

[58] Alex., *Urk.* 14, 10-14.35.4; Ath., *Ar.* I 38f. Zur Diskussion cf. Hanson, The Search 70-72; Williams, Arius 159-162.

[59] Gregg—Groh, v.a.13-31; 50-70 (dort auch Auseinandersetzungen mit der Deutung von *Ps* 44,8); 108-117. Sie interpretieren den Arianismus soteriologisch vor dem Hintergrund der stoischen Philosophie und der Bibel. Dagegen Hanson, The Search 96-98: Es findet sich keine stoische Terminologie in den arianischen Zeugnissen, sondern die Sprache der Bibel, des Aristoteles und des Platonismus; wie kann es einen moralischen Fortschritt geben, wenn der Sohn von Anfang an die Gnade im Blick auf seine künftigen Verdienste hatte; der Sohn kann nur insofern Beispiel menschlichen Erreichens der Vollkommenheit sein, als er selbst nicht Mensch ist.

[60] *Urk.* 1,4 (3,3); 6,2-4; die 'Referate' des Athanasius aus der *Thalia* in *Ar.* I 5-6 u.ö. behaupten das Gegenteil.

Nimmt man sie ernst und berücksichtigt zudem die terminologischen Ungenauigkeiten in den genannten Referaten von Alexander und Athanasius, in denen allgemein von 'Christus' oder 'Sohn' die Rede ist, jedenfalls nicht explizit vom Menschen, läßt sich weder die These, daß Arius bzw. die Arianer eine wie immer geartete adoptianistische Christologie vertreten hätten, noch die Theorie eines 'Fortschritts' des Logos[61] halten. Die Christologie des Arius basiert, wie die des Athanasius oder Apollinaris, auf einem *Logos-Sarx*-Modell: Der göttliche Logos nahm lediglich einen Leib an, der Mensch Jesus Christus war also nicht bloß Mensch, sondern dadurch, daß der Logos sich mit ihm verbunden hatte, ein herausgehobenes Wesen. Von einer menschlichen Seele ist nicht die Rede.[62] Im Zentrum, auch der Schrifthermeneutik, steht der Logos als vor aller Zeit geschaffenes Mittelwesen zwischen Gott und Menschen. Als solches ist er zwar dem Vater untergeordnet, aber faktisch unwandelbar.[63] Ein Fortschreiten in der Tugend, das schließlich mit einer Salbung 'belohnt' würde, ist deswegen, v.a. aber aufgrund seiner Funktion als Schöpfungsmittler, auszuschliessen.[64]

Eine Lösung, die die prinzipielle Wandelbarkeit des Logos ebenso berücksichtigt wie seine faktische Unwandelbarkeit, dürfte im Vorauswissen Gottes zu suchen sein: Der Logos wurde vor aller Zeit geschaffen, erwählt und erhöht in einem, im Wissen, daß er seine Aufgabe als Mittler von Schöpfung und Erlösung erfüllen würde.[65]

---

[61] Gregg-Groh 164-168; dagegen Williams, Arius 115; 158-167.

[62] Cf. die ps-athanasianische Schrift *Contra Apollinarem* 2,3 (PG 26, 1136C-1137A): Arius bekenne sich zum Fleisch Christi allein, das die Gottheit verberge; anstelle des uns inneren Menschen, also der Seele, sei der Logos in das Fleisch gekommen; Arius schreibe die geistige Erfahrung des Leidens und den Aufstieg aus der Unterwelt der Gottheit zu. Zur arianischen Christologie Grillmeier I 374-382; Hanson, The Search 117f.; 112-116. Nach Grillmeier ist die christologische Konzeption des Arianismus in mehreren Zügen der des Apollinarismus verwandt: Der Logos nimmt Fleisch an und ersetzt die menschliche Seele; Jesus Christus kann zum erlösenden Vorbild werden, gerade weil er nicht Mensch ist, sondern mehr. Kritik an dieser These neuerdings von Böhm 64-66, weil es in den frühen arianischen Texte keine Belege dafür gebe.—Wie für Athanasius war den Arianern die menschliche Seele noch nicht zum Problem geworden.

[63] S.o. II 1.1.b.

[64] Cf. Williams, Arius 112-115; cf. 158-167.

[65] Williams, Arius 160f.—Plausibel ist die These auch im Vergleich zum Origenischen System: Die Salbung der wandelbaren präexistenten Seele mit dem Logos bedingt ebenfalls ein Vorauswissen, daß diese Seele nicht mehr 'abfallen' werde. Zu den Parallelen s. Lorenz, *Arius judaizans* 211-224. Vermutlich greifen

Vom Logos systematisch streng getrennt wird—wie bei Origenes—
die *Sarx*, die er in der Inkarnation annimmt, um so den Menschen
ein sichtbares Beispiel der 'Tugend' und der Erlösung zu geben.

Das umstrittene 'deshalb' nach *Ps* 44,8a, das Eusebius in seiner
Deutung umging, ist vor diesem Hintergrund mit dem Vorauswissen Gottes zu begründen, daß der Logos sich auch nach der Annahme des Fleisches der ihm verliehenen Salbung und Sendung als
würdig erweisen und so zum vollkommenen Mittler der Gnade und
Bild des Göttlichen werden würde.[66] *Ps* 44,7 wäre im Rahmen
einer arianischen Deutung auf die *Epinoiai* des geschaffenen Logos,
die ihm übertragenen Titel und Funktionen zu beziehen;[67] Vers 8a
bezeichnete die Tatsache, daß sich der Logos kraft freier Entscheidung nicht von Gott abwandte. Weil Gott das voraussah, salbte
er ihn von vornherein, d.h. gab ihm Anteil am Göttlichen und setzte
ihn als Mittler der Schöpfung und der Erlösung ein; er sandte ihn,
Fleisch anzunehmen und als Mittler und Mittelwesen den 'Gefährten', den ebenfalls geschaffenen Menschen, die 'Tugend', die uner-
schütterliche Treue zu seiner Sendung exemplarisch vorzuleben.

Methodisch gründet die arianische Exegese auf einer sorgfältigen
Analyse der grammatischen und syntaktischen Zusammenhänge
der Verse, der prosopologischen Exegese—in beiden Versen ist der
Logos angesprochen—und in der Reflexion auf die Bedeutung der
einzelnen Begriffe und Bilder. Ausgangpunkt ist eine logoszen-
trierte Hermeneutik: Alle Schriftstellen, die vom Sohn handeln,
sind auf den einen geschaffenen und von Gott gesalbten Logos zu
beziehen.

---

beide auf dieselben geistigen Quellen zurück, wobei das Origenische System aus-
differenzierter ist, cf. Williams, Arius 144-148.

[66] Cf. Alexander, *Urk.* 14,12 (Opitz 21,18f.); Williams, Arius 112f.; Asterius,
Fragm. 45, bestätigt diese These, s.a. den Kommentar des Herausgebers M.
Vinzent, Asterius von Kappadokien, Die theologischen Fragmente, Leiden 1993,
253-255.

[67] In dem anonym überlieferten *Com.Luc.* wird zu der Gott-Vater untergeord-
neten Herrschaft des Sohnes neben *Spr* 16,12 und *Ps* 92,2 auch *Ps* 44,7a zitiert: *ibid.*
1,32 (CChr.SL 87, 205, 29ʳ 1/10): *Sicut ante saecula sedem dedit non sibi conparem, sed
subiectam rex regalem constituens, pater filio affectualem, non aequalem, de qua sancti clamant:
'Cum iustitia paratur sedes principatus', et: 'Sedes tua, deus, in saeculum saeculi', et: 'Parata
sedis tua ex tunc, a saeculo tu es', ita et in saeculum dedit sedem rex regalem, ut rege sedente
uitia conculcentur, uirtutes saluentur.*

2.2 DER TRADITIONELLE SCHRIFTBEWEIS FÜR DIE GOTTHEIT CHRISTI UND SEINE GRENZEN—APORIEN DER GRAMMATISCHEN ARGUMENTATION

a) Gottheit Christi und Einheit Gottes: Hilarius, De trinitate IV

Das vierte Buch von *De trinitate*[68] soll die Gottheit des Sohnes angesichts des Glaubens an den einen Gott demonstrieren[69] und greift dabei im zweiten Teil auf die traditionellen alttestamentlichen Schriftbelege zur Präexistenz des Gottessohnes zurück.[70] Hilarius argumentiert auf der Grundlage der Person-Exegese, einer *discretio* bzw. *distinctio personarum*[71], die gleichwohl den gleichen Namen tragen: Gott-Vater und der Sohn, der 'Engel Gottes' (*Jes* 9,6), werden als 'Herr' und 'Gott' bezeichnet. Im Unterschied zu Tertullian genügt das aber als Nachweis für die Gottheit nicht mehr. Nur insofern sie ein Bekenntnis (*confessio*) des Patriarchen darstellt, ist die Anrede Hilarius zufolge geeignet, die Natur des göttlichen Logos zu bezeugen.[72] Die Verknüpfung des prosopologischen Arguments mit der Kategorie des Bekenntnisses illustriert ähnlich wie die Formulierung des Athanasius von der 'rechten Bedeutung'[73] den veränderten Diskussionsstand. Grammatische, exegetische und sprachliche Argumente für sich genommen genügen nicht mehr. Das Korrektiv der kirchlichen Auslegungstradition fließt direkt in die Deutung ein und stellt nicht mehr nur den allgemeinen Rahmen dar.

---

[68] CChr.SL 62-62A, P. Smulders, 1979-1980; Buch I-III entstanden vor, IV-XII während des Exils, P. Galtier, S. Hilaire de Poitiers, Paris 1969, 35f.

[69] *Trin.* IV 1-14 wird das Problem entfaltet: Mißverstehen des ὁμοούσιος; Bekenntnis der Kirche (nach *1 Kor* 8,6); Schriftbeweise und Irrlehren der Arianer (Hil. zitiert *Urk.* 6, den Brief an Alexander); IV 15-22: *Dtn* 6,4; *Gen* 1,1-3.26-27; *1 Kor* 8,6; *Spr* 8,28-31 u.a.—Zum Argumentationszusammenhang C.F.A. Borchardt, Hilary of Poitiers's Role in the Arian Struggle, Den Haag 1966, 53-59.

[70] *Trin.* IV 23-42; zur Bedeutung dieser Testimonien in der aktuellen Diskussion cf. die Anathematismen der *I. Sirmischen Formel* von 351 (Hahn 196-199): Die Nummern 14-18 verweisen auf *Gen* 1,26; 18; 19,24; 32; *Ps* 109,1, in Auseinandersetzung mit dem Sabellianismus und Marcellianismus.

[71] *Trin.* IV 23; 24 u.ö.—cf. Smulders 214-217; 287f. zum Person-Begriff: Er scheint ihn ohne eigene Reflexion als selbstverständlich vorauszusetzen, im Sinn einer *res sibi subsistens*; Drobner, Person-Exegese 200-206.

[72] *Trin.* IV 26 (CChr.SL 62, 129,9-130,14); cf. 27; 28 u.ö. Wichtig für den Zusammenhang von *nomen—natura—confessio*: IV 26; cf. I 27, wo er *nomen, nativitas, natura, potestas, professio* als die wesentlichen Kriterien für die Göttlichkeit des Sohnes aufzählt.

[73] S.u. II 2.3.a, S. 174f.

Nach Belegen aus dem Pentateuch[74] eröffnet Hilarius die Reihe der Prophetenzitate[75] mit *Ps* 44,7-8b[76], um die Unterscheidung zweier Personen, die Gott genannt werden, zu beweisen.[77] Während für den Nachweis der Existenz die Anrede genügt, stützt er sich für ihr Verhältnis auf das Possessivpronomen. In *Ps* 44,8b sei zwischen einem Salbenden und einem Gesalbten zu differenzieren; aus den voraufgehenden Versen erhelle, daß beide, der *auctor* und der, der aus dem *auctor* sei, 'Gott' seien, ohne daß sich vom Namen oder vom Wesen her Unterschiede nachweisen ließen.[78] *Tuus* bezeichne das Verhältnis zwischen beiden: Gott sei aus Gott,[79] sie seien also nicht beide *innascibiles* (cf. *Jes* 43,10), aber trotzdem von gleicher Natur und Würde,[80] zumal der aus Gott Geborene immer auch in Gott sei und beide so eine vollkommene Einheit darstellten.[81] Die Salbung als solche behandelt er ebensowenig wie den höchst problematischen Begriff *meritum*. Zentrales Anliegen ist es, die Einheit Gottes, die der Westen energisch gegen die als Tritheismus verstandene Origenische Hypostasenlehre verteidigte, und den Eigenstand der göttlichen Personen—der Geist spielt dabei nur eine untergeordnete Rolle—zu vereinbaren.[82]

---

[74] *Gen* 16,9f. 13; 18,10-26; 19,24; 21,1f. 17f.; 28; 35; *Ex* 3,14; *Dtn* 32,39; 33,16. Weitere Testimonien: *Trin.* V 7-24.

[75] *Ibid.* IV 35-42, außer *Ps* 44: *Jes* 43,10; *Hos* 12,18; *Jes* 45,11-16; *Bar* 3,36-38; *Jer* 17,9. Besonders die letzten drei Stellen sind in den älteren Testimoniensammlungen (Tertullian, Cyprian, Lactanz u.a.) häufig belegt.

[76] Abgekürzt zitiert, cf. Irenäus, *Haer.* III 6,1; Tertullian, *Prax.* 13,1.

[77] Die Terminologie ist eher rational: *demonstrare, ratio*; Termini aus der Grammatik.

[78] *Trin.* IV 35 (CChr.SL 62, 138,4-139,18): *Discerne ad legentis intelligentiam unctum et unguentum. Distingue te et tuus. Ad quem et de quo sit sermo demonstra. Superioribus enim dictis hic confessionis ordo subiectus est. Dixerat namque: Sedes tua, Deus, in saeculum saeculi; uirga directionis tuae uirga regnis tui. Dilexisti iustitiam et odisti iniquitatem. Nunc quoque his adiecit: Propterea unxit te, Deus, Deus tuus. Deus ergo regni aeterni ob meritum dilectae iustitiae et perosae iniquitatis a Deo suo unctus est. Numquid intelligentiam nostram aliqua saltem nominum interualla confundunt? Nam discretio tantum personae in te et tuus posita est, in nullo tamen naturae confessione distincta. Tuus enim relatum est ad auctorem, te uero ad eius qui ex auctore est significationem. Est enim Deus ex Deo, profeta eodem ordine confitente: Vnxit te, Deus, Deus tuus.*

[79] *Deus ex Deo.* In Buch V führt er den Nachweis, daß *deus* den *deus verus* meint.

[80] *Trin.* IV 35 (139,29/31): *designata uidelicet et auctoris et ex eo geniti significatione, uno eodemque dicto utrumque illum in naturae eiusdem et dignitatis nuncupatione constituit.*

[81] *Ibid.* 35 (CChr.SL 62, 139,26f.): *Et idcirco Deus eius est, quia ex eo natus in Deum est.* S.a. *Trin.* VIII 18. 26f.; X 19 u.ö.—Cf. Smulders 255-262; wichtig für die Trinitätslehre außerdem Galtier 87-107; Moingt, La théologie trinitaire de S. Hilaire 159-173.

[82] Cf. das von den westlichen Bischöfen als Kompromißformel formulierte *Ser-*

Das Pronomen stellt in diesem Fall ein Korrektiv für ein mögliches ditheistisches Verständnis dar. Unter der Voraussetzung, daß der Sohn geschaffen, mithin Sohn aus Gnade ist, läßt sich das Argument gerade in das Gegenteil verkehren. In dieser Funktion nutzen es die Arianer als Schriftbeweis,[83] und damit setzt sich Hilarius im XI. Buch ausführlich auseinander. Während in *Trin.* IV das Possessivpronomen die göttliche Natur des aus dem Vater geborenen Sohnes demonstriert,[84] wird es in *Trin.* XI gegen die arianische Interpretation und in Verbindung mit den im IV. Buch nicht genannten *participes* auf sein Menschsein ausgelegt.[85] Im theologischen System des Hilarius sind tatsächlich beide Varianten möglich. Wenn er Gottsein und Menschsein Jesu Christi an ein und derselben Formulierung aufzeigen kann, bietet er überdies einen subtilen Nachweis, daß ein und derselbe Gott und Mensch, *forma Dei* und *forma servi*, ist. Das freilich reflektiert Hilarius nicht. Und insofern machen die beiden unverbunden nebeneinander stehenden Argumentationen um so schärfer deutlich, daß die Funktion der grammatischen Analyse ausschließlich von den theologischen Prämissen abhängt. Vor diesem Hintergrund aber gewinnt eine Begründung, die sich auf die *confessio* oder *professio* auch der alttestamentlichen Gestalten stützt, an Gewicht. Damit aber werden zusehends auch andere Formen theologischen Sprechens für die dogmatisch-exegetische Diskussion relevant.

b) Die Mißverständlichkeit des grammatischen Arguments: Potamius von Lissabon

Von Potamius von Lissabon, von Phoebadius beschuldigt, maßgeblich an der *II. Sirmischen Formel* (357) beteiligt gewesen zu sein, und nicht nur von ihm des Arianismus verdächtigt,[86] sind zwei Briefe

---

dicense (Hahn 188-190); P. Löffler, Die Trinitätslehre des Bischofs Hilarius von Poitiers zwischen Ost und West, in: ZKG 71 (1960) 26-36, v.a. 30-32.

[83] S.o. II 2.1.b.

[84] Zur Theologie der zwei Geburten cf. *Trin.* IX 5; X 6f. u.ö.

[85] S.u. II 2.3.c.

[86] Phoeb., *Ar.* 3,2; cf. Hil., *Syn.* 11; Faustinus, Marcellinus, *Libellus precum* 9,32 (CChr.SL 69, 368). Literatur: A. Montes Moreira, Potamius de Lisbonne et la controverse arienne, Löwen 1969; Simonetti, La crisi 285; Hanson, The Search 526-528; A. Wilmart, La lettre de Potamius à Saint Athanase, in: RBen 30 (1913) 257-285; Meslin 31-34. Seine Biographie ist unklar; die *II. Sirmische Formel* wurde wohl kaum von ihm verfaßt, wenn er sie auch unterschrieb, Wilmart 258f.; die For-

antiarianischen Inhalts überliefert. In der *Epistula de substantia*[87]
versucht er mit einer Vielzahl von Bildern und Vergleichen die
Homoousie des Sohnes zu begründen und greift dabei auch auf *Ps*
44,8 zurück.[88] Angelpunkt der Deutung ist das vielumstrittene
tuus, das auf die Zugehörigkeit zu einem Ganzen hinweise: Der Angesprochene gehöre als Teil zu dem, auf den er sich durch die Einheit erstrecke bzw. der sich aus seiner *substantia* auf ihn, seine *virtus*
erstrecke, ohne die die Substanz nicht sein könne. Folglich seien
Vater und Sohn zwar 'doppelte Person', aber eine Substanz, eine
Gottheit, die Voraussetzung für die Mittlerschaft Christi sei. Trotz
der Verteidigung der Gleichwesentlichkeit sind seine theologischen
Ausführungen aus der Sicht der nicaenischen Orthodoxie höchst
angreifbar: Formulierungen wie *tuus, hoc est, tibi deditus, cui ipse sis
mancipatus*[89] deuten, zumal sie in dem Brief nicht allein stehen, auf
eine Unterordnung des Sohnes, ohne die Frage zu beantworten, ob
sie ontologisch oder ökonomisch zu verstehen ist. Wenn Potamius
das Pronomen weiter mit einer sich erstreckenden Einheit von Sub-

---

schung ging zumeist von einem Wechsel zum Arianismus, vielleicht um 357, und
einer möglichen Rückwendung zur Orthodoxie nach der Synode von Rimini-
Seleucia 359 aus. Die beiden bislang als orthodox eingestuften Briefe wären dann
entweder vor 357 oder ab 359 entstanden; Montes Moreira 188f. will die Frage
nicht entscheiden; Simonetti plädiert für 359, Meslin für ein frühes Datum. Löhr
62 und Meslin 32f. zweifeln die Orthodoxie der Briefe, m.E. zu Recht, an; damit
werden die verschiedenen Konversionen hinfällig, die Datierung nicht klarer. Die
Frage ist, ob Potamius überhaupt mit Kategorien wie Häresie und Orthodoxie zu
fassen ist. Theologisch steht er in vornicaenischen Traditionen; seine Versuche,
den neuen Herausforderungen durch Bilder und Vergleiche gerecht zu werden,
sind nicht sehr überzeugend und vieldeutig.

[87] PLS 1, 202-216; er nennt u.a.biblische Belege für *substantia*; vergleicht die
Homoousie mit den zwei Gesetzestafeln des Mose, mit dem Gewand Christi oder
in Anlehnung an *Ps* 44,2c mit den zwei Spitzen einer Feder, *Ep.subst.* 20.28;
Ep.Ath. (Wilmart 282,80/82).

[88] *Ep. subst.* 10 (PLS 1, 206,14/34): *Et Dauid: 'Propterea unxit te deus, deus tuus',
inquit, hoc est, cui tu deberis. Tuus, inquit, uidebitur; tuus, inquit, partis tuae dimidium, cuius
est totus. Tuus inquit, hoc est, tibi deditus, cui ipse sis mancipatus. Tuus cui dicitur, aut suus
est qui aduenit, aut ipsius est iste cui frequenter occurrit. Deus tuus, inquit, scilicet cuius es,
ad quem pertines unitate, aut qui ex substantia pertinet ad te. Sed quia uirtus Patris est Filius,
uirtus ipsa ad substantiam pertinet suam, quia sine uirtute non potest esse substantia. Merito
una Patris et Filii substantia est. Cum deum de deo dicimus, proculdubio confitemur quia de
deo est quicquid de deo. Gemina persona, singularitas deitatis. Deus, inquit, tuus, hoc est, pars
tua, portio maiestatis, dimidium pietatis, una substantia, sicut et apostolus ait: 'Mediator dei
et hominis' (1 Tim 2,5).*

[89] *Ibid.* 10 (PLS 1, 206,18f.); cf. 19, wo er Christus einseitig als Instrument des
Vaters darstellt.

stanz und *virtus* erklärt,[90] liegt der Verdacht eines materialistischen Substanzbegriffs nahe, der in dem Streit um das Verständnis der Transzendenz Gottes und seines Sohnes auf wenig Gegenliebe stoßen dürfte. Angreifbar sind auch Formulierungen wie *pars, portio, dimidium pietatis*.[91] Sie weisen daraufhin, daß Potamius einen Gutteil seines theologischen Wissens aus vornicaenischen Quellen schöpft.[92] Ähnlich unausgereift scheint das angedeutete christologische Modell einer göttlichen Substanz, gemischt mit Christus. Es fügt sich zu dem Bild, das Phoebadius von seiner 'arianischen' Christologie entwirft: Demzufolge gerönnen Fleisch und Geist in Christus gemischt durch das Blut Marias und würden zu einem Körper des leidensfähigen Gottes.[93]

Wenn in diesem Zusammenhang das Possessivpronomen auch nicht, wie in der von Hilarius referierten arianischen Argumentation, auf eine wie immer geartete Geschöpflichkeit des Sohnes gedeutet wird, so zeugt der Versuch des Potamius, damit das Verhältnis zwischen Vater und Sohn zu umschreiben, von subordinatianischen Vorstellungen, die den durch Arius und das *Nicaenum* aufgeworfenen Problemen nicht gerecht werden.

2.3 EIN GESALBTER GOTT?—DIE CHRISTOLOGISCHE DIFFERENZIERUNG ALS PRINZIP ANTIARIANISCHER HERMENEUTIK

a) Grundlegung der antiarianischen Hermeneutik

Im Rahmen der Diskussion um die Unwandelbarkeit des Logos[94] erörtert Athanasius die 'rechte Deutung' (διάνοια ὀρθή) von *Ps* 44,7-8 in der ersten *Oratio* gegen die Arianer[95] zusammen mit *Phil*

---

[90] *Ibid.* 22/26.
[91] *Ibid.* 31f.; cf. 17.
[92] Hanson, The Search 527: Potamius sei Schüler Tertullians, der von der späteren Theologie nicht sehr viel zu kennen scheint. Auf stoische Einflüsse verweist Hübner, Die Schrift des Apolinarius 180.
2 [93] *Ep. subst.* 10 (PLS 1, 206,37/41): *Ecce et hic substantiae unitae cum domino, mixtae cum Christo, felix prorupit auditus, ut indiscissae Trinitatis, substantiae indiuisibilis, coruscet ornatus.*—cf. Phoeb., *Ar.* 5 (CChr.SL 64, 27,1/5): *Et idcirco duplicem hunc statum non coniunctum sed confusum uultis uideri, [...], qua adserit 'carne et spiritu Christi coagulatis per sanguinem Mariae et in unum corpus redactis passibilem Deum factum'.*
[94] Cf. die Gliederung bei Kannengiesser, Athanase d'Alexandrie 19-67 und seine beigelegte Übersicht: *Ar.* I 11-22a Ewigkeit des Sohnes; 22b-29 Zeugung; 35-52 Unveränderlichkeit; 53-64 Göttlichkeit/Ökonomie.
[95] Die Datierung ist umstritten, s. M. Tetz, Athanasius von Alexandrien, in:

2,9-10; schon eine solche Formulierung im unmittelbaren Kontext des Zitats bzw. seiner Auslegung ist bemerkenswert und zeigt einen neuen Stand der Diskussion an.[96]

Die Arianer verdrehten (παρεξηγεῖσθαι) die göttlichen Worte, wenn sie mit Hilfe der beiden Schriftstellen lehrten, daß der Sohn aufgrund eines Verdienstes erhöht bzw. gesalbt worden sei. Dem müsse eine freie Willensentscheidung zugrundeliegen, deren Voraussetzung eine veränderliche Natur sei. Christus wäre dann zwar Logos und Sohn aus Gnade, aber nicht υἱὸς ἀληθινός, und unterschiede sich nicht von den veränderlichen geschaffenen Menschen.[97] Nach den üblichen polemischen Einwürfen, daß das der Ansicht der Kirche widerspreche, vielmehr zu den Juden und Paul von Samosata passe[98], argumentiert Athanasius biblisch-theologisch. Er verweist auf einige der traditionellen Testimonien zur Präexistenz, wie *Spr* 8,30; *Gen* 18; *Ex* 3; *Dan* 7,10,[99] erweitert durch Belege aus *Joh* 17. Wie könne Christus bei diesen Zeugnissen für seine Herrlichkeit und Verehrungswürdigkeit vor Erschaffung der Welt in der Welt besser geworden sein? Das Umgekehrte gelte vielmehr: Nicht ein Mensch sei später Gott geworden, sondern der, der Gott sei, sei später Mensch geworden, um uns zu Göttern zu machen.[100] Unter dieser Prämisse sei die Schrift auszulegen: von Christus her, dem wahren Sohn, gezeugt aus Gott, der Natur und dem Wesen nach, durch den alles geschaffen sei und der den Menschen die Kindschaft und Vergöttlichung vermittle.[101] Vor diesem

---

TRE 4 (1979) 333-349, 337f., Buch I/II 340/341?, III 345/346?; Kannengiesser, Holy Scripture 12. Seine in 'Athanase d'Alexandrie' entwickelte These, die dritte Rede sei nicht von Athanasius, wird weithin abgelehnt, cf. Hanson, The Search 418f.; L. Abramowski, Die dritte Arianerrede des Athanasius. Eusebianer und Arianer und das westliche Serdicense, in: ZKG 102 (1991) 389-413.

[96] Cf. H.J. Sieben, Herméneutique de l'exégèse dogmatique d'Athanase, in: Politique et théologie chez Athanase d'Alexandrie, Paris 1974, 195-214, 206-212, zum Skopos der Schriftauslegung im Vergleich mit Origenes. Wie Stead, Athanasius als Exeget 178, treffend bemerkt, kennt Athanasius keine Konkurrenz zwischen den Worten der Schrift und ihrer herkömmlichen Auslegung.

[97] *Ar.* I 37f. 46.

[98] *Ibid.* 38; s.o. S. 167.

[99] Zur Verwendung von Testimonien bei Athanasius cf. C. Kannengiesser, Les citations bibliques du traité athanasien 'Sur l'incarnation du Verbe' et les 'Testimonia', in: La Bible et les Pères, Paris 1971, 135-160: Er hat für *Inc.* 33-40 einen sehr selbständigen Umgang mit archaischen Traditionen nachgewiesen.

[100] *Ar.* I 39 (PG 26, 92C); cf. dazu A.M. Aagaard, Christus wurde Mensch, um alles Menschliche zu überwinden, Athanasius, *C.Ar.* III 33, 393C. Versuch einer Interpretation, in: STh 21 (1967) 164-181.

[101] *Ar.* I 39 (PG 26, 93AB).

Hintergrund macht Athanasius die christologische Differenzierung zum zentralen hermeneutischen Prinzip: Alle Stellen, die eine Veränderlichkeit und Niedrigkeit Christi implizieren, seien auf seine Menschheit zu beziehen.[102]

Formal setzt er dieses Prinzip mit Hilfe von Leitfragen nach der jeweiligen Zeit (καιρός), den Personen (πρόσωπα) und den Umständen und Sachverhalten oder Realitäten (χρεία, πράγματα) um, aufgrund derer die Schriftstellen im einzelnen zu interpretieren seien.[103] Insofern als diese Methoden auf einem materialen Prinzip basieren, der Unterscheidung zwischen Gottsein und Menschsein Christi, das sich wiederum auf die Offenbarung der gesamten Schrift, besonders auf die johanneische[104] und paulinische[105] Theologie stützt,[106] gehen sie über formalexegetische, grammatische und prosopologische Ansätze hinaus und zielen auf eine dogmatische Auslegung auf der Grundlage der Tradition, verstanden auch als Tradition des Bekennens und Betens.[107] Dementsprechend häufig sind Termini wie 'glauben' und 'bekennen'.[108]

---

[102] *Ibid.* III 39 (PG 26, 385A): Σκοπὸς τοίνυν οὗτος καὶ χαρακτὴρ τῆς ἁγίας Γραφῆς, ὡς πολλάκις εἴπομεν, διπλῆν εἶναι τὴν περὶ τοῦ Σωτῆρος ἐπαγγελίαν ἐν αὐτῇ· ὅτι τε ἀεὶ Θεὸς ἦν καὶ Υἱός ἐστι, Λόγος ὢν καὶ ἀπαύγασμα καὶ σοφία τοῦ Πατρός· καὶ ὅτι ὕστερον, δι' ἡμᾶς σάρκα λαβὼν ἐκ Παρθένου τῆς θεοτόκου Μαρίας, ἄνθρωπος γέγονε.—S.a. *Ep.Ser.* 2,8: Er betont dort die Notwendigkeit der Unterscheidung und läßt eine Reihe alttestamentlicher Testimonien, darunter auch *Ps* 44,7-8 (allerdings im Unterschied zur christologischen Deutung in *Ar.* als Beleg für das Gott-Sein des Sohnes), folgen. cf. Sieben, Herméneutique 205-214; C. Kannengiesser, Athanasius of Alexandria and the Foundation of Traditional Christology, in: ThS 34 (1973) 103-113, 110-112.

[103] *Ar.* I 54f.; *Decr.* 14; s.a. *Ar.* II 7f.; cf. Sieben, Herméneutique 198-205; Stead, Athanasius als Exeget 181f., führt die Formeln auf rhetorische Lehrbücher zurück.

[104] Explizit z.B. *Ar.* II 1f.; III 29. Cf. Pollard, Johannine Christology 184-245, v.a. 244f.

[105] *Ar.* III 29; *Ep.Ser.* 1,20.

[106] Cf. J. Panagopoulos, Christologie und Schriftauslegung bei den griechischen Kirchenvätern, in: ZThK 89 (1992) 41-58, bes. 45-53, der die 'ökonomische' Entsprechung zwischen der Inkarnation und der Bibel (S. 45; 47) herausarbeitet. Stead, Athanasius als Exeget 177, weist zu recht darauf hin, daß die Absicht der Schrift damit nicht erschöpft sei.

[107] Cf. die Erklärungen zu den Begriffen in *Ar.* I 54; wichtig: Sieben, Herméneutique, in Auseinandersetzung mit T.E. Pollard, Exegesis of the Scripture and the Arian Controversy, in: BJRL 41 (1959) 414-429. Williams, Arius 107-110: *lex orandi* als *lex interpretandi*.

[108] *Ar.* I 10 u.ö.; cf. die häufigen Invektiven gegen die Arianer, daß ihre Lehre nicht dem Glauben der Kirche bzw. der Christen entspräche, sich vielmehr nach dem κανών der ἀσέβεια richte, z.B. *ibid.* 36.38.52.

Andererseits sind die Kriterien notwendig für eine vernünftige Begründung des Glaubens und eine rational verantwortbare Argumentation.[109] Sie bilden ein Korrektiv für den Glauben, wie dieser umgekehrt das Schriftverständnis bestimmt. Insofern bewegt sich Athanasius in einem sorgfältig durchdachten Zirkel, der nicht als Bekenntnis des Glaubens gegen einen vorgeblichen arianischen Rationalismus ausgespielt werden darf.[110]

Hilarius formuliert seine hermeneutischen Prinzipien nicht so pointiert wie Athanasius, aber es finden sich genügend Hinweise auf eine systematische Begründung einer christologischen Hermeneutik.[111] Grundlage gegenüber den Argumentationen der Arianer ist für ihn das Wort der Schrift, das anzunehmen sei, so wie es dastehe, ohne es durch Vorentscheidungen zu verfälschen.[112] Als Kriterien für das Verständnis nennt er die 'Vernunft' (*ratio*),[113] einen in der Rhetorik gebräuchlichen Terminus für die gedankliche Struktur des jeweiligen Texts,[114] die Zeit, auf die ein Schriftwort zu beziehen sei,[115] sowie die in den Evangelien verkündeten 'Geheimnisse', die Bedeutungen der Worte sowie den Kontext,[116] inhaltlich konkretisiert durch das 'Geheimnis' Jesu Christi, der Gott und Mensch sei.[117] Das materiale Prinzip, die ganze Schrift im Licht des Evan-

---

[109] Zur Suffizienz der Schrift Stead, Athanasius als Exeget 177-180.

[110] So S. Läuchli, The Case of Athanasius against Arius, in: CTM 30 (1959); Pollard, Johannine Christology 144. Meslin 300-324 spricht von einer 'théologie rationaliste'. Cf. dazu Hanson, The Search 824-849; Williams, Arius 107-110.

[111] Cf. G.M. Newlands, Hilary of Poitiers. A Study in Theological Method, Bern 1978, 106-122; Kannengiesser, L'exégèse d'Hilaire, in: Hilaire et son temps, Paris 1969, 127-142; Borchardt 50-52; M. Figura, Das Kirchenverständnis des Hilarius von Poitiers, Freiburg 1984, 170-174; 41-50; N. Gastaldi, Hilario de Poitiers, exegeta del Salterio. Un estudio de su exegésis en los *comentarios sobre los Salmos*, Paris 1969, 247-270; J. Doignon, Les premiers commentateurs latins de l'Ecriture et l'œuvre exégétique d'Hilaire de Poitiers, in: La Bible de tous les temps, Paris 1985, 509-520.

[112] *Trin.* IV 14 u.ö.

[113] *Ibid.* IX 2 (CChr.SL 62A, 373,28/35): *Sed haec omnia nec ratione intellegentes nec temporibus discernentes nec sacramentis euangelicis adpraehendentes nec dictorum uirtutibus sentientes, stulto adque inperito furore aduersus diuinitatis naturam loquuntur, ad inplendas aures ignorantium sola haec et nuda memorantes, aut absolutionibus eorum tacitis aut causis; cum dictorum intelligentia aut ex propositis aut ex consequentibus expectatur.*

[114] Newlands 64f.

[115] In *Trin.* IX 6 ausführlich entfaltet; cf. die Bedeutung des καιρός bei Athanasius.

[116] Cf. *Trin.* IV 14.

[117] *Ibid.* IX 3; cf. Newlands 161f. Cf. die Athanasianische Frage nach den *pragmata*.

geliums vom menschgewordenen Gottessohn zu interpretieren, ist
Hilarius und Athanasius gemeinsam. Eine ausdrückliche Berufung
auf die *ratio* fehlt in den Ausführungen des Athanasius, ist aber in
seiner Kriteriologie als solcher impliziert. Schließlich beruft sich
auch Hilarius auf den Zirkel zwischen der Offenbarung Jesu Christi
durch die Schrift und der Deutung dieser Schrift im Licht der Offenbarung: Er verbindet die Offenbarung der Heiligen Schrift im Wort
unmittelbar mit der Fleischwerdung des Sohnes, die in der Kirche
erkannt werde.[118] Daraus folgt, daß die Erkenntnis des Gesetzes
und der Propheten im einzelnen nur auf der Grundlage des Bekenntnisses zu Vater und Sohn möglich ist.[119] Das Verhältnis von
Gott und Logos als Fundament, wie es die arianische Hermeneutik
impliziert, wäre nicht ausreichend. Auf dieser Basis seien die Worte
der Schrift in ihrem denkbar einfachen Sinn zu verstehen,[120] so daß
eine Unterscheidung zwischen Literal- und geistlichem Sinn nicht
notwendig ist.[121] Insofern der offenbarende Logos Gott ist, der
auch in seiner Offenbarung für die Menschen letztlich unsagbar
und unbegreiflich bleibt, wird der Eindruck eines Offenbarungs-
positivismus wieder relativiert und findet ein Gegengewicht in den
zahlreichen Äußerungen zur Begrenztheit der Sprache und Relativität von Bildern und Vergleichen.[122]

b) Die soteriologische Argumentation des Athanasius: Salbung als Vermittlung des Hl. Geistes 'für uns'

Athanasius geht die Frage nach der διάνοια ὀρθή von *Ps* 44,8 in *Ar.*
I 46-52 von mehreren Ansatzpunkten her an. Er klärt einige
Begriffe, zunächst, seinem soteriologischen Anliegen entsprechend,
μέτοχοι: Teilhaber seien 'wir', und wäre der Sohn einer von den
Gewordenen und aus nichts Geschaffenen—Athanasius nimmt hier
die Schlagworte auf, die seine explizit antiarianische Argumentation bestimmen[123]—, gehörte auch er zu den Teilhabenden.[124] In

---

[118] *Ibid.* VIII 52; cf. Newlands 107f.; 110f.; Kannengiesser, L'exégèse 137f.;
140-142.
[119] *Trin.* V 35.
[120] *Ibid.* II 3; cf. Newlands 121f.
[121] Newlands 107.
[122] S.o. zu *Ps* 44,2a: II 1.3.a; cf. Newlands 162.
[123] S.o. II 1.2.a.
[124] *Ar.* I 46 (PG 26, 105C). Dem liegt die platonische Ontologie zugrunde, Lit.
s.o. II 1 Anm. 81.

Ps 44,7 werde er aber als 'ewiger Gott' besungen, er, der wahre Logos, Abglanz und Weisheit, könne mithin keines von den Geschöpfen sein.[125] In seinem Verständnis von Teilhabe setzt er sich deutlich von Eusebius ab: Für letzteren ist Christus der in besonderer Weise an Gott-Vater Teilhabende, an dem wiederum die Geschöpfe partizipieren.[126] Im Unterschied zu diesem Hypostasenschema ordnet Athanasius den Logos-Sohn ganz der Gottheit zu, die der Schöpfung gnadenhaft Anteil gewährt.[127] Durch diesen Sohn würden die Geschöpfe mit dem Hl. Geist geheiligt—damit leitet Athanasius seine Erörterung des Begriffs der Salbung ein. Der Sohn und Retter werde, im Unterschied zu den alttestamentlichen Gesalbten, nicht erst durch die Salbung zum Gott und König. Ebenso wie er laut *Phil* 2,9-10 als Mensch erhöht worden sei, damit auch 'wir' erhöht würden und auferstünden, werde er als Menschgewordener gesalbt, um 'uns' die Einwohnung des Geistes zu ermöglichen.[128] In *Joh* 17,18-19 kündige er selbst das an. Er sei also weniger Geheiligter denn Heiligender, der sich selbst heilige, damit auch 'wir' wahrhaft geheiligt würden.[129]

Mit dieser theologischen Bestimmung der Salbung ist zweierlei erreicht:

– Der Sohn wird mit dem Geist streng der innergöttlichen Sphäre zugeordnet; er herrscht ewig über das Reich des Vaters und ist Quelle des Geistes.[130] Insofern kommen ihm (mit Ausnahme des Gezeugtwerdens, das hier nicht direkt zur Debatte steht) aktive Bestimmungen zu: βασιλεύων, ἁγιάζων. Formulierungen, die eine Unterordnung unter den Vater nahelegen—z.B. daß er vom Vater in die Königsherrschaft eingesetzt sei—, vermeidet Athanasius.

---

[125] *Ibid.* (PG 26, 105C-108A); *Ps* 44,7 auch in *Ar.* II 13 (mit *Gen* 19,24; *Ps* 109,1; 144,13) und *Ep.Ser.* 2,4 (mit *Jes* 45,14f.) als Beleg für die Gottheit und ewige Herrschaft Christi. Die erläuternden Titel hat er schon vorher erklärt: *Ar.* I 37 ἀπαύγασμα—Sohn Gottes von Natur aus; I 37-39 ἀληθινὸν γέννημα, ἀληθινὸς υἱός, θεός; schon in I 28 σοφία—Weisheit ist nicht nur Teil und nicht mit Leiden verbunden.

[126] Cf. Eus., *DE* IV 15 *passim*.

[127] Breit entwickelt in *Decr.*, s.o. II 1.2.a; Ricken, Zur Rezeption 343-350.

[128] *Ar.* I 46 (PG 26, 108AB): ὁ δὲ Σωτὴρ τὸ ἔμπαλιν Θεὸς ὢν καὶ τὴν βασιλείαν τοῦ Πατρὸς ἀεὶ βασιλεύων, τοῦ τε Πνεύματος τοῦ ἁγίου χορηγὸς ὢν αὐτός, ὅμως δὲ λέγεται νῦν χρίεσθαι, ἵνα πάλιν, ὡς ἄνθρωπος λεγόμενος τῷ Πνεύματι χρίεσθαι, ἡμῖν τοῖς ἀνθρώποις, καθάπερ τὸ ὑψωθῆναι καὶ τὸ ἀναστῆναι, οὕτως καὶ τὴν τοῦ Πνεύματος ἐνοίκησιν καὶ οἰκειότητα κατασκευάσῃ.

[129] *Ibid.* (PG 26, 108B).

[130] *Ibid.* (PG 26, 108A).

– Die innertrinitarische Unterscheidung setzt sich in der Soteriologie fort und wird für die Menschen letztgültig wirksam durch die
Menschwerdung des Sohnes. Durch sie vermittelt dieser den Menschen den Geist, die Heiligung, d.h. die Einwohnung des Geistes,
die das Beharren im Glauben und Fortschreiten in der Tugend
ermöglicht—das trifft sich mit den Anliegen der arianischen Soteriologie[131]—, und damit schließlich die Vergöttlichung und Annahme an Sohnes Statt.[132] Alle passivischen Bestimmungen, wie
das Gesalbtwerden, gelten für den Sohn nur, insofern er ἄνθρωπος
γενόμενος ist, Mensch geworden 'für uns', um uns zu Göttern und
Söhnen zu machen. Gleichzeitig bleibt er aber Gott, aktiv,
heiligend.

Die soteriologische Relevanz dieser christologischen Differenzierung entfaltet und rechtfertigt Athanasius im folgenden ausführlich, indem er an der Salbung den Unterschied zwischen Christus
und den Menschen festmacht und die Salbung Christi als Zeichen
für die umfassende Sendung des Sohnes interpretiert.[133] Geradezu
refrainartig kehren δι' ἡμᾶς, ὑπὲρ ἡμῶν wieder: Er habe sich für uns
geheiligt, sei für uns getauft worden, wie auch für uns im Jordan der
Geist auf ihn herabgekommen sei, damit wir abgewaschen und zum
Tempel des Hl. Geistes würden, also fähig, den Geist aufzuneh-
nehmen.[134] Aus dieser besonderen Sendung begründet er den Unterschied zwischen Christus und anderen Gesalbten: Er sei nicht mit
gewöhnlicher Salbe gesalbt worden, sondern mit dem 'Öl der
Freude', das, seinen eigenen Worten zufolge, der Hl. Geist sei,
bestätigt durch *Jes* 61,1 und *Apg* 10,38. Ihn habe er an die Apostel
weitergegeben (cf. *Joh* 16,14.7; 20,22), durch ihn hätten auch wir
Salbung und Siegel (cf. *1 Joh* 2,20; *Eph* 1,13). Athanasius verweist
nur knapp auf die genannten Schriftstellen, ohne die Funktion des
Heiligen Geistes jeweils genauer zu erörtern; er spielt mehr mit den
Assoziationen, wie Heilung der Kranken, Sendung der Apostel und
ihrer Nachfolger, Tröster etc. Konsequent überträgt er sein Ver-

---

[131] S.o. II 2.1.b.
[132] *Ar.* I 38-39: Athanasius gebraucht θεοποίησις und Annahme an Kindes Statt
promiscue. Zum Begriff der Heiligung cf. J. Roldanus, Le Christ et l'homme dans
la théologie d'Athanase d'Alexandrie. Etude de la conjonction de sa conception de
l'homme avec sa christologie, Leiden 1968, 154-158. Zur Salbung, die der Schöpfung Teilhabe an Gott ermöglicht cf. *Ep.Ser.* 1,23.
[133] Cf. Roldanus 131-195; Studer, Gott und unsere Erlösung 147-150.
[134] *Ar.* I 47.

ständnis der *participatio* auf die Salbung als Einung mit oder Teilhabe an dem Hl. Geist.

Erst dann greift er das zentrale, durch die arianische Exegese aufgeworfene Problem explizit auf: Wie könne man dem Herrn einen Fortschritt (προκοπὴ βελτιώσεως) oder ein Verdienst der Tugend (μισθὸς ἀρετῆς) unterstellen, wo er doch, nicht nur laut *Ps* 44,7, Gott und König sei. Die Lösung liegt nach Athanasius, wie bei *Phil* 2,9-10, in der christologischen Differenzierung: Nicht der *Logos* bzw. die *Sophia* werde gesalbt, sondern das angenommene Fleisch (σὰρξ προσληφθεῖσα). Eine zusätzliche Bestätigung dafür biete *Ps* 44,9a: Die dort genannten Düfte verwiesen auf die Begräbnissalben des Menschgewordenen.[135] In *Ar.* I 48 faßt er das Wesentliche, die Unterscheidung zwischen Hoheits- und Niedrigkeitsaussagen und ihre soteriologische Relevanz, nochmals zusammen und unterstreicht—mit einer Vielzahl alt- und neutestamentlicher Belege—, daß Christus als Logos unveränderlich bleibe: Er gebe immer den Geist für uns, um uns zu erhöhen.

Festzuhalten bleibt: Athanasius deutet *Ps* 44,7-8 mit Hilfe des christologischen Prinzips:[136] Die Fragen nach Person und Zeit sind nur im Wissen um die Menschwerdung des Sohnes Gottes, der Gott bleibt, wenn er das Fleisch annimmt, richtig zu beantworten: *Ps* 44,8 spreche Christus an, insofern er Fleisch angenommen habe, um uns Anteil an sich zu gewähren, uns die Heiligung und Einwohnung des Geistes zu vermitteln. Insofern als Athanasius von einer *Logos-Sarx*-Christologie ausgeht, die dem 'Fleisch' keine eigene Entscheidungskompetenz zugesteht, bleibt der Angesprochene der göttliche Logos.[137] Den Akt der Salbung assoziiert er mit der Taufe am Jordan[138] und interpretiert ihn symbolisch: Formulierungen wie 'für uns ist das geschrieben',[139] lassen Zweifel an seiner Realität aufkommen. Eigentlich ist Christus es, der salbt und heiligt, folglich

---

135 *Ibid.*
136 Cf. auch *Ep.Marc.* 6; *Ep.Ser.* 2,8, dort allerdings sehr knapp.
137 Cf. die Terminologie: ὡς ἄνθρωπος, *Ar.* I 46; 48 (PG 26, 108A; 112C); γέγονεν ἄνθρωπος, 47; 48 (108C; 109B; 112B); ἄνθρωπος γενόμενος, 48; 51 (112A.C; 117C-120A); ἀνθρωπίνως, 48 (112C); ἐνανθρώπησις, 48 (112B); ἐν σαρκὶ γενόμενος, 47 (109A); τὴν τρεπτὴν σάρκα λαβών, 51 (120A); ἡ προσληφθεῖσα παρ' αὐτοῦ σάρξ, 47 (109C); προσλαβόντα τὸν ἡμέτερον σῶμα θνητόν, 47 (112A); ἔνσαρκος παρουσία, 49 (113C), Formulierungen aus *Phil* 2,6f., 47; 50 (109C-112A; 117A). Cf. zur Christologie Grillmeier I 460-479.
138 *Ibid.* I 47.
139 *Ibid.* 46 (PG 26, 108A).

heiligt und salbt er sich als Mensch selbst.[140] Bedeutung hat diese
Salbung und Heiligung aber nicht für ihn als Menschen und sein in-
dividuelles Leben, sondern 'für uns'.[141] Sie ist mithin ausschließlich soteriologisch, nicht christologisch zu verstehen als Bild für die
Einheit mit dem Hl. Geist, die Christus den Menschen vermittelt.
Er belegt die Gottheit Christi hier mit *Ps* 44,7, nicht mit einem
Vokativ in Vers 8,[142] seine Menschheit mit *Ps* 44,9; für den Beweisgang des Athanasius, der sich auf die soteriologische Grundaus-
sage der gesamten Schrift stützt,—Gott ist Mensch geworden, um
uns zu Göttern zu machen—sind diese Schriftbelege hilfreich, aber
nicht unbedingt notwendig.

Athanasius knüpft an arianischen 'slogans' an, argumentiert aber
nicht gezielt dagegen. Ihm geht es vielmehr darum, die eigene Position einprägsam und allen verständlich darzustellen, ja einzuhäm-
mern: Er stellt rhetorische Fragen, er wiederholt das 'für uns', weist
immer wieder auf dieselben Schriftstellen und bestimmte Titel hin,
umkreist den entscheidenden Punkt, die Soteriologie. So betreibt er
weniger eine philosophisch-theologische Widerlegung der arianischen Lehren denn Katechese für die gefährdeten Christen.[143]
Das katechetische Anliegen zeigt sich auch in der Verbindung des
Begriffs der Salbung mit dem der Heiligung. Dieser vielschichtige
Terminus ist im Zusammenhang der soteriologisch ausgerichteten
Inkarnationsaussagen des Athanasius zu sehen: In *De incarnatione* in
erster Linie noch auf die Menschwerdung selbst bezogen,[144] umfaßt er nun die Schaffung des neuen Menschen und die Annahme
an Kindes Statt,[145] und bezeichnet damit sowohl die Ermöglichung
der Vergöttlichung von Gott her als auch die Antwort des Menschen
darauf: Dieser heiligt sich selbst, indem er im Glauben stark bleibt
und in der Tugend voranschreitet.[146] In der *II. Antiochenischen Formel* von 341 war der Terminus ἁγιασμός in den erstmals um nähere
Bestimmungen erweiterten Geist-Artikel aufgenommen und auch

---

[140] *Ibid.* 46f.
[141] Alle passivischen Aussagen in *Ar.* I 46-52 werden direkt mit ihrer soteriologischen Funktion verknüpft.
[142] Wie Eusebius, s.o. II 2.1.a.
[143] S.o. S. 145f.
[144] Cf. *Inc.* 17,5; 43,6 (SCh 199, 328,31f.; 422,40f., C. Kannengiesser, 1973).
[145] Cf. Roldanus 131-195.
[146] S. *Ar.* II 10 u.ö.: Der Logos heiligt den 'Leib'—dieser Leib umfaßt nach der
Soteriologie des Athanasius die gesamte Menschheit. Cf. Roldanus 149-151; G.
Müller, Lexicon Athanasianum, Sp. 7f.

dort soteriologisch bestimmt worden.[147] Die *IV. Antiochenische Formel*, die von einer ganzen Reihe der späteren Formeln übernommen wurde, verknüpft den Geist-Artikel enger mit christologischen Bestimmungen und spricht ebenfalls von Heiligung.[148]

Erst nachdem das grundsätzliche Problem geklärt ist, geht Athanasius in einem zweiten Anlauf auf die einzelnen exegetischen Argumente der Arianer ein.[149] Die arianische Auslegung deutete die Salbung aufgrund der Einleitung des Verses mit διὰ τοῦτο als Lohn für die in *Ps* 44,8a angesprochene Tugend. Athanasius dreht den Sinn um. Das 'deshalb' bezeichne nicht einen Lohn für die Tugend, sondern das Ziel seines Herabkommens und seiner Salbung. 'Deshalb' beziehe sich nicht nur auf den unmittelbar voraufgehenden Teilvers, sondern auch auf *Ps* 44,7 und die gesamten damit implizierten theologischen Inhalte: Er sei gesalbt worden, weil er Gott sei—denn auf keine andere Weise hätte die Verbindung mit dem Hl. Geist für die Menschen (wieder)hergestellt werden können.[150]

Abschließend diskutiert Athanasius *Ps* 44,8a: Aus der doppelten Bestimmung folgerten die Arianer—Athanasius spricht sie einleitend wieder direkt an—, daß der Logos, weil ihm verschiedene Möglichkeiten offenstünden, eine wandelbare Natur habe.[151] Aber gerade weil die Menschen wandelbar seien, heute gerecht, morgen ungerecht, sei eine unwandelbare Natur als Bild und Vorbild der

---

[147] Hahn 184-186, 185,15f.: Καὶ εἰς τὸ Πνεῦμα τὸ ἅγιον, τὸ εἰς παράκλησιν καὶ ἁγιασμὸν καὶ τελείωσιν τοῖς πιστεύουσι διδόμενον.

[148] Hahn 187f., 187,14-188,3: καὶ εἰς τὸ πνεῦμα τὸ ἅγιον, τουτέστι τὸ παράκλητον, ὅπερ ἐπαγγειλάμενος τοῖς ἀποστόλοις μετὰ τὴν εἰς οὐρανοὺς αὐτοῦ ἄνοδον ἀπέστειλε διδάξαι καὶ ὑπομνῆσαι αὐτοὺς πάντα, δι' οὗ καὶ ἁγιασθήσονται αἱ τῶν εἰλικρινῶς εἰς αὐτὸν πεπιστευκότων ψυχαί.—Übernommen in die Formel von Philippopolis (343), in die *Ekthesis makrostichos* (345) und in die *I. Sirmische Formel* (351).

[149] Meine Einteilung des Abschnitts entspricht der Kannengiessers, Athanase d'Alexandrie 61f. Allerdings kann ich mich seiner inhaltlichen Untergliederung in 'Zurückweisen der arianischen Exegese', 'Katechese', 'ergänzende Katechese' nicht anschließen: Auf die eigentlich exegetischen Argumente der Arianer geht Athanasius erst in den beiden letzten Abschnitten ein. Jeder der drei Abschnitte enthält polemische, theologisch-exegetische und katechetische Passagen.

[150] *Ar.* I 49 (PG 26, 113B): οὐ γὰρ εἶπε, Διὰ τοῦτο ἔχρισέ σε, ἵνα γένῃ Θεὸς, ἢ βασιλεὺς, ἢ Υἱὸς, ἢ Λόγος· ἦν γὰρ καὶ πρὸ τούτου καὶ ἔστιν ἀεὶ, καθάπερ δέδεικται· ἀλλὰ μᾶλλον, Ἐπειδὴ Θεὸς εἶ καὶ βασιλεὺς, διὰ τοῦτο καὶ ἐχρίσθης· ἐπεὶ οὐδὲ ἄλλου ἦν συνάψαι τὸν ἄνθρωπον τῷ Πνεύματι τῷ ἁγίῳ, ἢ σοῦ τῆς εἰκόνος τοῦ Πατρός, καθ' ἣν καὶ ἐξ ἀρχῆς γεγόναμεν· σοῦ γάρ ἐστι καὶ τὸ Πνεῦμα. Cf. *Ar.* I 46 (108A).

[151] *Ibid.* 51 (PG 26, 117B), s.o. II 2.1.b, S. 166.

Tugend für die Menschen notwendig. Er erläutert das mit einer kurzen Katechese über den ersten und zweiten Adam: Die Sünde, die durch den wandelbaren Adam in die Welt gekommen sei, werde durch den unwandelbaren Christus besiegt und so der Sieg allen ermöglicht, weil 'der Geist Gottes in uns wohne' (*Röm* 8,9). Er habe die Gerechtigkeit nicht unter verschiedenen Möglichkeiten erwählt, sondern sei gerecht von Natur. *Ps* 44,8a wird so einzig auf die göttliche Natur Christi bezogen, und sie ist es, die als Vorbild der Tugend gilt.

Hier wird der Unterschied zur Deutung des Origenes, der ebenfalls in einer christologischen Differenzierung den Schlüssel für das rechte Verständnis sah, besonders deutlich. Origenes bezog *Ps* 44,8a auf die menschliche Seele Jesu, die sich in ihrer Tugend niemals vom Logos getrennt hatte und deshalb gesalbt wurde. Durch die lange Gewohnheit wurde ihr die Unveränderlichkeit schließlich zur Natur. Athanasius geht—ebenso wie offensichtlich Arius[152]—nicht nur hier mit keinem Wort auf die menschliche Seele Christi ein.[153] Handelndes Subjekt ist allein der unveränderliche und deshalb sündlose göttliche Logos, der das menschliche Fleisch annimmt, um die Menschen zu retten. Ohne die philosophischen Hintergründe des arianischen Arguments zu bedenken, ersetzt er zunächst deren durch die neuplatonische *via negativa* geprägte Gedankengänge[154] durch eine biblische Katechese; daran fügt er eine Reihe von Stellen, die in zweigliedrigen Formulierungen vom Vater sprechen, um so die Sinnlosigkeit ihrer Exegese zu demonstrieren.[155]

c) Christologische Exegese bei Hilarius: Salbung Jesu mit Geist und Kraft

Im XI. Buch *De trinitate* diskutiert Hilarius die Schriftstellen, die von den Arianern als Beleg für die Unterordnung des Sohnes benutzt werden.[156] *Joh* 20,17 und *Ps* 44,7-8 dienten ihnen als Beweis, daß

---

[152] Grillmeier I 374-379.

[153] Grillmeier I 460-479: Die Seele Christi ist für Athanasius keine 'theologisch-soteriologische' Größe.

[154] S.o. S. 135, Ablehnung alle Termini, die Zweiheit implizieren.

[155] *Ar.* I 52: *Ps* 10,3; 86,2; *Mal* 1,2; *Jes* 61,8.

[156] Zum Zusammenhang Borchardt 130-139; die Schriftstellen hat Martinez Sierra gesammelt und analysiert. Zur Auslegung von *Ps* 44,8: L.F. Ladaria, El bautismo y la unción de Jesus en Hilario de Poitiers, in: Greg. 70 (1989) 277-290,

für den Sohn, sofern er Geschöpf sei, Gott-Vater in derselben Weise Gott und Vater sei wie für die übrigen Geschöpfe und daß er durch den höchsten Gott erst zum 'Gott' gesalbt worden sei.[157]

Während Hilarius im IV. Buch grundsätzlich die Gottheit Christi verteidigt hatte und dabei auf die alten Argumentationsmuster der Testimonientraditionen (in modifizierterter Form) zurückgreifen konnte,[158] nutzt er in der konkreten Auseinandersetzung um einzelne Schriftstellen im Buch X und XI die Möglichkeit der christologischen Differenzierung.[159] Näherhin legt er seinen Ausführungen *1 Tim* 3,16 (*magnum sacramentum pietatis*) zugrunde, eine für ihn zentrale Stelle, wenn es um die vielfältigen Aspekte und Implikationen der Menschwerdung geht.[160] Wie Athanasius, der daran die Differenz zwischen Christus und den Menschen zeigt und anschließend die Salbung mit dem Hl. Geist soteriologisch interpretiert,[161] setzt er beim Begriff der *participes*[162] an. Hilarius verknüpft

---

284-288; J. Doignon, L'incarnation: la vraie visée du *Ps* 44,8 sur l'onction du Christ chez Hilaire de Poitiers, in: RThL 23 (1992) 172-177.

[157] *Trin.* XI 10 (CChr.SL 62A, 539,1/13): *Grauis tibi auctoritas est, heretice, et indissolubilis Domini de se professio, qua ait: Ascendo ad Patrem meum et ad Patrem vestrum, et ad Deum meum et ad Deum vestrum (Joh 20,17): ut per id quod et nobis et illi unus et Pater Pater est et Deus Deus est, sit in ea infirmitate qua sumus, dum et per eundem Patrem exaequamur in filios, et per eundem Deum conparamur in seruos; et cum nos simus et creatio ex origine et ex natura serui, tamen dum et Pater nobis communis et Deus est, sit ei nobiscum et creatio ad naturam communis et seruitus. Et hic inpiae praedicationis furor etiam hoc profetico utitur dicto: Vnxit te, Deus, Deus tuus: ut non sit in ea naturae uirtute qua Deus est, dum ei unguens se Deus in Deum suum sit antelatus.* s.o. II 2.1.b, S. 165f.

[158] S.o. II 2.2.a.

[159] Doignon, L'incarnation 173, nennt als Quelle für die Deutung Marcell, der *Ps* 44,2 auf die Inkarnation bezogen habe (dazu s.o. II 1.2.c). Abgesehen davon, daß aus der *ibid.* Anm. 9 zitierten Passage nicht zwingend auf ein inkarnatorisches Verständnis der Salbung geschlossen werden kann, und der Verweis auf F. Bovon, *De vocatione gentium.* Histoire de l'interprétation d'*Act* 10,1-11,18 dans les six premiers siècles, Tübingen 1967, 225 (Doignon, aaO. Anm. 8) nicht korrekt ist, scheint mir diese Konsequenz schon bei Origenes angelegt, der die Salbung als Bild für die Verbindung von Logos und Seele interpretiert (s.o. I 2.3.b) und in den Auslegungen zum *Hld* die Salben mehrfach auf die Menschwerdung bezieht, s.o. zu *Com.Cant.* I 3,5-9, I 3.2.c.

[160] Cf. *Trin.* XI 9; von da an bis XI 43 immer wieder aufgenommen, cf. M. Figura, Das Kirchenverständnis des Hilarius von Poitiers, Freiburg 1984, 190f. (Zum Verständnis von *sacramentum* 184-192). Wichtig zur Christologie: Galtier, S. Hilaire 108-158; Grillmeier I 580-588; L.F. Ladaria, La cristología de Hilario de Poitiers, Rom 1989; zur Terminologie: J. Doignon, *Adsumo et adsumptio* comme expressions du mystère de l'incarnation chez Hilaire de Poitiers, in: ALMA 23 (1953) 123-135.

[161] S.o. zur platonischen Ontologie II 1 Anm. 81.

[162] Die Lesarten *participes, consortes* wechseln; cf. die Übersicht bei Martinez Sierra 113-116.

Teilhabe und Salbung direkt: Wenn von 'Teilhabenden' die Rede
sei, könne sich das nicht auf den eingeborenen Sohn und Gott beziehen, denn nur für einen Menschen, nicht für Gott sei eine Salbung
möglich und sinnvoll.[163] Dahinter stehen unterschiedliche christologische und soteriologische Konzeptionen: Athanasius deutet die
participatio soteriologisch als Teilhabe an der Gottheit bzw. am Hl.
Geist, die die Teilhabenden von Gott selbst unterscheidet. Hilarius
interpretiert die Teilhabe christologisch als Teilhabe am Menschsein und erörtert die soteriologische Bedeutung in einem zweiten
Schritt. *Apg* 4,27 und 10,37f. zeigten, daß Jesus Christus gesalbt
worden sei zur Heiligung der Menschen und Erneuerung des
Fleisches.[164]

Von *Joh* 1,1 her sei klar, daß die Salbung für die göttliche Natur
des Sohnes keine Bedeutung haben könne, weder eine begründende
noch eine diese Natur auf irgendeine Weise beschreibende und dar-
stellende.[165] Er werde nicht aufgrund von Verdiensten zu Gott, wie
die arianische Exegese suggeriere; vielmehr sei alles durch ihn
geschaffen (cf. *Kol* 1,16-17), der aus Gott als Gott geboren sei.[166]
Auch die Tatsache, daß es schon vor der Salbung Christi 'Gesalbte'
gegeben habe, bestätige, daß sie auf den Menschen zu beziehen
sei.[167]

Die Salbung des Menschen Jesus Christus habe sich bei der Taufe
im Jordan ereignet, als der Geist auf ihn herabgekommen sei und
die Stimme des Vaters ertönte (cf. *Ps* 2,7), 'damit durch das Zeugnis
des in ihm geheiligten Fleisches die Salbung mit der Kraft des

---

[163] *Trin.* XI 18 (CChr.SL 62A, 547,4/11): *Vnxit te, Deus, Deus tuus oleo exultationis prae participes tuos, non secundum sacramentum aliud quam secundum dispensationem adsumpti corporis est locutus. Namque nunc fratribus mandans Patrem eorum Patrem suum et
Deum eorum Deum suum esse, tunc quoque unctum se a Deo suo prae participes suos loquebatur:
ut dum unigenito Christo Deo uerbo particeps non est, particeps tamen ei ex ea nosceretur adsump-
tione qua caro est.*
[164] *Ibid.* (CChr.SL 62A, 547,12-548,2. 20f.): *Vnctio enim illa non beatae illi et in-
corruptae et in natura Dei manenti natiuitati profecit, sed corporis sacramento et sanctificationi
hominis adsumpti. [...] Iesus ergo unguetur ad sacramentum carnis regeneratae.* — Zur soteriologischen Bedeutung der Heiligung und Erneuerung, cf. Galtier, S. Hilaire 112;
117; Grillmeier I 585; Parallelen in *Trin.* VIII 32; II 24f.; IX 4; X 7; XI 49 u.ö.
[165] *Ibid.* 19 (CChr.SL 62A, 548,1/6): *Ceterum cum in principio apud Deum erat Deus
uerbum, non habet ullam aut causam aut enarrationem naturae eius unctio, quae nihil aliud
quam esse in principio nuntiatur. Neque habuit sane unguendi se per Spiritum et uirtutem Dei
necessitatem Deus, qui Dei et Spiritus esset et uirtus.*
[166] *Ibid.* (CChr.SL 62A, 549,18/24).
[167] *Ibid.* (CChr.SL 62A, 548,7-549,12).

Geistes erkannt werde'.[168] Sie dient somit dazu, nach seiner Erniedrigung und Kenose seine Sendung öffentlich bekannt zu machen.[169] Wenn Hilarius von der 'Salbung mit Geist und Kraft' *(Apg* 10,38) spricht, meint er, im Unterschied zu Athanasius, nicht die dritte göttliche Person, sondern die göttliche Kraft, die Jesus Christus auch in seiner menschlichen Schwäche erfülle und ihn, insofern er Mensch sei, stärke.[170] Für Athanasius ist der Geist, der Jesus in der Taufe erfüllt, derselbe, der nach seiner Auferstehung durch ihn vermittelt als Paraklet in den Menschen Wohnung nimmt. Insofern ist die Salbung wie die Taufe Jesu Christi Vorbild und wirkkräftiges Zeichen unserer Taufe und Salbung, ein Gedanke, den Hilarius im *Matth-Kommentar* ausführt, hier aber nicht entfaltet.[171] Hilarius legt die Stelle zunächst christologisch aus: Indem er den Geist der Taufszene als die Gottheit und göttliche Kraft des zeitweise erniedrigten Logos bestimmt, hebt er den Menschen Jesus sehr deutlich von denen ab, die durch seine Vermittlung geheiligt werden sollen.[172] Die Salbung versinnbildet die Einheit zwischen dem Menschen Jesus und der Gottheit und ist als wirkmächtiger Akt Beginn seines öffentlichen Auftretens. Das Verhältnis zur Inkarnation thematisiert Hilarius dabei nicht. Diese Sonderstellung Christi bringt er auch durch die fast refrainartige Wiederholung der Formel: *Deus a Deo unguetur* zum Ausdruck.[173]

---

168 *Ibid.* 18 (548,24f.): *ut per hoc testimonium sanctificatae in eo carnis unctio spiritalis uirtutis cognosceretur.*

169 Cf. *ibid.* VIII 25 zur Taufe und Salbung; zum Verständnis der Kenose s. IX 38. Als Person blieb der Sohn wesenhaft Gott und eins mit Gott, aber in der Annahme der Menschennatur verzichtet er auf die göttliche Herrlichkeit und Erscheinungsweise, cf. Grillmeier I 583f.; zur Deutung von *Phil* 2,6-7, s. P. Galtier, La *forma dei* et la *forma servi* selon S. Hilaire de Poitiers, in: RSR 48 (1960) 101-118.

170 Cf. *Trin.* VIII 20-26; II 29.30; IV 6; XII 55f; zur Sprache der Geistchristologie Grillmeier I 581f.; Ladaria, Cristología 110-115; ders., El Espiritu Santo en San Hilario de Poitiers, Madrid 1977.—Figura 222f. behauptet unter Berufung auf *Trin.* eine doppelte Salbung, mit der Gottheit als Verweis auf seine Herkunft und, sichtbar, mit dem Heiligen Geist bei der Taufe. Aus dem Text ist das nicht zu belegen.

171 Zu Ath. s.o. II 2.3.b; Hil., *Com.Matth.* 2,5; cf. dazu Ladaria, El bautismo 277-280; J. Doignon, *Erat in Iesu Christo homo totus* (Hilaire, *in Mt* 2,5). Pour une saine interprétation de la formule, in: REAug 28 (1982) 201-207.

172 *Trin.* XI 20 (CChr.SL 62A, 551,8): *cum priuilegio licet unctus.*—Die in der II. *Antiochenischen Formel* grundgelegte und in der IV. oft wiederholten Formel weitergeführte Verbindung der Heiligung mit der dritten göttlichen Person schlägt sich hier nicht nieder, obwohl Hilarius die Formel in *Syn.* 28.32 positiv würdigte.

173 *Trin.* XI 19 (CChr.SL 62A, 548,7; 550, 41.43.48).

Der Aussagentausch, der seiner sorgfältigen Unterscheidung zwischen salbendem Gott und gesalbtem Menschen so krass zu widersprechen und der arianischen Deutung geradezu zuzuarbeiten scheint, soll, was durch die begrifflichen Differenzierungen allzu sehr getrennt werden könnte, wieder zur Einheit zusammenführen. Er begegnet in dieser pointierten Form im entsprechenden Abschnitt bei Athanasius nicht, für den der Sohn 'als Mensch', 'hinsichtlich des Fleisches' gesalbt wurde und der das Subjekt nicht weiter problematisiert.[174]

Unklar bleibt, wie Hilarius das mit *Ps* 44,8a implizierte Verdienst versteht: Zwar nennt er es in seiner möglichen Beziehung auf Gott, verweist aber nur verschwommen auf ein 'Wachsen des Geheimnisses' (*incrementum sacramenti*):[175] Christus existiert von da an als 'geheiligter' Mensch und erfüllt seine Sendung als Mittler (*1 Tim* 2,5) zwischen Gott und Menschen, die in der Verherrlichung und Vergöttlichung des Menschen Jesus endet und damit die Gotteskindschaft allen Menschen ermöglicht.[176] Insofern könne von einem Zuwachs (*incrementum*) gesprochen werden.[177] Wenn Hilarius einerseits den Akt der Salbung als Akt der Verleihung von Kraft und Geist in der Taufe am Jordan bestimmt, andererseits ohne weitere Differenzierungen von der Salbung und Heiligung des Menschen Jesus spricht, der Gerechtigkeit liebte und Unrecht haßte,[178] könnte das adoptianistische Vorstellungen von einer Vergöttlichung eines besonders tugendhaften Menschen nahelegen. Dem stehen neben der Rede von der *dispensatio carnis adsumptae*, die die Initiative allein Gott zuschreibt, die Verweise auf das *sacramentum carnis* entgegen, die auf die Erneuerung des Fleisches insgesamt in einem

---

[174] S.o. II 2.3.b.

[175] *Trin.* XI 19 (CChr.SL 62A, 549,30-550,34): *Cum uero unguetur ex causa, non ad id quod incremento non eget spectat unctionis profectus, sed ad id quod per incrementum sacramenti profectu eguit unctionis, id est per unctionem sanctificatus homo noster Christus existeret.*

[176] *Ibid.* 20 (CChr.SL 62A, 551,6/12): *Sit nobis secundum seruos et communis Pater et communis Deus. Et prae participes unctus sit in ea natura—cum priuilegio licet unctus—qua participes unguentur. Sit in mediatoris sacramento, ut homo uerus ita et Deus uerus, Deus ipse ex Deo, communem nobiscum habens Patrem et Deum in ea communione qua frater est.*—Cf. *Trin.* IX 3; s. Grillmeier 586-588; Doignon, L'incarnation 175f. Zur soteriologischen Bedeutung der Inkarnation cf. A. Charlier, L'Eglise corps du Christ chez S. Hilaire de Poitiers, in: EThL 41 (1965) 451-477, 459-466 zu *Trin.*: Heiligung, Vergöttlichung und Kindschaft seien die zentralen Begriffe.

[177] Cf. Doignon, L'incarnation 175-177: progrès, promotion.

[178] *Trin.* XI 19 (CChr.SL 62A, 550,35/39).

nicht nur ethisch-moralischen Sinn zu deuten sind,[179] noch mehr freilich sein Beharren auf dem 'gesalbten Gott'. Ganz klar ist sein Gedankengang in christologischer Hinsicht jedoch nicht. Hilarius argumentiert noch ausschließlich aus trinitätstheologischer Perspektive, ohne christologische Fragen im eigentlichen Sinn zu berücksichtigen.[180] In den später entstandenen Psalmentraktaten deutet er, der in *Trin.* XI christologisch argumentiert, *Ps* 44,7-8 vorzugsweise im Sinn des traditionellen Beweises für die Gottheit Christi.[181]

2.4 ZWISCHEN TRADITION UND FORTSCHRITT—DEUTUNGEN IN KATECHETISCHEN UND SPIRITUELLEN TEXTEN

Mit Hilfe der christologischen Differenzierung können zunächst die drängendsten Fragen beantwortet werden, indem auch die Salbung und die *participes* in die exegetische Argumentation einbezogen werden. Darüberhinaus bietet die Salbung als Bild für die Vereinigung zwischen göttlicher und menschlicher Sphäre um so mehr Möglichkeiten, das Verhältnis Christi zu den *participes* auszugestalten, je klarer sie an Christus selbst festgemacht werden kann. Die auch katechetisch motivierten soteriologischen Ausführungen des Athanasius rücken so in dem für uns gesalbten Christus Gott ganz nah an die Menschen und die Menschen an Gott und eröffnen eine neue spirituelle Dimension für die Auslegung des Verses. Die Rezeption in katechetische und homiletische Texte erfolgt allerdings nur zögernd, wie die erhaltenen Quellen demonstrieren.

a) Die Kurzformel vom 'Gesalbten Gott' als Schriftbeweis: Eusebius von Emesa und Cyrill von Jerusalem

Eusebius von Emesa[182] zitiert Vers 8 als Beleg für die Gottheit Christi, um ihn von den Menschen zu unterscheiden.[183] Die Men-

---

[179] *Ibid.* 18 (CChr.SL 62A, 548,20f.): *Iesus ergo unguetur ad sacramentum carnis regeneratae.*

[180] Cf. Grillmeier I 585f.; zum trinitätstheologischen Rahmen der Christologie s.a. Studer, Gott und unsere Erlösung 150-156; Simonetti, La crisi 298-312.

[181] S.u. II.2.4.b.

[182] Vielleicht 300-ca. 359; Grillmeier I 453-457 rechnet ihn homöusianischen Kreisen zu; cf. Simonetti, La crisi 192-198; Hanson, The Search 387-398, betont die arianisierenden Elemente. Möglicherweise beeinflußte er Hilarius, s. P. Smulders, Eusèbe d'Emèse comme source du *De trinitate* d'Hilaire de Poitiers, in: Hilaire et son temps, Paris 1969, 175-212.

[183] *S.* 4,21; 14,23 (E.M. Buytaert, Discours conservés en Latin I, Löwen 1953).

schen seien *fratres, coheredes Christi* nicht von Natur, sondern durch
den Ruhm (*gloria*):[184] Wie der ungeborene Vater alle Natur über-
rage, so stehe auch der Sohn als wahrhafte Zeugung über allem,
weswegen er 'Gott bei Gott', 'Gott zur Rechten Gottes', 'Starker
Gott', 'Gott, den Gott gesalbt hat,' genannt werde.[185] In der
Auswahl dieser Titel und der Struktur der Argumentation knüpft
Eusebius an die traditionellen Testimoniensammlungen an, um die
göttliche Natur des Sohnes zu belegen bzw. in Kurzformeln zu fassen. Die weiteren mit der so pointiert genannten Salbung verbundenen Probleme bleiben außer Betracht, und der Kontext, der von der
göttlichen Natur des Sohnes handelt und sehr sorgfältig die Titel,
die auf den Inkarnierten zu beziehen sind, unterscheidet,[186] läßt
nicht darauf schließen, daß der Titel 'Gesalbter Gott' im Sinn einer
Idiomenkommunikation zu verstehen ist.[187] Es bedürfte umfassen-
derer Untersuchungen, um die genaue Bedeutung der Salbung bei
Eusebius von Emesa aufzuzeigen. Wichtig in unserem Zusammenhang ist die Argumentationsstruktur als solche, die den alten
Testimonienbeweis in verkürzter Form tradiert.

Cyrill von Jerusalem will in der 11. *Katechese*[188] mit klassischen
Testimonien zeigen, daß der Sohn von Anfang an Gott war und es
nicht erst später aufgrund eines Verdienstes wurde:[189] *Bar* 3,36-38;
Ps 44,7a.8bc und *Jes* 45,14-15 belegten, daß Christus erst später
Mensch wurde. Er sei Gott, gesalbt von Gott. Was mit der Salbung
genauerhin gemeint ist, bleibt offen. Wie bei Eusebius stellt Vers 8
einen Beleg für die Gottheit dar, allerdings zitiert er den dafür

---

[184] *S.* 4,21 (Buytaert 118,1/3).

[185] *Ibid.* 4/11; cf. die klassischen Testimonien *Jes* 9,6; *Ps* 109,1 u.a.; *Ps* 44,8; *S.* 14,23 (*ibid.* 339f.): *Joh* 1,1; *Röm* 9,5; *Jes* 9,6; 7,14; *Ps* 44,8.

[186] Z.B. 'Gott mit uns'. *Jes* 7,14 und *Mt* 1,23, *S.* 4,21 (Buytaert 118,10f.); 14,23 (340,1f.); in 4,22 entfaltet er die Differenzierung zwischen Natur und *dispen-satio*. Diese Argumentation rückt ihn näher an die nicaenische Orthodoxie.

[187] Grillmeier I 456f. schreibt ihm eine gewisse Zurückhaltung bei der Idio-menkommunikation zu.

[188] Die Katechesen entstanden um 350, E.J. Yarnold, Cyrillus von Jerusalem, in: TRE 8 (1981) 261-266, 261. Nach Grillmeier I 459f. stand er in Verbindung mit homöusianischen Kreisen um Eusebius von Emesa. Cf. Hanson, The Search 398-413; Simonetti, La crisi 206-209. Nach I. Berten, Cyrille de Jérusalem, Eusèbe d'Emèse et la théologie sémi-arienne, in: RSPhTh 52 (1968) 38-75, gehören beide in die Tradition Eusebs von Caesarea.

[189] *Cat.* 11,15 (PG 33, 710A), dazu R.C. Gregg, Cyril of Jerusalem and the Arians, in: Ders. (ed.), Arianism, Philadelphia 1985, 85-109, 90f.

wichtigen Vers 7a mit, während er bei Eusebius in der Bezeichnung als Gott nur anklingt.

Hält man daneben die Verwendung in der 3. *mystagogischen Kate-chese*,[190] wird deutlich, wo die theologischen Probleme liegen: Zur Erklärung der postbaptismalen Salbung zitiert der Verfasser *Ps* 44,7-8, um die Salbung des Vorbilds Christus von der der Men-schen durch Menschen in der Taufe abzusetzen. Der Sohn Gottes habe gleichsam den Wohlgeruch der Gottheit den Wassern der Taufe mitgeteilt und sei durch den Geist Gottes am Jordan getauft worden; dementsprechend würden die Menschen abbildhaft in der Taufe mit Hl. Geist gesalbt.[191] Sie hätten in 'Ähnlichkeit' (*Röm* 6,5) an Christus teil, indem sie mit ihm gekreuzigt und begraben würden und auferstünden.[192] Während Christus mit dem Heiligen Geist gesalbt werde, würden die Menschen mit materieller Salbe gesalbt. Sie erhielten den Geist vermittelt durch Christi Gottheit und würden so geheiligt.[193]

Eine sichtbare Salbung des Menschen Jesus lehnt Cyrill ab. Er sei vom Vater gesalbt worden, als dieser ihn zum Retter des Kosmos bestimmte.[194] Dementsprechend konnte er vom Wohlgeruch seiner Gottheit den Wassern schon vor der Herabkunft des Geistes mit-teilen. Die Salbung wird also als Beauftragung des Sohnes Gottes durch Gott gedacht, die konsequent mit seiner Zeugung zusammen-fallen muß. Die Salbung mit Hl. Geist, mit dem 'Öl der Freude', anläßlich der Taufe ist soteriologisch-sakramental zu verstehen, als Initiation und Vorbild der Salbung der Christen in der Taufe.[195] Dieses Verständnis und der Zusammenhang der beiden Verse 7 und 8 tragen den Schriftbeweis für die Gottheit Christi. Damit wird die auch von den Arianern vertretene Prämisse, daß ein und derselbe Logos, ohne weitere Unterscheidung, angesprochen sei, nicht an-gezweifelt. Die Bedenken bezüglich des Salbungsbegriffs finden offensichtlich keinen Niederschlag. Möglicherweise ist 'gesalbter Gott' vor dem Hintergrund der genannten Bedeutung der Salbung

---

[190] Ob die mystagogischen Katechesen von Cyrill oder seinem Nachfolger Johannes verfaßt wurden, ist umstritten, cf. Yarnold 262f. (knapper Forschungs-bericht).

[191] *Cat. myst.* 3,1 (SCh 126bis, 120-122, P. Piédagnel, 1988).

[192] *Ibid.* 3,2 (SCh 126bis, 124,10/13).

[193] *Ibid.* 3,2 (SCh 126bis, 122-124, 124,13/17).

[194] *Ibid.* 3,2 (SCh 126bis, 122,1/3). s.o. zu Justin und Irenäus.

[195] *Ibid.* 3,1 (SCh 126bis, 122).

Bild für den gezeugten Gott oder Sohn Gottes, das die Einheit
Gottes nicht in Frage stellt.

*b) Testimonienbeweis und ethische oder sakramentale Ausgestaltung der
participatio: Die Psalmentraktate des Hilarius*

Hilarius verwendet in den Psalmentraktaten verschiedene Argumentationsmuster.[196] Zu *Ps* 122 und 144 zitiert er *Ps* 44,8b bzw.
7-8b, wie in *Trin.* IV ohne 8c, und benutzt die Verse als Testimonium für die Gottheit Christi. Im *Traktat* zu *Ps* 122 reiht er *Gen*
19,24; *Ps* 44,8b; 109,1a sowie *Joh* 1,1; *1 Kor* 8,6; *Röm* 9,5, klassische
Schriftbeweise also,[197] aneinander, die zeigen sollen, daß Vater
und Sohn, jeder von beiden, 'seiner Ordnung entsprechend' Gott
sei, ohne daß damit von zwei Göttern die Rede sein könne.[198] In
Tract.Ps. 144,1 zitiert er *Ps* 44,7-8b; 71,11.17; 2,6-9a; *Dan* 2,44;
7,13-14 und *Ps* 144,1.10b-13b, sehr alte Testimonien, die sich in
ähnlicher Zusammenstellung schon bei Justin finden, um die Macht
des verherrlichten Christus biblisch zu begründen.[199] Demselben
unmittelbaren Ziel dienen die Texte auch bei Hilarius, bevor er sich
näherhin mit der göttlichen Natur des Sohnes beschäftigt.

Trotz unterschiedlicher Zielsetzung—Zweiheit und Einheit in
Gott bzw. die Herrlichkeit des Königs Christus, der Gott ist—argumentiert Hilarius an beiden Stellen ähnlich: An eine Reihe von Testimonien fügt er jeweils einen erläuternden Abschnitt an, der nicht
aus dem Voraufgehenden exegetisch abgeleitet wird. In ähnlich
komplexer theologischer Terminologie wie in *Trin.*[200] versucht er,

---

[196] Entstanden wohl 360/64; möglicherweise liegen den Auslegungen Homilien
zugrunde, dann sind sie allerdings stark literarisch überarbeitet; das Werk dient
vor allem einer spirituellen Durchdringung der Psalmen; cf. Rondeau I 145-149;
Galtier 159-162; Newlands 134-158; Ladaria, Cristología 63-70; Gastaldi; E.
Goffinet, L'utilisation d'Origène dans le *commentaire des Psaumes* de S. Hilaire de
Poitiers, Löwen 1965, will die Abhängigkeit von Origenes untersuchen, kommt
aber aufgrund seiner höchst fragwürdigen und nicht reflektierten Methode nicht
zu zuverlässigen Ergebnissen.

[197] Cf. Tertullian, *Prax.* 13; Cyprian, *Test.* II 6; Irenäus, *Haer.* III 6,1 u.ö.

[198] *Tract.Ps.* 122,7 (CSEL 22, 584,11/17): *Nobis autem unus deus est; non tamen per
unionem dei domino nostro Iesu Christo quod deus est abnegantes, sed sequentes legem et prophetas et euangelia et apostolos diuinitatis unitatem in innascibili deo et in unigenito deo secundum
proprietatem atque naturam cum fide et ueritate profitemur. nusquam enim genere plurali nec deos
neque dominos sermo propheticus nuncupauit, sed unumquemque suo ordine.* [Es folgen die
Testimonien].

[199] S.o. I 1.1.b.

[200] Cf. Formulierungen wie *naturalis* oder *naturae similitudo* u.ä. (*Trin.* VII 39,5;
37,31; 26,26.33 u.ö.).

die Gottheit des Sohnes in ihrer Einheit mit dem Vater zu erklären: Er sei 'von ähnlicher Substanz' und Macht und gleicher Natur, die aber jedem seine *proprietates*—ungeworden bzw. gezeugt—belasse, so daß jeder einer und beide eins seien.[201]

In *Tract. Ps. 118 heth* 16-17 (zu *Ps* 118,63: *particeps sum ego omnium timentium te et custodientium mandata tua*) erläutert er *particeps* mit *Hebr* 3,14 (*participes Christi facti sumus*) und *Ps* 44,8bc, begründet diese Teilhabe aber nicht unmittelbar christologisch mit der Menschwerdung Christi, wie von *Trin.* XI 18-20 her nahegelegen wäre, sondern ethisch und soteriologisch durch die Teilhabe der Menschen an der Gerechtigkeit, Wahrheit und damit an der Auferstehung, praktisch konkretisiert durch das Mitleiden mit allen, die Gott fürchten (*Ps* 118,63).[202]

Nur wenige Jahre später stellt Ambrosius zur gleichen Schriftstelle die Menschwerdung als Fundament der Teilhabe und Erlösung in den Mittelpunkt.[203] Er verknüpft *Ps* 118,63 direkt mit *Ps* 44,8, indem er die beiden Textvarianten *consortes* und *participes* anführt, und interpretiert die *participatio* zuerst als *participatio carnis*.[204] Er expliziert das nicht weiter, sondern fügt parallel eine Reihe weiterer Bestimmungen an: An ihm hätten die Propheten teil, weil er der wahre Prophet sei, die Getauften, weil er für uns getauft worden sei. Wie bei Hilarius folgt dann die Teilhabe an 'Gerechtigkeit', 'Wahrheit' und 'Auferstehung'.[205] Ambrosius konstruiert aber aus

---

[201] *Tract. Ps.* 122,7 (CSEL 22, 584,26-585,6): *deus enim unus uterque est: non quod unus diuisus in duo sit, aut uterque ipse sit, ut nuncupatio sola fecerit patrem et filium, non natura gignendi, sed idcirco deus unus, quia neque duo innascibiles, neque unigeniti duo, sed unus ex uno et ambo unum, non dissimili scilicet aut differente a se substantia diuinitatis in utroque.—Tract. Ps.* 144, 3 (830, 3/10): *Verum cum in omni psalmo simplex dei et absoluta laudatio est, meminisse debemus patrem in filio et filium in patre laudari et, cum ex substantiae similitudine ac proprietate naturae alter in altero sit et ambo unum sint et, qui uidet patrem, uideat et filium, non differre, quis ex duobus laudari existimetur, cum utrumque sibi inuicem et uirtutis atque operum similitudo et indifferentis naturae ex patre deo genita et filio deo nata diuinitas unum eos esse testetur.*

[202] *Tract. Ps. 118 heth* 16 (CSEL 22, 432,12/16): *et particeps eius, quisque in iustitia manet, quia ipse iustitia est: particeps eius erit, quisque in ueritate persistit, ipse est enim ueritas: et quisque in nouitate uitae ambulabit, erit particeps eius, quia ipse est resurrectio.*

[203] Entstanden 389/390, cf. Rondeau I 153f.

[204] *Exp. Ps.* 118, 8,53 (CSEL 62, 183,15/18, M. Petschenig, 1913): *habet et Christus participes atque consortes sui. denique Dauid probat dicens: 'unxit te deus, deus tuus, oleo laetitiae prae consortibus tuis'. habet participes carnis, quia carnem suscepit.*

[205] *Ibid.* (CSEL 62, 184,4/11): *habet consortes baptismi, quia baptizatus pro nobis est, habet consortes iustitiae, quia ipse iustitia est et nobis de suo dedit sui habere consortium: habet consortes ueritatis, quia ipse ueritas est et nos tenere consortes resurrectionis, quia ipse est resurrec-*

der umgekehrten Perspektive: Nach Hilarius ist der Christi teilhaft,
der in der Gerechtigkeit bleibt, in der Wahrheit verharrt, in der
Neuheit des Lebens wandelt. Handelnde sind also die Menschen.
Nach Ambrosius ist es Christus, der Anteil gewährt und in der
Wahrheit und Gerechtigkeit hält. Außerdem entzerrt er Auferstehung und *novitas vitae*, indem er letztere der Teilhabe an Christi
inmaculata vita zuordnet. Hier ist es wieder der Mensch, der aktiv
wird. Darauf nennt er die Teilhabe an seiner Bedrängnis und am
Begrabenwerden und mündet in das Zitat von *Hebr* 3,14. Theologisch wären diese Bestimmungen sinnvoller an die Tauf-Teilhabe
anzuschließen gewesen, zumal die mit 'Wahrheit' und 'Gerechtigkeit' dazwischengeschobene Auferstehung auch eher nach Leiden
und Begräbnis einzuordnen wäre.

Mit Ausnahme der genannten dreigliedrigen Definition differieren die Gedankengänge der beiden Theologen. Hilarius fügt eine
Erklärung zur *participatio omnium timentium* an und erläutert sie als
Mit-Leiden und Mit-Weinen. Ambrosius schiebt vorweg die Werke
der Barmherzigkeit als *participatio* Christi ein, erklärt die Teilhabe
an Gerechtigkeit und Wahrheit nochmals, jetzt wie Hilarius von
seiten des Menschen, in der ersten Person Singular,[206] und fügt
eine ekklesiologische Begründung an: Alle erkennen sich gegenseitig als Glieder des Leibes und damit als *participes* Christi an. Danach
erst folgt eine Deutung der *participatio omnium timentium*.

Es scheint, als hätten die beiden ihre Gedanken unabhängig
voneinander entwickelt, aber auf eine gemeinsame Quelle, vermutlich Origenes, zurückgegriffen, in der sie die dreigliedrige Bestimmung fanden.[207] Christologisch argumentiert Ambrosius differenzierter. Auch wenn er die *participatio carnis* nicht direkt entfaltet,
gründet vor allem seine Erklärung der Teilhabe an Gerechtigkeit,
Wahrheit und Auferstehung darauf, daß Christus sie über seine
Teilhabe am Fleisch selbst ermöglichte. Hilarius mag die soteriologische Bedeutung der Menschwerdung zwar insgesamt voraus-

---

*tionis, quia ipse est resurrectio, habet consortes inmaculatae uitae, quia ipse inmaculatus est, et
quicumque in nouitate uitae ambulauerit, quicumque iustitiae tramitem tenuerit, particeps
Christi est.*

[206] *Ibid.* 54 (CSEL 62, 185,1/3): *si oderim mendacium, particeps Christi sum, quia
ueritas Christus est; si fugiam iniquitatem, particeps Christi sum, quia Christus iustitia est.*

[207] Beide sind von Origenes abhängig, Rondeau I 147-149; 152f., gegen eine
Abhängigkeit des Ambrosius von Hilarius und gegen A. Gariglio, Il *commento al
Salmo 118* in S. Ambrogio e in S. Ilario, in: AAT 90 (1955/56) 356-370.

setzen, setzt sie aber nicht unmittelbar in theologische Kommentare um.

Zu *Ps* 132,2 (*sicut unguentum de capite, quod descendit in barbam Aaron, quod descendit in oram uestimenti eius*) versucht Hilarius, die christologische Deutung des Verses sakramental zu vermitteln. Die Salbe, die vom Haupt über Aarons Bart hinabfließt, sei Bild für die Einheit und Gemeinschaft der Kirche, das durch weitere Bilder erklärt wird: Die Salbung Aarons zum Priester sei Bild für die unsichtbare und immaterielle Salbung des Hohenpriesters Christus, auf die mit *Ps* 44,8 angespielt wird. Dieses Öl der Freude oder himmlische Öl vertreibe durch das Haupt des Leibes, Christus, den Gestank der Sünden und unreinen Herzen, verströme den Wohlgeruch derer, die gerettet werden (*2 Kor* 2,15-16) und bilde so die Gemeinschaft der Kirche.[208] Auch hier finden sich keine explizit christologischen Termini, obwohl den Ausführungen die in *Trin.* XI entfaltete Theologie zugrundeliegt.[209] Hilarius definiert die Teilhabe nicht über die Menschwerdung Christi, sondern ethisch und ekklesiologisch: sie ist annäherungsweise bzw. vermittelt erreichbar durch ein neues Leben in Gerechtigkeit und Wahrheit und durch die Gemeinschaft der Kirche, steht aber in ihrer vollen Ausformung noch aus.[210]

---

[208] *Tract.Ps.* 132,4-5 (CSEL 22, 686-688).—Zur ekklesiologischen Bedeutung dieses Texts cf. Charlier 468f.

[209] So urteilt für den ganzen Kommentar Newlands 154.

[210] Cf. Newlands 149 zur eschatologischen Tendenz des *Psalmenkommentars* im Vergleich mit dem des Origenes.

ZUSAMMENFASSUNG: GRENZEN UND KRISE DER AUF GRAMMATISCHEN UND PROSOPOLOGISCHEN ARGUMENTEN GRÜNDENDEN SCHRIFTBEWEISTRADITIONEN

1. REFLEXION AUF DIE BILDLICHKEIT DER SCHRIFT BEI DER ARGUMENTATION MIT *Ps* 44,2A

Die ontologischen Probleme, die mit der Auseinandersetzung um den Arianismus aufgeworfen wurden, führten zunächst zu einer Krise des traditionellen Schriftbeweises *Ps* 44,2a für den 'Hervorgang' des Sohnes aus dem Vater und zu einer vertieften Reflexion auf die metaphorische Sprache. Die Lösung des Eusebius, eine Art *via negativa* bezüglich der Erklärung des Verses, konnte angesichts der Brisanz des theologischen Problems keine endgültige sein. Für die Arianer mußte die traditionelle Deutung von 2a in doppelter Hinsicht—die mit *eructare* verbundene Vorstellung vom Hervorbringen und der Logosbegriff—ein Skandalon darstellen, dem die Alexandrinischen Bischöfe—als erste Lösungsmöglichkeit—geradewegs an den sprachkritischen Problemen der dogmatischen Argumentation vorbei die ganze Wucht der Tradition entgegensetzten, ohne sie exegetisch differenzierter zu begründen. Zwar steht hinter ihren Testimonienkombinationen aus der apologetischen und katechetischen Tradition der hermeneutische Grundsatz, daß die Schrift durch die Schrift erklärt werde,[1] zwar können sie sich auf eine breite, auch außerchristliche Tradition bezüglich des metaphorischen Verständnisses von καρδία sowie ein fundiertes Logosverständnis stützen, aber die durch die arianische Kritik aufgeworfenen Probleme werden damit nicht gelöst. Möglicherweise trägt die Deutung Marcells, die nicht nur formal, sondern auch inhaltlich alte, stoisch geprägte Erklärungsmodelle für das Verhältnis zwischen Gott und Logos aufnimmt, um diese mit Hilfe der biblischen Metaphorik umzugestalten, das Ihre dazu bei, daß sich ab Mitte des 4. Jahrhunderts die Belege für einen zurückhaltenderen, sorgfäl-

---

[1] Cf. Neuschäfer 276-285.

tiger durchdachten Umgang mit dem Vers als trinitätstheologisches Argument häufen. Die Theorie vom inneren und geäußerten Logos ist der neuralgische Punkt der Marcellischen Trinitätstheologie und Christologie. Insofern er die Metaphorik vom Logos aus dem Herzen sehr wörtlich versteht, wird der Verdacht, allzu körperliche Kategorien in Gott hineinzutragen, akut, und das dürfte seinen Teil dazu beigetragen haben, daß die Metaphorik des Schriftbeweises einen neuen Stellenwert gewann.

Mag das Schweigen des Hilarius für sich allein als Argument nicht genügen, die übrigen Texte bezeugen weithin den Versuch, die Metaphern als solche zu interpretieren und als Bilder für die trinitätstheologische Argumentation fruchtbar zu machen. Der größere Zusammenhang in Athanasius' Brief *De decretis* zeigt, daß er sich durchaus der Relativität der Sprache, zumal des theologischen Sprechens bewußt ist. Aber diese Erkenntnis schlägt bei der konkreten Schriftargumentation nicht durch. Phoebadius verweist im Kontext der Zitate zwar darauf, daß nur der Geist das Verständnis ermögliche, aber erst allmählich thematisieren die Theologen die sprachlichen Probleme unmittelbar.

Aus den unterschiedlichen Texten kristallisieren sich drei Methoden, sprachkritische Erkenntnisse umzusetzen, heraus:

– Es häufen sich Unsagbarkeitstopoi, mit deren Hilfe die Metaphern als Chiffre interpretiert werden, die mehr verhüllt als aussagt. Eusebius deutet das mit seinen Abgrenzungen an, aber erst Zeno setzt das, im Rahmen von Predigten, methodisch um.

– Man versucht, die Metaphern ausdrücklich zu erklären, sei es in sich, indem beispielsweise das 'Herz' als Bild für das Innerste, die Substanz Gottes, gedeutet wird (Ps-Gregor von Nyssa), sei es im Verhältnis zu anderen Bildern, vorzugsweise aus *Ps* 109,3, um zu zeigen, daß und wie sie sich gegenseitig relativieren (Ps-Athanasius, *Disp.*; Gregor von Elvira).

– Man häuft Bilder, deren Verschiedenheit und 'eigentliche' Unvereinbarkeit genutzt wird, um sich dem 'eigentlich' Unsagbaren anzunähern. Paradoxa und *via eminentiae* werden so zum entscheidenden Weg des Sprechens von Gott (Ps-Serapion; Ambrosius).

– Auf diese Weise gleichen sich die dogmatische Schriftargumentation und die spirituelle Entfaltung biblischer Bilder einander an, wie sich besonders bei Ambrosius zeigen läßt. Bilder werden durch Bilder erläutert, korrigiert, relativiert, ergänzt, während Me-

thoden, die sich primär auf grammatische Strukturen, prosopologische Analysen und das Vorverständnis oder die Erklärung einzelner Termini, z. B. Logos, stützen, an Bedeutung verlieren, höchstens noch die Ausgangsbasis bilden.

2. CHRISTOLOGISCHE HERMENEUTIK ALS MATERIALE DEUTUNGSGRUNDLAGE FÜR *Ps* 44,7-8

Für *Ps* 44,7-8 als Schriftbeweis für die Gottheit Christi werden besonders die kausalen Konnotationen des 'deshalb' und die passivische Konstruktion des Gesalbtwerdens problematisch. Die christologische Differenzierung vermag in nicaenischen Kreisen die
Anfragen von seiten der arianischen Exegese zu beantworten, wirft
aber eine Vielzahl neuer Probleme auf, wobei es noch das geringste
ist, daß sie die Gegner nicht überzeugt. Der arianische Bischof
Maximinus lehnt eine Unterscheidung nach Gottheit und Menschheit bei *Joh* 20,17 ab.[2] Zum einen belege eine Stelle wie *Mt* 28,
18-20, die ebenfalls nach der Auferstehung gesprochen sei, daß für
den Gottessohn keine Notwendigkeit mehr bestehe, sich hinter
menschlichen Äußerungen zu verbergen; zum anderen nehme Paulus Formulierungen wie 'Der Gott unseres Herrn Jesus Christus'
mehrfach auf. Ebenso wie *Joh* 20,17 sei auch *Ps* 44,8 auf die Gottheit
zu beziehen, letzterer auf die Zeit vor der Inkarnation, zumal da bei
der Taufe Jesu nichts von einer Salbung erwähnt sei; das 'Öl der
Freude' lasse sich durch *Spr* 8,30f., die Freude der Schöpfungs-
Weisheit, und *Gen* 1,31, die Güte der Schöpfung, erklären.

Der anonyme *Lukas-Kommentar* unterscheidet zu *Lk* 4,18 zwei Salbungen:[3] Es sei ein und derselbe Geist, der Christus wegen aller
guten Taten für die Galiläer und die ganze Welt salbte, und zwar
vor der Zeit zu Gott, wobei er die alten apologetischen und antihäretischen Vorstellungen wieder aufnimmt, in der Zeit mit Hl.
Geist und Kraft (*Apg* 10,38), um so den Sieg über den Teufel und
die Werke der Barmherzigkeit für die Gläubigen zu ermöglichen.
Die erste Salbung mache ihn also aufgrund seiner Verdienste zu
Gott, die zweite bestimme ihn zu seiner konkreten soteriologischen
Sendung als Mensch.

Hinter diesen knappen Bemerkungen stecken sehr grundsätzliche

---

[2] *Coll.* 14,16 (PL 42, 733f.).
[3] CChr.SL 87, 212, 143ᵛ,3/12, s.o. II 2 Anm. 53.

Fragen: Maximin wirft dem hermeneutischen Prinzip der Unterscheidung Willkür und Beliebigkeit angesichts der heilsgeschichtlichen Abfolge vor. In der Tat erwähnen die Taufberichte keine Salbung. Übersieht er seinerseits auch die bereits im NT geleistete Verknüpfung der beiden Akte (*Apg; 1 Joh*), wiegt der Einwand des *Lukaskommentars* schwerer. Das zentrale Problem der christologischen Differenzierung ist die Frage, wie die unterschiedlichen Aussagen zusammenzudenken sind, wie die Einheit dessen zu denken ist, der einmal als Gott, einmal als Mensch spricht oder angesprochen oder beschrieben wird. Bezüglich der Psalmverse ist ungeklärt, wie die unterschiedlichen Anreden in Vers 7 und 8 zusammengehören. Wenn in 7 Gott angesprochen wird, dann nicht auch in 8? Muß folglich nicht Gott Gesalbter sein, was im übrigen der Gebrauch des Christus-Titels für den Sohn Gottes ebenso bestätigt wie die Testimonientraditionen? Die Lösung des *Lukas-Kommentators*, der zwei 'Salbungen' für den einen Christus vorschlägt, berücksichtigt die heilsgeschichtliche Abfolge, die neutestamentlichen Stellen zur Salbung und den Gebrauch des Christus-Namens. Um die Mitte des 4. Jahrhunderts war diese Lösung aber noch nicht selbstverständlich, abgesehen davon, daß sie neue Fragen nach dem Verhältnis der beiden Akte oder Ebenen oder Seinsweisen aufwirft.

Athanasius und Hilarius interpretieren die Salbung in unterschiedlicher Akzentuierung als symbolischen Akt, der den Menschen die Einwohnung des Geistes ermögliche bzw. den Beginn des öffentlichen Wirkens Jesu bezeichne. Dem Verfasser der *mystagogischen Katechesen* zufolge verwiesen die Verse auf die Sendung des Logos zur Rettung des Kosmos. In den Predigten und Katechesen des Eusebius von Emesa und Cyrills von Jerusalem stellt die Redeweise vom 'gesalbten Gott' nach wie vor ein Testimonium für das Gottsein Christi dar. Die traditionelle Deutung, die die Predigten und explizit katechetischen Texte noch lange dominiert, und die christologische Differenzierung stehen weithin unverbunden nebeneinander. Je nach Intention interpretiert man Vers 8 als *Typos* der Taufe Jesu oder als Metapher für die Sendung des Sohnes in der *Oikonomia*. Wenn Hilarius Vers 8 auf die Verbindung Jesu mit göttlichem Geist auslegt oder Ambrosius die *participatio* der Menschen an der Salbung und am Fleisch Christi de facto gleichsetzt,[4] stellt

---

[4] Ambr., *Fid.* I 24 (CSEL 78, 12,30-13,2): *Deus est, qui unguit, et deus, qui 'secun-*

die Salbung ein Bild für die Einung zwischen Gott und Mensch in
Jesus Christus dar. Dann stellt sich die Frage, inwieweit Salbung
und Inkarnation zu unterscheiden sind.

3. DIE KRISE

Deutlich geworden ist das Ungenügen formaler Kriterien wie
Grammatik, Person, Semantik, Syntax, um überlieferte Deutungen
rational zu begründen. Sie lassen sich für die verschiedensten Thesen und Theologien in Anspruch nehmen, und es ist das Verdienst
der arianischen Sprachkritik, das aufgezeigt zu haben. Das aber
stellt eine dogmatische Schriftargumentation, die vernünftig und
kommunikabel sein will, vor erhebliche Herausforderungen. Die
antiarianische Theologie versucht verschiedene Wege:

Die Berufung auf die Tradition gewinnt zwar an Gewicht, kann
aber allein nicht überzeugen. Das Prinzip der christologischen Hermeneutik, verstanden als Entfaltung des Glaubens an den menschgewordenen Gott, weist einen genial einfachen Weg für die Auseinandersetzung mit bestimmten Schriftstellen. Die Tatsache, daß sie
zunächst nur im unmittelbaren 'Notfall' zum Zug kommt, ansonsten aber die alten Argumentationsmuster zur Gottheit Christi
dominieren, läßt sich mit der Zurückhaltung gegenüber alternativen Deutungen und Argumentationen zu *Ps* 44,2a vergleichen, die
sich erst etwa 30 Jahre später, ab Mitte des 4. Jahrhunderts, durch-
zusetzen begannen. Ähnlich ist der zeitliche Abstand zwischen den
Arianerreden des Athanasius und Ambrosius, der konsequent Vers
8bc auf die *caro Christi* bezieht.[5] Es braucht seine Zeit, bis theologische Ausdifferenzierungen sich auf einer breiteren Ebene durchsetzen.

Die christologische Hermeneutik selbst, insofern als sie inhaltliche Vorgaben setzt, aber auch Formulierungen wie 'rechte Deutung' bezeugen das Bemühen, Kriterien zu finden, die über rein
sprachliche Beobachtungen hinausgehen, ohne sich auf pauschale
Verweise auf die Schrift als Ganze oder die kirchliche Tradition zu
beschränken. Ein wichtiger Schritt dahin ist die Argumentation des
Hilarius mit dem *mysterium pietatis* (*1 Tim* 3,16) und der *confessio*, die

---

*dum carnem' unguitur 'dei filius'. Denique quos habet unctionis suae Christus nisi in carne con-
sortes?*
    [5] Cf. *Fid.* I 24; *Spir.* I 100-104 (*corpus*).

den auf grammatischen und prosopologischen Beobachtungen gründenden Stellenkonkordanzen neues Gewicht verleiht. Sie bezieht die Qualität des theologischen Sprechens mit ein, ohne allerdings diesen Ansatz zu systematisieren.

TEIL III

CHRISTOLOGISCHE ARGUMENTATION UND
CHRISTUSBILD IN DEN PSALMENAUSLEGUNGEN
ZWISCHEN NICAEA UND CHALCEDON

1. KAPITEL

ZWISCHEN PSALMENGEBET UND THEOLOGISCHER KONTROVERSE

Einleitend zur Untersuchung der Psalmenauslegungen des 4. und 5. Jahrhunderts sollen die Faktoren, die die Schriftargumentation und Spiritualität im wesentlichen prägten, dargestellt werden. Das sind einerseits die vertiefte Reflexion auf die Bedeutung der Psalmen für das christliche Leben, motiviert durch die wachsende Bedeutung des Psalmengebets im Kontext asketischer Bewegungen, andererseits die theologischen Herausforderungen durch die apollinaristische Christologie und die neuarianische Sprachtheorie.

1.1 Die grundsätzliche Bewertung des Psalters in Kommentarprologen und einleitenden Texten

a) Kommentarprologe und Einleitungen

Origenes,[1] Hilarius[2], Diodor von Tarsus[3] und Theodoret von Cyrus[4] behandeln die Bedeutung der Psalmen in den Prologen ihrer Kommentare,[5] die sich in ihrem Aufbau an den Prologen

---

[1] Prologe zu den verschiedenen Kommentaren des Origenes sind nur fragmentarisch in der *Philokalie* 2.3 (SCh 302, 240-248; 260, M. Harl, 1983) und in der Katenentradition erhalten (G. Rietz, Jena 1914, 1-15); cf. Devreesse, Les anciens commentateurs 2f.; Rondeau I 44-63. Der neueste Rekonstruktionsversuch stammt von P. Nautin, Origène I 261-292; er unterscheidet einen frühen alexandrinischen Kommentar zu *Ps* 1-25, einen späteren, in Caesarea entstanden, zum ganzen Psalter, sowie Scholien. Neuschäfer 67-69 macht darauf aufmerksam, daß nur die dem späteren Kommentar zugerechneten Fragmente Elemente der paganen Kommentartopik enthalten. Zu diesem Prolog gehören Rietz I 1-13; 15; 16; IV; V und III. Ungeklärt bleibt freilich die Tatsache, daß Hilarius offensichtlich Teile beider 'Prologe' in seiner *Instructio* verwendet.

[2] *Instructio psalmorum* als Einleitung zu den *Tractatus super Psalmos*, CSEL 22, 3-19; Hilarius ist von Origenes abhängig, cf. Hieronymus, *Vir. ill.* 100; *Ep.* 82,7; Rondeau I 147-149; Neuschäfer 68 u.ö., allerdings sind die genaueren Zusammenhänge noch nicht erforscht.

[3] *Prolog* zum Psalmenkommentar, CChr.SG 6, 3-8, J.-M. Olivier, 1980; zur Verfasserfrage, s.u. III 2.3, S. 255f.

[4] *Protheoria* zur *Interpretatio in Psalmos*, PG 80, 857A-865B.

[5] Cf. auch das unter dem Namen des Athanasius überlieferte *argumentum in Psalmos*, PG 27, 56-60; dazu s.u. III 2 Anm. 10.

paganer Dichterkommentare⁶ orientieren. Ohne auf die jeweiligen
Gliederungen und Gewichtungen im einzelnen einzugehen, seien
im folgenden die topischen Leitfragen der Kommentarprologe kurz
aufgelistet.⁷

– In den Prolog gehört die Frage nach dem Verfasser (γνήσιον),
die bezüglich der Psalmen unterschiedlich beantwortet wurde:
Hilarius plädiert, offensichtlich in Anlehnung an Origenes, für ver-
schiedene Verfasser aus verschiedenen Zeiten, wie sie jeweils in der
Überschrift angegeben sind. Wo kein Verfasser genannt sei, gelte
entsprechend einer älteren Tradition der zuletzt genannte Autor.⁸
Theodoret kennt diese Tradition, spielt die Bedeutung der Verfas-
serfrage jedoch unter Berufung auf die Inspiration durch den Hl.
Geist herunter und schließt sich dem Mehrheitsvotum, das für die
Verfasserschaft Davids entscheidet, an.⁹ Diodor behandelt die
Frage nicht eigens, scheint aber David vorauszusetzen.¹⁰

– Die Verfasserfrage ist zumeist der Diskussion des Titels (αἰτία
τῆς ἐπιγραφῆς) zugeordnet. Hilarius nennt den ganzen Psalter *liber
psalmorum* und verwahrt sich damit gegen eine alte jüdische Tradition, die die Psalmen in fünf Bücher einteilt.¹¹ Häufiger diskutiert
man nicht den Gesamttitel, sondern die Einzelüberschriften, die für
Hilarius (und Origenes) die entscheidenden Schlüssel zur Deutung
darstellen.¹² Theodoret bestätigt innerhalb des Prologs lediglich
ihre Authentizität,¹³ Diodor bestreitet diese weitgehend.¹⁴

– Bezüglich der verschiedenen Gattungen (ὑπὸ ποῖον μέρος),
ist man sich grundsätzlich einig, daß es lehrhafte und ermah-
nende, ethische und dogmatische Formen gibt, sowie Gebetstexte
verschiedener Art.¹⁵ In der Ausdifferenzierung, Einordnung und

---

⁶ Cf. Donat und Servius zu Vergil und Theokrit.

⁷ Cf. Neuschäfer 57-67; Schäublin 66-72.

⁸ Orig., *Prol.* III (Rietz); Hil., *Instr.Ps.* 2-4; Ps-Athanasius, *Arg.* (PG 27,
57AD).

⁹ *Proth.* (PG 80, 861C/D).

¹⁰ *Prol.* (CChr.SG 6, 3,25).

¹¹ *Instr.Ps.* 1.

¹² Hil., *Instr.Ps.* 2-4 (Verfasserfrage); 9-10 (nicht historische Ordnung); 13-22
(verschiedene Überschriften); Orig., *Prol.* I; cf. Gregor v. Nyssa, *De inscriptione
Psalmorum*, der sich nahezu ausschließlich auf die Einzelüberschriften stützt.

¹³ *Proth.* (PG 80, 861D-864B).

¹⁴ *Prol.* (CChr.SG 6, 6,105/122): Erst Esra habe die während der babylo-
nischen Gefangenschaft zerstreuten Psalmen gesammelt und ordnen lassen. Cf.
Hil., *Instr.Ps.* 8; Orig., *Prol.* I 16 (Rietz 10,18/24).

¹⁵ Theodoret, *Proth.* (PG 80, 861B); Diodor, *Prol.* (CChr.SG 6, 4,43/45);

konkreten Ausgestaltung unterscheiden sich die Ansätze erheblich.

– Bezüglich der Ordnung (τάξις), stellen die Kommentatoren übereinstimmend fest, daß sie aufgrund ihrer Geschichte nicht der historischen Reihenfolge entspricht.[16] Während Theodoret und Diodor die Frage damit auf sich beruhen lassen, postuliert Hilarius eine neue höhere Ordnung auf der Grundlage der von den 70 Übersetzern zugeordneten Zahlen und ihrer heilsgeschichtlichen und symbolischen Bedeutung.[17]

– Ziel und Nutzen des Textes (σκοπός, χρήσιμον) werden bei Origenes und Hilarius nicht eigens genannt, sind aber bei Hilarius in den langen Ausführungen über verschiedene Titel impliziert;[18] Diodor verweist knapp auf den Nutzen dessen, was in den Psalmen gelehrt wird, um ein vollkommener Mensch zu werden,[19] Theodoret insistiert darüber hinaus auf dem Ineinander von nützlicher Lehre und Schönheit der dichterischen und musikalischen Form.[20]

In den Einleitungen zu den Predigtreihen von Basilius[21] und Ambrosius[22] sowie im Brief des Athanasius an Marcellinus[23] über die Psalmen werden die in den o.g. Prologen erörterten Ergebnisse formaler Art im wesentlichen vorausgesetzt.[24] Ohne daß der Terminus genannt wird, steht die Frage nach dem Ziel im Zentrum. Sie wird eher unsystematisch unter den Leitbegriffen Nutzen und Freude entfaltet. Athanasius geht dabei in mehreren Schritten vor: Er behandelt den Psalter als Kompendium der Bibel, in dem alle biblischen Gattungen—Gesetz, Geschichte, Prophetie—enthalten sind (2-9), das Beten des Psalters grundsätzlich und in verschiedenen Situationen (10-26) sowie das Singen der Psalmen (27-33).[25]

Hilarius, *Instr.Ps.* 19-21, in Anlehnung an die musikalischen Gattungsbezeichnungen *psalmus* und *canticum*; Origenes, *Prol.* I 12, unterscheidet zwischen Gebeten, didaktischen und paränetischen Texten und Liedern.

[16] Thdt., *Proth.* (PG 80, 865A); Diod., *Prol.* (CChr.SG 6, 6,105/107); Hil., *Instr.Ps.* 9; Ps-Ath., *Arg.* (PG 27, 56A-57A).

[17] Hil., *Instr.Ps.* 8-11; cf. Origenes, *Prol.* I 16.

[18] V.a. bei der Erörterung der musikalischen Formen in *Instr.Ps.* 19-21.

[19] *Prol.* (CChr.SG 6, 3,3/5); cf. Schäublin 70.

[20] *Proth.* (PG 80, 858A-861B); cf. Schäublin 68f.

[21] *Hom.Ps.* 1,1-2 (PG 29, 209A-213C).

[22] *Expl.Ps.* 1,1-12 (CSEL 64,3-10, M. Petschenig, 1919).

[23] PG 27, 12-45.

[24] Ambrosius, *Expl.Ps.* 1,3 (CSEL 64, 4,13), geht von David als Verfasser aus; Athanasius, *Ep.Marc.* 16 (PG 27, 29A), von verschiedenen Autoren.

[25] Zum Ganzen: H.J. Sieben, Athanasius über den Psalter. Analyse seines *Briefes an Marcellinus*, in: ThPh 48 (1973) 157-173; M.-J. Rondeau, L'*épître à Marcellinus* sur les Psaumes, in: VigChr 22 (1968) 176-197.

Eine Sonderstellung nimmt der Traktat Gregors von Nyssa, *De
inscriptionibus psalmorum*, ein, der entlang der Überschriften den Aufstieg der Seele zu Gott im Fortgang des Psalters darstellt.[26]

b) Bedeutung und Funktion des Psalters

Einigkeit scheint darüber zu herrschen, daß dem Buch der Psalmen
eine besondere Stellung innerhalb der Hl. Schrift zukommt. Die
Kommentatoren begründen sie damit, daß alle Gattungen und Formen, die die Bibel prägen, in den Psalmen enthalten seien, nämlich
die Geschichte, das Gesetz und die Prophetie[27] im engeren Sinn als
Ankündigung dessen, was sich im Evangelium und in der Kirche
erfüllt habe.[28] Athanasius versucht das im ersten Abschnitt seines
Briefs ausführlich und mit Beispielen aufzuzeigen.[29]

Wenn für die Kirchenväter das Buch der Psalmen in nuce die
gesamte Heilsgeschichte mit allen Implikationen dogmatischer und
ethischer Art in sich enthält, kommt ihm notwendig herausragende
Bedeutung für die Vermittlung und Vertiefung des Glaubens zu,
zumal da es aus dichterisch gestalteten Gebeten besteht, die sich
leicht einprägen[30] und häufig wiederholt werden.[31] Theodoret formuliert programmatisch als Ziel seines Kommentars, daß die, die
die Psalmen singen, auch ihre Bedeutung erkennen sollen, um zu
lernen.[32] Dieses im weitesten Sinn pädagogische Anliegen wird in
verschiedene Richtungen entfaltet.

Die Psalmen vermitteln theologische Erkenntnis, weil sie von der
Schöpfung und Geschichte berichten bzw. das Kommen Christi verkünden. Basilius deutet das nur kurz an, wenn er von der 'vollkommenen Theologie' in den Psalmen spricht.[33] Athanasius gibt
über mehrere Abschnitte einen kurzen Abriß der 'Geschichte'

---

[26] Dieser bedeutsame Text bedürfte einer gesonderten Untersuchung, die über
den Rahmen dieser Arbeit hinausgeht.

[27] Theodoret, *Proth.* (PG 80, 861AB) und Diodor, *Prol.* (CChr.SG 6, 6,94/104)
fassen den Begriff Prophetie so weit, daß er alle genannten Gattungen subsumiert.

[28] Cf. Basilius, *Hom.Ps.* 1,1 (PG 29, 209D-212A); Ambrosius, *Expl.Ps.* 1,4.7.

[29] *Ep.Marc.* 2-9.

[30] Basilius, *Hom.Ps.* 1,1 (PG 29, 212C); Ambrosius, *Expl.Ps.* 1,9; Theodoret,
Proth. (PG 80, 860A).

[31] Cf. Athanasius, *Ep.Marc.*, mit asketischem Hintergrund; Basilius, *Hom.Ps.*
1,1 (PG 29, 212C); Ambrosius, *Expl.Ps.* 1,9; Theodoret, *Proth.* (PG 80, 857A).

[32] *Proth.* (PG 80, 860A).

[33] *Hom.Ps.* 1,2 (PG 29, 213B); cf. Theodoret, *Proth.* (PG 80, 861AB).

Christi von seiner Zeugung aus dem Vater (*Ps* 44,2a; 109,3c) bis zum Jüngsten Gericht (*Ps* 71,2; 49,4.6), die sich schon in den Psalmen finde.[34] Er argumentiert offenkundig vor dem Hintergrund der dogmatischen Auseinandersetzungen, wenn er Schritt für Schritt die verschiedenen Titel und 'Seinsweisen' Jesu Christi nennt.[35] Indem er so die dogmatische Schriftargumentation vergegenwärtigt, wird der Psalter, insofern er Gebetbuch ist, zum Mittel, die Singenden und Betenden immer wieder neu mit den zentralen theologischen und christologischen Lehren zu konfrontieren, damit sie auf diese Weise internalisiert werden. Während Athanasius darauf abhebt, daß der Psalter die christlichen Lehren vollständig enthalte und die einzelnen Psalmen diese direkt vermitteln, stellt sich dieser Vermittlungsprozeß bei Hilarius weniger flächig dar: Er sieht das immer tiefere Verstehen[36] des Psalters mit dem tieferen Eindringen in die *sacramenta Christi* zusammen. Während Athanasius Wert darauf legt, Gottsein und Menschsein als solches zur Sprache zu bringen, um die dogmatische Relevanz zahlreicher Psalmenzitate bewußt zu halten, stellt Hilarius den einen Christus in seiner Verleiblichung (*corporatio*), in Leiden, Tod, Auferstehung und Gericht, der den Menschen an seiner Herrlichkeit Anteil geben will, in den Mittelpunkt.[37]

Die Vermittlung ethischen Handelns scheint in der Mehrzahl der Texte von größerer Bedeutung zu sein, zumindest, was die Quantität angeht. Nur Hilarius insistiert expressis verbis auf dem engen Zusammenhang zwischen christlicher Lehre und christlichem Handeln,[38] während die übrigen Autoren zumindest verbal differenzieren. Die ethische Funktion des Psalters ist bei einigen Autoren in der Tradition der Antike eng an seine musikalische Form gebunden.[39]

---

[34] *Ep.Marc.* 5-8; cf. 26.

[35] *Ibid.* 5-6: Die Psalmen kündeten das Kommen des Retters als Gott an, der der Logos sei (*Ps* 106,20); dieser sei der Sohn Gottes (*Ps* 44,2a; 109,3c), durch den alles geschaffen sei (*Ps* 32,6) und der als Gesalbter Gottes und Gott selbst und Mensch (*Ps* 44,7-8; 86,5), aus der Jungfrau geboren (*Ps* 44,11-12), kommen werde. Cf. zur Christologie Rondeau, L'*épître à Marcellinus* 182-192; cf. II 1.2.a; 2.3.b.

[36] *Intellegere* (und Derivate) ist ein zentraler Begriff in der *Instructio*: 4; 5; 6; 11; 17; 18 u.ö.

[37] Auch Ambrosius, *Expl.Ps.* 1,8, nennt die Stationen der Geschichte Jesu Christi, allerdings nur kurz.

[38] Cf. den schon genannten Abschnitt über die musikalischen Formen, *Instr.Ps.* 19-21; Basilius, *Hom.Ps.* 29,1 u.ö.

[39] Sieben, Athanasius über den Psalter 169-172; cf. die Artikel 'Musik' von W. Vetter, in: RE 16, 877-892; G. Wille, in: LAW (1965) 2010f.

Dieser Zusammenhang wird historisch erst relativ spät thematisiert:
Origenes spielt den in der LXX häufig vorkommenden Titel *psalmus*
noch herunter: Unmöglich könne es sich bei Texten betrüblichen
Inhalts, wie z.B. *Ps* 3 oder 50, um mit Instrumentalbegleitung
gesungene Lieder handeln.[40] Hilarius spiritualisiert die musikalischen Aspekte: Da das Psalterium seinen Klangkörper oberhalb
der Saiten habe,[41] empfange es seinen Klang gleichsam von oben,
d.h. vom Hl. Geist, von den himmlischen Mächten, ähnlich wie der
irdische Leib Jesu Christi durch den Hl. Geist, also seine Göttlichkeit,[42] bewegt werde.[43]

In Anlehnung an platonische Theorien streitet Athanasius den
Eigenwert sinnlichen Vergnügens beim Gesang der Psalmen ab, um
die nützliche Seite um so mehr zu loben: Zum einen sei der
dichterische und erhabene Stil von Liedern dem Lobpreis Gottes
angemessen, zum anderen bilde die musikalische Harmonie die
Harmonie der Seele vorbildhaft ab und fördere sie. Wie das Plektron die Harmonie der Töne bestimme, soll die dem Geist Christi
gehorsame Seele die verschiedenen Seelenregungen leiten und dem
Willen Gottes unterwerfen.[44] Der Mensch als Ganzer solle so mit
Zunge, Geist und Seele Gott besingen.[45]

Auch Ambrosius verarbeitet antike Musiktheorien.[46] Leitbegriff
seiner Erörterungen ist die *delectatio*, die zwei Seiten habe, indem sie
einerseits als *delectatio futurae beatitudinis* Ansporn zur Tugend sei, andererseits vom Teufel als Lockmittel eingesetzt werden könne.[47]
Verschärft werde diese Ambivalenz dadurch, daß sich der Versucher im göttlichen Garten der Lust nicht irgendwelcher Vorspiegelungen, sondern, durch die Schlange und die Frucht, der von
Gott gut geschaffenen Natur bediene. Die ursprüngliche Schönheit

---

[40] *Prol.* 1,15 (Rietz 8,13-9,4 u.ö.). Er zieht die Titel Aquilas vor, der die 'Hymnen' der LXX 'Psalmen' nennt.
[41] Cf. H.H. Dräger—M. Wegner, Psalterium, in: MGG 10 (1962) 1713-1716.
[42] Cf. oben zur Geistchristologie des Hilarius, II 2.3.c.
[43] Hil., *Instr. Ps.* 7; ähnlich Basilius, *Hom. Ps.* 1,2, dort zielt der Vergleich allerdings auf den Weg des Menschen nach oben. Cf. zu Hil. auch die allegorische Deutung der Titel *psalmus, canticum, canticum psalmi, psalmus cantici* auf Erkenntnis und
Handeln und ihren wechselseitigen Zusammenhang, *ibid.* 19-21.
[44] Sieben, Athanasius über den Psalter 169; Platon, *Polit.* 440e-441a zur Anthropologie; 530c-531c. Platon ist seinerseits durch die Pythagoreer beeinflußt.
[45] Athanasius, *Ep. Marc.* 28-30.
[46] V.a. des Pythagoras, rezipiert bei Platon, und des Aristoteles, *Polit.* 8,5,
1339a: Musik als Spiel und Unterhaltung, παιδιά, διαγωγή.
[47] *Expl. Ps.* 1,1.

der Schöpfung artikuliere sich musikalisch in der Harmonie der Sphären (Ambrosius spricht vom Klang der Himmelsachse[48]), die in der Natur widerhalle, und im Gesang der Engel, die den guten Schöpfergott loben.[49] Wenn Schöpfung, Musik und Freude in engem Zusammenhang zu sehen seien, müsse, so der Gedankengang bei Ambrosius, die mit der Musik verbundene Freude ein Weg sein, die Schönheit der Schöpfung und die unmittelbare Nähe des Menschen zu Gott wiederherzustellen.[50] Eben das intendiere David mit seinen Liedern, und das belege auch die Tatsache, daß andere biblische Gestalten wie Mose, Debora, Jesaja, Daniel, Habakuk, in entscheidenden Situationen nicht sprächen, sondern Lieder sängen.[51] Dementsprechend entfaltet Ambrosius—weniger ausführlich auch Basilius—in Anlehnung an aristotelische Gedanken, die die durch die Musik vermittelte Sinneslust positiv werten, die therapeutische Bedeutung der Musik: Sie wirke beruhigend und besänftigend, spreche alle Generationen und Schichten an, sie gewöhne die Menschen an das Gute und erleichtere so den Weg zur Tugend, sie versüße das Lernen, nicht nur für Kinder,[52] gehöre zu Festen und Festesfreude.[53] Als Chor, der die Stimmen und Instrumente aller in sich vereinigt, ist sie für Ambrosius und Basilius Ausdruck der Gemeinschaft der Kirche, die weniger in Gefahr sei, Fehler zu machen als der einzelne Künstler.[54] Im Gegensatz zu Hilarius spiritualisiert Ambrosius erst auf einer zweiten Ebene, also ohne die sinnliche Erfahrung der Musik völlig abzuwerten, wenn er die toten Saiten mit dem Gestorbensein der Menschen für die Sünde vergleicht[55] und wenn er dazu auffordert, innen zu singen, den äußeren Wohlklang zu internalisieren und zu sublimieren, damit nicht die Leidenschaften des Körpers erregt würden.[56]

---

[48] *Ibid.* 1,2 (CSEL 64, 4,2/5).
[49] *Ibid.* 1,2; cf. *Jes* 6,3; *Offb* 19,6.
[50] Cf. *ibid.* 1,5: Gott wird erfreut und versöhnt.
[51] *Ibid.* 1,3-6.
[52] Bas., *Hom.Ps.* 1,1 (PG 29, 212BC).
[53] Ambr., *Expl.Ps.* 1,9; Bas., *Hom.Ps.* 1,2 (PG 29, 213A).
[54] Ambr., *Expl.Ps.* 1,9; cf. Bas., *Hom.Ps.* 1,2 (PG 29, 212CD).
[55] *Expl.Ps.* 1,11.
[56] *Ibid.* 1,12.

c) Hermeneutiken des Psalmenverständnisses

Grundsätzlich besteht bei den Theologen Einigkeit darüber, daß im Psalter auch von Christus und der Kirche die Rede ist; die Meinungen über Form und Umfang gehen weit auseinander. Zwei Gruppen von Theorien sind zu unterscheiden, die sich in den unterschiedlichen Formen niederschlagen: Die Kommentarprologe von Hilarius, Diodor und Theodoret zielen auf eine wissenschaftlich-theologisch reflektierte Erkenntnis dessen, wovon in den Psalmen die Rede ist, und sie bedienen sich dazu des damals gebräuchlichen wissenschaftlichen Instrumentariums; Ambrosius, Basilius und Athanasius geht es um das individuelle und kirchliche praktische Verstehen und Beten. Aber auch innerhalb dieser beiden Gruppen gibt es Unterschiede.

Hilarius vertritt ein mystisch-sakramentales Psalmenverständnis: Zwar benutzt er streng wissenschaftliche Methoden, fragt nach der historischen Grundlage[57], untersucht grammatische Strukturen,[58] verwendet die prosopologische Exegese,[59] die Konkordanzmethode[60] und die damals weit verbreitete Zahlensymbolik[61], aber er stellt sie in den Dienst einer höheren Erkenntnis unter dem Leitbegriff *sacramentum*[62]. Dieser umschreibt seine mit dem Bild vom versiegelten Buch (*Jes* 29,11f.; *Offb* 3,7; 5,1f.) drastisch ausgemalte hermeneutische Grundvoraussetzung, daß der Psalter nur vom Evangelium her zu verstehen sei, und meint damit nicht nur das Christusgeheimnis selbst bzw. unsere Erlösung,[63] sondern auch deren heilsgeschichtliche Grundlagen—das Verhältnis von Gesetz und Evangelium[64]—und ihre kirchlich-liturgischen Konsequenzen.[65] Die Psalmen stellen für Hilarius Gewebe (*textus*) von allegorischen und typologischen Beziehungen dar,[66] deren jedes einen eigenen Schlüssel brauche, mit dessen Hilfe es zu erschließen sei.[67]

---

[57] *Instr.Ps.* 9 u.ö.
[58] *Ibid.* 22 (CSEL 22, 18,5): *qualitas pronominum.*
[59] *Ibid.* 5; 23.
[60] *Ibid.* 13 (Deutung des Titels *pro torcularibus*).
[61] *Ibid.* 12-16 (Titeldiskussion).
[62] Cf. *1 Tim* 3,16 und seine Bedeutung in *Trin.* s.o. II 2.3.c.
[63] *Instr.Ps.* 5 (CSEL 22, 6,19/23).
[64] *Ibid.* 17 (CSEL 22, 14,16/18).
[65] *Ibid.* 13-14: am Beispiel der Achtzahl.
[66] *Instr.Ps.* 22: Allegorie als *consimilium species*, Typologie als *conparatio gestorum.*
[67] *Ibid.* 5 (CSEL 22, 6,19); 24.

Demgegenüber postuliert Diodor die Untersuchung der Geschichte, eine 'Schau der Tatsachen' (θεωρία τῶν πραγμάτων), als angemessenen Weg. Mit zum Teil gleichen wissenschaftlichen Methoden—historischer Untersuchung, Erhebung des Wortlauts—kommt er zu dem Ergebnis, daß nur in wenigen Fällen von Christus die Rede sei.[68] Er konzentriert sich auf die ethischen Fragen und die (Heils-)Geschichte. Eine höhere Bedeutung ist damit nicht ausgeschlossen: Die Schau dessen, was in der Schrift direkt ausgesagt wird, lasse die einzelnen Begebenheiten zugrundeliegenden Strukturen erkennen und mache so Gemeinsamkeiten, etwa zwischen der Geschichte von Kain und Abel und der von Synagoge und Kirche, deutlich.[69] Im Gegensatz zu dem, was er unter Allegorie versteht, einer Verfremdung durch hellenistische Theorien,[70] bleibe diese Art der Auslegung am Text.[71]

Theodoret von Cyrus bezieht eine Zwischenposition, die die Extreme beider Parteien ablehnt.[72] Vielerorts werde in den Psalmen von Christus und von der Kirche geweissagt.[73] Weil es ihm in erster Linie darum geht, die Psalmen als dogmatisch und ethisch nützliche Gebete und Lieder dem einzelnen Beter nahezubringen, ist ihm eine streng wissenschaftliche Rechtfertigung seines Vorgehens weniger wichtig.[74]

Im Gegensatz zu den Kommentatoren im engeren Sinn reflektieren Athanasius, Basilius und Ambrosius nicht eigens darauf, daß in den Psalmen von Christus gesprochen wird und wie der christologische und ekklesiologische Gehalt methodisch zu erheben ist. Sie setzen das als hermeneutische Prämisse weithin voraus und fragen

---

[68] Die 'dogmatisch' zu verstehenden Psalmen befassen sich nach Diodor mit der Vorsehung Gottes, *Prol.* (CChr.SG 6, 4,49-5,65). Christus wird nicht genannt.—Die *Pss* 2; 8; 44; 109 deutet er messianisch-prophetisch; cf. Theodor von Mopsuestia, dessen Prolog leider nicht erhalten ist.

[69] *Prol.* (CChr.SG 6, 7,146-8,160). Cf. P. Ternant, La *theoria* d'Antioche dans le cadre du sens de l'Ecriture, in: Bibl. 34 (1953) 135-158; 354-383; 456-486; A. Vaccari, La *teoria* esegetica Antiochena, in: Bibl. 15 (1934) 94-101; Ders., La *theoria* nella scuola esegetica d'Antiochia, in: Bibl. 1 (1920) 3-36.

[70] *Prol.* (CChr.SG 6, 7,123-8,162). Cf. den *Prolog* zu *Ps* 118, s. L. Mariès, Extraits du commentaire de Diodore de Tarse sur les Psaumes. Préface du commentaire; prologue du *Ps* 118, in: RSR 9 (1919) 79-101; dazu Rondeau II 306f.

[71] *Prol.* (CChr.SG 6, 8,158/159).

[72] *Proth.* (PG 80, 860C-861A).

[73] *Ibid.* (PG 80, 860CD; 861BD).

[74] Cf. die saloppe Behandlung der Verfasserfrage und der Frage nach der Authentizität der Überschriften.

von da aus im innerkirchlichen Rahmen weiter nach der Relevanz
der Psalmen für den einzelnen Christen als Individuum und als
Glied der Kirche.

Eine sehr originelle Theorie entwickelt Athanasius. Jeder finde
im Psalter nicht nur verschiedene 'Heilmittel' für die Tugend, Anregungen zum 'Wettkampf', Beispiele für das rechte Verhalten in
schwierigen Situationen—wie es David für Ambrosius darstellt[75]—,
sondern jede Seele einen Spiegel, einen *Typos*, ein Vorbild ihrer
selbst.[76] Sie erkenne ihre κινήματα[77] wieder, ihre Wandlungen und
Besserungen, und könne so unmittelbar in die Worte des Geistes
einstimmen und sie zu ihren eigenen machen. Die Bedingung der
Möglichkeit solchen Lesens und Betens sei das Beispiel des menschgewordenen Retters, der das Böse durch die Hingabe seines Leibes
besiegte. Er habe sich schon vor seiner Ankunft als Mensch in den
Psalmen vernehmen lassen, um als Beispiel der vollkommenen
Tugend, als das er sich selbst im Evangelium bezeichne, dienen zu
können.[78] Freilich ist das nicht, wie später bei Augustinus,[79] in
eine christologisch-ekklesiologische Theorie eingebettet: Als Bedingung der Möglichkeit für ein christliches Beten der Psalmen stellt
Athanasius nicht zuerst das Beten des menschgewordenen und
leidenden Christus dar. Sofern der Psalter das ganze gottgefällige
Leben umfaßt, ist die vollendete Tugend, wie er sie als Mensch
vorlebte, hinreichend.[80]

Die Hermeneutik von Basilius und Ambrosius basiert darauf, daß
mit *2 Tim* 3,16 letztlich der Hl. Geist verantwortlich für die Psalmen
ist und ihre theologische und christologische Dimension deshalb
nicht mehr eigens begründet zu werden braucht. Für Ambrosius
liegt offen zutage, daß die Psalmen von Jesus Christus prophe-
zeiten[81] und damit in gewisser Weise selbst Evangelium seien: In
den Psalmen werde 'uns' deshalb Jesus geboren, nehme er das heil-

---

[75] *Expl.Ps.* 1,7.9.

[76] *Ep.Marc.* 10-12.

[77] Begriff aus asketischem Kontext, cf. Sieben, Athanasius über den Psalter 162
Anm. 22 (mit Lit.); Rondeau, L'*épître à Marcellinus* 194.

[78] *Ep.Marc.* 13, cf. *Mt* 11,29.

[79] Er entwickelt eine umfassende Theologie der Psalmen als 'Gebet Christi':
Psalmus vox totius Christi capitis et corporis.

[80] Cf. dazu Sieben 165-167 u.ö.; Rondeau 186-188 u.ö.; B. Fischer, *Psalmus vox
Christi patientis* selon l'*épître à Marcellinus* de S. Athanase, in: Politique et théologie
chez Athanase d'Alexandrie, Paris 1974, 305-311.

[81] Ambr., *Expl.Ps.* 1,8 (CSEL 64, 7,5/7): *palam atque aperte.*

bringende Leiden des Körpers auf sich, ruhe er, stehe auf, steige in den Himmel auf und sitze zur Rechten des Vaters.[82] Die Unmittelbarkeit, in der Ambrosius 'Jesus' im Psalter gegenwärtig sieht, läßt keine historische Distanz mehr aufkommen. Wer dem Beispiel Davids folgend die Psalmen singe und zugleich internalisiere, bete richtig und könne so jetzt schon an der eschatologischen Freude, die Jesus Christus dem gefallenen Menschen wieder zugänglich mache, partizipieren.

d) Zusammenfassung: Bedeutung und Funktion des Psalters

Aus diesem knappen Überblick ergeben sich folgende wichtige Aspekte, die im Blick auf die Auslegungen zu beachten sind.

Analysen auf der Grundlage antiker literaturwissenschaftlicher Methoden setzen gewissermaßen einen literarischen 'Eigenwert' voraus: Der Text besteht aus in bestimmter Weise kombinierten Zeichen, die prinzipiell mit menschlichen Methoden zu entschlüsseln sind, auch wenn der Verfasser im 'eigentlichen' Sinn der Hl. Geist sein mag.[83] Diese banale Feststellung ist bedeutsam vor dem Hintergrund der im II. Teil beobachteten Entwicklung der dogmatischen Schriftargumentation, die zumindest teilweise ihr Gewicht von einzelnen sprachlichen Beobachtungen auf hermeneutische und inhaltliche Prämissen zu verlagern schien. Da sich spätestens ab Origenes eine breite Tradition wissenschaftlicher Kommentare nachweisen läßt, ist anzunehmen, daß das Verhältnis zwischen dogmatischer und 'sprachwissenschaftlicher' Argumentation komplexer ist, als eine isolierte Untersuchung christologischer Argumentationsmuster zunächst suggerieren könnte.

Wenn der Psalter als Mikrokosmos der biblischen Offenbarung verstanden wird, in dem sich das gesamte christliche Leben und Lehren bündelt, hat der einzelne Psalm eine weit über einen isolierten Text hinausgehende repräsentative Bedeutung. Die theoretische Festschreibung dieser Funktion ist aus dogmatischer Perspektive nichts anderes als die Konsequenz aus der jahrhundertealten Verwendung der Psalmen in Testimonientraditionen und anderen Zusammenhängen. Wenn der Psalter aber grundsätzlich als Spiegel

---

[82] *Ibid.* (CSEL 64, 7,9/12).
[83] In diesem Zusammenhang sind auch die Diskussionen um den oder die Verfasser keineswegs sekundär.

des Christenlebens bezeichnet wird, stellt sich die Frage, welche Funktion der 44. *Psalm* für dieses christliche Leben übernimmt. Sie ist besonders im Blick auf Vers 2, der in der ersten Person Singular geschrieben ist,[84] interessant: Inwiefern lassen die Auslegungen eine Identifikation zwischen dem Psalmisten[85] und dem einzelnen zu? In diesem Zusammenhang ist die 'Christologisierung' des Psalters, die im 4. und 5. Jahrhundert Platz greift, zu bedenken: Christus kann sowohl Betender als auch Angebeteter sein.[86] Daß Christus Adressat des ersten Teils von *Ps* 44 ist, ist unumstritten. Wie wirkt er im Sprecher? Spricht der von Logos und Geist inspirierte Prophet? Der einzelne Gerechte und *imitator* Christi? Der einzelne als Glied des *corpus* Christi? Kann in und mit Christus auch der einzelne Christusnachfolger angesprochen sein? Welche Perspektive überwiegt?

Besonders bedeutsam ist die Auslegung des Psalters, insofern er Gebetbuch ist, zumal literarisch gestaltetes und musikalisch umgesetztes. Die Qualität theologischen Sprechens ist damit eine prinzipiell andere als etwa die Sprache der Verkündigung in den Evangelien. Es ist zu fragen, inwieweit dieser Unterschied bei einem dogmatisch so belasteten Psalm zum Tragen kommt. Als Gebete gehören die Psalmen zu den bekanntesten Texten der Hl. Schrift, weil sie besonders häufig wiederholt und am ehesten selbst gesprochen werden.[87] Aufgrund ihrer literarischen und musikalischen Gestalt prägen sie sich überdies leichter ein. Von daher wäre zu untersuchen, welche Botschaften die Ausleger mit dem dogmatisch so umstrittenen 44. *Psalm* zur religiösen Verinnerlichung übermitteln wollen und wie sie das tun.

1.2 SALBUNG JESU UND EINHEIT CHRISTI?—DIE CHRISTOLOGISCHE HERAUSFORDERUNG DURCH APOLLINARIS VON LAODICEA

Apollinaris ist Gegner des Arianismus mit einem scharfen Blick für die Probleme, die sich aus der von Athanasius entwickelten anti-

---

[84] Cf. Athanasius, *Ep.Marc.* 11.

[85] Der Alternativdeutung zur trinitätstheologischen Verwendung.

[86] B. Fischer, Die Psalmenfrömmigkeit der Märtyrerkirche, in: Ders., Die Psalmen als Stimme der Kirche, Trier 1982, 16-33, 22, unterscheidet zwischen Christologisierung des 'Oben' und des 'Unten'.

[87] Cf. zur Entwicklung des Stundengebets und des privaten Psalmengebets S. Baeumer, Geschichte des Breviers, Freiburg 1895; Pascher, Das Stundengebet 16-36; F. Vandenbroucke, Sur la lecture chrétienne du psautier au Ve s., in: SE 5 (1953) 5-26.

arianischen Hermeneutik ergaben. Die Differenzierung zwischen Aussagen zur Gottheit und Aussagen zur Menschheit barg die Gefahr, beides zu rigoros zu trennen. Es scheint, daß Marcell von Ancyra in dieser Richtung zu weit ging: Er ordnet den Logos als δύναμις strikt dem einen ungewordenen Gott zu und läßt alle darüberhinausgehenden alttestamentlichen Titel und Bilder nur für den Inkarnierten gelten.[88] Seine Christologie ist freilich schwierig zu fassen. Zum einen behauptet er eine Identität zwischen Gott und dem Inkarnierten;[89] zum anderen unterscheidet er Hoheits- und Niedrigkeitsaussagen[90] Es finden sich demzufolge Ansätze für ein *Logos-Sarx-* wie für ein *Logos*-Mensch-Schema.[91] Für Marcell war die Christologie im engeren Sinn kein Problem; ein geschlossenes System ist deshalb nicht zu erwarten. Ausschlaggebend ist, daß gerade seine antiarianischen Äußerungen dahingehend interpretiert werden konnten, daß Jesus Christus bloßer Mensch, inspiriert, begnadet, erhöht durch die Wirkkraft des Logos, aber ohne seinsmäßigen Bezug zu ihm war.[92] Und es spricht einiges dafür, daß Apollinaris seine Christologie,[93] die ihren schärfsten Ausdruck in der Kontroverse mit Diodor von Tarsus fand,[94] in Auseinandersetzung mit Marcellischen Gedanken entwickelte.[95]

---

[88] S.o. II 1.2.c; dazu Tetz I, v.a. 251-255 zur prosopologischen Exegese, die mit dem Begriff πρόσωπον ausschließlich auf exegetischer Ebene operiert, 255-263 zur Auslegung umstrittener Textstellen.

[89] Grillmeier I 421. Zur Unterscheidung von δύναμις und ἐνέργεια, *ibid.* 424f.; Hübner, Soteriologie 179-184; Feige 232f.

[90] Grillmeier I 425-428.

[91] Grillmeier I 428; Feige 234-238; Schendel 129-132. Sie plädieren für eine Dominanz des ersteren.

[92] Hübner, Soteriologie 184-190, mit Stellen und ausführlicher Erörterung; Feige 235f.; 237f.

[93] Grundlegend: Grillmeier I 480-504; R.A. Norris, Manhood and Christ. A Study in the Christology of Theodore of Mopsuestia, Oxford 1963, 81-122; E. Mühlenberg, Apollinaris von Laodicea, Göttingen 1969, dazu: R. Hübner, 'Gotteserkenntnis durch die Inkarnation Gottes'. Zu einer neuen Interpretation der Christologie des Apollinaris von Laodicea, in: Kl. 4 (1972) 131-161; E. Cattaneo, Trois homélies pseudo-chrysostomiennes sur la Pâque comme œuvre d'Apollinaire de Laodicée. Attribution et étude théologique, Paris 1981, 187-224.

[94] Mühlenberg, Apollinaris 215-230; C.E. Raven, Apollinarianism. An Essay on the Christology in the Early Church, Cambridge 1923, 177-187.

[95] Cf. Hier., *Vir. ill.* 86; Feige 191-196; Hübner, Soteriologie 190-196; Ders., Die Schrift des Apolinarius *passim*: Ihm zufolge stellt die genannte ps-athanasianische Schrift eine Auseinandersetzung des Apollinaris mit Photin von Sirmium, dem radikalen Schüler Marcells dar.

a) Salbung als vollkommene Einung von Gott und Mensch—Die
Kommentarfragmente

Von Marcell ist keine Deutung zu *Ps* 44,7-8 erhalten.[96] Von Apollinaris existiert ein Kommentarfragment;[97] außerdem diskutiert
Gregor von Nyssa die beiden Verse in seiner Schrift gegen Apollinaris. Daran lassen sich zumindest einige wichtige Punkte aufzeigen.

Das Fragment zu *Ps* 44,8bc gibt Einblick in den Stand der christologischen Diskussion, ohne allerdings die umstrittenen Lehren
des Apollinaris selbst zur Sprache zu bringen:[98] Christus werde als
reines Aufnahmegefäß gesalbt, von Natur, nicht durch Teilhabe
oder Gnade,[99] und er werde Gott genannt ebenso wie der Salbende.[100] Offensichtlich verbinden seine Gegner damit den Vorwurf, man nehme den Menschen Jesus Christus nicht ernst genug;
denn Apollinaris erklärt, daß das Menschsein, auf das sich die Salbung beziehe und für das er abstrahierende Termini gebraucht,
dadurch nicht aufgehoben werde.[101] Der Hl. Geist habe das Fleisch
'vorher' gesalbt, es sozusagen durch die Jungfrauengeburt für die

---

[96] Aus den Testimonien bei Eusebius, *Ecl. theol.* I 20 (GCS Eus. 4, 95,17/23) ist
nichts Konkretes herauszulesen: Sein Beharren darauf, daß 'Gott von Gott gesalbt'
worden sei, läßt sich trinitätstheologisch erklären, als Verteidigung seines Hypo-
stasenmodells gegen den Monismus Marcells.
[97] Fragmente eines großen Psalmenkommentars sind z.T. in Eklogen aus der
direkten Tradition der palästinensischen Katene erhalten: Mühlenberg, Psalmenkommentare I, XIX-XXV: Eklogen zu *Ps* 1-17,13; 32-50 in Typ III. Bei den
übrigen Fragmenten handelt es sich um Paraphrasen; cf. zu Mühlenbergs These
Rondeau I 87-93. Sechs Fragmente liegen zu *Ps* 44 vor: Mühlenberg, Psalmenkommentare I 26-29, *Fragm.* 66-71 (im folgenden mit M. abgekürzt); cf. zur Edition:
D. Hagedorn, in: JAC 20 (1977) 198-202; 22 (1979) 209-213. Alle weiteren Text-
angaben zu Apollinaris stützen sich auf H. Lietzmann, Apollinaris von Laodicea
und seine Schule, Tübingen 1904.
[98] Cf. E. Mühlenberg, Die exegetische Methode des Apollinaris von Laodicea,
in: J. van Oort—U. Wickert (ed.), Christliche Exegese zwischen Nicaea und Chalcedon, Kampen 1992, 132-147, 138-140. Seine These, *ibid.* 141f., daß Apollinaris
nicht zwischen einem Gott Logos und dem Inkarnierten unterscheide, ist in der
Form zu einfach: Die Fragmente zum 44. *Psalm* sprechen vom 'Menschlichen' und
weiterhin von einer Differenzierung zwischen Christus und den Christen.
[99] *Fragm.* 68 (M. 27,8/10): φύσει, οὐ μετοχῇ. Zu dieser Gegenüberstellung cf.
Athanasius, *Ar.* I 37: κατὰ φύσιν, κατὰ μετοχήν. E. Mühlenberg, Apollinaris von
Laodicea und die origenistische Tradition, in: ZNW 76 (1985) 270-283, 273f., verweist auf die Nähe zu Athanasius.
[100] *Fragm.* 68 (M. 27,10f.).
[101] *Ibid.* 68 (M. 27,11f.): οὐκ ἀναιρῶν τὴν ἀνθρωπίνην σύστασιν καὶ τὴν πρὸς
σάρκα σχέσιν τοῦ λόγου; cf. *Kata meros pistis* 11-12 (im folgenden *K.m.p.* abgekürzt).

Inkarnation bestimmt und bereitet (*Lk* 1,35) und sei dann wieder-
gekommen, wobei Apollinaris die Taufe nicht eigens nennt, sondern nur *Apg* 10,38 zitiert.[102] Erstmals wird damit das Verhältnis
von Inkarnation und Salbung problematisiert. Die Salbung als
Zeichen der Verbindung zwischen Göttlichem und Menschlichem
ordnet er der Inkarnation zu, der Einswerdung zwischen Logos und
Fleisch. Die Salbung mit Hl. Geist am Jordan[103] ist demzufolge
nur noch Manifestation dieser physischen Einung, umschrieben mit
κάλλος, Schönheit,[104] die Christus von allen anderen Menschen
unterscheidet.

Die Salbung sei deshalb auch nicht als Lohn für ein besonderes
Verdienst zu denken. Apollinaris sucht die These, die eine sittliche
Bewährung des Menschen Jesus Christus als Bedingung seiner
Sendung voraussetzt, durch eine Reihe rhetorischer Fragen ad absurdum zu führen.[105] Auf den (nicht ausgeführten) Einwand, was
eine Salbung des Menschen Jesus für einen Sinn habe, wenn sie
nicht Lohn für besondere Anstrengungen und Mühen sei, führt er
das von Athanasius her bekannte soteriologische Argument an:
Christus bedurfte der Salbung nicht zu seiner eigenen Vervollkommnung, sondern sie sei wirksames Zeichen für die Erlösung der
Menschen. Weil sein Fleisch ganz und vollkommen mit dem Geist
eins sei, könnten die Menschen dadurch vermittelt ihrerseits Anteil
an diesem Geist erlangen.[106] Der inkarnierte Christus ist so Weg
und Ziel in einem, während er bei Origenes beispielsweise lediglich
Hilfsmittel und Brücke für die noch nicht Vollkommenen darstellt.
Der Schwerpunkt der Argumentation liegt auf der Unterscheidung
Jesu Christi von den Menschen: Zwar ist eine Salbung als Teilgabe
am Hl. Geist, als Begnadung für die Menschen möglich, aber Jesus
Christus wurde mit dem Geist nicht etwas ontologisch von ihm Ver-

---

[102] *Ibid.* 68 (M. 27,12/16): [...] καθ᾽ ἣν καὶ πνεύματος χρῖσις, προηγιασμένης τε
καὶ ἐφηγιασμένης τῆς σαρκὸς διὰ τοῦ καὶ ἀπ᾽ ἀρχῆς παρόντος πνεύματος καὶ πάλιν
παραγενομένου. καὶ γὰρ ἐξ ἀρχῆς Πνεῦμα ἅγιον ἐπελεύσεται ἐπὶ σὲ καὶ δύναμις ὑψίστου ἐπισκιάσει σοι καὶ πάλιν Ἰησοῦν τὸν ἀπὸ Ναζαρὲτ ὃς ἔχρισεν αὐτὸν ὁ θεὸς πνεύματι ἁγίῳ καὶ δυνάμει.
[103] Sie wird nicht genannt, aber vorausgesetzt.
[104] *Fragm.* 68 (M. 27,16f.). Wahrscheinlich nimmt Apollinaris hier seine Auslegung zu Vers 3 wieder auf, s.u. S. 220f.
[105] *Ibid.* 68 (M. 27,17/24).
[106] *Ibid.* 68 (M. 27,28-28,8). Dazu Mühlenberg, Apollinaris 199f.—28,1 scheint
ein Abschreibfehler vorzuliegen: statt zweimal κατὰ μετουσίαν muß es heißen: ἵνα
γὰρ ἡ κατὰ μετουσίαν προχωρήσῃ χρῖσις, διὰ τοῦτο καὶ ἡ κατὰ φύσιν προσελήλυθεν.

schiedenes verliehen, sondern sein 'Eigenes' (οἰκεῖον).[107] Die Herabkunft des Geistes hat für ihn keine Konsequenzen und kann an
seinem Sein nichts ändern, während die Menschen sich durch den
Geist Gott erst annähern.[108]

Auf den Unterschied zwischen Christus und den Menschen hebt
auch das Fragment zu Vers 3ab ab. Dort stellt Apollinaris *Jes* 53,2-3
(in Anspielung) der in *Ps* 44,3a und *Jes* 33,17 (*regem in decore suo
videbunt oculi eius*)[109] thematisierten Schönheit gegenüber, um so
zwischen der göttlichen Herrlichkeit (δόξα) und der 'Schande'
(ἀδοξία) des Menschen zu unterscheiden.[110] Die göttliche Schönheit und Herrlichkeit sei zwar eigentlich unsagbar und unsichtbar;
sie offenbare sich aber in den Worten und Werken Christi. Apollinaris zeigt das an *Ps* 44,3b, kombiniert mit *Lk* 4,22 (*et mirabantur
in verbis gratiae quae procedebant de ore ipsius*).[111] Die unmittelbare und
ausdrückliche Verknüpfung der Verse a und b in paradoxen Formulierungen[112] ist bezeichnend für die Christologie des Apollinaris, die die göttliche Macht des Logos in der Person Jesu Christi
konkret, sozusagen 'physisch' gegenwärtig sein läßt, während sie
sich beispielsweise für Origenes erst im Überstieg über die niedrige
irdische Existenz erschließt.[113]

Schwierig zu beantworten ist die Frage nach dem Gegner, mit
dem sich Apollinaris offensichtlich auseinandersetzt. Mühlenberg
plädiert für eine antiarianische Diskussion im Anschluß an Athanasius.[114] Aber dort kreist die Auseinandersetzung um ein Verdienst des Logos, nicht des Menschen. Die Argumentation steht

---

[107] *Fragm.* 68 (M. 27,24/27).

[108] In diesem Sinn dürfte das Zitat von *Ps* 17,50 (*propterea confitebor tibi in nationi-
bus Domine*) zu interpretieren sein: Das Bekenntnis illustriert die ontologische
Differenz und die Möglichkeit, sie im Glauben und Bekennen zu überbrücken.

[109] Die Stelle kommt selten im Kontext von *Jes* 53,2f. vor: cf. Cyprian, *Test.* II
29; Ps-Chrysostomus, *Hom. Pasch.* 47 (SCh 36, 93,20-95,2, P. Nautin, 1953), cf.
dazu Cattaneo 129, der mit dieser und ähnlichen Passagen nachzuweisen sucht,
daß die *Pascha-Homilien* Apollinaris zuzuweisen seien.

[110] M. 27,3/5: καὶ τοῦτο μὲν τῆς ἀπορρήτου δόξης δηλωτικὸν καὶ κάλλους τοῦ
ἀοράτου, τὴν δὲ τοῦ κάλλους ἔκφανσιν διά τε λόγων καὶ ἔργων γινομένην προαγορεύει.
Cf. Apoll., *Apod. fragm.* 43; 47.

[111] *Lk* 4,22 auch bei Basilius, *Hom. Ps.* 44,5 und Didymus, *In PsT* 44,3 (G.
336,21).

[112] Cf. Anm. 110.

[113] Mühlenberg, Apollinaris und die origenistische Tradition 271f.

[114] Mühlenberg, Apollinaris und die origenistische Tradition 272-275, ohne
Stellennachweise, anknüpfend an die Natur/Teilhabe—bzw. Lohn-Diskussion;
Cattaneo 195-202 ähnlich, er verweist auf Alexander, *Urk.* 14.

und fällt mit der Stellungnahme zur Christologie der Arianer: Die dazu erhaltenen Texte deuten auf eine *Logos-Sarx*-Christologie.[115] Die Diskussion bei Apollinaris setzt aber ein *Logos*-Mensch-Modell voraus. Zunächst ist sie in ihrer Ablehnung des Verdienstgedankens sicher antiorigenistisch.[116] Über die Theorien Marcells und Photins ist zu wenig bekannt, um sie an dieser Stelle konkret namhaft machen zu können. Die häufig wiederholten Vorwürfe, Marcell lehre einen 'bloßen Menschen', weisen in diese Richtung, zumal für Apollinaris die Unterscheidung zwischen Christus und den Christen ein zentrales Anliegen zu sein scheint.[117] Die Christologie Diodors von Tarsus ist sehr viel differenzierter. Konkretere Hinweise lassen sich nicht finden.[118]

Die Argumentation in den Fragmenten kann durchaus orthodox gedeutet werden, und möglicherweise beeinflußte sie Basilius.[119] Sie ist aber offen für die Extremformen der Apollinaristischen Christologie. Der 'Mensch', der so gesalbt wird, kann als Mensch gedeutet werden, der überhaupt nicht mehr wie die anderen ist, sondern Mensch nur noch 'homonym', eigentlich aber himmlisches Wesen.[120]

b) Gesalbter von Ewigkeit—Gregor von Nyssa gegen Apollinaris

Gregor von Nyssa setzt sich mit der entfalteten apollinaristischen Christologie auseinander. In dem uns interessierenden Abschnitt seiner Schrift gegen Apollinaris[121] geht es aber weniger um bestimmte Positionen des Apollinaris als um dessen Kritik an seinen orthodoxen Gegnern. Einigkeit besteht darüber, daß Gottsein und Menschsein Christi für unsere Erlösung notwendig seien, daß Gott sich also mit dem Fleisch vermischen mußte.[122] Die entscheidende

---

[115] Zur Diskussion des Problems s.o. II 2.1.b.

[116] Mühlenberg, Apollinaris und die origenistische Tradition 272-276; zu Origenes, *Princ.* II 6, s.o. I 2.3.b.

[117] Cf. Hübner, Die Schrift des Apolinarius 126-196; s.o. S. 219f.

[118] Die Gegenpositionen in *K.m.p.* 1 zielen nicht in die gleiche Richtung: Wenn Apollinaris den Adoptianismus dort als Vergöttlichung durch Gabe und Gnade beschreibt (Lietzmann 167,4f.), ist das von der im Fragment angegriffenen Lehre, daß Jesus Christus sich die Vergöttlichung verdient habe, zu unterscheiden—cf. *Fragm.* 68 (M. 27,23f.)

[119] S.u. III 3.1.2.b und d.

[120] Cf. *Apod. fragm.* 85 u.a.m.; s. die oben, Anm. 93, angegebene Literatur.

[121] *Apol.* (Opera III 1, 217,9-227,9, F. Müller, 1958).

[122] *Ibid.* (Opera III 1, 217,9-218,31. Zur Christologie Gregors und dem Termi-

Frage ist nun, wie dieses Verhältnis zwischen Gottsein und Menschsein zu denken ist: Das physisch-vitale Modell des Apollinaris[123]
scheint, so Gregor, ein Leiden Gottes zu verteidigen, und zwar
nicht nur des Logos, der eine Seins- und Wirkeinheit mit dem
Fleisch bildet, sondern des dreieinigen Gottes, von dem der Logos
nicht zu trennen ist. Dagegen setzt Gregor, daß der Tod als Zerfall
des Zusammengesetzten nur Körper ereilen könne.[124]

Genau diese Trennung zwischen Logos und Fleisch ist es, die
Apollinaris, mit anti-Marcellischem Affekt, kritisiert: Wenn man
dergestalt differenziere, sei Christus nicht von Anfang an und somit
der Logos nicht Gott.[125] Gregor weist das zurück: Christus sei in
den letzten Tagen durch das Fleisch geoffenbart worden, aber das,
was offenbart und benannt werde, müsse schon vorher gewesen
sein. Insofern Christus 'Macht und Wort Gottes' (*1 Kor* 1,24), Prä-
gebild und Abglanz (*Hebr* 1,3) sei, sei er immer gewesen, in der
Ewigkeit des Vaters mitgeschaut. Gott sei er nicht durch Teilhabe
oder Fortschritt, sondern von Ewigkeit. Dementsprechend seien
auch 'Macht', 'Weisheit', jeder gottwürdige Name (θεοπρεπὲς ὄνομα) Gott gleichewig, so daß seiner Herrlichkeit nachträglich nichts
hinzugefügt werden könne.[126] Dies gelte ebenso für den Namen
'Christus', in dem die Trinität gegenwärtig sei,[127] wie er mit der
Prophetie *Ps* 44,7-8 als Zeugnis demonstriert:[128] Der 'Thron' bezeichne die Herrschaft über alles, der 'Stab der Geradheit' das un-
bestechliche Gericht, das 'Öl der Freude' die Macht des Hl. Geistes,
mit der Gott von Gott gesalbt werde, weil er Gerechtigkeit liebte
und Unrecht haßte: Weil der, der die Gerechtigkeit selbst sei, sie

---

nus 'Mischung': Grillmeier I 539-547; J.-R. Bouchet, Le vocabulaire de l'union
et du rapport des natures chez S. Grégoire de Nysse, in: RThom 68 (1968) 533-582.

[123] Grillmeier I 490 u.ö.

[124] *Apol.* (Opera III 1, 218,25/31).

[125] *Ibid.* (Opera III 1, 219,14/16): μὴ ἐξ ἀρχῆς εἶναι τὸν Χριστὸν παρ' ἡμῶν
λέγεσθαι, ὥστε τὸν λόγον εἶναι θεόν. Cf. zur Lehre Marcells, daß 'Logos' der einzige Titel sei, der den Präexistenten bezeichne, s.o. II 1.2.c.

[126] *Ibid.* (Opera III 1, 219,16-220,9). Gemeinsame Front gegen den Arianismus und die Fortschrittsterminologie, cf. II 2.1.b.

[127] *Ibid.* (Opera III 1, 220,9/15): τὸ δὲ τοῦ Χριστοῦ ὄνομα διαφερόντως φαμὲν ἐξ
ἀϊδίου περὶ τὸν μονογενῆ θεωρεῖσθαι, ὑπ' αὐτῆς τῆς τοῦ ὀνόματος ἐμφάσεως πρὸς τὴν
ὑπόληψιν ταύτην χειραγωγούμενοι. τῆς γὰρ ἁγίας τριάδος διδασκαλίαν περιέχει ἡ τοῦ
ὀνόματος τούτου ὁμολογία, ἑκάστου τῶν πεπιστευμένων προσώπων ἐμφαινομένου τῇ
προσηγορίᾳ ταύτῃ κατὰ τὸ πρόσφορον. Cf. Basilius, *Spir.* 12,28.

[128] *Apol.* (Opera III 1, 220,15/21). Zur Funktion des Zeugnisses cf. M. Canévet,
Grégoire de Nysse et l'herméneutique biblique, Paris 1983, 71f.

notwendig immer liebte, sei er immer der Gesalbte bzw. werde er immer in der Salbung geschaut.[129]

Im Hintergrund steht eine Theorie von den Namen Gottes:[130] Die 'gottwürdigen' Namen erfassen nur Teilaspekte des unendlichen Gottes, müssen ihm aber von Ewigkeit zugeschrieben werden, wenn sie denn zum unendlichen Gott gehören. Im Titel des 'Gesalbten' wird Jesus als Gott geoffenbart, als fleischgewordene Macht und Weisheit und Gerechtigkeit, also kann auch dieser Name nur als ewig gedacht werden. Gregor vertieft die antiarianische Argumentation, wie sie von Athanasius grundgelegt wurde: Nicht nur ist Gott aus Liebe zur Gerechtigkeit Mensch geworden und durch die Taufe gesalbt; sondern weil er immer die Gerechtigkeit liebte, ist er immer vom Vater mit dem Hl. Geist gesalbt. Die Salbung mit Hl. Geist bei der Taufe macht dieses Verhältnis öffentlich, bewirkt aber für den Menschen Jesus Christus selbst nichts Neues. 'Gesalbt', d.h. mit Gott geeint wurde er durch die Inkarnation als solche.[131] Basilius entfaltet in der Schrift über den Hl. Geist ebenfalls die trinitätstheologische Bedeutung des Christusnamens.[132] Er stellt gegen die neuarianischen Stufenmodelle— Vater-Sohn-Geist in abfallender Linie zur Welt hin—ein in sich geschlossenes Bild der drei Personen in ihrem Verhältnis zueinander dar, das zugleich auf die Ökonomie hin offen ist. Im Namen 'Gesalbter' verdichtet sich die Proprietät des Sohnes in der innertrinitarischen Relation und in seiner ökonomischen Funktion. Er ist Spiegel oder Reflex einer über der menschlichen Ebene liegenden Wirklichkeit und gibt, legitimiert durch die biblische Offenbarung,

---

[129] *Ibid.* (Opera III 1, 220,21/32): ἐν τούτοις γὰρ διὰ μὲν τοῦ θρόνου τὴν ἐπὶ πάντων ἀρχὴν διασημαίνει ὁ λόγος· ἡ δὲ ῥάβδος τῆς εὐθύτητος τὸ ἀδέκαστον ἑρμηνεύει τῆς κρίσεως· τὸ δὲ τῆς ἀγαλλιάσεως ἔλαιον τὴν τοῦ ἁγίου πνεύματος παρίστησι δύναμιν, ᾧ χρίεται παρὰ τοῦ θεοῦ ὁ θεός, τουτέστι παρὰ τοῦ πατρὸς ὁ μονογενής, ἐπειδὴ ἠγάπησε δικαιοσύνην καὶ ἐμίσησεν ἀδικίαν. εἰ μὲν οὖν ἦν ποτε, ὅτε οὐκ ἦν φίλος τῆς δικαιοσύνης, [...] ἀκόλουθον ἦν τὸ μηδὲ κεχρῖσθαί ποτε λέγειν τὸν διὰ τοῦτο κεχρῖσθαι λεγόμενον [...].

[130] Gregor entwickelte sie v.a. in Auseinandersetzung mit Eunomius. *Contra Eunomium* entstand 381/383; *Apol.* wahrscheinlich 387, cf. G. May, Die Chronologie des Lebens und der Werke des Gregor von Nyssa, in: M. Harl (ed.), Ecriture et culture philosophique dans la pensée de Grégoire de Nysse, Leiden 1971, 51-67, 57; 60; 61. Wichtig: E. Mühlenberg, Die Unendlichkeit Gottes bei Gregor von Nyssa, Göttingen 1966, 183-196.

[131] *Apol.* (Opera III 1, 220,32-221,2).

[132] *Spir.* 12,28 (SCh 27bis, 344,7/14).

Hinweise auf diese Realität.[133] Demzufolge sei das Fleisch nicht
notwendig als gleichewig mitzudenken, wie Apollinaris das tue.[134]
Der von Ewigkeit gesalbte Logos sei erst zur *forma servi*, zum
'Gemischten' geworden und mache so den durch die Jungfrau neu
geschaffenen und mit ihm geeinten Menschen zu einem und demselben Christus, wobei Gott unwandelbar bleibe, der Mensch sich
aber zum Besseren hin verändere. Demzufolge könne nicht von
zwei *Christi* die Rede sein.[135]

Mit dieser Auseinandersetzung ist die christologische Frage nach
dem Subjekt des Gesalbtwerdens und nach der Bedeutung dieser
Salbung unerbittlich gestellt. Die soteriologische Antwort des Athanasius—der Sohn wurde als Mensch für uns gesalbt—greift zu kurz,
weil sie das Verhältnis zwischen dem Menschen Christus und Gott
nicht ausreichend bedenkt. Für Hilarius ist die Salbung Sinnbild
der Einheit zwischen Gott und Mensch, aber die durch die Arianer
aufgeworfene Frage nach dem in *Ps* 44,8a genannten Verdienst
bleibt ebenso unbeantwortet wie die nach dem Verhältnis zum Hl.
Geist. Das durch Marcell lancierte Problem, ob der Präexistente
überhaupt Christus genannt werden könne, wenn die Salbung die
Verbindung zwischen Menschlichem und Göttlichem bezeichne,
spricht er nicht an. Apollinaris scheint eben diesen Fragenkomplex
aufgegriffen und, wie seine Christologie zeigt, sehr realistische Ant-
worten formuliert zu haben, die die Unterschiede zwischen Gott
und Mensch verwischten. Gregor von Nyssa reagiert auf der Ebene
einer vertieften Reflexion auf das theologische Sprechen und die
Bedeutung der Namen für Gott. Ausgangspunkt des Ganzen war,
daran sei nochmals erinnert, der Streit um die antiarianische Hermeneutik. Das bestätigt die immense Bedeutung des Arianismus für
die Christologie einerseits, für die Sprachreflexion andererseits.
Letzteres läßt sich am Neuarianismus direkt aufzeigen.

---

[133] S.o. Anm. 127, *Apol.* (Opera III 1, 220,11/14). Zur Bedeutung von ἔμφασις
und ὑπόληψις, s. Canévet 39f.; 44f.

[134] *Apol.* (Opera III 1, 221,6/9).

[135] *Apol.* (Opera III 1, 221,13-223,10).

1.3 Zur Krise des theologischen Sprechens im 4. Jahrhundert —Die Auseinandersetzung mit Eunomius von Cycicus

a) Was kann man von Gott aussagen?—Das Eunomianische System und die Antwort der Kappadokier

Es sieht so aus, als habe Eunomius die sprachkritischen Ansätze des frühen Arianismus aufgenommen und im Rahmen seiner mystischen Sprachentstehungstheorie systematisch weitergeführt. Es ist noch zu wenig über die Exegese und Sprachkritik des frühen Arianismus bekannt, um Genaueres sagen zu können.[136] Während die frühen arianischen Schriftargumentationen zumindest punktuell die traditionellen Schriftbeweise veränderten, weil sie die Grenzen grammatischer Analysen und ähnlicher Methoden einerseits, auf Metaphern gründender dogmatischer Argumente andererseits bewußt machten, zwingt das System des Eunomius nachweislich zu einer vertieften systematischen Reflexion auf das theologische Sprechen als solches und damit auch auf die Schriftauslegung und—argumentation. Einige Fragmente des Eunomius sind erhalten.[137] Seine Bedeutung für die Theologie des 4. Jahrhunderts ist kaum zu überschätzen, wie die illustre Reihe der Theologen, die sich mit ihm bzw. den von ihm verbreiteten Lehren auseinandersetzten, eindrucksvoll dokumentiert.[138] Sein streng logisch konzipiertes

---

[136] Böhm 221-255 diskutiert die arianische Exegese v.a. im Kontext der Hellenisierungsthese; er erörtert die Argumentation mit *Spr* 8,22 und *Joh* 1,1. Die ältere Forschung ist weitgehend durch die Lukian-Konstruktionen belastet: Die Beurteilung der arianischen Exegese beruhte zum einen auf der Hypothese, daß Arius Schüler Lukians von Antiochien gewesen sei, zum anderen auf der Vermutung, daß dieser Lukian die Antiochenische Exegese begründet habe. Beides läßt sich so nicht halten, s. H.C. Brennecke, Lucian von Antiochien, in: TRE 21 (1991) 474-479. Typisch für die darauf gründende Sicht, die von der für die christologische Schriftargumentation wenig hilfreichen Unterscheidung zwischen Literalsinn und Allegorese ausgeht, ist etwa Pollard, The Exegesis. Van Parys 172f.; 179f. zeigt eine gewisse Kontinuität der Auslegungen zu *Joh* 20,17 und *Spr* 8,22 auf.

[137] Ediert und übersetzt bzw., was die bei Gregor von Nyssa überlieferten Fragmente betrifft, unter Verweis auf die Ausgabe von W. Jäger, Opera I-II (Leiden 1960), zusammengestellt von R.P. Vaggione, Eunomius, The Extant Works, Oxford 1987 (nach ihr wird im folgenden zitiert). Die *Apologie* findet sich außerdem im Anhang der Ausgabe von Basilius, *Contra Eunomium*, in: SCh 305, 231-299, B. Sesboüé, 1983.—Das *Syntagma* seines Lehrers Aëtius wurde ediert, übersetzt und kommentiert von L.R. Wickham, The *Syntagmation* of Aëtius the Anomean, in: JThS 19 (1968) 532-569. Es ist für die Sprachtheorie weniger ergiebig, und er gewann nicht solchen Einfluß wie Eunomius mit seinen Schriften.

[138] Basilius und Gregor von Nyssa verfaßten umfangreiche Schriften gegen

System[139] ist vor allem von aristotelischen und neuplatonischen Gedankengängen beeinflußt und stellt im Rahmen der christlichen Theologie eine durchaus eigenständige Leistung dar.[140]

Wichtig für unseren Zusammenhang ist seine Sprachtheorie, auf der sein Hypostasenmodell beruht, weil sie ein Grundproblem aufzeigt, das in den Auseinandersetzungen um die Gottheit Christi virulent geworden war: Es geht um die Reflexion auf die Berechtigung und Bedeutung theologischer Begriffe als Voraussetzung theologischen Denkens und Sprechens. Die Grundthese des Eunomius besagt, daß das eine Wesen Gottes mit einem Namen zu erfassen sei, woraus folgt, daß die Namen für verschiedene Wesen nicht austauschbar sind. Der κατὰ φύσιν oder κατ' ἀλήθειαν—im Gegensatz zu κατὰ θέσιν oder κατ' ἐπίνοιαν—gesetzte Name für Gott sei ἀγέννητος.[141] Auf diesem ersten Erkenntnisweg sei das Wesen Gottes zu begreifen.[142]

Weil Gott als ἀγέννητος οὐσία absolut transzendent ist, unteilbar,

---

Eunomius; bei Didymus finden sich Invektiven über das Werk verstreut; die bei Basilius überlieferten Bücher 4-5 stammen wohl eher nicht von Didymus, cf. Bienert, *Allegoria* 10-12; Grillmeier I 529 Anm. 2. Zu nennen wären außerdem: Apollinaris, Theodor von Mopsuestia, Sophronius, Gregor von Nazianz mit seinen theologischen Reden, Johannnes Chrysostomus mit den Predigten gegen die Anhomöer.

[139] Cf. Gregor v. Nyssa, *Eun.* III 9-10: Dogmatische 'Akribie' und Logik als Grundlage seines Denkens, s.a. III 9,54; 10,54 (Opera II 284,20/25; 310,25f.); cf. L. Abramowski, Eunomios, in: RAC 6 (1966) 936-947, 944f. Wichtig zu diesem Komplex M. Wiles, Eunomius: Hair-splitting Dialectician or Defender of the Accessibility of Salvation?, in: The Making of Orthodoxy (FS H. Chadwick), Cambridge 1989, 157-172, der auf die dem rational durchstrukturierten System zugrundeliegende mystische Sprachentstehungstheorie als Offenbarung Gottes verweist.

[140] Einen knappen Überblick über die ältere Forschung und über das System gibt Abramowski, Eunomios; vgl. auch A.M. Ritter, Eunomios, in: TRE 10 (1982) 525-528; Hanson, The Search 617-636; J. Daniélou, Eunome l'Arien et l'exégèse néo-platonicienne du *Cratyle*, in: REG 69 (1956) 412-432; E. Mühlenberg, Die philosophische Bildung Gregors von Nyssa in den Büchern *Contra Eunomium*, in: M. Harl (ed.), Ecriture et culture philosophique dans la pensée de Grégoire de Nysse, Leiden 1971, 230-244; R.P. Vaggione, Οὐχ ὡς ἓν τῶν γεννημάτων. Some Aspects of Dogmatic Formulae in the Arian Controversy, in : StPatr 17 (1982) 181-187; R. Mortley, From Word to Silence II 128-159. Zur Geschichte: Kopecek.

[141] Eun., *Apol.* 7-8 u.ö., cf. Daniélou, Eunome 412-421; Mortley, From Word to Silence II 133f.; Vaggione, Some Aspects 184f.; Abramowski, Eunomios 946. Als biblische Entsprechungen, ἐκφωνήσεις, nicht ὀνόματα, fungieren nach Eunomius *Ex* 3,14 und *Joh* 17,3, s. *Apol.* 17; cf. *Apol.Apol.*, in: Greg.Nyss., *Eun.* II 196. 205. 262 u.ö. (Opera I 282,1/14; 284,30-285,3; 303,1/6); cf. Wiles 165f.

[142] Cf. Mühlenberg, Die philosophische Bildung 231f.; Abramowski, Eunomios 946; dazu Wiles 163f., der auf die Offenbarung durch die Sprache abhebt: Dieser Akt lasse sich nicht mehr rational durchdringen.

ohne jede Gemeinschaft mit einem anderen Wesen und von daher
schlechthin unvergleichbar[143], sei der Sohn als γέννητος strikt unterzuordnen. Nicht die οὐσία Gottes zeuge den Sohn, sondern seine
ἐνέργεια[144]—wobei sich Eunomius über das Verhältnis zwischen
Wesen und Wirkkraft ausschweigt. Soviel ist klar, daß die ἐνεργείαι,
die jeder οὐσία zugeordnet sind, den ontologischen Zusammenhang
zwischen den οὐσίαι herstellen.[145] 'Vater' ist also Name für die
ἐνέργεια des Ungewordenen, 'Sohn' für die οὐσία der zweiten
Hypostase, auch γέννημα, ποίημα, κτίσμα genannt.[146] Weil mit
dem Sohn die Vielheit beginnt, sind mehrere Namen für sein Wesen
möglich.[147] Im Unterschied zu der aus dem Nichts geschaffenen
Schöpfung ist der Eingeborene aus der Wirkkraft oder dem Willen
(δύναμις bzw. γνώμη) des Vaters geschaffen.[148] Über die ἐνέργεια
verläuft der zweite Erkenntnisweg, der aber nicht zum Begreifen des
Wesens des Ungezeugten führen kann, weil er in den verschiedenen
Wirkweisen nie seine ganze Macht und schon gar nicht sein Wesen
offenbart.[149]

Vor diesem Hintergrund sind die 'Vater' und 'Sohn' oder Gott
und der Schöpfung oder dem Sohn und der Schöpfung von der Hl.
Schrift gemeinsam zugeschriebenen Namen (Homonyme) zu unterscheiden: Die Gemeinsamkeit beziehe sich auf den Wortlaut, nicht
auf die Bedeutung.[150] Die Namen seien der jeweiligen Bedeutung
(ἔννοια) anzupassen.[151] Es gibt also Namen für das Wesen (οὐσία),
die nicht austauschbar sind. Es gibt weiterhin Namen und Anreden
für die Wirkkraft (ἐνέργεια) die homonym verwendet werden können und dem bezeichneten Wesen entsprechend, analog,[152] zu in-

---

[143] *Apol.* 9-11.20; Abramowski, Eunomios 946.

[144] Cf. Gregor v. Nyssa, *Eun.* I 151-154 (Opera I 71,28-73,15).

[145] Abramowski, Eunomios 945: Er vermeidet so ein Emanationsmodell und
kann andererseits jede Veränderung von der höchsten *ousia* fernhalten.

[146] *Apol.* 12; cf. Vaggione, Some Aspects 182.

[147] *Apol.* 20.22-23.

[148] *Ibid.* 15.28; cf. Gregor v. Nyssa, *Eun.* III 28 (Opera II 61,8/14). Cf. Vaggione, Some Aspects 182-184.

[149] Mühlenberg, Die philosophische Bildung 233f.

[150] *Apol.* 16,10/12: κατὰ τὴν ἐκφώνησιν καὶ προφορὰν [...] οὐκ [...] κατὰ
τὴν σημασίαν Cf. *ibid.* 12; Gregor v. Nyssa, *Eun.* I 27; II 306 (Opera I 30,14f.;
316,6/11).

[151] *Apol.* 17-19.21; cf. Greg.Nyss., *Eun.* II 315 (Opera I 318,10/15); cf.
Vaggione, Some Aspects 182f.

[152] *Apol.* 17,7f.; cf. Gregor v. Nyssa, *Eun.* II 306; 335; 363 (Opera I 316,6/11;
324,1/5; 332,18/24).

terpretieren sind, ohne daß sie zusätzliche Erkenntnisse über das Wesen vermitteln.[153] Schließlich gibt es Begriffe κατ' ἐπίνοιαν, die nur im Moment ihres Ausgesprochenwerdens Bestand haben, aber an sich keine Realität bezeichnen.[154] Eunomius behandelt sie nicht eigens. Man könnte das *homoousios* dazurechnen: Wenn das Wesen Gottes ungeworden ist, ist es widersinnig, ein zweites gleiches Wesen anzunehmen. Wenn aber Name und Sache nicht in dem von Eunomius postulierten engen Zusammenhang gesehen werden, wird die Aussagekraft der Sprache nichtig, werden die Worte beliebig, dann wird auch der viel umstrittene nicaenische Begriff belanglos.[155]

Basilius knüpft daran an:[156] Auf der Grundlage eines anderen ontologischen Modells, demzufolge zwischen dem einen Wesen Gottes und der Schöpfung strikt unterschieden wird, trennt er Namen und *ousia* und wertet auf der Basis einer Sprachentstehungslehre κατὰ θέσιν die Funktion der Sprache um, ein Schritt, der sich auch in der Terminologie spiegelt.[157] Grundlegend ist die Erkenntnis, daß ein bestimmter Begriff verschiedene Einzelaspekte bezeichnet (πολύσημος λέξις), von denen für die Theologie nur in Frage kommt, was 'gottwürdig' ist.[158] So könne man mit 'Vater' bzw. 'zeugen' das 'Leiden des Zeugenden' und die 'innige Vertrautheit (οἰκείωσις) zum Gezeugten' verbinden. Wenn *Ps* 109,3c und 2,7 'zeugen' für Gott verwendeten, bezeichneten sie damit nur den zweiten Aspekt. Von daher könne man Gott durchaus im eigentlichen Sinn (κυρίως) Vater nennen. Aber selbst wenn der Titel tropisch oder metaphorisch wäre wie die zahlreichen Anthropomorphismen der Heiligen Schrift, könne er zu Recht gebraucht werden, um Gott zu bezeichnen, indem man ihn ebenso wie die Anthropomorphismen geistig interpretierte. Denn Metaphern führten, so Basilius, wie polyseme Begriffe durch das Wort zur richtigen Bedeu-

---

[153] Cf. zur Analogie bei den Neuarianern und in der neuplatonischen negativen Theologie Mortley, From Word to Silence II 153f.

[154] *Apol.* 8,3/5: ἐν ὀνόμασι μόνοις καὶ προφορᾷ; cf. Mortley, From Word to Silence II 133f.; 151-153.

[155] *Apol.* 18,13/20.

[156] Das Folgende stützt sich v.a. auf *Eun.* II 24.

[157] *Ibid.* I 6 verwirft er das Eunomianische Verständnis von ἐπίνοια; sprachtheoretisch stützt er sich auf ein Mischmodell, basierend auf der Entstehung der Sprache κατὰ θέσιν.

[158] S.o. III 1.2.b; zu Greg.Nyss., *Apol.*

tung, wenn man alles damit verbundene Niedrige in der Schau
(*theoria*) übersteige.[159]

Er unterscheidet nur noch zwei Kategorien des Redens von Gott,
abgeleitet aus den verschiedenen Namen Christi: Das Bekenntnis,
daß Gott ist, sein Sein (cf. *Ex* 3,14), sowie die Aussagen κατ' ἐπίνοιαν bzw. uneigentliches Reden.[160] Alle biblischen Berichte und
theologischen Begriffe seien uneigentlich zu verstehen,[161] weil sie
alle nur bestimmte Aspekte seines Seins, die sich in seinem Wirken
manifestieren, bezeichneten.[162] Zu ihnen gehöre auch der Name
ἀγέννητος.[163] Gottes Wesen als solches und eines hingegen sei unzugänglich.[164] Einer genaueren Differenzierung zwischen Begriff
und Metapher oder Name und *Epinoia* verweigert er sich ebenso wie
der Entfaltung einer ausgeklügelten Kriteriologie, mit der polyseme
Begriffe auf Gott zu beziehen sind. Wenn sich uneigentliche Redeweisen, und in ähnlicher Weise die polysemen Begriffe, einer präzisen Definition dessen, was sie bezeichneten, entzögen, stelle das
noch lange nicht die Fundamente des Glaubens in Frage, da dem
Unsagbaren und Unbegreifbaren des Redens von Gott das Uner-
meßliche und Unfaßliche seiner Wirklichkeit, der sich Glaube und
Hoffnung anzunähern versuchen, entspreche.[165]

Die Grundfigur dieses Arguments wird in Auseinandersetzung
mit der Eunomianischen Verteidigungsschrift gegen Basilius bei
Gregor von Nyssa vertieft und systematisiert: Gottes Wesen ist
schlechthin transzendent und durch menschliche Begriffe nicht faßbar. Der Begriff, der—als Setzung menschlichen Denkens[166]—das
Wesen Gottes 'erfaßt', weil es sich in ihm zugleich wieder entzieht,
ist 'Unendlichkeit' (ἄπειρον).[167] Folglich sind alle Gottesbezeich-

---

[159] *Eun.* II 24,28/31; u.ö. cf. I 4.6f.; cf. Gregor v. Nyssa, *Apol.*, zur *theoria* der
Salbung, s.o. III 1.2.b.

[160] *Eun.* I 6-7.

[161] *Ibid.* I 14,20/23: tropologisch, allegorisch.

[162] *Ibid.* I 14.

[163] Cf. *ibid.* II 8-9: Dort kritisiert er das Eunomianische System, weil es absolute ('ungezeugt') und relationale Begriffe ('gezeugt') gleichermaßen als Wesensaussagen verwendet. Cf. Mortley, From Word to Silence II 166f.

[164] *Eun.* I 14.

[165] *Ibid.* II 24,32/38.

[166] Sprache κατὰ θέσιν, cf. Daniélou, Eunome 415f.; Canévet 31-33.

[167] 'Unendlichkeit' als Gedankenbestimmung ist nicht aus der zeitgenössischen
negativen Theologie abzuleiten: Die 'Struktur' der göttlichen Natur ist Unendlichkeit, cf. Mühlenberg, Die Unendlichkeit Gottes 142-147; 196-205; Mortley, From
Word to Silence II 144-149; 160-170; 171-191.

nungen nur Attribute Gottes, die sein Wesen nicht auf den Begriff bringen können.[168] Damit ist auf philosophischem und theologischem Weg nachgewiesen, daß alles Reden von Gott nur κατ' ἐπίνοιαν geschehen könne, in menschlichen Begriffen, die einzelne Realitäten des Wirkens Gottes bezeichnen—nicht wie bei Eunomius bloße Gedanken- und Lautkonstrukte sind—und deren theologischer Gebrauch dadurch legitimiert ist, daß Gott selbst sich in der Offenbarung der Hl. Schrift einer solchen Sprache bedient und so den Menschen in gewisser Weise entgegenkommt.[169] Diesen letzten Gedanken hat besonders Johannes Chrysostomus breit entfaltet.

Entscheidend ist das Sprachverständnis: Eunomius differenziert zwischen ὄνομα als dem 'von Natur' gegebenen resp. offenbarten Namen für das Wesen, προσρήσεις als geoffenbarten 'Anreden', die die ἐνέργεια bezeichnen, und Aussagen κατ' ἐπίνοιαν, menschlichen Gedankenkonstrukten, die der Wirklichkeit nicht gerecht werden können. Die Kappadokier argumentieren dagegen auf der Grundlage einer Sprachentstehung nach menschlicher Vereinbarung und Setzung, modifiziert durch die biblische Offenbarung. Das Wesen des dreieinigen Gottes ist jeder Benennung grundsätzlich entzogen. Insofern Gott sich in seinem Wirken offenbart, ist eine Annäherung durch die *Epinoiai* möglich, durch Titel, Begriffe, Bilder, nicht nur aus der Schrift, die bestimmte Aspekte seines Wirkens, seiner Realität, bezeichnen.[170] Diese Annäherung über die Sprache vollzieht sich dynamisch, über die Sprache der Schrift einerseits, über die *theoria* der Bedeutung der polysemen Wörter im Kontext der gesamten Offenbarung andererseits.[171]

Diese vertiefte Reflexion auf die Möglichkeiten und Grenzen des Sprechens von Gott bzw. des Sprechens Gottes schlägt sich in der Schriftauslegung und Schriftargumentation nieder[172] und geht

---

[168] Herausgearbeitet bei Mühlenberg, Die Unendlichkeit Gottes. Für unseren Zusammenhang wichtig ist der darauf aufbauende Vortrag: Die philosophische Bildung 235-240.

[169] Canévet, 55f.; 76-79.—Der Zusammenhang zwischen dieser grundsätzlichen Bewertung der (metaphorischen) Sprache der Hl. Schrift und der theologischen Klärung der Gottheit des Geistes, der durch die Propheten in eben dieser Schrift spricht, müßte eigens herausgearbeitet werden. Im Rahmen dieser Studie ist das leider nicht möglich.

[170] Canévet 52f.

[171] Zum Verhältnis Sprache—Denken, Canévet 35-39; 41f.; zum Verhältnis der Sprache zu Gott, *ibid.* 49-64, wichtig für die Dynamik, 57-62.

[172] Für Gregor von Nyssa umfassend untersucht und nachgewiesen von M. Canévet.

einher mit einer grundsätzlichen Aufwertung des menschlichen
Sprechens von Gott, zumal des Sprechens in Bildern und Metaphern.

b) Hinweise auf die neuarianische Deutung von Ps 44

Die Fragen nach Bedeutung und Funktion der Sprache, die durch
Eunomius motiviert in den Mittelpunkt des Interesses rückten,
schlagen sich in der Schriftargumentation nieder; Kontroversen um
einzelne Verse aus dem Psalm lassen sich indes nicht nachweisen.
Von Eunomius oder aus seiner Umgebung ist keine Auslegung zum
44. *Psalm* erhalten. Den Texten, die sich mit ihm auseinandersetzen, sind nur einige Hinweise zu entnehmen:

Nach Didymus, *In PsT* 44,2 deutet Eunomius *Ps* 44,2a 'trinitätstheologisch' in Verbindung mit 2b: "Er, der das Wort aufgestoßen
hat, sagt dem König, den er eingesetzt hat, die Werke, dem gezeugten Wort, damit er sie zu sagen wisse, damit er sie 'erkenne'."[173]

Wie dieses Fragment, wenn es tatsächlich von Eunomius stammt,
zu deuten ist, bleibt der Spekulation überlassen. Auch parallele
Stellen, wie *Ps* 109,3c; 32,6; 2,7 werden in den erhaltenen Schriften
nicht behandelt. Auf der Grundlage seines ontologischen Modells
wäre folgende Konstellation denkbar: Der König, das gezeugte
Wort, ist die zweite, geschaffene *ousia*. Die Tatsache, daß Eunomius
den König nochmals als Logos bezeichnet, spricht dafür daß er den
König aus 2b und den Logos aus 2a identifiziert. Da der Sohn aus
der *energeia* der höchsten, ungezeugten *ousia* gezeugt ist, wäre der
'Sprecher' des Verses folglich diese Wirkkraft des höchsten Gottes.
Der Sohn weiß nur, was ihm durch die Wirkkraft mitgeteilt wird.
Möglich wäre auch eine andere Deutung, die das aufgestoßene und
das gezeugte Wort unterscheidet und im ersteren ein biblisches Bild
für das Verhältnis von *ousia* und *energeia* sähe.[174] Dagegen spricht,
daß sich auch sonst keine Äußerungen zu diesem Verhältnis finden,
sowie sein Insistieren darauf, daß der Sohn nicht durch 'Ausge-
worfenwerden' oder 'Teilung' gezeugt werde,[175] sondern aus dem

---

[173] Did., *In PsT* 44,2 (G. 336,1f.): αὐτὸς ὁ ἐξερευξάμενος λόγον λέγει τῷ βασιλεῖ,
ᾧ ἐκάθισεν, τὰ ἔργα, τῷ γεννητῷ λόγῳ, ἵν' εἰδῇ εἰπεῖν αὐτά, ἵνα γνῷ αὐτά.
[174] U.U. in Weiterentwicklung der frühen arianischen Logosdeutung, s.o. II
1.1.b.
[175] Gregor v. Nyssa, *Eun.* III 2,28 (Opera II 61,8/14).

'Willen', der mit der *energeia* identisch ist. Es gibt aber keine Hinweise, daß in Vers 2b die *energeia* spricht.

Im Unterschied zu den orthodoxen Deutungen, die die Spannung zwischen dem gezeugten Logos und dem König, dem seine Aufgaben erst gesagt werden müßten, auflösen, postuliert diese Deutung keinen plötzlichen Personwechsel. In einem Cyrill von Alexandrien zugeschriebenen Katenenfragment wird ebenfalls die Einheit des Sprechers vorausgesetzt, 2b allerdings auf den Menschgewordenen bezogen.[176] Aus den frühen antiarianischen Schriften Cyrills von Alexandrien läßt sich noch deutlicher zeigen,[177] daß die arianische christologische Argumentation darauf abzielte, Jesus Christus als eine einzige *Ousia* und *Hypostasis* darzustellen,[178] die in zwei unterschiedliche, z.T. einander widerstreitende Wirkweisen aufgeteilt wurde, nämlich göttliche und menschliche Eigenschaften: Leiden, Nichtwissen etc. einerseits, Schaffen, Heiligen, Verherrlichtwerden andererseits.[179] Bezogen auf das eine Subjekt impliziert das Wandelbarkeit, weil nicht alle Eigenschaften von Anfang an vorhanden sind und weil es sie nicht aus sich selbst besitzt.

Was *Ps* 44,8 betrifft, scheint über die Argumentationen des frühen Arianismus hinaus[180] die 'Teilhabe' als kritischer Punkt behandelt worden zu sein, und zwar dahingehend, daß der Sohn und Gesalbte aufgrund der Tatsache, daß er an Geschöpfen 'partizipiere', ontologisch vom ungezeugten Gott zu unterscheiden sei.[181] Ein mögliches Verdienst hingegen scheint keine Rolle mehr zu spielen:[182] Bei einer von vornherein gesetzten zweiten *ousia*, die ontologisch sowohl von der höchsten Wesenheit wie von der Schöpfung streng unterschieden ist, ist eine Bewährung überflüssig und sinnlos. Ein Verdienst eines angenommenen Menschen kommt angesichts der Hartnäckigkeit, mit der Eunomius gegen christologische Differenzierungen die Einheit Christi verteidigt, ebenfalls nicht in Frage.

---

[176] *In Ps* 44,2 (PG 69, 1028CD); Ps-Athanasius, *In Ps* 44,2 (PG 27, 208B).

[177] Cf. Siddals 350f.

[178] Cf. den Vorwurf des Eunomius an Basilius, er lehre zwei Christi: Greg. Nyss., *Eun.* III 3,15-25 (Opera II 112,10-116,28).

[179] Cyr.Alex., *Thes.* I (PG 75, 180AB); XIII (229D-232A); XIV (233AB); XX (328CD; 336A); XXX (437CD).

[180] S.o. Ii 2.1.b.

[181] *Thes.* I (PG 75, 25C-28B); XIII (229D-232A). Cf. Gregor v. Nyssa, *Eun.* III 2,44; 10,8 (Opera II 66,18/25; 291,25-292,7).

[182] Cf. Abramowski, Eunomios 946.

Eine Anspielung auf Vers 8 bei Gregor von Nyssa, derzufolge
Gott von Gott gesalbt sei, hebt offensichtlich auf den Gottesnamen
in Vers 7-8 ab. Ob eine solche Argumentation der Sprachtheorie des
Eunomius gegenüber besonders erfolgreich ist, kann bezweifelt werden. Die entscheidenden Auseinandersetzungen spielen sich jedenfalls nicht um diese Verse ab.[183]

1.4 Résumé

Auch wenn die apollinaristischen und neuarianischen Deutungen
zum 44. *Psalm* nicht in der gleichen Ausführlichkeit diskutiert wurden wie die arianischen Exegesen des frühen und mittleren 4.
Jahrhunderts bei Athanasius, Hilarius und anderen ist ihre Bedeutung für die Interpretation des Texts im späten 4. und frühen 5.
Jahrhundert kaum zu überschätzen. Die Untersuchung der großen
Psalmenauslegungen wird zeigen, wie zentral die christologischen
und grundsätzlich theologischen Fragen sowohl für die schwierig zu
deutenden einzelnen Verse als auch für die Hermeneutik der Auslegung wie der Vermittlung wurden.

---

[183] Gregor v. Nyssa, *Eun.* III 2,41; 9,28 (Opera II 65,18/20; 274,10/13) zitiert
Vers 7 im Kontext von *Hebr* 1,5-12, um Christus von den Engelwesen zu unterscheiden. Die Passagen sind zu knapp, um Eunomianische Deutungen zu erschließen.

2. KAPITEL

DIE (WISSENSCHAFTLICHEN)
PSALMENKOMMENTARE

Nach fragmentarischen Bemerkungen zu den Katenenfragmenten
sollen die Kommentare und Kommentarfragmente von Didymus
von Alexandrien und der sog. 'Antiochener' Diodor von Tarsus und
Theodor von Mopsuestia auf ihre christologische Argumentation
hin untersucht werden. Die Texte werden einzeln analysiert, weil
nur ihre Gesamtinterpretation den Rahmen für einigermaßen
zuverlässige Ergebnisse abgeben kann. Dabei sollen jeweils in einem ersten Schritt die exegetischen und hermeneutischen Grundlagen, anknüpfend an die o.g. Theorien zum Psalter,[1] herausgearbeitet werden: Wie wird der Text charakterisiert—als Gebet, Lied,
Lehrtraktat, rhetorisch bzw. poetisch strukturiert? Wer spricht?
Mit welchen Methoden wird der Text ausgelegt? Wie wird das
Verhältnis von Text und Bedeutung bestimmt? Welche theologische
Hermeneutik liegt zugrunde? Im zweiten Schritt werden die christologischen Implikationen untersucht: Finden sich Hinweise auf die
trinitätstheologischen und christologischen Auseinandersetzungen,
und welche Position bezieht der Exeget? Wie argumentiert er?
Welches Christusbild vermittelt er? Gegebenenfalls werden hierbei
weitere Passagen aus dem Werk des Autors herangezogen, um an
Einzelauslegungen die theologischen Probleme schärfer konturieren
zu können. Im dritten Schritt soll die Auslegung als ganze klarer
profiliert werden: In welchem Rahmen stehen die christologischen
Äußerungen? Welche Bedeutung haben sie für den jeweiligen Theologen wie für die Adressaten? Welches sind die Hauptanliegen des
Texts?

2.1 ZU DEN KATENENFRAGMENTEN

Umfangreiche Schriftkommentare mit wissenschaftlichem Anspruch hatten im 4. Jahrhundert Konjunktur. Die wenigsten von
ihnen sind in ihrer ursprünglichen Form erhalten. Die Abschriften

---

[1] S.o. III 1.1.

wurden ab dem 6. Jahrhundert durch Katenen verdrängt, in denen
Kommentare zu den einzelnen Versen von verschiedenen Verfassern ausgeschrieben, paraphrasiert oder zusammengefaßt wurden
und die ihrerseits wieder voneinander abhängig sind. Wenn auch
die Forschung zur Überlieferung und Quellenkritik erhebliche Fortschritte gemacht hat,[2] bleibt doch noch sehr viel zu tun, ange-
fangen bei Editionen über literarkritische und literaturwissen-
schaftliche Untersuchungen bis zur Erforschung der Theologie der
einzelnen Katenen.[3] Katenenfragmente sind deshalb nur bedingt
auswertbar. Der fragmentarische Zustand, die Unsicherheit über
Eingriffe der Katenisten, auch die Tatsache, daß Einzeleditionen
die Auslegungen aus ihren Zusammenhängen lösen, lassen es nicht
zu, möglicherweise geschlossene Interpretationen herauszuarbeiten.

Zu den Psalmenkatenen liegen einige wichtige Arbeiten
vor, die einen Überblick über die Überlieferung und über die
Zuweisungen im einzelnen geben.[4] Fragmente zum 44. *Psalm*
sind von Origenes,[5] Eusebius von Caesarea,[6] Evagrius Ponticus,[7] Apollinaris,[8] Didymus,[9] Ps-Athanasius,[10] Cyrill von Ale-

---

[2] Einen knappen Überblick bietet E. Mühlenberg, Katenen, in: TRE 18
(1989) 14-21.

[3] Cf. dazu die Ausgabe der palästinensischen Katene zu *Ps* 118 von M. Harl,
in SCh 189-190, 1972; G. Dorival, Les chaînes exégétiques grecques sur les
Psaumes. Contribution à l'étude d'une forme littéraire, 2 Bd., Löwen 1986-89;
ders., Des commentaires de l' Ecriture aux Chaînes, in: Bible de tous les temps I,
Paris 1984, 361-386.

[4] R. Devreesse, Les anciens commentateurs grecs des Psaumes, Rom 1970;
E. Mühlenberg, Psalmenkommentare aus der Katenenüberlieferung III, Berlin
1978; Rondeau I (mit Überblick über die ältere Forschung).

[5] S.o. I 2 Anm. 130.

[6] S.o. II 1 Anm. 11. Der wissenschaftliche Kommentar des Eusebius wurde
sicher von Basilius, Ps-Athanasius und Theodoret benutzt, die 'Antiochener' und
Cyrill kannten ihn. Eine lateinische Übersetzung von Eusebius von Vercelli ist verlorengegangen, cf. Hieronymus, *Vir. ill.* 96; *Ep.* 61,2.

[7] Ein Teil der erhaltenen Fragmente ist unter dem Namen des Origenes pub-
liziert, cf. Rondeau I 121-126; cf. 256-261; Dies., Le *Commentaire sur les Psaumes*
d'Evagre le Pontique, in: OCP 26 (1960) 307-348, 335. Sie sind derart knapp, daß
sie isoliert kaum angemessen interpretiert werden können. Es scheint, daß sein
Kommentar dezidiert asketisch geprägt war, cf. *In Ps* 44,4; 6 (PG 12, 1429A,12/15;
1429C,34/40). Eine Edition von M.-J. Rondeau ist in Vorbereitung.

[8] S.o. III 1.2.

[9] S.u. III 2.2.

[10] Einiges spricht dafür, daß die unter dem Namen des Athanasius überlieferten Glossen (PG 27, 54-546; verbesserter Text G.M. Vian, Testi inediti dal Commento ai Salmi di Atanasio, Rom 1978), nicht von ihm stammen: cf. zur Zuweisung der Fragmente zum 44. *Psalm* Devreesse, Les anciens commentateurs

xandrien[11] und Hesychius von Jerusalem[12] erhalten. Die meisten
von ihnen sind bislang nur in den bei Migne abgedruckten Ausgaben zugänglich, deren Zuweisungen unzuverlässig und deren
Texte fehlerhaft sind, die sich überdies oft auf schlechte Handschriften stützen. In diesen Fällen ist die Grundlage für eine Untersuchung zur christologischen Argumentation zu schwach, um sie im
einzelnen für diese Studie auswerten zu können. Häufig sind die
Kommentare und Glossen so knapp gehalten, daß sie erst sorgfältig
im Rahmen des jeweiligen Gesamtwerks auf ihre Terminologie und
die damit verbundenen Implikationen hin untersucht werden
müßten.

2.2 Didymus von Alexandrien
Gottes Wort und die Dynamik des Verstehens

Erhalten sind zwei Kommentarversionen des berühmten Lehrers in
Alexandrien: Fragmente eines Kommentars aus direkter Tradition

---

239f.; zu Überlieferung, Handschriften etc. Rondeau I 79-87. L. Leone, L'esegesi
Atanasiana dei Salmi, Lecce 1984, stellt Texte aus dem Gesamtwerk des Athanasius zusammen. G. Dorival, Athanase ou pseudo-Athanase?, in: RSLR 16
(1980) 80-89, datiert die *Expositiones* zwischen 440 und 500, in alexandrinischer
Umgebung; cf. G.C. Stead, St. Athanasius on the Psalms, in: VigChr 39 (1985)
65-78, 77 *et passim*, nachathanasianisch; Rondeau I 85-57. G.M. Vian, Il *De
Psalmorum Titulis*. L'Esegesi di Atanasio tra Eusebio e Cirillo, in: Orpheus 12
(1991) 3-42, ist dagegen nicht überzeugend. Zur Abhängigkeit von Eusebius M.-J.
Rondeau, Une nouvelle preuve de l'influence littéraire d'Eusèbe de Césarée sur
Athanase, in: RSR 56 (1968) 385-434.—Wie Eunomius und wohl auch Cyrill von
Alexandrien schreibt der Kommentator Vers 2a und b demselben Sprecher zu, s.o.
III 1.3.b, und deutet Vers 2b wie letzterer auf den Menschgewordenen, PG 27,
208B. Wie Origenes bezieht er 3a auf 2c, *ibid.* 208C. Als Sprecher scheint auch
noch in Vers 4 der Vater zu fungieren, *ibid.* 208D.

[11] Die erhaltenen, z.T. recht umfänglichen Fragmente deuten auf einen großen
theologischen Kommentar. Zum Text: Rondeau I 131-134; Devreesse, Les anciens
commentateurs 224-233, 229f. (zu *Ps* 44). Wie 'Athanasius' scheint er auf einen
gelehrten Apparat mit Textvarianten zu verzichten. Beide Texte bedürften auf der
Grundlage einer zuverlässigen Edition einer eigenen Untersuchung, um die
Methoden ihrer theologischen Argumentation herauszuarbeiten.

[12] Hier ist die Lage insofern noch komplizierter, als er offensichtlich drei verschiedene Auslegungen verfasste, s. Rondeau I 137-143; Devreesse, Les anciens
commentateurs 243-301. Einen großen Kommentar, dessen Reste teilweise in PG
93 abgedruckt sind (zu *Ps* 44,4-5: PG 93, 1196A, cf. Devreesse, *ibid.* 253; Rondeau
I 138f.), Glossen, *De titulis Psalmorum* (abgedruckt in PG 27, 649-1744; zu *Ps* 44:
825B-828B; cf. Rondeau 140-142) und eine *Explanatio Psalmorum* (ediert von V.
Jagič, *Supplementum Psalterii Bononiensis. Incerti auctoris explanatio psalmorum graeca*,
Wien 1917, 86-88 (*Ps* 44)), die nur wenig ausführlicher als die Glossen ist, Rondeau
I 142f.

in der palästinensischen Katene, in der Didymus[13] als einer der Hauptzeugen figuriert,[14] und Fragmente eines sehr viel umfangreicheren Kommentars, die 1941 in Tura gefunden wurden.[15] Es handelt sich um zwei verschiedene Werke, deren eines einen theologischen Kommentar, das andere wahrscheinlich Vorlesungsmitschriften eines Schülers darstellt: Lücken, Brüche im Gedankengang, unvollständige Zitate, Zwischenfragen sprechen für einen schulmäßig angelegten mündlichen Lehrvortrag.[16] Der *Tura-Kommentar* ist zwischen 360 und 428 zu datieren, weil zwar Eunomius, nicht aber die nestorianische Kontroverse erwähnt wird; wenn er tatsächlich Didymus zuzuschreiben ist, läßt sich die Datierung auf 367-398 eingrenzen, möglicherweise, wegen der Anspielungen auf den Apollinarismus, sogar auf 370-385. Der erstgenannte Kommentar muß vor 387 entstanden sein, weil er im *Zach-Kommentar* erwähnt wird.[17] Die beiden Kommentarfragmente unterscheiden sich zwar im Umfang erheblich, sind aber inhaltlich und methodisch eng verwandt und können deshalb zusammen behandelt werden.[18]

---

[13] Einen knappen Überblick über das Wenige, was von Didymus bekannt ist, bietet B. Kramer, Didymus von Alexandrien, in: TRE 8 (1981) 741-746 (mit Lit.).

[14] Herausgegeben von E. Mühlenberg, Psalmenkommentare aus der Katenenüberlieferung, I, Berlin-New York 1975; II, 1977 (PTS 15-16), im folgenden mit M. abgekürzt; zur Edition s.o. III 1, Anm. 97. *In Ps* 44: M. I 335-343.

[15] Zu *Ps* 20—*Ps* 44,4, ediert von L. Doutreleau—A. Gesché—M. Gronewald, in 5 Bd., Bonn 1968-70; *In PsT* 44,1-4: V (Gronewald 1970) 184-229, im folgenden mit G. abgekürzt.—A. Gesché, La christologie du *Commentaire sur les Psaumes* découvert à Toura, Genf 1962, bietet eine umfassende und gründliche Analyse der Christologie des Kommentars; A. Kehl, Der *Psalmenkommentar* von Tura. Quaternio IX. *Ps* 29-30,13, Köln 1964, wichtige Hinweise zur Gattung und zum Adressatenkreis. Rondeau II 223-274 untersucht die verschiedenen Verwendungen des Personbegriffs: für den einen Christus in der Ökonomie; für sein Sprechen in unserem Namen, für die einzelne Seele, für die Kirche, im Kontext der *imitatio*.

[16] Cf. Rondeau I 116-121 (mit Forschungsbericht), s.a. Devreesse, Les anciens commentateurs 147-210; Mühlenberg I, XI-XIX; außerdem: Gesché 26-47; Kehl 39-43; G. Binder—L. Liesenborghs, Einleitung zum *Ecclesiastes-Kommentar*, I 1, Bonn 1979, X-XIII.

[17] Rondeau I 119f.; Kehl 45; Gesché, La christologie 400-409; zum *Zach-Kommentar*: L. Doutreleau, Didyme l'Aveugle, *Sur Zacharie*. Introduction, in: SCh 83, 1962, 23-27.

[18] Rondeau II 225.

2.2.1 Exegetische Methoden und Hermeneutik[19]

a) Terminologie

Eine theoretische Abhandlung des Didymus zur Schriftauslegung und Hermeneutik ist nicht überliefert, ebensowenig ein Kommentarprolog. In den erhaltenen Texten zu Ps 44 finden sich nur wenige Hinweise auf die rhetorisch-poetische Struktur des Psalms. Als einzigen Fachterminus nennt Didymus ἐπιγραφή[20], ansonsten verwendet er verschiedene Begriffe für 'singen', was eine literarisch-musikalisch gestaltete Textgrundlage voraussetzt.[21]

Zu Vers 2-3a bietet er Alternativdeutungen an, entweder auf den Propheten bzw. guten Menschen oder auf Gott Vater und den Logos (s.u.); 3b-10 sind an Christus gerichtet, wobei der Geist oder der Prophet spricht.[22] Ab Vers 11 rede Gott die Kirche an.[23] In Ps 44,18 berichte der Psalmist vom Lobpreis der Völker.[24]

Didymus geht am Wortlaut entlang, an grammatischen Beobachtungen;[25] er gibt Begriffsdefinitionen[26] oder bestimmt die sprechende Person;[27] er geht zugleich darüber hinaus, indem er auf philosophische Kategorien[28] zurückgreift, Exkurse einschiebt[29] oder Personwechsel postuliert, wo die theologischen Prämissen, nicht unbedingt der Text, es erfordern.[30] Das komplexe Verhältnis zwischen Text und Bedeutung spiegelt sich in der Terminologie des Kommentars. Es finden sich knappe Überleitungsformeln, die eine

---

[19] Wichtig dazu: W.A. Bienert, *Allegoria* und *Anagoge* bei Didymus dem Blinden von Alexandrien, Berlin 1972; J.H. Tigcheler, Didyme l'Aveugle et l'exégèse allégorique, Nimwegen 1977; Doutreleau, in: SCh 83, 50-119; Gesché 47-56; Rondeau II 223-274; M. Simonetti, Lettera e allegoria nell' esegesi veterotestamentaria di Didimo, in: VetChr 20 (1983) 341-389, knapp: in ders., Lettera 204-208; 212-214.

[20] *In PsT* 44,1 (G. 330,25).

[21] Nur in den Katenenfragmenten: ᾄδεται und Derivate, *In Ps* 44,1; 3bc (M. 335,11; 336,13); ὑμνεῖσθαι u.ä., *ibid.* 9a; 12-14; 15a (M. 339,8; 341,12; 342,6); *In PsT* 44,2 (G. 331,21).

[22] *In PsT* 44,3 (G. 336,25-337,1).

[23] *In Ps* 44,11 (M. 340,6f.).

[24] *Ibid.* 44,18 (M. 343,3f.).

[25] Z.B. zu ἀλλοιωθησομένων, s. G. 327,8/10.

[26] S. bes. zur Überschrift, v.a. ἀλλοίωσις, s.u.

[27] *In Ps* 44,2a; 11 (M. 335,14/16; 340,6f.); *In PsT* 44,2a (G. 331,10) *et passim*; dazu Rondeau II 229f. (zur Definition) *et passim*.

[28] Cf. seine Untersuchung zu ἀλλοίωσις, s.u. III 2.2.3.

[29] S.u. zu *Ps* 61,12.

[30] Nach 2a *ex persona Patris*, *In PsT* 44,2 (G. 334,16).

einfache Übersetzung suggerieren,[31] Termini, die auf eine andere
Ebene verweisen können, wie σημαίνειν,[32] ἐπιδείκνυμι,[33] oder ἐμ-
φαίνεσθαι[34]. Schließlich gibt er Hinweise auf kompliziertere Relationen: νοεῖν, πιστεύειν, ἑρμηνεύειν[35] sowie παραβάλλειν, σύμβολον, ἀσάφεια τῆς λέξεως.[36]

Der ausführliche *Tura-Kommentar* gewährt einen tieferen Einblick:
Zu der Formulierung 'zur Erkenntnis' in der Überschrift erklärt
Didymus, daß der Psalm viele Geheimnisse verrätselt enthalte, die
erst zu erschließen seien.[37] Zur Erklärung von *Ps* 44,2c zitiert er *Ps*
61,12 (*unum locutus est Deus duo haec audivi*) und erläutert den grundsätzlichen Unterschied zwischen νόημα[38] und λεκτόν.[39] Am Anfang stehe der Gedanke (νόημα), dessen 'Symbol' die Stimme
(φωνή) sei.[40] Weil aber der Gedanke sich nicht rein und abgelöst
von allem Materiellen aussprechen könne, bediene er sich einer
Vorstellung (φαντασία), die sich mit dem Gedanken verbinde, um
so auszudrücken und verständlich zu machen, was sich in der Seele
abspielt: Damit ist nicht ein konkretes 'Ding' als Bild oder Beispiel
gemeint, sondern—metasprachlich—der Wortinhalt, das 'Bezeichnete' (λεκτόν). Das Problem liegt darin, daß nicht jeder 'Gedanke',
zumal wenn es um die 'Gedanken' Gottes geht, so einfach ist—auch
wenn Gott ihn in ein einziges σύμβολον faßt—, daß eine einzige
'Vorstellung' genügte, um ihn verständlich zu machen: Dem
Psalmvers folgend ist davon auszugehen, daß das von Gott aus einfache Wort aufgrund der ontologischen Differenz zwischen Schöpfer und Geschöpf nur zu verstehen ist über die verschiedenen 'Vorstellungen', die die Menschen damit assoziieren.[41]

---

31 Z.B. φησιν, M. 340,7. 14; τουτέστιν, 335,9; 338,6; 342,19; ἀντὶ, 341,14;
343,7; ὀνομάζειν, 336,7; 337,2; 339,20; δηλοῦν, 336,13. 16; 341,25.
32 M. 337,18.
33 M. 336,8.
34 M. 340,6.
35 *Passim.*
36 *In Ps* 44,2c (M. 336,6); 4; 9f. (M. 337,6; 339,15); 15a (M. 341,19/21).
37 *In PsT* 44,1 (G. 330,25/27).
38 Cf. *In EcclT* 8,5a (IV 236,21-237,10, B. Krebber, 1972): dort setzt er νόημα
mit ῥῆμα gleich: Gedanken als Worte der Seele.
39 G. 335,14/23, die Anm. z.St. verweist auf stoische Parallelen, s. Ammonius
(SVF II 168); Diocles Magnes bei Diogenes Laertius (SVF II 181, 58,28f.); Sextus
Empiricus, *Math.* VIII 70 (SVF II 187, 61,24); cf. Mühl 15. In den Aufzählungen
bei Tigcheler und Bienert fehlt der Begriff λεκτόν.
40 Der Übersetzer verweist auf Aristoteles, *De interpr.* 1,16a.
41 Cf. G. 335,23/27.

Daraus leitet Didymus konsequent verschiedene Interpretationsebenen ab: Der Kommentar spricht von Deutungen πρὸς τὸ ῥητόν,
καθ' ἱστορίαν, καθ' ἀναγωγήν, von ἀλληγορία⁴² von Aussagen περὶ
νοητῶν,⁴³ von αἰσθητός und νοητός bzw. πνευματικός⁴⁴. Die Textbasis zum 44. *Psalm* bei Didymus ist zu knapp, um eine neue detaillierte Abgrenzung der Begriffe zu versuchen.⁴⁵ Grundsätzlich
beziehen sich πρὸς τὸ ῥητόν und καθ' ἱστορίαν auf den Wortsinn:
die meist innerweltlichen Vorstellungen, die man gemeinhin mit bestimmten Begriffen unmittelbar verbindet, und die historischen
Zusammenhänge; ἀλληγορία meint die auch in der paganen Literatur verbreitete Methode, Begriffe, nicht unbedingt nur bildliche,
bildlich zu deuten, also Allegorese. Der Terminus ist bei Didymus
weit gefaßt und umgreift auch eine einfache Metapherndeutung.
Κατ' ἀναγωγήν bezeichnet als Gegenbegriff zu καθ' ἱστορίαν den
geistlichen, die sichtbare Welt transzendierenden Sinn, wie auch
περὶ νοητῶν, πνευματικὰ θεωρία etc.⁴⁶

*b) Sprachtheoretische Grundlegung in Auseinandersetzung mit dem
   Neuarianismus*

Didymus läßt beide Deutungsvarianten zu *Ps* 44,2a zu, bevorzugt
aber im Gegensatz zu den Theologen der 'antiochenischen' Schule
und ihres Umkreises, im Gegensatz auch zu Basilius,⁴⁷ die trinitätstheologische Tradition, und zwar unter Berufung auf die
meisten seiner Vorgänger.⁴⁸ Er tut das freilich vor dem Hinter-

---

⁴² Zu Vers 1 (G. 330,22/24); zu 4 (G. 337,20f.).
⁴³ Zu Vers 1 (G. 331,17); zu 3b (G. 336,22): κατὰ νόησιν.
⁴⁴ Zu Vers 2 (G. 334,6; 335,8f.24).
⁴⁵ *Allegoria* und *Anagoge* kommen je einmal zu *Ps* 44 vor: G. 330,23, Allegorie
von *Klgl* 4,2, als bildliche Interpretation; G. 337,20f., *Anagoge* zur *Ez* 7,17 genannten Unreinheit, als Unreinheit des Körpers und der Seele.
⁴⁶ Bienert, *Allegoria* 108f; 129-133; 152-164, deutet die Unterscheidung von
Allegoria und *Anagoge* im Rahmen eines theologischen Systems, und macht an diesen
beiden Methoden den Unterschied zwischen Philosophie und Theologie fest: Das
Ergebnis der *Allegoria* sei ambivalent und bedürfe der Sinngebung durch die *Anagoge*
auf das pädagogische und theologische Ziel hin. Tigcheler 152-175; 158f., bindet
die Termini in den einen der Interpretation zugrundeliegenden hermeneutischen
Prozeß ein: Sie bezeichneten die Fragen nach der Textebene, dem realen historischen Hintergrund, dem möglichen bildlichen Verständnis und der darauf gründenden, über den Text hinausgehenden Bedeutung und bauten damit eine dy-
namische Beziehung zwischen dem Wort Gottes und dem daraus lebenden
Christen auf.
⁴⁷ S.u. III 2.3 und 4; 3.1.
⁴⁸ *In PsT* 44,2 (G. 332,9).

grund sprachtheoretischer Überlegungen: Weil Gott transzendent
sei und allen menschlichen Gedanken radikal überlegen, könne
über ihn nur annäherungsweise und mit zahlreichen Beispielen
gesprochen werden. So bedürfe es einer ganzen Reihe, 'Myriaden',
von Aussagen positiver und negativer, bildlicher und überbietender
Art, um die Einheit Gottes, zumal im Rahmen der biblischen Offenbarung, zu erklären, ohne daß sie je vollkommen erfaßt werden
könnte.[49] Auch wenn er hier nicht ausdrücklich Bezug auf die von
Eunomius vertretene Theorie nimmt, ist deren Problem präsent.
Die Tatsache, daß er eine (nicht erhaltene) Schrift gegen die Arianer
verfaßt hat,[50] und die Anspielungen auf Eunomius oder die Arianer im *Tura-Kommentar*[51] lassen vermuten, daß er mehr von ihnen
kannte als einige Schlagworte. Er läßt die These, daß es ein Wort
für eine zu benennende Sache (ἔννοια) gebe, einzig für sinnlich
wahrnehmbare Dinge, wie 'Wein' oder 'Erde', gelten, und bezieht
damit unausgesprochen Stellung gegen die von den Neuarianern
vertretene Lehre, daß sich auch das Wesen Gottes in einen einzigen
Begriff zwingen lasse.

Anliegen seiner sprachtheoretischen Erörterung ist nicht eine
Erkenntnistheorie, sondern die Vermittlung bereits vorhandener
Gedanken (νοήματα). Es geht nicht darum, auf denkerischem Weg
zu bestimmten Aussagen über Gott zu gelangen, sondern Erkenntnisse in Worte zu fassen, um sie weiterzugeben. Nicht die Tatsache,
daß Gott einer ist, ist das Problem, sondern wie sie zu erklären ist.
Das Gleiche gilt für den durch den Psalmvers vermittelten Inhalt:
Nicht daß der Sohn vom Vater ewig gezeugt worden ist, soll nachgewiesen werden; vielmehr wie dieses eigentlich nicht faßbare Geheimnis weitergegeben werden kann. *Ps* 44,2a ist mithin nicht
Schriftbeweis für etwas, was vom Gesprächspartner nicht akzeptiert
wird, sondern der Versuch, eine gedanklich nicht hinterfragbare
Tatsache plausibler zu machen. Darin unterscheidet sich seine Aus-
legung grundsätzlich von der antiarianischen Argumentation seiner
Alexandrinischen Vorgänger, und darin wird der neue Reflexions-

---

[49] G. 332,10/20.
[50] Hieronymus, *Vir.ill.* 109.
[51] Zu Vers 2ab zitiert er ihn, s.o. III 1.3.b; *In PsT* 34,2 (G. III 205,14): Wenn
er 'Liebe' und 'Gott' als zwei 'Namen' für dieselbe *ousia* bezeichnet, ist das eine
dezidierte Stellungnahme, auch ohne Namen zu nennen.

stand, den der Fortgang der Kontroverse und besonders der Neuarianismus erzwang, offenkundig.[52]

Wie *Ps* 44 zu verstehen ist, zeigt Didymus zunächst an *Weish*
7,26, 'Abglanz des Lichts', gedeutet als Bild für Vater und Sohn:
Der Abglanz komme nicht von außen zum Licht hinzu, und das eine
existiere nicht vor dem anderen.[53] Die 'Heterodoxen', mit denen
er möglicherweise Marcell und seine Anhänger meint, nähmen die
metaphorische Aussage als solche wörtlich[54] und differenzierten
deshalb zwischen *ousia* und *energeia*, um den Vater und das von ihm
hervorgebrachte Wort zu bezeichnen.[55] Weitere Bilder wie 'Quelle
der Weisheit' und 'allein Weiser' (*Bar* 3,12; *Röm* 16,27) und 'Quelle
des Lebens' (*Jer* 2,13) folgen. Diente die 'Weisheit' zunächst dazu,
die grundlegende Differenz zwischen Gott, der die Weisheit an sich
ist, und denen, die an ihm Anteil haben, herauszustellen, so ist sie
auch, insofern sie diese Differenz deutlich macht, Voraussetzung
dafür, die Zeugung des Logos, der vom Wesen des Vaters nicht unterschieden sei,[56] zu erklären: Insofern Gott 'Geist' (*Nous*) ist, kann
das 'Herz' nicht von ihm verschieden gedacht werden, es bezeichnet
vielmehr metaphorisch diesen Geist.[57] Als *Nous* zeugt er den *Logos*,
der, weil er gut genannt werde, auf die Güte des zeugenden Geistes
verweise, weil er unveränderlich sei, auf die Unveränderlichkeit des
Vaters.[58] Mit *Ps* 109,3c demonstriert er den Unterschied zwischen
Zeugen bzw. Gebären und Schaffen und damit die Differenz
zwischen dem 'guten Wort' und der Schöpfung.[59] Auch das steht
im Kontext der Auseinandersetzungen mit den Arianern. An dem

---

[52] Der Unterschied ist nicht durch die verschiedenen Gattungen zu erklären:
Der *Tura-Kommentar* bezieht nicht auf grundlegend andere Weise Position gegen
Eunomius als Athanasius in den Arianerreden gegen Arius und seine Anhänger,
s.o. II 1.2.

[53] G. 332,24-333,4.

[54] G. 332,27-333,4: [. . .] οὐχ ὡς ὑποδείγματα αὐτὰ λαμβάνουσιν [. . .].

[55] Cf. Marc., *Fragm.* 67; 71; 116-117. S.o. zu der tatsächlich sehr 'wörtlichen'
Interpretation der Metaphern von Vers 2a, II 1.2.c. Eunomius kann nicht gemeint
sein, weil er für jede 'Hypostase' seines Stufenmodells gesondert zwischen *ousia*
und *energeia* unterscheidet.

[56] Cf. *In Ps* 44,2 (M. 335,14f.); cf. G. 332,21/23: Der Vater enthüllt den Sohn
und umgekehrt, was eine Scinsebene voraussetzt.

[57] G. 333,14/19, Didymus greift dabei auf ein eingeführtes Bild zurück; das
Herz galt über Jahrhunderte als Sitz des Verstands, s.o. II 1 Anm. 108. Cf. *In PsT*
36,11 (G. 246,16) und zahlreiche weitere Parallelen; Bienert, *Allegoria* 156.

[58] G. 333,20/24.

[59] G. 333,25-334,4.

Vergleich mit den 'Vätern der Wissenschaften', die von den nur
Lernenden, Reproduzierenden unterschieden werden, zeigt er, daß
der Gedanke oder das Wort nichts sein könne, was außerhalb des
Vaters sei.[60]
Didymus thematisiert im Zusammenhang der trinitätstheologischen Deutung nicht die Metapher vom Aufstoßen und die
Probleme, die sie aufwirft. Es scheint ihm auch nicht darum zu
gehen, das Verhältnis von Herz und *Nous* und *Logos* näher zu erläutern und seine Funktion für das Verständnis der Trinität zu be-
leuchten. Einziges Anliegen ist offensichtlich, anhand einer Reihe
von Bildern zu zeigen, daß eine trinitätstheologische Interpretation
prinzipiell möglich ist, und das an den entsprechenden Stichworten,
Nous und *Logos*, vorzuführen. Damit leistet er, aus 'orthodoxer'
Sicht, eine Rechtfertigung des traditionellen trinitätstheologischen
Arguments, aber—das ist für die Auseinandersetzung darum
wichtig—ausdrücklich und ausführlich auf der Grundlage von verschiedenen Bildern und Vergleichen, die über jedes körperliche
Verständnis κατ' ἀναγωγήν hinausweisen. Das Bild wird durch
Bilder erklärt und damit relativiert, so daß es nur einen von vielen
verschlüsselten Hinweisen auf das Geheimnis darstellt.
Er führt im folgenden die trinitätstheologische Argumentation
weiter: Nach einem 'plötzlichen Personwechsel', den er nicht begründet, spreche in Vers 2b das gezeugte Wort selbst, um 'uns' die
Symphonia zwischen Vater und Sohn, in die auch der Geist einzubeziehen sei (mit *Joh* 16,13), zu zeigen: Die im Wortsinn gegebene Differenz zwischen Wort und Werken—gemeint seien die
Werke der *Oikonomia*[61]—sei nur logisch, κατ' ἐπίνοιαν,[62] nicht zeitlich zu denken. Mit *Ps* 44,2c macht er das Zusammenwirken
vollends deutlich: Der Sohn schreibe durch den Geist—alternativ:
durch 'dienende Menschen'[63]—in die Herzen der Menschen, die
diese Worte, die Worte der Schrift, allerdings nicht so 'einfach' verstünden wie sie von Gott aus gedacht seien.[64] Hier wendet sich
Didymus direkt gegen eine Eunomianische Deutung, die das Wort
Gottes als gewordenes voraussetzt.

---

[60] G. 334,8/15.
[61] G. 336,5f.
[62] Nach der Konzeption, im menschlichen Denken.
[63] G. 336,5f. Der folgende Text ist stark zerstört.
[64] G. 334,16-335,4 G., s.o. zur Sprachtheorie.

Das Zitat aus Eunomius, die ausführliche Diskussion der metaphorischen Interpretation von Vers 2a sowie der Verweis auf seine
oben angedeutete Sprachtheorie zeigen, daß Didymus in Auseinandersetzung mit der neuarianischen Sprachtheorie argumentiert.[65] Das schlägt sich in einer Auslegung nieder, die dezidiert die
Möglichkeiten und Grenzen der Sprache thematisiert und so den
Schriftbeweis auf ein neues theoretisches Fundament stellt. Darin
unterscheidet er sich von den oben, im II. Teil, genannten Texten,
die in praxi teilweise ähnlich argumentieren.

c) Die 'individuelle' Deutung von Ps 44,2a

Eine Deutungsvariante zu *Ps* 44,2-3a ist die auf den 'Propheten',
wobei Didymus an der Person des Propheten selbst völlig uninteres-
siert ist. Er sieht im Sprecher den 'guten Menschen', der aus dem
Schatz seines Herzens Gutes hervorbringe (*Mt* 12,35), der, genährt
durch geistliche Speisen, seinerseits gute Worte aufstoße.[66] Der
Tura-Kommentar zitiert noch mehr Passagen, die die geistliche
Nahrung illustrieren:[67] 'Brot des Lebens', 'Brot vom Himmel'
(*Joh* 6,35 u.ö.), wie Basilius zur Stelle,[68] die 'wahre Speise' (*Joh*
6,55), das Fleisch Jesu, Früchte vom 'Holz des Lebens' (*Gen* 2,9
u.ö.), Wein vom 'wahren Weinstock' (*Joh* 15,1). Während Basilius
in seiner Stellenkonkordanz nur auf das Wort Gottes in der Schrift
abhebt, spielt Didymus sehr deutlich auch auf die eucharistische
Speise an. So kann er in dem guten Menschen, der aus dem guten
Schatz seines Herzens Gutes hervorbringt, nicht nur den Weisen,
der lehrt und erzieht, sehen,[69] sondern die in einem Glauben und
einem Geist Hymnen singenden 'Söhne Korahs', und damit auch

---

[65] S.a. *In Ps* 44,2 (M. 335,14f.): Ἐπεὶ μόνος ἀγαθὸς ὑπάρχω, ἀνάγκη καὶ τὸν ἐκ
τῆς ἐμῆς οὐσίας λόγον γενόμενον ἀγαθὸν εἶναι. 'Allein Guter' ist einer der Titel, die
Eunomius als 'Anreden' Gottes und biblischen Beleg verwendet, cf. *Apol.* 21, s.o.
III 1.3.a.

[66] *In Ps* 44,2a (M. 335,14-336,2). Der Abschnitt 336,3f. ist mit einer bei Chrysostomus überlieferten Stelle (PG 55, 183,36/39) identisch. Inhaltlich paßt er zu
beiden Autoren; vielleicht spricht der Terminus 'Qualität' eher für Didymus.

[67] G. 331,10/26; *Joh* 6,35 cf. Bas., *Hom.Ps.* 44,3 (PG 29, 393B); zu *Joh* 6,55;
Gen 2,9 und *Joh* 15,1 gibt es keine Parallelen.

[68] *Hom.Ps.* 44,3 (PG 29, 393B).

[69] G. 331,23/25: εἰ γὰρ ὁ σοφὸς ἃ ἔχει ἐν τῇ καρδίᾳ καὶ ἃ ἐτράφη, ταῦτα προφέρει
παιδεύων, [...]; cf. *ibid.* 26; grundsätzlich stellt für Didymus die Bibel eine θεία
παίδευσις dar, s. Bienert, *Allegoria* 111 (mit Stellennachweisen), davon ausgehend
ist dann jeder, der sie auslegt und verkündet, Pädagoge.

die durch die eucharistische Speise Genährten, die einfachen Menschen, die in demselben Glauben wie mit einer Stimme Psalmen anstimmen.[70]

Mit Vers 2b bekenne der Sänger oder Sprecher sein Tun dem König und Richter, 2c zeige, daß er seine Zunge als Werkzeug für den Logos zur Verfügung stelle, damit dieser dadurch in die Herzen bzw. Seelen der Menschen schreibe, und zwar mit Worten, die die aus menschlicher Erfindung stammenden Worte durch die gottgesandte und gottgegebene Rede aus dem Geist des Evangeliums überböten. Im Katenenfragment illustriert er das durch das im NT auf das Reich Gottes bezogene Gleichnis vom Senfkorn, das alle anderen Gartenkräuter an Größe übertreffe: Letztere stellten die vergänglichen Worte aus menschlicher Vernunft und Weisheit dar.[71]

Die Fragmente gehen im folgenden auf den Sprecher nicht mehr eigens ein; aber insofern Didymus immer wieder Interpretationen auf den gerechten Menschen anbietet,[72] die sich nicht nur auf die sprechende 'Person' beziehen, und das häufig genug mit Anspielungen auf das Lehren und Erziehen präzisiert, bleibt er gegenwärtig, auch wenn er erst im letzten Vers nochmals das Wort ergreift. Obwohl nur Fragmente überliefert sind, gibt es zahlreiche Hinweise, denen zufolge der Sprecher des Psalms zum Vorbild und zur Identifikationsfigur derer, die, genährt durch das Fleisch Christi, den Psalm lesend und betend nachsprechen, wird.[73]

2.2.2 Christologische Argumentation zwischen Anti-Arianismus und Anti-Apollinarismus[74]

a) Terminologie

In den *Psalmenfragmenten* dominiert der Titel 'Christus', im zweiten Teil auch 'König', während im *Tura-Kommentar* nur 'Retter',

---

[70] *In PsT* 44,2 (G. 331,20/22), cf. *In PsT* 41,1 (G. 296,1/4); Rondeau II 228.
[71] *In PsT* 44,2 (G. 331,27-332,3); *In Ps* 44,2c (M. 336,5/10).
[72] S.u. III 2.2.2 (zur Christologie).
[73] S.a. Bienert, *Allegoria* 71-74.
[74] Zur Christologie des Didymus s. Grillmeier I 529-533; A. Gesché, L'âme humaine de Jésus dans la christologie du IVe s. Le témoignage du *commentaire sur les Psaumes* découvert à Toura, in: RHE 54 (1959) 385-425; ders., La christologie; A. Le Boulluec, Controverses au sujet de la doctrine d'Origène sur l'âme du Christ, in: Orig. IV (Innsbruck 1987) 223-237.

'(Gott) Logos' und 'Sohn' begegnen, Titel, die auch in den Katenenfragmenten vorkommen.[75] Eindeutig für die Gottheit Christi verwendet Didymus '(Gott) Logos' und '(eingeborener) Sohn (Gottes)'. An einer Stelle spricht er von den 'Worten Jesu' bzw. im *Tura-Kommentar* in eucharistischem Zusammenhang vom 'Fleisch Jesu'[76], im zweiten Teil der Katenenfragmente außerdem von 'Herr', 'Bräutigam'.[77]

Wo er nicht den ganzen Christus im Blick hat,[78] stellt er, mit antiarianischem und antiapollinaristischem Affekt, vor allem seine Menschheit heraus.[79] Nur selten kommt dabei 'Fleisch' vor.[80] Didymus bevorzugt 'Mensch', meist in Verbindung mit Präpositionen und Vergleichspartikeln, das Abstraktum 'Menschheit' vermeidet er;[81] häufig spricht er von 'Menschwerdung' (ἐνανθρώπησις) bzw. im *Tura-Kommentar* auch von οἰκονομία oder συγκατάβασις.[82] Er unterscheidet nicht nach φύσεις.[83] Auffällig im Vergleich zu den Antiochener Autoren ist die Dominanz des Logos-Titels.

b) Gesalbt als Mensch

Katenenfragmente zu *Ps* 44,7 sind nicht erhalten,[84] das Stück zu Vers 8 ist kurz und präsentiert nur eine Deutungsalternative, obwohl die Einleitung ('Wenn dieses auf den eingeborenen Sohn bezogen ist . . .') zumindest nahelegt, daß auch ein anderes Verständnis möglich wäre: Didymus interpretiert 8a hier wie

---

[75] '(Eingeborener) Sohn Gottes' und 'Logos Gottes', 1; 2c; 8 (M. 335,11; 336,8; 338,13); 'Retter', 4; 5 (*passim*).

[76] *In Ps* 44,3bc (M. 336,11); 2a (G. 331,14).

[77] *Passim*.

[78] Charakteristisch dafür die Formulierung zu 2a: Er sagt nicht 'Zeugung des Logos', sondern 'Zeugung des Retters', G. 332,21.

[79] Cf. die Ergebnisse der umfassenden Untersuchungen zum *Tura-Kommentar* von Gesché, La christologie 57-67.

[80] *In Ps* 44,4 (M. *passim*), aber ergänzt durch 'gemäß dem Menschen' bzw. erläutert durch *Joh* 1,14; im Turakommentar nur G. 328,15f.

[81] Cf. Gesché, La christologie 72f., insgesamt 72-80.

[82] *In Ps* 44,4; 8 (M. 337,3f.; 338,16); *In PsT* 44,1 (327,24; 328,2.19); 4 (G. 338,5), cf. Gesché, La christologie 222-231.

[83] Gesché, La christologie 80.

[84] Es gibt lediglich eine Einzelauslegung zu *Sach* 6,12-15, *In Zach* II 66 (SCh 84, 460, L. Doutreleau, 1962), wo er im Rahmen einer längeren Erörterung zu den verschiedenen Bedeutungen von θρόνος *Ps* 44,7 mit *Spr* 20,8 und *Ps* 28,10 als Beleg für die Allherrschaft, die 'Thron' bezeichne, zitiert.

Athanasius[85] auf den 'eingeborenen Sohn Gottes', der die vor seinem Kommen herrschende Ungerechtigkeit haßte und die aus seinem Kommen erwachsende Gerechtigkeit liebte, der deshalb, durch
das Wohlwollen des Vaters, Mensch geworden und mit Heiligem
Geist gesalbt worden sei.[86] Offensichtlich unterscheidet er zwischen
Inkarnation und Salbung, wobei letztere auf Christi besondere Sendung, den Sieg der Gerechtigkeit über das Unrecht, zu beziehen
sein dürfte.[87] Die *participatio* wird in dem kurzen Fragment nur indirekt thematisiert: Christus liebte die aus seinem Kommen erwachsende Gerechtigkeit aus Glauben.[88] Der Gedankengang läßt sich
mit Hilfe eines leider sehr lückenhaften Stücks zu *Koh* 9,8b ergänzen, in dem Didymus die Salbung erläutert: Dort hebt er auf den
Unterschied zwischen dem Gesalbten Christus und seinen 'Teilhabern' (*Hebr* 3,14) ab: Er wurde gesalbt, nicht um etwas für sich
zu erlangen, sondern um die Salben zu segnen, wie er getauft wurde, um den Menschen die Taufe zu ermöglichen.[89]

Explizit definiert er die Teilhabe mithin als Zugehörigkeit durch
Glauben und Taufe. Was damit impliziert ist, erhellt aus dem Duktus seiner gesamten Interpretation.[90]

Eine Alternative deutet er in einer Anspielung zu Vers 3c im
Tura-Kommentar an. Sie weist erneut auf die latente Auseinandersetzung mit dem Arianismus hin, der sich auf das 'deshalb' in 3c oder
8b berief, um den Logos unterzuordnen. Hier schreibt er die entsprechenden Verse, 3c wie auch 8bc, dem Menschen zu, weil Gott,
der selbst Segen sei, nicht gesegnet werden könne. 'Grund' für den
Segen und die Salbung sei die Tugend des dergestalt Ausgezeichne-
ten einerseits, die Aufgabe, die er als Priester zu übernehmen habe,
andererseits.[91] In diesem Sinn, und z.T. etwas pointierter, deutet

---

[85] S. *Ar.* I 49-50.

[86] *In Ps* 44,8 (M. 338,13/17): Εἰ δὲ εἴη πρὸς τὸν μονογενῆ υἱὸν τοῦ θεοῦ ταῦτα, ὁ
υἱὸς τοῦ θεοῦ μισήσας τὴν πρὸ τῆς ἐπιδημίας αὐτοῦ πολιτευομένην ἀνομίαν, ἀγαπήσας
δὲ τὴν ἐκ τῆς παρουσίας αὐτοῦ φυομένην ἐκ πίστεως δικαιοσύνην ἐπιδέδωκεν ἑαυτὸν
εὐδοκίᾳ πατρικῇ ἄνθρωπος γενέσθαι καὶ χρισθῆναι ἐλαίῳ ἀγαλλιάσεως τουτέστιν τῷ
ἁγίῳ πνεύματι.

[87] Cf. Le Boulluec 226f.

[88] Cf. die Auswertung zum Thema bei Gesché, La christologie 370-372.

[89] *In EcclT* 9,8 (V 273,1/18, Gronewald 1979).

[90] S.u. III 2.2.3.

[91] *In Ps* 44,3c (G. 337,3/9): [...] τὸ ἐπ' αἰτίᾳ δὲ κεχρῖσθαι δηλοῖ σπουδαῖον εἶναι
τὸν κεχρισμένον [...]. Das Katenenfragment deutet hingegen wieder soteriologisch: Die Worte Jesu, die durch 'Lippen' bezeichnet würden, vermittelten Gnade
und Segen, s. *In Ps* 44,3 (M. 336,11/18).

er auch in einigen Einzelauslegungen: Im *Zach-Kommentar* stellt
Didymus die 'Seele Jesu' in den Mittelpunkt, die, Gerechtigkeit liebend und Unrecht hassend, frei von aller Sünde blieb.[92] Die Auslegung setzt voraus, daß die Seele Christi den Sieg über die bösen
Mächte und damit die Salbung erst verdienen mußte. Möglicherweise nimmt Didymus hier die Origenische Lehre von der Präexistenz der Seele Christi auf und interpretiert das Verdienst wie
Origenes als unbedingte Treue dieser einen Seele zum Logos, die
so die Rückkehr für die gefallenen Seelen ermöglicht. Im *Psalmenkommentar* finden sich Hinweise auf eine solche Lehre.[93] Aus dem
Kontext der erhaltenen Einzelauslegungen geht allerdings nichts
dergleichen hervor.[94] Sein Anliegen—ein vertieftes Verständnis
der menschlichen Seele Jesu und seiner menschlichen Entscheidungsfreiheit—bleibt von der Diskussion um dieses Problem unberührt und äußert sich z.B. darin, daß Didymus den Terminus σπου-
δαῖος sowohl für das vorbildhafte Leben Christi als auch für das der
tugendhaften Christusnachfolger verwendet:[95] Gegen Apollinaris
und apollinaristische Tendenzen verteidigt er das volle und reale
Menschsein Christi.[96] Geht man davon aus, daß sein Kommentar
wahrscheinlich für eine größere Öffentlichkeit bestimmt war,[97] ist
diese Akzentuierung des Christusbilds bemerkenswert. Sie spiegelt
sich auch in der christologischen Argumentation zu den anderen
Versen.

c) Logos und Fleisch, Christus und die Christen

Didymus kennt zwei Deutungsvarianten zu Vers 4: Die Hüfte
bezeichne (als Euphemismus[98] oder Metonymie) die Zeugungs-
organe und damit (tropologisch) die Leidenschaften, die durch das

---

[92] *In Zach.* I 177-178 (SCh 83, 286).

[93] Cf. Le Boulluec 225-227, mit Berufung auf *In PsT* 21,16c; das von B.
Kramer edierte Protokoll aus den Tura-Funden, in: ZPE 32 (1978) 210-211, Z. 12;
cf. Gesché, La christologie 201; 358-363 u.ö.; Grillmeier I 532.

[94] Cf. auch die von Origenes deutlich unterschiedene Deutung zu *Jes* 7,15 und
8,4; Le Boulluec 226f.

[95] S.a. *In PsT* 22,5 (G. II 64,9/12): Dort ist von irgendeinem Unterschied
zwischen dem Gesalbten in *Ps* 44,8 und den Gesalbten in *Ps* 104,15 und *Hab* 3,13
nicht die Rede.

[96] *In PsT* 44,3 (G. 337,3/7); *In Ps* 44,1 (M. 335,9); Grillmeier I 530-532;
Gesché, La christologie 77f.; Rondeau II 271-274.

[97] Cf. Doutreleau, in: SCh 83, 23-30; 41-74; Bienert, *Allegoria* 23.

[98] Cf. *In Ps* 34,2 (G. III 206,4): εὐφήμως καὶ εὐσχημόνως.

'Schwert', das 'schneidende Wort', herausgeschnitten würden.[99]
Das gilt aber bei Didymus nicht 'nur' für die Menschen, die sich um
Tugend mühen, sondern zuerst für den Menschen Christus, der
Retter auch insofern ist, als er den Typus bestmöglicher Lebensführung darstellt[100] und sich durch Tugend und Sündlosigkeit als
Mensch vor allen Menschen an Schönheit auszeichnet.[101] Alternativ deutet er die Metaphern allegorisch und interpretiert den
Vers als Bitte um die Inkarnation: Das Schwert stehe für das Wort,
die Hüfte für das Fleisch.[102] In diesem Fall bestimmt er die Schönheit als Glanz der Gottheit, der durch den Menschen hindurch sichtbar wird.[103] Beide Deutungsebenen, die metaphorische und die
allegorische, begegnen auch im *Tura-Kommentar*, dort mehr inein-
andergeschoben und mit weiteren allegorisch interpretierten
Schriftstellen, für die es keine Parallelen in der Tradition gibt, ange-
reichert.[104]

Zu Vers 5 überschneiden sich die Linien: Der angesprochene
Christus herrsche aufgrund der Vollkommenheit seiner Tugend
und ermögliche so die Erkenntnis der Wahrheit sowie die Ausbreitung von 'Milde und Gerechtigkeit'.[105] Das gilt in erster Linie
für den Gottessohn, der die Wahrheit selbst ist. Aber weil er Mensch
wird, wird er Vorbild für die Christen, die ihrerseits zu dieser Herrschaft beitragen, indem sie sich am Weg des Retters orientieren: Die
Formulierungen ließen sich z.T. bruchlos auf die Christen übertragen.[106] 5c kann er so, wieder ausdrücklich differenzierend, auf die
Christen beziehen, die durch den Retter geführt werden, oder auf

---

[99] In Ps 44,4 (M. 337,1/9) cf. (G. 337,28-338,3).

[100] Ibid. (M. 337,3f.): ὁ σωτὴρ οὖν κατὰ τὸν ἄνθρωπον τύπον ἀρίστης πολιτείας καταβαλλόμενος.

[101] Ibid. (M. 337,5f.): ὡραιότητα ἔχων καὶ κάλλος διὰ τὴν προσοῦσαν ἐν ἀναμαρτησίᾳ ἀρετήν, cf. *In PsT* 44,4 (G. 338,6f.); cf. Gesché, La christologie 138-148; 200-213.

[102] Cf. Basilius, *Hom. Ps.* 44,5; Origenes bei Hieronymus, *In Ps* 89,12, s.u. III 3.1.2.b.

[103] In Ps 44,4 (M. 337,9/13); (G. 338,8f.)., cf. *In PsT* 34,2 (G. III 206,1/7), mit den gleichen Parallelen aus der Schrift; Gesché, La christologie 65, s.a. 98-100.

[104] G. 337,10-338,12 mit Hld 7,2 u.a.

[105] M. 337,14/20.

[106] M. 337,16f.18/20: ἡ δὲ αἰτία τοῦ βασιλεῦσαί σε τελειότης ἀρετῆς ἐστιν οὐκ ἐν πράξει μόνῃ ἀλλὰ καὶ γνώσει. Cf. Bienert, *Allegoria* 154: γνῶσις τῆς ἀληθείας oder θεωρία. Nicht nur Verstehen, sondern Ausdruck für das neue Sein des Christen in seiner Vollkommenheit, also mit ethischen Konsequenzen.

Christus, der aus sich selbst, durch seine Rechte, insofern er Gott ist, 'paradoxe Machttaten' vollbringt.[107]

Christologisch scheint Didymus also weitgehend auf zwei Ebenen argumentiert zu haben. Ob er dazu eine theoretische Begründung lieferte, bleibt angesichts des fragmentarischen Zustands der Texte offen. Die beiden Ebenen fallen nicht einfachhin mit Gottheit und Menschheit zusammen, sondern beziehen sich zum einen auf den Gottessohn, der Mensch geworden ist, zum anderen auf ihn, insofern er Mensch und damit Vorbild für die Menschen ist.

d) Im Schnittpunkt: Christi Worte

An einigen charakteristischen Stellen fallen beide Ebenen zusammen: Didymus deutet *Ps* 44,3b auf die Worte Jesu, des Menschen: In Verbindung mir *Joël* 2,27[108] und *Röm* 5,5[109] bezeugten sie die Fülle des Heiligen Geistes und der göttlichen Liebe, die durch den Inkarnierten den Menschen vermittelt werde und die die Hörenden zum Staunen (mit *Lk* 4,22)[110] und zur Liebe veranlasse oder zwinge.[111] Diesen Gedanken faltet er zu Vers 6 weiter aus: Die 'Pfeile' seien die Worte des Mächtigen, Christus, auf die hin die Apostel ihm sofort und bedingungslos nachfolgten[112] und die die Völker, die ehedem der Sünde des Aberglaubens anhingen, unterwarfen.[113] Im Kommentar zu *Sach* 9,13f.[114] formuliert er schärfer: Sie werden von Christus selbst, nicht nur von seinen Worten getroffen[115] und entbrennen in göttlicher Liebe.

In den Worten Christi prallen also göttliches und menschliches Sein direkt aufeinander, so daß eine christologische Differenzierung unmöglich wird. Der Mensch Jesus Christus spricht Worte Gottes,

---

[107] *Ibid.* M. 337,21/24; *In Zach.* III 194 (SCh 84, 233,27-234,8): Dort entfaltet er das Voranschreiten auf die Strafe für die Gegner hin (als zweiten Weg zu siegen, neben dem Erwecken der Liebe, s.u.): παραδόξως πλήττοντα τοὺς πληττομένους.
[108] Cf. Chrysostomus, *Exp.Ps.* 44,3.
[109] S. *In Ps* 34,4 (G. III 206,14f.): dieselben Stellen, dort mit *Hld* 1,3 u.a.
[110] *In PsT* 44,3b (G. 336,19/22).
[111] *In Ps* 44,3 (M. 336,11/18).
[112] Diodor verknüpfte diesen Gedanken mit *Ps* 44,3b: S.u. S. 259f.
[113] *In Ps* 44,6 (M. 338,1/12); der zweite Gedanke wird im ekklesiologischen Teil aufgenommen, wenn von der Kirche aus den Heiden und der geschichtlichen Entwicklung Heiden—Israel—Kirche die Rede ist: 11; 12-14 (M. 340,7; 341,6/9).
[114] *In Zach.* III 189 (SCh 84, 232,21/26); cf. *In PsT* 37,3 (G. IV 260,30/33); *In Ps* 126,4 (M. II 306,1/3).
[115] Cf. *In Zach.* III 190 (SCh 84, 232,27-233,3).

die eine über einfache menschliche Worte hinausgehende Wirkung entfalten, indem sich die Christus nachfolgenden Menschen die Worte der Schrift, des Evangeliums zueigen machen und so indirekt am Erlösungswerk mitwirken.[116] Für die konkrete Umsetzung dieser Wirkung auf die Menschen dient das irdische Leben Jesu Christi als Vorbild, und vor diesem Hintergrund wiederum kann die Deutung auf den Menschen Jesus mit der Deutung auf die Christus nachfolgenden Menschen zusammenfallen.[117]

2.2.3 Der Rahmen: 'Theologie'

Konsequent verknüpft Didymus den christologischen mit dem ekklesiologischen Teil des Psalms:
  – Das Gewand in Vers 9b sei königlich und priesterlich zu verstehen, die Düfte auf seinen Tod (Myrrhe), dessen soteriologische Relevanz für uns (Myrrhenöl) und das 'Feurige' (διάπυρον) seines Wortes zu deuten. Mithin könne man das Gewand auch auf das, was zu Recht über ihn 'theologisiert' werde, interpretieren.[118] Die Allegorese des Gewands geht so fließend in die der 'elfenbeinernen Häuser' über, welche ihrerseits die 'erhabenen Theologien', große 'Häuser der Betrachtungen über Gott', darstellten.[119]
  – Die Herrlichkeit der im folgenden besungenen Kirche oder Seele—Didymus kennt beide Deutungsvarianten und unterscheidet nicht immer eigens—manifestiere sich in ihren λογισμοί, ihren vernünftigen oder worthaften Gedanken. Diese seien—weil 'Gold' die intelligible *Ousia* bedeute[120]—in die Rede und Lehre über das Intelligible, über die Trinität, über Christus gekleidet, welche mit den Tugenden verwebt sei.[121]
  – Die Söhne der Kirche in Vers 17 werden dadurch charakterisiert, daß sie das Wort des Evangeliums verkünden und als 'Statthalter' des Königs selbst die Völker lehren (cf. *Mt* 28,19).[122]

---

[116] Die Gnade steht hier nicht zur Debatte!

[117] Cf. *In PsT* 20,1 (G. I 3,4/8), Rondeau II 228, zur *imitatio* II 271-273.

[118] *In Ps* 44,9 (M. 339, 1/9): [...] Χριστοῦ οὖν ἱμάτια τὰ εὐλόγως περὶ αὐτοῦ θεολογούμενά ἐστιν.[...].

[119] *In Ps* 44,9/10 (M. 339,13/17).

[120] Er behauptet, das andernorts nachgewiesen zu haben, M. 341,14f.

[121] *In Ps* 44,14 (M. 341,10/18): Didymus liest nicht ἔσωθεν innen, sondern den Eigennamen Ἐσεβών, den er mit λογισμοί übersetzt (10/11); die Interpretation *In Zach.* V 137: Tugenden und δόγματα τῆς εὐσέβειας (SCh 85, 396,3/5), ist statischer.

[122] *In Ps* 44,17 (M. 342,18-343,2).

– Daran fügt sich schließlich der in 18 besungene Lobpreis des Namens durch die Völker in alle Ewigkeit, gegründet auf der fortschreitenden Ausdehnung der Königsherrschaft Christi, wie sie im ersten Teil angemahnt worden war.[123] Insofern als die Herrschaft sich dadurch ausbreitet, daß sie von jedem einzelnen mehr und mehr Besitz ergreift, was sich in einer zunehmenden Vervollkommnung des entsprechenden Lebens in Nachahmung des menschlichen Lebens Christi realisiert, knüpft der Ausblick dieses letzten Verses an dem zur Überschrift entwickelten Ziel an: der Verwandlung zur besten aller Qualitäten.

Im *Turakommentar* diskutiert Didymus die Begriffe der Überschrift schulmäßig: ἀλλοίωσις definiert er als Verwandlung der Qualität (ποιότης) nach, im Unterschied zu Verwandlungen dem Werden, Vergehen und Wachsen nach (κατὰ γένεσιν, φθοράν, αὔξεσιν), also beispielsweise ein Wandel der Tugend, des Wissens, der Weisheit. In Verbindung mit τέλος, dem letzten aller Dinge, sei eine unüberbietbare Vervollkommnung derer, die hinsichtlich der Tugend fortschritten,[124] angezielt.[125] Vor dem Hintergrund dieser Definitionen lehnt er eine Deutung auf die Verwandlung des seelischen in einen geistigen Leib ab, weil diese einen völligen Umschlag (ἀλλαγή)—von Vergänglichkeit zur Unvergänglichkeit—impliziere.[126] Ermöglicht werde diese Vervollkommnung durch eine selige, göttliche, übernatürliche Wandlung 'aus der Rechten des Höchsten', wie er mit *Ps* 76,11 erläutert: Mit Hilfe von Bildern aus dem Neuen Testament deutet er die 'Wandlung' auf die Inkarnation[127]: Der reich ist, wurde für uns arm, um uns reich zu machen (*2 Kor* 8,9); der Segen ist, wurde für uns zum Fluch, um uns Segen zu gewähren (*Gal* 3,13-14); der Gerechtigkeit ist, wurde für

---

[123] *In Ps* 44,18 (M. 343,3/9).

[124] Cf. Bienert, *Allegoria* 129f.: προκοπή meint im stoischen Verständnis den geistig-sittlichen Werdeprozeß des Menschen mit dem Ziel vollkommener Tugend.

[125] *In PsT* 44,1 (G. 326,5-327,10); *In PsT* 33,1 (G. III 184,31-185,29), dazu die ausführliche Analyse von Gesché, La christologie 231-266.

[126] *Ibid.* G. 328,23-330,23. *In Ps* 44,1 (M. 335,6/8) scheint dem nur auf den ersten Blick zu widersprechen, wenn von der besten Qualität die Rede ist, der entsprechend die Menschen als unvergänglich und unsterblich erwiesen würden: Möglicherweise hat der Katenist einen oder mehrere Schritte dazwischen—von der Vollkommenheit der Tugend, die Voraussetzung für die Vergöttlichung und damit für die Unsterblichkeit auch des Leibes ist—übersprungen.

[127] Entgegen der Tradition, mit Ausnahme von Origenes, *In Ps* 76,11 (PG 12, 1540B); Eusebius, *In Ps* 44,1 (PG 23, 392B) und einem Fragment bei Cyrill von Alexandrien, *In Ps* 76,11 (PG 69, 1192AB), cf. Gesché, La christologie 252-260.

uns zur Sünde, damit wir Gottes Gerechtigkeit würden (*2 Kor* 5,21).[128] Er kann das mit seinem oben definierten Begriff der 'Wandlung' vereinbaren, weil diese Veränderungen nicht das Gottsein an sich tangieren: Als Gott bleibe Christus unveränderlich und immer derselbe, er verwandle sich nur hinsichtlich der *Oikonomia* oder *Enanthropesis*, indem er etwas Neues und Sichtbares hinzunehme.[129] Das Gleiche gilt für den Menschen, der durch das durch Christus ermöglichte Voranschreiten seine 'Qualität' ändert, nicht seine 'Substanz', und zwar auch, wenn er das Ziel erreicht hat, Gott zu werden, 'wie jene, an die das Wort Gottes ergangen ist' (*Joh* 10,35):[130] Wie er Fleisch wird und doch Gott bleibt, werden wir Götter, wenn unsere Qualität als Menschen nicht mehr gesteigert werden kann.[131]

Damit ist der Rahmen für die bemerkenswert geschlossene Gesamtinterpretation, soweit man bei den den Fragmenten von einer solchen sprechen kann, gesteckt: Der an sich unveränderliche, vom Vater gezeugte ewige Logos Gottes ermöglicht durch seine 'Wandlung' in der Menschwerdung den Wandel der Menschen 'der Qualität nach', also eine Vervollkommnung, deren konkrete Gestalt durch das menschliche Leben des Logos und seine Worte, die die Gnade des Geistes vermitteln, vorgegeben ist. Insofern diese Wandlung idealiter immer mehr Menschen erfaßt, die ihrerseits durch ihr Leben und ihre seinem Wort gemäße Lehre diesen Prozeß vorantreiben, kann der Ort dieser Wandlung, die Kirche, sich ausbreiten, räumlich und ideell, durch ihre Macht und Herrlichkeit und in den ihr zugehörigen 'Seelen' den Namen dessen, der das alles ermöglicht, forttragen in alle Ewigkeit.[132]

---

[128] In *PsT* 44,1 (G. 327,14/18; 328,7/10 u.ö.); cf. In *PsT* 34,2 (G. III 205,8/12): 'Gerechtigkeit', nicht 'Gerechte', obwohl wir eigentlich nur Teilhaber sind!— Didymus zitiert *Gal* 3,13f. und *2 Kor* 5,21 auch in diesem Zusammenhang, wo es ebenfalls um die Inkarnation geht. Das zeigt, wie grundsätzlich er das Thema im Kommentar zum 44. *Psalm* anpackt.

[129] *Ibid.* G. 327,11-328,23: v.a. 327,22f.: ἡ δεξιὰ τοῦ ὑψίστου ἄτρεπτος καὶ ἀναλλοίωτός ἐστιν. ἀεὶ κατὰ τὰ αὐτὰ καὶ ὡσαύτως ἔχει, 328,17/19: 'αὕτη' οὖν 'ἡ ἀλλοίωσις' κατ' ἀμφότερα, καὶ ἤτοι ἣν ἡμεῖς ἠλλοιώθημεν ἢ ἣν αὐτὸς ἡμῶν ἕνεκα ὑπέστη, οὐ τραπείς, οὐκ ἀλλοιωθεὶς κατὰ τὴν θεότητα, ἀλλὰ κατὰ τὴν οἰκονομίαν, κατὰ τὴν ἐνανθρώπησιν.

[130] In *Ps* 44,1 (G. 328,15/17).

[131] Cf. Bienert, *Allegoria* 146f.; zum Ziel des Fortschritts, s.a. Simonetti, Didymiana, in: VetChr 21 (1984) 129-155, 146-151 (im Vergleich zu Gregor von Nyssa).

[132] In *PsT* 44,1 (G. 331,4/6): Er vergleicht das Lied, das dem Geliebten gesungen wird, der Ursache aller Verwandlung ist, mit dem Siegeslied, das für den Feldherrn gesungen wird, auch wenn zahllose Soldaten beim Sieg mitwirkten.

Diese Dynamik des Verstehens wird in dem Exkurs zu *Ps* 61,12 theoretisch grundgelegt. Im Zentrum steht der Logos als Sohn und Wort Gottes, das für die Menschen nicht einfach verständlich sein kann. Konsequent deutet Didymus den Psalm auf zwei Ebenen, die einer komplex angelegten christologischen Unterscheidung entsprechen. Um sich dem einen göttlichen Wort wenigstens anzunähern, ist, so lehrt Didymus in actu, zunächst ein sorgfältiges Bedenken der menschlichen Konnotationen erforderlich, parallel auf christologischer Ebene der Nachvollzug seines menschlichen Lebens, die *imitatio*, um auf diesem Weg alle körperlichen Vorstellungen mehr und mehr zu transzendieren und zum Intelligiblen vorzustoßen.

Didymus steht mit seiner Logostheologie grundsätzlich in Origenischer Tradition, hat aber unter dem Einfluß der späteren theologischen Kontroversen wesentliche Züge modifiziert.[133] Er versucht in seiner christologischen Argumentation zum 44. *Psalm*, den theologischen Herausforderungen durch Arianismus und Neuarianismus gerecht zu werden, indem er Rechenschaft über seine Sprachkonzeption ablegt und konsequent die metaphorische Sprache als solche auf mehreren Ebenen interpretiert. Darüberhinaus bemüht er sich, gegen die apollinaristische Christologie die Einheit Jesu Christi und sein Menschsein in diese Konzeption zu integrieren: Als menschgewordener Logos Gottes begegnet er den Menschen, wie das Schriftwort, auf mehreren Verstehensebenen, als Vorbild der Tugend oder Mensch, der in seinem Tun, vor allem aber in seinen Worten völlig transparent für das Göttliche ist. In Christi Worten sieht Didymus auch alle weiteren Aspekte der Heilsgeschichte verdichtet: die Ausbreitung des Evangeliums, die Kirche und ihre 'Theologie', die Nachfolge der einzelnen Seelen, die sich, Menschen bleibend, dem göttlichen Logos anverwandeln. In diese umfassende Konzeption fügt sich die individuelle Deutung von *Ps* 44,2a: Im Hören auf die Worte Christi, in der Nachfolge, nimmt das Wort von der jeweiligen Seele Besitz, so daß sie ihrerseits im Geist sprechen kann.

---

[133] Das genauer herauszuarbeiten, wäre ein dringendes Desiderat.

2.3 Diodor von Tarsus
Göttliche Wirkmacht in der Geschichte Jesu Christi

Erhalten sind Fragmente in indirekter sowie ein vollständiger Text in direkter Überlieferung,[134] wobei die Verfasserfrage nicht unumstritten ist.[135] Der Herausgeber J.-M. Olivier und M.-J. Rondeau plädieren auf der Grundlage der Forschungen von L. Mariès mit guten Gründen für Diodor.[136] Der Kommentar ist vor 378, den Amtsantritt Diodors als Bischof von Tarsus, möglicherweise vor 372, sein Exil, zu datieren,[137] er wurde bereits von Theodor von Mopsuestia benutzt.[138]

Laut Prolog will Diodor 'verständiges Beten' (*Ps* 46,8b) lehren.[139] Die Psalmen entfalteten ihre heilende Wirkung und Nützlichkeit dann besonders, wenn die Beter in entsprechenden Situationen (πράγματα) stünden.[140] Um das zu erreichen, müssen diese Situationen und ihre Bedeutung für das Verhältnis zu Gott klar herausgearbeitet werden. Zu untersuchen sind also Diodor zufolge zunächst der Wortlaut der Hl. Schrift (λέξις, ἱστορία) und in einem zweiten Schritt seine grundlegende Relevanz für die Geschichte

---

[134] Coisl. gr. 275: *Ps* 1-50, in: CChr.SG 6, J.-M. Olivier, 1980; Fragmente: PG 33, 1587-1628.

[135] In den Handschriften werden Diodor oder Anastasius genannt, cf. Rondeau I 93-102; Olivier, Introduction, in: CChr.SG 6, XI-LXXII.

[136] L. Mariès, Le commentaire de Diodore de Tarse sur les Psaumes. Examen sommaire et classement provisoire des éléments de la tradition manuscrite, Paris 1924 (s.a. ROC 24 (1924) 58-189); Etudes préliminaires à l'édition du commentaire de Diodore de Tarse sur les Psaumes, Paris 1933, sowie zahlreiche Aufsätze; Olivier, Introduction LXXIII-CVIII; Rondeau, aaO.—gegen M. Richard, Ἀπὸ φωνῆς, in: Byz. 20 (1950) 219-222; R. Devreesse, Les anciens commentateurs 302-311, u.ö. (er plädiert für eine Kompilation aus verschiedenen Autoren). Schäublin 17f. ist zurückhaltend. Argumentationen gegen Diodor aufgrund des verbreiteten Bilds vom 'Vater des Nestorianismus'—z.B. M. Jugie, A propos du *commentaire des Psaumes* attribué à Diodore de Tarse, in: Echos d'Orient 33 (1934) 190-193—sind problematisch; cf. dazu den wichtigen Aufsatz von M.-J. Rondeau, Le *commentaire des Psaumes* de Diodore de Tarse et l'exégèse antique du *Ps* 109/10, in: RHR 176 (1969) 5-33; 153-188; 177 (1970) 5-33: Sie zeigt die Ansätze einer Einheitschristologie und ihren Zusammenhang im Werk Diodors auf. Dies. II 275-312, zu den messianischen Psalmen.

[137] Zur Biographie cf. C. Schäublin, Diodor von Tarsus, in: TRE 8 (1981) 763-767, 763f.

[138] Rondeau I 102.

[139] *Prol.* (CChr.SG 6, 4,33/42); cf. Mariès, Etudes préliminaires 147f.; Rondeau I 100-102; J.R. Pouchet, Les rapports de Basile de Césarée avec Diodore de Tarse, in: BLE 87 (1986) 243-272, 248.

[140] Z.B. bei Dankpsalmen (CChr.SG 6, 3,14-4,32).

zwischen Gott und Menschen (ἀναγωγή, θεωρία).[141] In diesem historischen Rahmen erklärt er die Prophetie: David könne sich auf Vergangenheit, Gegenwart und Zukunft beziehen.[142] *Ps* 44 stellt für Diodor und Theodor von Mopsuestia wie die *Psalmen* 2; 8; 109 eine direkte Prophetie auf Christus und die Kirche dar. Sie verteidigen eine solche auf dem Literalsinn beruhende messianische Deutung gegen eine jüdische Interpretation auf Salomo.[143] Vor diesem Hintergrund ist zu fragen, wie Diodor den Psalm für das 'verständige Beten' näherhin bestimmt.

2.3.1 Exegetisches Instrumentarium und hermeneutische Prämissen

a) Die wissenschaftlichen Methoden Theodors und Diodors

Exegetisch-terminologisch und methodisch ähneln sich die beiden Kommentare in vielem. Deshalb sollen die formalen Fragen in einem Abschnitt kurz dargestellt werden.[144] Der Psalm wird als ποίημα τοῦ ψαλμοῦ oder ἐγκώμιον[145] mit Hilfe literarischer, poetischer, rhetorischer Instrumente analysiert. Dementsprechend finden sich zahlreiche Bemerkungen und Beurteilungen zur Stilistik und Folgerichtigkeit des Textes[146] und zur Klarheit oder zu uneigentlichen, bildlichen Redeweisen.[147] Hebräische Stileigenarten werden be-

---

[141] S.o. III 1.1.c Anm. 69.

[142] CChr.SG 6, 5,89-6,104.

[143] Dazu Rondeau II 281-299.

[144] Die exegetischen Methoden der beiden Theologen sind weitgehend aufgearbeitet. Wichtig Schäublin; Olivier, Introduction XCIII-CIII; R. Devreesse, Essai sur Théodore de Mopsueste, Rom 1948, 53-78; R.A. Greer, Theodore of Mopsuestia. Exegete and Theologian, London 1961, 98-102 u.ö.; R. Bultmann, Die Exegese des Theodor von Mopsuestia, ed. H. Feld—K.H. Schelkle, Stuttgart u.a. 1984. Wie Diodor bedient er sich der traditionellen grammatisch-rhetorischen Instrumentarien. S.a. Rondeau I 104-106.

[145] *Com.Ps.* 44,2b.c (CChr.SG 6, 269,33f. 41), cf. Theodor, *Com.Ps.* 44 (Devreesse 277,14f.), im folgenden mit D. abgekürzt.

[146] Z.B. καλῶς, Diodor, *Com.Ps.* 44,3a; 9a; 11b; 14a; 17a (CChr.SG 6, 269,43; 273,133; 274,164; 275,192; 277,239); ἀκολουθία, 6 (271,91); ähnlich Theodor: zu 8c; 9a; 10ab; 12b u.ö. (D. 290,6. 14; 292,1; 293,28), dazu Schäublin 145.

[147] Z.B. αἰνίττειν, ὑπαινίττειν, Diodor zu 9a.b; 16b; 14a (CChr.SG 6, 273,130. 139; 276,224; 275,200); ἐκ μεταφορᾶς, 4a; 6; 10bc (270,69; 271,96f.; 273,149); Theodor zu 4a; 13a (D. 284,6f.; 294, 3/5), σαφέστερον ποιῶν, Diodor zu 13a (275,182); κυριώτερον, 8bc (272,126); σύμβολον, Theodor zu 7b (D. 288,23); εἰκών, Theodor zu 6 (D. 286,11f.).—Die häufigsten Einleitungsformeln sind ἀντὶ τοῦ, βούλεται γὰρ εἰπεῖν ὅτι, φησίν, λέγειν, καλεῖν σημαίνειν, u.ä. bei Diodor *passim*; ähnlich, allerdings mit erheblich mehr Variationen Theodor. Cf. die Urteile über

nannt,[148] grammatische Analysen vorausgesetzt.[149] Selbstverständlich ist auch die prosopologische Analyse: Sprecher sei der Prophet David,[150] der sich in *Ps* 44,3-10 an Christus, in 11-17 an die Kirche wende. Diodor impliziert, daß David als Autor sozusagen dramatisch gestaltet, indem er bestimmte Personen und Gruppen 'einführt'.[151] Theodor erörtert in einem langen Exkurs, daß es einen Wechsel der Person innerhalb eines Psalms nicht gebe, erklärt eingeschobene wörtliche Reden als Ethopoiien[152] und bringt damit das von Diodor vorausgesetzte σχηματίζειν durch den Propheten auf den Punkt: Es spreche allein der Prophet bzw. der Geist durch ihn, und er wende sich an verschiedene Adressaten.

Diodor argumentiert auf weite Strecken paraphrasierend.[153] Er übernimmt häufig die Perspektive des Propheten[154] und überträgt die ursprünglich dominante Zukunftsperspektive meist in die Gegenwart, schafft aber durch die allgegenwärtigen Einleitungs- und Erläuterungsformeln sowie seine Kurzkommentare in der dritten Person wieder Distanz.[155] Theodor bevorzugt ausführlichere Erklärungen. Bei ihm finden sich Schriftstellen-Konkordanzen,[156] während Diodor nur wenige Zitate einführt.[157] Anstelle einer Ar-

---

die Plazierung bestimmter Verse, Diodor, *Com.Ps.* 44,6 (271,90/94): Die Stellung von Vers 6b verursache eine ἀσάφεια, ähnlich Theodor, z.St. (D. 286,6/8) unter Verweis auf das Metrum.

[148] Z.B. das 'deswegen' in 3c und 8a (CChr.SG 6, 270,54; 272,114f.), das keine kausale Verbindung herstelle und überflüssig sei.

[149] Das Futur in ἀλλοιωθησομένους zeige, daß dieser Psalm für die, die sich in späteren Zeiten zum Besseren wandelten, gesprochen sei, Diodor, *Com.Ps.* 44,1 (CChr.SG 6, 268,4/7).

[150] Diodor, *Com.Ps.* 44,1 (CChr.SG 6, 269,23f); 2; 11a (274,160).

[151] S. εἰσάγειν, *Com.Ps.* 44,8bc; 16b (CChr.SG 6, 272,125; 277,232); cf. Rondeau II 276-281; u.U. Zusammenhang mit Mönchschören, cf. Diodor, *Com.Ps.* 23,7-10 (142,72/81), s. Rondeau II 280 mit weiteren Belegen aus dem Coisl. 275.

[152] *Com.Ps.* 44,2b (D. 280-282).

[153] Zu 5; 7; 11-12; Theodor zu 3a; 4a; 5c u.ö. (D. 283,10f.; 284,6; 285,24/27).

[154] 'Ich' rede zu 'dir', v.a. 2; 3b; 4-7; 11-12.

[155] Direkte Anreden an die Adressaten fehlen.

[156] Zu 2b ἔργον, (D. 279,9/16); 7b θρόνος, εὐθύτης (289,2/11).

[157] Er verwendet sie, um Erläuterungen, die über den Wortlaut hinausgehen, zu belegen oder zu ergänzen, nicht um die Bedeutung einzelner Begriffe zu umkreisen und zu erarbeiten. Zu 9a: Inwiefern Myrrhe als Mittel zur Mumifizierung bedeutsam ist, zeigt er mit *Apg* 2,31; zu 3c: Die Umdeutung des 'deswegen' unter Berufung auf eine hebräische Besonderheit ergänzt er durch *Joh* 20,17; zu 5c: Die Verknüpfung von 'Macht' und 'Unterwerfung' illustriert er mit *Phil* 3,21; zu 10bc: Die aus dem Text nicht unmittelbar hervorgehende Deutung der Buntheit auf die Charismen der Kirche illustriert er mit *1 Kor* 12,8-10; zu 16b: Seine Theorie, daß mit den Jungfrauen auch Männer gemeint seien, sieht er durch *Ps* 1,1, wo nur der

gumentation aus der Schrift berufen sich beide häufiger auf Vergleiche zu dem, was allgemein bekannt und üblich ist.[158]

Diodor bleibt so eng als möglich am Text. Um Begriffe oder Bilder zu erklären, greift er gewöhnlich auf den unmittelbaren Kontext zurück: So erklärt er δεξία in *Ps* 44,5c durch die 'Macht',[159] die er zu 4a eingeführt hat, und konkretisiert sie durch Unterwerfung, ein Begriffsfeld, das die Deutung bis 7b dominiert und in 6 grundgelegt ist. Den Stab (ῥάβδος) in *Ps* 44,7b expliziert er von der in 7a genannten Königsherrschaft her; schon 5ab interpretiert er darauf hin. Einige Termini lassen sich aus der Auslegungstradition herleiten: So kommt δόξα in *Jes* 53,2-3 vor, der Stelle, die traditionell 3a gegenübergestellt wird;[160] die Pfeile in *Ps* 44,6 werden üblicherweise (auch vor dem Hintergrund von 3b) mit Worten assoziiert.[161] Stellt man die Begriffe zusammen, die häufiger vorkommen, finden sie sich meist in zusammenhängenden Versen, während beispielsweise bei Basilius Schlüsselbegriffe über die ganze Deutung hin verteilt sind.[162]

Bei Diodor gehören Wortlaut und Bedeutung, φωνή und διάνοια, eng zusammen, wie prinzipiell auch bei Basilius.[163] Aber die hermeneutischen Prämissen differieren. Basilius trennt schärfer zwischen λέξις und der letztlich gültigen διάνοια: Diese ist aus den verschiedenen Konnotationen der polysemen Begriffe unter Berücksichtigung der gesamten Schrift zu erarbeiten und kann sich schließlich von der mit dem Wortlaut zuerst assoziierten Bedeutung unterscheiden,[164] während Diodor soweit als möglich im Rahmen dieser Grundbedeutung und des unmittelbaren historischen Kontexts bleibt.

'Mann' selig gepriesen wird, obwohl die Frauen nicht ausgeschlossen seien, bestätigt.

[158] Zu 9a: Myrrhe, um Tote zu mumifizieren (CChr.SG 6, 273,131; D. 290,18f.); 10bc: Darstellungen der Königsherrschaft durch sitzende Könige und einige Frauen darum (273,147/149; D. 291,24-292,1); 9b: mit Elfenbein verbindet man besondere Kostbarkeit und deshalb besonderen Glanz (273,137f.; D. 291,8/10); 13a: Die Frauen von Tyrus gelten als besonders reich (275,177; D. 294,6/8).

[159] *Com.Ps.* 44,5 (CChr.SG 6, 271,85).

[160] *Com.Ps.* 44,3a (CChr.SG 6, 269,43); cf. Irenäus, *Haer.* III 19,2, sowie die Auslegungen von Apollinaris, Didymus, Theodor, Basilius, Chrysostomus, Theodoret, Hieronymus z.St.

[161] *Com.Ps.* 44,6 (CChr.SG 6, 271,94/96).

[162] S.u. III 3.1.

[163] S.u. III 3.1.1.

[164] Cf. auch Didymus, s.o.

b) Die besondere Bedeutung der Worte Christi

Einige Begriffserklärungen erhellen die Grundtendenzen der Deutung Diodors: Er erläutert Vers 3b, ausgehend von den genannten 'Lippen', durch die 'Überzeugungskraft (πείθω) der Lehre' Christi, die sich selbst in den wenigen Worten manifestiere, auf die hin ihm Schüler gefolgt seien,[165] und in dem 'Übermaß an Weisheit'. Die meisten Ausleger assoziieren hier *Lk* 4,22.[166] Bei Lukas markiert die Szene 4,16-28 (Jesus liest in Nazaret aus *Jes* 61,1-2) den Beginn des öffentlichen Auftretens Jesu. Ihr folgen einige Wunderheilungen und erst danach die Berufung der ersten Jünger, eingebettet in das Fischfangwunder (5,1-11). *Mk* und *Mt* hingegen beginnen ihren Bericht über seine öffentliche Wirksamkeit nach jeweils knappen Hinweisen auf die Umkehrpredigt mit der Berufung der ersten Jünger (*Mt* 4,18-21; *Mk* 1,16-20);[167] erst danach folgen Wunderberichte u.ä. *Lk* stellt Jesu Anspruch, die alttestamentlichen Verheißungen zu erfüllen, an den Beginn und beschreibt seine Wirkung: Staunen und Zorn. Bei *Mk* und *Mt* folgen die Jünger auf seine ersten wenigen Worte hin bedingungslos nach. Diodor, der die vorliegende Prophetie auf Christus chronologisch interpretiert,[168] scheint von der letztgenannten Tradition auszugehen.[169] Er interpretiert mithin die Herrlichkeit Christi zunächst von den Worten Jesu her, nicht von seinen Wundertaten. Berücksichtigt man, daß πείθω ein Begriff mit Konnotationen aus der Rhetorik ist,[170] wird deutlich, welch gewaltige Wirkung Diodor dem Wort zuschreibt und wie eng er die Nachfolge daran bindet.

Die Prophetie beginnt also mit den ersten öffentlichen Auftritten Jesu und der Sammlung der ersten Jünger, aus der später die Kirche wird. Im Unterschied zu Origenes und den Alexandrinern stellt

---

[165] Die Formulierung ἐξ ἄκρων χειλέων (Chr.SG 6, 269,48f.) begegnet auch im *Prolog* (4,41f.), dort in Gegenüberstellung zu βάθος τῆς διανοίας: wörtlich 'aus dem Äußersten der Lippen'. Im Zusammenhang mit der Nachfolge der Jünger ist eine Deutung auf die wenigen Worte Jesu plausibel.

[166] *Com.Ps.* 44,3 (CChr.SG 6, 269,47/50), cf. mit *Lk* 4,22: Basilius, *Hom.Ps.* 44,5; Apollinaris, *In Ps* 44,3ab; Didymus, *In PsT* 44,3 (G. 336,21f.); Hieronymus, *Ep.* 65,9; z.T. in Verbindung mit *Lk* 4,18.

[167] Cf. Hieronymus, *Ep.* 65,8 (zu *Ps* 44,3); Chrysostomus, *Exp.Ps.* 44,3ab. Beide Traditionen beginnen beim ersten öffentlichen Auftreten Jesu.

[168] S.u. S. 266f.

[169] Cf. Rondeau, *Le commentaire passim*, die einen souveränen Umgang mit den theologischen und exegetischen Traditionen bestätigt.

[170] Cf. Lausberg 257.

Diodor das gesprochene oder geschriebene Wort in seinem historischen Umfeld mitsamt den ersten und naheliegenden, weltimma-
nenten Konnotationen in den Mittelpunkt. *Logos* mit all seinen
philosophischen Implikationen begegnet kaum als Titel für den Eingeborenen, sondern in seinem unmittelbaren sprachlichen und
historischen Kontext. Das demonstriert er in praxi an seiner exegetischen Methode, die diesen Kontext zu rekonstruieren sucht,
und christologisch-theologisch an den Worten Jesu Christi und
ihren unmittelbaren Auswirkungen.[171]

Vers 4a deutet Diodor als Metapher vom Feldherrn, der die
'Macht hat, die Ungehorsamen zu strafen'.[172] Die Tradition asso-
ziiert hier, sofern sie nicht sofort allegorisch deutet,[173] *Hebr* 4,12
(Gottes Wort sei schärfer als jedes zweischneidige Schwert) sowie
Offb 19,15 (das scharfe Schwert aus dem Mund des Wortes
Gottes).[174] Beide Stellen verbinden mit dem 'Schwert' eine
richtende bzw. strafende Funktion: *Offb* 19,11-21 stellt die sog. erste
eschatologische Schlacht, *Hebr* 4,12 das Wort als 'Richter über die
Gesinnungen und Gedanken des Herzens' dar. Die jeweiligen Formulierungen lassen sich freilich bei Diodor nur schwer nachweisen.[175] Die Deutung von 4a auf einen Feldherrn (στρατηγός) ist
nicht zwingend: Weder von Heeren noch von Krieg als solchem ist
im Kontext die Rede. Von daher scheint *Offb* 19 als Hintergrund für
die Metapherndeutung—ohne daß das eigens reflektiert würde—
am plausibelsten: Dem 'Feldherrn' korrespondieren die στρα-
τεύματα aus *Offb* 19,14 u.ö.; das 'Schwert aus dem Mund' heißt
ῥομφαία; um die Hüfte (μηρός) des Wortes Gottes ist sein Name
gegürtet, *Offb* 19,16; Thema der Perikope ist die Bestrafung feind-
licher Könige u.a., die den falschen Propheten folgten.[176] Indem
Diodor die zu Bestrafenden im Kommentar unabhängig von den
genannten möglichen Referenzstellen ἀπειθοῦντες nennt, nimmt er
seine Interpretation von 3b auf die Überzeugungskraft der Lehre

---

[171] S.u. zu den Christustiteln und zum Christusbild.
[172] CChr.SG 6, 270,68f.: δύναμις ἕτοιμος εἰς τιμωρίαν ἐπὶ τοῦς ἀπειθοῦντας.
[173] Origenes, *Com.Matth.ser.* 32; Basilius, *Hom.Ps.* 44,5.
[174] Basilius, *Hom.Ps.* 44,5; Eusebius, *In Ps* 44,4; Hieronymus, *In Zach.* II
(9,13). S.a. *Offb* 2,12. Cf. Tertullian, *Marc.* III 14,2f.; *Iud.* 9,18.
[175] Ebensowenig übrigens Formulierungen aus der in der Edition angegebenen
Parallele *2 Kor* 10,6 (καὶ ἐν ἑτοίμῳ ἔχοντες ἐκδικῆσαι πᾶσαν παρακοήν, ὅταν
πληρωθῇ ὑμῶν ἡ ὑπακοή).
[176] Cf. dagegen Basilius, *Hom.Ps.* 44,5: Er konzentriert sich auf *Hebr* 4,12 und
eine anthropologische Deutung, die Abtrennung der Leidenschaften.

(πείθω, πιθανότης) wieder auf, die er mit der Nachfolgeauffor-
derung assoziierte.[177]

In der paraphrasierenden Wiedergabe von 12a ersetzt er κάλλος
durch εὐπρέπεια, gebraucht also nicht einen der Begriffe, mit denen
er die Schönheit Christi zu Vers 3-4 umschrieb, sondern bevorzugt
einen durch die Herleitung von πρέπειν stärker ethisch geprägten
Terminus, um die Schönheit der Kirche, die aus den Christus
Nachfolgenden besteht, zu umschreiben.[178]

2.3.2 Christologie[179]

a) Der Einfluß der dogmatischen Auseinandersetzungen

Diodor bezeichnet das 'deshalb' in *Ps* 44,3c (und 8b) als ἰδίωμα
ἑβραϊκόν, als Füllwort, das sich nicht in die logische Struktur der
griechischen Sprache einfüge,[180] und dreht die logische Folge um:
Der Angesprochene werde gesegnet, um herrlicher als alle Menschen und überzeugend (πιθανός) durch Tugend zu sein.[181] Veranlaßt durch die von ihm verwendete Textrezension,[182] die—wie in
Vers 8b—nach ὁ θεός ein ὁ θεός σου einfügt, verbindet Diodor
damit einen kurzen christologischen Einschub, der Anliegen der
arianischen Kontroverse aufnimmt. Der menschgewordene Sohn
nenne den Vater 'seinen Gott', wie er es laut *Joh* 20,17 selbst als
Auferstandener noch getan habe: 'Seinen Vater' nenne er ihn κατὰ
φύσιν, 'seinen Gott' κατὰ τὴν οἰκονομίαν τῆς ἐνανθρωπήσεως.[183]
Die Bezeichnung 'mein Gott' ist für die arianische Argumentation
einer der zentralen Schriftbeweise für die Geschöpflichkeit und

---

[177] Cf. *Com.Ps.* 44,4 (CChr.SG 6, 270,67f.): ὡραιότης καὶ πιθανότης λόγων.
[178] *Ibid.* 44,12a (CChr.SG 6, 274,170f.).
[179] F.A. Sullivan, The Christology of Theodore of Mopsuestia, Rom 1956,
181-196; R.A. Greer, The Antiochene Christology of Diodore of Tarsus, in: JThS
17 (1966) 327-341, beide in Auseinandersetzung mit Thesen A. Grillmeiers, der
sowohl ein *Logos-Sarx-* als auch ein *Logos-Anthropos-*Modell bei Diodor nachweisen
will und Diodor vor dem Vorwurf einer Trennungs-Christologie in Schutz nimmt,
s. zuletzt Grillmeier I 506-515. Die unterschiedlichen Thesen hängen auch mit der
Bewertung der Authentizität des *Psalmenkommentars* zusammen, der, wie Rondeau,
Le commentaire *passim*, gezeigt hat, von einer Einheits-Christologie geprägt ist.
[180] S.o Anm. 148; Olivier XCVII.
[181] *Com.Ps.* 44,3c (CChr.SG 6, 270,54/57).
[182] Olivier XCIV-XCVI verweist auf die Lukianische. Da von ihr nichts erhalten ist, ist eine Berufung darauf problematisch, cf. H.C. Brennecke, Lucian von
Antiochien, in: TRE 21 (1991) 474-479, 477f.
[183] CChr.SG 6, 270,57/63.

Unterordnung des Sohnes.[184] Auch Basilius und Chrysostomus
greifen die Diskussion an dieser Stelle auf, argumentieren allerdings
auf der Grundlage jeweils anderer Schriftbelege.[185] Vor allem die
Tatsache, daß unabhängig voneinander mit verschiedenen Argumenten ähnliche Themen angegangen wurden, zeigt, wie drängend
die durch den Arianismus aufgeworfenen Probleme waren. Das Bemühen, eine arianische Inanspruchnahme des Psalms zum frühest-
möglichen Zeitpunkt, nicht erst im Zusammenhang mit dem umstrittenen Vers 8, zu entkräften, ist offenkundig.

Zu Vers 5b[186] stellt er ἀληθινῶς und ἐπιπλάστως, also wahrhafte
und 'erkünstelte' Wahrheit, Gerechtigkeit, Milde, gegeneinander
und spielt damit auf den Konflikt um das Geschaffensein des Sohnes
an:[187] Insofern dieser 'wahrhaft' Wahrheit, Gerechtigkeit und
Milde ist, kann er nicht geschaffen sein. Bereits in der Einleitung
thematisiert Diodor—in Opposition zur jüdischen Deutung—das
traditionelle Anliegen aus 7a: Nur zu Christus könne gesagt werden, daß er Gott sei und in Ewigkeit herrsche;[188] dementsprechend
kurz faßt er sich zur Stelle selbst.[189] Die Formulierungen ὕψιστος
ὑπάρχων, βασιλεύων διηνεκῶς sind zu unpräzise, um sie konkret in
einer bestimmten Kontroverse zu verankern; sie gelten gegenüber
arianischen wie judaisierenden Deutungen. Die christologische Differenzierung zu Vers 7f. entspricht der gegen den Arianismus entwickelten: 7 beziehe sich auf die *physis*, 8 auf die *Oikonomia*.[190] Sie
wird konstatiert, aber ohne polemischen Impetus. Nachweisbar ist
also ein antiarianischer Kontext sowie die Absetzung von jüdischen
Deutungen.[191]

Bemerkenswert ist, wie Diodor aus der *Oikonomia* der Menschwerdung die Berechtigung ableitet, Christus als Mensch zu loben.[192]

---

[184] Cf. zur arianischen Deutung II 2.1.b; Marcell in der ps-athanasianischen
Schrift *De inc. et c.Ar.* unterscheidet ähnlich wie Diodor (PG 26, 996B-997A); cf.
Gregor von Nyssa; Gregor von Nazianz u.a.m.; Van Parys 171-179. Hilarius,
Trin. XI 14-16, bezieht den ganzen Vers auf den Menschgewordenen.

[185] S.u. III 3.

[186] Basilius erörtert z.St. den Verdienstgedanken, s.u. III 3.1.

[187] CChr.SG 6, 271,81f.

[188] *Com.Ps.* 44,1 (CChr.SG 6, 268,11/16).

[189] CChr.SG 6, 272,103/105.

[190] CChr.SG 6, 272,121/125.

[191] Cf. auch die anderen christologischen Psalmdeutungen, bes. *Com.Ps.* 2,8
(CChr.SG 6, 15,86f.) gegen Arius; *Com.Ps.* 109 *arg.* (Rondeau, Le commentaire
9f.).

[192] *Com.Ps.* 44,1 (CChr.SG 6, 268,18-269,23): Εἰ δὲ ἀνθρώπινα λέγει τὰ πλεῖστα

Darin spiegelt sich einerseits Opposition gegen die Vorstellung, Christus sei bloßer Mensch gewesen,[193] andererseits gegen eine apollinaristische Abwertung des rein Menschlichen. Offenkundig wird aber auch die Bedeutung der Sprache für die Kontroverse: Er scheint sich gegen den Vorwurf zu wehren, daß, wenn Christus als Mensch, z.B. am Kreuz oder bei seinem öffentlichen Auftreten, gelobt und gepriesen werde, diese Art der Doxologie von der Verherrlichung Gottes zu unterscheiden sei und daß der derart Gelobte nicht dem höchsten Gott gleich sein könne. Die Tatsache, daß die Gottesanrufungen selbst zur Diskussion stehen, verweist auf ein späteres Stadium der Streitigkeiten, in dem vor allem auf der Ebene der Sprache argumentiert wird, wie bei Eunomius und seinen Gegnern.[194]

b) Terminologie

In den Titeln und Namen dominiert eine Einheits-Christologie:[195] Diodor nennt v.a. 'Christus',[196] 'Herrscher'[197] und 'Herr'[198]; ausserdem begegnen 'Sohn Gottes'[199], 'Herr Jesus'[200] und, motiviert durch den Psalmtext, 'König'[201] und 'Bräutigam'[202]. Zumeist spricht er paraphrasierend den besungenen Christus direkt an, außer in den dogmatisch reflektierenden Passagen zu Vers 3c und 8 oder bei Erläuterungen zu bestimmten Begriffen.

Wenn es um Christus als Gott und Mensch geht, vermeidet der Kommentator parallel gebaute Aussagen. Er stellt gegenüber: υἱὸς τοῦ θεοῦ, θεός, φύσις τοῦ θεοῦ, βασιλεὺς εἰς τοὺς αἰῶνας, δεσπότης und τὰ ἀνθρώπινα, ὡς ἄνθρωπος, ἐνανθρώπησις, ἐνανθρωπῆσθαι, οἰκονομία, υἱὸς Δαυείδ, συγκατάβασις.[203] *Physis* verwendet er nicht

---

ἐπ' αὐτοῦ, οὐδὲν θαυμαστόν, ἐπείπερ αὐτὸς ἐνανθρωπήσας καὶ τὸ ὡς ἄνθρωπος ἐπαινεῖσθαι κατεδέξατο. Εἰ γὰρ τὸ παθεῖν ὡς ἄνθρωπος κατεδέξατο, πολλῷ πλέον καὶ τὸ ἐπαινεῖσθαι ὡς ἄνθρωπος, οὐδὲν εἰς τὴν φύσιν παραβλαπτόμενος.

193 CCh.SG 6, 268,17f.; cf. dazu *Com.Ps. 109 arg.* (Rondeau I 9f.).
194 S.o. III 1.3.
195 Dazu Rondeau, Le commentaire I 5; 12.
196 *Com.Ps.* 44,1; 4a; 9b (CChr.SG 6, 268,16; 270,66; 273,140).
197 *Ibid.* 44,12b; 13a (CChr.SG 6, 274,173; 275,178).
198 *Ibid.* 44,3c; 18a (CChr.SG 6, 270,59; 277,249).
199 *Ibid.* 44,1 (CChr.SG 6, 268,7).
200 *Ibid.* (CChr.SG 6, 268,8).
201 *Ibid.* 44,12a (CChr.SG 6, 274,171).
202 *Ibid.* 44,13a.b; 14a (CChr.SG 6, 275,181.189.194).
203 *Ibid.* 44,1; 3c; 8bc; 12b; 18a (CChr.SG 6, 268,15-269,23; 270,57/63; 272,122/125; 274,173f.; 277,249f.).

parallel für Gottheit und Menschheit, ebensowenig stellt er θεός und ἄνθρωπος nebeneinander.

c) Christusbild: Ineinandergreifen von göttlichen und menschlichen Charakteristika

In dem Christusbild, das Diodor entlang der Bilder und Metaphern zeichnet, vermischen sich verschiedene Tendenzen. Zunächst sollen die Umschreibungen für Christi Menschsein, dann die für seine Gottheit aufgezeigt werden.

– Unter der Voraussetzung, daß Gott nicht mit den Menschen zu vergleichen sei,[204] bezieht er die in Vers 3 genannte Schönheit auf seine menschliche δόξα, die keinem anderen Menschen zuteil werden könne. Davon, daß seine Herrlichkeit mit seiner Gottheit zu tun haben könnte, ist nicht die Rede. Christus ist als Mensch schöner als alle anderen Menschen.[205] Zu 3b rühmt Diodor die Tugenden Christi als Mensch, seine 'Überzeugungskraft' und das 'Übermaß an Weisheit', und charakterisiert dadurch die Schönheit näher.[206]

– Die Übersetzung von Vers 5a im Sinn von 'strenge dich an'[207] ergibt auf die Gottheit bezogen keinen Sinn. Ebensowenig sind Formulierungen wie 'dir wird geradegemacht' (zu 5b)[208] mit der göttlichen Macht vereinbar. Zu Vers 5c stehen 'Geführtwerden' durch die 'Macht' und die implizite Deutung der Macht auf die Gottheit in einer gewissen Spannung, insofern als Diodor zwischen dem angesprochenen 'Du', das geführt wird, und 'deiner Macht' logisch differenziert.[209]

– Eindeutig ist seine Interpretation von Vers 8: 8a, den Haß auf das Schlechte und die 'Beschaffenheit' (σχέσις) zum Guten, definiert er als ἐπιδεύματα, Lebensweisen oder Bestrebungen, die dem Gesalbten zukämen, mithin dem Menschgewordenen.[210] Weil er

---

[204] *Ibid.* 44,3a (CChr.SG 6, 269,43/45); cf. Basilius, *Hom.Ps.* 44,3; Chrysostomus, *Exp.Ps.* 44,3; Eunomius, *Apol.* 9.

[205] Cf. *Com.Ps. 2 arg.*; 8,2b (CChr.SG 6, 12,6; 45,63f.).

[206] Cf. zu Vers 4; s.o. III 2.3.1.b.

[207] CChr.SG 6, 270,76f.: Τὸ 'ἔντεινον' ἀντὶ τοῦ ἰσχυροποιοῦ καὶ ἐπίτεινον, μὴ ἐνδῶς.

[208] CChr.SG 6, 270,77: πάντα γάρ σοι ἔσται εὐθέα πρὸς τὸ βασιλεύειν.

[209] CChr.SG 6, 271,84f.

[210] CChr.SG 6, 272,110f.116f.124f.

das 'deshalb' als Hebraismus auffaßt,[211] wird ein mögliches Ver-
dienst nicht zum Problem. Die Myrrhe in 9a verweise auf den
Tod Christi.[212] Im Kommentar zu Vers 18a nennt er ihn 'Sohn
Davids'.

Dagegen läßt sich die Deutung zu *Ps* 44,4a: die 'Macht, die zur
Strafe der Ungehorsamen bereit ist', nur von der Gottheit und der
Vorstellung des Weltenrichters her erklären,[213] ebenso die Feststellung, daß Christus 'wahrhaft' milde und gerecht sei, nicht ἐπιπλάστως, 'erkünstelt'.[214] 7a wird in der Einleitung und z. St.
eindeutig interpretiert: Er ist der Höchste und ewig König. Der
'höchste Thron' wird wiederaufgenommen, als es um die 'Braut zur
Rechten' geht: Das Sitzen bezeichnet gegenüber dem Stehen die
ontologische Differenz.[215]

Die genannten Belege sind keineswegs immer eindeutig. Wichtigstes Argument für Diodors Einheits-Konzeption ist die direkte
Anrede, die in der paraphrasierenden Interpretation konsequent
übernommen und so unterschiedslos für Christus als Gott und als
Mensch verwandt wird. Auf dieser Folie verlieren manche Unklarheiten oder Distinktionen an Schärfe. Darüber hinaus ist es bezeichnend, wie Bilder und Epitheta ineinander greifen:

– Die 'Macht' aus Vers 4a wird verrätselt durch die sehr
menschliche Metapher vom Feldherrn.[216] Wo es um die Königsherrschaft und die Unterwerfung aller geht, mischen sich die Perspektiven: An die Aufforderung, sich anzustrengen, schließt sich
unmittelbar die Verheißung der Königsherrschaft an;[217] die Trennung von 'deiner Macht' und direkter Anrede in 5c[218] hebt sich in
dem angefügten Zitat *Phil* 3,21 in eine einheitliche Perspektive auf.

– Die Wirkung der Worte (3b), die in der Unterwerfung aller
gipfelt (6), läßt sich nicht mehr nur vom menschlichen Leben Jesu
her erklären.

– Nach dem Tod Christi erstehen ihm 'glänzende Kirchen'.[219]

---

[211] S.o. Anm. 148.
[212] CChr.SG 6, 273,131/133; cf. zu Vers 1 (269,21/23): Annahme des Leidens.
[213] *Com. Ps.* 44,4a (CChr.SG 6, 270,68f.), s.o. S. 260f. s.a. zu 5c (CChr.SG 6,
271,85).
[214] *Ibid.* 44,5b (CChr.SG 6, 271,80/82), s.o. S. 262.
[215] *Ibid.* 44,10bc (CChr.SG 6, 273,150f.).
[216] *Ibid.* 44,4a (CChr.SG 6, 270,69/71), s.o. S. 260f.
[217] *Ibid.* 44,5a (CChr.SG 6, 270,76f.).
[218] *Ibid.* 44,5c (CChr.SG 6, 271,84/87).
[219] *Ibid.* 44,9b (CChr.SG 6, 273,139/141).

Die Ehren des Bräutigams werden, nach der Deutung zu Vers 13, auf die Braut übertragen, so daß es nur 'eine Ehre' ist;[220] andererseits ist die Verbindung nur vom göttlichen Subjekt und seiner Gnade bzw. Menschenliebe her zu denken.[221]

– Vom Tod Christi (zu *Ps* 44,9a) geht die Darstellung bis 12a nahtlos über zur Auferstehung, das Sitzen auf dem höchsten Thron und die Charakterisierung als δεσπότης, die im Kommentar zu 18a eindeutig als göttliches Prädikat definiert wird.

Eben das bietet den Schlüssel, mit dessen Hilfe die übrigen Aussagen klarer werden: Angesprochenes Subjekt des Psalms ist für Diodor der menschgewordene und der als Mensch verherrlichte Jesus Christus. Differenzierungen einer christologischen Ontologie greifen in dieser heilsgeschichtlichen Gesamtschau kaum. Von daher ist es nicht verwunderlich, daß die christologische Reflexion in der dritten Person geschieht, herausgenommen aus dem Duktus der Prophetie, die sich direkt an den verheißenen Gesalbten richtet und dem der Kommentator sich anpaßt. Erst am Schluß, Vers 18a kommentierend, spricht er ihn als Gott und Herrscher, der sich nicht für unwürdig hielt, Sohn Davids gerufen zu werden, an[222] und hält damit gleichsam Rückschau auf das Heilswerk Jesu Christi, wie es in großen Zügen in der Interpretation des Psalms nachvollzogen wurde:

Diodor zufolge beginnt die Prophetie (zu 3a) mit der Jüngerberufung; sie verheißt den Segen Gottes über Christi Sendung, stellt seine Macht und sein Wirken auf dem Weg zur Unterwerfung der Völker, mit 'ontologischem' Einschub in 7-8, dar, sodann folgen Tod, Auferstehung, Sitzen auf dem Thron und die Entstehung der Kirche; schließlich mündet sie ein in den Lobpreis des Propheten (18a) und der Völker (18bc), die auf immer seinen 'Abstieg' preisen und ihm danken, wobei auch die Formulierung εὐχαριστοῦσαι[223] nicht zufällig sein dürfte. Rückschlüsse auf bestimmte christologische Schemata[224] sind auf dieser Basis problematisch.

Um die These zu verifizieren, daß es sich mehr um eine Prophetie auf den menschgewordenen Gottessohn und erhöhten Christus

---

[220] CChr.SG 6, 275,181f.188/190.
[221] *Ibid.* 44,13 (CChr.SG 6, 275,189f.).
[222] CChr.SG 6, 277,249f.
[223] CChr.SG 6, 278,256.
[224] Zur Diskussion s.o. Anm. 179.

unter heilsgeschichtlicher Perspektive handelt, denn um eine vertiefte Reflexion auf das Wesen Jesu Christi und seine Bedeutung für die Menschen, soll die Stellung der Menschen und der Kirche in seiner Auslegung noch kurz analysiert werden.

2.3.3 Christus als Mensch und die Menschen

a) Die Funktion der Menschen für das Christusbild

Die Menschen haben im Kommentar Diodors keine eigenständige Rolle, dergestalt daß beispielsweise ihr Verhältnis zu Christus konsequent entwickelt würde, wie das in den Auslegungen des Basilius oder auch Augustinus der Fall ist.[225] Sie bilden in der Auslegung zu Vers 3a den Vergleichshintergrund für die Herrlichkeit Christi: Keiner der Menschen habe eine solche je erlangt.[226] In der Deutung zu 3b und, aus der umgekehrten Perspektive, zu 4a (s.o.) klingt der Nachfolge-Gedanke in Bezug auf die ersten Jünger an; er wird aber nicht näher ausgeführt oder für die Leser und Psalmbeter umgesetzt. Zu *Ps* 44,3-7 werden die Menschen als zu Unterwerfende dargestellt. Hinweise auf eine persönliche Adaptation dessen, was über Christus gesagt wird, auf die einzelnen fehlen, ebenso Hinweise auf seine Vorbildfunktion.

Die 'Teilhaber' in 8c werden im ersten Anlauf von den alttestamentlichen Salbungen zu Prophetie, Priestertum und Königsherrschaft her gedeutet,[227] im zweiten vom Begriff der χάρις her: Gemeint seien im eigentlichen Sinn die Apostel und die nach ihnen, die an Christi Gnade teilhatten.[228] Unklar bleibt, ob Diodor den Kreis dieser Teilhaber einengt auf das Charisma des Apostolats oder ihn weiter faßt und allgemein die Bekehrten, Getauften, Wiedergeborenen meint. Zu Vers 17ab, der auf die Apostel zu deuten sei, führt er zuerst die Taufe an, spricht dann aber von 'Priestern und Archonten'; die 'Jungfrauen' (16b) bezieht er ebenfalls auf den kirchlichen Stand.

Diodor stellt damit nicht grundsätzliche anthropologische oder soteriologische Erwägungen in den Mittelpunkt, wie z.B. Basilius

---

[225] S.u. III 3.1; Augustinus, *En. Ps.* 44 *passim*.
[226] CChr.SG 6, 269,44f.
[227] CChr.SG 6, 272,119f.
[228] CChr.SG 6, 272,126f.

oder Didymus. Die Menschen stehen im Kommentar in Relation zu
Christus: An ihnen wird seine Wirkmacht demonstriert, indem er
während seines Erdenlebens zur Nachfolge ruft und nach seiner
Verherrlichung die Kirche um sich sammelt.

b) Die Darstellung der Kirche

Der christologische und der ekklesiologische Teil der Auslegung
sind ungefähr gleich umfangreich.[229] Ab *Ps* 44,9b interpretiert
Diodor, chronologisch mit dem christologischen Teil verknüpft,
den Psalm auf die Kirche: Die Salben werden auf Christi Tod und
seine Auferstehung allegorisiert, die 'elfenbeinernen Häuser' auf
die Kirchen, die nach seinem Tod entstanden seien.[230] In der Auslegung Diodors geht es in diesem zweiten Teil um die Kirche, nicht
um die einzelne Seele. Er erwähnt diese zwar, aber nur in der festen
Formel κατὰ ψυχήν, um entsprechend zu den äußeren Vorzügen
die innere Schönheit der Braut Kirche aufzuzeigen.[231]

– Er fügt die Darstellung in das Bild der Königsherrschaft
Christi ein: Seine Interpretation zu Vers 10bc knüpft an die Deutung zu Vers 7a an, wenn sie die Kirche als neben dem 'höchsten
Thron' stehend beschreibt.[232] Die bunten Gewänder in *Ps* 44,10c
meinen nach Diodor die Charismen, illustriert mit *1 Kor* 12,8-10,
wobei er keine Verbindung zu 8c, der Salbung mit Hl. Geist bzw.
Vers 14b, der inneren Schönheit herstellt.

– Er charakterisiert die Kirche aus Heiden und Juden weiterhin
durch die Absage an Gesetz und Götzendienst und, darauf auf-
bauend, durch eine 'Lebensführung in Gnade' (πολιτεία ἐν
χάριτι).[233] Mit den 'glänzenden Häusern' zu Vers 9 und der Unterwerfung der Reichen der Welt zu Vers 13 thematisiert er die
sichtbare Erscheinung und geschichtliche Durchsetzungsfähigkeit
der Kirche, ohne ausdrücklich auf den ersten Teil, zumal die Verse
4-6, Bezug zu nehmen.

– Er verbindet Christus und die Kirche außer durch das Bild der
Königsherrschaft durch die φιλανθρωπία Christi, die im ersten Teil
nicht erwähnt wird.[234]

---

[229] Cf. dagegen Basilius oder Chrysostomus.
[230] *Com.Ps.* 44,9 (CChr.SG 6, 273,139f.).
[231] *Ibid.* 44,14 (CChr.SG 6, 275f.).
[232] CChr.SG 6, 273,147-174,152; cf. 272,103f.
[233] *Com.Ps.* 44,11.
[234] *Ibid.* 44,12b; 13b (CChr.SG 6, 274,174; 275,190).

– Terminologisch sind beide Teile deutlich voneinander unterschieden: 'Herrscher', 'Bräutigam', 'Sohn Davids' oder 'Abstieg', *Synkatabasis*, begegnen nur im zweiten, alle anderen spezifisch christologischen Begriffe nur im ersten Teil. Auffällig ist hingegen seine These, daß der Braut dieselbe Ehre zukomme wie dem Bräutigam.[235] Diodor sieht auch kein Problem darin, daß die Reichen die Kirche verehren,[236] während beispielsweise Basilius genau das sorgfältig vermeidet: Die Reichen verehrten das 'Angesicht der Kirche', und das sei Christus.[237] Der Gedanke, daß die Kirche Christus untergeordnet ist, wird nur angedeutet (im Titel δεσπότης oder im 'Stehen' der Königin neben dem sitzenden Christus), nicht ausgeführt; das ist um so auffälliger, als die Unterordnung im ersten Teil eine so große Rolle spielt. Es fügt sich in das Bild, daß die Kirche in der Darstellung wenig eigenes Profil gewinnt: Diodor kreist einzig und allein um die Wirkmacht Christi, die sich in der Kirche fortsetzt.

Einziger ausdrücklicher Anknüpfungspunkt aus dem ersten Teil ist der Begriff der Gnade: Die 'Teilhaber' in 8c partizipieren an der Gnade; die Absage an Gesetz und Götzendienst, nach *Ps* 44,11b, begründet den neuen Stand in der Gnade. Das Verhältnis zwischen Braut und Bräutigam ist nicht nur νόμος γαμικός, sondern auch νόμος εὐδοκίας καὶ χάριτος, konkretisiert durch Taufe und Wiedergeburt.[238] Um so bemerkenswerter ist es, daß Diodor in der Deutung zu 3b über diesen Begriff hinweggeht. Christus wird als der Herrscher dargestellt, der die Kirche gnädig an seiner Ehre partizipieren läßt. Er ist nicht unmittelbares menschliches Vorbild, dem die Kirche, insofern als sie aus einzelnen Gläubigen oder Christusnachfolgern besteht, sich angleicht. Auch die den Ständen der Jungfräulichkeit und des Priesteramts gewidmeten Abschnitte haben ihre Funktion ausschließlich im Rahmen des Bildes von der Kirche, ohne daß ein ausdrücklicher Bezug zu Christus hergestellt würde.

---

[235] *Ibid.* 44,13a.b (CChr.SG 6, 275,181f. 188/190): Αἱ γὰρ τοῦ νυμφίου τιμαὶ δῆλον ὅτι καὶ εἰς τὴν νύμφην διαβαίνουσιν. [. . .] μίαν εἶναι τὴν τιμὴν τοῦ νυμφίου καὶ τῆς νύμφης διὰ τὴν τοῦ ἑλομένου φιλανθρωπίαν.

[236] *Ibid.* 44,13b.

[237] Bas., *Hom.Ps.* 44,10 (PG 29,409C).

[238] *Com.Ps.* 44,14a (CChr.SG 6, 275,193/197).

2.3.4 Das Christusbild und die Bedeutung der Sprache

Das Christusbild Diodors ist eher distanziert: Er definiert Christi
Schönheit durch die Überzeugungskraft seiner Worte und durch
seine Macht, die Völker zu unterwerfen. Soteriologische Fragen
bleiben im Hintergrund. Christologisch finden sich keine Ansätze
zu der rigorosen Trennungschristologie, wie sie aus den Fragmenten hervorgeht.[239] Die unterschiedlichen Ansätze bezüglich der
Titel, der Anreden, der Ausgestaltung der Bilder und der Begriffserklärungen korrigieren sich im Kommentar zu *Ps* 44 vielmehr
gegenseitig, allerdings ohne daß er zu einer geschlossenen Einheitsschau gelangte. Spannungen bleiben bestehen, ob beabsichtigt oder
nicht, sei dahingestellt. Was den Psalmen singenden Brüdern nahegebracht werden soll, ist eine Art heilsgeschichtlicher Abriß vom
Leben Jesu Christi und seiner Macht, von seiner Menschwerdung
und Verherrlichung,[240] damit auch eine Legitimation des Lob-
preises Christi als Mensch.[241] Diodor setzt das aber nicht paränetisch um.

In engem Zusammenhang mit seiner Bewertung des Menschseins
Christi nimmt der Verfasser die menschliche Sprache und ihre
Bilder sehr ernst: Sie besteht nicht nur aus vergänglichen Zeichen,
die über sich hinausweisen auf den alle Sprache transzendierenden
Gott, sondern sie ist legitimes und durch die Menschwerdung au-
torisiertes Mittel, Gott als Menschen und in menschlichen Bildern
zu loben. Im Vergleich mit der Origenischen *Epinoia*-Lehre gewinnt
diese Hermeneutik an Konturen: Während Origenes die Titel und
Bilder soweit als möglich hierarchisch zu ordnen versuchte und die
'menschlicheren' unter ihnen lediglich als für die *simplices* nützlich
ansah, unterscheidet Diodor im Rahmen der verschiedenen Benennungen nicht. Die Origenische Dynamik zu Gott hin bewegte sich
von Bild zu Bild, von Titel zu Titel immer weiter, um irgendwann
jenseits der Sprache, damit auch jenseits der Geschichte, Gott zu
finden. Diodor verlegt diese Bewegung in die Sprache selbst, die es
immer tiefer zu verstehen gelte, um in ihr und in der Geschichte
Gott zu begegnen. Typisch dafür sind Formulierungen wie ἐκ
τοῦ βάθους τῆς διανοίας.[242] Dementsprechend ist der Mensch

---

[239] S.o. Anm. 179.
[240] Cf. Rondeau, Le commentaire III 8; 31.
[241] S.o. S. 262f.
[242] *Com.Ps.* 44,2 (CChr.SG 6, 269,26f.).

Jesus Christus nicht nur Manifestation der Liebe Gottes für die
Schwachen, sondern maßgebliches Gegenüber für alle Menschen.
Annäherung an Gott geschieht im Versuch, diese menschliche
Existenz mit ihren menschlichen Worten als von Gott gewirkte zu
verstehen. Vor diesem Hintergrund gewinnen die formalen methodischen Fragen der Exegese an Bedeutung: Sie sind das Instrument,
mit dem diese menschliche Seite so genau als möglich eruiert werden kann.

2.4 THEODOR VON MOPSUESTIA
CHRISTUS KÖNIG UND DIE KIRCHE

Der *Psalmenkommentar* Theodors ist zusammenhängend direkt überliefert, allerdings möglicherweise überarbeitet.[243] Er entstand als
eines seiner ersten Werke, zwischen 370 und 380.[244] Dazu existiert
eine lateinische zusammenfassende und überarbeitete Übersetzung,
die zumindest in ihrem Grundbestand Julian von Eclanum zuzuschreiben ist.[245] Wie Diodor deutet Theodor *Ps* 44, ebenso wie *Ps*
2, 8 und 109, als Prophetie auf Christus im historischen Kontext des
Alten Testaments, genauerhin auf Christus, der alle an sich ziehe
durch das Wort seiner Lehre, und die Kirche, die Sammlung der
Gläubigen.[246] Wie Diodor hält er sich annäherungsweise an den
Ablauf der Heilsgeschichte. Hinweise auf eine 'praktische' Anwen-

---

[243] Ed. von R. Devreesse, Rom 1939, im folgenden mit D. abgekürzt; *Com.Ps.*
44, *ibid.* 277-299; auf der Grundlage des Coisl.12; zu Text und Überlieferung, cf.
Devreesse, Essai 28f.; Rondeau I 103.

[244] Rondeau I 103f., s.a. G. Koch, Die Heilsverwirklichung bei Theodor von
Mopsuestia, München 1965, 13.

[245] Die Edition besorgte L. de Coninck, 1977, CChr.SL 88A: Text zu *Ps* 44 *ibid.*
198-203. Zur gesamten *Epitome* cf. de Coninck *ibid.* XXV-XXXVII; Rondeau I
175-188 (mit Überblick über die Forschung). Die Frage, ob die *Epitome* von Julian
selbst stammt, ob es sich um eine Bearbeitung aus dem pelagianischen Umkreis oder
um Auszüge aus der Übersetzung Julians, die zwischen dem 5. und 9. Jh. angefer-
tigt worden sein müßte, handelt, kann bislang nicht endgültig beantwortet werden.
Die Argumente, die zumindest für die Grundsubstanz auf die Verfasserschaft
Julians verweisen, sind gewichtig; aus diesem Grund wird die traditionelle Zuschreibung hier beibehalten.—Die schon bei Theodor nicht allzu ergiebigen christologisch relevanten Texte wurden erheblich gekürzt, die Kriegsmetaphorik vereinfacht. Devreesse druckt den Text neben dem griechischen Originaltext ab; er wird
deshalb hier mitbehandelt.

[246] *Com.Ps.* 44 (D. 277,8/11): προαγορεύων ὅπως μὲν πολλοὺς προσάξεται τῷ
λόγῳ τῆς διδασκαλίας, ὅσα δὲ καὶ κατορθώσει παραγεγονός, καὶ τῆς ἐκκλησίας τὴν
σύστασιν, ἣν ἀπὸ τοῦ συναθροίσματος ἐποίησατο τῶν πιστῶν.

dung fehlen bei ihm. Er bietet einen wissenschaftlichen Kommentar[247] in unmittelbarer Auseinandersetzung mit einer historisieren-
den jüdischen Tradition, die den Psalm auf Salomo interpretiert.[248]
Hinter diesem Anliegen treten spezifisch christologische Fragen
zurück.

2.4.1. Christologische Implikationen[249]

a) Die Deutung zu Ps 44,7-8

Als Titel verwendet Theodor fast durchgehend 'Christus', bedingt
durch das Thema und die konkurrierende Deutungstradition häufig
auch 'König';[250] in der Diskussion um die Verse 7-8 erscheinen
θεός und κριτής,[251] einige Male 'Herr', besonders in Schriftzitaten, sowie 'Herrscher', wie bei Diodor vor allem im zweiten Teil,
aus der Perspektive der Kirche. Darüberhinaus nennt er ihn in der
Einleitung einmal 'Eingeborenen Gottes', und zwar im Zusammenhang der 'Veränderung', die sich durch Christus ereigne, insofern
seine Parusie erst die Erkenntnis des dreifaltigen Gottes ermögliche.[252] Ansonsten bevorzugt er, paraphrasierend, die direkte
Anrede.

Schriftbelege, die auf die christologische Diskussion verwiesen,

---

[247] Cf. die ausgesprochen nüchternen Einleitungsformeln seiner Paraphrasen
und Erklärungen, v.a. 'sagen' und 'zeigen' in den verschiedensten Varianten. Zu
den Methoden, s.o. III 2.3.1.a.

[248] Zahllose Invektiven, s. D. 277,13-278,3; 291,12/16; 293,17/24 u.ö.

[249] Wichtig für die Christologie Theodors: F.A. Sullivan, The Christology of
Theodore of Mopsuestia, Rom 1956; R.A. Norris, Manhood and Christ. A Study
in the Christology of Theodore of Mopsuestia, Oxford 1963; J.M. Dewart, The
Notion of 'Person' Underlying the Christology of Theodore of Mopsuestia, in:
StPatr 12 (TU 115) (1975) 199-207; Grillmeier I 614-634.—Zum Gesamtentwurf
Theodors, v.a. zur Bedeutung von Christologie und Ekklesiologie, s. I. Oñatibia,
La vida cristiana, tipo de las realidades celestes. Un concepto basico de la teología
de Teodoro de Mopsuestia, in: ScrVict 1 (1954) 100-133; L. Abramowski, Zur
Theologie Theodors von Mopsuestia, in: ZKG 72 (1961) 263-293; Koch, Die
Heilsverwirklichung; R.A. Greer, Theodore of Mopsuestia. Exegete and Theologian, London 1961.—Dewart und Sullivan heben auf die Trennungschristologie
ab, während Norris, Koch sowie Oñatibia und Abramowski mit Recht versuchen,
aus der Theologie Theodors insgesamt sein Bemühen um ein tieferes Verständnis
der Einheit Christi aufzuzeigen.

[250] Wichtig: zu Vers 2b (D. 279,27/34) u.ö.

[251] D. 286-290.

[252] Com.Ps. 44,2a (D. 278,14/23). Meist lehnt er die Überschriften ab. Er zitiert oder nennt sie auch hier nicht eigens: μεταβολή, nicht ἀλλοίωσις.

wie *Joh* 20,17 oder *Phil* 2,8-9, fehlen. Zur Christologie im engeren Sinn äußert er sich nur im Zusammenhang der Verse 7-9a. Diese Passagen sind um so interessanter, als Facundus von Hermiane in seiner Verteidigung Theodors im Drei-Kapitel-Streit u.a. darauf zurückgreift.[253]

Zu 44,7a erläutert Theodor die Ewigkeit der Königsherrschaft mit Blick auf die drei Zeitdimensionen—von Ewigkeit herrsche er, für immer werde er herrschen, seine Herrschaft bleibe fortdauernd[254]—und benutzt das als Argument gegen eine Deutung auf Salomo. Eine direkte Stellungnahme gegen arianische oder marcellianische Theorien läßt sich damit nicht nachweisen, aber als implizite auch nicht ausschließen. Die Anrede als 'Gott' wird interessanterweise nicht in die Argumentation einbezogen.[255] Theodor rekurriert zu *Ps* 44,7a vielmehr auf Vers 5c, der sich nicht auf einen gerechten Menschen beziehen könne, weil dieser eben nicht auf seine eigene Kraft vertrauen dürfe,[256] und baut damit explizit auf dem Kontext jüdischen Verständnisses auf. Möglicherweise angeregt durch die Königsthematik[257], die in Vers 7 präsent ist, schiebt Theodor (und ihm folgend Julian) an dieser Stelle einen Exkurs zum Gesamtthema des Psalms, zu König und Königin, Christus und der Kirche, ein, ausgehend von den Gepflogenheiten des AT:

> ''Wenn er über Gott als König spricht, dann offensichtlich auch über eine Königin, nicht über eine Frau, sondern über die Kirche, die Christus sich durch den Glauben anverlobte, durch die Vereinigung gemäß der Neigung der Seele. Denn es ist üblich in der Hl. Schrift, die Versammlung derer, die immer Gott durch die Erkenntnis verbunden werden, seine Frau zu nennen, um die äußerste Vertrautheit und Einigung mit Gott zu zeigen, (. . .).''[258]

---

[253] *Def.* IX 1 (CChr.SL 90A, J.-M. Clément—R.V. Plaetse, 1974), entstanden zwischen 544 und 550. Die Passagen zu *Ps* 44 sind die einzigen, die er aus dem *Psalmenkommentar* verwendet.

[254] D. 286,29-287,3.

[255] Im allgemeinen argumentieren die Väter in antijüdischen Schriften mit Vorliebe auf der Grundlage der alten Testimonientraditionen, cf. Justin, *Dial.* 56,14; Ps-Gregor v. Nyssa, *Testim. adv. Iud.* 2 (PG 46, 208A); Ps-Augustinus, *Alterc. Eccl. et Synag.* (PL 42, 1134AB; 1137D); Augustinus, *Iud.* 5.

[256] D. 287,9/20. Julian von Eclanum ergänzt, daß der Kontext eine Deutung auf einen Gottlosen nicht zulasse. Er zieht das Argument zur Erörterung des Verses selbst vor (CChr.SL, 88A, 199,54/56).

[257] Schon zu 2b rekurrierte er im Zusammenhang der Frage nach den sprechenden bzw. angesprochenen Personen darauf (D. 279,27/34).

[258] *Com. Ps.* 44,7a (D. 287,21/31): Εἰ δὲ περὶ βασιλέως λέγει τοῦ Θεοῦ, δῆλον ὅτι

Als Beispiel aus dem NT zitiert er *Joh* 3,29. Dort werde Christus als Bräutigam bezeichnet, die Braut müsse, getreu der Sprechweise der Schrift, die Kirche sein; wenn Christus im Psalm 'König' genannt werde, müsse die 'Königin' ebenfalls die Kirche sein, die als Braut und ohne eigenes Verdienst Anteil an der Würde des Königs erhalte. Aus dem folgenden Vers 8b erhelle, daß keinesfalls von Gott-Vater die Rede sein könne, da Zwiegespräche zwischen dem transzendenten Gott und dem Propheten undenkbar seien.[259]

Der Sinn dieses Gedankengangs wird verständlicher, wenn man die Perspektive der alttestamentlichen Prophetie berücksichtigt. Daß es um einen menschlichen König gehe, hat Theodor schon zu den voraufgehenden Versen ausgeschlossen. Wenn aber der König nicht ein Mensch ist, wie ist dann die Königin des zweiten Teils zu verstehen? Und wenn der König Gott ist, Gott aber dreieinig, bedarf es auch in diesem Punkt weiterer Präzisierungen, nämlich daß nicht der Vater gemeint sei, sondern Christus.[260] Vor dem Hintergrund dieser doppelten Fragestellung wird der terminologische Wechsel zwischen 'Gott' und 'Christus' erklärlich. Aus der Sicht des AT kann nur von 'Gott' gesprochen werden, weil Christus noch nicht offenbart ist. Unter Maßgabe der vorliegenden Prophetie ist freilich Christus gemeint, der die 'Vertrautheit' und 'Einung' mit 'Gott' vermittelt.[261] Ausgeführt wird dieser Gedankengang hier nicht.

Ähnlich undifferenziert äußert er sich zu Vers 18b: Hier wende sich der Prophet wieder 'an Gott';[262] kurz darauf erwähnt Theodor Christi Wohltaten uns gegenüber,[263] schließlich nochmals den 'Herrn' und die Kirche,[264] ohne das Verhältnis untereinander weiter zu erklären. Im Blick auf die bekannten dogmatischen Aus-

---

καὶ περὶ βασιλίδος οὐ γυναικός, ἀλλὰ τῆς Ἐκκλησίας, ἣν ὁ Χριστὸς αὐτῷ διὰ τῆς πίστεως ἡρμόσατο ἐπὶ τῇ κατὰ τὴν διάθεσιν τῆς ψυχῆς συναφείᾳ. Καὶ γὰρ καὶ ἔθος τῇ θείᾳ γραφῇ τῶν οἰκειωμένων ἀεὶ τῷ Θεῷ διὰ τῆς γνώσεως τὴν συναγωγὴν γυναῖκα αὐτοῦ καλεῖν ὥστε δεῖξαι τὴν ἄκραν πρὸς τὸν Θεὸν οἰκείωσίν τε καὶ ἕνωσιν, [...].

[259] *Com.Ps.* 44,7b.8b (D. 288,23/34; 289,20/23). Cf. oben zum Personwechsel III 2.3.1.a.

[260] Für Facundus ist diese Passage ein Argument gegen den Theodor unterstellten Sabellianismus, *Def.* IX 1,9-13 (CChr.SL 90A, 263,70-265,113) und Kontext.

[261] D. 287,30f.

[262] *Com.Ps.* 44,18bc (D. 299,14f.)

[263] *Ibid.* 20.

[264] *Ibid.* 29f.

legungen und Argumentationen stellt sich die Frage, ob und wie die Deutung auf Christus im Kontext der umstrittenen Verse christologisch begründet wird.

– Zu Vers 7b erklärt Theodor 'Thron' und 'Stab' als 'Symbole' der Funktionen des Herrschens und Richtens, wobei die 'Geradheit' auf die für Menschen nicht erreichbare Gerechtigkeit Gottes verweise; er belegt das durch eine Konkordanz aus *Ps* 9,5b.9; 24,8; 32,4 und bezieht auch Vers 8a darauf, insofern als dieser die Geradheit des Richters bzw. seine Haltung Gottesfürchtigen und Betrügern gegenüber belege.[265]

– Zu *Ps* 44,8b scheint er über die Funktionen Christi hinauszugehen, um nach dem Wesen zu fragen: 7a und 8b seien nur zu harmonisieren, wenn man zwischen Gottheit und Menschheit unterscheide. Ohne das Problem als solches exegetisch zu explizieren —etwa vom Begriff der Salbung oder dem verbindenden 'deshalb' her—, verweist er auf die unterschiedlichen Naturen und die Einung des πρόσωπον.[266] Nur hier werden 'Natur' und *Prosopon* explizit christologisch differenziert gebraucht. Im Kommentar zu *Ps* 44 begegnet *Prosopon* ansonsten als exegetischer Begriff,[267] zumal in dem ausführlichen Exkurs zum bzw. gegen den Personwechsel: Dort kann Theodor im Zusammenhang von *Ps* 2,7 von der 'Person des angenommenen Menschen' sprechen.[268] Zu *Ps* 44,8 erläutert er die Unterscheidung zwischen Gottheit und Menschheit durch eine Differenzierung der νοήματα, der Vorstellungen, die sich mit dem Wortlaut verbinden,[269] illustriert an Vers 7a und 8b, die Einheit Christi dadurch, daß dieses über ein einziges *Prosopon* gesagt sei.[270] Er unternimmt keinen Versuch, die abstrakten Termini inhaltlich zu füllen und ihr Verhältnis näher zu bestimmen. Zumal die Einheit der beiden 'Naturen' bleibt im unmittelbaren Kontext auf

---

[265] D. 289,15/18.

[266] D. 289,23/30: φανερὸν ὑπόλοιπον ἄρα περὶ τοῦ Χριστοῦ ταῦτα λέγεσθαι, ἐφ' οὗ θαυμαστῶς ἡμῖν καὶ τὰς φύσεις διεῖλε καὶ τοῦ προσώπου τὴν ἕνωσιν ὑπέδειξε. Καὶ τὰς μὲν φύσεις διεῖλε τῷ διαφόρῳ τῶν νοημάτων ἐμφαντικὰς ἀφεῖναι φωνάς.

[267] Cf. Rondeau II 296f.; Sullivan 261 sieht den Terminus im Übergang zwischen exegetischer und christologischer Verwendung.

[268] *Com.Ps.* 44,2b (D. 280,26f.).

[269] Cf. die entsprechenden Begriffe bei Didymus, *In PsT* 44,2, s.o. III 2.2.1.b. Die Verbindung von νόημα mit φωνή spricht für diese sprachtheoretische Interpretation des Begriffs und gegen die des Facundus als Weisen der Gotteserkenntnis, s.u. Anm. 271.

[270] D. 289,28-290,3.

der Ebene der Sprachregelung. Sie gewinnt an Tiefe dadurch, daß
der Kommentator die zweite Person Singular vom Psalmisten übernimmt und so Christus direkt als Gegenüber anspricht. Andererseits läßt sich dieses Argument von seiner paraphrasierenden
Kommentartechnik her zumindest relativieren: Die zweite Person
Singular setzt nicht notwendig ein personales Gegenüber voraus.
Diese Ebene wird aber nicht weiter reflektiert.[271] Der Kommentar
kreist um das eine *Prosopon*, das als eines im Psalm angesprochen
bzw.—im ekklesiologischen Teil—genannt ist, auch wenn es, so die
Auskunft zu *Ps* 44,8b, in göttliche und menschliche Natur geteilt
wird. Die Unterscheidung findet im Text noch weniger Rückhalt als
der Begriff des einen *Prosopon*: Im Unterschied zu den meisten Auslegern differenziert Theodor kaum zwischen Stellen, die sich auf die
Gottheit oder die Menschheit beziehen.

– Die Interpretation zum 'Öl der Freude' hebt, unter Verweis
auf *Apg* 10,38, auf den Hl. Geist und damit auf den Unterschied zu
den mit Öl Gesalbten des AT ab.[272] In seinen späteren Werken,
besonders dem *Johannes-Kommentar*, arbeitet Theodor an diesen Begriffen tiefere christologische und ekklesiologische Zusammenhänge
heraus. So entwickelt er beispielsweise zu dem in unserem Zusammenhang zitierten Vers *Joh* 3,29 das heilschaffende Wirken des
Christus *in carne* für die Menschen im Kontext der Taufe und mit
Hilfe der Adam-Christus-Typologie:[273] Als *Figura* habe er als erster
in der Taufe die Wiedergeburt durch die Gnade des Geistes erfahren, um allen an diesem Geist Anteil zu geben und ihnen die
Gemeinschaft mit dem Logos zu vermitteln. Auf dieser Folie will
Theodor dann das Bild von Braut und Bräutigam verstanden wissen. Im Rahmen seiner Argumentation gegen die jüdische Exegese
des 44. *Psalms* geht er darauf nicht ein.

Zu *Ps* 44,9a deutet Theodor das Gewand auf den Leib, der die

---

[271] Facundus verteidigt in *Def.* IX 1,19-20 (CChr.SL 90A, 266,151/163) mit
dieser Passage die Christologie Theodors: Er interpretiert νόημα als Erkenntnis,
intelligentia, Gottes, in der sich die beiden Naturen unterschieden, und erläutert das
durch die Leib-Seele-Analogie. Aus dem Kommentartext Theodors läßt sich diese
Interpretation nicht stützen. Zur Leib-Seele-Analogie bei Theodor s. F. Gahbauer,
Das anthropologische Modell. Ein Beitrag zur Christologie der frühen Kirche bis
Chalkedon, Würzburg 1984, 272-292.

[272] D. 290,6/12.

[273] *Com.Ioh.* 3,29 (CSCO 116, 57,10-58,6, J.-M. Vosté, 1940).

Gottheit umhülle 'gemäß der Lehre von der Einwohnung'.[274] In *Hebr* 10,9f. werde das Fleisch dementsprechend 'Vorhang', in Anlehnung an das Allerheiligste des Tempels, genannt.[275] Die Myrrhe verweise auf Christi Leiden, der Wohlgeruch von Myrrhenöl und Zimt aber auf die dem Leiden innewohnende Herrlichkeit, die sich, illustriert durch *2 Kor* 2,15,[276] über den Erdkreis ausbreite, wobei durch die Assoziation des Duftes mit dem Gewand das Leiden von der durch das Gewand verhüllten Gottheit ferngehalten werde. Auch dieser Gedankengang wendet sich gegen jüdische Interpretationen und den Vorwurf, das Leiden Christi und seine Gottheit seien unvereinbar. Die hier genannten Begriffe (θεότης, σῶμα, σάρξ) tauchen im Verlauf der Auslegung ebenfalls nicht mehr auf. So wie sie dastehen, sind sie nicht sehr aussagekräftig. Die Terminologie zu Vers 9a könnte auch von Apollinaris oder Basilius[277] akzeptiert werden. Durch die auf den ersten Blick frappierend präzisen Begriffe zu 8 wird dieser Eindruck nicht entscheidend korrigiert: Zu unklar bleibt, wie sie zu verstehen sind, zumal angesichts ihres isolierten Auftretens im Gesamtzusammenhang.

Weitergehende christologische Schlußfolgerungen aus diesen knappen Bemerkungen zu ziehen, ist deshalb nicht angemessen. Auch Facundus zitiert den Psalm weniger als Dokument für spezifisch christologische Fragen, sondern gegen z.T. absurde und widersprüchliche Vorwürfe, daß Theodor eine sabellianische Trinitätstheologie vertrete, eine Quaternität lehre, weil er sowohl die Person des göttlichen Wortes als auch die Christi verteidige und die alttestamentlichen Prophetien auf Christus ablehne.[278] Die Auslegung entstand nicht unmittelbar im Zusammenhang christologischer Kontroversen. Theodor verteidigt gegen die jüdische Auslegungstradition auf Salomo eine christliche Perspektive des Psalms als direkte Prophetie auf Christus und die Kirche und versucht, das am Wortlaut nachzuweisen. Dementsprechend geht es in erster Linie um das Kommen und Wirken Christi in seiner heilsgeschichtlichen Bedeutung als Retter und Messias für die ganze Welt, nicht

---

[274] D. 290,13/15: [...] τὸ σῶμα, ὅπερ ἔξωθεν ἦν περικείμενον, ἔνδον οὔσης τῆς θεότητος κατὰ τὸν τῆς ἐνοικήσεως λόγον.

[275] D. 290,15/18.

[276] Cf. Augustinus, *En.Ps.* 44,22; Hieronymus, *Ep.* 65,14; Origenes, *Hom. Cant.* 1,2; 2,2.

[277] Cf. z.B. Apollinaris, *K.m.p.* 2; Basilius, *Hom.Ps.* 44,4.

[278] Facundus, *Def.* IX 1,2-4 (CChr.SL 90A, 262,11/25).

um innerchristlich umstrittene spezifisch christologische Fragen.
Um so auffälliger ist es, daß Begriffe wie σωτήρ, σωτηρία u.ä. nicht
auftauchen. Die soteriologischen Anliegen kommen aber in dem
Christusbild, das der Ausleger entwirft, zur Sprache:

b) Die Schönheit seiner Königsherrschaft

Theodor zeichnet ein Bild Christi aus zwei Perspektiven, von seiner
in Vers 3 besungenen Schönheit her, sowie mit Hilfe der Kriegsmetaphorik der Verse 4-6. Eine körperliche Schönheit lehnt er ab.
Er umschreibt κάλλος mit ἐπίδοξος, 'mit Herrlichkeit durchwirkt',
'herrlich', 'glänzend', einem Begriff von zentraler Bedeutung bei
Theodor, der in den Auslegungen der anderen Theologen nicht vorkommt. Als ἐπίδοξος gelte Christus wegen seiner Königsherrschaft:
Glänzende (περίδοξος) Schönheit müsse durch etwas bewirkt sein,
und so könne man das, wodurch einer berühmt (περίβληπτος) werde, selbst Schönheit nennen.[279] Da sich die Königsherrschaft zunächst in 'Zeichen und vollendeten Taten' manifestiere, lasse sich
die Schönheit auch durch θαυμαστός umschreiben.[280] Die Tatsache, daß Theodor die Königsherrschaft zuerst durch 'Wundertaten' charakterisiert, erklärt sich daraus, daß er die Prophetie so
weit als möglich chronologisch interpretiert[281] und am Anfang der
mit dem Auftreten Jesu anbrechenden Königsherrschaft auch Wundertaten stehen. Diesen Ansatz beim Auftreten des Menschen Jesus
Christus hat er mit Diodor, aber auch mit Basilius und Chrysostomus[282] gemeinsam. Vergleicht man die konsequente Interpretation Diodors auf Christi Wort, seine Lehre, seine Überzeugungskraft, wird zugleich der Unterschied deutlich: Der eine stellt das
menschliche Wort, die menschliche Sprache in den Mittelpunkt, der
andere seine irdische Herrlichkeit, τὸ ἐπίδοξον, nicht δόξα.
   Dementsprechend argumentiert Theodor vom Gegenbegriff ἄτιμος und der vielzitierten Stelle Jes 53,2-3 her, vom Leiden, das sogar die Schüler Jesu zu Leugnung und Flucht veranlaßt habe.[283]

---

[279] D. 283,7/9.
[280] D. 283,11f.: τὸ πλῆθος τῶν σημείων καὶ τῶν ἐπιτελουμένων.—ἐπιτελέω kann
'vollenden' oder 'erfüllen' heißen. Die Verwendung in der Auslegung spricht eher
für 'vollenden' als für 'erfüllen', s. zu 'Werk' (D. 279,16f.) oder zu den Wundern
der Heiligen (zu 10c, 292,15f.).
[281] Com.Ps. 44,10c (D. 292,18/25).
[282] Cf. III 2.1; 3.
[283] Com.Ps. 44,3a (D. 283,15/19).

Die Stelle widerspreche *Ps* 44,3a nicht: Er war 'herrlich', wurde
aber für ehrlos gehalten.[284] Das Thema ist Theodor wichtig: Er
kommt mehrmals auf die vermeintliche Unehre des Leidens bzw.
Christi Herrlichkeit zurück,[285] ohne mittels christologischer Modelle zu erklären, warum er trotz allem auch im Leiden 'herrlich'
sei. Deutehintergrund bleiben die Zeichen und Wundertaten sowie
die Königsherrschaft, wobei er zumal mit letzterer an jüdischen
Messiasvorstellungen anknüpfen kann.

Zu *Ps* 44,3b entfaltet er die Wundertätigkeit: Christus—Theodor
spricht paraphrasierend in der zweiten Person—ziehe alle an
sich,[286] indem er alle in Staunen versetze. Nur letzteres belegt er
mit Zitaten aus dem NT: *Mt* 13,54; *Joh* 7,15.46 bezeugten das
Staunen über seine Worte voll Weisheit, seine Schriftgelehrsamkeit
und den Messiasanspruch. Ein Hinweis auf die Berufungsge-
schichten wie bei Diodor, Basilius, Chrysostomus u.a. fehlt. Die
knappe Paraphrase zu 3c weitet den Blick auf eine ekklesiologische
Perspektive: Er werde gesegnet, d.h. schließlich von allen besungen, die über das Gesagte staunten und zu Gläubigen wurden.[287]
Theodor nutzt den Text nicht für christologische Erwägungen wie
nahezu alle anderen Ausleger: Die Vergleichbarkeit Christi im
Zusammenhang mit den Menschen (zu *Ps* 44,3a) wird ebensowenig
problematisiert wie Gnade und Segen über Christus und das
begründende 'deshalb'. Er behandelt vielmehr die Wirkung seines
Wirkens auf die Menschen in Hinsicht auf die Errichtung seiner
Königsherrschaft: Das Staunen über ihn und seine Wundertaten
hat Konsequenzen, indem es die Menschen an ihn bindet.

c) Die Macht des Königs

Theodor erklärt das 'Wunder' im folgenden von der Metapher des
Kriegführenden her[288] und erweitert so Schritt für Schritt das Verständnis von 'Königsherrschaft', über einzelne Zeichen und Wundertaten hinaus. Zunächst weist er auf die Verbindung der Schönheit mit den kriegerischen Metaphern hin und verleiht durch seine

---

[284] *Ibid.* 283,15f.: Ὥσπερ γὰρ ἀπὸ τῶν γινομένων ἐπίδοξος ἦν, οὕτως πάλιν ἐκ τοῦ
πάθους ἄτιμος ἐνομίσθη.
[285] *Com.Ps.* 44,9a; 13a; 14a (D. 290,19f.; 293,30; 295,5).
[286] Cf. die Einleitung der Auslegung, D. 277,8f., s.o. Anm. 246.
[287] D. 284,1/3; cf. zu 3b (283,22); 4a (284,14).
[288] *Com.Ps.* 44,4a (D. 284,4f.7f.).

Deutung—wiederum, ohne das eigens auszuführen—der 'Bewun-
derung' eine neue Qualität. Das Staunen über Christus fordert zur
Entscheidung über Heil oder Unheil heraus: Entweder man glaubt
dem messianischen Anspruch oder nicht, nimmt dann aber als Konsequenz die 'Bestrafung' auf sich.[289] Die Metaphern werden nicht
einzeln erklärt; zumal ihre Bedeutung für christologische Fragen
bleibt weithin unberücksichtigt. Theodor hebt nur auf einige
wichtige Punkte ab:
  – Nach *Ps* 44,5b sei es das Ziel, Wahrheit, Milde und Gerechtigkeit auszubreiten. 'Wahrheit' definiert er unter Rückgriff auf *Joh*
4,21.23 (Anbetung in Geist und Wahrheit)[290] und gegen die
jüdischen Ausleger als die wahre Gottesverehrung.[291] Die Mittlerstellung Christi zwischen den Menschen und dem transzendenten
Gott deutet sich hier an, wird aber ebensowenig ausgeführt wie an
anderen Passagen.[292] Zur 'Milde' zitiert er lediglich *Mt* 11,29,
nimmt das Anliegen aber weiter unten nochmals auf. Zuvor erörtert
er die 'Gerechtigkeit' als *pars pro toto* für Tugend überhaupt, gestützt
auf die (alttestamentliche) Rede vom 'Gerechten'.[293] Er definiert
die drei Begriffe auf die Adressaten hin, denen die wahre Gottesverehrung, Sanftmut und Gerechtigkeit durch Christus nahegebracht werden.[294] Die Deutung ließe sich von daher auf Christus
als Lehrer und Erzieher weiterdenken. Auf den Nachfolgegedanken
hebt er nicht expressis verbis ab.
  – Zunächst kehrt er zu seiner Grundintention zurück, aufzuzeigen, daß es sich nicht um einen menschlichen König handeln könne:
Für einen solchen wäre dieses Verhalten widersinnig, da es ihm um
Machterhalt bzw. -erweiterung ginge, was nur mit Gewalt durch-
setzbar sei. Die Zielsetzung des Königs Christus hingegen impliziert
eine völlige Umdeutung der Kriegsmetaphorik (die dadurch als
solche erst kenntlich wird) auf Sanftmut und Milde, zu der die Gläubigen ihren Teil beitrügen. Hier zitiert Theodor nun *Lk* 10,3 (*Ite ecce
ego mitto vos sicut agnos inter lupos*), um zu zeigen, daß die in der *Lk*-

---

[289] *Com.Ps.* 44,4a (D. 284,13/15), cf. zur grundlegenden Bedeutung des Gehorsams bei Theodor: Norris, Manhood and Christ 137-146.
[290] Keine Parallelen in anderen Auslegungen.
[291] D. 284,23/27. Cf. die christologische Deutung mit *Joh* 14,6 (*Ego sum veritas*),
bei Athanasius, *Ar.* I 46; Basilius, *Hom.Ps.* 44,5; Theodoret, *Int.Ps.* 44,5.
[292] Z.B. in *Ps* 44,7a: Braut-Bräutigam, Christus-Kirche, Gott-Mensch.
[293] D. 285,1/3.
[294] Cf. ἐκπαιδεύων (D. 285,1); ἐδίδασκε (*ibid.* 2).

Stelle angesprochenen Schüler mit großer Milde (ἐπιείκεια) und durch Leiden mit Hilfe des Hl. Geistes zum Sieg des Evangeliums beitragen. Der Nachfolgegedanke ist vorausgesetzt, aber nicht in paränetischer Absicht, sondern um an der friedlichen Sendung der Apostel in der Nachfolge Christi die Wahrheit der christlichen Deutung des Psalms plausibel zu machen.

– In seiner Deutung von *Ps* 44,5b gewichtet Theodor die ekklesiologische Seite wesentlich stärker als alle anderen Ausleger: Singulär ist der Verweis auf die wahre Anbetung Christi, in unausgesprochener Opposition zum jüdischen Tempel, ebenso wie die Interpretation der vorbildhaften Milde auf die Apostel.

– Zu 5c entwickelt er etwas ausführlicher den Gedanken, daß Christus ohne fremde Hilfe vorankommen werde, allen Gegnern zum Trotz.[295]

– Zu Vers 6 greift er nochmals Strafe und Unterordnung auf, indem er Unterordnung definiert als Erkenntnis des Königs und Bekenntnis seiner Herrschaft (δεσποτία). Die Strafe für die Feinde behandelt er auf der metaphorischen Ebene: Die Pfeile träfen die in der ersten Reihe Kämpfenden ins Herz. Konkretere Aussagen macht er nicht. Klar ist lediglich, daß er die Pfeile mit Worten gleichsetzt.[296]

Die christologischen Befunde sind eher bescheiden: Die Passagen bieten, im Anschluß an sein einleitend angekündigtes Programm, Variationen zum Thema Unterwerfung der Gläubigen, Vernichtung der Feinde, wobei nur ersteres andeutungsweise konkretisiert wird und aus Beobachtungen zum ekklesiologischen Teil später zu ergänzen ist, ohne daß ausdrücklich ein Bezug hergestellt würde. Theodor will in seinem Kommentar die christliche Interpretation gegen eine historisierende jüdische verteidigen. Dieser Anspruch erfordert, daß Züge, die über das Menschliche hinausgehen, herausgearbeitet und betont werden. Die Frage nach der christologischen Differenzierung stellt sich von daher nicht direkt, obwohl sie andererseits gegen Ende des 4. Jahrhunderts kaum mehr zu umgehen ist.

---

[295] Zur christologischen Bedeutung s.o. S. 273.
[296] *Com. Ps.* 44,6 (D. 286,11f.). Basilius entfaltet das Thema auf die Verwundung durch die Liebe hin, *Hom. Ps.* 44,6.

2.4.2 Christus und die Kirche—ekklesiologische Implikationen

Bereits zu Vers 2b und 7a sowie in den Interpretationen zu Vers 5b wird die Kirche mehr oder weniger deutlich ins Spiel gebracht.[297] Theodor definiert sie im Kommentar zum einen als Kirche aus Heiden und Juden,[298] was für die Gesamtinterpretation von eher geringer Bedeutung ist. Aufgenommen wird das Thema nur zu Vers 17, um den Wechsel von den 'Vätern' zu den 'Söhnen' zu erklären. Zum anderen sei sie, unter Verweis auf Vers 6-7a, konstituiert durch Gotteserkenntnis.[299] Diesen Komplex verknüpft Theodor mit verschiedenen Termini für die Einigung: συνάφεια, ἕνωσις, οἰκείωσις, ἁρμόζειν, κοινωνεῖν. Die Tatsache, daß von Einheit und Gemeinschaft der Kirche mit Christus besonders breit im Zusammenhang des zumeist christologisch gedeuteten Verses 7a die Rede ist, legt einen engeren Zusammenhang der Themenkomplexe nahe. Auffällig ist auch, daß ἕνωσις sowohl für Christus und die Kirche als auch in spezifisch christologischem Zusammenhang begegnet. Kirche ist der Auslegung zufolge außerdem Gemeinschaft der Glaubenden,[300] wobei das Phänomen des Glaubens selbst nicht weiter beleuchtet wird.

Die letztgenannten Termini, 'Glauben' und 'Einigung', gehören zu den wenigen Begriffen, die für beide Teile des Kommentars zum 44. *Psalm* von Bedeutung sind. Liest man aus der Perspektive dieser Verknüpfung von Christologie und Ekklesiologie die ekklesiologische Interpretation zu den 'christologischen' Versen 7-8, gewinnt sie an Geschlossenheit: Fehlten im christologischen Teil zwei konsequent durchgezogene Stränge für Gottheit und Menschheit Christi, so begegnen sie im ekklesiologischen Teil um so häufiger.

Zu Vers 14ab thematisiert Theodor das am ausführlichsten, und von da aus fügen sich auch zahlreiche weitere Erklärungen in ein System: Den äußeren Schmuck der Kirche, die durch Christi Heilswerk geschaffenen objektiven Gegebenheiten, stellen die 'geistlichen Charismen' dar,[301] die Gnade der Wiedergeburt,[302]

---

[297] D. 279,30/34; 287,21-288,20.

[298] *Com.Ps.* 44,10ab; 17a (D. 291,24; 298,14f.).

[299] D. 286,10; 287,28f.; 288,6f., angedeutet in der Mahnung zu 11a (292,27), nicht unwissend um den Wohltäter zu sein.

[300] *Com.Ps.* 44,2b; 7a; 10c; 13b sowie Einleitung (D. 279,31f.; 287,24/26; 292,21; 294,28f.; 277,10f.).

[301] *Ibid.* 14a (D. 294,32-295,1), cf. zu 10c (292,14f.), 14b.

[302] *Ibid.* 44,10ab (D. 292,4f.).

die Sohnschaft,[303] die durch Christus ihr zuteil gewordene Ehre und Würde.[304] Zur inneren Herrlichkeit gehören Glaube,[305] die Neigung der Seele,[306] Gehorsam,[307] Tugend,[308] Reinheit des Gewissens.[309] Außen und innen werden verbunden durch die συνέργεια des Hl. Geistes, der zwar von außen kommt, aber die innere Disposition erst ermöglicht.[310] Um zu zeigen, daß die Tugend nicht allein Sache jedes einzelnen sei, werde der äußere Schmuck im Zusammenhang mit der inneren Herrlichkeit erwähnt: Die geistliche Mitwirkung liefere nämlich erst die 'Mächte', die zur Tugend nötig seien.

Auffällig ist im Vergleich zu Diodor ein 'individualistisches' Kirchenverständnis: Weist darauf schon die Rede von der 'Seele' im Zusammenhang von Aussagen über die Kirche hin,[311] so formuliert Theodor zu 13b ausdrücklich, daß er 'Kirche' die 'Gläubigen' nenne und die Ermahnungen an die Kirche auf die einzelnen Gläubigen zu beziehen seien. Von daher gewinnen die von Theodor paraphrasierend häufiger übernommenen Anreden in der zweiten Person neues Gewicht. Für den aufgeschlossenen Leser wirken sie um so eindringlicher. Dazu paßt die eher individualisierende, ethisch geprägte Leib-Christi-Konzeption, auf die er anspielt. Ein organisches Verhältnis der Glieder untereinander, wie man es am Begriff der Charismen, von denen häufiger die Rede ist, entwickeln könnte, kommt kaum zum Ausdruck. Das κατόρθωμα der Jungfräulichkeit behandelt er unter dem Aspekt der individuellen Vervollkommnung.[312] Beim Charisma des Priesteramts nennt er zwar die kirchlich-sakramentalen Aufgaben, entfaltet das aber nicht weiter.[313] Die Rolle des Propheten und seines 'Werks' wird im größeren Kontext des Werks nicht ausgeführt.

---

[303] *Ibid.* 44,10c (D. 292,13).
[304] *Ibid.* 44,7a (D. 288,12f.) u.ö.
[305] S.o. Anm. 300.
[306] *Com.Ps.* 44,14a (D. 295,11f.).
[307] *Ibid.* 44,11a; 14a (D. 295,2/4).
[308] *Ibid.* 44,12a; 14a (D. 293,16f.; 295,13f.).
[309] *Ibid.* 44,14a.b (D. 295,27f.; 296,1).—Cf. zu 13b: Apostel und Märtyrer werden um ihres Verdienstes willen geehrt.
[310] Cf. Koch, Die Heilsverwirklichung 221-229; 141-158; Abramowski, Zur Theologie 287-293.
[311] *Com.Ps.* 44,7a; 14a; 11a (D. 287,26; 295,26; 292,32).
[312] *Ibid.* 44,15-16.
[313] *Ibid.* 44,16b-17 (D. 298,3/6 u.ö.).

Darüberhinaus finden sich eher versteckte Korrespondenzen
zwischen dem christologischen und dem ekklesiologischen Teil: Der
Unterwerfung durch den 'Kriegsherrn' entspricht der Gehorsam
der Gläubigen gegenüber dem 'Herrscher'. Im zweiten Teil werden
die Heiligen ἐπίδοξοι genannt (neben den Reichen und Berühmten,
die sich ebenfalls in den Dienst der Kirche stellen, um kostbare
Kirchenbauten zu errichten). Δόξα ist der verbindende Terminus
zwischen der in Vers 3a besungenen Schönheit Christi, der wahren
Bedeutung des Leidens (9a) und der Tugend und Gnade der ἐπίδοξοι. Unterstrichen wird die Korrespondenz dadurch, daß von
ihren Wundertaten die Rede ist[314] und von ihrer Bereitschaft, für
die Kirche zu leiden[315]—teilweise in der ersten Person Plural formuliert!—, um das Wirken Gottes bekannt zu machen (cf. *Eph*
3,10-11). Zu Vers 11a findet sich überdies die Aufforderung, dem
milden König zu folgen.[316]

Die Anrede an Braut und Bräutigam wird im Kommentar zu *Ps*
44,7a in ihrer Bedeutung als Allegorie für Christus und die Kirche,
Gott und die Versammlung der Gläubigen gewürdigt, aber in die
weitere Betrachtung nicht einbezogen. Die Einigungsterminologie
an dieser Stelle, da man christologische Reflexionen erwartet, zeugt
von einer Verschiebung der Thematik. Spezifisch christologische
Begründungen für den Zusammenhang zwischen christologischem
und ekklesiologischem Teil gibt es nicht:[317] 'Salbung' und 'Teilhabe' werden nicht entsprechend ausgedeutet, obwohl im Kontext
des Priesteramts davon die Rede ist, daß der Priester die Teilhabe
des Geistes vermittle.[318] Die Anspielungen auf Sakramente und
sakramentales Wirken hängen in der Luft, obwohl sich von Vers 8
her Anknüpfungspunkte ergeben hätten.[319]

Wie Diodor versucht Theodor die Psalmen aus der konkreten
historischen Situation, der Geschichte Israels im Alten Bund zu
verstehen, um aus ihrem Nachvollzug, der Hoffnung auf den Messias und König, das Christusereignis begreifen zu können. Der

---

[314] *Ibid.* 44,10c (D. 292,15f.).
[315] *Ibid.* 44,13b (D. 294,18/25); cf. 5b (285,16f.).
[316] D. 292,29f. [. . .] ἕξεις προσηνῆ τὸν βασιλέα [. . .].
[317] Cf. die Befunde Rondeaus II 296f.
[318] *Com.Ps.* 44,16b (D. 298,1/9). Cf. Ritter, Charisma 138-145; Koch, Die
Heilsverwirklichung 127-139.
[319] Cf. dazu insgesamt Norris, Manhood and Christ 170-172; Abramowski,
Zur Theologie 281-283 u.ö.

Psalm prophezeit das inzwischen erfüllte[320] Heils- und Erlösungswerk durch Christus in der Kirche.[321] Vor diesem Hintergrund
spielen die Bilder von der Königsherrschaft, vom Sieg und der Unterwerfung eine so große Rolle. Das Gewicht liegt auf der Errichtung dieser Königsherrschaft durch Christi Wirken und ihre
konkrete Ausformung durch die Kirche. Nur aus dieser Perspektive
erschließen sich christologische Andeutungen: Die Kirche besteht
aus einzelnen Gläubigen, die—das deutet er nur durch Begriffskorrespondenzen an—Christus nachfolgen in Tugend und Gehorsam.
Wie Diodor setzt er das nicht direkt paränetisch um. Wo Diodor
aber über Paraphrasen und die erste Person Singular noch einen
reflexiven Nachvollzug der Psalmengebete zu vermitteln versuchte,
bleibt bei Theodor die sachliche Erklärung dominant. Dementsprechend nüchtern ist seine Erklärung von *Ps* 44,2a auf den Propheten, der das 'gute Wort', Christus, durch den die Trinität offenbart werde, verkünde.[322] Das 'Aufstoßen aus dem Herzen' erklärt
er als Übereinstimmung zwischen Person und Wort im Sprechen im
Unterschied zum Sprechen nur mit den Lippen.[323] Jenes sei autorisiert durch den Hl. Geist, der die Zunge bewege und das Herz
mit den Gedanken und Erkenntnissen der Offenbarung erfülle, um
durch den Propheten erzieherisch auf die Menschen zu wirken.[324]
Die Deutung kreist nur um den Propheten und seine Aufgabe;
Hinweise auf eine mögliche Erweiterung des Sprecherkreises gibt
Theodor nicht.

---

[320] Von einer eschatologischen Spannung ist im Kommentar, vermutlich bedingt durch die Polemik, nichts zu spüren.
[321] Cf. *Com.Ps.* 44,2a (D. 278,14/25): Durch Christus Veränderung des Erd-
kreises.
[322] D. 278,14/25.
[323] D. 278,30-279,3.
[324] D. 282,15/23. ὠφέλεια; 20; cf. 279,9f.: ἐπαίδευε τούς πειθομένους.

3. KAPITEL

AUSLEGUNGEN ZU *PS* 44 UNTER DEM EINDRUCK DER AUSEINANDERSETZUNGEN UM DEN NEU-ARIANISMUS

3.1 BASILIUS
DIE SCHÖNHEIT GOTTES IN JESUS CHRISTUS

Von Basilius ist eine längere Homilie zum 44. *Psalm* erhalten, die sich vor allem auf den christologischen Teil konzentriert und die Auslegung in den Rahmen einer ausführlichen anthropologisch ausgerichteten Erklärung der Überschrift stellt.[1] Ausgehend von seiner Auseinandersetzung mit Eunomius, in der er sich mit Grundfragen theologischen Sprechens befaßte,[2] ist die Frage, ob und wie er die dort entwickelten Theorien umsetzt, von besonderem Interesse. Mit welchen Mitteln analysiert er den Text? Was sagt der Psalm Basilius zufolge über Gott aus, was nicht? Dieser Komplex ist um so interessanter, als Basilius sich dezidiert zur geistlichen Bedeutung der Psalmengebete äußerte.[3] Wie vermittelt er also in einer Predigt zu einem dieser für das Christenleben grundlegenden Texte theologische und christologische Probleme bzw. Lehren? Der Streit mit

---

[1] PG 29, 387-414.—Die *Psalmenhomilien* des Basilius sind in direkter Tradition erhalten. Zur Überlieferung und Authentizität cf. Rondeau I 107-110. Die Datierung ist schwierig: Sie entstanden wohl über mehrere Jahre hinweg als Gelegenheitspredigten, mit dem Ziel, eine geschlossene Psalmenauslegung zu bieten; vielleicht im Zeitraum von 368 bis 375, cf. J. Bernardi, La prédication des Pères Cappadociens, Paris 1968, 23-29, oder 368 bis 377, cf. P.J. Fedwick, The Church and the Charisma of Leadership in Basil of Caesarea, Toronto 1979, 152.—Zur Forschungslage: P. Tamburrino, Osservazioni sulla sezione cristologica dell' *Homilia in Ps 44* di san Basilio, in: RCCM 8 (1966) 229-239, stellt die wichtigsten christologischen Themen zusammen und weist auf Verbindungen zu Eusebius und Origenes hin; der Aufsatz behandelt sein Thema weder erschöpfend noch besonders tiefgehend. A. Benito y Durán, Filosofía del S. Basilio Magno en sus *Homilias sobre los salmos*, in: StPatr 5,3 (TU 80) 1962, 446-472, führt systematisierend die Aussagen der Homilien auf, ohne sie zu analysieren und historisch einzuordnen. Die Übersetzungen der Homilien von R. Raccone, Alba 1978, und A.C. Way, Washington 1963 (FaCh 46) bieten weder in der Einleitung weitergehende Informationen noch in den Anmerkungen, die sich weitgehend auf Schriftstellennachweise beschränken.

[2] S. die knappen Hinweise oben III 1.3.a. *Eun.* entstand 360/363, also sicher vor den Psalmenpredigten.

[3] S.o. III 1.1.

den Pneumatomachen um die Gottheit des Geistes scheint dabei noch nicht akut zu sein. Aufschlußreicher ist die Christologie: Apollinaris, dessen Verhältnis zu Basilius noch nicht geklärt ist, explizierte seine anstoßerregenden Thesen in den 60er Jahren. Von daher ist auch die Frage nach der in der Predigt vorausgesetzten oder ausgeführten Christologie nicht ohne Belang.

3.1.1 Exegetisches Instrumentarium und hermeneutische Prämissen

Basilius unterscheidet grundsätzlich zwischen φωνή, dem Wort in seiner ersten oberflächlichen Bedeutung, wie sie unabhängig vom Kontext geläufig ist, bzw. προσηγορία und Derivaten, der Benennung, und der διάνοια, der eigentlichen Bedeutung.[4] Beides kann zusammenfallen.[5] Häufiger sieht Basilius eine gewisse Diskrepanz, die der Erklärung bedarf. Die Begriffe sind, wie er gegen Eunomius ausführte,[6] polysem. Welche Konnotationen im jeweiligen Kontext gemeint sind, muß erst erarbeitet werden.[7] Des weiteren kann eine προσηγορία als tropische Redeweise auf eine völlig andere Bedeutungsebene verweisen, die zunächst verborgen ist.[8] Basilius bedient sich, um die jeweilige Bedeutung zu entschlüsseln, des traditionellen philologischen und exegetischen Instrumentariums: Er verweist auf grammatische und syntaktische Strukturen,[9] fragt nach den Per-

---

[4] *Hom.Ps* 44,2 (PG 29, 389A; 392C) *et passim*; Cf. *Spir.* 1,2 (SCh 17bis, 252-254): dort φωνή und λέξις im Verhältnis zu νοῦς κεκρυμμένον; φωνή ist als Gegenbegriff zu διάνοια in der stoischen Sprachphilosophie geläufig, cf. Diogenes Laertius VII 55; Sextus Empiricus, *Math.* VIII 11f.; 80; διάνοια in der platonischen Tradition, cf. *Krat.* 418a; *Phaedr.* 228d. Der letzte Begriff weist auf die Bedeutung der Rhetorik für die Basilianische Terminologie und Methode hin, cf. Hermogenes, *Stat.* 2,14; Aristoteles, *Poet.* 19,2; Quintilian 9,1,17; 6,3,70. Die Gewichtung der Rhetorik, sozusagen als sinnlich wahrnehmbarer Ausgangspunkt der theologischen Argumentation, ist v.a. durch die Stoa beeinflußt; cf. B. Sesboüé, in: SCh 299, 76-83; G.L. Kustas, Saint Basil and the Rhetorical Tradition, in: P.J. Fedwick (ed.), Basil of Caesarea. Christian, Humanist, Ascetic, 2 Bd., Toronto 1981, 221-279: Er zeigt an einer Vielzahl zentraler Begriffe, wie τάξις, οἰκονομία, ὁμότιμος u.a., das Zusammenlaufen von Philosophie und Rhetorik, von göttlichem und menschlichem Wort auf, s. bes. 231; 276-279. Cf. die Untersuchung von Canévet 42-46 zu Gregor von Nyssa.

[5] *Hom.Ps.* 44,7 (PG 29, 404C): θεός als ἰδία προσηγορία.

[6] S.o. III 1.3.a.

[7] Z.B. *Hom.Ps.* 44,1-2: ἀλλοιωθησομένων; s.u. III 3.1.3.a.

[8] Παραινίττειν, 1 (PG 29, 388C); 9 (408A); κεκρυμμένως, 1 (388A) u.ö.; z.B. *Hom.Ps.* 44,3 (393B) zu ἐρυγή; 5 (400A) zu *Ps* 44,4a.—αἴνιγμα ist ein Schlüsselbegriff für die Lehre von den Tropen.

[9] Futur, *Hom.Ps.* 44,2 (PG 29, 389A); Imperativ, 5 (401A); Kausalzusammenhang, 5 (397BC); 6 (401A); Hyperbaton, 6 (404AB).

sonen,[10] vergleicht Lesarten,[11] zieht den Kontext heran,[12] paraphrasiert,[13] arbeitet mit einer Art Konkordanzmethode aus der Hl. Schrift[14] und analysiert den semantischen Gehalt von Begriffen[15] und Bildern[16]. Uneigentliche Redeweisen erklärt er mit Hilfe der Kategorien eines rhetorisch bzw. poetisch gestalteten Texts,[17] v.a. aus dem Bereich der Tropenlehre, wie Analogie oder Symbol;[18] häufig setzt er ein metaphorisches oder allegorisches Verständnis voraus, ohne es eigens zu nennen.[19] Dieser ersten Verständnisebene entsprechen auch Anmerkungen zur Stringenz und rhetorisch-poetischen Qualität des Texts wie ἀκολουθῶς, σαφῶς, καλῶς, σοφῶς[20] etc. Darüberhinaus ist die Interpretation der Homilie durch Begriffe aus dem Bereich des Lehrens bzw. Verstehens und Erkennens[21] sowie des Lobens[22] geprägt, die die grundsätzlichen Erwägungen des Basilius zur Bedeutung des Psalters aufgreifen.[23]

Seine Hermeneutik wird klarer im Vergleich mit Eusebius: Thesen, wonach Basilius den *Psalmenkommentar* des Eusebius als Quelle benutzt habe, lassen sich nicht überzeugend bestätigen.[24] Tamburrino scheint eine Abhängigkeit vorauszusetzen, stützt sich aber in seiner vergleichenden Anthologie auch auf inzwischen als nicht

---

[10] *Ibid.* 44,3 *passim*; cf. ἀποστροφή, 3 (PG 29, 396B); u.ö.

[11] *Ibid.* 44,2 (PG 29, 389A); 4 (396B).

[12] *Ibid.* 44,3 (PG 29, 393A; 396B).

[13] *Ibid.* 44,2; 6 (PG 29, 389B; 401AB) u.ö.

[14] Z.B. *ibid.* 44,7 (PG 29, 404CD) zu ῥάβδος. Meist zitiert Basilius nur einzelne Parallelstellen, vermutlich ohne Hilfsmittel zu benutzen.

[15] Z.B. Schönheit, *ibid.* 44,5 (PG 29, 400C); 4 (394C).

[16] Z.B. Lilien, *ibid.* 44,2 (PG 29, 389A); Griffel, 3 (396AB) u.ö.

[17] Cf. σχηματίζειν, *ibid.* 44,8 (PG 29, 405A); 6 (401A); cf. dazu grundsätzlich G.J.M. Bartelink, Observations de Saint Basile sur la langue biblique et théologique, in: VigChr 17 (1963) 85-104, 89f.

[18] Z.B. ἀναλογία, *ibid.* 44,3 (PG 29, 393C; 396A); σύμβολον, 5 (400A); 9 (405C); ἐμφαντικῶς, 5 (397B); zu letzterem cf. Gregor von Nyssa, s.o. III 1 Anm. 133.

[19] S.u. bei der Analyse.

[20] *Ibid.* 44,9 (PG 29, 405C; 408A); 8 (404C; 405A); 1 (388C); u.ö.

[21] Cf. διδάσκειν, μανθάνειν, *ibid.* 44,1 (PG 29, 388A); 9 (408BC) u.ö.; προτρέπειν, 10 (409C); 11 (412A) u.a.

[22] Ἀνυμνεῖν, *ibid.* 44,4 (PG 29, 396C); 7 (404C).

[23] *Hom.Ps.* 1,1-2, s.o. III 1.1.

[24] H. Dehnhard, Das Problem der Abhängigkeit des Basilius von Plotin, Berlin 1964, 36f.; 39-46; 74, nennt *Com.Ps.* 1 neben *Ecl.theol.* Zur Kritik bezüglich der Rezeption des *Ps-Kommentars*: Gribomont, in: RHE 60 (1965) 487-492, 490; J.M. Rist, Basil's 'Neoplatonism'. Its Background and Nature, in: P.J. Fedwick (ed.), Basil of Caesarea, Toronto 1981, 137-220, 199 Anm. 277.

authentisch nachgewiesene Passagen.[25] Es gibt Gemeinsamkeiten in der exegetischen Terminologie,[26] der Gliederung[27] und zu einzelnen Versen,[28] darüberhinaus aber erhebliche Unterschiede, die nicht mehr nur aus der fragmentarischen Überlieferung der Eusebianischen Auslegung erklärt werden können.[29] Basilius verwendet das philologische und rhetorische Instrumentarium nicht systematisch, wie Eusebius das versuchte. Lesarten vergleicht er nur an zwei Stellen;[30] seine 'Konkordanzen', wenn man sie überhaupt so nennen kann, sind im Vergleich zu Eusebius von geringem Umfang und streng einem bestimmten theologischen Anliegen untergeordnet.[31] Der bei Basilius so häufige Terminus προσηγορία bzw. προσαγορεύειν findet sich im *Psalmenkommentar* des Eusebius überhaupt nicht, in *DE* IV 15 nur für Eigennamen, nicht in der engen Verbindung mit φωνή und διάνοια.[32] Die Hinweise auf die poetische Struktur des Psalms fehlen bei Eusebius weitgehend.[33] Basilius argumentiert völlig anders mit den wenigen alternativen Lesarten.[34]

---

[25] Tamburrino 231; zu PG 23,396D cf. Mühlenberg, Psalmenkommentare III 192; zu der nahezu identischen Auslegung von Vers 2a, die wohl versehentlich unter die Eusebius-Fragmente geraten ist, cf. Rondeau I 108f., v.a. Anm. 305. Sie ist gegen eine Abhängigkeit, *ibid.* 111.

[26] Ἀνυμνεῖν, ὀνομάζειν, διδάσκειν, μανθάνειν, σαφῶς, νοεῖν, λέξις, διάνοια tauchen auf, z.T. auch bei Eusebius in der ersten Person Plural oder der zweiten Person Singular, *passim.*

[27] Daß beide das Prooemium des Psalms nach Vers 2c enden lassen und in 3a den Beginn des christologischen Teils sehen, belegt keine Abhängigkeit. Apollinaris, Diodor und Theodor gliedern genauso; Basilius problematisiert das im Gegensatz zu Eusebius, der sich von der Origenischen Tradition absetzt, nicht eigens, cf. PG 23, 396B; PG 29, 396B.—Eusebius und Basilius weisen auf das Hyperbaton in Vers 6 hin; PG 23, 400A; PG 29, 404A.

[28] Beide zitieren *Hebr* 4,12 zu *Ps* 44,4 und *Mt* 17,5 zu *Ps* 44,1, wobei Basilius ausführlicher zitiert und die Stellen sorgfältiger in seine Argumentation einfügt; PG 23, 397C; 393A; PG 29, 400A; 392A. Im übrigen sind diese Verweise ebenfalls bereits weiter verbreitet; Hippolyt, *Hom.Ps.* 16; Athanasius, *Sent.Dion.* 2,4; cf. die Diskussion um die Marcellische Deutung bei Ps-Athanasius, *Ar.* IV 24.27.—Die Auslegungen zu Vers 2c stimmen grundsätzlich überein; PG 23, 396A; PG 29, 396AB.

[29] Cf. dazu Rondeau I 64-70; Devreesse, Les anciens commentateurs 89-146; s.o. II 1 Anm. 11.

[30] *Hom.Ps.* 44,2 (PG 29, 389A); 4 (396B), wobei hier nicht eigentlich ein textkritischer Vergleich vorliegt, s.u. (zu 3a) S. 299.

[31] So wird die ἀλλοίωσις in den ersten beiden Abschnitten zielgerichtet anthropologisch erklärt, ohne weitere Aspekte zu berücksichtigen.

[32] *DE* IV 15,3 (GCS Eus. 6, 174,1) u.ö.

[33] *Ibid.* 15,11.19.21 (GCS Eus. 6, 175,5; 176,27.31) nennt Eusebius σύμβολα, aber im Sinn von *typoi*.

[34] Eusebius begründet mit den Varianten zu 3a die Gliederung (PG 23,

Der Konkordanzmethode bedienen sich die beiden an jeweils verschiedenen Stellen.[35] Eusebius bevorzugt grammatische Analysen
und Paraphrasen,[36] Basilius die Erklärung einzelner Worte.[37] Eusebius tendiert zur Abstrahierung, Basilius versucht, alles unmittelbar
für die Zuhörer umzusetzen. Während Eusebius verallgemeinernd
vom προφητικὸς χόρος o.ä. spricht und die geschichtliche Dimension der Prophetie als Voraussage der Zukunft gegenwärtig hält,[38]
individualisiert Basilius in seiner Interpretation die 'prophetische
Person' auf den einzelnen Propheten, der beispielhaft und repräsentativ für den Gerechten steht. Die Gemeinsamkeiten beschränken
sich mithin auf einige Formalia, die man dadurch erklären könnte,
daß Basilius sich während seiner Studien auch mit Eusebius vertraut gemacht hatte,[39] oder durch eine gemeinsame Quelle. Sicher
kannte Basilius auch Origenische Psalmenauslegungen und war
durch dessen Schüler Gregor Thaumaturgos tief von der Origenischen Spiritualität beeinflußt.[40] Eine direkte Abhängigkeit von
Origenes ist aufgrund der desolaten Quellenlage nicht mehr nachweisbar.[41]

Im Vergleich mit dem Eusebianischen Kommentar wird der
grundlegende methodische Unterschied transparent: Basilius benutzt grammatisch-philologische Methoden und wissenschaftliche
Hilfsmittel, aber zentral ist die Sprachanalyse, der Versuch, die

---

396BC); die 'Lilien' bzw. 'Blüten' aus Vers 1 nach Aquila und Symmachus deutet
er auf die Blüten der Kirche (392C).

[35] Eus. zum 'Geliebten', 1 (PG 23, 392C-393B); 4 (397CD); Bas. zu ῥάβδος,
7 (PG 29, 404CD).

[36] Z.B. zu Vers 8, *DE* IV 15,58-62 (GCS Eus. 6, 182f.), cf. PG 23, 400D-
401A; cf. z.B. zu 44,4b: PG 23, 397BC; PG 29, 400BC u.ö.

[37] *Hom.Ps.* 44,2 (PG 29, 392D): ἐξέτασις τῶν ῥημάτων.

[38] Zu 1 (PG 23, 392A); 2 (396A) *et passim.*

[39] cf. Dehnhard, s.o. Anm. 24.

[40] *Spir.* 29,73-74; cf. die *Philokalie*, die er gemeinsam mit Gregor von Nazianz
zusammenstellte. J. Gribomont, L'origénisme de S. Basile, in: L'homme devant
Dieu (FS H. de Lubac), Paris 1963, 281-294.

[41] Tamburrino 236-239 argumentiert recht oberflächlich.—Auf die zahlreichen
Parallelen zu den erhaltenen Werken des Origenes wird im folgenden in den Anmerkungen hingewiesen. Für Fragen der exegetischen Terminologie und Methode
sind sie wenig ergiebig. Gegen eine direkte Abhängigkeit spricht v.a. das Textver-
ständnis der Verse 2 und 3: Origenes deutet 2c und 3a auf die 'Zunge' Christi und
die Schönheit seiner Worte, s.o. I 3.1.b; die Deutung von 2a auf den Propheten
begründet er aus der Metaphorik und den ihr inhärenten trinitätstheologischen
Problemen, s.o. I 2.2.b. Basilius hingegen beruft sich auf den Kontext, ohne, wie
es für Origenes selbstverständlich möglich gewesen wäre, einen Personwechsel in
Erwägung zu ziehen, und trennt das Prooemium nach 2c ab.

Konnotationen herauszuarbeiten, die für das Ziel, eine Anähn-
lichung an Gott, entscheidend sind. Zwischen dem Bemühen des
Eusebius, mittels der technischen Methoden klar aufzuzeigen, was
der Prophet über Christus verkündet,— wo das nicht möglich ist,
wie z.B. im Zusammenhang von *Ps* 44,2a, zieht er sich auf den Un-
sagbarkeitstopos zurück[42]—und dem Ansatz des Kappadokiers,
sich über die Sprache und ihre Struktur dem transzendenten und
unerreichbaren Gott dennoch so weit als möglich anzunähern, liegt
die durch den Arianismus und besonders den Neuarianismus ausgelöste Krise des theologischen Sprechens. Das neue Reflexionsni-
veau schlägt sich in einem erheblich differenzierteren Umgang mit
grammatischen u.ä. Argumentationen in dogmatischem Kontext
nieder.

3.1.2 Christologie und christologische Argumentation[43]

a) Die traditionellen Fragen nach der Gottheit Christi

Erst im Anschluß an seine einleitenden anthropologischen Ausführungen nennt Basilius das zentrale Thema des 'christologischen'
Teils des Psalms und Christus selbst: Der 'Geliebte', dem das
'Lied'[44] gewidmet ist, sei der, der 'die Ökonomie der Fleischwerdung für uns auf sich genommen' habe.[45] Mit dem durch ἀγαπητός
nahegelegten Verweis auf *Mt* 17,5, den er vollständig zitiert (*Hic est
filius meus dilectus in quo mihi bene conplacuit ipsum audite*) und in die Argumentation integriert,[46] differenziert er: Er sei geliebt vom Vater

---

[42] S.o. II 1.1.a.

[43] Grillmeier I 536-538 nur knapp; Christologie und Christusbild bei Basilius
sind noch nicht aufgearbeitet, cf. den Forschungsbericht zur Bewertung der
Christologie bei G. Mazzanti, Irrilevanza della cristologia di Basilio Magno nel-
l'opinione corrente, in: CS 7 (1986) 565-580, 566-574.

[44] *Hom.Ps.* 44,2 (PG 29, 389C-392A): ᾠδή. Basilius betont hier lediglich, daß
es sich um ein ohne Instrumentalbegleitung gesungenes Lied handle. In *Hom.Ps.*
29,1 differenziert er genauer: Ein 'Psalm', mit musikalischer Begleitung, sei in erster Linie auf das Handeln zu beziehen, ein 'Lied' auf die 'erhabene Schau der
Theologie'. Cf. Hilarius, *Instr.Ps.* 20. Im folgenden kommt er darauf nicht mehr
zurück.

[45] *Hom.Ps.* 44,2 (PG 29, 389C): ὃς τὴν οἰκονομίαν τῆς σαρκώσεως ὑπὲρ ἡμῶν
ἀνεδέξατο.

[46] Eusebius, *In Ps* 44,1 (PG 23, 393A), zitiert ohne die Schlußaufforderung und
im Rahmen einer Stellenkonkordanz zum 'Geliebten', ohne den Vers weiter
auszudeuten; Theodoret, *Int.Ps.* 44,1; Chrysostomus, *Exp.Ps.* 44,3, zitieren die
Version *Mt* 3,17, ohne die Schlußwendung.

als eingeborener Sohn, für die Schöpfung hingegen sei er selbst
'menschenliebender Vater und guter Vorsteher'.[47] Basilius definiert den Titel 'Geliebter' ausschließlich von der Gottheit her, vom
Vater, der so seinen 'Eingeborenen' nenne—der Titel 'Sohn'
kommt in der gesamten Homilie nur an einer Stelle vor.[48] Und er
schreibt Prädikate des Vaters dem Logos zu, um den Logos möglichst eng an den Vater zu binden und der Schöpfung klar gegen-
überzustellen. Er verschärft diese Tendenz noch, indem er ἀγαπητός
mit dem von Natur aus Guten gleichsetzt und die populär-
philosophische Definition des Guten als das, wonach alles verlangt,
anfügt.[49] Um nichts weniger also geht es, als um Gott, der das
höchste Gut ist.[50] Zweifel an der 'Qualität' der Gottheit des Sohnes
im Verhältnis zu Gott-Vater werden so erst gar nicht zugelassen
bzw. von vornherein ausgeschaltet.

Nicht nur hier klingt die dogmatische Diskussion nach: Den in
den kontroverstheologischen Deutungen zu *Ps* 44,8a heftig dis-
kutierten Verdienstgedanken spricht Basilius, wie Diodor, schon im
Zusammenhang von *Ps* 44,3bc an: Wenn er wegen der Worte voll
Gnade (cf. *Lk* 4,22)[51] gesegnet werde, so sei das auf das Menschliche zu beziehen: Insofern als er laut *Lk* 2,52 an Weisheit, Alter und
Gnade zugenommen habe, könne von der Gnade als 'Preis für tap-
fere Taten' gesprochen werden.[52] Ähnlich wie in *Ps* 44,8 und *Phil*
2,8-9 gehe es um den 'Menschen gemäß dem Retter'.[53] Auch
Σωτήρ ist ein sehr seltener Titel in der Homilie; er erinnert in
diesem Zusammenhang und in Verbindung mit der *Phil*-Stelle an
die soteriologische Argumentation des Athanasius. Freilich reißt

---

[47] *Hom.Ps.* 44,2 (PG 29, 392A): Ἀγαπητὸς γὰρ τῷ Πατρὶ μὲν ὡς Μονογενὴς, τῇ
κτίσει δὲ πάσῃ ὡς πατὴρ φιλάνθρωπος καὶ ἀγαθὸς προστάτης.

[48] *Ibid.* 44,8 (PG 29, 405A).

[49] *Ibid.* (PG 29, 392A): Διότι καλῶς ὡρίσαντο ἤδη τινὲς, ἀγαθὸν εἶναι οὗ πάντα
ἐφίεται; cf. *Hom.Ps.* 1,3 (216B); *Reg. fus. tract.* 2,1 (PG 31, 912A); cf. Plotin, *Enn.*
I 7,1; Aristoteles, *Nikomach. Ethik* 1,1.—Zum φύσις-Begriff s. B. Pruche, in: SCh
17bis, 182-184: hier im Sinn von οὐσία, cf. φύσις τῆς θεότητος, *Hom.Ps.* 44,8
(405A).

[50] Cf. dagegen die Deutung Marcells, *Fragm.* 109: 'Geliebter' sei der mit dem
Logos geeinte Mensch, nicht der Logos selbst, und die Widerlegung bei Ps-
Athanasius, *Ar.* IV 24.

[51] *Lk* 4,22 wird von fast allen Kommentatoren, außer Diodor, zitiert, cf. oben
III 2 Anm. 166.

[52] *Hom.Ps.* 44,5 (PG 29, 397C): ἆθλον ἀνδραγαθημάτων.

[53] *Ibid.* C: περὶ τοῦ κατὰ τὸν Σωτῆρα ἀνθρώπου. Als Alternative schlägt er die
Kirche als Leib Christi vor, ohne das auszuführen.

Basilius den gesamten Fragenkomplex hier nur an, ohne weiter
darauf einzugehen, ebensowenig wie im Abschnitt zu *Ps* 44,5, wo
man 'Wahrheit, Milde und Gerechtigkeit' als Verdienst auffassen
könnte.[54] Dort löst er das Problem in ähnlicher Weise, wie Athanasius *Ps* 44,8 interpretierte, nämlich indem er das 'deshalb' final
versteht: Christus solle herrschen, um Wahrheit auszusäen, weil er
selbst die Wahrheit sei (cf. *Joh* 14,6), und damit seiner vorbildlichen
Sanftmut möglichst viele nacheiferten.[55]

Die vieldiskutierte direkte Anrede als Gott in *Ps* 44,7-8 erwähnt
Basilius nur kurz zu Vers 7a.[56] Die Metonymien 'Thron' und
'Stab' deutet er auf die ewige Herrschaft, auf das gerechte Gericht
sowie die erzieherische Tätigkeit Gottes.[57] In den Mittelpunkt
schieben sich mehr und mehr christologische Fragen, die in der
Konsequenz der antiarianischen Hermeneutik liegen: Es geht nicht
um die Gottheit des Sohnes im Verhältnis zum Vater, sondern um
die Gottheit dessen, der Mensch geworden ist.

b) Die Rede vom menschgewordenen Gott

Basilius liest *Ps* 44,4 metaphorisch und in Anlehnung an Origenes[58]
als Allegorese der Fleischwerdung des Wortes.[59] Das Schwert
bezeichne das Wort Gottes, gestützt auf *Hebr* 4,12,[60] und sei ein
Name für Christus wie Weg, Brot, Leben, wahres Licht u.a.[61]
Ausgehend von der *Hebr*-Stelle verbindet er den Titel mit der Funktion, den den Leidenschaften zugeneigten Teil der Seele abzutren-
nen.[62] Die Hüfte symbolisiere die Zeugungsfähigkeit, belegt durch

---

[54] *Hom.Ps.* 44,6 (PG 29, 401AB).

[55] S.u. S. 302.

[56] *Hom.Ps.* 44,7 (PG 29, 404C).

[57] *Ibid.* 44,7 (PG 29, 404C): τὰ ὕψη τῆς περὶ τοῦ Μονογενοῦς δόξης. Eine Abhängigkeit von der Interpretation des Origenes in *Com.Matth. ser.* 125 zur *Paideia*,
wie sie Tamburrino 238 postuliert, ist nicht nachweisbar, angesichts der Ver-
breitung dieser Vorstellung auch nicht notwendig.

[58] Origenes, *In Ps* 44,4 (Cadiou 78; PG 12, 1429B); *Com.Matth. ser.* 32 u.ö.

[59] *Hom.Ps.* 44,5 (PG 29, 400AB): Ἡγούμεθα τοίνυν τροπικῶς ἀναφέρεσθαι εἰς
τὸν ζῶντα τοῦ Θεοῦ λόγον, ὥστε συνάπτεσθαι τῇ σαρκί [...].

[60] Cf. Eusebius, *In Ps* 44,4.

[61] *Hom.Ps.* 44,5 (400A).

[62] Cf. zur Rezeption der platonischen Anthropologie bei Basilius K. Berther,
Der Mensch und seine Verwirklichung in den Homilien des Basilius von Caesarea,
Freiburg/Schw. 1974, 104-123.—Cf. Origenes z.St. (PG 12, 1429B); Apollinaris,
K.m.p. 2: Die Erlösungstat Christi besteht nach Apollinaris darin, die Affekte auf-

Ex 1,5.[63] Eine genauere Erklärung des 'Gürtens', mithin des Verhältnisses zwischen Wort und Fleisch, unterbleibt.

Die Aufzählung der Christusnamen schließt sich an Gedankengänge der Schrift gegen Eunomius an.[64] Basilius unterscheidet nicht zwischen Namen (ὀνόματα) für das göttliche Sein Christi und Bezeichnungen (προσηγορίαι), die seine Gnade uns gegenüber zum Ausdruck brächten, wie in der Schrift über den Hl. Geist.[65] Die Namen verwiesen auf bestimmte Realitäten seines göttlichen Seins, zunächst unabhängig von der Menschwerdung.[66] Das Schwert bezeichne die Wirkung des Wortes, das den den Leidenschaften zugeneigten Teil der Seele abtrenne, sodann in Verbindung mit der Anrede als 'Mächtiger' das Wort, das die Macht hat, Mensch zu werden. Geradezu hymnisch streicht Basilius in diesem Zusammenhang das Wunder der *Oikonomia* heraus, daß der Gott-Logos sich mit der Schwachheit des Fleisches verbinde und in die Niedrigkeit der Menschheit hinabsteige.[67]

Im Anschluß an die breite kirchliche und theologische Tradition deutet er auch die Salbung auf den Menschgewordenen.[68] Nachdem die 'typischen' Könige und Hohenpriester mit 'typischer' Salbe bezeichnet worden waren, sei das 'Fleisch des Herrn' mit der wahren Salbe, dem Hl. Geist, gesalbt worden. Während Basilius in *De Spiritu Sancto* einen deutlichen Zusammenhang zwischen *Typos* und *Antitypos* durch das Wirken des Hl. Geistes herstellt,[69] bleiben sie hier weitgehend unverbunden. Ebensowenig entfaltet er die trinitätstheologische Bedeutung des Christus-Namens, wie er sie in *Spir.* gegen das Argument entwickelt, angesichts der häufigen Nennung einer Taufe nur auf Christus sei das trinitarische Taufbekenntnis kein Argument für die Gottheit des Geistes: In der Anrede Christi würden der Salbende, Gott-Vater, der Gesalbte, Christus, und die Salbe, der Hl. Geist, genannt, wobei er als Beleg für die Analyse *Apg* 10,38, *Jes* 61,1 und *Ps* 44,8 zitiert.[70] Die Zitate

---

zuheben und so den Weg zum Ziel, dem Schönen, Göttlichen, zu eröffnen, cf. Mühlenberg, Apollinaris 170f.

[63] Keine Parallelen nachweisbar.
[64] S.o. III 1.3, S. 228f.
[65] *Spir.* 8,17 (SCh 17bis, 304,20/23. 29/32; 306,54/56).
[66] *Hom.Ps* 44,5 (PG 29, 400B).
[67] *Ibid.* 44,5 (PG 29, 400B).
[68] *Ibid.* 44,8 (PG 29, 405AB).
[69] *Spir.* 16,39 (SCh 17bis, 384,1-386,9).
[70] *Ibid.* 12,28 (SCh 17bis, 344,7/14), cf. Irenäus, *Haer.* III 18,3, s.o.

ergänzen sich: *Apg* 10,38 nennt Jesus von Nazareth, den Menschen, der von Gott mit Hl. Geist gesalbt wurde; Jesaja spricht vom Geist des Herrn über dem Gesalbten und Gesandten; die Psalm-Stelle schließlich bezeichnet diesen Gesalbten ebenso wie den Salbenden als 'Gott'.

In der Homilie gibt Basilius, offensichtlich unberührt von den Auseinandersetzungen mit den Pneumatomachen, zu diesem ganzen Komplex nur knappe Hinweise: Daß mit dem 'Öl des Jubels' der Hl. Geist gemeint sei, problematisiert er nicht. *Gal* 5,22[71] ist nicht Beleg für diese Deutung der Metapher, sondern dafür, daß die Metapher gut gewählt sei—ohne daß er das weiter begründet. Er stellt einen Zusammenhang zur Taufe Jesu her, ohne sie eigens zu erwähnen, indem er vom 'Herabkommen' des Hl. Geistes spricht und—wie in *Spir.* 16,39—aus *Joh* 1,32 (. . . *et mansit super eum*) zitiert. An dieser Stelle nennt er Christus—das einzige Mal in der Homilie—'Sohn Gottes'. Er unterscheide sich von den Teilhabern, weil der Geist in Fülle in ihm sei, die Menschen aber nur teilweise Gemeinschaft mit ihm hätten. Zwar bezieht er den Akt der Salbung auf die Taufe, beschränkt ihn aber nicht auf den 'bloßen Menschen'. Die Termini greifen ineinander: Gesalbt wird das Fleisch; die Salbung ist Zeichen für die vollkommene Einheit mit dem Hl. Geist und insofern von der bloßen Gemeinschaft der 'Teilhaber Christi' mit dem Geist abzuheben. Daß nicht nur der Mensch Jesus gesalbt sein kann, zeigt der Sohnes-Titel sowie die sich daran anschließende Bemerkung, daß 'die Rede vom Retter gemischt' sei aus der von der 'Natur der Gottheit' und der von der '*Oikonomia* der Menschwerdung'.[72]

In *Ps* 44,8a sei im Unterschied zu 8bc vom Menschlichen die Rede. Charakteristisch ist die Formulierung τὸ ἀνθρώπινον τοῦ Θεοῦ, nicht minder auffällig die Darstellung dieses Menschlichen: Während nämlich die Menschen mit Mühe und 'Askese' zu einer 'Verfassung' auf das Gute hin gelangen könnten,[73] sei Christus eine natürliche Vertrautheit mit dem Guten eigen.[74] Im Psalmtext steht 'Gerechtigkeit', und kurz darauf, in bezug auf die Menschen,

---

[71] Origenes, *Com. Cant.* I 3,11 (GCS Orig. 8, 100,8); cf. später: Chrysostomus, *Exp. Ps.* 44,8.

[72] *Hom. Ps.* 44,8 (PG 29,405A): μικτός ἐστιν ὁ περὶ τοῦ Σωτῆρος λόγος διά τε τὴν φύσιν τῆς θεότητος, καὶ τὴν οἰκονομίαν τῆς ἐνανθρωπήσεως.

[73] *Ibid.* B: πρὸς τὸ καλὸν διάθεσις.

[74] *Ibid.* σοὶ δὲ φυσική τίς ἐστι πρὸς τὸ ἀγαθὸν ἡ οἰκείωσις.

verwendet Basilius ebenfalls diesen Terminus aus der Ethik. In bezug auf Christus aber gebraucht er den in der Einleitung eigens
ontologisch bestimmten Begriff vom 'Guten'. Wenn Christus, insofern er Mensch ist, von Natur aus mit diesem Guten verbunden
ist,[75] ist eine menschliche Entscheidung zum Guten für ihn de facto
ausgeschlossen. Das heißt: Die 'Rede vom Retter', um die Formulierung des Basilius aufzunehmen, ist 'gemischt' nicht insofern, als
teils vom Menschlichen, teils von der Gottheit die Rede ist und eins
das andere gleichsam ablöst, sondern in sich. Eine Differenzierung,
wie sie Basilius immer wieder nahelegt, ist nur eingeschränkt möglich zwischen der Gottheit des Sohnes an sich und dem Gott-Logos
im Fleisch.[76] Die genannte 'Mischung' bezieht sich bezeichnenderweise auf die Sprache; nur da ist die Formel von Jesus Christus als
'Mensch' für Basilius zu rechtfertigen. Auf ausführlichere Diskussionen zum 'Verdienst' sowie zur Frage der Salbung bzw. ihres
Zeitpunkts, wie sie sich in dem Apollinarischen Fragment finden,
läßt er sich nicht ein. Die christologische Argumentation schließt
sich damit konsequent an die anti-Eunomianische Sprachreflexion
an. Was für Gott, dessen Wesen der menschlichen Erkenntnis entzogen ist, gilt, gilt auch für Christus: Über bestimmte Konnotationen der Begriffe und Bilder ist eine gewisse Annäherung an das Geheimnis möglich, autorisiert durch die Sprache der Hl. Schrift,
mithin durch den Hl. Geist, Gott selbst. Die christologische Differenzierung erfolgt auf der Ebene der Sprache[77] und weist auf eine
Realität des göttlichen Wirkens in der *Oikonomia* hin, ohne daß sich
das ontologisch näher fassen ließe.

Diese Distanz spiegelt sich in der Terminologie: Basilius scheint
ein *Logos-Sarx*-Schema zugrundezulegen,[78] das er eng mit dem
Oikonomia-Begriff verknüpft. Termini für die Gottheit sind Logos,
Gott Logos, Logos Gottes, Gottheit, Gott und Eingeborener,[79] für

---

[75] Οἰκείωσις besagt innigste Vertrautheit und kann sich sowohl auf das Verhältnis zwischen Menschen und Gott, cf. *Spir.* 7,16; 15,35 u.ö. (SCh 17bis, 298,14;
364,3), als auch auf die Zusammengehörigkeit der drei Personen beziehen, *Spir.*
18,45 (408,27). Bei φυσικὴ οἰκείωσις erübrigt sich eine weitere Reflexion.

[76] Cf. dazu die Unterscheidung bei Didymus zwischen dem Logos, der Mensch
wird, und den Menschen; s.o. S. 248-250.

[77] Cf. den Übergang von der Niedrigkeit des Fleisches zur Schlichtheit der
Verkündigung, s.u. S. 301f., sowie die Terminologie.

[78] PG 29, 400AB.

[79] PG 29, 400BC; 404B; 405A.

die Menschheit Fleisch, Menschliches,[80] ansonsten Verbindungen mit οἰκονομία, συνάπτεσθαι, σάρκωσις, ἐνανθρώπησις, συγκατάβασις.[81] 'Mensch' kommt nur zweimal in abstrahierenden Verbindungen vor.[82] Formulierungen wie 'den Menschen annehmen' oder 'anziehen' fehlen völlig. Subjekt des Handelns ist immer der Gott Logos, wobei er hier seltener abstrahierende Wendungen wie 'Gottheit' verwendet.[83] Die christologischen Argumentationen konzentrieren sich in den Auslegungen zu Vers 3-4 und 7-8.

Die Namen und Titel für Christus sind gewöhnlich von dem Vers, um den es gerade geht, bestimmt: So dominiert zu *Ps* 44,2 ἀγαπητός, zu 7 θεός, zu 15 βασιλεύς. 'Gott Logos' nennt er ihn nur zu Vers 4. Selten sind 'Retter'[84] und 'Sohn Gottes'[85], auffallend zurückhaltend ist Basilius auch beim Bild vom Bräutigam[86]. Die häufigsten Titel sind κύριος und χριστός, relativ selten nur kombiniert, wobei 'Jesus' für sich allein nicht vorkommt.[87] Stellenweise erübrigt sich ein Name, weil Basilius mit dem Propheten Christus direkt anspricht.[88]

Die Terminologie ähnelt in mancher Hinsicht der des Apollinaris, dessen frühe Theologie Basilius möglicherweise nachhaltig beeinflußte.[89] Die Tatsache, daß sich Basilius bezüglich christolo-

---

[80] PG 29, 397B; 400B.D; 404B; 405A; 405C-408B.

[81] PG 29, 389C; 400AB; 405A; 405C-408B.

[82] PG 29, 397C: περὶ τοῦ κατὰ τὸν Σωτῆρα ἀνθρώπου. 400B: διότι μεγίστης ἀπόδειξιν δυνάμεως ἔχει τὸ δυνηθῆναι Θεὸν ἐν ἀνθρώπου φύσει γενέσθαι.

[83] PG 29, 396C; 400C; 405A.

[84] PG 29, 397C; 405A; 408C.

[85] *Hom.Ps.* 44,8 (PG 29,405A).

[86] PG 29, 408C; 409B.

[87] *Hom.Ps.* 44,5 (PG 29, 397B): 'Unser Herr'; *ibid.* (400A) 'Unser Herr Jesus Christus'; 11 (412B): 'Herr Jesus', beeinflußt durch *Röm* 13,14.

[88] *Ibid.* 44,6; 8 (PG 29, 401AB; 405B).

[89] Dazu Hübner, Die Schrift des Apolinarius 252-281; cf. den Briefwechsel zwischen Basilius und Apollinaris, *Epp.* 361-364 (Y. Courtonne, Paris 1957-1966, III 221-226), dessen Echtheit umstritten ist. G.C. Prestige, St. Basil the Great and Apollinaris of Laodicea, London 1956, und H. de Riedmatten, La correspondance entre Basile de Césarée et Apollinaire de Laodicée, in: JThS 7 (1956) 199-210; 8 (1957) 53-70, plädieren mit guten Gründen für die Authentizität. Zu den historischen Umständen und zur Auswertung der Nachrichten um die Eustathius-Affäre cf. Mühlenberg, Apollinaris 26-45. Hübner zufolge handelt es sich bei dem mehrmals erwähnten Traktat möglicherweise um die pseudo-athanasianische Schrift. Sie diente Basilius als Vorlage für die Homilie *Contra Sabellianos, Arium et Anomeos* (PG 31, 599-618), wohl um 375/76, cf. Hübner, aaO. 268-281, zum Nachweis der Abhängigkeit 47-125. Er findet Spuren schon in *Eun.*, also zwischen 360 und 364, außerdem in *Spir.* und diversen Homilien, Hübner, aaO. 250-268. Zu den Psal-

gischer, besonders inkarnationstheologischer Fragen zurückhielt
und in erster Linie die Trinitätstheologie als notwendige Grundlage
für die Einheit des Glaubens ansah, spricht für die These:[90] Obwohl die Christologie des Apollinaris früh angelegt war, sah Basilius
keinen zwingenden Grund, sich mit ihr eingehend auseinander-
zusetzen bzw. sich zu distanzieren. So entwickelt sich seine eigene
Christologie vom gleichen Ansatz her, ohne freilich die pointierten
Thesen des Apollinaris zu übernehmen. Gemeinsamkeiten äußern
sich im Grundschema, in der Gegenüberstellung von Logos bzw.
Gottheit bzw. Geist und Fleisch bzw. Körper,[91] in der Vorliebe für
Begriffe wie σάρκωσις und ἐνανθρώπησις;[92] beide verwenden für
die Menschheit neben 'Fleisch' und 'Leib' vor allem Abstrakta,
halten sich gegenüber dem Terminus ἄνθρωπος auffallend zurück[93]
und stellen konsequent den Logos als handelndes Subjekt dar, dem
das Fleisch untergeordnet ist.[94]

c) Die christologischen Implikationen der Schönheit Christi[95]

Mit dem Lob der Schönheit beginnt der christologische Teil des
Psalms, und dieses wird von Basilius geradezu überschwenglich aufgenommen, wenn er, ohne damit eine besondere Deutung rechtfer-

---

menfragmenten, die Basilius ebenfalls zu benutzen scheint, cf. Hübner, aaO. 264
Anm. 57.

[90] Cf. *Ep.* 258,2; Mühlenberg, Apollinaris 59.

[91] Cf. Wort-Fleisch: Ps-Athanasius, *Sab.* (PG 28, 100A); Apollinaris, *K.m.p.* 2;
11; 28; Gottheit-Fleisch: *K.m.p.* 2; 11; Wort-Leib: *Sab.* 15 (PG 28, 120CD); Geist-
Fleisch: *Anakeph.* 16 (Lietzmann, 244,2/5).

[92] *Sab.* 2; 3; 13 (PG 28, 100A; 101C; 117C), cf. Apollinaris, *K.m.p.* 2; 11; 36
u.ö.

[93] *Sab.* 2; 3-4 (PG 28, 100B; 104 *passim*); cf. *K.m.p.* 2; 3; 11; 12. 'Mensch' nur
28; 31 (dort einmal von Ath., *Ep. ad Adelph.* 8 übernommen) und 36 (Dieser ganze
letzte Teil der *K.m.p.* ist mit Sicherheit von Schülern überarbeitet, die ihn verteidigen wollen). *Anakeph.*, v.a. 4; *Apod. fragm.* 45 (Lietzmann 243,3/5; 220, 23/27); cf.
Sab. 13 (PG 28, 117C): Christus kann 'Mensch' höchstens homonym genannt werden. Cf. die Häufigkeit, mit der noch Athanasius Christus 'Mensch' nennt.

[94] Zur Apollinaristischen Christologie Hübner 209-229; s.o. III 1.2, Anm. 93.

[95] Die Bedeutung der Schönheit bei Basilius, die seine Interpretation von den
voraufgehenden erhaltenen Auslegungen unterscheidet, legt einen Einfluß neuplatonischen Gedankenguts nahe, dem Basilius während seiner Studien in Athen
und vermittelt durch Origenes begegnet ist. Mehr läßt sich für die Homilie nicht
sagen. In *Spir.*, v.a. im 9. Kapitel, sind zumindest indirekte Einflüsse nachweisbar.—Zur Diskussion um *De Spiritu Sancto*, die kleine Schrift *De Spiritu* (PG 29,
768-774) und Plotin, *Enn.* 5,1 u.a. (6,9; 1,7; 2,9) s. Dehnhard; P. Henry, Etudes
Plotiniennnes I, Les Etats du texte de Plotin, Paris-Brüssel 1938, 159-196; Rist
207-211.

tigen zu wollen, die Textvarianten bei Aquila und Symmachus zitiert.[96] So häuft er Epitheta und Umschreibungen dieser Schönheit, die den Propheten zu 'göttlichem Eros' bewegte und die Macht habe, jede menschliche Seele von allem bisher Geliebten zu lösen.

Mit der Feststellung, daß sich die Überlegenheit (ὑπεροχή) der göttlichen Schönheit einem Vergleich mit den Menschen entziehe, hatte Basilius im voraufgehenden Abschnitt gegen eine Deutung der Verse als aus der Person des Vaters gesprochen argumentiert.[97] Damit nutzt er diese von Eunomius in der Diskussion forcierte Prämisse,[98] um den Sohn im Gegensatz zur geschaffenen Welt der *Ousia* Gottes zuzuordnen. Aus der Perspektive der Menschen und im Blick auf den Menschgewordenen kann er diese Schönheit dann doch auf den Glanz seiner Gottheit beziehen, zumal aufgrund von *Jes* 53,2-3 die Schönheit des Leibes nicht gemeint sein könne:[99] Schön nenne den Herrn der, der seine Gottheit betrachte und, erfüllt von ihrem Glanz, zur göttlichen Liebe der intelligiblen Schönheit bewegt werde.[100] Die absolute Transzendenz Gottes scheint damit durch den Sohn in gewisser Weise zugänglich und vergleichbar zu werden, auch wenn sie nicht eigentlich greifbar gemacht werden kann: Zu beschreiben ist sie nur an ihren Wirkungen, z.B. an Paulus, der, nachdem ihm Christus erschienen war, alles, was er bisher geliebt hatte, für nichts erachtete (*Phil* 3,8) und mit dem gemeinsam sich die Christen ('wir') des Kreuzes rühmten, was nach außen hin Torheit zu sein scheine (*Gal* 6,14; *1 Kor* 1,21; 2,12f.). Unvermittelt verschiebt Basilius den Akzent auf die Ebene der Sprache, der Verkündigung Christi in einfachen Worten, nicht gelehrten Ausführungen. In ihnen enthülle sich der Reichtum der Gnade Gottes, da doch trotz der äußeren Schlichtheit das Evangelium so schnell in der ganzen Welt verbreitet worden sei.[101]

Dieser 'Bruch' ist zunächst durch den Text Vers 3b veranlaßt, der durch die Metapher von der auf die Lippen ausgegossenen

---

[96] *Hom.Ps.* 44,4 (PG 29, 396B).

[97] *Ibid.* 44,3 (PG 29, 393A): οὐ γὰρ ἐκ τῆς πρὸς τοὺς ἀνθρώπους συγκρίσεως τὴν ὑπεροχὴν τοῦ κάλλους ἔχει.

[98] Cf. Eun., *Apol.* 9; 10-11: Ein Vergleich setze gewisse Gemeinsamkeiten voraus. Gott als Ungewordener sei schlechthin unvergleichlich.

[99] *Hom.Ps.* 44,4 (PG 29, 396BC): Ὡραῖον οὖν κάλλει προσαγορεύει τὸν Κύριον ὁ ἐνατενίσας αὐτοῦ τῇ θεότητι. Οὐ γὰρ τὸ τῆς σαρκὸς ἀνυμνεῖ κάλλος.

[100] *Ibid.* 44,4 (PG 29, 396C); 5 (400C); 9 (405C); 10 (409A); cf. *Spir.* 9,23; 22,53; Platon, *Phaidr.* 250cd u.ö.; Plotin, *Enn.* 6,6-8 u.ö.

[101] *Hom.Ps.* 44,4 (PG 29, 396C-397A).

Gnade Assoziationen zur Verkündigung Jesu Christi nahelegt, gibt
aber auch Hinweise auf die theologischen Lehrer des Kappadokiers.
Origenes hatte, auf der Grundlage seiner Lesevariante, Vers 3a
konsequent auf die Schönheit des Offenbarungswortes gedeutet.[102]
Die Gegenüberstellung von *Ps* 44,4-5 und *Jes* 53,2-3 spiegelt bei
ihm die Übergangsfunktion der Menschwerdung Christi als Offenbarung für die Schwachen, die es zu überwinden gelte, um sich der
göttlichen Schönheit anzunähern.[103] Apollinaris hatte beide Verse
verknüpft: Die Schönheit Christi äußere sich in seinen Worten und
Werken.[104] Das prinzipiell Unvergleichbare wird so in der Dynamik seines konkreten Wirkens in der Schöpfung, im angenommenen Fleisch zugänglich.[105]

Basilius stellt Menschsein und Gottheit nicht so schroff gegeneinander wie Origenes, übernimmt aber seinen Gedanken von der
Schönheit des göttlichen Wortes, die sich hinter den einfachen Worten der Schrift verberge. Er vermeidet an dieser Stelle die Paradoxa
des Apollinaris, schafft aber, indem er die Wirkung der Schönheit
auf den Apostel und Verkündiger Paulus beschreibt und den fleischgewordenen Logos und die menschliche Sprache in ihrer Offen-
barungs- und Vermittlungsfunktion parallelisiert, eine enge Verbindung. Die Schönheit wird nicht wie bei Apollinaris durch die
konkrete physische Erscheinung Christi definiert, sondern durch
die Liebe, die er z.B. bei Paulus und den Aposteln weckt.

Das bestätigt seine Interpretation zu *Ps* 44,4 und 6: Die in 4b
genannte Schönheit liege dem Machterweis der Menschwerdung
zugrunde bzw. stelle den Rahmen dar. Er differenziert zwischen
ὡραιότης und κάλλος. Ersteres bezeichne Reife, Erfüllung und im
Zusammenhang der Allegorese zu *Ps* 44,4a die Fülle der Zeit (*Gal*
4,4). Κάλλος hingegen sei ein Terminus der Ästhetik für die Harmonie und Proportion der Glieder und Teile, und meine in bezug
auf Christus seine intelligible Gottheit, die alles Begreifen übersteige und nur der θεωρία zugänglich sei.[106]

Die 'geschärften Pfeile' in *Ps* 44,6 versteht Basilius metaphorisch
als die die Herzen der Feinde treffenden Worte.[107] Sie ließen, unter

---

[102] *Princ.* IV 1,5; s.o. I 3.1.b; *Princ.* IV 1-3 ist in der *Philokalie* erhalten!
[103] *Cels.* VI 75-76; *Com.Matth.ser.* 32 u.ö.; s.o. I 3.2.e.
[104] *Fragm.* 67 in *Ps* 44,3; s.o. S. 220. Cf. Ps-Athanasius, *Sab.* 4.
[105] S.o. III 1.2. dort im Text, Anm. 110.
[106] *Hom.Ps.* 44,5 (PG 29, 400BC): τῇ θεωρητῇ καὶ νοητῇ θεότητι.
[107] *Ibid.* 44,6 (PG 29, 401B-404B), z.St. s.u.

Berufung auf *Hld* 2,5, die verwundeten Seelen in höchster Liebe zu Gott entbrennen, ohne daß der Grund dafür im letzten aussagbar wäre, weil die göttliche Schönheit in seinem Logos und seiner Weisheit und 'die Gestalt Gottes in seinem Bild'[108] unaussprechlich seien. Sichtbar seien lediglich die Wirkungen bei denen, die die göttliche Schönheit schauten: Sie vergäßen Verwandte und Freunde, Haus und Besitz, selbst körperliche Bedürfnisse wie Essen und Trinken.

Im Begriff der Schönheit spiegelt sich ein zentrales Anliegen nicht nur dieser Homilie: Insofern Gott transzendent, unsagbar und unbegreifbar ist, entzieht sich seine 'Schönheit' jeder Vergleichsmöglichkeit. Insofern er aber Mensch geworden ist, um die Menschen an sich zu ziehen, macht er sie in Christus wenn nicht sichtbar, so doch 'anschaubar'. So läßt sie sich als solche zwar immer noch nicht beschreiben, leuchtet aber in ihren Wirkungen auf, in der Macht, die sich in der Menschwerdung manifestiert, und in den Reaktionen auf seine Person und sein Wort.[109]

d) Die christologische Argumentation: 'Bild des unsichtbaren Gottes'

Basilius läßt mit seinen Ausführungen einerseits keinen Zweifel daran, daß der Sohn ganz und ohne Abstriche Gott ist, andererseits umschreibt er diese Gottheit mit Ausdrücken, die von seiner Hinwendung zur Schöpfung, zu den Menschen zeugen, und vermeidet es, die göttliche Transzendenz zu sehr zu betonen.[110] Christi Menschheit stellt er, wo von ihr die Rede ist, als göttliche dar. So bezieht er zwar *Ps* 44,3bc[111] auf das 'Menschliche', deutet aber die in Vers 3b genannten 'Lippen' über diese erste Ebene—als Metapher für das konkrete Sprechen des besungenen Christus und seine unmittelbare Wirkung hinaus—tropisch: zum einen als Emphase, die mit dem schlichten Wort um so mehr meint, nämlich die ganze

---

108 *Ibid.* 44,6 (PG 29, 401CD), s.u. Abschnitt d.

109 *Ibid.* 44,5 (PG 29, 400CD): Basilius zeigt das an den Jüngern, denen Christus die Gleichnisse erklärt bzw. die seine Schönheit in der Verklärung schauen.

110 Nur *ibid.* 44,3 (PG 29, 393A) und mit Einschränkungen 6 (401CD); cf. dagegen die Darstellung des 'Guten, nach dem alles verlangt' in *Hom.Ps.* 1,3, wo Basilius mit einer Reihe apophatischer Prädikate die Unwandelbarkeit Gottes betont (PG 29, 216BC).

111 Diesen Teilvers umkreist er: Er bezieht ihn in seine Interpretation zu Vers 3a ein, legt ihn dann aber nochmals eigens aus.

Fülle der Gnade, die Jesu Botschaft der Welt vermittelte, zum andern als Allegorie der Diener, die seine Botschaft weitertragen.[112]

Rückblickend von *Ps* 44,7 will Basilius auch die Verse 4-6 auf das Menschliche gedeutet haben.[113] Aber die weithin paraphrasierende Darstellung der Macht und Schönheit Christi weist darüber hinaus. Vers 5a bezieht der Prediger auf Christi Wirken und seine menschliche Sorge um das Fleisch, durch dessen Beherrschung er der Verkündigung den Weg bereitet habe.[114] Die Auslegung von 5b ist nicht viel ausführlicher.[115] Basilius reißt sie nur knapp an: Die Menschen seien durch Lügen verdreht und verkehrt. Um die Wahrheit auszusäen, solle Christus anstelle der Sünden in ihnen herrschen, denn er sei die Wahrheit (*Joh* 14,6).[116] Damit ist zwar das aufrichtige und disziplinierte Leben Jesu Christi als Mensch mitgemeint, aber im Zentrum steht zweifelsohne die Wirkung seines Kommens auf alle Menschen, die nur aus seiner Gottheit zu erklären ist. Lediglich bezüglich der πραότης, der Milde, deutet Basilius eine Vorbildfunktion, ein Beispiel, mit dem der Mensch als solcher sich identifizieren kann, an, wenn er *Mt* 11,29 zitiert und auf die Sanftmut, mit der Christus Schläge und Schmähungen ertrug, verweist.[117] Die 'Gerechtigkeit' bleibt hier außer Betracht, obwohl sich damit ein Anknüpfungspunkt für Vers 8a böte. Die Erklärung zu *Ps* 44,5c hebt darauf ab, daß Christus im Unterschied zum Volk Israel, das die Wolkensäule brauchte, keiner Hilfsmittel bedürfe, weil seine Gottheit, seine 'Rechte', entscheidendes Aktzentrum ist.[118]

Die 'Symbole' aus *Ps* 44,9a schließlich, Myrrhe, Myrrhenöl und Zimt, allegorisiert Basilius traditionsgemäß auf Christi heilbringendes Leiden. Myrrhe symbolisiere von *Joh* 19,39 her das Begräbnis Christi, das Myrrhenöl als die ausgepreßte und leichtbewegliche Substanz der Myrrhe seinen Abstieg in die Unterwelt; Zimt verweise, insofern er als eine Art Bast Holz umspanne, auf das Holz des Kreuzes, an dem er für die ganze Schöpfung gelitten habe. All das sei auf die Auferstehung hin geschehen, um alles zu erfüllen.[119]

---

[112] *Hom.Ps.* 44,5 (PG 29, 397B-D).
[113] *Ibid.* 44,7 (PG 29, 404B).
[114] *Ibid.* 44,5 (PG 29, 400D-401A).
[115] S.o. zur finalen Deutung.
[116] *Hom.Ps.* 44,6 (PG 29, 401A).
[117] *Ibid.* 44,6 (PG 29, 401B).
[118] *Ibid.* 44,6 (PG 29, 404B), cf. 2 (389BC) zur 'Rechten des Höchsten'.
[119] *Ibid.* 44,9 (PG 29, 405C-408A); Tamburrino 239 verweist z.St. auf Ori-

Basilius löst diese Stationen aus dem konkreten menschlichen Leben Jesu Christi heraus, um ihre Funktion in der *Oikonomia* zu akzentuieren. Einmal spricht er vom 'Wohlgeruch Christi' (*2 Kor* 2,15), ansonsten nennt er nicht einmal seinen Namen.

Die menschliche Seite des Christusbilds bleibt insgesamt unscharf und verschwommen, letztlich ohne Eigenwert. Basilius zeichnet das Bild Christi als das des göttlichen Logos, der die menschliche *Sarx* vollkommen in sich aufgenommen hat. Das Menschliche ist Ausgangspunkt, den es zu überschreiten, Hülle[120], die es zu durchdringen gilt, um über die staunende Betrachtung der Wirkung seines Lebens und seiner Worte auf einzelne Menschen wie Paulus und die ganze Welt hinaus zur göttlichen intelligiblen Schönheit vorzustoßen, die den, der sie einmal geschaut hat, immer weiter zieht und verwandelt. Wie die Worte zu Lehren werden und so zur Erkenntnis führen,[121] ist die 'Hülle' (cf. *2 Kor* 3,14-4,4) des Fleisches notwendiges Vermittlungsinstrument, 'Übersetzer' (*Joh* 1,18), um die Macht und Schönheit des Sohnes wahrnehmen und so zur Gotteserkenntnis und Schau gelangen zu können.[122] So schafft Basilius einerseits Abstand zwischen den Menschen und Jesus Christus, von dem er jede Sünde weit fern hält[123] und dessen Schönheit alles menschliche Begreifen übersteigt;[124] andererseits überbrückt er ihn durch das Wort, die Sprache der Verkündigung, sowie durch die Teilhabe, die der Geist ermöglicht, und die in der Darstellung dominierende Macht der göttlichen Liebe, die in der Dynamik der Loslösung von der Welt und in dem immer mehr Einswerden mit Christus transparent wird.

Eine Schlüsselfunktion nehmen die hymnischen Titel in der Deu-

---

genes, *Com. Cant.* I 5,9 (GCS Orig. 8, 99) und II (*ibid.* 170): Origenes nennt dort ohne weitere Begründung die Myrrhe als Symbol für den Tod; als Beweis für eine Abhängigkeit genügt das nicht. Die Myrrhe wird fast durchweg auf Christi Tod interpretiert, die anderen Salben bezeichnen in unterschiedlicher Akzentuierung dessen Heilsbedeutung, cf. Theodor, Theodoret, Didymus, z.St.

[120] Der Begriff fällt nicht, liegt aber in der Konsequenz des Gedankengangs; s.u. zur parallel strukturierten Hermeneutik in Anlehnung an *2 Kor* 3,14-4,4; *Spir.* 21,52.

[121] Cf. *Spir.* 1,2 (SCh 17bis, 252,7-254,17).

[122] *Ibid.* 21,52; cf. Ps-Athanasius, *Sab.* 11; 2 (PG 28, 116B; 100B); 3-4 (Auslegung von *Mt* 11,25-30); *K.m.p.* 38 (Lietzmann 182,6/13). Zur Bedeutung dieser Stelle für Apollinaris s. Hübner, Die Schrift des Apolinarius 219f.

[123] *Hom. Ps.* 44,8 (PG 29, 405AB), s.o.; cf. *Ep.* 261,3; Grillmeier I 536f; cf. die Bedeutung der Sündlosigkeit bei Apollinaris, *K.m.p.* 30; 36 u.ö.

[124] *Hom. Ps.* 44,5 (PG 29, 400C).

tung zu Vers 6 ein.[125] Die dritte Formel, 'Gestalt Gottes in seinem
Bild', verknüpft *Phil* 2,6 (μορφὴ Θεοῦ), *2 Kor* 4,4 (Christus als εἰκὼν
τοῦ Θεοῦ) und *Kol* 1,15 (εἰκὼν τοῦ Θεοῦ τοῦ ἀοράτου): μορφή bezeichnet hier die Substanz Gottes und damit die unauflösliche Einheit ohne Unterschiedenheit von Vater und Sohn.[126] Vom *Nicaenum* her wird der Titel 'Bild' anfechtbarer, als er es noch bei
Origenes war.[127] In *Spir.* verteidigt Basilius das 'Bild' gegen den
Vorwurf, damit zwei 'Könige' zu implizieren: Die Ehre für den
König und sein Bild sei die gleiche.[128] Und was das Bild durch
Nachahmung sei, sei der Sohn von Natur aus.[129] Als Bild ist er eins
mit dem Vater. Insofern als das 'Bild' Fleisch wird, wird es 'anschaubar' für die Menschen, Vorbild, das zum Urbild führt, und so
den Weg zur Erkenntnis und zur größtmöglichen Verähnlichung
mit Gott eröffnet.[130]

Insofern bestätigt auch dieser Titel die Dynamik des Offenba-
rens, Liebens und Erkennens: Die Liebe zu Christus, der sich im
Fleisch und in den einfachen Worten des Evangeliums offenbart,
führt zur Schau des 'Bildes', der 'Schönheit des Logos', der 'Reife
der Weisheit', seiner Gottheit, zur Erkenntnis des Vaters, damit
zum letzten Ziel des Menschen, zur Vollkommenheit und eschatologischen Verwandlung. Der εἰκών-Titel in der Mitte der Homilie
schlägt die Brücke zu den Eingangs- und Schlußpassagen der Predigt, in denen die Erneuerung des Menschen zur Erkenntnis nach
dem Bild des Schöpfers (*Kol* 3,10) als Voraussetzung und Ziel der

---

[125] *Ibid.* 44,6 (PG 29, 401CD): ᾿Ανεκδιήγητον δὲ καὶ ἄρρητον τὸ τοῦ λόγου
κάλλος, καὶ ἡ τῆς σοφίας ὡραιότης, καὶ ἡ τοῦ Θεοῦ ἐν τῇ εἰκόνι αὐτοῦ μορφή.

[126] Cf. *Spir.* 18,45 (SCh 17bis, 406,8/12), cf. *ibid.* 21/23, wo er die Metapher
μορφή erklärt. Basilius verwendet diesen Begriff uneinheitlich: hier offensichtlich
synonym mit οὐσία; in *Eun.* I 20; 23; II 28 für die Proprietäten. Letzteres entspricht dem Gebrauch bei Ps-Athanasius, cf. Hübner, Die Schrift des Apolinarius
124f.; 257f., *Sab.* 11 (PG 28, 116B).

[127] Sein Einfluß wirkt in der Bild-Theologie des Basilius, möglicherweise vermittelt durch Gregor Thaumaturgos und evt. Apollinaris, nach; cf. zu Origenes:
H. Crouzel, Théologie de l' image de Dieu chez Origène, Paris 1956.

[128] Basilius bevorzugt ὁμότιμος gegenüber ὁμοούσιος, s. *Spir.* 5,8; 6,15 *et passim*. Ps-Athanasius, *Sab.* 5; 6, verteidigt in ähnlicher Weise das ὁμοούσιος. Das
wiederum nimmt Basilius in der *Hom. c. Sab.* 4 auf. Cf. auch Ps-Athanasius, *Ar.* IV
10.

[129] *Spir.* 18,45 (SCh 17bis, 406,20f.), s.a. 7,16; cf. Ps-Athanasius, *Sab.* 6 (PG
28, 108B): εἰκὼν ἀκριβεστάτη καὶ φυσική, er zitiert im Kontext *Kol* 1,15.

[130] Cf. *Spir.* 8,21; 18,47.

Annäherung an den 'Geliebten', an die göttliche Schönheit gefor-
dert wird.[131]

Auf die Nähe zur Theologie des Apollinaris wurde bereits hingewiesen. Zusammenfassend zu nennen wären die starke Betonung
der Einheit Christi, ohne daß Basilius dabei die problematischen
Theorien des Apollinaris übernähme: Er operiert vorzugsweise mit
dem Begriff der *Oikonomia*, also heilsgeschichtlich-soteriologisch,
ohne den anthropologischen Fragen, die mit der Christologie zusammenhängen, größere Aufmerksamkeit zu widmen.[132] Dieses
Insistieren auf der Einheit bedingt einerseits, vorsichtig formuliert,
eine gewisse Zurückhaltung bei Aussagen zur Transzendenz des
Logos, zum anderen eine strikte Trennung des fleischgewordenen
Christus von allen anderen Menschen,[133] was sich u.a. in der
Lehre von seiner absoluten, 'physischen' Sündlosigkeit manifestiert. Das schließt jegliches Verdienst aus. Hierin liegt der wesentliche Unterschied zu Origenes, dessen Gedankengänge zur göttlichen Schönheit und zur Schönheit der Sprache ebenfalls auf
Basilius einwirkten. Origenes entzieht die göttliche Schönheit
Christi als solche schon allein dadurch jeder Vergleichsmöglichkeit,
daß er *Ps* 44,3a auf 2c bezieht, vor allem aber, indem er sie als rein
intelligible darstellt, die den Vollkommenen als zweite Ankunft des
Wortes schon jetzt gegenwärtig sein kann, wenn sie der Welt ster-
ben und das Fleisch übersteigen.[134] Basilius argumentiert hier
anders: Auch bei ihm ist die Schönheit intelligibel und nicht jedem
zugänglich.[135] Aber trotz ihrer Unsagbarkeit wird sie in ihren
Wirkungen auf alle Menschen in gewisser Weise greifbar,[136] ist die
Menschwerdung nicht nur Notwendigkeit, die es schnellstmöglich

---

[131] *Hom.Ps.* 44,2 (PG 29, 392B); 11 (412B), s.u. III 3.1.3.a.

[132] So setzt er zwar die φύσις der Gottheit und der Menschheit nicht parallel,
kennt aber beides: ἐν ἀνθρώπου φύσει, *Hom.Ps.* 44,5 (400B); φύσις τῆς θεότητος, 8
(405A); cf. dagegen die Lehre von der 'einen Natur' bei Apollinaris, zusammenfassend Grillmeier I 486-490. Zum nach wie vor ungeklärten Verhältnis von Anthropologie, Christologie und Soteriologie und ihrer genaueren Bestimmung cf.
Mühlenberg, Apollinaris, dazu Hübner, 'Gotteserkenntnis durch die Inkarnation
Gottes', in: Kl. 4 (1972) 131-161.

[133] Auch das ὁμοούσιος ἀνθρώποις, das Apollinaris als einer der ersten formuliert, *De unione* 8 (Lietzmann 188), kann daran nichts ändern: Diese Gleichwesentlichkeit bezieht sich einzig auf das Fleisch.

[134] S.o. I 3.2.e.

[135] *Hom.Ps.* 44,5 (PG 29, 400CD): zitiert Verklärung und Auslegung der
Gleichnisse.

[136] *Ibid.* 44,6 (PG 29, 401CD); 4 (396CD).

zu übersteigen gilt, sondern Ausweis der Macht und Schönheit
Gottes und als solche ausführlich gewürdigt,[137] wird das 'Menschliche' anders verstanden: Auch insofern er Mensch ist, ist Christus
für Basilius (und Apollinaris) von Natur aus gut und muß sich nicht
durch ἄσκησις 'Verdienste' erwerben wie die menschliche Seele bei
Origenes. Brücke zwischen der Schönheit Gottes und den geschaffenen Menschen stellt das offenbarende Wort Gottes dar, das in der
Sprache einen Weg der Annäherung eröffnet, ohne daß sein Sein
begriffen werden könnte. Hier wirken die gegen Eunomius entwickelten Reflexionen auf das theologische Sprechen weiter.

3.1.3 Participatio Christi durch die Teilhabe an seiner Schönheit

a) Die Adressaten—anthropologische Grundlegung

Das Grundthema des Psalms, wie er es einleitend umreißt, ist für
Basilius nicht die Darstellung der Schönheit Christi an sich, sondern
der Weg der menschlichen Natur (φύσις) zur Vollkommenheit.[138]
Dahingehend analysiert er den semantischen Gehalt des ἀλλοιωθησομένων, hinter dem er ἀνθρώπων versteckt sieht. Alle vernünftigen
Wesen seien ständig Veränderungen körperlicher und geistiger Art
unterworfen: So wandelten sich mit dem Älterwerden körperliche
und geistige Kapazitäten, während die Engel beispielsweise immer
gleich blieben. Über die mit dem Alterungs-und Reifungsprozeß
verbundenen Gegebenheiten hinaus habe sich die Seele bzw. der innere Mensch den stets wechselnden Tatsachen des täglichen Lebens
anzupassen; er verändere sich durch Erfolge oder Bedrängnis, durch
Zorn, Gier u.a. Basilius stützt diese Argumentation mit der alternativen Lesart der Überschrift 'für die Lilien', die er als Metapher
für die Vergänglichkeit des Lebens interpretiert. Seine anthropologische Deutung gewinnt dadurch an unmittelbarer Aktualität,
daß er häufig, z.T. anaphorisch, die erste Person Plural verwendet:
'Wir' seien es, die sich verändern.[139]

---

[137] *Ibid.* 44,5 (PG 29, 400BC).
[138] *Ibid.* 44,1 (PG 29, 388A): Φαίνεται μὲν καὶ οὗτος ὁ ψαλμὸς τελειωτικός τις ὢν
τῆς ἀνθρωπίνης φύσεως, καὶ εἰς τὸ προκείμενον τέλος τοῖς κατ' ἀρετὴν βιοῦν προ-
ῃρημένοις τὴν ὠφέλειαν παρεχόμενος. Cf. die häufige Verwendung von τέλειος und
Derivaten in diesem Abschnitt. In *Reg. mor.* 70,30 (PG 31, 841A) definiert er das
als Ziel der Predigt überhaupt; cf. *Spir.* 9,23; 22,53 u.ö. als Ziel des Wirkens des
Hl. Geistes.
[139] V.a. PG 29, 388CD; 389AB u.ö.

In einem nächsten Schritt grenzt er den Kreis der mit dem Psalm Gemeinten ein: Die Futurform deute auf eine Veränderung in der Zukunft hin, deren einschneidendste, den antithetischen Aussagen von *1 Kor* 15,42-44 zufolge, die Auferstehung sei, in der nicht nur die Menschen, sondern die ganze Schöpfung mit ihnen verwandelt würden.[140] Belege dafür sind *Ps* 101,22 und *Jes* 30,26. Diese verheißene Verwandlung ist nach Basilius an Bedingungen geknüpft, die er zunächst recht allgemein umreißt. Gemeint seien diejenigen, die in den Übungen der Frömmigkeit und Tugend fortschreiten und darin durch die 'Rechte des Herrn' (*Ps* 76,11) unterstützt würden,[141] die sich mithin in ständiger Änderung auf die entscheidende Verwandlung durch die Auferstehung vorbereiteten. Diesen letzten Gedankenschritt entzieht er einer allgemein zugänglichen Argumentation: Die Worte Gottes seien nicht für alle geschrieben, sondern für die, die mit dem Ohr des inneren Menschen hörten.[142] Zusätzliche Distanz schafft er, indem er die erste Person Plural in diesem Zusammenhang nicht verwendet. Wie diese letzte entscheidende Verwandlung im konkreten Leben aussieht, zeigt er am Beispiel des Paulus, der sein ganzes früheres Leben hinter sich gelassen habe und sich nach dem Ziel ausstrecke (*1 Kor* 13,11; *Phil* 3,13-14), anders formuliert, der den inneren Menschen von Tag zu Tag erneuere (*2 Kor* 4,16)[143] und, noch einmal anders, der den alten Menschen ausziehe und den neuen anlege (*Eph* 4,22), der erneuert ist zur Erkenntnis gemäß dem Bild des Schöpfers (cf. *Kol* 3,9-10).[144]

Der Weg dahin über die Erkenntnis des 'Geliebten', Guten[145] erfordere die volle und ungeteilte Kraft der Liebe der Menschen, zu

---

[140] Keinerlei Anspielungen auf die christologische Deutung des Apollinaris. Cf. die Begriffsabgrenzung bei Didymus, *In PsT* 44,1, die sich von der des Basilius erheblich unterscheidet.

[141] Eine direkte Verknüpfung mit *Ps* 44,5 (ἡ δεξιά σου) läßt sich nicht nachweisen.

[142] *Hom.Ps.* 44,2 (PG 29, 398B).

[143] *Ibid.* (PG 29, 389C).

[144] *Ibid.* (PG 29, 392B): ἀλλὰ τοῦ ἐκδυσαμένου ἤδη τὸν παλαιὸν ἄνθρωπον, τὸν φθειρόμενον κατὰ τὰς ἐπιθυμίας τῆς ἀπάτης, καί ἐνδυσαμένου τὸν νέον, τὸν ἀνακαινούμενον εἰς ἐπίγνωσιν κατ' εἰκόνα τοῦ κτίσαντος.—Wieder aufgenommen *ibid.* 44,11 (zu 44,14 (412B)), s.u.; cf. P. Luislampe, *Spiritus vivificans*. Grundzüge einer Theologie des Hl. Geistes nach Basilius von Caesarea, Münster 1981, 115-122.

[145] *Hom.Ps.* 44,2 (PG 29, 392AB), s.o. S. 292; die christologische Grundlegung schiebt er zwischen das Beispiel Pauli und die Stellen zur steten Verwandlung des Menschen.

der *Mk* 12,30 in Anlehnung an *Dtn* 6,4f. mahne. Sie dürfe durch nichts abgelenkt werden, was zwar eine schwierige, aber nicht unmögliche Aufgabe sei, wie Mose und Johannes der Täufer bewiesen, die 'Freunde Gottes' genannt würden, sowie Jesu Worte an seine Jünger, daß sie nicht mehr Knechte, sondern Freunde seien (*Joh* 15,15).

Die Homilie entwickelt nun nicht systematisch, wie der Weg der Annäherung an den Geliebten sich zu vollziehen habe, sondern weist in Anlehnung an entsprechende Psalmverse auf verschiedene Aspekte hin. Basilius nimmt dabei vor allem das Bild vom inneren Menschen immer wieder auf, dessen Funktion sich im Rahmen des Texts nicht von der der Seele abgrenzen läßt: Eingangs verwendet er beide Begriffe in Opposition zu 'Leib',[146] im folgenden wechselt er zwischen den beiden Bezeichnungen und greift sowohl auf biblische als auch auf philosophische Begriffe und Bilder, z.B. von den Seelenteilen,[147] zurück. Eine geschlossene Anthropologie über die Unterscheidung des Menschen als Geistwesen und als fleischliches und sinnenhaftes Wesen hinaus läßt sich aus der Predigt nicht erheben.

b) Die Macht der Schönheit in der Wirkung der Worte

Einige der Metaphern des Psalms deutet Basilius auf das Wort Gottes im Sinn von Verkündigung. In der Allegorese zu Vers 6 sieht er darin die eigentliche Bedeutung der 'geschärften Pfeile':[148] Sie seien die Worte (λόγικα βέλη), die die Herzen der Zuhörer treffen und die leicht wahrnehmenden Seelen verwunden; man könnte hier aus der Auslegung zu Vers 4a ergänzen: die den den Leidenschaften zugeneigten Teil der Seele abspalten.[149] Basilius führt damit implizit Gedankengänge zu *Ps* 44,3bc fort, wo es ebenfalls um die Worte der Verkündigung gegangen war.[150] Zunächst erläutert er ihre Wirkung ex negativo: Sie sollen sich gegen die 'tückischen Worte', vor denen der Psalmist in *Ps* 119 bewahrt zu werden fleht, durchsetzen. Für die Feinde Gottes, die sich seiner Botschaft ver-

---

[146] *Ibid.* 44,1 (PG 29, 388C).

[147] *Ibid.* 44,5 (PG 29, 400B).

[148] *Ibid.* 44,6 (PG 29, 401B-404B); cf. Origenes, *In Ps* 44,6 (PG 12, 1429C).

[149] *Hom. Ps.* 44,5 (PG 29, 400AB), s.o. z.St. S. 294. Er stützt diese Interpretation mit *Koh* 12,11: 'Die Worte der Weisen sind wie Stacheln'.

[150] S.o. zur Schönheit Christi.

schließen, würden diese Pfeile 'vereinsamende Glutkohlen' (*Ps* 119,4):[151] Sie seien von Gott verlassen und vereinsamt, weil ein schlechter Mensch unfähig zur Gemeinschaft sei,[152] während die, die sich von den Worten treffen ließen, in der Eintracht untereinander gefördert würden, ein Gedanke, der an seine Einleitung zum Psalter anschließt.[153]

Wie durch das Fleisch Christi die göttliche Schönheit sichtbar werde, entflammten auch die Worte die leicht empfänglichen Seelen, die den Glauben schon angenommen haben, zur höchsten Gottesliebe, die alles Frühere vergessen ließe.[154] Der Weg dahin ist gnadenhaft geschenkt einerseits,[155] andererseits ohne menschliches Zutun nicht gangbar: Verstreut und unsystematisch nennt Basilius die Abkehr vom Götzendienst, von Opfern, Mythen etc.,[156] Herrschaft über die Sünde und Liebe zur Gerechtigkeit,[157] das Ignorieren aller körperlicher Bedürfnisse,[158] Milde, Demut und Güte, wobei er 'Tugenden' Jesu Christi, nach *Ps* 44,5, wieder aufnimmt.[159] Nur indirekt kommt dabei der Nachfolge-Gedanke zum Tragen. Das alles solle geschehen, nicht um Menschen zu gefallen, sondern Gott,[160] um ein immer tieferes Eindringen in das Geheimnis zu ermöglichen, weil 'Reinheit' das Herz weit mache und damit der Hl. Geist mit seinem Griffel (cf. *Ps* 44,2c) um so besser darin schreiben könne.[161] Letztes Ziel des Weges ist im Duktus der Homilie die wahre Schönheit, die mit dem in der Einleitung genannten 'Guten' identisch ist und die den, der ihrer einmal ansichtig geworden ist, durch das natürliche Verlangen nach Schönheit immer weiter zieht.[162] Beim Menschen bewirke das die in *Ps*

---

[151] *Hom.Ps.* 44,6 (PG 29, 401C): ἄνθρακες ἐρημικοί.

[152] Cf. *ibid.* 44,2 (PG 29, 392CD).

[153] Cf. *ibid.* (PG 29, 392A-D); cf. *Hom.Ps.* 1,2 (PG 29, 209CD), s.o. III 1.1.b, S. 211.

[154] *Ibid.* (PG 29, 401C-404A).

[155] Cf. *Hom.Ps.* 44,4, zu Vers 3b.

[156] *Ibid.* 44,10 (PG 29, 409B), zu Vers 11.

[157] *Ibid.* 44,8 (PG 29, 405B) u.ö.; cf. *Hom.Ps.* 33,3; *Ep.* 2,2: πάθη verunmöglichen die *theoria*.

[158] *Hom.Ps.* 44,4; 2; 6; 10 (PG 29, 396C; 389C; 401D-404A; 409B).

[159] *Ibid.* 44,11 (PG 29, 412B), cf. 6 (401B).

[160] *Ibid.* 44,11 (PG 29, 412A).

[161] *Ibid.* 44,3, zu Vers 2c (PG 29, 396AB).

[162] Cf. *Reg.fus.tract.* 2,1 (PG 31, 909BC); *Hom.Ps.* 29,5; *Spir.* 9,23. Zum Vergleich mit Plotin s. Dehnhard 68-72 u.ö.; Luislampe 154-157; H. Dörries, *De Spiritu Sancto. Der Beitrag des Basilius zum Abschluß des trinitarischen Dogmas*, Göttingen 1956, 53f. Anm. 1.

44,14 gepriesene Schönheit von innen: die Übereinstimmung von
Reden und Tun, auf daß er die eingangs genannte Tugend selbst
lebe,[163] der Christus selbst, die 'Gestalt Gottes in seinem Bild', an-
gezogen habe (cf. *Röm* 13,14), der mit Christus eins und wieder zum
reinen Bild Gottes geworden sei.[164]

Basilius drückt dieses Ziel auch mit dem Begriff der 'Teilhabe'
aus: Die Gemeinschaft mit dem Hl. Geist resp. die Teilhabe an
Christus wirke sich dahingehend aus, daß die Christen sich zwar
wie alle Menschen um das Gute mühen müssen. Das werde ihnen
jedoch von Christus her und in der Liebe zu ihm leicht gemacht,
weil er die Kraft gebe, die 'Tugend' zu lieben: Wieder ersetzt er
die in *Ps* 44,8a genannte 'Gerechtigkeit' durch einen umfassenderen
Begriff.[165] Ferner stellt er die 'Königstöchter' aus *Ps* 44,9b in den
Dienst dieser Grundidee: Sie seien die 'königlichen Seelen', die
Christus aufgrund seines Abstiegs in das Menschliche erkannten,
ihm in wahrem Glauben und vollkommener Liebe anhingen und
seine Gottheit priesen.[166] Die Aufforderung zur Nachfolge klingt
nur an, insofern als tugendhaftes Leben und die Herrschaft über die
Sorgen des Fleisches selbstverständlich das Leben Christi auszeich-
neten, ohne daß letzteres freilich ausgeführt würde.[167]

Nachfolge, wenn man es so nennen will, vollzieht sich im Ge-
dankengang der Homilie vor allem auf der Ebene der Sprache: In
Koh 12,11 ist von 'Weisen' die Rede, von den Vermittlern der Bot-
schaft, den im christlichen Sinn 'Weisen', die Basilius andernorts
'Diener' nennt.[168] Sie tragen in einfachen und von den Weisen der
Welt verachteten Worten und Redewendungen, in denen sich die
göttliche Gnade besonders deutlich zeige, das Kerygma in die
Welt,[169] um dadurch die Völker auf Christus vorzubereiten.[170] Auf

---

[163] *Hom.Ps.* 44,11 (PG 29, 412C), cf. 1.
[164] Cf. die Einleitung, *Hom.Ps.* 44,1-2; Basilius zitiert auch hier *Kol* 3,9-10; cf.
Hom.Ps. 48,8 (PG 29, 449BC); *Spir.* 1,2 (SCh 17bis, 252,11); zu *Kol* 1,15 und *Hebr*
1,3, s. *Hex.* 9,6; *Eun.* 1,18; *Spir.* 9,23 (328,11f.). Luislampe 118-121.
[165] S.o. zu Christus III 3.1.2.a: dort Vertrautheit mit dem Guten.
[166] *Hom.Ps.* 44,9 (PG 29, 408B).
[167] Cf. die knappen Andeutungen in *Hom.Ps.* 44,5 (PG 29, 400D-401A); 6
(401AB).
[168] *Hom.Ps.* 44,5 (PG 29, 397C).
[169] *Ibid.* 44,4.5 (PG 29, 397A; 401A).
[170] *Ibid.* 44,6 (PG 29, 404A).

die Art werden sie selbst 'Lippen Christi',[171] die die 'geschärften Pfeile' aussenden, werden sie sozusagen vom Objekt zum Subjekt der Verkündigung.

Vergegenwärtigt man sich so, was es im letzten heißt, gemäß dem inneren Menschen zu hören, wie Basilius es einleitend verlangt, wird klar, wie hoch die Anforderungen an die Spiritualität seiner Zuhörer sind: Hören—durch die einfachen und schlichten Worte hindurch; Schauen—durch die kümmerliche Hülle des Fleisches hindurch, um die Schönheit und Macht, die dahinterliegt, erfahren und verstehen zu können;[172] und schließlich die Worte, die das ermöglichten, zu den eigenen machen, weil es im Evangelium nicht nur um individuelle Glückseligkeit und Teilhabe geht.

c) Die Funktion der Kirche

Die Kirche spielt im Verstehensprozeß der Homilie zwar eine eher untergeordnete Rolle, stellt aber den unverrückbaren Rahmen dar, in dem sich die individuelle Annäherung an die göttliche Schönheit vollzieht.

– Im Zusammenhang von *Ps* 44,2a fordert Basilius dazu auf, sich von den Häretikern zu distanzieren, und rühmt zu *Ps* 44,15a die Jungfrauen, die nicht von der kirchlichen Ordnung abirren.[173]

– Wenn er zu *Ps* 44,4-6 von der Unterwerfung der Völker spricht, geschieht das ohne irgendeinen 'Kirchentriumphalismus'. Christus steht im Zentrum, der die empfänglichen Seelen an sich zieht, während die θεομάχοι, die Prahler und Hochmütigen, die Freiheit haben, sich nicht zu unterwerfen.[174]

– Zu *Ps* 44,3bc bietet er eine allegorisierende Alternativdeutung auf die Kirche als Leib Christi an: Die 'Lippen' könnten als die Diener und Verkündiger des 'himmlischen' Worts verstanden werden, zu den übrigen Gliedern gehöre jeder einzelne der Gläubigen, und die Kirche als Ganze sei gesegnet, d.h. Gott erfülle den Leib

---

[171] *Ibid.* 44,4 (PG 29, 397A); cf. Origenes, *Hom. Ier.* 1,12: Applikation auf den Propheten.

[172] Er bezieht die Zuhörer in diesen Prozeß ein: νοοῦμεν, *Hom.Ps.* 44,4 (PG 29, 397C); ἡγούμεθα, 5 (400A); νοήσεις, 6 (404A); ὁρᾶς, 7 (404C).

[173] *Ibid.* 44,3; 11 (PG 29, 393CD; 412D); cf. Origenes, *In Ps* 44,15 (Cadiou 79): προτροπὴ παρθενίας.

[174] V.a. *Hom.Ps.* 44,6 (PG 29, 404A); cf. zu 44,13: 10 (409C): Das πρόσωπον der angesprochenen Kirche ist Christus.

und die Glieder mit seinen Gütern.[175] Zwar entfaltet er das nicht
weiter und nimmt auch das Bild im Fortgang der Predigt expressis
verbis nicht mehr auf, nichtsdestoweniger aber ist die Vorstellung
von Kirche als Leib aus vielen einander ergänzenden und not-
wendigen Gliedern bei den meisten ekklesiologischen Anspielungen
gegenwärtig. Basilius richtet den Blick stets auf den einzelnen als
Glied der Kirche und hält sich sehr zurück, was 'Kollektiv'-Aus-
sagen über die Kirche betrifft.

  – Die in *Ps* 44,10 genannte Braut versteht er als Allegorese der
Kirche, die im *Hld* die 'eine, vollkommene Taube Christi' genannt
werde. Sie stehe zur Rechten Christi und nehme dort die auf, die
sich durch gute Werke ausgezeichnet hätten, und trenne sie von den
Schlechten wie der Hirt die Schafe von den Böcken.[176] Damit ist
nicht das eschatologische Gericht gemeint,[177] vielmehr geht es darum, daß die Gläubigen, d.h. die, die der rechten Lehre folgen und
tugendhaft leben,[178] durch ihre Zugehörigkeit zur Kirche von den
anderen, von der durch die Sünde beherrschten Welt, getrennt sind.
Basilius greift damit ein Bild aus der Taufkatechese auf, in der die
radikale Loslösung aus der Welt, der Tod für die Welt durch die
Taufe, eine gewichtige Rolle spielt,[179] und wendet sich sofort
wieder dem einzelnen zu: Die 'Königin' stelle die dem Bräutigam-
Wort verbundene Seele dar, die an der Königsherrschaft teilhabe
und geschmückt sei mit dem bunten Gewand der 'geistigen Lehren'
(ἐν δόγμασι νοεροῖς), die also über das Kerygma, die Worte, die
zum Heil ziehen, hinaus zur inneren Bedeutung der Worte, zu den
unveränderlichen Dogmata, vorgestoßen sei.[180]

---

[175] *Ibid.* 44,5 (PG 29, 397D-400A): Τὰ μέλη τὰ σὰ καὶ τὸ σῶμα τὸ σὸν ἐπλήρωσε
τῶν παρ' ἑαυτοῦ ἀγαθῶν εἰς τὸν αἰῶνα; cf. dagegen die Erklärung der 'Glutkohlen'
für die Gottesfeinde, s.o. S. 309.

[176] *Ibid.* 44,9 (PG 29, 408C); cf. Origenes z.St. (Pitra III 42): einzelne Passagen sind fast identisch, allerdings ist die Pitra-Ausgabe sehr unzuverlässig.

[177] Das kommt dem Vater und dem Sohn zu, cf. zu *Ps* 44,7a (PG 29, 404CD).

[178] Cf. *Hom.Ps.* 44,9 (PG 29, 408C u.ö.).

[179] Cf. *Reg.mor.* 20; 80,22. S. Luislampe 122-134; trotz verschiedener Anspielungen—*Kol* 3,9-10; Trennung von der Sünde; Erneuerung gehören zur Tauf-
unterweisung—liegt keine Taufpredigt o.ä. vor. Es fehlt der gesamte mit *Röm* 6
verbundene Komplex des mit Christus Sterbens und Begrabenwerdens; außerdem
wäre es dann unerklärlich, warum Basilius zu Vers 8 nicht weiter auf die Taufe
Christi eingeht.

[180] *Hom.Ps.* 44,9 (PG 29, 408C), cf. 44,4 (397A); zur Unterscheidung von
Kerygma und Dogma s. *Spir.* 27-28, cf. R. Staats, Die Basilianische Verherrlichung

– Die Forderungen, die zu *Ps* 44,11-13 explizit an die Kirche gestellt werden, das Hören auf die schlichten Worte des Evangeliums und v.a. die *theoria*, richten sich wiederum an die einzelnen Seelen, und tatsächlich setzt Basilius dieses individuelle Verständnis zu *Ps* 44,14 voraus, ohne eigens einen Wechsel der Perspektive zu erwähnen.

– Schließlich spricht er im letzten Abschnitt zu *Ps* 44,17 von den Söhnen 'der Kirche'. Auch hier stehen die Söhne, mithin die einzelnen, die durch ihre 'Vertrautheit mit dem Guten' Heilige sind,[181] im Mittelpunkt, und die Kirche bzw. ihre Macht, diese Söhne zu Herrschern zu erheben, bildet den Hintergrund.[182]

Grundsätzlich bleibt in der Deutung zu *Ps* 44,10-17 die Kirche die angesprochene Person. De facto entfaltet Basilius die Einzelauslegungen soweit als möglich auf die einzelnen Seelen, die nach Vollkommenheit streben, hin. In ähnlicher Weise zitiert er auch in der *Homilia dicta tempore famis et siccitatis Ps* 44,10-12 im Blick auf die Schönheit der einzelnen Seele, die sich durch Tugenden für die eschatologische Hochzeit mit Christus schmücken solle. Er begründet sein Vorgehen ekklesiologisch, insofern als die Kirche die Vereinigung einzelner Glieder darstelle.[183]

d) Die Funktion des Propheten

Basilius lehnt die trinitätstheologische Deutung von *Ps* 44,2a ab, weil das folgende unmöglich von Gott-Vater gesprochen sein könne.[184] Die älteren sprachkritischen Einwände des Origenes und der Arianer scheint er dabei zwar nicht aufzunehmen, aber seine Erklärung der Metapher 'aufstoßen' macht eine Deutung auf Gott-Vater vollends undenkbar.[185]

---

des Hl. Geistes auf dem Konzil von Konstantinopel 381. Ein Beitrag zur Formel 'Kerygma und Dogma', in: KD 25 (1979) 232-253, 236-238 (mit Literatur).

[181] *Hom.Ps.* 44,12 (PG 29, 413C): οἱ ἅγιοι διὰ τὴν πρὸς τὸ καλὸν οἰκείωσιν. Er nimmt damit leicht variiert eine Formulierung aus Absatz 8 wieder auf, cf. 405B.

[182] *Ibid.* 44,12 (PG 29, 413B-D).

[183] *Hom.temp.fam.* 8 (PG 31, 303-328, 325C-328B, s. 328AB): Ταῦτα γὰρ γενικῶς προανεφώνεσεν ὁ Ψαλμῳδός, τοῦ γενικοῦ σώματος προκηρύσσων τὴν ὥραν· ἐφαρμόσει δὲ κυρίως καὶ τῇ ἑκάστου ψυχῇ, εἴπερ ἐκ τῶν καθ' ἕκαστον ἔχει ἡ Ἐκκλησία τὸ σύστημα.

[184] Er setzt damit voraus, daß kein Personwechsel stattfinden könne, cf. Theodor von Mopsuestia.

[185] Cf. dazu die grundsätzliche Weigerung, sich zur ewigen Zeugung des

Er stellt das 'Aufstoßen' in seinen eigentlichen Zusammenhang, den der Nahrungsaufnahme, und vergleicht es mit dem Aufnehmen von 'Worten' unter Berufung auf *Joh* 6,33 und *Dtn* 8,3 (cf. *Mt* 4,4): Die Sättigung der Seele—er setzt Seele und Herz ineins—mit dem 'Brot vom Himmel', also 'heiligen Wissenschaften', sei mit einem Aufstoßen ähnlich dem von Speisen verbunden. Mit προῖεται leitet Basilius zum zweiten Teil der Erklärung über: Dieses Aufstoßen gleiche dem in *Mt* 12,33 genannten Hervorbringen von Gutem aus dem guten Schatz des Herzens, das ursprünglich nicht primär sprachlich zu verstehen ist. Die Brücke zu *Ps* 44,2a bildet das 'Herz'. Die Verbindung von Essen und Herz bzw. Seele schließlich belegt er noch mit *Spr* 13,25.[186]

Mit Hilfe der erläuternden Schriftzitate verallgemeinert er die Aussage sukzessive: Dienten *Joh* 6,33 und *Dtn* 8,3 noch dazu, das Sprechen des Propheten, dessen 'Seele' durch 'heilige Lehren' ernährt ist, zu erklären, so heißt es in *Mt* 12,33 ὁ ἀγαθὸς ἄνθρωπος, *Spr* 13,25 ὁ δίκαιος, von wo aus er den Bogen zu 'unseren Seelen' schlägt, der in einer Warnung vor den Häretikern mündet. *Ps* 44,2b paraphrasierend konkretisiert er das Sprechen dahingehend, daß der Christ seine Schuld bekennen solle.[187] Die Metaphern von *Ps* 44,2c faßt er wieder weiter: Wie der Griffel, von kundiger Hand bewegt, als Schreibinstrument dient, so schreibe die Zunge des Gerechten, vom Hl. Geist bewegt, Worte ewigen Lebens in die Herzen der Glaubenden, eingetaucht nicht in Tinte, sondern in Hl. Geist. Im nächsten Schritt korrigiert er dahingehend, daß der Hl. Geist selbst der Schreiber sei, wobei als Brücke *2 Kor* 3,3 dient. Was oder wieviel der Geist auf die Tafeln des Herzens schreibe, hänge von der Vorbereitung durch die 'Reinheit' ab.[188]

Basilius zielt damit zunächst auf zweierlei: Zum einen sieht er in dem Sprecher des Psalms nicht exklusiv den Propheten, sondern allgemeiner den 'Gerechten', der, dank entsprechender Vorbereitung, vom Hl. Geist so erfüllt wird, daß er gleichsam das Instrument darstellt, durch das der Geist auf andere Menschen wiederum einwirkt.

Sohnes zu äußern, z.B. *Hom. In sanctam Christi generationem* (PG 31, 1457-1476, bes. 1457-1461); *Eun.* II 16.

[186] *Hom.Ps.* 44,3 (PG 29, 393B-D); cf. dazu Didymus, Chrysostomus z.St.

[187] *Ibid.* 44,3 (PG 29, 393D-396A).

[188] *Ibid.* 44,3 (PG 29, 396AB), cf. *Spir.* 9,22.23; 22,53; *Hom.Ps.* 28,4 (293A); *Hex.* 1,1 (SCh 26bis, 86-88, S. Giet, 1968). Der Aspekt der Schnelligkeit bleibt außer Betracht.

Zum anderen wendet er sich an die Hörenden und fordert sie dazu
auf, sich die richtigen Lehrer zu suchen und durch entsprechenden
Lebenswandel ihr Herz weit zu machen, d.h. sich für den Hl. Geist
zu öffnen. Grundsätzlich geht es damit um die christlichen 'Lehrer'
im weiteren Sinn und ihr Wirken. Zu *Ps* 44,3a hält Basilius den
Propheten noch präsent: Er könne die göttliche Schönheit Christi
besingen, weil er sie geschaut habe und dadurch in göttlicher Liebe
entbrannt sei.[189] Danach erwähnt er ihn noch zweimal kurz.[190]
Häufiger nennt er den Geist, der im Propheten, aber nicht nur in
ihm, wirkt. In dem Abschnitt zur einfachen Sprache des Evangeliums ist er es, der in dieser Schlichtheit, die aller weltlichen Weisheit zuwiderläuft, die verborgene Gnade Gottes offenbart.[191] Er ist
es auch, der von der inneren Schönheit der Seele bzw. Kirche
berichtet.[192] Und er gewährt den Gläubigen Gemeinschaft mit
sich.[193]

Das Bild des geisterfüllten Propheten ergänzt sich zumindest teilweise mit den Vorstellungen vom Adressatenkreis: Die Seele öffnet
sich dem Wort Gottes, läßt sich von seinen 'Pfeilen' treffen und verwunden, kann seine Schönheit schauen und entbrennt in heftiger
Liebe, die sie alles andere vergessen läßt. So 'genährt' und erfüllt
mit Hl. Geist vermag sie ihrerseits die Verkündigung weiterzutra-
gen. In der Nachfolge der biblischen Vorbilder wird sie zum Instrument des Geistes, um wiederum auf empfängliche Hörer einzu-
wirken. Bemerkenswert ist, daß Basilius das nicht mit bestimmten
Berufungen oder Ämtern verknüpft. Die Auslegung zielt auf den
von innen her vollkommenen Menschen bzw. den Menschen auf
dem Weg dahin, der sein Leben entsprechend gestaltet in Worten
und Taten, der mehr und mehr mit dem Propheten eins wird, insofern er Gefäß des die Menschen vervollkommnenden Hl. Geistes
ist, und der demgemäß das Lied des Propheten zu seinem eigenen
Lied macht, um mitzuwirken an der συμφωνία der Heiligen.[194]

---

[189] *Hom.Ps.* 44,4 (PG 29, 397BC).
[190] *Ibid.* 44,9 (PG 29, 405C; 408B).
[191] Zu *Ps* 44,3b: *ibid.* 44,4 (PG 29, 396D-397A); cf. 9 (405C); *Spir.* 16,38.
[192] *Hom.Ps.* 44,11 (PG 29, 412A).
[193] *Ibid.* 44,8 (PG 29, 405A).
[194] *Ibid.* 44,2 (PG 29, 392CD); cf. *Hom.Ps.* 1,2, s.o. III 1.1.b, S. 211.

3.2 JOHANNES CHRYSOSTOMUS
HERABLASSUNG IN CHRISTUS—HERABLASSUNG IN DER SPRACHE

Chrysostomus verfaßte umfangreiche *Expositiones in Psalmos*. Der Text der Auslegung zu *Ps* 44 ist als Kommentar ausgearbeitet: Chrysostomus erklärt Vers für Vers, zieht Textvarianten heran, verweist auf grammatische Besonderheiten etc. Die häufigen direkten Anreden aber[195] und die Art, wie er immer wieder auf bereits besprochene Verse zurückkommt[196] oder auch vorgreift, Einschübe einfügt[197] und aus dem Duktus des Kommentars ausschert, spricht dafür, daß dem eine Predigt zugrundelag.

Im Unterschied zu Diodor von Tarsus und Theodor von Mopsuestia stellt Johannes Chrysostomus, der häufig den sog. Antiochenern zugerechnet wird, in seiner Auslegung zum 44. *Psalm*[198] programmatisch Christus in den Mittelpunkt:[199] 'Auf Christus hin ist dieser Psalm geschrieben',[200] zu ersehen aus dem Titel, wobei er sich für den ἀγαπητός den Nachweis erspart.[201] Die im Titel genannte 'Veränderung' sei von Christus her zu deuten, insofern als wir in Christus, wie Paulus in *2 Kor* 5,17 sagt, eine neue Schöpfung seien.[202] Im Gegensatz zu Basilius führt er die damit gegebenen anthropologischen Fragen nicht aus. Hinter der Auslegung stehen die Anfragen aus den trinitätstheologischen Auseinandersetzungen

---

[195] PG 55, 183,39; 185,18; 187,22.39.57/59; 188,41f.; 189,1/5 u.ö.; cf. 1. Person Plural: 184,31/42; 187,10/17; 189,44/47 u.ö. Die Zählung der Abschnitte in der Migne-Ausgabe ist weder mit der Verseinteilung des *Psalms* noch mit dem Aufbau der *Expositio* zu harmonisieren. Im folgenden wird deshalb nur nach Seiten und Zeilen zitiert.

[196] Zu Vers 3 und zu 4-6.

[197] Cf. über den Hl. Geist zu Vers 3, s.u. 3.2.1.b; über die Vorsehung zu *Ps* 44,7b.

[198] PG 55, 182-203.—Zur Gattung des in PG 55 abgedruckten Kommentars Rondeau I 129f. Die Datierung ist höchst unsicher. Vermutlich entstanden die Psalmenauslegungen noch in Antiochien, also vor 395, cf. zusammenfassend Rondeau I 130; *ibid.* 126-129 zur Textüberlieferung, s.a. Devreesse, Les anciens commentateurs 241.

[199] Diodor und Theodor nennen schon eingangs Christus und die Kirche als Thema. Dazu passen die Proportionen: Während bei Theodor erster und zweiter Teil des Psalms in ungefähr gleicher Ausführlichkeit ausgelegt werden, widmet Chrysostomus etwa zwei Drittel—knapp 14 Textspalten—dem christologischen Teil, 2 weitere Spalten Vers 1 und 2, und ein Viertel dem ekklesiologischen Teil; ähnlich sind die Proportionen bei Basilius.

[200] PG 55, 183,20f.

[201] Cf. dagegen Basilius oder auch Eusebius.

[202] PG 55, 183,20/26.

des 4. Jahrhunderts: Chrysostomus verteidigt die Gottheit Christi, die sich in seiner *Oikonomia* offenbart; spezifisch christologische Fragen zum Verhältnis von Gottheit und Menschheit werden nur am Rand behandelt.[203] Seine christologische Interpretation sowie die Argumentationsstrukturen sind repräsentativ für die Neubesinnung theologischen Denkens und Sprechens in Reaktion auf die Sprachtheorie des Neuarianismus.[204]

3.2.1 Die christologische Bedeutung der Bilder von Christus

a) Christus-Titel und christologische Terminologie

In seltener Eindeutigkeit dominiert der Christus-Titel selbst,[205] der nur selten und zumeist eng an den jeweils erörterten Schrifttext angelehnt durch andere Namen und Titel ersetzt wird. So nennt Chrysostomus ihn zu 2b, 7-8 und *Ps* 44,10 (nicht zu 12a) 'König',[206] zu 7b Richter, δικάστης,[207] zu 11-13 Herrscher, δεσπότης;[208] κύριος kommt nur im Kontext von 12a vor,[209] im Zusammenhang von 11-13 außerdem πατήρ und νύμφιος.[210] An mehreren Stellen spricht er von θεός;[211] λόγος als Titel begegnet nur einmal.[212] Selten ist der Sohnestitel,[213] zu Vers 7-8 ersetzt durch παῖς

---

[203] Cf. dazu: Grillmeier I 610-614; M.E. Lawrenz, The Christology of John Chrysostom, Milwaukee 1987; C. Hay, St. John Chrysostom and the Integrity of the Human Nature of Christ, in: FrS 19 (1959) 298-317; P. Stockmeier, Theologie und Kult des Kreuzes bei Johannes Chrysostomus, Trier 1966, 10-33.

[204] Cf. Grillmeier I 610f.; Lawrenz 25f.; 49-79, zur Sprachreflexion 55-58; J. Daniélou, in: SCh 28bis, 9-28 (zur anti-Eunomianischen Reaktion). Wichtig: Die Predigten gegen die Anhomöer: 1-5 De incomprehensibilitate Deo (SCh 28bis, A.-M. Malingrey—R. Flacelière, 1970); 6-12 (PG 48, 755-812).—Zur repräsentativen Bedeutung des Chrysostomus als theologisch versierter, aber nicht spekulativer Prediger s. Lawrenz 20f.; R. Kaczynski, Das Wort Gottes in Liturgie und Alltag der Gemeinden des Johannes Chrysostomus, Freiburg 1974, 24. Zur Schriftauslegung Simonetti, Lettera 183-186 u.ö.

[205] Bezeichnend ist das Zitat von *Eph* 2,6 zu *Ps* 44,10 (PG 55, 199,23/28). Heißt es bei Paulus noch 'in Christus Jesus', nimmt Chrysostomus in der Erklärung dazu nur 'Christus' wieder auf.

[206] PG 55, 184,29/46: βασιλεύς und θεὸς τῶν ὅλων; 197,14; 199,34.43.

[207] PG 55, 197,15.

[208] PG 55, 197,4; 200,50.

[209] PG 55, 200,39/60.

[210] PG 55, 200.

[211] Zu 2b; 3; 4-6; 7-8; 11-13.

[212] PG 55, 184,12.

[213] Zu 3 (PG 55, 187,10.14f.) und 10 (199,21).

oder παίδιον, was durch das Zitat von *Mt* 1,23 veranlaßt sein
dürfte.[214] Zu 2a und 7-8, den von der Tradition her am meisten
befrachteten Versen, erscheint schließlich je einmal μονογενής.[215]
Auffällig ist die Verwendung von ναός für den 'Menschen' Jesus
Christus zu 3ab, die weder durch den Psalmtext noch ein ergän-
zendes Schriftzitat motiviert ist.[216] Für die Inkarnation bzw. den
Inkarnierten bedient sich Chrysostomus v.a. der Gegenüberstellung von θεότης, θεός[217] und οἰκονομία oder σάρξ;[218] zweimal
taucht συγκατάβασις τῆς οἰκονομίας auf.[219] Von ἄνθρωπος spricht
er kaum,[220] von ἐνανθρωπῆσθαι oder ἐνανθρώπησις gar nicht. Dafür begegnet einmal die Formulierung θεός σαρκωθείς.[221] Chrysostomus kann von unserer *physis* sprechen, der sich Christus ver-
band,[222] ebenso von der *physis* Gottes,[223] stellt sie aber nicht direkt
neben- oder gegeneinander. Ernstzunehmende Hinweise auf ein
bestimmtes christologisches Schema sind dieser Zusammenstellung
nicht zu entnehmen.[224] Die Begriffe für Gottheit und Menschheit,
zumal die Tatsache, daß ἄνθρωπος und Derivate kaum vorkommen, deuten darauf hin, daß sich seine Auslegung auf die Gottheit
Christi konzentriert.[225]

b) Schönheit als Wirkmacht des Geistes

Der Christus, um den es Chrysostomus in seiner Auslegung geht,
ist der der *Oikonomia*,[226] der, obgleich Mensch, eindeutig von den
Menschen zu unterscheiden ist. So beginnt die christologische Aus-

---

[214] PG 55, 195,49; 197,27.

[215] PG 55, 183,51f.; 194,48; 197,40. Bei Basilius findet sich zu *Ps* 44,7 der einzige Beleg für diesen Titel, bei Theodor zu 2a.

[216] PG 55, 186,5/7: als Bild für den Leib belegt bei *Joh* 2,19-21 für Christus und
1 Kor 6,19f. für die Menschen.

[217] Zu 3 (PG 55, 185,18/24); 7-8 (194,51/53; 195-197).

[218] Zu 3 (PG 55, 188,7/11. 41/50); 7-8 (194,54/60; 195-197);—zu *oikonomia* s.
Lawrenz 134-139: kann für die Inkarnation stehen, für 'Fleisch' und für die Natur
des Logos nach der Inkarnation.

[219] Zu Vers 3 (PG 55, 189,7.9f.).

[220] Zu 5c (PG 55, 193,26): θεός ἄνθρωπος γέγονεν; 3 (185,32): γενέσθαι
ἄνθρωπος.

[221] PG 55, 188,50.

[222] Zu 18 (PG 55, 203,35), cf. 189,10 u.ö.: ἀνθρωπίνη φύσις.

[223] PG 55, 190,47f.; 193,19f.32 u.ö.

[224] Lawrenz 132-134: Chrysostomus sei terminologisch nicht zuzuordnen; cf.
Stockmeier 23-25.

[225] Cf. dazu grundsätzlich Grillmeier I 613f.; Lawrenz 194 u.ö.

[226] PG 55, 185,24f.54.

legung im engeren Sinn fast programmatisch: 'Dieses sagt er nicht
als Vergleich; denn er sagt nicht 'reifer', sondern 'reif an Schönheit
...'.[227] Wie Basilius folgert er aus der Prämisse, daß Gott und
Schöpfung nicht vergleichbar seien,[228] daß 3a nicht als Vergleich
zu verstehen sei. Nichtsdestoweniger deutet er den Vers auf die
Oikonomia, weil er und 3b zusammengehörten und letzterer sich nur
auf die Ökonomie beziehen könne. Aus dieser Perspektive wäre es
gar nicht notwendig gewesen, einen Vergleich zurückzuweisen, um
die Gottheit zu verteidigen; unausgesprochen relativiert er damit
die Vergleichbarkeit Christi, insofern er Mensch ist. Selbst in der
Oikonomia, als Mensch, ist seine Schönheit eine andere als die der
Menschen, eine These, die er zunächst ex negativo zu begründen
sucht. Wenn in *Jes* 53,2-3, einer Stelle, deren Bezug auf den Menschen Jesus Christus fraglos feststeht,[229] davon die Rede ist, daß er
ohne Schönheit war, so beziehe sich das nicht auf seine körperliche
Gestalt (oder Gestaltlosigkeit, ἀμορφία), sondern darauf, daß er
verächtlich (εὐκαταφρόνητος) war. Er mied alles, was auf Menschen Eindruck macht, wobei der gesellschaftskritische Unterton
unüberhörbar ist: vornehme Herkunft, Reichtum, Prunk, gebildete
Schüler, standesgemäße Begleitung, stilvolle Formen, Ehre und
Ruhm.[230] Auch die Schönheit stellt Chrysostomus durch ihre Wirkungen dar: Sie manifestiere sich in der Gnade, der Weisheit, der
Lehre, den Wundern, in Christi konkreten Wirken als Mensch.[231]
Zu begründen ist sie, darauf verweist die Ablehnung einer Vergleichsmöglichkeit, aus der Gottheit Christi, was durch eine Parallele in den *Homilien zum Matthäusevangelium* bestätigt wird:[232] Die
Menschen seien Christus gefolgt, weil sie den liebten und bewunderten, der solche Wunder wirkte und weil er offensichtlich schon
von der Erscheinung her 'voll großer Anmut' oder 'Gnade' war.
Chrysostomus spielt hier mit der Doppelbedeutung von χάρις und
entscheidet sich für eine geistliche Interpretation: *Jes* 53,2 verweise
auf Leiden, Kreuz und die Einfachheit seines ganzen Lebens,
Ps 44,3a auf die 'Herrlichkeit der Gottheit'. Wenn seine Er-

---

[227] PG 55, 185,16/18: οὐ κατὰ σύγκρισιν.
[228] Basilius, *Hom.Ps.* 44,3; Eunomius, *Apol.* 9; 10-11.
[229] Cf. PG 55, 185,28/33.
[230] PG 55, 185,28/50.
[231] PG 55, 185,51f., cf. 20/25.54-186,1; cf. Diodor; Theodor; Basilius; Origenes, *Princ.* II 6,1.
[232] *Hom.Matth.* 27(28),2 zu *Mt* 8,1 (PG 57, 346,2/14).

scheinung das Bedürfnis wecke, sie zu sehen, sei das mithin von dieser in ihm wirkenden Gottheit und Göttlichkeit her zu verstehen.

Er unternimmt keinen Versuch, die Schönheit als solche weiter zu umschreiben oder sie, wie Basilius das tat, in einen Zusammenhang mit der 'Unterwerfung' durch Liebe oder mit der Liebe zwischen Braut und Bräutigam und der Schönheit der Kirche zu stellen. Daß das möglich wäre, läßt sich aus seiner Interpretation zu *Ps* 41,2 herauslesen: Dort erklärt er, daß Liebe in der Schönheit des Körpers, der Größe des Verdienstes und der Liebe durch den anderen gründe,[233] und unternimmt zumindest den Versuch, *via negativa* und *eminentiae* etwas zur Schönheit der reinen göttlichen Natur zu sagen: Sie sei unwiderstehlich und unüberwindlich; sie übersteige alle Vernunft und entziehe sich allem Verstehen als unkörperliche Herrlichkeit und unbeschreibliche Pracht.[234] Um das zu illustrieren, zitiert er nach *Jes* 6,2-3 *Ps* 44,4 als Zeugnis des von der Schönheit und Herrlichkeit 'erschütterten' David.[235] Von all dem, dem Schauder und Verlangen, das die Menschen angesichts der 'Schönheit' Gottes ergreift, kommt in der Auslegung zu *Ps* 44 nichts zur Sprache. Chrysostomus konzentriert sich auf Christi Macht.

Er schiebt, bevor er auf die Wirkung der sich in den Worten Christi offenbarenden Gnade näher eingeht, einen kleinen theologischen 'Traktat' über den Geist ein, veranlaßt durch Vers 3b. Mit Hilfe einer alternativen Lesart—'Gnade ergoß sich durch deine Lippen'[236]—erläutert er den Vers dahingehend, daß 'das Innenseiende hervorquoll', daß also die göttliche 'Gnade' in sein Fleisch kam und dadurch weiterwirkte, bezeichnet durch die Taufe mit dem Hl. Geist.[237] Geist und Gnade werden damit gleichgesetzt. Wenn Chrysostomus bereits an dieser Stelle die Taufe thematisiert, die üblicherweise in antiarianischem Kontext als Erklärung zu *Ps* 44,8 herangezogen wurde,[238] weist das darauf hin, daß er die mit Vers 8 gestellten Probleme sehr grundsätzlich angeht. Wenn er überdies eine trinitätstheologische Grundlegung, deren Gedankengang nicht ganz einfach ist, zumal da sie sich von dem zugrundeliegenden Vers

---

[233] *Exp.Ps.* 41,3 (PG 55, 160,22/24).
[234] *Ibid.* 32/38.
[235] *Ibid.* 39/49.
[236] PG 55, 185,25f.: ἀνεχύθη χάρις τοῖς χείλεσί σου.
[237] PG 55, 185,27f.: Ἡ ἔνδον οὖσα ἀνέβλυσεν; 186,1/5 zitiert er *Joh* 1,32.—Zur problematischen Terminologie, cf. Stockmeier 23.
[238] Cf. Athanasius, *Ar.* I 47-50; Apollinaris, *In Ps* 44,8.

weit entfernt, einschiebt, ist auch das ein Indiz dafür, daß er sich in
Konflikt mit (neu)arianischen Lehren sieht. Mit Zitaten und Allusionen aus *Joh* 1,16; 3,34 und *Joel* 2,28[239] zeigt er den Unterschied
zwischen Christus und den Menschen in ihrem Verhältnis zum
Geist: Während er auf jenen in Fülle kam, illustriert durch die sieben Gaben nach *Jes* 11,2-3, empfangen diese vom Geist, gleichsam
tropfenweise, wobei das die gewaltige Wirkung nicht beeinträchtigt.
Chrysostomus schildert die Ausbreitung der Erkenntnis[240] über die
ganze Erde, konkretisiert und ermöglicht in den einzelnen Gnadengaben, die den Menschen durch die Taufe als Angeld und Unter-
pfand zuteil wurden (cf. *2 Kor* 1,22). Es handle sich um 'Tropfen'[241] seiner Wirkkraft (ἐνέργεια) da der Geist selbst nicht geteilt
werden könne.[242]

Daran schließt Chrysostomus eine Kurzkatechese zur Hypostase
des Geistes an. Sie dürfte durch die Eunomianischen Lehren motiviert sein. Aus diesem Kontext lassen sich die z.T. fragmentarischen Andeutungen erklären, deren Funktion im Zusammenhang
der Auslegung im Dunkeln bleibt. Der knappe Hinweis auf die
'Vielnamigkeit' des Geistes ist ohne die Ausführungen der Homilien über die Unbegreiflichlichkeit Gottes gegen die Anhomöer
kaum zu verstehen, zumal da die angeführten Beispiele weder aus
dem Psalmtext stammen noch sonst etwas zum Gesamtduktus beitragen.[243]

Ähnlich rätselhaft in ihrer Kürze sind die Vergleiche mit der Erkenntnis des Menschen durch den Geist des Menschen unter Berufung auf *1 Kor* 2,11: Sinnvoll werden sie von *Incompr.* her: Dort
zeigt Chrysostomus auf, daß der Geist, weil er Gott erkennen kann,
selbst Gott ist.[244] Er nennt den Geist den Allgewaltigen (παν-

---

[239] PG 55, 186,5/16.43/50, cf. zu Vers 8: dort greift er dieselben Stellen nochmals auf, s. 198,6/15; zu 3 noch Anklänge an *2 Kor* 1,22; *1 Kor* 12,8-10 u.a.

[240] Er meint partielle Erkenntnis, die erst zur vollkommenen Gnosis führen
soll, cf. *Incompr.* I 82/109, zu *1 Kor* 13,8.13.

[241] Für diese Verwendung von ῥανίς und σταγών lassen sich keine biblischen
Belege nachweisen.

[242] PG 55, 186,32/34.50/55.

[243] PG 55, 186,55/58: πολυώνυμος, als Beispiele ἄνεμος, ἄγγελος, ψυχή; cf.
Incompr. 5,395-420.

[244] PG 55, 186,58-187,19; cf. *Incompr.* 5, 42/57.230/283; *Incompr.* 4 wird die
'Gleichheit' des Sohnes durch seine Erkenntnis des Vaters bewiesen.—Die ersten
fünf der Predigten gegen die Anhomöer entstanden 386/7 in Antiochien. Möglicherweise ließe sich durch weitere Verbindungsstellen eine ähnliche Datierung für
die *Expositiones in Psalmos* nachweisen. Im Rahmen dieser Untersuchung führte das
zu weit.

αρκής), der den Erdkreis erfüllt und weder umschrieben werden kann—was wieder eine Spitze gegen die Hypostasenlehre des Eunomianischen Systems darstellt—noch sich verbraucht;[245] er sei mit Gott verwandt (συγγενής), wie der Geist des Menschen mit dem Menschen verwandt sei, stelle dabei aber—und damit stützt er sich auf die in Konstantinopel 381 bestätigte Terminologie—wie der Sohn eine eigene Hypostase dar, die zu Gott gehöre (εὐγένεια, συγγένεια, συμφωνία), ohne mit ihm vermischt zu werden.[246] Wie der Sohn die Sohnschaft vermittle, so der Geist die Gnadengaben.

Nachdem er so Gnade und Geist gleichgesetzt und ihr Verhältnis zu Christus bzw. den Menschen unterschieden hat, erläutert er ihre konkreten Manifestationen in Christi Worten;[247] auf Zeichen und Wunder, die er oben erwähnt hatte, geht er nicht weiter ein. Die 'Macht der Gnade'[248] äußere sich in der Jüngerberufung (*Mt* 4,21f.), im Messiasbekenntnis Petri, wobei Chrysostomus als einziger in der Tradition die Fassung *Joh* 6,68-70 zitiert, in der Petrus von Christi 'Worten des ewigen Lebens' spricht, sowie in dem Staunen der Menschen, sogar der Diener der Pharisäer, über seine Worte und Taten und seinen Vollmachtsanspruch (*Joh* 7,46; *Mt* 9,33; 7,28-29).[249] Auf die Berufung der Jünger spielen auch Diodor und Theodor in ihren Kommentaren an, auf das Staunen der Menge fast alle Auslegungen.[250] Chrysostomus geht aber darüber hinaus, indem er die Macht des Wortes Christi schließlich an einer Kompilation der anstößigsten Nachfolgebefehle demonstriert: 'Wenn einer nicht alles zurückläßt (*Lk* 14,33) und noch seine eigene Seele haßt (*Joh* 10,25), ist er meiner nicht wert (*Mt* 10,37-38).' Christi Wort, so fährt er fort, habe zugleich die Kraft gegeben, diese eigentlich unerträgliche Last zu tragen, und erst darin erweise sich die Macht der Gnade in jedem einzelnen.[251] Du-Anreden an den

---

[245] 186,50/55, cf. *Eutr.* 2,12 (PG 52, 408,41/47), dazu Anm. 344.

[246] PG 55, 186,58-187,19: οὐκ ἀνυπόστατος; cf. seine positive Darlegung zur Hypostase des Sohnes *Incompr.* 5,84/136 u.ö.

[247] Cf. *Contra Iudaeos et Gentes, quod Christus sit Deus* 4 (PG 48, 817f.): Dort zitiert er 44,3b und *Jes* 52,13 für Christi Weisheit, die sich in seinen öffentlichen Reden offenbare, ohne das näher zu erläutern.

[248] PG 55, 187,40.57/59.

[249] PG 55, 187,40/56.

[250] Theodor, *Com.Ps.* 44,3b (D. 283,26), zitiert ebenfalls *Joh* 7,46; für *Mt* 9,33 und 7,28f. in diesem Kontext finden sich keine Parallelen. Zu *Lk* 4,22 s. III 2 Anm. 166.

[251] PG 55, 187,57-188,5.: [...] Ἐὰν μή τις ἀποτάξηται πᾶσιν, ἔτι δὲ μισήσῃ καὶ τὴν ἑαυτοῦ ψυχὴν, φησίν, οὐκ ἔστι μου ἄξιος. Ἀλλ' ὅμως ἴσχυσεν ὁ λόγος ἔργον γενέσθαι· τοσαύτη ἦν αὐτοῦ ἡ χάρις. [...].

Hörer häufen sich hier. Chrysostomus sprengt an dieser Stelle den Rahmen seiner theologischen Ausführungen: Zu begreifen ist das Gesagte nur im individuellen Nachvollzug, der freilich durch die Macht des Wortes Christi überhaupt erst ermöglicht wird.

Thematisierte Chrysostomus bislang das Verhältnis zwischen Christus und den Christen, aufgezeigt an der Funktion des Hl. Geistes und an Christi Worten und Nachfolgeforderung, wendet er sich mit Vers 3c dem christologischen Problem zu. Wenn von 'Lippen' die Rede ist, von angenommener Gnade und angenommenem Segen, müsse es sich um eine Rede über das Fleisch bzw. die *Oikonomia* handeln,[252] denn das Göttliche sei bedürfnislos.[253] Um das zu belegen, zitiert er zunächst einige Stellen aus *Joh,* die zeigten, daß Vater und Sohn in gleicher Weise wirken bzw. sich gegenseitig kennen (*Joh* 5,21.19; 10,15), und verweist für ihre Ununterschiedenheit (ἀπαραλλαξία) auf die vergleichenden Konjunktionen.[254] Bleibt die Interpretation der Vergleichskonjunktionen dehnbar, so stellt die postulierte 'Ununterschiedenheit' eine um so pointiertere Stellungnahme dar: Weil die Unterscheidung der Hypostasen bereits eingeführt und eine prinzipielle Ununterschiedenheit der ἐνεργείαι im Kontext unlogisch ist, ist sie nur auf der Ebene der οὐσία denkbar und als Argument von Bedeutung; in diesem Sinn äußert sich Chrysostomus in *Incompr.* 5.[255]

In einem zweiten Schritt demonstriert er am Beispiel der Liebe des Vaters zum Sohn zunächst die Notwendigkeit, Wesens- und *Oikonomia*-Aussagen zu unterscheiden: Laut *Joh* 10,17 sagt Jesus, der Vater liebe ihn, weil er sein Leben für die Schafe hingebe, *Mt* 3,17 wird er als der von Grund auf geliebte Sohn geoffenbart.[256] Die erste, die *Oikonomia*-Aussage dient hier (und nicht nur hier) dazu, die 'Größe des Heilswerks' Christi zu zeigen,[257] und demon-

---

[252] PG 55, 188,7f. σάρξ; 188,17f. οἰκονομία.

[253] PG 55, 188,10f.: ἀνενδεὲς γὰρ τὸ θεῖον. Zur Bedeutung des Begriffs gegen die Anhomöer cf. *Anhom.* 11,2 (PG 48, 798f.).

[254] PG 55, 188,11/17: οὕτω, ὁμοίως, καθῶς. Auffällig: Chrysostomus unterschlägt *Joh* 5,19b: Der Sohn kann nichts von sich selbst aus tun, eine Stelle, die Eunomius als Argument für seine Sache benutzt, cf. *Apol.* 20.26. Auch in den ersten 5 Predigten gegen die Anhomöer findet sich kein Nachweis.

[255] *Incompr.* 5, 110/113, cf. 4, 271/283, für 'gleiche Ehre', cf. *Anhom.* 11,3 (PG 48, 800,9/13); Basilius, *Eun.* II 6, 17/20: 'gezeugt' impliziere vollständige, 'ununterschiedene' Zugehörigkeit zum Zeugenden; I 18,6/9; 27,21f.—s. Mühlenberg, Die philosophische Bildung 239f.

[256] PG 55, 188,17/23.

[257] PG 55, 188,22f.: τὸ μέγεθος τοῦ κατορθώματος.

striert zugleich die Vollkommenheit des Menschseins Christi, der
nachzueifern die göttliche Gnade befähigt. Chrysostomus nutzt
nicht die Gelegenheit, die Nachfolge im Anschluß an die o.g. Nach-
folgeaufforderung weiter auszugestalten und paränetisch zu entfalten, sondern bleibt beim exegetisch-theologischen Problem:
Äußerungen der Schrift, die mit der göttlichen Würde unvereinbar
seien, zumal Anthropomorphismen, seien auf die *Oikonomia* zu
interpretieren.[258] Sie offenbaren so die Macht (ἰσχύς) der Gottheit
Christi, die weder vom Fleisch zu trennen ist noch sich mit dessen
Wesen mischt, sondern die in der Einheit mit dem Fleisch offenbar
wird.[259] Damit werden die Anthropomorphismen grundsätzlich
nicht nur als Bilder und Redeschmuck interpretiert, der Gottes
machtvolles Wirken untermalen und so den Hörern um so eindringlicher vor Augen stellen solle. Die Metaphern, die die geistliche und
körperliche Sphäre in ein Bild zusammenzwingen, ohne eine von
beiden aufzuheben, sind vielmehr selbst Beweis dafür, daß Gott sich
realiter mit der Schöpfung verbindet.[260]

Von dieser sprachlichen Ebene aus deutet er anschließend den
'Segen' (εὐλογία) als Lobpreis, Hymnus, Doxologie der gesamten
sichtbaren und unsichtbaren Schöpfung für den 'fleischgewordenen
Gott'.[261] Ihre eigentliche Schärfe gewinnt diese Interpretation
durch die grammatische Struktur von 3c: Gott hat gesegnet, heißt
es da, also: Gott hat gemacht, daß die Schöpfung den fleischgewordenen Gott 'gutheißt' in Ewigkeit; Gott hat bewirkt, daß er gesegnet
wird, soteriologisch gewendet, daß im fleischgewordenen Gott alles
Fleisch gesegnet wird. Chrysostomus entfaltet diese soteriologische
Seite antithetisch auf 'ökonomischer' wie auf sprachlicher Ebene:[262]
Der erste Adam sei mit Fluch, dieser mit Segen erfüllt worden. Die
Reihe der Belege für den Fluch—*Gen* 3,17; *Jer* 48,10; *Dtn* 27,26;
21,26—gipfelt in der Anspielung auf *Gal* 3,13: Christus befreite
vom Fluch; selbst zum Fluch geworden, bewirkte er Segen für die
Menschen, wie seine Erniedrigung Erhöhung, sein Tod Unsterb-
lichkeit brachten.[263] Wie also seine Erniedrigung nicht eine Än-

---

[258] PG 55, 188,28/45: *Gen* 49,12; *Jes* 11,4; *2 Thess* 2,8.
[259] PG 55, 188,41/45.
[260] S.u. S. 331f.
[261] PG 55, 188,46/50: [...] πᾶσα ἡ γῆ ἀπὸ περάτων εἰς τὰ πέρατα δοξολογεῖ καὶ
ὑμνεῖ καὶ εὐφημεῖ τόν σαρκωθέντα Θεόν.
[262] PG 55, 188,50-189,14.
[263] Didymus, *In PsT* 44,1 zitiert *Gal* 3,13 (mit *2 Kor* 8,9 u.a.) als Paradox für

derung (μεταβολή) seines Gottseins implizierte, so hatte er auch
keinen Segen nötig, sondern er nahm ihn in der 'Herablassung'
(συγκατάβασις) der *Oikonomia* an:[264] Gesegnet wird nicht der Sohn
Gottes, sondern die 'menschliche Natur', seine individuelle und die
der durch ihn zu erlösenden Menschen.[265] In der Doppeldeutigkeit
des Begriffs εὐλογία manifestiert sich so implizit die doppelte Herablassung Gottes als Mensch und in der menschlichen Sprache, die
den Menschen trotz ihrer Begrenztheit eine Annäherung an Gott
auch über die Sprache ermöglicht.

Chrysostomus hat zu diesem Zeitpunkt bereits die traditionell mit
Ps 44,7-8 assoziierte Thematik breit entfaltet und alle zentralen
Themen angesprochen. Neu im Vergleich zur Tradition ist die ausführliche Reflexion auf den Geist sowie die Verknüpfung von sach-
licher und sprachlicher Ebene in Bezug auf die *Oikonomia*. Aus der
Perspektive der traditionellen dogmatischen Deutung ist in der
Interpretation zu *Ps* 44,3 bemerkenswert, daß er die dogmatisch
relevanten Ergebnisse weniger aus den einzelnen grammatischen
und semantischen Strukturen gewinnt, wie beispielsweise dem Verdienstgedanken als Hinweis auf die *Oikonomia*, denn aus dem
'Sprachereignis' im Ganzen: Die 'Schönheit' wird nicht sofort und
direkt mit dem Etikett 'Gottheit' versehen, sondern durch die Wirkmacht der Gnade erklärt. Dahinter steht die Frage nach der Begründung des 'vor den Söhnen der Menschen', die zu grundsätzlichen
Erwägungen über den Hl. Geist veranlaßt. Der 'Segen' wird im
Anschluß an den Anthropomorphismus in 3b gedeutet: Beides ist
Ausdruck der 'Herablassung' Gottes in die körperliche und sprachliche Welt. In ähnlicher Weise verlieren die traditionellen Argumentationsstrukturen in der Auslegung zu Vers 7-8 an Bedeutung.

c) Die Salbung des ewigen Königs

Dem ersten möglichen Einwand von seiten der Juden und Häretiker
gegen eine Deutung von *Ps* 44,7 auf Christus, daß mit dem dort
genannten ewigen Thron Gottes Bezug auf den Vater genommen
werde, begegnet Chrysostomus mit dem traditionellen prosopolo-

---

die Menschwerdung, ohne die sprachlichen Konnotationen von Segen und Fluch
in die Reflexion einzubeziehen.

[264] PG 55, 189,7. 9f. Cf. Diodor, *Com. Ps.* 44,1: Wie er das Leiden auf sich
nahm, nahm er es auf sich, als Mensch gelobt zu werden. Er verknüpft diesen
Gedanken nicht mit Vers 3c.

[265] Cf. die Du-Anreden im vorliegenden Abschnitt.

gischen Verweis auf Vers 8 und den Gesalbten.[266] Das scheint
jedoch nicht mehr zu genügen, denn im folgenden rechtfertigt er
ausführlich, daß jetzt, nachdem bislang von der *Oikonomia* die Rede
gewesen sei, die Gottheit zur Sprache komme, indem er auf ähnliches Vorgehen bei den Evangelisten und Propheten verweist[267]
und durch Beispiele aus dem täglichen Leben—das Wirken des
Arztes—und dem Kosmos sowie aus den Evangelien zu zeigen versucht, daß gegensätzliche (oder gegensätzlich erscheinende) Tatsachen und Handlungsweisen durchaus zu einem Ziel führen können (συμφωνία).[268] Er begründet das unter Rückgriff auf *1 Kor 3,1*
pädagogisch, als Aufstieg vom Konkreteren, (sinnlich) Wahrnehm-
baren zum Höheren.[269]

Daß die christologische Interpretation des Verses 7 von 8 her erklärt wird, liegt nahe: Für sich allein genommen sagt der Vers nichts
über die entsprechende göttliche 'Person' aus. Wenn aber der Verweis auf den Gesalbten in 8 nicht mehr als ausreichend angesehen
wird, läßt das auf weitere Einwände schließen: Vor dem Hintergrund der Diskussion um die Bedeutung und Aussagekraft von Begriffen und vor dem Hintergrund der Bilder und Metaphern der
voraufgehenden Verse kann man durchaus zu Recht anfragen, wie
wörtlich die 'Gott'-Anrede zu verstehen sei. Um sie als gültige Aussage über das Wesen Christi (ohne den Anspruch, es erfassen zu
wollen) zu nehmen, genügen einzelne Begriffe oder grammatische
Zusammenhänge nicht mehr. Erst ein umfassendes, mit der
Christologie abgestimmtes hermeneutisches Konzept kann die einzelne Deutung verifizieren oder falsifizieren.

Auf dieser Grundlage erklärt Chrysostomus den 'Thron' und den
'Stab', ohne die Vieldeutigkeit der Metaphern auf einzelne Seme zu
reduzieren, als σύμβολα der Königsherrschaft und der richterlichen
Gewalt Christi.[270] Die Parallelen, die er dazu heranzieht, sind
durchaus originell. *Jes 6,1* bzw. *Dan 7,9* verwenden außer ihm nur
Eusebius von Caesarea und Cyrill von Jerusalem in diesem Kontext;[271] alle drei Stellen zusammen kommen nur noch bei Chrysos-

---

[266] PG 55, 194,41/50; cf. zur prosopologischen Argumentation unten, 3.2.2.a.
[267] PG 55, 194-195: *Mt* 1,1; *Joh* 1,1.14; *Mi* 5,2; *Jes* 7,14; 9,6.
[268] PG 55, 194-195, als Beispiel *Lk* 7,33-34.
[269] PG 55, 195,23/31; zweite Bewegung, die die durch die Sprache als solche
ermöglichte Aufstiegsbewegung ergänzt.
[270] Cf. unten 3.2.2.b.
[271] Eus., *DE* VII 1,5-6: *Jes* 6,1; *Ps* 44,1.7a; Cyr. v. Jer., *Cat.* 15,27-28 gegen
Marcell: *Dan* 7,9-13 ist Grundlage für die gesamte Katechese.

tomus selbst vor: in *Anhom.* 11,[272] verknüpft mit *Hebr* 1,7-8, wo der
auf dem Thron sitzende Christus und die stehenden bzw. dienenden
Engel einander gegenübergestellt werden. Dieses erste Kapitel des
Hebr-Briefs mit seiner Schriftargumentation zu Christus und den
Engeln gewann im Kontext der Eunomianischen Kontroverse an
Bedeutung,[273] und die Schriftbelege in der Psalmenauslegung verweisen auf diesen Zusammenhang. *Ps* 96,2 an dieser Stelle ist singulär: Der Vers verbindet 'Thron', Gericht und 'Mitleid'. *Ps* 144,13
schließlich wird mit deutlich antiarianischem Affekt nachge-
schoben: Die Königsherrschaft sei ohne Ende und ohne Anfang.[274]

Eigenwillig sind auch die Erläuterungen zu 7b: Chrysostomus
nimmt den Vers zum Anlaß, kurz auf die Theodizeefrage und damit
verknüpfte Zweifel an der Vorsehung Gottes einzugehen und vor
Einmischung in die 'unaussprechliche Weisheit und Menschenliebe' zu warnen.[275] Die apophatischen Begriffe (ἄφατος, ἀκα-
τάληπτος), Termini philosophischer, nicht biblischer Herkunft,
häufen sich in diesem Abschnitt auffällig, was ebenso wie der Hinweis, daß man eben nicht genau über den Herrscher Bescheid wisse,
auf das Umfeld der Auseinandersetzungen mit den Anhomöern verweist.[276] Er mündet in eine Ermahnung zum Rühmen und An-
beten, deren theologische Relevanz besonders Basilius gegen die
Pneumatomachen herausgearbeitet hat.[277]

Bis nach Vers 8a einschließlich ist nach Chrysostomus von der
Gottheit die Rede: Er reiht die Liebe zur Gerechtigkeit und den Haß
auf das Unrecht unter die prädikativen Bestimmungen Gottes.[278]
Das folgende beziehe sich auf das 'Fleisch'.[279] Das 'deshalb' in

---

[272] *Anhom.* 11,3 (PG 48, 800).

[273] Cf. die häufigen Argumente, daß auch die Engel nicht das Wesen Gottes erkennen können, z.B. *Incompr.* 3; 1, 302/320; Gregor von Nyssa, *Eun.* III 2,40-41;
9,26-28.

[274] Cf. *Hom. Hebr.* 3,1 (PG 63, 29,2/8); Parallelen bei Athanasius, *Ar.* II 13; Ps-
Didymus, *Trin.* I 31.

[275] PG 55, 196,23-197,8; keine Parallelen.

[276] PG 55, 197,3f.: Εἰ δὲ οὐκ οἶσθα ἀκριβῶς πάντα τὰ τοῦ Δεσπότου σου. Zur
ἀκριβεία s.o. III 1 Anm. 139. Cf. Daniélou, Introduction zu *Incompr.*, in: SCh
28bis, 27f.

[277] PG 55, 197,4/7. Cf. *Spir.* 2-8 u.ö.—Chrysostomus erwähnt hier nicht die
Homotimie, s.u. 3.2.2.b.

[278] PG 55, 197,8/19: [...] ὅτι θεός, ὅτι βασιλεύς, ὅτι ἀτελεύτητος, ὅτι δικαστὴς
ἀδέκαστος, ὅτι τῶν δικαίων ἐράστης, ὅτι μισοπόνηρος; cf. dagegen *Hom. Hebr.* 3,1-2,
s.u. 3.2.2 c.

[279] PG 55, 197,19/23.

Vers 8b könne demzufolge nicht als menschliches Verdienst mißverstanden werden, sondern verweise darauf, daß sich Gottes unsagbare Gerechtigkeit in der *Oikonomia* offenbare.[280]

Das Problem der Salbung des Sohnes behandelt Chrysostomus bemerkenswert abstrakt. Er erklärt nicht den Begriff, sondern kreist um die passivische Konstruktion. Das durch den Arianismus forcierte und durch den Neuarianismus noch verschärfte Problem, daß der Vater als der am Sohn Handelnde dargestellt wird, ist nicht dadurch zu lösen, daß man einfach auf seine Inkarnation verweist; denn damit ist noch nicht gezeigt, inwiefern der Inkarnierte als Sohn Gottes 'eines Wesens' mit dem Vater ist. Athanasius hatte solche und ähnliche passivische Aussagen durch das soteriologische 'für uns' ergänzt und als Korrektiv Aktivkonstruktionen—v.a. zu Christi Königsherrschaft—eingefügt. Chrysostomus parallelisiert die Salbung mit der Auferstehung und führt Schriftbelege an, die von 'auferwecken', statt 'auferstehen' sprechen, um damit die Relativität solcher grammatischer Beobachtungen zu demonstrieren.[281] Im folgenden deutet er unter Berufung auf *Gal* 5,22 die Metapher vom 'Öl der Freude' auf den Hl. Geist[282] und erläutert die Unterscheidung Christi von den Gefährten auch in der *Oikonomia*. Er kann dabei auf den theologischen Beweisgang zu *Ps* 44,3 zurückgreifen, wo er bereits den Unterschied zwischen der Fülle des Geistes in Christus und seinem Angeld in den Christen erörtert hat: Mit den Zitaten und Anspielungen auf *Joh* 1,16; 3,34 und *Joel* 2,28 evoziert er den Zusammenhang, ohne ihn nochmals auszuführen.[283] Mit *Ps* 44,9a ergänzt er den Gedankengang durch eine Interpretation der Verschiedenheit der Salben, die bei den alttestamentlichen Gesalbten aus anderen Essenzen bestanden hätten.[284]

Von den traditionellen Argumentationsmustern zu Vers 7-8 bleiben die Deutung der Metonymien in Vers 7, die Korrektur zum passiven Gesalbtwerden und ein Verweis auf den Unterschied zwischen Christus und den Christen. Der Einschub zur Vorsehung Gottes und der Unerforschlichkeit seiner Wege und seiner Gerechtigkeit entzieht Vers 8a und das 'deshalb' spitzfindigen Spekula-

---

[280] Cf. PG 55, 197,23/25.
[281] PG 55, 197,23/33, mit *1 Kor* 6,14; *Joh* 2,19.
[282] PG 55, 197,33/56.
[283] PG 55, 198,6/15.
[284] PG 55, 198,18/25.

tionen. Der Begriff der Salbung wird nicht problematisiert. Die fundamentalen Äußerungen dogmatischer Art finden sich schon zu Vers 3, also zu Beginn der christologischen Interpretation im engeren Sinn.

d) Metaphorik der Macht—Herablassung in der Sprache

Chrysostomus deutet die Bilder und Metaphern des Psalms als Entfaltung und grundsätzliche, inhaltliche und methodische, Bestätigung seiner christologisch pointierten Auslegung zu Vers 3. An die Darstellung des 'Lehrers' in Vers 3[285] schlössen sich zahlreiche Bilder und Motive an, die eigentlich nichts oder nicht viel miteinander zu tun hätten: aus den Bereichen Kampf und Krieg, Schönheit, Macht und Sieg, noch dazu in unterschiedlichen grammatischen Strukturen, wie Bitte, Aufforderung etc.[286] Spätestens hier wird vollends deutlich, wie eng Chrysostomus Sprache und Sache, Rhetorik und Theologie verbindet. Wie er eingangs die im Titel genannte 'Veränderung' als πραγμάτων μεταβολὴ καὶ μετάστασις[287] deutete, konkret auf die Neuschöpfung durch Christus, und damit ein aus der Rhetorik bzw. der Dramentheorie bekanntes Deutungsmuster von μεταβολὴ als plötzlichen Erkenntnisvorgang, der eine Richtungsänderung des Handlungsganges herbeiführt,[288] aufnahm, so ist hier von einer μεταβολὴ καὶ μετάστασις τῶν ῥημάτων die Rede.[289] Das Geschehen wird im folgenden auf die Ebene der Sprache verlagert. Rhetorische und sprachtheoretische Begriffe häufen sich. Der Prophet, und durch ihn der Geist, 'gestaltet'[290] die Rede: Er führt ein, hinauf oder hinab,[291] wechselt vom 'Konkreten' zum 'Erhabenen',[292] handelt von der ἀπορία und ihrer sorgfältigen Lösung,[293] von körperlichen und tropischen Redewei-

---

[285] PG 55, 189,21.

[286] PG 55, 189,20/44.

[287] PG 55, 183,22/24.

[288] Lausberg 1209-1215.

[289] PG 55, 189,20f. Möglicherweise schwingt auch die rhetorische Bedeutungsebene von μετάστασις mit: Im Kontext der Gerichtsrede umschreibt der Terminus die Entschuldigung des Angeklagten durch eine höhere Macht oder Autorität, die sein Tun auslöste, cf. Lausberg 183-185.

[290] PG 55, 191,33f.: τῷ σχήματι τῆς λέξεως.

[291] PG 55, 189,33.46; 194,23f., s.a. 199,11; 201,51f. u.ö.

[292] PG 55, 190,21f.40f.53/55; 191,19/23; 194,22/25; 195,25/27 u.ö. παχύς, ὑφηλός.

[293] PG 55, 189,44f.; 190,11/14; cf. Lausberg 776-778.

sen,[294] von den Gemeinsamkeiten der Begriffe und ihren Widersprüchen.[295] Die Bilder als Bilder für Christi Wirkkräfte (ἐνέργειαι)
deutend, eruiert Chrysostomus aus ihrem gegenseitigen Verhältnis
christologische Aussagen, indem er die Widersprüche der sprachlichen Ebene aufnimmt und in den paradoxen Ablauf des soteriologischen Handelns Christi einfügt.[296]

Die Deutungen im einzelnen sind dabei nicht außergewöhnlich:
Die kriegerischen und kämpferischen Bilder bezeichneten Christi
strafende Wirkung auf die Feinde Gottes[297] sowie die Aufrichtung
seines Königreichs durch die Unterwerfung der Völker.[298] Beides
wird kaum konkretisiert: Nur andeutungsweise ist von οἰκείωσις
und γνῶσις die Rede,[299] vom Kampf gegen die Dämonen,[300] von
der Gefangenschaft der Juden oder—alternativ—von der Macht des
Wortes, das auch die ursprünglich feindselig Gesonnenen gewinne
und an sich ziehe.[301] Jeweils unmittelbar am Text begründet Chrysostomus, daß die Aussagen nicht wörtlich zu verstehen seien: 4a
werde korrigiert durch b, die Schönheit und Reife, und als Schlüssel
für das Verständnis des Ganzen dient Vers 5c: Er zeige, daß der
Angesprochene das alles aus eigener Macht und eigenem Antrieb
bewirken könne, daß er deshalb nichts von außen Kommendes
brauche, vielmehr bedürfnislos sei.[302] Im einzelnen kann der Kommentator das an Parallelen nachweisen. So gebe es genügend Stellen, die zeigten, daß Gott auch ohne 'Werkzeug', wie ein Schwert
es darstellt, strafen könne.[303] Darüberhinaus werde die Art dieses
Kampfes durch 4b erklärt: Der Vers nimmt die Formulierungen zur
Schönheit aus 3a auf, und dementsprechend greift Chrysostomus
auf seine Deutung zu Vers 3 zurück; anders ließe sich nicht erklären, warum er *Jes* 61,1 zitiert.[304] Der Vers, der üblicherweise im
Kontext von *Ps* 44,8 auftaucht, ist vor dem Hintergrund der Ausführungen über den Geist zu 3 zu sehen und illustriert so die christo-

---

[294] PG 55, 190,27/32; 193,12; cf. 183,40f.; 196,20; 197,54; 198,18; 199,3/5
u.ö.
[295] PG 55, 189,37/44.
[296] PG 55, 193,22/41.
[297] PG 55, 190-191, zu 4a; cf. Diodor, Theodor z.St.
[298] PG 55, 191,21/29, zu 5a; 193,47-194,24, zu 6.
[299] PG 55, 191,28f., zu 5a.
[300] PG 55, 190,57-191,2, zu 4.
[301] PG 55, 194,1/18, zu 6.
[302] PG 55, 190,2/4.42/48; 193,19/21; cf. 191,18.
[303] PG 55, 190,18/51 mit *Ps* 67,2; 103,32; 113,7; 134,6 und *Jes* 9,6.
[304] PG 55, 191,4/6.

logische und soteriologische Relevanz der Metaphernkombinationen. Das Schwert sei Christi Schönheit, Herrlichkeit, Macht.[305] Von seinen Ausführungen zu Vers 3 her sei es dann nicht anders denn als Friedensbringer zu interpretieren (*Eph* 2,2; 2,14).[306] Bestätigt werde das durch Vers 5b. Durch 'Wahrheit, Milde und Gerechtigkeit' werde offenkundig, daß es sich nicht um Kampf im üblichen Sinn handeln könne. Chrysostomus exemplifiziert die Sanftmut und Milde ausführlich an David und Mose[307] und schließlich an Christus, der den eigenen Feinden verzieh und das als höchstes Ideal christlicher Sanftmut hinstellte.[308] Die kriegerischen Konnotationen werden mit dieser Deutung nicht aufgehoben, aber auf eine andere Ebene verlagert, auf den Kampf gegen Dämonen und böse Mächte, die besiegt werden müssen, um eine friedliche Welt zu schaffen, die eine friedliche Unterordnung unter Christus impliziert.[309] Im Gegensatz zu Diodor und Theodor ist von einer Verwerfung nicht die Rede.

Verständnisvoraussetzung für die theologische Bedeutung der Bilder ist nach Chrysostomus zum einen, daß grundsätzlich auch vom Vater so, d.h. in möglicherweise widersprüchlichen Bildern gesprochen werden könnte;[310] dafür zieht er *Ps* 7,13f. (*arcum suum tetendit et paravit illum et in eo paravit vasa mortis*) und *Weish* 5,19 (*induet pro torace iustitiam*) als Beispiele heran. Zum anderen beweise die Schlüsselstelle 5c, daß der Sohn dieses von Natur und aus eigener Kraft—φύσις und δύναμις sind die immer wiederkehrenden zentralen Begriffe—leiste; er vollbringe mithin dasselbe wie der Vater und sei folglich derselben göttlichen Realität zuzuordnen.[311]

In diesem Zusammenhang formuliert er eine Synthese der zahlreichen auseinanderlaufenden antithetischen Begriffe, die Christi heilsgeschichtliches Wirken spiegeln: Eingeführt durch die alternative Textversion 'Furchterregend ist deine Rechte' reiht der Interpret Paradoxa zum Heilswerk Christi aneinander,[312] mehrfach un-

---

[305] PG 55, 191,14/18: τοῦτό ἐστιν ἡ μάχαιρα, ἡ ὡραιότης αὐτοῦ, καὶ τὸ κάλλος αὐτοῦ, καὶ ἡ δόξα, καὶ τὸ ἀξίωμα, καὶ ἡ μεγαλωσύνη, καὶ ἡ μεγαλοπρέπεια. Οὐδενὸς γὰρ δεῖται ἡ οὐσία ἐκείνη εἰς τὸ κατορθῶσαι τὰ προκείμενα· ἀνενδεὴς γάρ ἐστι.

[306] PG 55, 191,4/10.

[307] PG 55, 191-192.

[308] PG 55, 192,27-193,5.

[309] Cf. zu 6.

[310] PG 55, 189,44/51.

[311] PG 55, 193,17/47.

[312] PG 55, 193,22/45; φοβερὰ ἡ δεξιά σου.

terbrochen durch die LXX-Version von 5c, die er jeweils kommentiert: Christi φύσις und δύναμις genügten sich selbst.[313] Wenn er im Unterschied zu den anderen Auslegern, die in 5c den Ausweis von Christi göttlicher Macht sahen,[314] diese 'Macht' durch den Begriff 'Natur' ergänzt, ist das eine pointierte Stellungnahme gegen Versuche, beides zu trennen.[315] Indem er das in die biblischen und theologischen Paradoxa einbindet,[316] macht er deutlich, in welchen sprachlichen Kategorien von Gott, von seiner Natur und seiner Wirkmacht in einem, zu reden ist. Indem er den Abschnitt mit der genannten Textvariante einleitet, assoziiert er überdies die entsprechende Haltung: Termini wie φοβερός, φρίκη u.ä. gehören in den Umkreis der Liturgie und der Beschreibung des 'Mysterium tremendum et fascinosum', der Verehrung und Anbetung.[317]

e) Die christologischen Implikationen im Kontext der dogmatischen Auseinandersetzungen

Die Auslegung ist wesentlich durch die Auseinandersetzungen um den Neu-Arianismus beeinflußt. Auf zahlreiche Einzelheiten wurde im Verlauf der Analyse schon hingewiesen. Darüberhinaus ist zu bemerken: Wenn Chrysostomus zumal die Metaphern der Verse 4-6 konsequent auf Christi Macht und φύσις deutet,[318] wobei er statt φύσις auch οὐσία sagen kann,[319] stehen die durch den Neuarianismus aufgeworfenen Fragen dahinter. Vor diesem Hinter-

---

313 PG 55, 193,17/21.30/33.42/45.

314 Cf. Diodor, Theodor, Didymus z.St.

315 Cf. die neuarianische Unterscheidung von *ousia* und *energeia*.

316 PG 55, 193,26f.36/41: ἀνεμίγη τὰ κάτω τοῖς ἄνω, Θεὸς ἄνθρωπος γέγονεν, ἄνθρωπος ἐπὶ βασιλικοῦ κάθηται θρόνου· [...] Διὰ θανάτου γὰρ θάνατος ἐλύθη, διὰ κατάρας κατάρα ἀνῃρέθη, καὶ εὐλογία ἐδόθη· διὰ βρώσεως ἐξεβλήθημεν πρῴην, διὰ βρώσεως εἰσήχθημεν πάλιν. Παρθένος ἡμᾶς ἐξέβαλε παραδείσου, διὰ παρθένου ζωὴν εὕρομεν αἰωνίαν. Δι' ὧν κατεκρίθημεν, διὰ τούτων ἐστεφανώθημεν.—'Das Untere wurde mit dem Oberen vermischt, Gott wurde Mensch, der Mensch sitzt auf dem königlichen Thron; [...] Denn durch den Tod wurde der Tod vernichtet, durch den Fluch wurde der Fluch aufgehoben und Segen gegeben; durch die Speise waren wir kürzlich hinausgeworfen worden, durch die Speise wurden wir wieder hineingeführt. Eine Jungfrau warf uns aus dem Paradies, durch eine Jungfrau finden wir ewiges Leben. Durch was wir verurteilt wurden, durch das wurden wir gekrönt.'

317 PG 55, 193,22f.: cf. die Anspielung auf die Eucharistie 193,38f.; cf. Daniélou, Introduction, in SCh 28bis, 30-39; zu liturgischen Anspielungen in den Schriftauslegungen des Chrysostomus s.a. Simonetti, Lettera 185f.

318 Cf. zu 3c (PG 55, 188,41/45): ἰσχύς—οὐσία; zu 4 (190,17f.20f.24f.54f.): δύναμις, ἐνέργεια promiscue; zu 8 (197,50f.; 198,23f.): ἐνέργεια.

319 Cf. PG 55, 191,16/18.

grund gewinnt das o.g. Argument, daß die Schrift vom Vater in
ähnlicher Weise spricht wie von Christus, erst sein ganzes Gewicht
und polemische Schärfe.

Nimmt man die weiteren Hinweise hinzu, die trinitätstheologische Grundlegung am Anfang, die Diskussion um den Geist, das
Insistieren auf dem Wirken des Sohnes aus eigener 'Natur' und
'Macht', die Andeutungen zu Vers 7, die manchmal fast änig-
matisch verkürzten Argumente, die sich in den Homilien gegen die
Anhomöer expliziert finden, die Zurückhaltung gegenüber grammatischen Beweisen zur Gottheit in den umstrittenen Versen,[320]
das Gewicht der Sprachreflexion als solcher, läßt sich die Bedeutung
der anhomöischen Lehren für die Interpretation kaum von der
Hand weisen. Chrysostomus entwickelt im vorliegenden Text keine
Sprachtheorie. Aber seine Metapherndeutung ist eine Antwort auf
die Theorien des Eunomius, indem er anhand der Bilder die göttliche Wirklichkeit Christi in der *Oikonomia* als verankert in seiner
φύσις aufzeigt. Freilich setzt er sich nicht direkt mit den Anhomöern
auseinander: In seiner Einleitung nimmt der Prediger Bezug auf die
Juden und Griechen, die durch diesen prophetischen Text von der
Wirklichkeit des Sohnes Gottes, Christi, überzeugt werden sollen.[321] Es scheint vielmehr so zu sein, daß die entsprechenden theologischen Anliegen derart fundamental sind, daß sie sich über die
unmittelbare Auseinandersetzung hinaus in der theologischen Argumentation und Schriftauslegung niederschlagen.

Anti-marcellische oder anti-sabellianische Affekte wirken sich
nicht nennenswert aus: Im Zusammenhang des Geist-Exkurses zu
Vers 3 betont er, daß Sohn und Geist eigene Hypostasen darstellen,
mehr läßt sich nicht nachweisen. Die durch Apollinaris aufgeworfenen Fragen bleiben ebenfalls im Hintergrund:[322] Wenn Chrysostomus zwischen Gottheit und *Oikonomia* oder Fleisch unterscheidet,
geht es weniger um die zwei 'Naturen' und ihr Verhältnis zueinander bzw. eine Verteidigung des Menschseins Christi, denn darum, daß Gott selbst sich herabläßt, um die Menschen zu 'unterwerfen'. Die 'Einheit' von Gottheit und Menschheit in Jesus Christus,
die mit größter Selbstverständlichkeit in der Du-Anrede vorausgesetzt ist, wird ihm von daher nicht zum Problem. Daß das christo-

---

[320] Zu Vers 2b (PG 55, 184,31/46) erwähnt er, um Mißverständnisse zu vermeiden, daß der Artikel die κυριότης bezeichne.
[321] PG 55, 183,9/18.
[322] Cf. Grillmeier I 610f.; Lawrenz 128f.

logische Anliegen bekannt ist, zeigt sein kurzer Exkurs zum Thema.[323] Der Überblick über seine Terminologie ergab überdies, daß
seine Christologie sich nicht einfachhin einem bestimmten Schema
zuordnen läßt. Er differenziert christologisch zunächst in erster
Linie auf sprachlicher Ebene, in der Gegenüberstellung von 'Kon-
kretem' und 'Erhabenem'.[324] Über die expliziten christologischen
Gedankengänge hinaus wird in der Argumentationsstruktur des
Kommentars ein in Reaktion auf die neuarianische Sprachtheorie
entwickeltes vertieftes Verständnis theologischen Denkens und
Sprechens greifbar.

3.2.2 Einzelargumentationen zur christologischen Interpretation

Man könnte dagegenhalten, daß mit der Interpretation zu *Ps* 44 eine
geistliche Auslegung vorliegt und daß aus diesem Grund der Metaphorik eine derart dominierende Funktion zukommt. Es läßt sich
nicht von der Hand weisen, daß die Bildlichkeit der biblischen
Sprache in spirituellen Schriften schon sehr viel früher gewürdigt
und fruchtbar gemacht wurde. Die zahlreichen Homilien und Kommentare des Origenes stellen das alles überragende Beispiel dar. Die
voraufgehende Analyse zielte aber darauf, daß bei Chrysostomus,
unter dem Eindruck der Eunomianischen Sprachtheorie, sprachkritische Erwägungen die spezifisch dogmatischen, hier christologischen Argumentationsmuster beeinflußten und modifizierten.
Um dieses zu bestätigen, sollen im folgenden die mit *Ps* 44 christologisch argumentierenden Passagen aus dem Gesamtwerk kurz analysiert werden.

a) Die Bedeutung des prosopologischen Arguments

Vor der arianischen und neuarianischen Sprachkritik kann die doppelte Nennung von 'Herr' oder 'Gott' für offenkundig verschiedene
Personen als Argument für die Gottheit des Sohnes nicht stand-

---

[323] PG 55, 188,41/45: ῞Ιν' οὖν μὴ ἀκούσας σὺ ταῦτα καταφρονήσῃς, δείκνυσί σοι
τῆς θεότητος τὴν ἰσχύν. Οὐδὲ γὰρ τὴν σάρκα διαιρεῖ τῆς θεότητος, οὔτε τὴν θεότητα
τῆς σαρκὸς, οὐχὶ τὰς οὐσίας συγχέων (μὴ γένοιτο), ἀλλὰ τὴν ἕνωσιν δεικνύς.—
'Damit du nicht, wenn du dieses hörst, ihn verachtest, zeigt er dir die Macht der
Gottheit. Weder trennt er das Fleisch von der Gottheit noch die Gottheit vom
Fleisch, und er vermischt nicht die Wesenheiten (das sei ferne), sondern zeigt die
Einung'.
[324] S.o. Anm. 292.

halten. Die Auslegung zum 44. *Psalm* verzichtete denn auch auf diese Figur. Nichtsdestoweniger begegnet sie an anderen Stellen, allerdings in modifizierter Form.

Ps 44,8bc und *Ps* 109,1 dienen als Schriftargumente gegen die neuarianische Auslegung von *1 Kor* 8,6:[325] Weil dort zwischen dem einen Gott Vater, aus dem alles ist, und dem einen Herrn Jesus Christus, durch den alles ist, unterschieden wird, benutzten die Neuarianer den Vers offensichtlich als Schlüsselstelle für die Trennung zwischen dem Ungewordenen und dem Gezeugten.[326] Unter Berufung auf die Unterscheidung zwischen 'Gott' und 'Herr' läßt sich das nicht halten, da dem—so Chrysostomus—neben *Ps* 109,1 und 44,8, deren Autorität durch ihre Aufnahme in das NT (*Mt* 22,42-44; *Hebr* 1,8-9) bestätigt wird, noch zahlreiche weitere Stellen entgegenstünden. Abgesehen von einzelnen Einwänden—Warum wird 'Gott' in *1 Kor* 8,6 durch 'Vater' ergänzt? Die Differenzierung komme der Fassungskraft der ursprünglich im Polytheismus beheimateten Griechen entgegen[327]—stellt sich die grundsätzliche Frage: Wenn man alle diese Stellen uneigentlich verstehen will, warum dann ausgerechnet *1 Kor* 8,6 wörtlich? Eine Differenzierung der Namen an einer Stelle besage nicht zwingend eine Unterscheidung der Realitäten (πράγματα).

In der Auslegung zu *Ps* 109,1 argumentiert Chrysostomus u.a. gegen die Juden: *Ps* 109,3c und 4 belegten, daß der erste Vers auf den Herrn Christus, der zur Rechten des Herrn und Vaters sitze, zu beziehen sei.[328] Den auf *Dtn* 6,4 sich stützenden Einspruch lehnt er mit einer ähnlichen Begründung wie oben ab: Die Stelle sei aus der Opposition gegen die heidnische Vielgötterei zu verstehen und insofern eine Anpassung an die menschliche Schwachheit.[329] *Gen* 1,26; 11,7 und *Ps* 44,8bc bezeugten dagegen die Existenz des Eingeborenen Gottes, die schließlich im NT eindeutig als Erfüllung der in *Ps* 109 und andernorts zu findenden Verheißungen offenbart worden sei. Im Kommentar zu *Ps* 44 bezieht er eben diese Stelle auf die *Oikonomia*, 7-8a auf die Gottheit. Chrysostomus evoziert hier

---

[325] *In I Cor.* 20,3 (PG 61, 163-165); *Incompr.* 5,169/229.

[326] Cf. Eunomius, *Apol.* 5 (Glaubensbekenntnis); 25-26; s.a. die Diskussion bei Basilius, *Spir.* 2-8 u.ö.

[327] Cf. Tertullian, *Prax.* 13: dort diente die Nennung von zwei 'Göttern', die eigentlich nicht zu rechtfertigen sei, der 'Gewöhnung' an die Offenbarung des Gott genannten Sohnes im NT.

[328] *Exp.Ps.* 109,1-2 (PG 55, 264-268).

[329] PG 55, 266,20/26.36f. u.ö.

dagegen mit der Kurzform des Zitats die Salbungsvorstellungen, die für die jüdische Messiaserwartung bedeutsam sind, und stützt das Argument durch neutestamentliche Belege: Die prosopologische Unterscheidung von Salbendem und Gesalbtem ist vorausgesetzt. Der Gedankengang entspricht so der 'klassischen' antijüdischen und apologetischen Argumentation. Die auf den Testimonienbeweisen basierenden Argumentationsmuster tauchen unter relativ vielen Belegen zu *Ps* 44,7-8 im Gesamtwerk nur in diesen begrenzten Kontexten auf, nämlich in Abwehr einer einseitigen Ausnutzung einzelner Stellen, ohne daraus einen positiven 'Beweis' abzuleiten.

b) Bild-Argumente

Das gewichtigste Interpretationsmuster in den Einzelauslegungen stellen Argumentationen auf der Grundlage der in Vers 7 vorgegebenen Bilder bzw. Metonymien dar. Sowohl 'Thron' als auch 'Stab' gelten als Symbole der Königsherrschaft und des Gerichts.

In der Auslegung zum 109. *Psalm* ist das Sitzen zur Rechten Anlaß, von der 'Gemeinschaft des Thrones' und seinem Symbolgehalt zu sprechen und so die ἰσοτιμία bzw. das ὁμότιμον zu illustrieren.[330] Als Bestätigung zitiert Chrysostomus *Hebr* 1,7-8, das er mit Hilfe von *Dan* 7 auf die Gegenüberstellung der stehenden, dienenden Engel und des sitzenden Sohnes hin auslegt. In *Anhom.* 11 kommt Chrysostomus über die Deutung von *Gen* 1,26 auf das Sitzen zur Rechten und die Unterscheidung von Sitzen und Stehen, um wiederum mit *Hebr* 1,7-8 den Gegensatz von λειτουργικός und δεσποτικός aufzuzeigen:[331] Wer auf dem Thron sitze, werde verehrt. Wer auf dem gleichen Thron sitze wie der Höchste, werde in gleicher Weise verehrt.[332] *Hebr* 1,7-8 demonstriere das durch die λειτουργία der Engel; über *Jes* 6,1 könne die Verbindung zur Liturgie der Christen hergestellt werden.[333] Und so mündet der Gedankengang in das doxologische Argument, das eine Unterschei-

---

[330] *Exp. Ps.* 109,2 (PG 55, 267f.); zum Zusammenhang der Auslegung mit dem arianischen Streit s. Rondeau, Le commentaire I 16-18.

[331] *Anhom.* 11,3 (PG 48, 799f.), außerdem *Dan* 7,9; *Jes* 6,1; *2 Sam* 22,19, s.o. S. 326f.

[332] Cf. J. Lecuyer, Le sacerdoce céleste du Christ selon Chrysostome, in: NRTh 72 (1950) 561-579, 563-567 (Bedeutung dieses Sitzens für die *Oikonomia*).

[333] In *Anhom.* 11 schließt sich eine Ermahnung zu gottesdienstlichen Versammlungen an (PG 48, 800f.).

dung des Wesens ausschließt: Vater und Sohn komme dieselbe Anbetung und Verehrung zu.[334]

Weniger theologisch pointiert kann er auch den 'Stab' aus Vers
7b als polysemen Begriff ausnutzen: Unter den vielen Bedeutungs-
varianten, die die Schrift anbietet, wie Strafe, Stütze, Trost, Erzie-
hungsmittel (*Ps* 22,4; 2,9; *1 Kor* 4,21), deute der Begriff auch auf die
Königsherrschaft (*Jes* 11,1; *Ps* 44,7).[335]

c) Spezifisch christologische Argumentation?

In den sehr spät entstandenen Homilien zum *Hebr*-Brief nimmt
Chrysostomus die auf der Metaphorik gründenden Argumentationsmuster wieder auf:[336] 'Thron' und 'Stab' als Symbole für den
ewigen König, die Differenzierung von Dienen und Herrschen
zwischen den Engeln und Christus mit *Hebr* 1,7-8. Neu ist der Ansatz zu einer christologischen Ausdeutung im engeren Sinn gegen
die zahlreichen christologischen Häresien. *Hebr* 1,1-8 demonstrierte
seine Herrschaft und das Ungeschaffensein, mithin Christus als
'Gott' oder 'Gott Logos'. Stellen wie *Spr* 8,22 oder *Apg* 2,36 hingegen, die ihn als 'Objekt' göttlichen Wirkens darstellten, seien auf
das 'Fleisch' zu beziehen, so also auch der ganze Vers *Ps* 44,8.

Christologisch sind seine Ausführungen eher undurchsichtig: Er
scheint nicht nur zwischen Gott-Logos und Fleisch zu differenzieren, sondern obendrein den Χριστός Κύριος υἱὸς abzusondern.[337]
Das Problem, das sich aus der Zuordnung von 8a zum 'Fleisch'
bzw. 'Menschen'[338] ergibt, insofern das 'deshalb' ein Verdienst
nahelegen könnte, erörtert er nicht. Zwar bezieht er Stellung gegen
Paul von Samosata:[339] Vers 7a mache offenkundig, daß Christus
nicht nur Mensch, sondern auch Gott sei, ungeschaffen und vor
Ewigkeiten seiend. Aber das Verhältnis zwischen Gottheit und
Menschheit in Christus bleibt im Dunkeln.

---

[334] In der Auslegung zu *Ps* 7,6 (PG 55, 89f.) kommt er vom Anthropomorphismus 'Aufstehen' über *Ps* 9,4; *Dan* 7,9; *Ps* 44,7 und 109,1a zu ähnlichen Ergebnissen, akzentuiert dabei aber den Gerichtsgedanken stärker.

[335] *Exp.Ps.* 109,3 (PG 55, 268f.), cf. die verschiedenen Konnotationen zu Vers
7 in der *Expositio*, s.o. S. 326f.

[336] *Hom.Hebr.* 3,1-2 (PG 63, 27-29), entstanden 403/4.

[337] PG 63, 28,25/27: Ἀλλ' οὔτε ἐκεῖνο περὶ τοῦ Χριστοῦ Κυρίου Υἱοῦ εἴρηται, οὔτε
τοῦτο περὶ τοῦ Θεοῦ Λόγου, ἀλλὰ περὶ τοῦ κατὰ σάρκα.

[338] Σάρξ ist hier in umfassendem Sinn zu verstehen, meint also den ganzen
Menschen, cf. PG 63, 29,1.10f.: ἄνθρωπος synonym, cf. Lawrenz 109-114; dagegen: Hay 300f.

[339] PG 63, 28,41-29,6.

Skopus seiner Deutung ist die Differenzierung (ἀντιδιαστολή)
zwischen Gott und Mensch: Die Menschheit werde gesalbt, nicht
die Gottheit.[340] Aber viel weiter kommt er nicht und will er möglicherweise auch gar nicht.[341] Der Hinweis darauf, daß vor 'Gott'
der Artikel stünde,[342] stellt eher einen Rückschritt dar. Der Gedankengang erweckt einen unausgeglichenen Eindruck: Die Auslegung von Vers 7 auf den Herrn und Gott und seinen von allen
unterschiedenen Namen gründet auf den oben analysierten Argumentationsmustern und ist entsprechend durchdacht, während sein
Versuch, Vers 7-8 christologisch auszunutzen, scheitert. Über eine
Gegenüberstellung von Gott und Mensch gelangt er nicht hinaus.
Und in diesem Zusammenhang tauchen wieder Argumente aus
älterer Zeit auf, deren Unzulänglichkeit im Streit um den Arianismus erwiesen wurde.[343]

3.2.3 Sprache und Theologie

a) Exkurs: Sprechen von Gott als Sprechen in Bildern—De capto Eutropio

Die Analyse der Metapherndeutung, v.a. zu *Ps* 44,4-6, zeigte, daß
deren Bedeutung über die materialen dogmatischen Interpreta-
mente hinausging, insofern als die christologische Argumentation
des Kommentars konsequent und methodisch auf sprachlichen
Bildern aufbaut. An der möglicherweise unechten Homilie *De capto
Eutropio*,[344] die hymnisch die Kirche preist und in ihren letzten

---

[340] PG 63, 29,10/14.

[341] Cf. Stockmeier 12; 20f.

[342] PG 63, 29,24f.

[343] Cf. Lawrenz 71: Gegen die arianische Deutung von *Joh* 1,1 beweist
Chrysostomus die theologische Irrelevanz des Artikels.

[344] PG 52, 395-414. Sie gilt als zweite Homilie, die im Kontext der Asylsuche
des gestürzten Ministers Eutropius 399 entstand. Zur älteren Diskussion um die
Echtheit s. zusammenfassend J.A. de Aldama, Repertorium Pseudochrysostomi-
cum, Paris 1965, Nr. 170. A. Cameron, A misidentified homily of Chrysostom, in:
NottMedSt 32 (1988) 34-48, bezweifelt die Authentizität zumindest des ersten Teils
nicht, ordnet ihn aber nicht der Eutropius-Affäre, sondern den Unruhen um Gainas
im Frühjahr 400 zu.—Umstritten ist v.a. der zweite Teil (401-414), die Auslegung
zu *Ps* 44,10. Für A. Puech, Histoire de la littérature grecque chrétienne III, Paris
1930, 511-514, sind weniger stilistische denn inhaltliche Gründe ausschlaggebend:
Die Dominanz der allegorischen Auslegung passe nicht zu dem Diodor-Schüler
Chrysostomus, die Bilder grenzten ans Geschmacklose. Wenn der zweite Teil der
Homilie nicht gänzlich apokryph sei, handle es sich zumindest um eine sehr freie
Redaktion eines Stenographen mit Interpolationen. S.J. Voicu, "Giovanni di

Abschnitten *Ps* 44,10-12 ekklesiologisch auslegt, läßt sich ein solcher Ansatz aufzeigen.

In den Lobpreis der Kirche schiebt der Verfasser eine Reflexion auf Namen und Sprache ein: Wie es für die Kirche viele Namen gebe, so für den 'Herrscher', weil ein Name für das Ganze nicht genüge, vielmehr viele Bezeichnungen notwendig seien, um ein wenig über Gott zu lernen.[345] Er zählt eine Reihe von Christus-Titeln auf—Vater, Weg, Leben, Herr, Sohn, Bild Gottes.[346] Sie seien, so fährt er fort, alle auf Gott anzuwenden, und zwar als Übertragungen, also Metaphern, unter der Voraussetzung, daß man menschliche Worte und gottwürdige Bedeutung auseinanderhält.[347] Wie Basilius demonstriert er das u.a. am Beispiel des Zeugens, das man als Abtrennung (τμῆσις) oder auf das ὁμοούσιον hin verstehen könne.[348] Entscheidend für die Bedeutung dieser Bilder

---

Gerusalemme'' e Pseudo-Crisostomo. Saggio di critica di stile, in: Euntes Docete 24 (1971) 66-111, 109, Anm. 103; 111, vermutet hinter dieser und einigen anderen ps-Chrysostomischen Homilien denselben Verfasser, der im Kontext der antianhomöischen Polemik gepredigt habe. Er begründet diese These aber nicht näher am Text. Robitaille 175; 42; 48 u.ö.; Rondeau I 127; R.A. Krupp, Saint John Chrysostom. A scripture index, New York-London 1984, führen die Homilie unter den authentischen Stücken. Die Übersetzer F. Conti Bizzarro - R. Romano, Neapel 1987, 22-25, verweisen auf die Übereinstimmungen zwischen den beiden Teilen der Homilie sowie zur ersten. Liest man das Ganze als Apologie der Kirche, lasse sich durchaus ein logischer Zusammenhang herstellen, zumal Themenwechsel und Brüche in der Gedankenführung bei Chrysostomus nichts Ungewöhnliches seien.—Bislang ist ein schlüssiger Beweis, daß die Homilie ganz oder teilweise nicht von Chrysostomus stammt, nicht erbracht. Fragen der Schriftauslegung und das Verhältnis von Wortlaut und Bedeutung werden durchgängig behandelt und stehen nicht grundsätzlich im Widerspruch zur Psalmenauslegung des Chrysostomus. Zwar ist die Allegorese der *Expositio* sehr viel nüchterner und knapper. Andererseits aber wäre die leidenschaftliche, ja extreme Verteidigung der Kirche und ihrer geistlichen Bedeutung angesichts der Versuche, sie tagespolitisch zu vereinnahmen, durchaus plausibel. Die Gedankensprünge sind, zumal angesichts einer möglicherweise von Schnellschreibern herausgegebenen Gelegenheitspredigt im Kontext der politischen Unruhen, nicht so gravierend, daß dadurch die Echtheit zwingend in Frage gestellt wäre. Um die Frage weiter zu klären, müßte wohl mehr als bisher auf die Schriftauslegung und Metaphorik geachtet werden: Es wäre zu untersuchen, inwieweit sich in anderen Texten überarbeitete Exegesen und situationsbezogenen Deutungen gleichen oder unterscheiden und inwieweit Chrysostomus in sicher echten Gelegenheitspredigten rhetorisch sozusagen über die Stränge schlägt.

[345] Cf. Basilius, *Eun.* I 7: Er verwendet andere Beispiele, scheint dem Prediger also nicht direkt vorgelegen zu haben.

[346] *Eutr.* 2,6 (PG 52, 402,12/23). Cf. Chrys., *Exp.Ps.* 44,11 (PG 55, 200,44/46).

[347] *Ibid.* 2,7 (PG 52, 402,48f.55/57): Τὰ ῥήματα ταῦτα ἀνθρώπινα, ἀλλὰ τὰ νοήματα θεοπρεπῆ [..] Ἀλλὰ μὴ πρόσεχε τῇ εὐτελείᾳ τῶν λέξεων· ἀλλὰ λάβε θεοπρεπῆ τὰ νοήματα. Cf. 404,24/26; Chrys., *Exp.Ps.* 44,10 (PG 55, 199,35).

[348] *Ibid.* 2,7 (PG 52, 403,1f.), cf. Bas., *Eun.* II 24: Er differenziert zwischen den

—und auch hier greift er ein Thema auf, das schon bei Basilius gegen Eunomius grundgelegt ist—sei die Tatsache, daß Gott selbst
diese Namen für uns gebrauchte.[349] Er selbst sei reines Wesen, das
der Mensch als körperliches Geschöpf nicht fassen könne. Um sich
aber trotzdem zugänglich zu machen, zumindest im Rahmen der
menschlichen Möglichkeiten, bediene er sich menschlicher oder
irdischer Aussagen (λέξεις), die durch ihre tiefere Bedeutung (νοήματα), angelegt in der Polysemie der Begriffe, den Menschen
Aspekte der göttlichen Wirklichkeit eröffneten.[350] In dieser Beurteilung stimmt der Prediger mit Basilius und Gregor von Nyssa überein.[351] Konsequent interpretiert er alle Begriffe von Gott auf dieser
Grundlage. Nicht zufällig nennt er 'Gott' als erstes Beispiel. Bei
Gott bezeichne der Name die φύσις πραγμάτων, bei den Menschen,
unter Verweis auf *Ps* 81,6, die 'Ehre des Namens' (τιμὴ ὀνόματος).[352] Als Grenzbegriff, dessen semantischer Gehalt sich dem
menschlichen Zugriff entzieht, ist er annäherungsweise zu verstehen, wenn auch der metaphorische Prozeß hier umgekehrt, von der
unbegreiflichen, alles übersteigenden Wirklichkeit Gottes her verläuft. Alle weiteren der zahlreichen Beispiele sind Metaphern vom
Menschen her, die jeweils bestimmte Erkenntnisse und Einzelaspekte des unendlichen Wesens Gottes vermitteln.[353]

Die nun folgende christologische Begründung der Kirche weist
diesen Gedankengang als Grundfigur theologischen Sprechens aus:
Angesichts der zahlreichen Namen für die Kirche stellt sich die
Frage, wie sich so gegensätzliche Bilder wie Braut, Mutter, Berg
etc. zusammenfügen lassen, wie beispielsweise die Arme und Getre-
tene zugleich die in *Ps* 44,10 gepriesene Königin sein könne. Diese
Aussagen werden erst sinnvoll durch das Grundparadox der *Oikonomia*: Der König wurde Knecht. Über 15 Zeilen lösen die hymnischen Umschreibungen der reinen höchsten Wesenheit einander
ab,[354] wobei zahlreiche Begriffe begegnen, die in der Auseinander-

---

Semen πάθος und οἰκείωσις. Eine direkte Abhängigkeit liegt also nicht vor. Das
zeigt um so klarer die Bedeutung, die die Sprachreflexion gegen Ende des 4. Jh.
gewonnen hat.

[349] *Eutr.* 2,7 (PG 52, 403,2/4): Τὰ γὰρ ῥήματα ταῦτα πολλὰ παρ' ἡμῶν ἐχρήσατο
ὁ Θεὸς, καὶ ἡμεῖς παρ' αὐτοῦ, ἵνα τιμηθῶμεν.
[350] *Ibid.* 2,8 (PG 52, 403,7/16).
[351] Bas., *Eun.* I 6-7, s.o. S. 228-231.
[352] *Eutr.* 2,8 (PG 52, 403,15/19).
[353] *Ibid.* 2,8, (PG 52, 403,19/44): ἵνα μάθῃς wird ständig wiederholt.
[354] *Ibid.* 2,9 (PG 52, 404,2/16).

setzung mit dem Neuarianismus zu ihrer vollen theologischen Bedeutung kamen: Termini der negativen Theologie, wie unvergänglich, unbegrenzt, unbegreiflich u.a., der *via eminentiae*, z.B. im Kontext der Vergleiche des Sohnes mit Engelwesen oder in Reaktion auf
die neuarianische Erkenntnislehre als Überbietung der menschlichen Vernunft. Dazu gesellen sich biblisch inspirierte Formulierungen von seiner kosmischen Macht und der Unerforschlichkeit
seiner Wege. Dieser Gott werde Mensch—hier wechselt der Verfasser zur ersten Person Singular, um das παράδοξον noch näher
heranzuholen—und spreche menschlich, um der menschlichen
Schwachheit entgegenzukommen: Wenn er in den Theophanien in
unterschiedlichen Gestalten erscheine, legitimiere er die verschiedenen Bilder, mit denen die Menschen von ihm sprechen, ohne daß
sich die γυμνὴ οὐσία im Begriff festmachen ließe.[355] Gott gestaltet
demzufolge die Bilder und damit auch die Sprache als Weg zu
sich.[356] So werden die einander widersprechenden Bilder nicht nur
verständlich und die Antithesen als Paradoxa auf einer höheren
Ebene sinnvoll; sie gewinnen darüber hinaus an dogmatischer Relevanz, insofern als uneigentliche Redeweisen—und welches Reden
von Gott ist unter der Prämisse seiner Unendlichkeit und Unbegreiflichkeit nicht uneigentlich?—die einzig richtige und von Gott
selbst legitimierte Möglichkeit sind, sich auf sprachlichem Weg ihm
anzunähern bzw. ihn anderen nahezubringen.

Der Prediger setzt das unmittelbar in der Schriftargumentation
zur Kirche um. *Ps* 44,10-12 legt er breit, in ethischer, fast mystisch
angehauchter Prägung, auf die Fülle der Gnadengaben und Lebens-
formen in der Kirche aus, auf die Vielfalt der Tugenden, die im Gehorsam gegenüber dem Bräutigam und Liebhaber Christus gipfeln,
der die Kirche mit so reichen Brautgaben gesegnet und aus der
Armen und Gestaltlosen durch seine Liebe eine Schönheit im geistigen Sinn gemacht habe.[357] Die Auslegung deutet an, wie Chrysostomus den ekklesiologischen Teil im Kommentar zum *Psalm*
möglicherweise konsequenter und theologisch überzeugender mit
seiner christologischen Interpretation hätte verknüpfen können. So
bleibt der ekklesiologische Teil der *Expositio* ein Nachtrag, der die
traditionellen Stichworte zu den einzelnen Versen behandelt, aber
keine inhaltlichen theologischen Verbindungen, z.B. über Begriffs-

---

[355] *Ibid.* 2,9-10 (PG 52, 404,37/51; cf. 31/35.18/22).
[356] *Ibid.* 2,10 (PG 52, 404,47): σχηματίζων.
[357] *Ibid.* 2,14-17.

korrespondenzen und Grundkonzeption, herstellt. Gemeinsam ist
die Methode, mit Bildern zu argumentieren, wobei die Bilder- und
Begriffsflut zur Kirche in der *Eutropius-Homilie* den Schrifttext fast
zu erdrücken droht.

b) Inspirationsverständnis und Rhetorik

Auf der Folie der *Eutropius-Homilie* wird klarer, welches Gewicht die
rhetorischen und sprachlichen Strukturen in der *Expositio* haben. So
vergleicht Chrysostomus das Zeugnis der Hl. Schrift mit gerichtsver-
wertbaren Beweisen gegen die jüdische Religion bzw. einzelne Passagen des Psalms mit einer Anklageschrift.[358] Das 'Werk' in Vers
2b deutet er auf die Prophetie, die im vorliegenden Hymnus greifbar werde.[359] Dazu kommen aus der Rhetorik bekannte Eintei-
lungskategorien wie προγραφή,[360] προοιμιάζειν;[361] τάξις als grundlegender Terminus für Ordnung und Einteilung,[362] ἀκολουθία[363]
sowie die zahlreichen Verweise auf die Gestaltung, auf Bilder, Vergleiche etc.

Der Befund als solcher ist nicht sehr auffällig. Schon Origenes
wußte sich die antike Rhetorik und ihre Deutemuster aus dem Ge-
richtsbereich und der Poetik zunutze zu machen.[364] Was Chrysostomus aber auszeichnet, ist die Konsequenz, mit der er die *Oikonomia* des Heilsgeschehens auf der sprachlichen Ebene widergespiegelt
findet: ὀνόματα und πράγματα entsprechen sich. Während bei Origenes jedes Wort auf seinen tieferen Sinn zu übersteigen ist, bis es
als solches seinen Eigenwert verliert, bedient sich Chrysostomus
zufolge die Gottheit der Sprache und wertet sie dadurch auf. Sie
spiegelt das Geschehen der Inkarnation, und wie die Menschwerdung ist die Sprache von Gott autorisierter und deshalb einzig
möglicher Weg zu ihm.[365] Die Zusammengehörigkeit der beiden

---

[358] *Exp.Ps.* 44 (PG 55, 183,6/9; 187,23f.): ἐν σχήματι ἐγκλήματος.
[359] PG 55, 184,18/30.
[360] PG 55, 183,21.
[361] PG 55, 194,54f., zu den Evangelien.
[362] PG 55, 189,23f.
[363] PG 55, 193,54; 200,43f.; 201,1 u.ö.
[364] Neuschäfer *passim*.
[365] Dazu grundlegend J.M. Leroux, Relativité et transcendance du texte biblique d'après Jean Chrysostome, in: La Bible et les Pères, Paris 1971, 67-78.
G.M. Ellero, Esegesi e teologia dell' Incarnazione secondo Giovanni Crisostomo,
Vicenze 1967, war mir leider nicht zugänglich.

Ebenen manifestiert sich in der Doppelbedeutung von *Oikonomia* als heilsgeschichtlicher und als rhetorischer Terminus[366] und *Synkatabasis*, die in der Auslegung zum 44. *Psalm* nur einmal anklingt,[367] andernorts aber breiter entfaltet wird.[368]

Dahinter steht ein von Theologen wie Origenes erheblich unterschiedenes Inspirationsverständnis[369], das zwar in sich noch widersprüchlich ist, aber die wesentlichen Elemente enthält, um eine inkarnatorische Konzeption der Sprache der Hl. Schrift und des Redens von Gott zu entwickeln: Wie Basilius deutet Chrysostomus *Ps* 44,2a auf den Propheten (und zieht eine trinitätstheologische Auslegung nicht in Betracht). Am 'Aufstoßen' zeigt er, daß der Prophet unwillkürlich spreche, folglich Göttliches in ihm wirke. Die Voraussetzung dafür schaffe er durch seine Herzensreinheit und dadurch, daß er entsprechende 'geistige Speise' zu sich nehme, die über die Anspielung auf *Ez* 3,3 als geistliche Lehre zu übersetzen ist. Das Aufgestoßene entspreche der Qualität des Aufgenommenen, und das setze ein wie immer geartetes Mitwirken des Propheten voraus. Es ist das 'gute Wort' über den Eingeborenen, illustriert durch *Joh* 12,47, seine soteriologische Sendung.[370] Die christliche Prophetie sei also vom ekstatischen Sprechen der heidnischen Seher, die, wie er mit Platon belegt, gleichsam nur Flöte der in sie einbrechenden Dämonen seien, zu unterscheiden, insofern sie mit ihrem Verstand am Wirken des Geistes teilhätten.[371] Wie diese menschliche Mitwirkung konkret aussieht, bleibt leider im Dunkeln. Die Auslegung zu 2c macht deutlich, daß die Initiative ausschließlich beim Hl. Geist liegt, der die Zunge des Propheten als Schreibwerkzeug benutzt, ungehindert durch menschliches Zögern und Säumen.[372] Eine ausgeglichene Darstellung des göttlichen Wirkens und menschlichen Mitwirkens ist Chrysostomus nicht

---

[366] Zur rhetorischen Bedeutung s. Lausberg 443; christologisch: Lawrenz 134-139.

[367] Zu Vers 7: PG 55, 195,55-196,5.

[368] *Exp.Ps.* 109,1 (PG 55, 266,20/24.36f.), s.u. Cf. dazu: R. Hill, On Looking Again at *Synkatabasis*, in: Prudentia 13 (1981) 3-11; F. Fabbi, La 'condiscendenza' divina nell'ispirazione biblica secondo S. Giovanni Crisostomo, in: Bibl. 14 (1933) 330-347; Lawrenz 164-176; 185.

[369] Cf. R. Hill, Chrysostom's Terminology for the Inspired Word, in: EstBibl 41 (1973) 367-373; Kaczynski 25-40.

[370] PG 55, 183,27/61.

[371] PG 55, 184,1/17.

[372] PG 55, 184,50-185,4; cf. parallele Auslegungen in *Exp.Ps.* 145,2 (PG 55, 520,45-521,11); *Com.Es.* 1,1, 13/22 u.ö. (SCh 304, J. Dumortier, 1983).

gelungen. Ihm zufolge leistet die menschliche Vernunft nicht mehr,
als bewußt wahrzunehmen, was geschieht. Immerhin ist dieses
menschliche 'Instrument' in neuer Weise ernstgenommen, insofern
es diese Sprache ist, die der göttliche Autor verwendet.

c) Die individuelle Adaptation von Vers 2

Die Psalmenauslegung geht zu Vers 2 nur auf das Sprechen des
Propheten ein. An einigen anderen Stellen führt Chrysostomus den
in seiner Deutung zu 2a angelegten Gedankengang—die Bedingung
geistbegabten Sprechens ist entsprechende geistige Nahrung—
weiter.

In einer Homilie zu *1 Kor 7,1*[373] vergleicht er die Worte des
Paulus und die der Hl. Schrift überhaupt ausführlicher mit der
geistlichen Nahrung.[374] Während der Genuß köstlicher Speisen
häufiger zu Krankheiten führte, könnten die göttlichen Worte bei
Schwächeanfällen aufhelfen. Während der Verdauungsprozeß un-
angenehme Folgen habe, verbreite der, der geistliche Lehre auf-
stieße, nur Wohlgeruch in seiner Umgebung.[375] An dieser Stelle
zitiert Chrysostomus *Ps* 44,2a und wechselt vollends auf die metaphorische Ebene: Wer seiner Seele schlechte Nahrung zuführe, indem er schlechten Umgang pflege, die Theater besuche etc., stoße
schlechte Reden auf. Wer hingegen zur Kirche ginge und dort zu-
höre, stoße ein 'gutes Wort' auf.[376] Er trage durch sein Reden zur
Auferbauung des Nächsten und der Kirche bei (*Eph 4,29*).[377] Das
folgende biegt den Gedankengang wieder etwas ab, wenn Chrysostomus davor warnt, nicht alles zu sagen, was man denkt und auf
seine Worte zu achten.

In der 4. *Homilie an die Bevölkerung Antiochiens*[378] nennt Chrysostomus als vorrangige Tugend, die eigene Zunge zu 'erziehen', damit
sie Dienerin der Gnade des Geistes sein könne. Denn wie man sie
zum 'scharfen Schwert' machen könne (cf. *Ps* 56,5), so auch zum
'Griffel des Schnellschreibers' (*Ps* 44,2c): Die Zunge selbst als Instrument sei indifferent, und es bedürfe der Entscheidung dessen,

---

[373] *Propter fornicationes uxorem* (PG 51, 207-218).
[374] *Fornic.* 1 (PG 51, 207f.).
[375] *Ibid.* (PG 51, 208,1/13).
[376] *Ibid.* (PG 51, 208,12-209,8).
[377] *Ibid.* (PG 51, 209,6/20).
[378] PG 49, 59-68.

der sie gebrauche.[379] Auch hier geht der Antiochener deutlich über die Auslegung auf den Propheten hinaus, zumal da er auch das Sprechen nach *Ps* 44,2c einer freien Willensentscheidung anheimstellt. In der sich anschließenden Sammlung von Schriftstellen zu verschiedenen menschlichen Gliedern und ihrem unterschiedlichen Gebrauch kommt er im Zusammenhang von 'Herz' noch auf *Ps* 44,2a in Antithese zu *Ps* 5,10 (*cor eorum vanum est*) zu sprechen.[380] Er faßt seine Ausführungen in der Aufforderung zusammen, alle Glieder zu 'Waffen der Gerechtigkeit' zu machen und den gesamten Körper dahin zu erziehen, daß er nur für die Tugend nützlich sei.[381] Eine Variante der Adaptation auf den einzelnen findet sich, knapp angedeutet, in einer der Taufkatechesen, in der Chrysostomus die Taufe als 'Vertrag' deutet, der nicht mit Tinte, sondern mit Hl. Geist geschrieben sei, nicht mit einem Griffel, sondern mit der Zunge, die die Herrschaft Gottes bekenne, illustriert durch *Ps* 44,2c.[382]

Die Kontexte einer individuellen Adaptation, die ein Sprechen in und aus dem Hl. Geist dem 'normalen' frommen Gläubigen zusteht, sind begrenzt: Außer dem Taufbekenntnis, mithin im festen Rahmen einer sakramentalen Handlung, kann es im Zusammenhang ethischer Ermahnungen und moralischer Auferbauung stehen und ist da im Prinzip jedem zugänglich, der sich durch geistige Lehre und angemessenes Verhalten entsprechend vorbereitet.[383] Ob Chrysostomus seine Auslegung in einem systematischen Kontext so stehen lassen würde, erscheint fraglich: Zumindest müßte die Macht und Funktion des Hl. Geistes genauer umschrieben werden. Er setzt diese Impulse im Kommentar nicht für das Sprechen des einzelnen um. Dominant ist dort das lehrhafte Element.[384]

---

[379] *Ant.* 4,5 (PG 49, 66,54-67,9).

[380] *Ibid.* (PG 49, 67,23/27).

[381] *Ibid.* 4,6 (PG 49, 67,35/40).

[382] *Cat.* 3,20 (SCh 50, A. Wenger, [2]1970); entstanden in Antiochien zwischen 388 und 390, Wenger 59-65.

[383] Cf. zum Charisma der Lehre für den einzelnen: A.M. Ritter, Charisma im Verständnis des Joannes Chrysostomus und seiner Zeit, Göttingen 1972, 77-88: Konzentration auf den privaten Bereich; Kaczynski 310f.; 352-375.

[384] PG 55, 187,10/12.57f.; 190,11/16; 200,34f. u.ö. Cf. die allgegenwärtigen Formeln mit δείκνυμι und δηλοῦν.—Zur grundsätzlichen Bedeutung des Psalters cf. *Exp.Ps.* 41,1-2; 145; dazu Kaczynski 258-270 u.ö.

4. KAPITEL

IM STREIT UM DIE CHRISTOLOGIE

4.1 Theodoret von Cyrus
Verteidigung des Menschseins Christi

Theodoret war maßgeblich an den Auseinandersetzungen um die Christologie zwischen Nicaea und Chalcedon beteiligt.[1] Seine Auslegung des 44. *Psalms* ist zwar nicht unmittelbar durch die Kontroversen beeinflußt, aber sein Bemühen, das Menschsein Christi so konsequent als möglich herauszuarbeiten, ist im Zusammenhang mit seiner Christologie zu sehen.[2] Hinter den neuen Problemen bleiben freilich die alten Fragen präsent: Zu Theodorets umfangreichem Œuvre gehört eine (nicht erhaltene) Schrift gegen Arius und Eunomius,[3] und die Eigentümlichkeiten seiner Exegese sind auch aus der Opposition gegen die arianische Schriftauslegung zu verstehen. In *Ep.* 21 bezeichnet er die christologische Differenzierung in der Exegese als wichtige Waffe gegen Arius und Eunomius.[4] Die Arianer unterschieden zwar grundsätzlich zwischen dem göttlichen Logos und dem menschlichen Fleisch, ordneten aber alle Aussagen der Schrift dem einen göttlichen Logos zu, der Fleisch angenommen habe, und erklärten ihn so als wandelbar und ver-

---

[1] G. Bardy, Théodoret de Cyr, in: DThC 15 (1943) 299-325.; G. Koch, Strukturen und Geschichte des Heils in der Theologie des Theodoret von Kyros, Frankfurt 1974; M. Richard, Notes sur l'évolution doctrinale de Theodoret, in: RSPhTh 25 (1936) 459-481.

[2] Cf. S.-P. Bergjan, Die dogmatische Funktionalisierung der Exegese nach Theodoret von Cyrus, in: J. van Oort—U. Wickert, Christliche Exegese zwischen Nicaea und Chalcedon, Kampen 1992, 32-48. Sie berücksichtigt allerdings nicht die dogmatischen Schriftbeweistraditionen der ersten Jhh. sowie während der Auseinandersetzungen um den Arianismus und beschränkt sich auf Vergleiche mit den Psalmenkommentaren des 4. und 5. Jh. Insofern greift ihre Argumentation zu kurz.

[3] Cf. *Ep.* 83 (SCh 98, 218,13/5, Y. Azéma, 1964); *Ep.* 116 (SCh 111, 70,25f., Y. Azéma, 1965), cf. M. Richard, L'activité littéraire de Théodoret avant le concile d'Ephèse, in: RSPhTh 24 (1935) 83-106, 100-103. Zur bleibenden Aktualität der Bedrohung durch arianische Lehren s. *Ep.* 81 (SCh 98, 192,24-194,3, Y. Azéma, 1964); *Ep.* 113 (SCh 111, 62,16/26).

[4] *Ep.* 21 (SCh 98, 76,20/23 u.ö.). Der Brief datiert von 448/449, cf. Azéma, *ibid.* 68 Anm. 2, einer Zeit also, in der die christologischen Auseinandersetzungen längst ausgebrochen sind und man andere Prioritäten setzen könnte.

änderlich.[5] Die ewige und leidenslose Gottheit könne aber nur bewahrt werden, wenn man die Aussagereihen für den göttlichen
Logos und den menschlichen Jesus Christus sorgfältig unterscheide.[6] Vor diesem Hintergrund erklärt sich seine reservierte
Haltung bezüglich des Aussagentausches.

Von Theodoret liegt ein Psalmen-Kommentar explizit spiritueller
Ausrichtung vor, der zwar nicht unbedingt vollständig, aber in direkter Tradition erhalten ist.[7] Er entstand zwischen 435 und 449,[8]
zu der Zeit, da Theodoret sich systematisch der Exegese widmete,
nach den Kommentaren zum *Hld* und zu einigen der Propheten.[9]
Er will denen, die die Psalmen singen und beten, Asketen und
Gemeinde, erklären, was sie singen, um sie mehr und mehr mit
ihrem Gebet vertraut zu machen.[10] Darin trifft er sich mit Diodor
von Tarsus. Theodoret spricht aber über asketische Zirkel hinaus
alle Frommen an.[11] Wie Diodor und Theodor von Mopsuestia verwahrt er sich gegen eine offensichtlich in jüdischen Kreisen prak-
tizierte Auslegung ausschließlich in historischem Kontext, erweitert
aber die Sammlung der messianisch zu deutenden Texte erheblich.[12]

4.1.1 Hermeneutische Grundlagen:[13] Lehre der Prophetie

Im Unterschied zu Diodor, Theodor, Basilius, Chrysostomus verweist Theodoret eher selten auf literarisch-poetische Kategorien und

---

[5] Cf. *Ep.* 99 (SCh 111, 16,9/11); *Ep.* 104 (SCh 111, 28,2/23).

[6] S. *Ep.* 131 (SCh 111, 112,16/23 *et passim*).

[7] Cf. Rondeau I 134f. Der Kommentar ist in zwei Rezensionen überliefert,
einer längeren und einer kürzeren, die in der Migne-Ausgabe durch Klammern
unterschieden werden. Ob auch die Einarbeitungen der Langfassung von Theodoret stammen, ist zweifelhaft, Bergjan 34f.

[8] Cf. *Ep.* 82 (SCh 98, 202).

[9] Rondeau I 134-137, Mühlenberg III 7-9; zur Entstehungszeit cf. *Proth.* (PG
80, 857B), Rondeau aaO.: 441-449, B. Croke, Dating Theodoret's *HE* and *Ps-
Comm.*, in: Byz. 54 (1984) 59-74, 73f., datiert auf der Grundlage der Ergebnisse
von M. Brok, Touchant la date du *Comm. sur les Psaumes* de Théodoret de Cyr, in:
RHE 44 (1949) 552-556, auf 435-441.

[10] Cf. *Proth.* (PG 80, 857A-860A), s. dazu III 1, S. 208 u.ö.

[11] Theodoret, *Proth.* (PG 80, 857A): ἀστοὶ καὶ χωρικοὶ; οἱ τὸν ἀσκητικὸν ἀσπα-
ζόμενοι βίον; Diodor, *Prol.* (CChr.SG 6, 4,37): οἱ ἀδελφοί.

[12] Cf. Rondeau II 312-321; zu Abhängigkeiten und Unterschieden von Diodor
s.a. Bergjan 38-41; 45-48.

[13] J.-N. Guinot, Introduction, in: SCh 276 (1980); ders., Un évêque exégète,
Théodoret de Cyr, in: Bible de tous les temps I, Paris 1984, 335-360; ders., Théodoret a-t-il lu les homélies d'Origène sur l'AT?, in: VetChr 21 (1984) 285-312;

rhetorische Gestaltung.[14] Die Sprache als solche, Metaphern und
Bilder werden nicht problematisiert.

Die Einleitungsformeln der Deutungen bezeugen konsequent das
geistbegabte Sprechen des Propheten,[15] und mit Formulierungen
wie 'er lehrt', 'er ermahnt' etc. verweist Theodoret konstant auf
die Bedeutung des Propheten für die Betenden.[16] Allgemeine Formeln wie 'er sagt', 'er spricht' o.ä. sind auffallend selten. Theodoret
spricht von προφητικὸς λόγος, von προφητεία, πρόρρησις oder auch
προφήτης.[17] Der Begriff πρόσωπον kommt in diesem Zusammenhang nicht vor. Er verwendet meistens die dritte Person Singular
und an zwei Stellen die erste Person Plural,[18] nur zu Vers 2 wechselt er auf die Ebene der ersten Person Singular.[19] Selten spricht
der Ausleger Christus paraphrasierend direkt an.[20]

Ps 44,2 deutet er—wie Basilius, Diodor, Theodor und Chrysostomus—auf den Propheten, der mit geistlichen Worten genährt die
Worte des Psalms aufstoße. Die Bemerkungen dazu sind knapp. Ob
und wie Theodoret die Metaphern erklärt und ausgestaltet hat, muß
offen bleiben. *Ps* 44,2c legt er traditionell auf die Zunge des Propheten als Diener der Gnade des Geistes aus.[21] Im *Hld-Kommentar*
scheint er darüber hinaus zu gehen, wenn er von der Zunge der

---

Rondeau II 297; 312-321; M. Simonetti, La teoria esegetica di Teodoreto nel *Commento ai Salmi*, in: VetChr 23 (1986) 81-116 (er arbeitet die Abhängigkeit von
Theodor von Mopsuestia und Eusebius heraus); cf. ders., Lettera 195-198; C.T.
McCollough, Theodoret of Cyrus as Biblical Interpreter and the Presence of Judaism in the Later Roman Empire, in: StPatr 18,1 (1985) 327-33; A. Viciano,
Theodoret von Kyros als Interpret des Apostels Paulus, in: ThGl 80 (1990)
279-315. G.W. Ashby, Theodoret of Cyrrhus as Exegete of the OT, Grahamstown
1972, und F. Rossiter, Messianic Prophecy According to Theodoret of Cyrus, Diss.
Rom 1950f. waren mir leider nicht zugänglich.

[14] Z.B. προγραφή, προοίμιον, *Interpretatio in Ps.* 44,2.3 (PG 80, 1188CD); ἀπει-
κάζειν, 3.14 (1189A; 1196C); Hyperbaton zu 6; τάξις, 9 (1193B); αἰνίττειν, 12f.
(1196A); ἀκολουθῶς, 4f. (1189D); κυρίως, 12f. (1196B); Gewohnheit der Schrift,
12f. (1196A).

[15] Προαγορεύει, ἀνεκήρυξεν, προθεσπίζει, *passim*.

[16] παρεγγυᾶ, διδάσκει, ψυχαγωγῶν, u.a. *Int.Ps.* 44,1 (PG 80, 1188AB); 11
(1193C); *et passim*. Cf. die *Proth.* (PG 80, 857A-860A): Mit dem Vergnügen der
Melodie mische die göttliche Gnade den Nutzen und stelle den Menschen eine
heftig ersehnte und liebenswürdige Lehre (διδασκαλία) vor.

[17] V.a. 1-3; 6; 8.

[18] *Int.Ps.* 44,3 (PG 80, 1189A); 4f. (1189B).

[19] *Ibid.* 44,2 (PG 80, 1188C).

[20] Zu Vers 3 und 6.

[21] Cf. *Proth.* (PG 80, 861D).

Lehrer der Frömmigkeit spricht, die von Wohlgeruch erfüllt sei:[22] Der Kontext gibt keine zwar näheren Hinweise, wen er darunter verstanden wissen will; aber diese Deutung läßt Raum für eine individuelle Adaptation zumindest auf Amtsinhaber.[23]

Begriffskorrespondenzen, die Ansatzpunkte für eine systematische Verbindung zwischen dem christologisch und dem ekklesiologisch gedeuteten ersten und zweiten Teil liefern könnten, werden nicht ausgeführt. So bezeichnet er die 'Schönheit' in den beiden Teilen unterschiedlich: κάλλος wird, obwohl der Begriff in Vers 12a vorgegeben ist, im zweiten Teil nur einmal für den ''Tempel'' nach 9b aufgenommen,[24] ebenso ὥρα.[25] Er bevorzugt im zweiten Teil κόσμος, den 'Schmuck', sowie εὐπρέπεια.[26]

Der Exeget ordnet den Psalm in den Psalter ein: Im Gegensatz zum vorausgehenden Psalm folge nun das Ermutigende, auf daß das Volk durchhalte und auf Gott vertraue, bis der 'Geliebte dem Fleisch nach' aus ihnen hervorsprossen und Veränderungen für die Völker bewirken werde.[27] Theodoret nimmt jesajanische Prophetien auf: Die Formulierung, mit der er den 'Geliebten' näher bestimmt (κατὰ σάρκα βλαστήσῃ) korrespondiert mit der Deutung zu *Jes* 11,1 (ἐξ ᾿Ιεσσαὶ κατὰ σάρκα βεβλάστηκεν).[28] Der Bildbereich vom Wachsen der Pflanzen bleibt in diesem Abschnitt dominierend. Theodoret assoziiert den 'Geliebten' mit dem Weinberglied in *Jes* 5, in dem ebenfalls vom 'Geliebten' die Rede ist, um ihn dann mit *Mt* 3,17 ausdrücklich mit dem Sohn Gottes zu identifizieren,[29] der im Zeichen der Taufe eine radikale Veränderung für die Völker ins Werk setzte.[30] Der Psalm komme in Vers 11, der Aufforderung,

---

[22] *Expl. Cant.* III (PG 81, 145B, zu *Hld* 4,13-15): καὶ γὰρ τῶν τῆς εὐσεβείας διδασκάλων ἡ γλῶττα πάσης εὐοσμίας πεπλήρωται.

[23] Koch, Strukturen 216f.; A. Ritter, Charisma 164f.: Lehren ist eine herausgehobene Aufgabe der Amtsinhaber, häufig auch das, was Priester und Bischöfe gegenüber den Asketen auszeichnet. In der *Historia religiosa* werden die Mönchslehrer nicht als 'Lehrer der Frömmigkeit' bezeichnet. Nur an einer Stelle sind die Begriffe einander angenähert: *Hist. rel.* 31,1 (SCh 257, 256,23/27), wo von der eigenen Erfahrung der 'Kämpfer der Frömmigkeit' die Rede ist, die ihnen Lehrer sei.

[24] *Int. Ps.* 44,9 (PG 80, 1193B).

[25] *Ibid.* cf. 4f. (1189B).

[26] *Ibid.* 44,9f. (PG 80, 1193B); 12f. (1196B); 14 (1196C), zu letzterem cf. Diodor, s.o. S. 261.

[27] *Ibid.* 44,1 (PG 80, 1188A).

[28] *In Es.* 11,1 (SCh 295, 42,367/9, J.-N. Guinot, 1982).

[29] Cf. die Stellen bei Eusebius, *In Ps* 44,1.

[30] Cf. *In Es.* 5,1-2 (SCh 276, 228-232, Guinot, 1980): Dort verbindet er *Jes* 5,1

alles Frühere zu vergessen und den 'allein wahren Gott' (cf. *Joh* 17,3) zu verehren,[31] darauf zurück. In der Auslegung dazu, soweit sie erhalten ist, erwähnt er zwar die ἀναγέννησις πνευματική, entfaltet das Thema aber nicht weiter.[32] Wie Basilius[33] zieht Theodoret auch die Varianten nach Symmachus und Aquila, 'Blüten' bzw. 'Lilien', heran, allerdings nicht im Rahmen grundsätzlicher anthropologischer Erwägungen. Sie seien 'Sprosse des Frühlings' (τοῦ ἦρος βλαστοί), eines geistigen Frühlings, wie ihn das Kommen des Retters darstelle, und wie er ebenfalls bei *Jes* 35,1, mit der blühenden Wüste, prophezeit sei. Hier wechselt der Kommentator vollends auf die metaphorische Ebene: Die vorliegende Prophetie verkünde den 'Gärtner und Bauern', der die Veränderung bewirke, die sich für den einzelnen in der Taufe konkretisiert, und den 'Fruchttragenden' zeige.[34] Auch dieses Bildfeld nimmt Theodoret im folgenden nicht mehr auf, so daß die 'Übertragung' auf Christus und die Kirche dem Leser überlassen bleibt. Er verlagert die Argumentation auch nicht mehr derart konsequent auf die bildliche Ebene.[35]

Seine Auslegung ist in eine prophetische und heilsgeschichtliche Perspektive eingebunden: Der Psalmist erwartet und verheißt wie Jesaja das Kommen des Retters, der die Unheilssituation des Volkes verwandeln wird, wobei die Taufe den konkreten Wendepunkt für den einzelnen markiert. Damit verweist Theodoret auf die Bedeutung der Prophetie für den einzelnen, den Psalmbeter, ohne den Gedanken weiterzuführen.

4.1.2 Christologie

a) Terminologie[36]

Bei den Titeln und Namen orientiert er sich in der Regel am Text: zu Vers 1 verwendet er 'Geliebter', zu den Versen 2, 7 u.ö.

---

ebenfalls mit *Mt* 3,17 sowie mit *Joh* 3,16. Im Anschluß daran folgt der Bildbereich des Pflanzens.

[31] *Joh* 17,3 ist für Eunomius eine zentrale Stelle, cf. III 1 Anm. 141.

[32] *Int.Ps.* 44,11 (PG 80, 1193C).

[33] *Hom.Ps.* 44,1-2.

[34] *Int.Ps.* 44,1 (PG 80, 1188AB); cf. *In Es.* 35,1-2 (SCh 295, 336-338, Guinot, 1982): Dort auf die Taufe ausgelegt.

[35] Koch, Strukturen 246, stellt einige ähnliche Belege aus anderen Schriften zusammen.

[36] Zur Christologie und christologischen Terminologie bei Theodoret insgesamt cf. besonders Grillmeier I 693-700; Koch, Strukturen 77-135 u.ö.; außerdem: J.-N.

'König'. Darüberhinaus begegnen 'Sohn (Gottes)' und 'Retter' zu 1, 'Herrscher'[37], 'Christus'[38], 'Herr'.[39] Im Zusammenhang mit der Inkarnation stellt er gegenüber: 'Gott Logos' oder das 'Göttliche' und das 'Menschliche'[40] bzw. 'hinsichtlich der Menschwerdung' oder 'Natur des Menschgewordenen';[41] 'als Gott'—'als Mensch';[42] 'Gott'—'das, was niedriger ist als die göttliche Würde'.[43] Vers 9 legt er auf den 'Leib' aus.[44]

Läßt Theodoret sich aufgrund der Tatsache, daß er 'Fleisch' und Derivate vollständig meidet, der Antiochenischen Tradition zuordnen, so weisen Formulierungen wie die vom 'menschgewordenen Wort Gottes' wiederum darüberhinaus: Diodor und Theodor verwenden den Titel Logos gar nicht, Chrysostomus nur an einer Stelle.[45] Auffällig im Vergleich zu den genannten Theologen ist weiterhin die Seltenheit des Christus-Titels, das Fehlen von *Oikonomia, Synkatabasis, Monogenes*, aber auch von Fachtermini wie πρόσωπον sowie die Tatsache, daß Theodoret nur zu Vers 3 und 6 Christus direkt anspricht. Gemeinsam ist allen eine gewisse Vorliebe für den Titel 'Herrscher' (δεσπότης). Bezüglich der Termini für das Menschliche ist Theodoret zurückhaltend: 'Mensch' absolut kommt, im Gegensatz zu 'Gott', nicht vor, lediglich abgeschwächt 'als Mensch'. Wie von der Tradition vorgegeben, dominiert die göttliche Dimension.

Guinot, in: SCh 276, 89-101; ders., La christologie de Théodoret de Cyr dans son *commentaire sur le Cantique*, in: VigChr 39 (1985) 256-272; M. Mandac, L'union christologique dans les œuvres de Théodoret antérieures au concile d'Ephèse, in: EThL 47 (1971) 64-96; J. McNamara, Theodoret of Cyrus and the Unity of Person in Christ, in: IThQ 22 (1955) 313-328; J.L. Stewardson, The Christology of Theodoret of Cyrus According to his *Eranistes*, Diss. Evanston 1972.

[37] Δεσπότης, zu 3 in Verbindung mit 'Christus' (PG 80, 1189A); 12f. (1196B).
[38] Zu 3, verbunden mit 'Herrscher'; zu 17 (PG 80, 1197B), verbunden mit παμβασιλεύς.
[39] Zu 4f. (PG 80, 1189C); 12f., cf. den Text von 12a; 15f. (1197A).
[40] *Int.Ps.* 44,3 (PG 80, 1189A): θεός λόγος, τὰ θεῖα—τὰ ἀνθρώπινα; von 7 zu 8 sieht er nach mehreren Titel für die Gottheit ebenfalls eine Überleitung 'zum Menschlichen' (1192B).
[41] *Ibid.* 44,6 (PG 80, 1192A): κατὰ τὴν ἐνανθρώπησιν, φύσις τοῦ ἐνανθρωπήσαντος.
[42] *Ibid.* 44,8 (PG 80, 1192C): ὡς θεός—ὡς ἄνθρωπος.
[43] *Ibid.* 44,7 (PG 80, 1192B): θεός—ταπεινότερα τῆς θείας ἀξίας.
[44] *Ibid.* (PG 80, 1193A), cf. Diodor und Theodor.
[45] *Int.Ps.* 44,6 (PG 80, 1192A). S.o. III 2.3.2.b; 3.2.1.a.

b) Definition der Schönheit: Vollkommene Tugend oder Fascinosum der Gottheit

Theodoret bezieht den ganzen Vers 3 eindeutig auf 'das Menschliche des Herrschers Christus', der an Schönheit alle Menschen besiege, weil der Gott Logos nicht mit den Menschen verglichen werden und weil er als Gott nicht von Gott gesegnet werden könne. Er selbst sei ja 'unendlicher Abgrund des Guten, der Segen für die Gläubigen hervorquellen lasse'.[46] Während *Jes* 53,2-3 Kreuz und Leiden vorhersage, thematisiere *Ps* 44 die Schönheit nicht seines Leibes, sondern seiner 'Tugend' (ἀρετή), 'Gerechtigkeit' und Sündlosigkeit.[47]

Ein Blick auf die Auslegungstradition erhellt die Bedeutung dieser Interpretation: Auch Basilius und Chrysostomus hatten die Möglichkeit eines Vergleichs zwischen Gott und Menschen verworfen. Indem sie aber erklärten, daß in Vers 3 von einem Vergleich gar nicht die Rede sei, konnten sie eben doch die göttliche Schönheit, die im Wirken Christi durchscheine, thematisieren.[48] Diodor und Theodor deuteten die Schönheit auf Christi 'Herrlichkeit'.[49] Alle leiteten sehr schnell zu 3bc über und rückten, z.T. unter Berufung auf dieselben Evangelienperikopen und -zitate, seine Wundertaten und sein wirkmächtiges Wort in den Mittelpunkt: Insofern das Wirken des dort beschriebenen 'Menschen' über alle menschlichen Möglichkeiten hinausginge, offenbare sich darin göttliches Wirken.[50] Theodoret nun verknüpft die Schönheit mit eher abstrakten Tugenden, die in ihrer konkreten Realisierung in Christus zwar zweifellos auf seine Gottheit verweisen, auf die aus ihm fließende 'Quelle der Weisheit'[51], den Quellgrund des Guten, zumal völlige Sündlosigkeit für Menschen nicht denkbar ist; sie stellen aber prinzipiell ein wenigstens in Ansätzen erreichbares Ideal für alle Menschen dar, insbesondere für die durch die Taufe Veränderten.[52]

---

[46] *Int.Ps.* 44,3 (PG 80, 1189A): Οὗτος γὰρ ἄβυσσος ἀγαθῶν εὐλογίαν τοῖς πιστοῖς ἀναβλύζουσα.

[47] *Int.Ps.* 44,3 (PG 80, 1188D-1189B).

[48] S.o. III 3.1.2.a; 3.2.1.b.

[49] S.o. III 2.4.1.b; 2.3.2.c.

[50] Cf. die entsprechenden Abschnitte.

[51] *Int.Ps.* 44,3 (PG 80, 1188D).

[52] S. zur Überschrift, PG 80, 1188AB. Cf. *Inc.* 29 (PG 75, 1469BC), wo im Anschluß an *1 Tim* 3,16 'Tugend' und Sündlosigkeit Christi deutlich auch auf die Menschen bezogen sind, als Mittel der Erlösung.

Christi Schönheit ist, auch wenn sie sich in ihrer Vollkommenheit von der aller anderen Menschen unterscheidet, mit der der Menschen vergleichbar, zumindest der Menschen, die nach Vollkommenheit streben. Sie erschließt sich nicht mehr nur in den Taten und Worten des erlösenden Gegenübers, sondern auch im individuellen Nachvollzug, der freilich durch das göttliche Wirken, das Theodoret in Anlehnung an den Text mit Bildern vom Fließen und Quellen, von der Fülle, umschreibt,[53] erst ermöglicht wird.

Theodoret zitiert *Ps* 44,3a an zwei weiteren Stellen, ebenfalls in Schriftkommentaren, nämlich zu *Hld* 5,10 (*dilectus meus candidus et rubicundus electus ex milibus*)[54] und zu *Jes* 63,1 (*quis est iste qui venit de Edom, tinctis vestibus de Bosra, iste formosus* (ὡραῖος) *in stola sua gradiens in multitudine fortitudinis suae*);[55] auf beides wird im erhaltenen Kommentartext zu *Ps* 44,3 nicht einmal angespielt. Die theologische Deutung im *Hld-Kommentar* geht in eine ähnliche Richtung wie die *Ps*-Auslegung: 'Weiß' stehe für Gott, das wahre Licht (*Joh* 1,9), der immer und unwandelbar sei; 'rot' für den Menschen, den er annehme. Theodoret zitiert dazu, veranlaßt durch die 'Röte' (*Jes* 63,1), einen Vers, der das Erstaunen der himmlischen Mächte beim Aufstieg des Menschen in den Himmel ausdrückt. Sie bewunderten seine Schönheit, die Theodoret hier auf das 'Gewand aus Bosor', mithin den Menschen,[56] bezieht und mit der von David in *Ps* 44,3a besungenen verbindet. Während die göttliche Schönheit unvergleichlich sei, damit unerreichbar und frei von allem Leiden, so daß sie allem von vornherein überlegen sei, übertreffe die Schönheit des Menschen Christus, insofern er ἀπαρχή sei, die Schönheit aller Menschen. Er sei von daher auserlesen. Theodoret illustriert das mit *Jes* 53,9, Christi Sündlosigkeit, aufgrund der er zum reinen Opfer werden konnte, zum erwählten Knecht (*Jes* 42,1), der die Sünden der Menschen auf sich nahm.

Mit der Psalmenerklärung hat diese Auslegung gemeinsam, daß sie die Schönheit auf den angenommenen Menschen bezieht und durch seine Sündlosigkeit erklärt. Im Unterschied zur *Interpretatio* zielt Theodoret im *Hld-Kommentar* auf die universale Erlösung der

---

53 *Int.Ps.* 44,3 (PG 80, 1188D-1189A).
54 *Expl.Cant.* III (PG 81, 156C-157D).
55 *In Es.* 63,1 (SCh 315, 284-286).
56 'Gewand' wie *Int.Ps.* 44,9 auf den 'Leib' interpretiert; cf. die Anmerkung des Herausgebers zur Stelle, der auf eine möglicherweise falsche Übersetzung von *Bosor* mit 'Fleisch' bei Theodoret und Cyrill von Alexandrien verweist.

Menschen dadurch, daß Christus als reines Opfer für die Menschen
starb und als 'Erstling' der neuen erlösten Ordnung im Aufstieg in
den Himmel alle Menschen an 'Schönheit' oder 'Reife'—hier nutzt
er die Doppelbedeutung von ὡραῖος—überbietet. Diese soteriologische Intention gründet in Christi konkreter Heilsgeschichte und
der Opfertheologie, während die Psalmenauslegung auf Christus als
Grund und Quelle alles Guten abhebt, ohne das an bestimmten
Stationen seiner Geschichte festzumachen.

Auffällig anders geht er in der Auslegung zu *Jes* 63,1 vor, auch
wenn der Rahmen, das Erstaunen der himmlischen Mächte angesichts des Aufstiegs in den Himmel, gleich bleibt: Ausschlaggebend
ist dabei offensichtlich das 'in' der Formel ὡραῖος ἐν στολῇ: Im
irdischen und fleischlichen Gewand bewunderten sie die unsagbare
Schönheit des Verhüllten, die die Sehenden zur Liebe zwinge.[57]
Zwar unterscheidet er im folgenden unter Berufung auf *Hld* 5,10
zwischen göttlicher und menschlicher *physis*, zwischen unzugäng-
lichem Licht der Gottheit und menschlicher Erscheinung, aber einer
Zuordnung der Schönheit zu einer spezifisch christologischen Kategorie scheint er sich zu entziehen. Sie ist das, was hinter dem sichtbaren Fleisch liegt und was den, der dieses Fleisch schaut, auf un-
erklärliche Weise anzieht, das, was das Fleisch auf das Göttliche hin
sichtbar macht, ohne daß dieses sich begreifen ließe.[58]

Diese unsagbare Schönheit im Fleisch stellt einen Versuch dar,
die Einheit Christi jenseits theologisch-philosophischer Kategorien
sprachlich zu fassen. Die Interpretation widerspricht nicht unbedingt den beiden anderen Stellen: Auch wenn dort die Schönheit
dem Menschen zugeordnet wird, nähert sie sich in ihrer konkreteren Bestimmung eben diesem Schnittpunkt zwischen Gott und dem
angenommenen Menschen an, wird in ihr das Göttliche im Menschen offenbar. Damit steht Theodoret doch in der Tradition, die
auch die Interpretationen des Basilius und Chrysostomus prägte,
nur daß er die menschliche Seite stärker gewichtet. Auf dieser
Ebene, in der Aufnahme biblischer Bilder und Begriffe, erreicht er,
was in seiner streng christologischen Terminologie eher unklar

---

[57] *In Es.* 63,1 (SChr 315, 286, 572/577): θαυμάζουσι δὲ ὅτι ἐν γηΐνη καὶ σαρκίνη
στολῇ ἄρρητον τοῦ περιβεβλημένου τὸ κάλλος καὶ τοσοῦτον ὡς βιάζεσθαι τοὺς ὁρῶν-
τας εἰς ἔρωτα. Τούτου τοῦ κάλλους καὶ ὁ μακάριος μέμνηται Δαυίδ.
[58] Cf. *In II Cor* 4,6: Durch den Menschen 'Durchsicht' auf die göttliche Natur
Christi, cf. dazu Koch, Strukturen 101f.; 89f.

blieb: Sein Bemühen, Gottheit und Menschheit als solche möglichst deutlich herauszuarbeiten, erschwerte die begriffliche Präzisierung der Einheit.[59] Seine Interpretation der Schönheit weist einen Weg zur Auflösung des Paradoxes. Er führt diesen Ansatz aber nicht weiter.

c) Christologische Differenzierung: Gott und Mensch ...

Die Interpretation von Vers 7 knüpft an Vers 3 an. Die dort genannte Schönheit und der Segen seien unter der göttlichen Würde (ἀξία), deshalb spreche der Psalm hier ausdrücklich vom 'Gott' und 'ewigen König', der ohne Anfang und ohne Ende sei.[60] Wenn er die Ewigkeit eigens betont, klingen darin auch die arianischen Kontroversen nach, ohne daß er weiter darauf eingeht. Belege und Begründungen, wie z.B. ein Rekurs auf das prosopologische Argument o.ä., scheinen nicht notwendig zu sein. Auf Vers 7b geht Theodoret nur kurz ein: Er bezeichne 'das Gerechte der Königsherrschaft'.[61]

Mit Vers 8 komme der Prophet wieder auf das Menschliche zurück, allerdings begründet Theodoret das nicht mit dem 'deshalb' oder der Salbung, sondern ausgehend von μέτοχοι:[62] 'Teilhaber' seien die Menschen, die glaubten, wie er mit *Hebr* 3,14 (*participes Christi effecti sumus si tamen initium substantiae usque ad finem firmum retineamus*) und *Röm* 8,29 (*ut sit ipse primogenitus in multis fratribus*) zeigt. Begegnet die *Hebr*-Stelle im Zusammenhang mit *Ps* 44,8 schon selten,[63] ist *Röm* 8,29 überhaupt nicht nachweisbar.[64] Theodoret interpretiert im Kommentar zu *Hebr* die Teilhabe auf das Mitsterben und Mitbegrabenwerden mit Christus. 'Hypostase', *substantia*, heißt dann das Festhalten an, das Stehen in diesem Glauben und damit an der durch den Glauben neugeschaffenen Existenz des

---

[59] Cf. die Ausführungen von Koch, Strukturen 134f., zum *Prosopon*-Begriff.

[60] *Int.Ps.* 44,7 (PG 80, 1192B).

[61] *Ibid.*

[62] Cf. Athanasius, *Ar.* I 46f.; Hilarius, *Trin.* XI 18.

[63] Und wenn, dann nur der erste Teilvers, als Illustration der 'Teilhabe'. Bei den früheren Belegen ist zumeist auch das Verhältnis von Inkarnation und Salbung noch nicht geklärt, s. z.B. Eusebius, *DE* V 2,4; Hilarius, Ambrosius und Cassiodor in ihren Auslegungen zu *Ps* 118,63, s. S. 193-195; Cyrill von Jerusalem, *Cat. myst.* 3,1-2: Er spielt im Kontext auch auf *Phil* 3,21 an. S. außerdem: Hieronymus, *Ep.* 65,13.

[64] Cf. z.St. Koch, Strukturen 190.

Getauften.[65] Im *Psalmenkommentar* führt er das nicht aus, aber es liegt in der Konsequenz des Gedankens: Die beiden Schriftbelege zielen auf Teilhabe als Festhalten am Glauben von den Menschen her, und als Teilhabe an der Erlösung von Christus her, insofern als er 'Erstling' der Erlösten ist.

Dieser Bestimmung liegt eine klare Unterscheidung zwischen Inkarnation und Salbung zugrunde: Die *participatio* wird durch die Anspielungen auf die Tauftheologie definiert, nicht durch die Annahme des Fleisches. Theodoret bezieht die Salbung Christi aber nicht explizit auf seine Taufe am Jordan, sondern differenziert auf einer abstrakten Ebene: Christus werde als Mensch mit dem Hl. Geist gesalbt, 'den er als Gott als eines Wesens hat'. Als Mensch empfange er die Charismen, wobei er letzteres nicht grundsätzlich von der Charismenbegabung aller Menschen abhebt.[66] Auch Vers 8a deutet Theodoret, wie Didymus und Diodor, auf den Menschen[67], der sich willentlich für das Gute und gegen das Böse entscheide, nicht aufgrund einer 'physischen Macht', wie sie ihm als Gott, als 'Stab der Gerechtigkeit', zukomme.[68] Während Didymus auf der zweiten Deutungsebene den Vers dann doch auf die Gottheit bezieht, beläßt es Theodoret bei dieser einen Interpretation.

Das 'deshalb', das im Kontext der Deutung von 8a eine adoptianistische Christologie nahelegen könnte, wird nicht erklärt. Theodoret stellt hier 'Gott' und 'Mensch' in Jesus Christus nebeneinander, ohne das zu problematisieren: Er setzt das Wissen darum voraus; die Prophetie weist lediglich auf beides hin.

d) ... und die Einheit der Namen in den Einzelauslegungen

Das Anliegen Theodorets wird im Traktat *De incarnatione Domini*[69] etwas deutlicher: Es geht um ein spezifisch christologisches Problem, um die Unterscheidung der Naturen und die Einheit des

---

[65] *In Hebr.* 3,14 (PG 82, 701AB).

[66] *Int.Ps.* 44,8 (PG 80, 1192C): Οὕτω καὶ τῷ παναγίῳ κέχρισται Πνεύματι, οὐχ ὡς θεός, ἀλλ' ὡς ἄνθρωπος. Ὡς γὰρ θεός, ὁμοούσιον ἔχει τὸ Πνεῦμα· ὡς δὲ ἄνθρωπος, οἷόν τι χρίσμα λαμβάνει τοῦ Πνεύματος τά χαρίσματα. Zum nicht klar bestimmten Verhältnis dieser beiden Ebenen cf. Koch, Strukturen 167-169.

[67] Cf. den Umbruch bei Chrysostomus.

[68] *Int.Ps.* 44,8 (PG 80, 1192C).

[69] Zur komplizierten Entstehungsgeschichte der von den Maurinern Cyrill von Alexandrien zugeschriebenen Schrift—eine erste Fassung datiert vor 432, sie wurde aber später ergänzt—cf. Richard, L'activité littéraire 93-99.

Logos, begründet aus dem *Hebr*-Brief.[70] Theodoret exemplifiziert den Unterschied der beiden Naturen an *Hebr* 1,3-4, den Begriffen 'Sein' und 'Werden', und spielt ihn an *Hebr* 1,8-9 = *Ps* 44,7-8 erneut durch: Insofern als der Sohn Gott ist—und zwar mit Artikel, hier nimmt er das alte grammatische Argument wieder auf[71]—und den 'Thron auf ewig' innehat, ist er von Natur König. 'Gemäß dem Menschlichen' wird er dazu gesalbt als Lohn für seine Mühen und seine Abneigung gegen die Sünde.[72] Er umschreibt das Menschliche mit dem 'aus uns Genommenen, aus David, Abraham, Teilhaber habend';[73] er, der wegen seines Hasses auf die Sünde und der Liebe zur Gerechtigkeit gesalbt wurde, übertreffe aber alle durch die Salbung, weil er alle Gnadengaben des Hl. Geistes in sich vereinige. Wieder scheint eine Bewährungslehre mitzuschwingen —allerdings ist diese Bewährung streng auf den bereits Inkarnierten bezogen: Die Verwendung neutrischer Formen für das Menschliche ist kein Zufall. Die Salbung mit den Gnadengaben, nicht mit der Fülle der Gottheit, vollzieht sich in der Zeit als Krönung von 'Verdiensten', die mitzudenken für Theodoret unabdingbar ist, insofern als Christus ganzer Mensch mit menschlicher Entscheidungsfreiheit sein soll.[74] Die Teilhabe wird so indirekt definiert als Teilhabe am Menschlichen als solchem, also sowohl am Fleisch als auch an der geistigen Entscheidungsfähigkeit und -freiheit, sowie durch die Begabung mit Charismen, wobei deren Vollkommenheit aufgrund der freien, absoluten und ungetrübten Bejahung des Guten ihn von den anderen Menschen unterscheidet. Insofern dieses Unterscheidende zunächst allein auf menschlicher, genauerhin ethisch-religiöser Ebene bestimmt wird, ist auch Erlösung als Angleichung und Teilhabe an diesem Erst-Erlösten zunächst auf dieser Ebene zu denken.

In der dogmatischen *Ep.* 147,[75] der auch in chronologischer Hinsicht letzten Einzelauslegung zur Stelle, geht es ausschließlich um die Einheit des *Prosopon* Jesu Christi, nachdem die sorgfältige Unterscheidung zwischen göttlicher und menschlicher Natur zu Bestre-

---

[70] Zu den Begriffen grundsätzlich cf. Koch, Strukturen v.a. 118-135.

[71] Cf. Eusebius, s.o. S. 162f.; Chrysostomus, *Hom.Hebr.* 3,1, S. 337f.; s.a. Augustinus, *En.Ps.* 44,19.

[72] *Inc.* 21 (PG 75, 1456AD).

[73] *Ibid.* 1456B: τὸ ἐξ ἡμῶν ἀναληφθέν; CD: τὸ ἐξ ἡμῶν ληφθέν, τὸ ἐκ Δαβὶδ, τὸ ἐξ Ἀβραάμ, τὸ μετόχους ἔχον.

[74] Cf. z.St. Koch, Strukturen 168.

[75] SCh 111, 200-232, entstanden nach 449, cf. *ibid.* 200 Anm. 3; Koch, Strukturen 105f.

bungen geführt hatte, die Doxologie auf den 'Eingeborenen', also
die Gottheit, einzugrenzen. Demgegenüber verteidigt Theodoret
die Identität zwischen 'unserem Herrn Jesus Christus' und dem
'Sohn der Trias':[76] Der ewige Sohn werde nach der Menschwerdung Jesus und Christus genannt, um die Realität seines Wirkens
auszudrücken: Jesus heiße 'Retter', Christus sei er als vom Hl.
Geist gemäß dem Menschlichen Gesalbter, insofern er Hoherpriester, Apostel, Prophet, König sei. Unter anderen Belegen zitiert
er *Ps* 44,7 für den 'ewigen König' und 8 für die Einsetzung in die
Herrschaft als Mensch. Auch hier erläutert er nicht weiter, wie die
Verbindung zu denken ist. Seine Argumentation mit den Namen
vermag dabei dem Verdacht entgegenzuwirken, er stelle Gott und
Mensch allzu symmetrisch nebeneinander: Der ewige Sohn Gottes
ist es, der die Namen Jesus und Christus, die seine geschichtliche
Sendung bezeichnen, annimmt.

Die Tatsache, daß Theodoret Schwierigkeiten hatte, die Einheit
der Person Jesu Christi begrifflich zu fassen, kann nicht darüber
hinwegtäuschen, daß sie ihm ein wichtiges Anliegen ist. Annäherungsweise sagbar wird sie auf geschichtlicher Ebene, im Gang der
Erlösung: Der Sohn, dessen ewige Herrschaft noch immer gegen
arianische Tendenzen verteidigt werden muß,[77] wird, obwohl er
Gott ist und als Gott unveränderlich bleibt (cf. *Phil* 2,6-7; *Joh* 1,18
u.a.), Mensch; die wichtigsten Begriffe sind ἐνανθρωπῆσθαι und
Derivate, Syntagmen mit 'annehmen', kombiniert mit 'Mensch',
'Menschheit' u.ä., und biblische Formulierungen wie 'Sohn
Davids' etc. Dabei betont Theodoret vor allem, daß Christus ganz
Mensch ist, frei, sich für das Gute und gegen die Sünde zu entscheiden. Als solcher ist er der erste der Menschen, Erstling (*Röm*
8,29), der erlöst wird, indem sein 'Leib', sein Menschsein, verherrlicht und in den Himmel aufgenommen wird, um dort mit Gott zu

---

[76] *Ibid.* 206,16/21 u.ö.
[77] Cf. *In Hebr* 1,8-9 (PG 82, 685C-688B): Hier bevorzugt er die Abstrakta
Gottheit und Menschheit. Skopos ist die Gottheit Christi, deren Eigenständigkeit
er gegenüber dem Sabellianismus und dem Arianismus betont, also primär eine
trinitätstheologische Fragestellung. Anknüpfungspunkte sind die Gott-Anrede, der
ewige Thron, die christologische Differenzierung zwischen 7 und 8; diese begründet er durch die Salbung und die Teilhabe. Auch hier geht Theodoret näher auf
den Teilhabe-Begriff ein und erläutert ihn mit *Phil* 3,21: Der Leib der Heiligen
werde nicht der Gottheit gleichförmig, sondern dem verherrlichten Leib Christi.
Theodoret führt den Gedanken an dieser Stelle nicht weiter. Zum anti-Eunomianischen Kontext cf. *Arg.* (PG 82, 673C); cf. 688B.

herrschen,[78] Gott gleichgestaltet zu werden (*Phil* 3,21)[79] in Ehre, Macht und Unsterblichkeit. Durch diesen Leib wird den Menschen die Erlösung vermittelt: Indem sie ihrerseits sich dem Menschen 'gleichgestalten', durch 'Tugend' ebenso wie durch den Glauben (cf. *Hebr* 3,14), werden sie wie er verherrlicht und können so an Gott 'teilhaben'. Theodoret formuliert diese Teilhabe weniger mit ontologischen, denn mit geschichtlichen Begriffen, aber die Angleichung an die Unsterblichkeit weist deutlich über eine nur ethische Annäherung hinaus.[80]

Seine Argumentation mit *Ps* 44,7-8 steht im Zeichen seines Bemühens, neben der Gottheit die Menschheit Christi in ihrer Eigenständigkeit biblisch zu begründen und in ihrer soteriologischen Bedeutung herauszuarbeiten.[81] Demgemäß konzentrieren sich seine Erwägungen auf die Bedeutung der 'Teilhaber' sowie auf die aus *Ps* 44,8a herausgelesene Tugend und Sündlosigkeit. Konsequent versteht er die Salbung als Geistbegabung, nicht als Salbung mit der Fülle der Gottheit, obwohl er auch diesen letzten Gedanken kennt.[82] Auffällig ist die Tatsache, daß keine der Belegstellen explizit eine Verbindung zur Taufe Jesu und zum Beginn seines geschichtlichen Wirkens, wie es in den Evangelien geschildert wird, herstellt. Die in der Tradition so häufig herangezogenen Parallelen aus *Jes* 61,1f.; 11,1-3; *Lk* 4,18, aber auch *Apg* 10,38 etc. fehlen völlig. Wichtigstes Argument für die Einheit Jesu Christi ist die Einheit des Namens: Der Logos nimmt die menschlichen Namen an; die Namen Jesu Christi bezeichnen die Realität des Wirkens des Logos. In der Auslegung zu *Ps* 109,1 zitiert Theodoret *Ps* 44,7a als Beleg für den ewigen Thron des Sohnes.[83] Er bevorzugt konkrete Formulierungen und stellt, ausgehend vom Psalmtext, den 'Herrn Davids' und den 'Sohn Davids', 'Gott' und 'Mensch' nebeneinander, wobei die 'Gemeinsamkeit der Namen' (in *Ps* 109,1) die Identität des Wesens zeige, zumal da David, der seinerseits König ist, Christus 'seinen Herrn' nenne. Hier verwahrt er sich unter Berufung auf *Phil* 2,6-7 ausdrücklich gegen die adoptianistische These, daß 'nur' der nach Kreuz und Leiden zur göttlichen Ehre erhöhte Mensch gemeint sei:

---

78 *Int.Ps.* 109,1 u.ö.
79 Cf. *In Hebr* 1,8-9.
80 Cf Koch, Strukturen 161-168 u.ö.
81 Cf. Koch, Strukturen 138-155 zur Bedeutung des geschichtlichen Jesus.
82 Cf. *Dem. per syll.* (PG 83, 328A).
83 PG 80, 1768AC.

Höchster und Gott seiend habe er Menschengestalt angenommen; als Gott habe er den ewigen Thron und sei somit der Schöpfung überlegen. Formal führt er den traditionellen prosopologischen Beweis fort, begründet ihn aber sorgfältiger aus dem Kontext, vom Sprecher David und seiner historischen Stellung her und mit Hilfe der näheren Bestimmung des Thrones als ewig.

e) Metaphern der göttlichen Schönheit und Macht

Ps 44,4-5[84] beschrieben Christi Schönheit (ὥρα), Macht und Rüstung (πανοπλία), mit denen er seine Feinde vernichte. Zwar benennt Theodoret das Paradox, daß 'Schönheit' und 'Waffen' zusammenfielen, ein weiterer Kommentar dazu ist aber nicht überliefert. Zu Hld 1,1 stellt er die Stichworte im Kontext der Verheißung des Bräutigams in ähnlicher Weise nebeneinander: Er zitiert Ps 44,3-5b als Beleg für die Schönheit (κάλλος) und Macht (δύναμις) Christi sowie Ps 44,7, um klarzustellen, daß er Gott sei und ewiger Sohn.[85] Während aber der Psalmenkommentar die entsprechenden Verse dem Menschen Christus zuordnet,[86] verbindet Theodoret im Hld-Kommentar Prädikate wie Schönheit, Reichtum oder Stärke ohne weitere Differenzierungen mit dem Ewigen, Unvergänglichen der Gottheit.[87]

Zu den drei Begriffen in 5b, Wahrheit, Milde und Gerechtigkeit, führt er je eine Schriftstelle an: Mt 11,29, [88] außerdem Joh 14,6[89] sowie Mt 3,15: unter Berufung auf die Gerechtigkeit läßt sich Jesus von Johannes taufen. Parallelen dazu gibt es nicht. Während Theodoret die ähnliche Stelle Jes 11,5[90] auf die Tugend insgesamt, losgelöst von bestimmten Ereignissen, auslegt und Ps 44,4-5b zur

---

[84] Int.Ps. 44,4f. (PG 80, 1189BD).

[85] Expl.Cant. I 1 (PG 81, 53AB); Ps 44,4-5b in ähnlicher Weise ibid. praef. (52AD); I 1 (64CD).

[86] Int.Ps. 44,3 (PG 80, 1188D-1189A); 6 (1192A).

[87] Expl.Cant. I 1 (PG 81, 53B): Διδαχθεῖσα τοίνυν τοῦ νυμφίου τὸ κάλλος, τὴν ῥώμην, τὸν πλοῦτον, τὴν βασιλείαν, τὸ κράτος ὃ κατὰ πάντων ἔχει, τὸ ἀίδιον, τὸ ἀνώλεθρον, τὸ ἀτελεύτητον. Daran schließt sich Jes 63,1, ebenfalls ohne differenzierenden Kommentar, cf. oben S. 353.

[88] Cf. Basilius, Theodor, Chrysostomus z.St.

[89] Cf. im Zusammenhang von Vers 5 bei Hieronymus, Ep. 65,11; implizit bei Basilius, Diodor, Chrysostomus, z.St.

[90] 'Und er wird mit Gerechtigkeit seine Hüften umbunden haben und mit Wahrheit seine Seiten gegürtet'. Der Vulg-Text weicht hier ab.

Illustration heranzieht,[91] zitiert er hier Parallelen, die eng mit der besonderen Sendung Jesu, die in den bisher behandelten Passagen im Vergleich zur Tradition eher unterrepräsentiert war, verknüpft sind, ohne daß das im erhaltenen Text weiter erläutert würde.

– Dieses Bild des selbständig handelnden Menschen Jesus Christus gestaltet er weiter aus: Er interpretiert die in Vers 5c genannte 'Rechte' auf die 'guten Ratschläge' ($\tau\grave{\alpha}\ \delta\epsilon\xi\iota\grave{\alpha}\ \beta o\upsilon\lambda\epsilon\acute{\upsilon}\mu\alpha\tau\alpha$) hin, aufgrund derer er dem Angriff der Sünde nicht erlegen sei,[92] während die Tradition hier übereinstimmend zumindest auf die göttliche Macht,[93] wenn nicht auf die göttliche *physis* verwiesen hatte.[94]

– Zu Vers 6[95] zeigt er, wie der 'Sieg' aussieht: Die Pfeile, die er nicht weiter erklärt, verwundeten die Herzen der Kämpfenden, so daß sie dem Sieger schließlich die geschuldete Verehrung brächten. In ähnlicher Weise argumentiert er im Kommentar zu *Sach* 9,13: Die Getroffenen gelangten zur Erkenntnis und, konsequent, zu Gehorsam und Frömmigkeit.[96]

– Das 'Gewand' in *Ps* 44,9 legt er traditionsgemäß auf den 'Leib' aus, die verschiedenen Gewürze auf das Leiden und seinen Wohlgeruch,[97] um dann sehr schnell zum ekklesiologischen Teil überzugehen.[98]

---

[91] *In Es.* 11,5 (SCh 295, 44,405-46,413).
[92] *Int.Ps.* 44,5 (PG 80, 1189D).
[93] Cf. Theodor, z.St., S. 273; Didymus, s. S. 249f.
[94] Cf. Chrysostomus, z.St., S. 331.
[95] *Int.Ps.* 44,6 (PG 80, 1192A).
[96] *In Zach.* 9,13 (PG 81, 1925AB).
[97] *Int.Ps.* 44,9f. (PG 80, 1193A).
[98] Der ekklesiologische Abschnitt entwickelt zu den einzelnen Versen die traditionellen Themen, ohne eine systematische Verbindung zum christologischen Teil herzustellen: Die 'geistliche Wiedergeburt' zu Vers 11 nimmt zwar die zu 1 genannte Taufe wieder auf, aber der Zusammenhang wird nicht weiter entfaltet. Die aus Vers 14 interpretierten Charismen werden nicht in Bezug zu Christus und seiner zu Vers 8 genannten Charismenbegabung gesetzt. Ebensowenig ist das zu 13, dem *Prosopon*, das als Haupt der Kirche, Christus, verstanden wird, der Fall.—Ein einziger Ansatz findet sich in *Expl.Cant.* I 1 (PG 81, 64C-65B), wo er zu *Hld* 1,4 aus der Perspektive der in *Ps* 44,15 genannten Jungfrauen, die er mit denen des *Hld* identifiziert, den Inhalt des Psalms zusammenfaßt: Zum christologischen Teil nennt er die bekannten Stichworte zu den einzelnen Versen, ab Vers 10 deutet er auf die 'in der Tugend vollkommenen Seelen', die mit Christus mitherrschten und denen dieser der Menschheit entsprechend verwandt, für die er der Gottheit nach Herr und Gebieter sei. In den knappen Andeutungen steckt das Potential, eben das Leben dieser vollkommenen Seelen in und mit und durch Christus aus dem Psalmtext herauszuarbeiten und so den Psalm über Belehrungen hinaus lebendig und

Die Einzelauslegungen zu *Ps* 44,3-6 stammen durchweg aus den
exegetischen Werken Theodorets. Vergleicht man sie mit der
Psalmenerklärung selbst, fällt auf, daß er sich im unmittelbaren
Kontext deutlich weniger um eine sorgfältige Zuordnung der
Prädikate und Bilder zu Gott oder zum Menschen kümmert. Die
Auslegung zu *Jes* 63,1 ließ in der dem Verheißenen zugeschriebenen
Schönheit den einen Christus aufleuchten.[99] In den genannten
Stellen aus dem *Hoheliedkommentar* ist diese Tendenz noch deutlicher:
Es geht um die Gottheit und Schönheit des Bräutigams. Insofern als
er erst noch erwartet und ersehnt wird,[100] ist der Mensch gemeint;
aber es besteht kein Zweifel, daß der Handelnde Gott ist. Auch
wenn zahlreiche christologische Passagen des Kommentars das Bemühen Theodorets um sorgfältige Unterscheidung bezeugen,[101]
nimmt er in Abschnitten wie den genannten, die von an sich einfachen Bildern und Epitheta, wie eben der Schönheit oder Macht
des Bräutigams, bestimmt sind, die Einheitskonzeption, die ihm auf
begrifflicher Ebene nicht recht gelingen will,[102] vorweg.

Besonders ausgeprägt zeigt sich das im Anhang an die *Historia
religiosa*, dem Schlußkapitel *De caritate*.[103] Es beschreibt geradezu
hymnisch die Liebe der neuen 'Athleten der Tugend', wie die
syrischen Mönche sie darstellten, zu Christus.[104] Aus dieser spirituellen Perspektive geht Theodoret weit über die chronologisch
früheren Auslegungen hinaus. Um die Liebe der 'Athleten' zur
Weisheit, Schönheit und Macht Christi zu begründen, zitiert er
nach *Ps* 103,1-2; 92,1; 95,10 *Ps* 44,3ab.4-5b, und zwar als Beleg für
die 'menschliche Schönheit des Gott Logos'.[105] Er schließt daran
erneut *Jes* 63,1 an: 'Denn das menschliche Kleid verbarg nicht die

---

geistlich fruchtbar zu machen. Die Deutung zu Vers 14a mit *Kol* 3,3 (*vita nostra abscondita est cum Christo Deo*) ist singulär; sie wird nicht weiter ausgeführt.—Zur
Ekklesiologie cf. Koch, Strukturen 187-203.

[99] S.o. S. 353f.

[100] Cf. *Expl. Cant.* I 1 (PG 81, 53AC).

[101] Cf. Guinot, La christologie 266-268, der im übrigen die bildliche Ebene zu
wenig würdigt.

[102] Cf. Koch, Strukturen 190f: Auch die Braut bleibe im *Hld-Kommentar* eher
unbestimmt und werde nicht explizit mit der Kirche gleichgesetzt.

[103] *Hist. rel.* 31 (SCh 257, P. Canivet—A. Leroy-Molinghen, 1979), entstanden
um 447-449, cf. Introduction, in: SCh 234, 1977, 54; cf. dazu P. Canivet, Le *PERI
AGAPES* postface de l'*Histoire philothée*, in: StPatr 7 (TU 92) (1966) 143-158.

[104] Cf. Canivet 156f., über die zentrale Stellung der Liebe.

[105] *Hist. rel.* 31,19 (SCh 257, 308,15f.): τὸ ἀνθρώπινον τοῦ Θεοῦ Λόγου [...]
κάλλος.

göttliche Schönheit, sondern, obgleich es sie umhüllte, strahlte sie
Glanz aus durch ihre Fülle, so daß sie die Schauenden zur Liebe
zwang und verzauberte'.[106] Mit κάλλος nimmt er den Begriff aus
Ps 44,3a auf, der in der *Jes*-Stelle nicht vorkommt: Dort heißt es
weniger eindeutig ὡραῖος. Das bereits aus dem *Jes*-Kommentar bekannte Interpretament, daß diese göttliche Schönheit zur Liebe
zwingt, ist um ein ekstatisches Element erweitert: Sie zwingt und
verzaubert. Ähnlich werden im folgenden Abschnitt bekannte Formulierungen weitergeführt: Dort ist von der 'Quelle der Weisheit'
die Rede, von den 'hervorquellenden Flüssen seiner Barmherzigkeit',[107] die mit den 'Pfeilen der Liebe' 'verwunden'.[108] Theodoret
löst die einzelnen, eher statischen und unverbundenen Elemente,
die er im *Psalmenkommentar* genannt und als Prophezeiung Davids
erklärt hat, auf in die Dynamik der 'unermeßlichen Menschenliebe'
Gottes,[109] der es in allem um das Heil der Menschen geht: Indem
sie ihre Schönheit und Pracht in der Geschichte mit den Menschen,
in der Geschichte Jesu Christi durchscheinend werden läßt, zieht sie
die diese Geschichte schauenden und glaubenden Menschen in ihre
Liebe unwiderstehlich mit hinein.[110] Was in den Abschnitten
'Über die Liebe' in einander ergänzenden und überbietenden, in
refrainartigen und hymnischen Formulierungen den empfänglichen
Leser ergreift und (vielleicht) mitreißt, ist zwar in dem eher nüchternen belehrenden Kommentar angelegt, wird aber, zumal in der di-
stanzierenden Form einer prophetischen Vorausschau, nicht recht
lebendig.

f) Das Christusbild des Kommentars

Theodoret steht, verglichen mit den Exegeten und Theologen des
4. und frühen 5. Jahrhunderts, vor einem neuen Problem. Während
es für Chrysostomus das erste Anliegen war, im weiteren Kontext

---

106 *Ibid.* 308,26/29: Οὐδὲ γὰρ ἡ ἀνθρωπεία στολὴ τὸ θεῖον κατεκάλυψε κάλλος·
ἀλλὰ καὶ ταύτην περιβεβλημένος, μαρμαρυγὰς ἀπὸ τῆς ὥρας ἀφίησιν, ὡς τοὺς ὁρῶν-
τας βιάζεσθαι καὶ καταθέλγειν εἰς ἔρωτα.

107 *Ibid.* 31,20 (SCh 257, 310,1/6), cf. *Int.Ps.* 44,3 (PG 80, 1188D-1189A):
'Quelle der Weisheit', 'Hervorquellen aus dem unendlichen Abgrund des Guten'
etc.

108 Cf. *Int.Ps.* 44,6 (PG 80, 1192A).

109 *Hist.rel.* 31,20.

110 Auf begrifflicher Ebene hat Theodoret auch in dieser späten Schrift Schwierigkeiten, die christologische Einheit zu fassen, cf. z.St. SCh 257, 309 Anm. 2.

der Eunomianischen Kontroversen die Gottheit Christi mit allen
Mitteln zu verteidigen und in diesem Zusammenhang auch das
menschliche Reden von ihm plausibel zu machen, ohne tiefer über
das Verhältnis der beiden 'Naturen' nachzudenken,[111] sieht sich
Theodoret vor der Aufgabe, die integrale Menschheit Christi gegen
eine Reduktion auf das Fleisch zu verteidigen. So streicht er zumal
in Texten, die zwischen den beiden Ebenen wechseln, das Eigen-
gewicht des Menschlichen deutlich heraus:

– Die in *Ps* 44,3a und 4b besungene Menschheit wird sozusagen
noch menschlicher, indem er sie nicht durch das spezifische Wirken
Jesu Christi in Worten und Wundern bestimmt, sondern allgemeiner, eher ethisch, durch 'Tugend' und 'Gerechtigkeit'. Der
Unterschied zu den Menschen liegt in der Vollkommenheit und
absoluten Makellosigkeit.

– Die lenkende 'Rechte' aus 5c erklärt er nicht durch das göttliche 'Aktzentrum', sondern wiederum allgemeiner mit 'Ratschlä-
gen', was eine freie Entscheidung dessen, der mit sich zu Rate geht,
impliziert.

– Bei Chrysostomus erst im posthum veröffentlichten Kommentar zu *Hebr* angedeutet und bei Didymus nur als eine Alternative
vorgesehen, trennt Theodoret strikt zwischen *Ps* 44,7 und 8, Gottheit und Menschheit, und kann so dem 'Menschen' eine freie Entscheidung für das Gute und gegen das Böse zuschreiben, ein Verdienst, aufgrund dessen er zum König gesalbt bzw. mit Charismen
begabt ist. Das damit aufgeworfene theologische Problem behandelt
er in den exegetischen Schriften nicht. In *Inc.* sucht er eine Lösung,
die auf eine Teilhabe am Menschlichen schlechthin, damit auch an
der menschlichen Entscheidungsfreiheit, zielt: Durch neutrische
Formulierungen für 'das Menschliche' versucht er, dem Eindruck
zweier gleichwertiger Subjekte und Aktzentren entgegenzuwirken.
Mit der Einheit des Namens verteidigt er die Einheit Christi.

4.2 CYRILL VON ALEXANDRIEN
GESALBT IST DER MENSCHGEWORDENE LOGOS

Im umfangreichen Werk Cyrills finden sich zahlreiche Einzelauslegungen zum 44. *Psalm*.[112] Es empfiehlt sich, was die dogmatisch

---

[111] Cf. die geringe Bedeutung des Apollinaris in seinem Werk.
[112] Zu Cyrill allgemein: E.R. Hardy, Cyrillus von Alexandrien, in: TRE 8

relevanten Texte angeht, die Werke vor und ab 428, dem Ausbruch der nestorianischen Kontroverse, zunächst gesondert zu behandeln. Aus dem Psalmenkommentar Cyrills[113] sind zwar zahlreiche Fragmente in der Katenentradition erhalten,[114] aber nicht zuverlässig ediert.[115] Auf die Fragmente bei Migne wird deshalb nur von Fall zu Fall verwiesen.

4.2.1. Die Auseinandersetzungen mit dem Judentum und dem Arianismus[116]

a) Christologisierung des AT: Ps 44 als Antitypos

Vermutlich schon vor 423 entstanden *De adoratione et cultu in spiritu et veritate* und die *Glaphyra in pentateuchum*, beides umfangreiche Auslegungen zu zentralen Stellen des Pentateuch, sowie die Kommentare zu den kleinen Propheten und Jesaja:[117] Die Exegese dieser frühen Schriften zielt in erster Linie darauf, den Zusammenhang zwischen AT und NT herzustellen.[118] *Ps* 44 begegnet im Kontext von Allegoresen einzelner Begriffe und Gestalten, besonders in ekklesiologischen Zusammenhängen, die z.T. systematisch mit dem christologischen Teil verknüpft werden. So deutet Cyrill Rebecca

---

(1981) 254-260; G. Jouassard, Cyrill von Alexandrien, in: RAC 3 (1957) 499-516; G. de Durand, Introduction, in: SCh 97, 1964, 7-34; R.L. Wilken, Judaism and the Early Christian Mind. A Study of Cyril of Alexandria's Exegesis and Theology, New Haven—London 1971.

[113] Cf. G. Mercati, Osservazioni a proemi dal Salterio di Origene, Ippolito, Eusebio, Cirillo Alessandrino e altri con frammenti inediti, Rom 1948, 127-144; s.o. III 2, Anm. 11.

[114] Cf. Rondeau I 131-134; Devreesse, Les anciens commentateurs 224-233.

[115] Auch die von Devreesse als vermutlich authentisch ausgesonderten Stücke in PG 69 bedürften nochmals einer eigenen Untersuchung, Devreesse aaO.

[116] G. Jouassard, L'activité littéraire de S. Cyrille d'Alexandrie jusqu'à 428. Essai de chronologie et de synthèse, in: Mél. E. Podechard, Lyon 1945, 159-174; J. Liébaert, La doctrine christologique de S. Cyrille d'Alexandrie avant la querelle nestorienne, Lille 1951; Grillmeier I 605-609. Den Apollinarismus problematisiert Cyrill nicht.

[117] Jouassard, L'activité littéraire 170; Liébaert, La doctrine christologique 12-16; Hardy 256f.—Zur Schriftauslegung insgesamt cf. A. Kerrigan, S. Cyril of Alexandria Interpreter of the OT, Rom 1952; B. de Margerie, L'exégèse christologique de S. Cyrille d'Alexandrie, in: NRTh 102 (1980) 400-425. Die umfangreiche Arbeit des ersteren beschränkt sich auf die großen Kommentare der ersten Schaffensperiode und beschäftigt sich mit grundsätzlichen Fragen zum Literalsinn und zur geistlichen Auslegung, ohne die dogmatische Schriftargumentation eigens zu bedenken.

[118] Cf. Kerrigan *passim*; Wilken, Judaism 82f.; 91f.

als *Typos* der Kirche, und Kirche seien die, die in Christus gerechtfertigt sind, die die Einheit mit ihm durch den Anteil am Hl. Geist
aufgrund des väterlichen Wohlwollens erhalten haben. Diese Themen, die traditionell mit dem christologischen Teil des Psalms assoziiert sind,[119] verknüpft er über *Ps* 44,11-13a mit der Prophetie
auf die Kirche.[120] Zu *Gen* 49,21[121] assoziiert er die Schönheit des
Sohnes, der von Natur Gott ist. Seine Schönheit erschließe sich im
allmählichen Voranschreiten der Erkenntnis (*Ps* 44,3a) und lasse die
'geistliche Schönheit' der Erkennenden wachsen, so daß der Herr
sie *Ps* 44,12b zufolge begehren werde.[122] Allegorisch deutet er auch
die 'Pfeile' aus *Ps* 44,6 auf die Apostel, die die Feinde Gottes ins
Herz träfen, nicht zum Tod, sondern zur Liebe.[123] Das mit Öl
gemischte Weizenmehl in *Num* 17,10-17 legt Cyrill auf das wahre
Opfer Christi und seinen Duft aus, wie er typologisch auch in *Ps*
44,8 besungen werde.[124]

Auffällig ist die Tatsache, daß bei zahlreichen allegorischen Deutungen *Ps* 44 nicht mehr als 'Vorverkündigung' oder *Typos* figuriert, sondern als *Antitypos*, eine Tatsache, die deutlicher noch als die
christologischen Argumentationen im einzelnen zeigt, in welchem
Ausmaß der Psalm für die Christusverkündigung im engeren Sinn
in Anspruch genommen wird: Der von Jakob gesalbte Stein sei
Typos Christi, des Emmanuels, der von Gott Vater mit dem Heiligen Geist gesalbt worden sei. Das demonstriert Cyrill mit *Ps* 44,8c,
nicht etwa mit einer der Taufperikopen oder *Apg* 10,38.[125] Ebenso
verweise die Anmut des Kindes Mose auf die Schönheit Christi, wie
sie von David in *Ps* 44,3a.4 besungen werde.[126] Neutestamentliche Belege dazu, wie z.B. die Verklärungsszene,[127] fehlen. Mit *Ps*
44,3a, der in diesen frühen Schriften häufiger begegnet als Vers 8,
deuten sich auch die christologischen Probleme an: In der genann-

---

[119] Cf. Athanasius, *Ar.* I 46-52; Didymus, *In Ps* 44,8.
[120] *Glaph. in Gen.* III (zu *Gen* 24,1-4) (PG 69, 148AC).
[121] Ἐπιδιδοὺς τῷ γεννήματι κάλλος. Der *Vulg*-Text weicht hier ab.
[122] *Glaph. in Gen.* VII *De Naphthali* (PG 69, 376AB); Allegoresen auf die Kirche
auch *Glaph. in Gen.* IV (209B); *Glaph. in Deut.* (657C); *Ador.* I (PG 68, 137BC); II
(257D-260A; 237BC).
[123] *In Zach.* IV (9,13) (Pusey II 422f.); cf. *In Hab.* II (3,11) (Pusey II 152f.).
[124] *Ador.* X (PG 68, 709C-712A).
[125] *Glaph. in Gen.* IV (PG 69, 189CD).
[126] *Glaph. in Ex.* I (PG 69, 396AB); cf. *In Es.* III 5 (*Jes* 42,1-4) (PG 70,
849C-852A); V 5 (*Jes* 60,18) (1345AB).
[127] Cf. dazu Origenes, s.o. I 3.2. e; Basilius, *Hom.Ps.* 44,5 (PG 29, 400CD).

ten Moses-Typologie sowie im Kommentar zu *Jes* 53,2 interpretiert Cyrill die Schönheit auf die Herrlichkeit und 'Natur' der alles überragenden Gottheit,[128] während zu *Jes* 42,1-4 *Ps* 44,3a im Kontext der Menschheit und *Oikonomia* auftaucht.[129] Ebenso uneinheitlich argumentiert er zu Vers 8: Bei der Salbung des Jakobsteins spricht er von der Salbung Emmanuels durch Gott Vater, ohne weiter zu differenzieren, und in *De adoratione* vom 'Duft der Erkenntnis des Vaters', der dem, der von Natur Gott ist, zukommt.[130] Offensichtlich ist Cyrill die Christologie im engeren Sinn noch nicht zum Problem geworden. Die Textbasis ist zu dünn, um aus den christologischen Differenzen weitere Schlüsse zu ziehen; möglicherweise gründen sie darin, daß er verschiedene Quellen benutzte.[131] Vielleicht sind sie auch aus der exegetischen Tradition zu erklären, wie sie vor allem bei Didymus begegnete, der konsequent zwei Deutungsebenen zuläßt.

b) Antiarianische Argumentation: Sprachlogische Analysen und Athanasianische Soteriologie

Vor 428 entstanden die umfangreichen antiarianischen Schriften, der *Thesaurus de sancta et consubstantiali trinitate*, die Dialoge *de sancta trinitate*, sowie der *Johanneskommentar*,[132] in denen Cyrill immer wieder *Ps* 44,7-8 zitiert.[133] Der alexandrinische Arianismus des

---

128 *Glaph. in Ex.* I (PG 69,396B): ἐν δόξῃ [...] καὶ φύσει τῆς ὑπὲρ πάντα θεότητος; *In Es.* V 1 (PG 70, 1172A): πρός γε τὴν θείαν καὶ ὑπερτάτην ὑπεροχὴν, καί τῆς ὑπὲρ πάντα φύσεως τὸ ὑπέρλαμπρον κάλλος.

129 *In Es.* III 5 (PG 70, 849C-852A).

130 *Glaph. in Gen.* IV (PG 69, 189CD); *Ador.* X (PG 68, 709D-712A).

131 Cf. dazu Kerrigan *passim*.

132 Dazu s. Liébaert, La doctrine christologique 19-76; N. Charlier, Le *Thesaurus de Trinitate* de S. Cyrille d'Alexandrie. Questions de critique littéraire, in: RHE 45 (1950) 25-81; G.M. de Durand, Introduction, in: SCh 231 (1976) 22-43; G. Jouassard, La date des écrits antiariens de S. Cyrille d'Alexandrie, in: RBén 87 (1977) 172-178; ders., S. Cyrille d'Alexandrie aux prises avec la 'communication des idiomes' avant 428 dans ses ouvrages antiariens, in: StPatr 6 (TU 81) 1962, 112-121. Die Datierungen im einzelnen sind umstritten; einig sind sich die Gelehrten zumindest darin, daß alle genannten Schriften vor 428 anzusiedeln sind.—Zu *In Ioh.* s.a. L. Fatica, I commentari a Giovanni di Teodoro di Mopsuestia e di Cirillo di Alessandria. Confronto fra metodi esegetici e teologici, Rom 1988.

133 *In Ioh.* II 1 (1,32-33) (116e-117a); 8 (5,23) (232a); V 2 (7,39) (472e-473a); XI 10 (17,18-19) (993bc), ed. P.E. Pusey, 3 Bd., Oxford 1872, Brüssel 1965, im folgenden mit P. abgekürzt. (S.a. PG 73-74); *Thes.* I (PG 75, 28b); XIII (213AC); XV (252BC); XX (333B-344D); XXI (365D-368A); XXXV (640D; 641D; 645B; 649BC); *Trin.* VI (609d) (SCh 246, G.M. de Durand, 1978).

5. Jahrhunderts scheint sich seit den Tagen des Athanasius nicht all-
zusehr gewandelt zu haben: Relativ wenige Stellen im Werk Cyrills
zeugen von einer Auseinandersetzung mit dem Neuarianismus und
Eunomius, und diese wird längst nicht so intensiv geführt wie bei
Basilius und den Kappadokiern.[134]

In *Thes.* I, einem Abschnitt, dessen Quellen unbekannt sind,
eröffnet Cyrill die Auseinandersetzung mit den Arianern mit einer
Diskussion des Begriffs ἀγένητος,[135] den er als negative Aussage
kritisiert, die—im Gegensatz zum biblischen Terminus 'Vater'—
dem Wesen Gottes nicht gerecht werde.[136] Er schließt daran als einen der ersten Schriftbelege dafür, daß der Sohn nicht zur Schöpfung gehöre, *Ps* 44,8b an: μετέχον und μετεχόμενον seien zu unterscheiden, weil es unsinnig wäre, von Teilhabe zu sprechen, wenn
beide zur Schöpfung gehörten. Vielmehr sei der, an dem die Schöpfung teilhat, ein anderer, nicht γενητός, und das eine werde im
anderen erkannt.[137] Die Argumentation scheint die Gottheit Christi
speziell gegen neuarianische Theorien zu verteidigen[138] und unterscheidet sich in ihrem sprachlogischen Ansatz[139] erheblich von der
der bislang untersuchten griechischen Psalmenauslegungen. Indem
Cyrill den Begriff in seine logischen Bestandteile zerlegt, kann er
Differenz und Gemeinsamkeit zwischen Christus und den Christen

---

[134] Zur Aktualität des Arianismus s. R.L. Wilken, Tradition, Exegesis, and the
Christological Controversies, in: ChH 34 (1965) 123-145, 125f.: er verweist auf die
Häretikergesetzgebung sowie die Kirchengeschichten von Socrates und Sozome-
nos; De Durand, Introduction, in: SCh 231 (1976) 17-22; cf. auch die nach wie vor
große Zahl an Schriften, in denen Cyrill gegen den Arianismus polemisiert. Zur
Auseinandersetzung mit Eunomius cf. Liébaert, La doctrine christologique 45-63;
R.M. Siddals, Logic and Christology in Cyril of Alexandria, in: JThS 38 (1987)
341-367, 342-350.

[135] *Thes.* I (PG 75, 24A-28B), cf. Liébaert, La doctrine christologique 24. S.
auch *In Ioh.* II 1 (119b-d).

[136] *Thes.* (25C-28A); er argumentiert mit Hilfe aristotelischer, neuplatonisch
überarbeiteter Kategorien, cf. dazu die wichtigen Ausführungen von Siddals 342f.;
347f.

[137] *Thes.* 28B: Εἰ τοίνυν ἕτερόν τί ἐστι τὸ μετέχον παρὰ τὸ μετεχόμενον· ἄλλο γὰρ
ἐν ἄλλῳ νοεῖσθαι χρή· μετέχει δὲ ἡ κτίσις τοῦ Υἱοῦ, ἕτερος ἂν εἴη παρὰ τὴν μετέχουσαν
αὐτοῦ κτίσιν· οὐκοῦν οὐδὲ γενητός. Εἰ δὲ οὐκ ἔστιν ἕτερος παρ' ἐκείνην ὁ Υἱός, καὶ
κατὰ φύσιν αὐτῆς διῃρημένος, τίς ἡ χρεία τῆς μετοχῆς; ἢ πῶς ἄν τις μετάσχοι τοῦ ὅπερ
ἐστὶν αὐτός;

[138] S.o. III 1.3.b.

[139] Er basiert auf den im Alexandrien des 5. Jahrhunderts geläufigen logischen
und sprachlogischen Instrumentarien, cf. außer dem genannten Aufsatz von Siddals auch J.-M. Labelle, S. Cyrille d'Alexandrie. Témoin de la langue et de la pensée philosophiques au Vᵉ S., in: RevSR 52 (1978) 135-158; 53 (1979) 23-42.

zugleich begründen, ohne zwischen Gottheit und Menschheit eigens zu unterscheiden. War die Teilhabe bislang Ansatzpunkt einer christologischen Hermeneutik, die die Verse 8bc dem 'Menschlichen', der *Oikonomia* Christi zuordnete, vermag die Analyse Cyrills die Einheit des Subjekts in der Unterscheidung zu wahren. Damit argumentiert er unter derselben Prämisse wie der Neuarianismus, widerlegt aber dessen Hypostasenmodell.[140]

Über diese logischen Analysen hinaus gründet seine Argumentation in der Tradition des Athanasius. In *Thes.* XX lehnt sich Cyrill direkt an die Diskussion um *Phil* 2,9-10 und *Ps* 44,7-8 in *Ar.* I 35-52 an.[141] Beide Texte sollen zunächst im einzelnen verglichen werden:

– Während Athanasius Vers 7 und 8 zitiert, beschränkt sich Cyrill auf 7a und 8bcI.[142]

– Athanasius eröffnet den Gedankengang mit einer Erörterung der 'Teilhaber', der aus nichts Geschaffenen, und kontrastiert das mit dem in Vers 7 besungenen 'ewigen Gott'. Cyrill deutet die Antithese nur kurz an und thematisiert die 'Teilhabe' überhaupt nicht, was vor dem Hintergrund der Analyse von *Thes.* I nicht verwundern kann: Auch μέτοχοι dient als von den Menschen unterscheidender Terminus, insofern als es der Ungeschaffene ist, der Anteil gewährt. Der Gegensatz zwischen geschaffen und ungeschaffen wird nicht erwähnt.[143]

– Beide betonen, daß der Sohn bereits als König herrscht, also nicht gesalbt wurde, um erst zum König zu werden, wobei Athanasius 'König' durch 'Gott' ergänzt, Cyrill das 'Herrschen' mit dem 'Heilig sein' des Sohnes kombiniert.[144] Auch darin spiegeln sich aktuelle Fragen: Der immer heilig ist, kann nicht Fortschritte machen bzw. erst heilig werden, um daraufhin gesalbt zu werden, wie es Differenzierungen zwischen göttlichen und menschlichen Aussagen nahelegen könnten.

---

[140] Cf. Abramowski, Zur Theologie 277-281; Siddals 347f.; 350-354 u.ö.; R.A. Norris, Christological Models in Cyril of Alexandria, in: StPatr 13 (TU 116) (1975) 255-268, 259f.; Jouassard, S. Cyrille 114f. u.ö.

[141] Cf. Liébaert La doctrine christologique 25, zur Abhängigkeit von Athanasius im *Thesaurus, ibid.* 19-43 mit tabellarischen Übersichten und Vergleichen im einzelnen; cf. auch 143-146. Sehr ähnlich argumentiert Cyrill in *Thes.* XIII (PG 75, 212D-213C).

[142] Ath., *Ar.* I 46 (PG 26, 105C); Cyr., *Thes.* XX (PG 75, 333B).

[143] Ath., PG 26, 105C-108A; Cyr., PG 75, 333B.

[144] Ath., PG 26, 108A; Cyr., PG 75, 333B: Πῶς οὖν εἰς βασιλέα χρίεται καὶ ἀγιάζεται ὁ ἀεὶ βασιλεύων καὶ ἅγιος ὤν.

– Beide heben auf die Bedeutung der Salbung 'für uns' ab.
Athanasius tut das in einem geschlossenen Abschnitt, in dem er den
'Retter' von den alttestamentlichen gesalbten Königen unterscheidet: Er sei Gott und König und seinerseits Spender (χορηγός)
des Hl. Geistes, der als Mensch mit Geist gesalbt worden sei, um
uns, wie die Erhöhung und Auferstehung, so auch die Einwohnung
des Geistes zu ermöglichen und der, obwohl selbst heiligend, geheiligt worden sei (cf. *Joh* 17,18f.), damit auch wir geheiligt würden.
Er faßt den Gedankengang in der ersten Person Singular zusammen: 'Ich, das Wort des Vaters, gebe mir selbst, Mensch geworden,
den Geist; ich selbst, Mensch geworden, heilige mich in diesem,
damit künftig in mir, der ich die Wahrheit bin (cf. *Joh* 17,17; 14,6),
alle geheiligt werden'.[145] Cyrill schiebt vorab eine kurze Bemerkung ein, daß es um die ἔνσαρκος οἰκονομία gehe, verbindet 'salben' und 'heiligen' mit 'erhöhen' und ersetzt den 'Geist' durch die
'Gnade', die, nachdem sie seiner 'Natur' gegeben ist, auf das ganze
zu rettende Geschlecht übergehe.[146] Die Tatsache, daß er die von
Athanasius genannte 'Einwohnung' übergeht, sollte nicht über-
bewertet werden, ist aber immerhin bemerkenswert. Cyrill zitiert
dann *Joh* 17,19 und faßt die zentrale Aussage griffig zusammen:
'Was in Christus (geschieht), dieses (geschieht) auch an uns',[147]
um das an der Heiligung nochmals zu demonstrieren. Dabei greift
er zwar ebenfalls auf *Joh* 14,6 zurück, nennt aber den 'Weg', durch
den die Gnade auf alle herabkomme, 'verherrlichend, heiligend,
rühmend, die Natur vergöttlichend im ersten Gesalbten'.[148]
Danach folgen in sich geschlossene logisch aufgebaute Einzelar-
gumente, schulmäßig jeweils mit ἄλλο eingeleitet, deren erstes im
Vergleich zu Athanasius neu ist: Wenn Gott Mensch wurde, und
nicht der Mensch Gott, wird er (sc. Gott!) als Mensch gesalbt, damit
er verherrlicht werde: Die Gnade sei mithin für die Menschheit

---

[145] Ath., PG 26, 108B: Ἐγὼ Λόγος ὢν τοῦ Πατρὸς, αὐτὸς ἐμαυτῷ ἀνθρώπῳ
γενομένῳ δίδωμι τὸ Πνεῦμα· καὶ ἐμαυτὸν ἄνθρωπον γενόμενον ἐν τούτῳ ἁγιάζω, ἵνα
λοιπὸν ἐν ἐμοὶ ἀληθείᾳ ὄντι [...] οἱ πάντες ἁγιασθῶσιν.

[146] Cyr., PG 75, 333B: Ὑψοῦται δὲ καὶ χρίεται καὶ ἁγιάζεται δι' ἡμᾶς, ἵνα δι'
αὐτοῦ τρέχῃ λοιπὸν εἰς πάντας ἡ χάρις, ὡς ἤδη δοθεῖσα τῇ φύσει, καὶ λοιπὸν ὅλῳ σῳζο-
μένη τῷ γένει.

[147] *Ibid.* Ὅσα γὰρ ἐν Χριστῷ, ταῦτα καὶ εἰς ἡμᾶς.

[148] Cyr., PG 75, 333BC: [...] ὑψοῦσα καὶ ἁγιάζουσα καὶ δοξάζουσα, καὶ
θεοποιοῦσα τὴν φύσιν ἐν πρώτῳ Χριστῷ.—Ath. zitiert aus *Joh* 17,17 bzw. 14,6 die
'Wahrheit'.

offenbar geworden.[149] Überblickt man die Interpretationen Cyrills zu *Ps* 44,8, stellt dieses Argument das hermeneutische Programm und Fundament zugleich dar, von dem her alle weiteren Argumentationen abzuleiten sind: Subjekt des Handelns, grammatisch und logisch, ist Gott, nicht der Mensch, und unter dieser Prämisse sind nach Cyrill alle biblischen Aussagen über Jesus Christus zu deuten.

Im zweiten Schritt nimmt er die Formulierung 'Spender des Geistes' auf und kombiniert sie mit *Joh* 20,22 (*accipite Spiritum sanctum*), um zu zeigen, daß sich die Heiligung des 'Gesalbten' auf die Menschheit beziehen müsse, ein Argument, das bei Athanasius an späterer Stelle begegnet.[150] Die knappe Bemerkung bei Athanasius: 'Wer sich selbst heiligt, ist Herr des Heiligens',[151] macht er, drittens, zu einem eigenen Syllogismus: Wer sich selbst heiligen könne, bedürfe keines anderen, sei also Herr des Heiligens; wenn er ihrer selbst nicht bedürfe, geschehe sie für den Bedürftigen, mithin für die menschliche Natur, also für uns.[152]

Cyrill konzentriert damit die Athanasianischen Ansätze auf die entscheidenden Begriffe 'Gnade' und 'menschliche Natur'. Indem er statt vom Hl. Geist von Gnade spricht, kann er den Gedankengang zunächst christologisch schärfer fassen und die Bedeutung der Tatsache, daß der Sohn, der von Natur Gott ist, Mensch wird, unberührt von der von seiten der Arianer ebenfalls umstrittenen Frage nach der Stellung des Hl. Geistes, herausarbeiten.[153] Indem er klarer als Athanasius (wenn auch noch nicht so pointiert wie in der christologischen Kontroverse) den Finger auf den entscheidenden Punkt legt—gesalbt wird Gott, insofern er Mensch ist—gewinnt die soteriologische Argumentation an Überzeugungskraft. Dementsprechend kann er auf die langen Ausführungen zur Taufe, zur Bedeutung der Salbung und zu den Parallelstellen, die bei Athanasius folgen, ebenso verzichten wie auf Erklärungen zur Teilhabe. Er hakt erst wieder ein, als Athanasius auf die Ausgangsfrage, wer da eigentlich gesalbt wird und ob der Salbung nicht ein Verdienst zugrundeliegen müsse, zurückkommt:

Athanasius verteidigt *Ps* 44,8a gegen eine Interpretation auf eine

---

149 *Ibid.* 333C.
150 *Ibid.* 333C; cf. Ath., *Ar.* I 48 (PG 26, 112B).
151 Ath., PG 26, 108B: Ὁ δὲ ἑαυτὸν ἁγιάζων Κύριός ἐστι τοῦ ἁγιάζειν.
152 Cyr., PG 75, 333D-336A.
153 An den betreffenden Stellen im *Johanneskommentar* und in den späteren Schriften verwendet Cyrill beides, 'Geist' und 'Gnade'.

'wandelbare Natur'. Vielmehr sei die Gerechtigkeit des Gott Logos
unwandelbar, damit die Menschen ein Bild und Vorbild für die
Tugend hätten,[154] und er illustriert diese Aussage mit der Adam-
Christus-Typologie: Der von Natur unwandelbare Herr nahm das
wandelbare Fleisch an, um die durch Adam eingeführte Sünde zu
verurteilen und die Erfüllung des Gesetzes zu ermöglichen.[155]
Cyrill läßt das Vorbildhafte an Vers 8a weg[156] und konzentriert
sich darauf, zu zeigen, wie durch die unwandelbare Liebe zur Gerechtigkeit die von Adam zerstörte Ordnung wiederhergestellt wird,
indem der Unwandelbare gesalbt wird, um die menschliche 'Natur'
zur ursprünglichen Ordnung zurückzuführen. Skopos seiner Ausführungen ist die grammatische und logische Struktur des Verses,
mit dem er das Subjekt des Geschehens wiederum sehr klar herausarbeitet.[157]

Im letzten Abschnitt zur Stelle demonstriert Athanasius, mit Vers
8a, die Gerechtigkeit und Tugendliebe des Logos und zeigt in einer
Reihe von Parallelstellen, daß dieser sich darin nicht vom Vater unterscheidet. Wenn letzterer Gerechtigkeit liebe und Unrecht hasse,
müsse das auch von seinem Bild geschrieben sein. Cyrill verschärft
das Argument: Er übergeht *Ps* 86,2 und *Mal* 1,2, Stellen, die die Gerechtigkeitsliebe Gottes an Zion bzw. Jakob festmachen, und zitiert
nur die abstrakt formulierten Belege *Ps* 10,7; 5,6; *Jes* 61,8: Wenn
ihnen zufolge die Gerechtigkeitsliebe bei Gott-Vater kein Verdienst
sei, dann auch nicht beim Sohn, weil Urbild und Bild sich darin
nicht unterschieden.[158]

Grundlinien von Cyrills antiarianischer Argumentation, in der er
Athanasianische Anliegen präzisiert und insofern weiterführt, sind
also das grammatische und logische Verhältnis zwischen dem unveränderlichen Logos und der menschlichen Natur, das in klar
strukturierten Einzelargumenten entfaltet wird, und die Soteriologie, durchgeführt an der Adam-Christus-Typologie, die die theo-

---

[154] Ath., PG 26, 117B: ἵνα τὸ ἀμετάβλητον τῆς τοῦ Λόγου δικαιοσύνης ἔχωσιν
εἰκόνα καὶ τύπον πρὸς ἀρετὴν οἱ ἄνθρωποι.
[155] Ath., *Ar.* I 51 (PG 26, 117B-120A).
[156] Ein schwacher Nachklang findet sich möglicherweise in der Formulierung
θεάσηται, PG 75, 336C.
[157] Cyr., PG 75, 336A.
[158] Cyr., PG 75, 336D-337A: [...] Πρὸς γὰρ τὸ ἀρχέτυπον ἡ εἰκών, καὶ πρὸς
τὴν εἰκόνα τὸ ἀρχέτυπον.

logische Begründung für seine exegetische oder logische Argumentation liefert.[159]

Die Salbung selbst parallelisiert er mit der Heiligung. Er interpretiert sie soteriologisch und bemüht sich nicht um eine präzise christologische Begriffsbestimmung. Damit bleibt die Frage, wie das Wirken der Gnade im 'ersten Gesalbten' zu denken sei, offen. Unmittelbar vor der Interpretation zu *Ps* 44,7 und 8 in *Thes.* XX formuliert er noch, daß der eine Christus aus Menschheit und Gott Logos gemischt sei, indem der unwandelbare Logos den 'Tempel' aus der Jungfrau annehme.[160] Definitionen wie diese sind in mancherlei Hinsicht mißverständlich: Eine Mischung könnte der Theorie Vorschub leisten, daß aus Gott und Mensch ein Drittes entstünde oder die Eigenheiten von Gottheit und Menschheit aufgelöst würden; wenn der unveränderliche Logos den Tempel annimmt, ist zu fragen, inwieweit die Menschheit Christi ernst genommen ist, Anwürfe, die während der späteren Kontroverse tatsächlich gegen Cyrill und seine Lehre von der φυσικὴ ἕνωσις erhoben wurden.

c) Entfaltung in Bildern und Metaphern

Die Grundstruktur des Gedankengangs in den antiarianischen Schriften bleibt bemerkenswert konstant. Der *Johanneskommentar* ist von seiner Anlage her allerdings breiter und argumentiert mit mehr Bildern. Der Einfluß der Theologie des späteren 4. Jahrhunderts macht sich sehr viel deutlicher bemerkbar. So möge exemplarisch noch der Zusammenhang der Deutung zu *Joh* 17,18-19[161] aus dem später entstandenen Kommentar ausführlicher dargestellt werden. Im Kontext geht es um die Sendung und Heiligung Christi für die Menschen und die Verheißung des Geistes, also um die bekannten soteriologischen Gedankengänge, wie sie von Athanasius entwickelt wurden. Nach grundsätzlichen Bemerkungen zum Hervorgang des Geistes aus dem Vater durch den Sohn und zur Geistsendung (mit *Joel* 2,28 und *Joh* 1,16), wie sie auch bei Didymus und Chrysostomus

---

[159] Wichtig dazu: Wilken, Judaism 181-200 sowie die Abschnitte zum 'zweiten Adam', 93-142.

[160] *Thes.* XX (PG 75, 333A): Εἷς γὰρ ὁ Χριστὸς ἔκ τε ἀνθρωπότητος καὶ Θεοῦ Λόγου κεκερασμένος, οὐκ ἐκ τοῦ τετράφθαι πρὸς ὅπερ οὐκ ἦν, ἀλλ᾽ ἐκ τοῦ προσλαβεῖν τὸν ἐκ Παρθένου ναόν.

[161] *In Ioh.* XI 10 (P. 986a-994b).

im Kontext des 44. *Psalms* begegnen[162], entfaltet Cyrill seine soteriologische Interpretation.

Die ursprüngliche Gemeinschaft des Menschen mit dem Hl. Geist
soll erneuert werden, und Christus soll diese Teilhabe an der göttlichen Natur, die 'Gestaltung zu ihm hin' (μόρφωσις πρὸς αὐτόν),
als 'Erstling', 'Erstgeborener', 'Anfang' und 'Weg' ermöglichen,[163] indem er sich für uns heiligt. Hier verknüpft Cyrill die
Heiligung mit dem Opfer Christi, durch das er die Welt mit Gott
versöhne, kehrt aber bald zum traditionellen Verständnis zurück:[164] Der, der Gott κατὰ φύσιν ist, erniedrigt sich selbst, nimmt
alles an, was des Menschen ist außer der Sünde,[165] und eint sich
mit unserer Natur auf unsagbare Weise.[166] Er ist zweiter Adam,
himmlischer Mensch, der stirbt, um das Leben zu erwirken, der die
Sünde auf sich nimmt, um uns gerecht zu machen und uns aus dem
durch Adam bewirkten Ungehorsam zum Gehorsam zu führen.[167]
Die in paradoxen Aussagen entwickelte Adam-Christus-Typologie
evoziert bei Cyrill sowohl die Solidarität Christi mit der Menschheit
als Ganzer als auch die Sonderstellung Christi, des zweiten Adams,
die auf seiner Auferstehung gründet.[168] Analog zum Tod, den er
auf sich nimmt,[169] heiligt er sich. Bedingung der Möglichkeit ist
die 'unaussprechliche Einung' mit dem Fleisch 'zu der einen Person
des Sohnes von Natur', wobei πρόσωπον hier noch im ursprünglichen exegetischen Sinn als äußere Form, Erscheinung, Maske zu
verstehen ist.[170] Umschrieben wird sie mit Bildern: Weil das

---

[162] *Ibid.* XI 10 (P. 986b-987c); cf. II 1; V 2 u.ö., s. außerdem Chrysostomus,
Exp.Ps. 44,3.8; Didymus, *In PsT* 44,1.

[163] *In Ioh.* XI 10 (P. 987c-988e); cf. Wilken, Judaism 134-140; zum Ziel der
Inkarnation Liébaert, La doctrine christologique 218-229.

[164] *Ibid.* (P. 989c-990d), cf. Liébaert, La doctrine christologique 111f.

[165] Cf. Didymus: dort faktische, hier grundsätzliche Sündlosigkeit.

[166] *Ibid.* (P. 991a): φαμὲν οὖν ὅτι Θεὸς κατὰ φύσιν ὑπάρχων ὁ Μονογενὴς καὶ ἐν
μορφῇ καὶ ἰσότητι τοῦ Θεοῦ καὶ Πατρός, κεκένωκεν ἑαυτὸν κατὰ τὰς γραφὰς, καὶ
γέγονεν ἄνθρωπος ἐκ γυναικὸς, πάντα τὰ ἀνθρώπῳ πρέποντα καταδεξάμενος, δίχα
μόνης ἁμαρτίας, καὶ ἀρρήτως ἑαυτὸν ἑνώσας τῇ ἡμετέρᾳ φύσει; cf. *In Ioh.* II 1;
Liébaert, La doctrine christologique 186-195.

[167] *Ibid.* P. 991a-e.

[168] Wilken, Judaism 93-142, zu Cyrill 106-142.

[169] *In Ioh.* XI 10 (P. 992b-d).

[170] *Ibid.* XI 10 (P. 992a-b); εἰς τὸ ἑνὸς τοῦ κατὰ φύσιν Υἱοῦ [...] πρόσωπον
(992b), zur Terminologie cf. Liébaert, La doctrine christologique 197-210; zum
Prosopon-Verständnis der früheren Schriften Liébaert, S. Cyrille d'Alexandrie et
l'unique prosopon du Christ aux origines de la controverse nestorienne, in: Universitas. MSR, Lille 1977, 49-62, 61f.; grundsätzlich außer dem genannten Auf-

Fleisch nicht von allein heilig sein kann, sondern nur durch die Teilhabe an der Gottheit, wird es 'Tempel' des Logos, heilig und heiligend zugleich.[171] Dieser Sachverhalt ist nach Cyrill mit der Inkarnation gegeben: Das Fleisch ist mit der Gottheit verbunden, bedarf also keiner späteren Heiligung mehr. Insofern ist die Salbung, auf die hin er die Herabkunft des Geistes[172] interpretiert,[173] nur noch Zeichen (σημεῖον), öffentliche Kundmachung dessen, was durch die Inkarnation geschehen ist.[174] Der von Natur heilige Logos aus dem Vater salbt in sich seinen eigenen Tempel mit Heiligem Geist, ähnlich der Salbung der übrigen Schöpfung, [175] und stellt so die ursprüngliche Gemeinschaft zwischen Gott und 'Fleisch', zwischen Gott und der Menschheit wieder her.

Cyrill zitiert hier *Ps* 44,8bc, um die trinitätstheologische Seite dieser Salbung, die Zeichen und Symbol der innigen Verbundenheit und unauflöslichen Einheit ist, aufzuzeigen:[176] Es ist zwar der Logos, der eins mit dem Fleisch wird, aber in gleicher Weise handelt der Vater, aus dem der Logos hervorgeht, und der Geist, mit dem der Logos als Mensch zum Zeichen seiner Sendung und seines Dienstes gesalbt wird.[177] Er wirkt in der Menschheit weiter,[178] indem er zunächst die Apostel erfüllt—hier schlägt Cyrill implizit den Bogen zum Anfang, zur Geistverheißung: Sie werden gesandt wie Christus, κατὰ μίμησιν.[179]

Inhaltlich greift Cyrill mit dieser Grundstruktur das traditionelle Thema von der Gottheit Christi auf, das sich auch in den Testimoniengruppen im 35. Kapitel des *Thesaurus* spiegelt: Dort zitiert er

---

satz und der unten, Anm. 197, genannten Literatur zur Christologie De Durand, in: SCh 231 (1976) 80-84.

171 *In Ioh.* XI 10 (P. 992d-993a).

172 Auffällig im Vergleich zur Argumentation des Athanasius ist, daß Cyrill im Kontext der Salbung nicht von der Taufe Christi spricht, sondern von der Heiligung oder von der Herabkunft des Geistes.

173 S.a. die Auslegung zu *Joh* 1,32-33, *In Ioh.* II 1 (116c-117a), dort zitiert er ebenfalls *Ps* 44,8bc, um die Salbung trinitätstheologisch einzuordnen; er wendet sich ausdrücklich gegen die antiarianische Argumentation, die u.a. mit Hilfe der Salbung die Gleichwesentlichkeit des Sohnes bestreitet; s.a. *In Ioh.* V 2; cf. Liébaert, La doctrine christologique 109f.; Wilken, Judaism 132-137; De Margerie, L'exégèse christologique 406f.

174 *In Ioh.* XI 10 (P. 993b), cf. II 1.

175 *Ibid.*: καθ' ὁμοιότητα τῆς ἄλλης κτίσεως.

176 Cf. Basilius, *Spir.* 12,28.

177 *In Ioh.* XI 10 (P. 994a).

178 *Ibid.* (P. 993b-c).

179 *Ibid.* (P. 994a-b).

aus *Ps* 44,7-8 unter den Überschriften, 'Daß der Sohn Gott genannt wird und ist', 'Daß der Sohn Gottes König ist'.[180] Darüberhinaus deutet sich die spezifisch christologische Fragestellung nur an, wenn er beispielsweise zu *Joh* 7,39 und *Ps* 44,8ab den Begriff φύσις parallel für den Gott Logos und die Menschheit verwendet[181] und nach der Konsequenz seiner Deutung von 8ab, die der in *Thes.* XX entspricht, für den Menschen Jesus Christus fragt: Wenn Gott, der Gerechtigkeit liebt und Unrecht haßt, Mensch wird, sich mit dem Tempel des Leibes verbindet, muß für den Menschen, der er mithin ist, dasselbe gelten, darf dieser Mensch also in keiner Weise von der Sünde affiziert sein: Salbung ist so Zeichen, daß sich die Gnade des Geistes unauflöslich mit der φύσις verbindet, indem der Logos das Unveränderliche seiner eigenen Natur uns gleichsam ausleiht, dargestellt im Bild des heiligen und heiligenden Tempels.[182]

Als Anknüpfungspunkte der dogmatischen Argumentation mit *Ps* 44,7-8 figurieren zwei Muster, deren eines, auf der Grundlage der von Athanasius begründeten christologischen Differenzierung,[183] das 'deshalb' und sein Verständnis im Zusammenhang von Vers 8 erörtert, um die Unveränderlichkeit Christi zu verteidigen, das andere den Begriff der Teilhabe, der sprachlogisch analysiert wird; darüberhinaus gewinnt das alte Testimonium in Vers 7, die Gott-Anrede in Verbindung mit dem 'ewigen Thron', in gewisser Weise neue Bedeutung: An einigen Stellen beruft Cyrill sich auf die Gott-Anrede und die Bestätigung ewiger Herrschaft in Vers 7.[184] Im Vergleich zur frühen Testimonienargumentation ist der Schwerpunkt allerdings charakteristisch verschoben. Die Einleitungsformeln verweisen fast durchweg auf den 'Meloden', der sich an den Eingeborenen wendet:[185] Dabei handelt es sich nicht um den Pro-

---

[180] *Thes.* XXXV (PG 75, 640C-641D; 645B; 649C).

[181] *In Ioh.* V 2 (P. 472e-473e, s. bes. 473bc).

[182] *Ibid.* (P. 473b).

[183] In *Thes.* XX übernimmt er die hermeneutischen Kategorien des Athanasius, Zeit, Person, 'Wirklichkeit' oder 'Sachverhalt' (πρᾶγμα), mit deren Hilfe zu unterscheiden ist, ob die Schrift vom göttlichen Logos als solchem oder als dem Menschgewordenen spricht, PG 75, 337B-341D, cf. Ath., *Ar.* I 54, s.o. II 2.3 a;— cf. Siddals 360f.

[184] *Thes.* XV (PG 75, 252BC) *Ps* 44,7a; XXI (365D-368A) *Ps* 44,7a.8b.7b; *In Ioh.* II 8 (zu 5,23) (P. 232a) *Ps* 44,7a; sowie *Trin.* VI (SCh 246, 609d) *Ps* 44,7, dort geht es um die Herrschaft ohne Ende.

[185] *In Ioh.* XI 10 (P. 993b): καὶ τοῦτο εἰδὼς ὁ μελῳδὸς ἀνεφώνει, τὸ ἐν ἀνθρωπότητι πρόσωπον ἀναθεωρήσας τοῦ Μονογενοῦς. Cf. II 1 (116e); V 2 (472e); II 8 (232a).

pheten, der Christus verheißt, sondern sehr viel allgemeiner um den
Sänger, der den Verehrten preist. In diese Richtung weisen auch die
Schriftstellen, die neu kombiniert werden, nämlich *Mt* 14,33, das
Bekenntnis, daß der, der am Kreuz stirbt, Gottes Sohn ist,[186] und
Joh 20,28, das Bekenntnis des Zweiflers Thomas, *Dominus meus et
Deus meus.*[187] Das Argument stützt sich nicht auf die Benennung als
solche, wie es die alten Testimonientraditionen häufig nahelegten,
sondern auf die Anrede, das Bekenntnis oder die Doxologie, somit
auf die Qualität des theologischen Sprechens, die seit der Auseinandersetzung mit dem Neuarianismus und den Pneumatomachen
besondere Bedeutung in der theologischen Reflexion gewonnen
hatte.[188]

Mit Blick auf die nun folgenden nestorianischen Auseinandersetzungen bleibt festzuhalten, daß das Fundament einer durchdachten
christologischen Argumentation mit *Ps* 44,7-8 gelegt ist: Eine Übersicht über die jeweiligen Paraphrasen läßt keine Zweifel daran, daß
das angesprochene Subjekt der göttliche Logos ist, der, Mensch
geworden, gesalbt wird.[189] Interessant im Vergleich zu seinen Vorgängern ist, daß Cyrill das exegetisch meist mit *Ps* 44,8a begründet
und nur selten auf Vers 7 zurückgreift, der sehr viel eindeutiger vom
ewigen Thron und von Gott spricht, interessant zumal angesichts
der Tatsache, daß Vers 8a in der theologischen Tradition keineswegs immer eindeutig der Gottheit zugeordnet wurde.[190] Vergleicht man seine Interpretation mit der arianischen Argumentation, fällt auf, daß er deren Prämisse, wonach in den umstrittenen
Versen von einem Subjekt die Rede ist, nicht anzweifelt,[191] wäh-

---

[186] *Ibid.* II 1 (P. 117a), eingeleitet in der ersten Person Plural! σὺν ἡμῖν ἀνα-
βοῆσαι πρὸς τὸν Υἱόν.

[187] *Thes.* XV (PG 75, 252B): unmittelbare Vorlage ist Ath., *Ar.* II 19-26 und
Kontext. Athanasius zitiert *Ps* 44,7 in II 13, kombiniert mit den klassischen Testimonien *Gen* 19,24; *Ps* 109,1 etc., ohne die *Joh*-Stelle; in II 23 zitiert er *Joh* 13,13
und 20,28 ohne *Ps* 44,7. Cf. *Thes.* XXI (365D-368A), wie Ath., *Ar.* II 13.

[188] Cf. Basilius, *Spir.*—Dieser ganze Komplex bedürfte dringend noch weiterer
Untersuchungen.

[189] *In Ioh.* V 2 (P. 473a-b); XI 10 (993b): λογιζόμεθα δ' οὖν ὅμως ἡγιάσθαι τε τὴν
σάρκα διὰ τοῦ Πνεύματος, καθ' ὁμοιότητα τῆς ἄλλης κτίσεως, τὸν ἴδιον ἐν αὐτῷ
καταχρίοντος ναὸν τοῦ κατὰ φύσιν ἁγίου καὶ ἐκ Πατρὸς ὄντος Λόγου; *Thes.* XIII (PG
75, 213BC); XXI (368A). Cf. dazu grundsätzlich: Liébaert, S. Cyrille d'Alexandrie; Jouassard, S. Cyrille d'Alexandrie.

[190] Cf. Diodor, Theodoret, z.St. sowie Didymus z.St.; s. zusammenfassend S.
403f.

[191] Cf. auch seine Deutung von *Ps* 44,2ab (PG 69, 1028C-1029B), so sie ihm
tatsächlich zuzuschreiben ist, s.o. III 1.3.b.

rend die Antiochener und Nestorius gerade dagegen ihre strikte
christologische Differenzierung entwickeln.[192] Er löst das Problem
dadurch, daß er die jeweiligen Merkmale anders zuordnet, nämlich
auf verschiedenen Ebenen, weil es in einem Subjekt nicht Gegensätze auf derselben Ebene geben könne.[193] Folglich ist das handelnde Subjekt der göttliche Logos, der unveränderlich bleibt, aber
mit der menschlichen Natur die menschlichen Eigenschaften 'annimmt'.[194]

4.2.2 Ps 44,7-8 in der Nestorianischen Kontroverse

a) Die Aporien der christologischen Differenzierung

Leider ist von Nestorius keine Deutung zu *Ps* 44 erhalten.[195] Wie
Cyrill setzte er sich zunächst mit dem Arianismus und, im Gegensatz zum ersteren, intensiv mit dem Apollinarismus auseinander. In
der Tradition der Antiochenischen Exegeten löst er die christologischen Probleme dadurch, daß er streng unterscheidet, ob jeweils
vom Gott oder vom Menschen Jesus Christus die Rede ist, und die
traditionelle Idiomenkommunikation ablehnt.[196] Cyrill unterstellt
ihm eine Trennung der Naturen einerseits, ein ungenügendes Verständnis der Einheit Christi andererseits, wenn 'Christus' gleichsam als 'Summe' dieser beiden Naturen angesehen werde.[197] Nun

---

[192] Cf. dazu Wilken, Tradition 129-134 *et passim.*

[193] *In Ioh.* II 1 (P. 117e-118a).

[194] Siddals 355, weist darauf hin, daß Verben wie προσλαμβάνειν, συμβαίνειν
das 'Aufnehmen' von Akzidentien bezeichnen.

[195] Fragmente s. F. Loofs, Nestoriana. Die Fragmente des Nestorius gesam-
melt, untersucht und herausgegeben, Halle 1905; *Liber Heraclidis*: P. Bedjan, Le
Livre d'Héraclide de Damas, Leipzig 1910; F. Nau, Le *Livre d'Héraclide* de Damas,
Paris 1910, cf. dazu L. Abramowski, Untersuchungen zum *Liber Heraclidis* des
Nestorius, Löwen 1963 (CSCO 242, Subs. 22). Die christologischen Texte der von
L. Abramowski—A.E. Goodman, Cambridge 1972, herausgegebenen Sammlung
sind zwischen 751 und 1233/34 zu datieren.

[196] Zur Auseinandersetzung des Nestorius mit arianischen und apollinaristischen Deutungen z.B. von *Ps* 44,7-8 und *Phil* 2,9-10 s. L.I. Scipioni, Nestorio e
il concilio di Efeso, Mailand 1974, 47-59; 70-79 u.ö. Zu Nestorius und der Vorge-
schichte des Streits, s. Grillmeier I 647-672. 707-726 (Lit.); Scipioni, Nestorio;
ders., Ricerche sulla cristologia del *Libro di Eraclide* di Nestorio. La formulazione
teologica e il suo contesto filosofico, Freiburg/Schw. 1956; Wilken, Judaism 201-
221.

[197] Zur Christologie Cyrills s. Grillmeier I 673-686; G.M. de Durand, Introduction, in: SCh 97 (1964) 81-150; P. Galtier, S. Cyrille et Apollinaire, in: Greg.
37 (1956) 584-609; Liébaert, S. Cyrille d'Alexandrie; ders., L'évolution de la

handelt es sich aber bei den inkriminierten Texten eher um semantische denn ontologische Ausführungen. Nestorius macht die Einheit der Person im präexistenten 'Sohn' fest, der im Status der
Menschwerdung 'Christus' genannt werde, während 'Logos' nur
die göttliche Natur als solche bezeichne und mithin als Begriff für
die Subjektseinheit im Nestorianischen Verständnis ungeignet
sei.[198]

Vers 8 erscheint von Anfang an in der Debatte, und in den frühesten Schriften läßt sich der Beginn der Auseinandersetzung ver-
folgen.[199] Im ersten Brief Cyrills an die Mönche von Ägypten,[200]
expliziert er zunächst gegen den Arianismus,[201] unter Berufung auf
Schrift und Tradition,[202] die Einheit und Gottheit Christi, der—
und hier wendet er sich gegen die Nestorianische Unterscheidung—Fleisch, Mensch mit Leib und Seele, geworden sei.[203] Im
Blick auf den Nestorianischen Vorschlag, den aufgrund arianischer
und apollinaristischer Mißverständnisse verdächtigen Titel *Theotokos* durch *Christotokos* zu ersetzen, erörtert Cyrill ausführlich den
Christus-Titel:

christologie de S. Cyrille d'Alexandrie à partir de la controverse nestorienne. La
lettre pascale XVII et la *lettre aux moines* (428/429), in: MSR 27 (1970) 27-48; Norris,
Christological Models; M. Richard, L'introduction du mot 'hypostase' dans la
théologie de l'incarnation, in: MSR 4 (1947) 5-32; 243-270; M. Simonetti, Alcune
osservazioni sul monofisitismo di Cirillo d'Alessandria, in: Aug 22 (1982) 493-511.

[198] Grundlegend: Scipioni 386-392; cf. Grillmeier I 649-652; cf. Nestorius, *Sermo* X (Loofs 269,16/20; 270,7/9; 271,20/23; 273,13-274,4); *Sermo* V (Loofs
235,1/6); *Ep.* 2 *ad Cyr.* (175,7/20).

[199] Zur Datierung cf. Hardy 257; Schwartz, in: ACO I 1,8, 6-14.—Belege: *Ep.
1 ad monach.Aeg.* 10.15 (ACO I 1,1, 10-23, E. Schwartz, 1927, 14,24f.; 17,2f.), entstanden 429; *C.Nest.* II 2.4 (ACO I 1,6, 13-106, 1928, 37,13; 41,13/15) entstanden
430; *Apol. XII capit.c. Orient.* 29 (ACO I 1,7, 33-65, 1929, 39,37-40,1); *Explan. XII
capit.* 21 (ACO I 1,5, 15-25, 1924-26, 22,9), beide Schriften von 430/31; *Fragm. in
Hebr* 1,8-9 (J. Lebon, in: Mus. 44 (1931) 89-102, 96,1f.27); *Scholia de incarnatione
unigeniti* 1 (ACO I 1,5, 184-215, griech. Fragmente 219-231, 1924-26, 184,26f.),
428-433; *Or. de fide ad Arcadiam et Marinam* 20. 79 (ACO I 1,5, 62-118, 1924-26,
69,34f.; 82,18-23), 430-433; *C. eos qui theotocon nolunt confiteri* 7-9 (ACO I 1,7, 19-32,
1929, 21,38-41); *Quod unus sit Christus* (= *QUC*) (SCh 97, G.M. de Durand, 1964,
728a 1/5), entstanden nicht vor 435.

[200] ACO I 1,1, 10-23, engl.: J.I. McEnerney, St. Cyril of Alexandria, *Letters
1-50*, Washington 1987 (FaCh 76), 13-33; entstanden 429, Zur *Ep.* 1: Liébaert,
L'évolution 34-48, bes. 36-39.

[201] *Ep.* 1,7 (ACO I 1,1, 13,6/16).

[202] Hier v.a. Formeln aus dem *Nicaeno-Constantinopolitanum;* zum von Cyrill systematisch eingeführten Väterbeweis cf. E. Nacke, Das Zeugnis der Väter in der
theologischen Beweisführung Cyrills von Alexandrien nach seinen Briefen und
antinestorianischen Schriften, Münster 1964.

[203] *Ep.* 1,8-9.

'Gesalbter' sei ein Name, der nicht nur für den Emmanuel, sondern auch für andere verwendet werde, für die alttestamentlichen Gesalbten (cf. *Ps* 104,15; *1 Sam* 16,13; 24,7; *Hab* 3,13) wie für die durch den Glauben gerechtfertigten, durch den Geist geheiligten und mit seiner Gnade gesalbten Christen (cf. *1 Joh* 2,20.27), also nur neben anderen für 'Christus' selbst (cf. *Apg* 10,38; *Ps* 44,8). Von daher könnte eigentlich jede Mutter *Christotokos* heißen.[204] Im weiteren stellt er den prinzipiellen Unterschied zwischen Herrn und Sklaven heraus, zwischen den Menschen, die aus Gnade gesalbt seien und aus Gnade auch 'Götter' genannt würden, und dem wahren Gott Christus, der nicht bloßer Mensch sei wie wir, sondern menschgewordener Logos,[205] der nicht nur dem Fleisch einwohnte, wie bei begnadeten Menschen, sondern als Fleischgewordener aus der Jungfrau geboren sei, die deshalb *Theotokos* genannt werden müsse.[206] Vor diesem Hintergrund zeigt er auf, wie schwierig es ist, mit dem Titel 'Gesalbter' zu argumentieren: Wenn der Gott Logos mit Heiligem Geist gesalbt sein solle, unterstelle man, daß Gott der Heiligung erst bedürfe, mithin von Natur wandelbar sei. Oder man könnte so weit gehen, zu sagen, daß, wenn der Sohn, der dem Vater gleich ist, gesalbt und geheiligt werde, der Sohn nun größer als der Vater erscheine und der Geist als Salbe besser als sie beide. Da aber die Dreiheit von Natur gleichen Wesens und heilig sei, werde der Logos aus dem Vater nicht als einzelner in seiner eigenen Natur geheiligt.[207]

Wenn aber nur der aus der Jungfrau Geborene gesalbt und geheiligt und Christus genannt werde, wie könne man dann zeigen, daß der Gesalbte gleiche Ehre und Macht wie der Vater hat, zumal da, wie *1 Joh* bezeugt, auch wir gesalbt seien.[208] Cyrill führt auch diesen Gedanken ad absurdum—säßen auch wir, wenn wir in gleicher Weise Gesalbte wären, zur Rechten Gottes und würden von den Engeln angebetet?[209]—, um dann nachdrücklich die prinzipielle Verschiedenheit der Natur Gottes und der Geschöpfe zur

---

[204] *Ibid.* 1,10.
[205] *Ibid.* 1,11 (ACO I 1,1, 14,28f.): ἀλλ' ἔστι πολὺ τὸ μεσολαβοῦν καὶ ἀσυγκρίτοις διαφοραῖς τῆς τοῦ σωτῆρος ἡμῶν εὐκλείας καὶ ὑπεροχῆς ἀποτειχίζον τὸ καθ' ἡμᾶς.
[206] *Ibid.* cf. dazu *Theot.* 7-9, s.u. S. 386.
[207] *Ep.* 1,15 (ACO I 1,1, 17,2/22).
[208] *Ibid.* 1,16 (ACO I 1,1, 17,22/27).
[209] *Ibid.* 17,27-18,1.

Grundlage einer ebenso nachdrücklich vertretenen Einheitsschau, gründend auf der Anbetung, zu machen: Weder sei Christus des Fleisches wegen außerhalb der Gottheit zu denken noch wegen seiner Ähnlichkeit mit uns als bloßer Mensch.[210] Vielmehr nehme der Logos aus Gott—mit *Phil* 2,7f.—eine freiwillige 'Kenose' auf sich und—mit *Hebr* 2,14-17—den Samen Abrahams an, um den Brüdern ähnlich zu werden. Logisch analysiert heißt das: Um jemandem ähnlich zu werden, müsse er eigentlich etwas anderes sein.[211] Das heißt: Der Logos Gottes machte den Leib aus der Frau zu seinem eigenen, damit er nicht nur als Gott existiere, sondern Mensch geworden wie wir durch die Einheit erkannt werde.[212]

Wichtig ist wiederum die sprachlogische Struktur seiner Aussagenreihe: Er vermeidet jeden Parallelismus zwischen der göttlichen und der menschlichen Wirklichkeit. Dem 'nicht nur als Gott' fügt er 'sondern auch als Mensch Gewordener' bei und stellt das überdies funktional in den Dienst der Erkenntnis Gottes. Er grenzt nicht in einem Satzglied Göttliches gegen Menschliches, im anderen Menschliches gegen Göttliches ab, sondern jeweils das Gottsein gegen das Menschliche.[213] Erst wenn das Subjekt des Handelns eindeutig benannt ist, kann Cyrill von seinen zwei 'Wirklichkeiten' (πράγματα) sprechen, aus denen der Emmanuel, wie man bekennt (ὁμολογουμένως), ist, wobei das finite Verb fehlt. Und erst dann kann Cyrill ihn parallel Gott und Mensch nennen, um anschließend nochmals klarzustellen, daß nicht der Mensch vergöttlicht worden, sondern der wahre Gott in menschlicher Gestalt unsertwegen erschienen sei.[214] Cyrill zeigt die Aporien auf, in die eine christologische Exegese führt, die nur differenziert, ohne die Einheit Jesu Christi in die Analyse einzubeziehen. Allerdings begründet er seinen Lösungsversuch nicht exegetisch mit der Salbung bzw. *Ps* 44,8 und läßt die Möglichkeiten, die Einheit von Gott und Mensch am Text zu erarbeiten, ungenutzt.

Möglicherweise aus diesem Grund berufen sich die Gegner auf eben diese Stelle, um Cyrill vorzuwerfen, daß er seinerseits unterscheide und eine φυσικὴ ἕνωσις unter diesen Umständen erst recht

---

[210] *Ibid.* 1,17 (ACO I 1,1, 18,4/10).
[211] *Ibid.* 10/16;—cf. die Analyse der Teilhabe in *Thes.* I, s.o. S. 368f.
[212] *Ep.* 1,18 (ACO I 1,1, 18,16/18).
[213] Cf. Anm. 210.
[214] *Ep.* 1,18 (ACO I 1,1, 18,18/22); cf. *Thes.* XX.

nicht zu vertreten sei.[215] Cyrill legt dagegen die Art und Weise der
Einigung dar: Der Logos Gottes formte sich einen Leib aus der
Jungfrau, wurde Mensch und blieb dabei in Wahrheit Sohn Gottes,
in der Herrlichkeit und Erhabenheit der Gottheit, und unwandelbar, ohne das Menschliche zu beeinträchtigen oder aufzulösen.[216]
Er verteidigt seine Position, indem er zunächst die Stelle aus *Ep.* 1
vollständiger zitiert.[217] Nestorius verfälsche ihn, wenn er ihm eine
Trennung in zwei Hypostasen unterstelle. Weder sei nur der Logos
aus Gott Vater gesalbt worden noch nur Christus als Mensch und
vom Gott Logos Unterschiedener, sondern als ein Christus sei der
eine, Fleisch und Mensch gewordene, eingeborene Logos aus dem
Vater zu bekennen. Mit *Eph* 4,5 ('Ein Herr, ein Glaube, eine
Taufe'), dem Bekenntnis und dem in der Taufe bestätigten Glauben,
untermauert er sein Verständnis.[218] Auch wenn der Leib, der Same
Abrahams, von anderer Natur sei als der Logos, so sei doch dieser
Logos es, der ihn annehme, Fleisch werde, ohne sich zu mischen,
sondern um aus unähnlichen Wirklichkeiten eine physische Einheit
zu bilden,[219] der als Mensch in der φύσις und δόξα und ὑπεροχή
Gottes bleibe[220] und so eine Art 'himmlischen Menschen' darstelle.[221] Auch hier erklärt er die Salbung selbst nicht näher, sondern
beläßt es bei dem aporetischen Verständnis, wonach sie weder auf
die Gottheit noch nur auf den Menschen bezogen werden könne.[222]

---

[215] *Apol. XII capit.* (ACO I 1,7, 33-65); zum dritten Anathematismus, der eine
Trennung des einen Christus in zwei Hypostasen nach der Einigung und die Bestimmung der Einheit als Verbindung durch Würde und Macht verurteilt und eine
'natürliche Einung' vertritt, 19; 20 folgt der Vorwurf der Gegner, die aus *Ep.* 1,15
(ACO I 1,1, 17,22) zitieren, s.o. Anm. 207; eine physische Einung vermische die
Naturen und schließe die Gnade aus.
[216] *Apol. XII capit.* 21 (ACO I 1,7, 38,22/28).
[217] *Apol. XII capit.* 28 (ACO I 1,7, 39,30/33), zitiert *Ep.* 1,15f. (ACO I 1,1,
17,22/25).
[218] *Apol. XII capit.* 29 (ACO I 1,7, 39,37-40,5): οὔτε τὸν ἐκ θεοῦ πατρὸς λόγον
κατὰ μόνας νοούμενον κεχρίσθαι τῶι ἐλαίωι τῆς ἀγαλλιάσεως διαβεβαιούμεθα οὔτε
μὴν ἰδίαι τε καὶ κατὰ μόνας ὡς ἄνθρωπον καὶ ἕτερον ὄντα υἱὸν παρὰ τὸν ἐκ θεοῦ λόγον
τὸν ἐκ τῆς ἁγίας παρθένου, ἕνα δὲ μᾶλλον χρῆναι πρὸς ἁπάντων ὁμολογεῖσθαι
Χριστὸν διισχυριζόμεθα σαρκωθέντα καὶ ἐνανθρωπήσαντα τὸν μονογενῆ τοῦ θεοῦ
λόγον.
[219] *Ibid.* 30 (ACO I 1,7, 40,13/19).
[220] S.o. *ibid.* 21 (ACO I 1,7, 38,26f.).
[221] Cf. Wilken, Judaism 215-217 u.ö. Zur apollinaristisch anmutenden Terminologie s. Grillmeier I 673-679.
[222] *Apol. XII capit.* 29 (ACO I 1,7, 39,36-40,1).

b) Lösungswege

Das Problem ist zunächst ein sprachliches. Cyrill beharrt darauf, daß es der Logos ist, der letztlich 'Gesalbter' genannt werden muß, daß also 'Christus' keinesfalls nur der angenommene Mensch ohne den Logos ist, während Nestorius ersteres zwar als möglich zuläßt, aber als 'Christus' im eigentlichen Sinn offensichtlich die mit der Natur der Gottheit vereinigte Menschennatur ansieht.[223] Der Name verbinde beides. Gegen die These, daß die Titel 'Herr' oder 'Christus' auch für den Menschen allein verwendet würden, setzt Cyrill zunächst eine semantische Erklärung: Der Name 'Christus' bezeichne, wie alttestamentliche Parallelen belegen[224], nicht das Wesen, einzelne Hypostasen oder eine bestimmte Abgrenzung, sondern die 'Wirklichkeit' (πρᾶγμα) des so Genannten.[225] Diese Wirklichkeit bestimmt er zuerst und vor allen anderen Erläuterungen im einzelnen durch das handelnde Subjekt, und er formuliert das so oft und so dicht wie möglich: Dem einen Sohn von Natur sei der Name Christus zu geben; der eingeborene Logos aus Gott werde, Fleisch geworden, Christus genannt,[226] nicht hingegen der Logos an sich.[227] Vor diesem Hintergrund dürfte auch die Tatsache verständlich werden, daß Cyrill so auffallend selten *Apg* 10,38, wo von der Salbung Jesu von Nazareth durch Gott die Rede ist, als

---

[223] S. die oben genannten Stellen und Literatur, Anm. 198. *C.Nest.* II 2 (ACO I 1,6, 36,21/32), zitiert aus *Sermo* X, s. Loofs, 273,18-274,17; *Or. de fid. ad Arcad. et Marin.* 20 (ACO I 1,5, 69,18/32); *QUC* (SCh 97, 726,19/24.38/40; 727,13/20): Die nestorianischen Gegner argumentieren u.a. damit, daß Vater und Geist nicht 'Christus' genannt würden.

[224] *QUC* (SCh 97, 726,30/34): *Ps* 104,15; *Hab* 3,13; cf. auch *Schol. de inc. unig.* 1 (ACO 1,5, 184,1/10; 219,9/17).

[225] *QUC* (SCh 97, 726,25/30): [...] Τὰ γὰρ τοιάδε τῶν ὀνομάτων πραγμάτων τινῶν ποιεῖται δήλωσιν, οὐχ ὑποστάσεων ἰδικῶν, οὔτε μὴν προσώπων ὁμολογουμένων; cf. *Schol. de inc. unig.* 1 (ACO I 5, 184,1/3; 219,9/11): 'Christus' nicht δύναμις ὅρου oder οὐσία von etwas, vielmehr δήλωσις πράγματος ἐνεργουμένου περί τινα; *Ep.* 1,10 (ACO I 1,1, 14,17f.): πεποίηται γὰρ ἀπὸ τοῦ πράγματος ἡ φωνὴ καὶ ἀπὸ τοῦ κεχρῖσθαι χριστοί.—Cf. Theodoret, *Ep.* 147 (SCh 111, 206,21): ἀπὸ τῶν πραγμάτων τὰς προσηγορίας δεξάμενος.

[226] *C.Nest.* II 2 (ACO I 1,6, 36,37/40): [...] ἑνὶ δὲ καὶ μόνωι τῶι κατὰ φύσιν υἱῶι τὸ Χριστὸς ὄνομα προσνεμοῦμεν εἰκότως, γεννήσεως ὀνομαζομένης τῆς διὰ τῆς ἁγίας παρθένου.—*Explan. XII capit.* 21 (ACO I 1,5, 22,5/16): [...] ὠνόμασται δὲ καὶ Χριστὸς διὰ τὸ κεχρῖσθαι μεθ' ἡμῶν ἀνθρωπίνως κατὰ τὴν τοῦ ψάλλοντος φωνήν [...] αὐτὸς οὖν ὁ μονογενὴς τοῦ θεοῦ λόγος γενόμενος σὰρξ κέκληται Χριστὸς καὶ τὴν θεῶι πρέπουσαν δυναστείαν ἰδίαν ἔχων εἰργάζετο τὰ παράδοξα. Cf. *Schol. de inc. unig.* 1 (ACO I 1,5, 184,19/33; 219,25-220,11) mit *Ps* 44,8.

[227] *C.Nest.* II 2 (ACO I 1,6, 37,4f.).

Parallele zitiert.[228] Wenn der Sohn seine Namen mit anderen teile, insofern als es viele 'Söhne' und 'Götter' und 'Herren' gebe, so kämen diesen die Namen doch auf andere Weise, aufgrund von Gnade, Teilhabe und Nachahmung, zu.[229] Die dem Namen 'Christus' zugrundeliegende Wirklichkeit läßt sich also knapp zusammenfassen: Der Mensch gewordene Logos ist der Gesalbte schlechthin. Aber wie begründet Cyrill das?

c) Soteriologische Begründung

In der *Explanatio der XII Kapitel* argumentiert er gegen die Theorie, daß der Logos in Jesus wie in einem getrennt von ihm Existierenden wirke, indem er auf die soteriologische Argumentation, wie sie aus den antiarianischen Schriften vertraut ist, zurückgreift:[230] Gabriel verheiße die Geburt eines Menschen Jesus, der sein Volk erlöse (*Mt* 1,21); 'Christus' werde er genannt, weil er, wie *Ps* 44,8 zeige, mit uns menschlich gesalbt werde, obwohl er zugleich Spender des Geistes sei (cf. *Joh* 3,34 und *Joh* 1,16).[231] Also werde 'geistig' gesagt, daß er als Mensch in der *Oikonomia* gesalbt werde, damit der Geist wieder bei uns bleibe, nachdem die Gemeinschaft mit ihm durch Adam verspielt worden war.[232] Das Gesalbtwerden selbst kann zwar nur auf sein Menschsein bezogen werden, ist aber von seinem Heilswillen, der soteriologischen Sendung des Sohnes Gottes, her zu sehen.[233]

Wenn er trotzdem als Gott 'Christus' genannt werde, unterstelle man ihm nur scheinbar ein Gesalbtwerden. Er werde so genannt, weil er es sei, der in der Ökonomie Gottes als Mensch zu den Menschen komme, und weil diese Anrede nur sinnvoll sei, wenn sie sich tatsächlich auf das Ganze dieses Geschehens beziehe. Cyrill umschreibt das schon in den antiarianischen Schriften mit Vorliebe mit *Phil* 2,6f., der Kenose Gottes. Der Logos habe sich selbst entäußert

---

[228] Im Kontext von *Ps* 44,8 nur in *Ep.* 1,10 im Rahmen eines Referates der gegnerischen Lehre.

[229] *C. Nest.* II 2 (ACO I 1,6, 37,1/4).

[230] *Explan. XII capit.* (ACO I 1,5, 15-25), zum 7. Anathematismus, 20-21 (ACO *ibid.* 22); lat. Fassung ACO I 5, 252-287.

[231] S.o. zu *In Ioh.* III 4.2.1.c.

[232] *Explan. XII capit.* 21 (ACO I 1,5, 22,13): οἰκονομικῶς ὡς ἄνθρωπος κεχρῖσθαι λέγεται νοητῶς.

[233] Cf. auch *Or. de fid. ad Arcad. et Marin.* 20.79 (ACO I 1,5, 69,18-70,11; 82,18/31); *Scholia de inc. unig.* 1 (*ibid.* 184,19/33; 219,25-220,11).

und sei wie wir geworden, also werde er, weil er menschlich mit
dem 'Öl der Freude' vom Vater gesalbt worden sei, Christus genannt.[234] Als Argument genügt bei diesen und anderen Stellen die
grammatische und logische Struktur als solche.[235]

d) Was heißt Salbung Christi?

Verschiedentlich unternimmt Cyrill Versuche, die Salbung zu erklären: Sie ereignete sich 'um die Menschwerdung herum'.[236] Mit
Gen 28,7, der Salbung des Jakobsteins, sucht er in *C. Nest.* zu ver-
deutlichen, daß, analog zum Leiden des Menschen, das die Unwandelbarkeit Gottes nicht berührte,[237] nur das 'äußerlich Sichtbare',
der ihm eigene Leib gesalbt wurde, da er als Logos seinerseits die
mit seinem Geist salbe, denen es zukomme, an seiner Heiligkeit
teilzuhaben.[238] Aus den *Scholia de incarnatione Domini* ist weiter zu
differenzieren: Die Salbung geschah nicht 'symbolisch', nicht wie
bei der prophetischen Gnade, nicht zur Einsetzung in ein bestimmtes Amt mit Blick auf mögliche Erfolge wie beim Perserkönig
Kyrus,[239] sondern um die Menschen von der Sünde zu befreien
und Gnade neu zu ermöglichen.[240] Die Salbung Christi ist mithin
nicht offizielle Beauftragung und Begnadung für eine besondere
Aufgabe, sondern Zeichen einer neuen Wirklichkeit für die Menschen insgesamt, ermöglicht durch die Einung mit dem Hl. Geist,
exemplarisch[241] und wirkmächtig zugleich am menschgewordenen
Logos vollzogen und strikt von der Heiligung der Menschen oder

---

234 *C.Nest.* II 2 (ACO I 1,6, 37,5/15); *QUC* (SCh 97, 727,25-728,21).

235 Dazu Norris, Christological Models 259-266; Siddals 350-361; 361-367. Cf.
zur Hermeneutik auch Panagopoulos 52f.

236 *QUC* (SCh 97, 727,36f.): [...] γενομένη περὶ τὴν σάρκωσιν. *C.Nest.* II 2
(ACO I 1,6, 37,9f.): αὐτοῦ γὰρ ἡ ἐνανθρώπησις, περὶ ἣν ἡ χρίσις; 14f.: ὅτι δὲ γέγονε
τῶι θεῶι λόγωι περὶ τὸ ἀνθρώπινον ἡ χρίσις, ὅτε πέφηνε καθ' ἡμᾶς.

237 Cf. *In Ioh.* XI 10 (P. 992b-d).

238 *C.Nest.* II 2 (ACO I 1,6, 37,15/32): [...] οὐχ ἅπας οὔτε μὴν ἧι λόγος ἐστὶν
ὁ μονογενής, εἰς ἰδίαν αὐτὸς κέχρισται φύσιν (πῶς γὰρ ἂν νοοῖτο μετεσχηκὼς τοῦ ἰδίου
πνεύματος;), χρίεται δὲ μᾶλλον, ὡς ἔφην, ἐπὶ τὸ ἄκρον, τουτέστιν ἐξωφανῶς καὶ οἷον
ἐν μέρει καὶ ἄκρωι τῶι καθ' ἕνωσιν τὴν ἀληθινὴν ἰδίωι σώματι καὶ ὥσπερ λέγεται
παθεῖν σαρκὶ ἀνθρωπίνως, καίτοι τὴν φύσιν ὑπάρχων ἀπαθὴς ὡς θεός, οὕτω νοεῖται
κεχρισμένος κατά γε τὸ ἀνθρώπινον, καίτοι χρίων αὐτὸς τῶι ἰδίωι πνεύματι τοὺς οἷς
ἂν πρέποι μεταλαχεῖν τῆς ἁγιότητος αὐτοῦ.

239 *Schol. de inc. unig.* (ACO I 1,5, 184,10/14; 219,17/20).

240 *Ibid.* 219,25-220,11; cf. auch *C.Iul.* VIII (PG 76, 932BC).

241 Cf. die lat. Variante der *Schol. de inc. unig.* 1 (ACO I 5, 184,28): *exemplo
nostro.*

von der Einwohnung des Geistes in ihnen zu unterscheiden. Der Logos als Mensch blieb ohne Sünde und in der Herrlichkeit Gottes,[242] so daß die Gnade durch ihn auf alle Menschen übergehen konnte.[243] Durch die Salbung, die am menschgewordenen Logos zeichenhaft geschieht,[244] wird prinzipiell wieder die Heiligung des Fleisches ermöglicht, die Voraussetzung für Auferweckung und Unsterblichkeit ist, was die Menschen allein nicht zu leisten vermochten.

Cyrill vermeidet es weitgehend, die Salbung explizit mit dem konkreten Akt der Taufe zu verknüpfen, und zitiert nie *Lk* 4,18 (oder auch nur *Jes* 61,1) als Parallele.[245] Er bevorzugt statt dessen eine Parallelisierung mit der Heiligung: Das Zeichen ist also nicht als öffentliche Manifestation zu einem bestimmten Zeitpunkt, bei der Taufe oder beim ersten Auftreten, zu verstehen, sondern als mit der Menschwerdung selbst schon gegebene Wirklichkeit, die sich näheren Bestimmungen entzieht. Eine Unterscheidung von der Menschwerdung selbst ist nur noch logisch und begrifflich möglich, kaum noch zeitlich. In *Theot.* zeigt er an der Salbung die Widersprüchlichkeit des Begriffs *Christotokos* als Alternative zu *Theotokos*: Vor der Einigung des Logos mit dem Menschen kann sie nicht geschehen. Wenn sie nach der Geburt erst stattgefunden habe, wäre Maria auch nicht Christusgebärerin. Also muß das Fleisch in ihr und nach der Einigung gesalbt worden sein.[246] Dann ist sie nicht nur Christus-, sondern auch Gottesgebärerin. Daß zwischen Einigung und Salbung Zeit verstrichen ist, ist nicht denkbar. Die grundsätzliche Unterscheidung ist aber notwendig, denn die Salbung ist es, die Christus zum neuen, zum zweiten Adam macht, die dem angenommenen Menschen die 'Gnade' so vermittelt, daß sie für alle Menschen wirksam werden kann, die ihn zum Gesandten für die Schöpfung macht und die diesen Menschen vor allen anderen auszeichnet.[247]

---

[242] Cf. *In Ioh.* XI 10; V 2; *Schol. de inc. unig.* 1 (ACO I 1,5, 184,23/25; 219, 29/30).

[243] *Theot.* 7 (ACO I 1,7, 22,2/7); *Schol. de inc. unig.* 1 (ACO I 1,5, 219,28-220,2.5/11); *C.Nest.* II 4 (ACO I 1,6, 40,42-41,22): ἡ μὲν γὰρ κοινωνία, φησί, τῶν ὀνομάτων ὁμοία, οὐχ ἡ αὐτὴ δὲ ἀξία (41,17f.);—cf. Wilken, Judaism 219f.: Christus muß sich unterscheiden, wenn er Erlöser sein will.

[244] Cf. *In Ioh.* XI 10.

[245] So auch schon in den antiarianischen Schriften. Zur Zusammengehörigkeit von Taufe und Salbung s. Wilken, Judaism 132-141, bes. 135f.: Cyrill konzentriert sich auf die Herabkunft des Hl. Geistes.

[246] *Theot.* 9.

[247] Cf. Wilken, Judaism 181-200.

e) Exegetischer Beweisgang

Cyrill zitiert wie in den früheren Schriften Vers 8 als Beleg dafür, daß der Eingeborene Logos 'Christus' genannt werde: Die Deutung von 8a auf die Gottheit, die Unveränderlichkeit Christi, scheint ihm also nicht im mindesten problematisch. In dem später entstandenen Dialog *Quod unus sit Christus*[248] zitiert er Vers 7 und 8 und verknüpft so den Beleg für seine Gottheit (Gott, Thron, ewig) mit der Salbung der mit ihm geeinten Menschheit.[249]

Eine sorgfältigere exegetische Begründung liefert die Schrift *Contra eos qui Theotocon nolunt confiteri*, wo ebenfalls beide Verse zitiert werden, um die ἕνωσις τῶν οὐσίων ohne Vermischung zu zeigen: Der Psalm nenne den Logos 'Gott' und 'König' ebenso wie gesalbt, ohne die angesprochene Person zu wechseln, ohne das πρόσωπον zu trennen: Gesalbt werde nicht der Logos, sondern der, der die Sklavengestalt annahm.[250] Damit expliziert Cyrill die an den übrigen Stellen nahegelegten Argumente und führt die in den antiarianischen Schriften angelegten Ansätze fort. Entscheidend sind die Anrede[251] und, damit zusammenhängend, der grammatische und logische Aufbau der Verse, der theologisch durch den Verweis auf die Kenose, also Bilder und Begriffe der Schrift,[252] untermauert wird.

Offen bleibt die Frage nach der Bedeutung der Salbung für den individuellen Menschen Jesus Christus, wie sie Didymus zu beantworten suchte, indem er zwei Interpretationsebenen zuließ; aber dieses Problem betrifft die Cyrillische Christologie insgesamt.

4.2.3 Die trinitätstheologische Deutung von Ps 44,2a

Vers 2a deutet Cyrill trinitätstheologisch, ohne wesentlich Neues beizutragen: In *Thes.* VII zitiert er 2a in Anlehnung an Athanasius, *Ar.* III 58f.[253] In *Thes.* XV differenziert er präziser als Athanasius,

---

[248] De Durand, Introduction, in: SCh 97, 58-80.

[249] *QUC* 727,42-728,8; cf. *Or. de fid. ad Arcad. et Marin.* 79; *In Hebr.* 1,8-9.

[250] *Theot.* 8 (ACO I 1,7, 22,8/31).

[251] Cf. dazu T.F. Torrance, The Mind of Christ in Worship. The Problem of Apollinarianism in the Liturgy, in: Ders. Theology in Reconciliation, London 1975, 139-214, zu Cyrill 156-185.

[252] Neben *Phil* 2,6-7 v.a. die Adam-Christus-Typologie oder *Hebr* 2,14-17; cf. dazu v.a. Wilken, Judaism 214-221; Norris, Christological Models 259-261; 266 *et passim*.

[253] *Thes.* VII (PG 75, 84B-85A); XXXV.

der prinzipiell zwischen 'zeugen' und 'schaffen' unterscheidet und das eine Gott, das andere der geschöpflichen Welt zuordnet. Unter dieser Prämisse interpretiert Athanasius auch *Spr* 8,22 auf den inkarnierten Christus.[254] Cyrill hingegen gesteht den arianischen Einwürfen zu, daß die Formulierungen (λέξεις) in der Hl. Schrift ununterschieden gebraucht würden: Sie seien zwar prinzipiell jeweils klar auf das eine oder andere bezogen,[255] seien aber manchmal uneigentlich, καταχρηστικῶς, nicht φυσικῶς, zu verstehen.[256] Dieser Stand an Sprachreflexion hält ihn allerdings nicht davon ab, *Ps* 44,2a unhinterfragt als Beleg für die Zeugung des Sohnes zu zitieren.[257]

In den *Dialogen über die Trinität*[258] argumentiert er differenzierter auf der Grundlage der Metaphorik:[259] Die Art des 'Zeugens' sei von der jeweiligen Natur abhängig. *Ps* 44,2a begegnet hier eingebettet in einen beinahe lyrisch angehauchten Lobpreis der Bildersprache der Bibel[260] und wird auf der Grundlage des Vergleichs mit dem Verhältnis zwischen νοῦς und λόγος ausgelegt:[261] Beides gehöre untrennbar zusammen, und ein Einschnitt oder Ausfließen, die die Unwandelbarkeit Gottes berührten, sei undenkbar.[262] Das Wort werde aus dem Innersten, der Tiefe des Herzens hervorgebracht, wie die Frucht aus der Wurzel.[263] Cyrill bedenkt traditionsgetreu einmal mehr 'Wort' und 'Herz', nicht aber das 'Aufstoßen'.

Die Deutung auf den Propheten wird weder zu 2a noch zu 2c als Alternative in Erwägung gezogen: Cyrill interpretiert an den wenigen Stellen seiner frühen Schriften, wo der Teilvers 2c vorkommt, ebenfalls trinitätstheologisch auf das Sprechen Gottes mit dem Hl. Geist als Schreiber und dem Logos als Griffel, der unmittelbar in die

---

[254] Ath., *Ar.* II 57-62; *Thes.* XV (PG 75, 277AC).
[255] Sie hätten ihre eigene δύναμις, *ibid.* 277A.
[256] *Ibid.* 277AB.
[257] *Ibid.* 277A.
[258] Zu datieren sicher vor 425, möglicherweise vor 420, De Durand, in: SCh 231, 38-43; z.St. *ibid.* 392-395; zur Trinitätstheologie *ibid.* 44-86.
[259] Cf. De Durand, in: SCh 231, 62-64. Cf. das in PG 69, 1025D-1028C, edierte Fragment.
[260] *Trin.* II 450,15/25.
[261] *Ibid.* 450,24-451,16.
[262] *Ibid.* 450,26f.: διακοπή, ἀπορροή.
[263] *Ibid.* 450,35-451,2.

Herzen der Menschen schreibe.[264] Eine individualisierende Exegese von *Ps* 44,2a scheint völlig ausgeschlossen, wenn Cyrill zum Abschluß der Testimonienreihe in *Thes.* VII *Jer* 23,16 als Vorwurf an die Häretiker zitiert: 'Sie reden aus ihrem eigenen Herzen und nicht aus dem Mund des Herrn'.[265]

---

[264] *Ador.* I (PG 68, 144CD); *In Es.* I 5 (PG 70, 220AB); cf. *In Ps* 44,2c (PG 69, 1029B-1032A).
[265] PG 75, 85A.

TEIL IV

SCHLUSS: CHRISTOLOGISCHE
SCHRIFTARGUMENTATION UND CHRISTUSBILD
IN DEN AUSLEGUNGEN ZU *PS* 44

SCHLUSS

Die im letzten Kapitel analysierten Texte sind trotz zahlreicher Gemeinsamkeiten zu disparat, um einfache und glatte Schlußfolgerungen ziehen zu können. Die Beobachtungen zur christologischen Schriftargumentation müßten durch diachrone Untersuchungen weiterer repräsentativer Texte und synchrone Analysen bei einzelnen Autoren ergänzt werden. Nichtsdestoweniger lassen sich einige wichtige Stationen festhalten.

Ausgelöst durch den Arianismus und seine Methoden sprachkritischer Exegese waren die traditionellen Testimonien und Instrumentarien der christologischen Schriftargumentation um die Mitte des 4. Jahrhunderts in eine Krise geraten, die man durch einen sorgfältigeren Umgang mit metaphorischen Texten (wie *Ps* 44,2a) einerseits, durch das materiale Prinzip einer christologischen Hermeneutik andererseits (*Ps* 44,7-8) zu überwinden suchte. Letzteres löste eine Reihe weiterer Auseinandersetzungen um die Einheit und Differenzierung von göttlicher und menschlicher Wirklichkeit in Jesus Christus aus, die sich in der Schriftargumentation niederschlugen. Diese theologischen und christologischen Probleme kommen in den Psalmenauslegungen im Rahmen grundsätzlicher Erwägungen zur Bedeutung und Funktion des Psalters als christliches Lehr- und Gebetbuch zur Sprache. In ihnen spiegelt sich der komplexe Umgang mit der Hl. Schrift und dem hermeneutischen Zirkel, zum einen Theologumena aus der Bibel belegen und beweisen zu wollen, zum andern Maßstäbe für die Auslegung einzelner Stellen finden zu sollen.

Stand am Anfang noch die fast naiv anmutende Überzeugung, daß das AT geradezu wörtlich in Christus erfüllt sei, und fand man dementsprechend immer noch mehr Übereinstimmungen zwischen prophetisch interpretierten Texten und der Verkündigung vom auferstandenen Christus, so kam es im Lauf der Jahrhunderte zu krisenhaften Erscheinungen beim Zusammenprall mit verschiedenen Gottesbildern und ontologischen Modellen einerseits, einander widersprechenden oder in sich mehrdeutigen Schriftstellen andererseits. Versuche, mit Hilfe grammatischer, prosopologischer und semantischer Einzelargumentationen zu überzeugenden Ergebnissen zu kommen, scheiterten. In den Auseinandersetzungen um den

Arianismus in seinen verschiedenen Spielarten wurde die schon
vorher, etwa bei Tertullian, vertretene Prämisse, daß die Schrift aus
der Schrift zu erklären sei, zum zentralen Prinzip. Man bemühte
sich, Einigkeit über die ontologischen Grunddaten (die Differenz
zwischen Schöpfer und Geschöpf, ohne irgendwelche Zwischenwe-
sen) zu erzielen und die theologische Grundfrage nach den Möglichkeiten, vom transzendenten Gott zu sprechen, in die Reflexion einzubeziehen. Indem die Uneigentlichkeit und Bildlichkeit der
Sprache reflektiert und vor diesem Hintergrund die überlieferten
Schriftbeweise neu gelesen und interpretiert wurden, wurde auch
die Argumentation mit der Tradition auf eine andere Ebene ge-
hoben. Die Hermeneutik der Schriftargumentation wurde differenzierter.

1. Ausblick auf die Entwicklung im Westen

Die lateinischen Auslegungen und theologischen Argumentationen
des späten 4. und des 5. Jahrhunderts blieben im Verlauf der vorliegenden Untersuchung weitgehend ausgespart. Die zentralen Auseinandersetzungen um die Stellung des Sohnes in der Trinität und
um die Christologie spielten sich im Osten ab, während die westlichen Theologen kaum originelle Beiträge zur Lösung der spezifisch dogmatischen Fragen lieferten: Sie nahmen die Diskussionen
zur Kenntnis, gegebenenfalls, wenn sie des Griechischen nicht
mächtig waren, wie z.B. Augustinus, durch Übersetzungen, brief-
liche Verbindungen etc. vermittelt.[1] Zwar blieb auch im Westen
der Arianismus noch auf Jahrzehnte hinaus lebendig, wie die
erhaltenen Quellen aus dem Umkreis um Maximinus sowie die
zahlreichen Schriften gegen den Arianismus auch in Nordafrika
belegen.[2] Das provozierte seine westlichen Gegner aber nicht zu
eigenständigen Erwiderungen und Argumentationen.
    Die erhaltenen arianischen Texte stehen in der homöischen Tra-
dition in ihrer westlichen Spielart: Der Sohn ist dem Vater ähnlich

---

[1] Wichtig sind Hilarius als Übersetzer der Problematik, Ambrosius als Ver-
mittler v.a. Basilianischer und Origenischer Theologie, Rufinus und Hieronymus
als Übersetzer. Zum Ganzen Grillmeier I 577-579 (Lit.); Liébaert, Christologie
96-98.
[2] S. die Untersuchungen von Meslin; Simonetti, Arianesimo latino 684-695;
s.a. die Verweise in II 2.1.b; cf. z.B. die späten antiarianischen Schriften von Fulgentius von Ruspe und Vigilius von Thapsus.

gemäß der Schrift. Man argumentiert vor allem biblisch-theologisch, während philosophisch-theologische Ansätze von untergeordneter Bedeutung sind. Sprachwissenschaftliche Fragen, wie
sie besonders den anhomöischen Neuarianismus bewegten, scheinen keine Rolle zu spielen.[3] Die Widerlegungen bewegen sich
zumeist im Rahmen der traditionellen Auslegungen und Verwendungen einzelner Stellen.[4] Eine detaillierte Untersuchung der
Argumentationen bei Petrus Chrysologus,[5] Paulinus von Nola,[6]
Quodvultdeus[7] und Arnobius Iunior[8] sprengte freilich den Rahmen dieser Arbeit, zumal für sie noch wichtige Vorarbeiten zu
leisten wären. Das gilt ebenso für die später zu datierenden
Schriften des Fulgentius von Ruspe und Vigilius von Thapsus.
Cassiodors Kommentar entstand erst im 6. Jahrhundert; er steht
im Kontext der späteren christologischen Auseinandersetzungen.
Die Methoden und Inhalte der christologischen Schriftargumentation in den beiden großen Auslegungen von Hieronymus[9] und

---

[3] Allerdings müßten die erhaltenen Texte noch gründlicher als bisher auf ihre
Schriftauslegung und auf sprachwissenschaftliche Fragen hin analysiert werden.
Simonetti, Arianesimo latino und Ders., Lettera 306-321, stellt in erster Linie die
Schriften und ihre wichtigsten theologischen Inhalte und Ansätze vor; Meslin behandelt das Thema ebenfalls nicht in extenso; R. Gryson, Les citations scripturaires des œuvres attribuées à l'évêque arien Maximinus, in: RBén 88 (1978)
45-80, analysiert die Textvarianten.
[4] Z.B. Ambrosius, *Fid.* I 24; *Exp.Luc.* X 4; Ps-Augustinus, *Altercatio Ecclesiae et
Synagogae* (PL 42, 1134); Vigilius von Thapsus, *C.Arianos, Sabellianos et al.* I 9;
C.Eutychen IV 5; V 12 (PL 62) u.a.
[5] *Sermo* 132,4; 160,4, zu *Ps* 44,3a (CChr.SL 24B, A. Olivar, 1982).
[6] Allusionen und Adaptationen in *Ep.* 5,18; 14,1; 23,5; 27,3; 40,1.
[7] Cf. den Index in CChr.SL 60, R. Braun, 1976.
[8] Sein Kommentar faßt die Auslegung Augustins knapp zusammen, CChr.SL
25, 62-65, K.-D. Daur, 1990.
[9] *Ep.* 65 *ad Principiam* (CSEL 54, 616-647, I. Hilberg, 1910), entstanden 395/7;
nach Nautin, Hieronymus, in: TRE 15 (1986) 304-315, 307: 398. Hieronymus legt
den Psalm im Stil eines wissenschaftlichen Kommentars aus: Er geht Vers für Vers
vor, zieht ggf. andere Textversionen hinzu, erläutert hebräische Begriffe. Ein
durchgängiges Interpretationsraster, auf das die Argumentation hinzielte, ist nicht
erkennbar. Die Themen, die er anläßlich der Überschrift anreißt, so die *mutatio* als
Veränderung des *interior homo*, 4 (*ibid.* 620,16/23); 5 (622,7/10); 19 (641,9/13), als
Inkarnation des 'Geliebten', 4 (*ibid.* 620,23-621,6), und als *conversio* der Kirche, 4
(*ibid.* 621,12/15), führt er nicht aus. Entgegen seinem Programm, *ibid.* 2 (619,
10/13); 14 (634,3/6); 15 (637,11f.); 10 (627,12f.), legt Hieronymus nur wenige Passagen des Psalms dezidiert auf die Jungfräulichkeit als *imitatio* Christi oder auf
Christus als geliebtes Gegenüber und Ziel des jungfräulichen Lebens hin aus;
J.N.D. Kelly, Jerome. His Life Writings and Controversies, London 1975, 212,
spricht nicht ganz zu Recht von einem 'panegyric of virginity'. Cf. dagegen die

Augustinus[10] sind weniger eng mit den durch den Arianismus aufgeworfenen Fragen verzahnt: Auch das mag als Beleg ex negativo für die fundamentale Bedeutung der sprachkritischen Ansätze im griechischen Arianismus, vor allem im Neuarianismus, fungieren.[11]

Eine gewisse Sonderstellung nimmt Augustinus ein: Er zitiert gegen die Arianer[12] *Ps* 44,8bc als Beleg für den Christus-Namen, der Gottheit und Menschheit bezeichne,[13] mithin nicht als Argument für oder gegen das eine oder andere herhalten könne. Der von Natur Sohn Gottes sei, habe den vollständigen Menschensohn angenommen, dergestalt daß dieser im Akt der Annahme erst geschaffen wurde. Damit grenzt er sich gegen ein adoptianistisches wie apollinaristisches Verständnis klar ab und vertritt einen Personbegriff, der über die Einheit des Erscheinens oder Auftretens im exegetischen oder prosopologischen Verständnis hinausgeht und eine Subjektseinheit des annehmenden Logos mit dem angenommenen Menschen postuliert.[14] Gegen Maximin verteidigt er *Ps* 44,7-8 als

---

sehr viel konsequentere Durchführung dieses Themas bei Arnobius Iunior, *In Ps* 44: Die Verse 3; 4; 6; 9f. u.a. interpretiert er auf die Keuschheit, Überwindung der Begierden und die *imitatio* (CChr.SL 25, 63,9/12. 28/36; 64,62f.).—Die *Commentarioli* des Hieronymus enthalten nur einige knappe Bemerkungen zur Überschrift und zum zweiten Teil des Psalms, CChr.SL 72, 209, G. Morin, 1959. Unter den von Morin herausgegebenen *Tractatus*, die wahrscheinlich Origenes zuzuschreiben sind, befindet sich keine zusammenhängende Auslegung zum 44. *Psalm*; cf. Rondeau I 157-161; V. Peri, Omelie Origeniane sui Salmi. Contributo all'identificazione del testo latino, Vatikanstadt 1980.

[10] *Enarratio in Ps 44*. Sie ist christologisch-ekklesiologisch konzipiert, cf. Einleitung, Anm. 38.

[11] Die differenzierte christologische Argumentation des Ambrosius, s.o. II 2.4.b, stellt kein Gegenargument dar: Er kannte die griechischen Theologen, neben Origenes bes. Basilius und Didymus, aus eigener Lektüre.

[12] Cf. dazu M. Simonetti, S. Agostino e gli Ariani, in: REA 13 (1967) 55-84; A. Verwilghen, Christologie et spiritualité selon S. Augustin. L'hymne aux Philippiens, Paris 1985, 114-124; zur theologischen Bedeutung dieser Auseinandersetzung G. Bonner, Christ, God and Man, in the Thought of Augustine, in: Ang. 61 (1984) 268-294.

[13] *C. serm.Arian.* 8 (PL 42, 689,7/30): [. . .] *Ergo et illa divinitas hujus humanitatis nomen accepit. [. . .] Ergo et ista humanitas illius divinitatis nomen accepit. Apparet tamen idem ipse Christus, geminae gigas substantiae, secundum quid obediens, secundum quid aequalis Deo; secundum quid Filius hominis, secundum quid Filius Dei.* Cf. D.J. Mehlmann, *Geminae gigas substantiae. História de una formula cristológica*, in: Verbum 28 (1971) 139-178.

[14] Cf. *C.Max.* 2, 16,3 (PL 42, 782,51/57); dazu: Drobner, Person-Exegese 243-245; 250f.; T.J. van Bavel, Recherches sur la christologie de S. Augustin, l'humain et le divin dans le Christ d'après s. Augustin, Freiburg/Schw. 1954, 13-26; 41-44;

Prophetie[15] auf den Inkarnierten, der, Gott bleibend, als Mensch
mit Heiligem Geist gesalbt wurde vor den Brüdern und Freunden.[16] Das Gottsein belegt er, indem er Vers 7 und 8 ganz zitiert.[17]
Die *participes* seien seine Diener, Gefährten, Freunde, Brüder,
Glieder;[18] das Verhältnis wird in dieser rhetorisch als Klimax ge-
bauten Anordnung immer enger und birgt ekklesiologische Konnotationen, die aber nicht weiter ausgeführt werden.[19] In erster Linie
soll am Begriff der *participes* gezeigt werden, daß Christus als Mensch
gesalbt wurde. Der Gedanke, daß die Salbung selbst eine Unterordnung impliziert, begegnet nirgends bei Augustin. 'Öl der Freude'
sei ein Bild (*figurata locutio*); gegen Maximin, der die Metapher ohne
Belege auf die Freude des Vaters und des Sohnes, der Schöpfungsmittler ist, über die Schöpfung bezieht, begründet Augustinus mit
Apg 10,38 sowie *Lk* 4,1 (*Iesus autem plenus Spiritu Sancto regressus est
ab Iordane*), daß sie auf den Hl. Geist zu deuten sei.[20] Diese Interpretation und das Zitat von *Apg* 10,38 mit dem versteckten Hinweis
auf die Taufe Jesu begegnen im Zusammenhang mit *Ps* 44,8 bei
Augustin nur an dieser Stelle. Ansonsten meidet er eine präzisere
Erklärung der Salbung Jesu und im Unterschied zu den Auslegungstraditionen auch Anspielungen auf seine Taufe.[21]

45-57; W. Geerlings, *Christus exemplum*. Studien zur Christologie und Christusverkündigung Augustins, Mainz 1978, 111-125.

[15] *C.Max.* 2, 16,3 (PL 42, 782,22f. 28/30.33.54, s. bes. 39f.), *quia in praedestina-
tione jam factum erat, quod suo tempore futurum erat*; cf. Van Bavel 100f.

[16] *C.Max.* 2, 16,3 (PL 42, 783,1/3): *a Deo Patre unctus est Filius, qui sic homo factus
est ut maneret Deus, qua unctione plenus erat, id est, Spiritu sancto*. Cf. *ibid.* 782.

[17] *Ibid.* 2, 16,3 (PL 42, 782,56-783,1).

[18] *Ibid.* 2, 16,3 (PL 42, 782,31/33): *participes ejus significans, qui futuri fuerant servi
ejus, socii ejus, amici ejus, fratres ejus, membra ejus*.

[19] Zentrale Argumentationsfigur für die Besonderheit Christi gegenüber den
gesalbten Christen ist für Augustinus die Leib-Christi-Konzeption: Christus ist besonderer Mensch, weil er zugleich mit dem Fleisch die Kirche annimmt, cf. *Adnot.
in Iob* 38; *Tract.Ioh.* 7,23; durchgeführt: *En.Ps.* 29 *s.* 2,2; 88 *s.* 2,3.

[20] *C.Max.* 2, 16,3 (PL 42, 782,35-53; 783,3/5).

[21] Cf. z.B. Ambrosius, *Spir.* 1,100-104: Er legt das Öl auf den Hl. Geist aus
und stellt diese Salbung der mit sichtbarem Öl gegenüber: Christus sei gemäß dem
Gesetz leiblich gesalbt und in Wahrheit und über das Gesetz hinaus mit der Kraft
des Hl. Geistes aus dem Vater erfüllt. (CSEL 79, 58,1-59,9). Er setzt damit eine
doppelte Salbung voraus. Cf. außerdem die Verbindung von Salbung und Taufe
Jesu bei Athanasius, Eusebius, in den großen Kommentaren etc.—Nahezu alle der
bisher erörterten Theologen, außer Cyrill von Alexandrien und Theodoret, stellen
Ps 44,8 in den Zusammenhang der Taufe am Jordan und der damit assoziierten
Schriftstellen, *Apg* 10,38; *Jes* 61,1; *Lk* 4,18 u.a.—Westliche Ansätze für ein Verständnis im Sinn der Inkarnation s. Ambr., *Fid.* 1,24.

Die griechischen Traditionen des 4. Jahrhunderts unterschieden,
wenn auch nicht immer ausdrücklich, im Zusammenhang des
Verses zwei Verständnismöglichkeiten der Salbung: Zum einen die
Salbung des Menschen als Begabung mit Hl. Geist, umschrieben
mit Zitaten wie *Joel* 2,28; *Joh* 1,16; *2 Kor* 1,22. Sie wurde den alttestamentlichen Gesalbten ebenso zuteil wie Jesus Christus, insofern er Mensch war, und den getauften Christen. Die christologisch
differenzierende Interpretation des Athanasius gründet eben darauf
und entfaltet die soteriologische Bedeutung der Taufe und Salbung
Christi. Dabei schrieb man Christus eine im Unterschied zu den
Menschen vollkommene Salbung oder Einung mit dem Hl. Geist zu
und verwies auf *Kol* 2,9 und Christi (faktische) Sündlosigkeit. Die
Einheit mit dem Geist mußte zum anderen aber, weil der Gesalbte
auch Gott ist, in gewisser Weise schon vorher existieren. Die
Menschwerdung des Sohnes ist ohne eine Mitwirkung des Hl.
Geistes nicht zu denken. Insofern interpretierte man die Salbung
von der Gottheit her als Symbol und Zeichen der innigen Verbindung zwischen Geist und Sohn.[22]

Dementsprechend führt Augustinus im 15. Buch von *De trinitate*
aus, daß die Salbung unsichtbar bei der Fleischwerdung des Wortes
erfolgt sei, weil nicht denkbar sei, daß Jesus Christus ohne den Hl.
Geist zur Taufe gekommen sei.[23] Ein eigener Akt der Einung mit
dem Hl. Geist für den Menschen Jesus Christus liegt außerhalb
seines Vorstellungsvermögens. Das steht zum einen im Zusammenhang mit seinem Verständnis der *inseparabilis operatio trinitatis*,[24] zum

---

[22] In der christologischen Einheitskonzeption Cyrills von Alexandrien wie in
der Augustins, die beide auf ihre Weise die Einheit der 'Person' Christi, sein handelndes Subjekt, verteidigen, verliert Christi reale menschliche Existenz an Bedeutung, während die vom Logos gewirkte Einheit von Anbeginn im Mittelpunkt
steht. Damit aber verlagert sich das Interesse auf die Inkarnation und die mit ihr
zusammenhängende Salbung. Dementsprechend ist die christologische Argumentation bei ihnen ähnlich strukturiert: Beide betonen die symbolische Bedeutung der
Salbung und verweisen auf den Jakobstein. Beide argumentieren auf der Grundlage der sprachlogischen Struktur—allerdings baut nur Cyrill seine Argumentation
systematisch darauf auf—und haben von daher keine Probleme mit dem Aussagentausch. In der Ausgestaltung und jeweiligen Zielsetzung differieren beide erheblich.
[23] *Trin.* 15,46 (CChr.SL 50A, 525-527, W.J. Mountain—F. Glorie, 1968). Cf.
En.Ps. 44,19 (CChr.SL 38, 507,18/21): *Vnctus est ergo Deus a Deo; quo oleo, nisi spiri-
tali? Oleum enim uisibile in signo est, oleum inuisibile in sacramento, oleum spirituale intus est.*
Cf. Van Bavel 39f.; 96-99; E. Lamirande, L'idée d'onction dans l'ecclésiologie de
S. Augustin, in: RUO 35 (1965) 103*-126*, 118f., ignoriert die Sonderstellung von
C.Max. völlig.
[24] Dazu Geerlings 53-55; sowie C. Gunton, Augustine, the Trinity and the

anderen mit seiner Gnadentheologie: Käme Christus sündlos zur
Taufe und erhielte erst dann Hl. Geist, setzte das ein Verdienst der
menschlichen Natur voraus.[25] Seine sichtbare Salbung mit Hl.
Geist bei der Taufe kann sich demnach nur auf die Kirche, den Leib
Christi, bzw. die Taufe ihrer Gläubigen beziehen.[26]

Für Hieronymus scheint *Ps* 44,7-8 weniger bedeutsam zu sein als
für die meisten der griechischen Kommentatoren unter dem Einfluß
der christologischen Debatten. Seine Interpretation versammelt aus
der Tradition bekannte Themen, ohne eines davon besonders zu
akzentuieren. In *Ps* 44,8 sei von zwei 'Personen'[27] die Rede, dem
Salbenden und dem Gesalbten, wobei Hieronymus in der Tradition
Eusebs im hebräischen Urtext Nominativ und Vokativ unterschieden wissen will.[28] Gegen Photin und Arius wendet er sich ausdrücklich, wobei er gegen ersteren die Benennung Christi als 'Gott'
anführt, gegen Arius, daß die einschlägigen Stellen, *Ps* 44,4.5.8 wie
auch *Joh* 20,17, auf die *humilitas hominis* zu beziehen seien.[29] Letzteres illustriert er mit *Apg* 10,38; *Lk* 1,35 und *Jes* 61,1. Das *Lk*-Zitat
steht im Kontext der Inkarnation und könnte so die Tradition einer
doppelten Salbung andeuten: In diesem Zusammenhang findet sich
die Stelle in einem Fragment des Apollinaris.[30] Hieronymus führt
das aber nicht aus. Die Reihenfolge der Belege spricht eher gegen
eine durchdachte christologische Konzeption des Salbungsbegriffs,
zumal dieser ebensowenig wie das 'Öl der Freude' näher erklärt
wird. Auch den bei Apollinaris[31] breit erörterten Verdienstgedanken problematisiert er nicht.

Theological Crisis of the West, in: SJTh 43 (1990) 33-58, 39f.; 51-56.

[25] *Trin.* 15,46 (CChr.SL 50A, 526f.); Van Bavel 37-41; 93-101.

[26] Cf. *En.Ps.* 29 *s.* 2,2; In der langen Auslegung zu *1 Joh* 2,20.27 wird dementsprechend die Salbung des Menschen Jesus Christus nicht erwähnt, s. *In epist.Ioh.*
3-4; cf. D. Dideberg, S. Augustin et la première épître de S. Jean, Paris 1975,
112f.; J. McGuckin, Did Augustine's Christology Depend on Theodore of Mopsuestia, in: HeyJ 31 (1990) 39-52, 45f.; G. Rémy, Le Christ médiateur dans l'œuvre
de s. Augustin, Paris 1979, 781f.

[27] Der Personbegriff ist aus der exegetischen Tradition der prosopologischen
Exegese übernommen, deren er sich in der gesamten Auslegung bedient, cf. *Ep.*
65,5-6; 16 (CSEL 54, 638,1/4); 21 (644,9/11).

[28] *Ep.* 65,13 (CSEL 54, 631,9/14; 632,20/24), cf. Eusebius, *DE* IV 15,58-62;
s.a. Augustinus, *En.Ps.* 44,19 (CChr.SL 38, 507,5/11).

[29] *Ep.* 65,13 (CSEL 54, 632,23-633,10); cf. Hilarius, *Trin.* XI 14-16, bezieht
ebenfalls *Joh* 20,17 ganz auf die Menschheit oder *dispensatio*.

[30] Apollinaris, *In Ps* 44,8 (Mühlenberg I 27,14/16) mit *Apg* 10,38, s.o. III
1.2.a.

[31] Den gehört zu haben, er behauptet, cf. *Ep.* 84,3.

Im Kommentar zu *Jes* 61,1-3 erklärt er die Verse mit *Ps* 44,8 von der *dispensatio* des angenommenen Fleisches her. Da es 'Gefährten' (*consortes*) der *substantia* Gottes nicht gebe, sei *Ps* 44,8 auf die Natur des Fleisches zu deuten, das nicht in körperlicher Weise, wie die jüdischen Priester, sondern geistlich gesalbt worden sei, als bei der Taufe am Jordan der Geist in Gestalt einer Taube auf Christus herabgekommen sei.[32] Er erläutert das mit *Jes* 11,1f. und *Lk* 4,18-22, der Verleihung der Gaben des Hl. Geistes und Christi Sendung.[33] Die Taufe stellt mithin die öffentliche Bekanntgabe und Einsetzung in diese Aufgabe dar, und die *participatio* bezieht sich über die Teilhabe am Fleisch hinaus darauf, daß den Menschen dadurch die Erlösung ermöglicht wird. Hieronymus thematisiert weder die Geistbegabung Christi im Unterschied zu den Menschen noch die christologischen Schwierigkeiten.

Ebensowenig problematisiert er *Ps* 44,8a: Zweimal paraphrasiert er den Vers, ohne auf die mit einem wie immer gearteten Verdienst zusammenhängenden christologischen Fragen einzugehen.[34] Er gibt lediglich Hinweise dahingehend, daß Christus möglicherweise ein Beispiel für uns darstelle, in dem beides, Liebe und Haß, angelegt sei, und daß er als 'Erstling' erhoben worden sei.[35] Wie Basilius zitiert er *Ps* 138,21f. als Beleg für das menschliche Bemühen, äußert sich aber nicht dazu, wie das bei Christus zu denken sei.[36] Die *participatio*[37] bezieht er auf die Apostel und Gläubigen, die 'Christen' genannt würden.[38] Die traditionell mit den Versen 7 und 8 verknüpf-

---

[32] *In Es.* 17 (61,1-3) (CChr.SL 73A, 706,18-707,30, M. Adriaen, 1963), entstanden 407-410.

[33] *Ibid.* 17 (CChr.SL 73A, 707f.).

[34] *Ep.* 65,13 (CSEL 54, 632,11/14; 633,2/6).

[35] *Ibid.* 65,13 (CSEL 54, 632,10/17): *qui est adsumptus, intellegunt, cui et deferatur imperium et qui propter dilectam iustitiam et exosam iniquitatem regnare dicatur et unctus esse oleo exultationis prae participibus suis, quasi praemium caritatis et odii in unctione sumpturus. docemur autem in utramque partem et amoris et odii esse in nobis semina, cum ipse qui primitias massae nostrorum corporum leuauit ad caelos, et iustitiam dilexerit et oderit iniquitatem.*—Cf. Arnobius Iun., *In Ps* 44: *eum imitantes* (CChr.SL 25, 63,39/41).

[36] Basilius, *Hom.Ps.* 44,8 (PG 29, 405B), unterscheidet zwischen menschlichem Bemühen und Christi 'natürlicher Neigung' zum Guten, s.o. S. 295f.

[37] Hieronymus verwendet beide Lesarten seiner Übersetzungen, die LXX und die *Iuxta Hebr*-Version, promiscue. *Ep.* 65,13 (633,5f.) zitiert er zunächst *consortibus*, um daran *Hebr* 3,14, *participes*, anzuschließen.

[38] *Ep.* 65,14 (CSEL 54, 633,17/19). Cf. *In Ab.* 2 (3,10-13) (CChr.SL 76A, 639f., M. Adriaen, 1970), wo Hieronymus virtuos alle Formen der Salbung, die das AT kennt, aufzählt und ordnet, gipfelnd in dem mit dem 'Öl der Freude' gesalbten Christus und denen, die ebenfalls damit gesalbt und ein Geist mit Gott seien. Diesen letzten Gedanken deutet er nur an: Ob Vergöttlichung in der Form

ten Formeln sind bei Hieronymus auffallend unterrepräsentiert.

Ps 44,2a wird, der Tradition der frühen westlichen Ausleger entsprechend,[39] weithin auf die Zeugung des Wortes als Schöpfungsmittler bezogen. Augustinus hält es zwar auch für möglich, daß der Prophet seine eigenes Sprechen meine, favorisiert aber die trinitätstheologische Alternative.[40] Die Einzelauslegungen der folgenden Jahrhunderte führen diese Tradition der Interpretation *ex persona Patris* fort: Arnobius der Jüngere,[41] indem er, wie Augustinus, eine Verbindung zur Schöpfungsmittlerschaft herstellt; gegen die Arianer, mit *Joh* 1,1 und anderen Parallelen, Quodvultdeus,[42] Vigilius von Thapsus,[43] Fulgentius,[44] Ps-Ambrosius,[45] Ps-Augustinus,[46] die *Consultationes Zacchaei et Apollonii*[47] u.a.; in der Tradition einer auf die Metaphorik abhebenden Deutung Evagrius Gallicus.[48]

Hieronymus hingegen entfaltet vor allem die individuelle Adaptation, die bei ihm weit über das Sprechen des inspirierten Propheten selbst hinausgeht,[49] und verweist in seinem Kommentar nur auf die theologische Variante.[50] In *Epistula* 21[51] verwirft er gar letztere: Er zitiert *Ps* 44,2ab im Zusammenhang seiner allegorischen

---

denkbar sei, wisse er nicht, *ibid.* 640,833f. Cf. auch *In Ps* 132,2 (CChr.SL 78, 277f., G. Morin, 1958). *In Ez.* 13 (44,22-31) (CChr.SL 75, 669,1888/1893 F. Glorie, 1964); 14 (45,13f.) (*ibid.* 683,171/174), entstanden 411-13, stellt er die Salbung Christi und der Christen in einen ekklesiologisch-sakramentalen Zusammenhang.

[39] S.o. I 2.2.a.c; II 1.3.c.

[40] *En.Ps.* 44,4.9.

[41] Arn.Iun., *In Ps* 44 (CChr.SL 25, 62,1/4); *Confl. de deo trino et uno* 1,5.9; 2,25 (PL 53, 246BC; 253B; 306B), entstanden kurz nach 454.

[42] Quodvultdeus, *Catacl.* 5,32 (CChr.SL 60, 417,97/101, R. Braun, 1976); *S. de accedent. ad gratiam* 1, 12,14f. (*ibid.*, 451,38/43); erste Hälfte des 5. Jh.

[43] Vig.Th., *C.Ar., Sab. et al.* 2,19.33 (PL 62, 209D-210A; 219B), um 485.

[44] Fulg., *Inc.* 7 (CChr.SL 91, 317,147/153, J. Fraipont, 1968).

[45] Ps-Ambr., *Trin.* 2 (PL 17, 539AB), vielleicht Spanien 6. Jahrhundert.

[46] Ps.-Aug., *Solut. div. quaest.* 29 (CChr.SL 90, 173,2/9, B. Schwank 1961), Afrika, 480-490.

[47] *Cons. Zacch. et Apoll.* 2,16 (Flor.Patr. 39, 82,30/33, G. Morin, 1935).

[48] Ev.Gall., *Alterc.* 2,3 (CChr.SL 64, R. Demeulenaere, 1985), um 430.

[49] *Ep.* 65,5 (CSEL 54, 622,5/14): *ructus autem proprie dicitur digestio cibi et concoctarum escarum in uentum efflatio. quomodo ergo iuxta qualitatem ciborum de stomacho ructus erumpit et uel boni uel mali odoris flatus indicium est, ita interioris hominis cogitationes uerba proferunt et 'ex abundantia cordis os loquitur'* (Mt 12,35). *iustus comedens replet animam suam, cumque sacris doctrinis fuerit satiatus, de bono cordis thesauro profert ea, quae bona sunt, et cum apostolo loquitur. 'an experimentum quaeritis eius, qui in me loquitur Christus?'* (2 Kor 13,3).

[50] *Ep.* 65,5.

[51] Überschrieben *Ad Damasum*. Zur Echtheit cf. Nautin, *Hieronymus* 305: Hieronymus zitiert aus dem *Lk-Kommentar* des Ambrosius, der erst nach dem Tod des Damasus veröffentlicht wurde.

Deutung des geschlachteten Mastkalbs (*Lk* 15,23f.) auf das Opfer
Christi und die Eucharistie, als Dankvers des frommen Christen.
Hier polemisiert er gegen die, die ohne Rücksicht auf den Text des
Psalms die genannten Verse aus der Person des Vaters gesprochen
sehen.[52] Die trinitätstheologische Interpretation sei abergläubisch
und dem Psalmtext unangemessen. Es ist dies aber die einzige Stelle
im Gesamtwerk, die so rigoros urteilt. Eventuell steht Hieronymus
unmittelbar unter dem Einfluß des Origenes, der mit Blick auf den
gesamten Text sowie auf mögliche Mißverständnisse bezüglich der
Zeugung des Sohnes ebenfalls die individuelle Deutung favorisiert
und damit auch Eusebius beeinflußt hatte.[53] Nur in einer ebenfalls
von Origenes abhängigen[54] Psalmenpredigt[55] greift Hieronymus in
antiarianischem Kontext auf die trinitätstheologische Variante zurück: Ausgehend von der Bitte in *Ps* 89,12 (*Dexteram tuam notam fac*)
formuliert er die Frage, warum Gott eben diese Rechte, gemeint ist
Jesus Christus,[56] so lange in seiner Brust verborgen halte (cf. *Joh*
1,18), und bittet, daß sein Herz sein gutes Wort aufstoßen möge.[57]

Ansonsten bleibt Hieronymus konsequent bei seiner Vorliebe für
die individuelle Adaptation, wobei möglicherweise auch liturgische
Gebräuche eine Rolle spielten: Schon die Verwendung in *Ep.* 21
könnte auf den Gebrauch des Verses als Kommunionvers hinweisen. Die meisten weiteren Zitate, die *Ps* 44,2a oder 2ab mit *Ps* 33,9
(*gustate et videte quoniam suavis est Dominus*) verknüpfen, deuten in eine
ähnliche Richtung.[58]

Nach ihm wird erst Cassiodor den Vers in seinem *Psalmenkommentar*[59] wieder auf den Propheten deuten. Er ist aber ängstlich be-

---

[52] *Ep.* 21,26 (CSEL 54, 129,5/12): *uitulus saginatus, qui ad paenitentium immolatur
salutem, ipse saluator est, cuius cotidie carne pascimur, cruore potamur. fidelis mecum lector in-
tellegis, qua pinguedine saturati in ructum laudum eius erumpimus dicentes: 'eructauit cor meum
uerbum bonum, dico ego opera mea regi' licet quidam superstitiose magis quam uere non conside-
rantes textum psalmi ex patris persona hoc arbitrentur intellegi.*

[53] S.o. I 2.2.b; II 1.1.a.

[54] Cf. Rondeau I 157-161; Peri 105f.; 174-184.

[55] *In Ps* 89,12 (CChr.SL 78, 125,190/195).

[56] *Ibid.* 89,12 (CChr.SL 78, 125,201f.).

[57] *Ibid.* 89,12 (CChr.SL 78, 125,187/189): *Quare tamdiu dexteram tuam habes in
sinu tuo? Eructuet cor tuum uerbum tuum bonum: mitte dexteram tuam, et libera nos.*

[58] *Ep.* 71,6 (CSEL 55, 7,1/4): [. . .] *eucharistiam quoque absque condemnatione nostri
et pungente conscientia semper accipere et psalmistam audire dicentem: 'gustate et uidete, quam
suauis est dominus' et cum eo canere: 'eructuauit cor meum uerbum bonum'.* Der Brief datiert
von 397/400. *Ep.* 108,22 (CSEL 55, 339,2/6) von 403/4 zitiert *Ps* 33,9 und 44,2ab;
Ep. 121 *praef.* (CSEL 56, 3,4/7) von 406/7 ebenfalls 2ab. Cf. die Allusion *In Es.* 17
(60,19f.) (CChr.SL 73A, 705,27/29).

[59] Entstanden 538/548, revidiert 560/70.

müht, jegliche Ausweitung des Sprecherkreises über den inspirierten Psalmisten hinaus zu verhindern: Es spreche der Prophet, von
der Klarheit der göttlichen Gabe erfüllt,[60] der ganz und gar Instrument der Gottheit sei und nichts aus eigenem Willen sage.[61] Vielleicht wird erst auf dieser Folie deutlich, wieviel Freiheit Hieronymus, aber auch Prediger wie Basilius und Johannes Chrysostomus
beanspruchten und wie weit ihr Bemühen, die Worte des Psalms zu
den eigenen Worten der Beter und Leser zu machen, tatsächlich
ging. Der Schulkommentar des 6. Jahrhunderts legt hingegen einen
Zaun gerade um den Vers, der sich in besonderer Weise anböte,
wenn man den Psalm als eigenes Gebet internalisieren wollte.

2. DIE TRADITIONELLEN METHODEN DOGMATISCHER ARGUMENTATION

Für die Kirchenväter blieb die prophetische Deutung auf Christus
die nur selten hinterfragte Grundlage für die Interpretation des
Psalms, in ihrer geschichtlichen Dimension freilich nur noch in den
Kommentaren Diodors und Theodors gegenwärtig. Die beiden
Antiochener interpretieren den Psalm als Prophetie auf das Kommen Jesu Christi, und Theodor begründet am Text, warum nicht
ein menschlicher König wie Salomo gemeint sein könne. Der Einfluß der christologischen Debatten ist bei beiden unübersehbar. Die
übrigen Kommentatoren problematisieren die Prophetie nicht
mehr. Der Psalm wird in den Reflexionen auf die Bedeutung des
Psalters, gegebenenfalls theoretisch begründet, als christologischer
Text behandelt. Bei Cyrill von Alexandrien ist die Entwicklung so
weit vorangeschritten, daß er einzelne Psalmverse anstelle neutestamentlicher Texte als *Antitypos* verwenden kann.

Grundlegend blieb auch der prosopologische Ansatz: Er wurde
allerdings ausdifferenziert. Parallel zur trinitätstheologischen Deutung von *Ps* 44,2a etabliert sich eine Interpretation *ex persona Prophe-
tae*, die ihrerseits wieder, je nachdem, wie man die Metaphorik interpretiert, das Potential für eine Ausweitung des Sprecherkreises
auf die 'Gerechten', die 'frommen Christen' birgt (Basilius, Chrysostomus, bei Didymus als zweite Möglichkeit, Diodor und Theodor). Für die Verse 7-8, aber auch 3-4, erschweren die christo-

---

[60] *Exp.Ps.* 44,2 (CChr.SL 97, 403,43/46.53/58, M. Adriaen, 1958).
[61] *Exp.Ps.* 44,2 (CChr.SL 97, 403,58/60; 404,64/70); cf. *Exp.Ps.* 118,171
(CChr.SL 98, 1136,3181/3184).

logischen Probleme die 'Person'-Bestimmung. So wird die Frage,
welche (Teil-)Verse welcher 'Realität' Christi zuzuweisen seien,
keineswegs immer gleich beantwortet. Einig ist man sich, daß in
Ps 44,7 Christus als Gott angesprochen wird, in 8bc Christus als
Mensch, wobei die genauere Bestimmung dieses Verhältnisses umstritten ist. Die Ansätze zu Vers 8a differieren erheblich: Eine Tradition deutet das 'deshalb' final und ordnet den Vers dem göttlichen
Logos zu, der sich aus Liebe zur Gerechtigkeit, um sie wiederherzustellen, salben ließ, d.h. Mensch wurde, um den Menschen Anteil
an der 'Salbung', am Hl. Geist, zu vermitteln. Athanasius verfocht
diese Interpretation gegen das arianische Beharren auf einem Verdienst und Fortschritt Christi, der durch die Salbung bestätigt und
'belohnt' worden sei. In dieser Tradition ist für Cyrill von Alexandrien der Teilvers selbstverständliche prädikative Bestimmung
Gottes: Er zitiert gewöhnlich nur noch *Ps* 44,8a, nicht mehr Vers 7,
als Nachweis dafür, daß der göttliche Logos, der Mensch geworden
ist, angesprochen sei.

Die Interpretationen, die zeitlich dazwischen liegen, spiegeln das
Ringen darum, gegen den Arianismus die Gottheit zu verteidigen,
ohne wie Apollinaris die Menschheit zu reduzieren: Basilius und
Diodor sehen den Gott Logos in der *Oikonomia* angesprochen. Diodor
entledigt sich des Problems der syntaktischen Verknüpfung, indem
er das 'deshalb' (wie auch zu *Ps* 44,3c) als Hebraismus, der für die
logische Struktur überflüssig sei, abtut. Basilius geht auf die Kon-
junktion gar nicht ein, unterscheidet aber—wie Apollinaris, von
dem allerdings kein eigener Kommentar zu 8a erhalten ist—
zwischen der Anstrengung und 'Askese' der Menschen und Christi
natürlicher Neigung zum Guten. Beide setzen sich über das grammatische Problem hinweg. Theodoret ordnet den Vers dem Menschen zu, der sich frei für das Gute entscheide und der 'als Mensch'
wie alle Menschen die Charismen des Geistes empfange. Das Verhältnis dieses 'Menschen' zum Sohn Gottes, der mit dem Geist eines
Wesens ist, problematisiert er nicht. Chrysostomus in seiner *Exposi-*
tio und Didymus in dem überlieferten Fragment schließen sich der
Athanasianischen Tradition an. Bei Chrysostomus wird aber ein
durch zwei verschiedene Problemkreise bedingter Bruch deutlich:
In der *Expositio* geht es ihm, gegen den Neuarianismus, um die
Christologie im Rahmen der Trinitätstheologie, also in erster Linie
um die Gottheit Christi; in der dritten Homilie zum *Hebr*-Brief be-
faßt er sich hingegen versuchsweise mit dem christologischen Pro-

blem, und hier bezieht er *Ps* 44,8a auf Christus als Mensch, ohne freilich zu einer befriedigenden Lösung zu gelangen. Nur Theodor unterscheidet in seinem Kommentar zwischen den zwei 'Naturen' und der 'Einheit des *Prosopon'*. Im Gesamtduktus des Textes wird das allerdings nicht vertieft. Wenn er im Zusammenhang seiner ausführlichen Diskussion zu Vers 2 von einer 'Person des angenommenen Menschen' sprechen kann, ist das ein klares Indiz dafür, daß er den Personbegriff in erster Linie exegetisch versteht. Erst in einzelnen Schriften Cyrills und Augustins läßt sich ein christologisch durchdachtes Personverständnis nachweisen. Die Einheit Christi wird in allen Auslegungen implizit in dem einen Angesprochenen vorausgesetzt, ohne daß das am Personbegriff selbst aufgezeigt würde. Die Verse 3-6 beziehen die Kommentatoren, so sie christologisch differenzieren, übereinstimmend auf den Sohn in der *Oikonomia*, allerdings differieren die Interpretationen der Metaphern erheblich.

Deutlich wird aus diesen und zahlreichen anderen Beispielen, daß die traditionellen grammatischen und prosopologischen Methoden an Gewicht verlieren. Die Gott-Anrede in Vers 7 wird in manchen Auslegungen zwar noch eigens erwähnt (Apollinaris, Basilius, Diodor), aber nicht problematisiert: Weder wird sie durch weitere Testimonienbeweise ergänzt, wie in apologetischen und antijüdischen Schriften nach wie vor üblich, noch als Bekenntnis oder doxologisches Sprechen ausgedeutet. Grammatisch begründete Beweisgänge sind auch sonst von untergeordneter Bedeutung: Zwar erwähnt Chrysostomus den Artikel vor 'König' in 44,2b und erläutert das passivische Gesalbtwerden durch die parallele Konstruktion des 'Auferweckens'. Zwar legen besonders Basilius und Chrysostomus, vermutlich veranlaßt durch Eunomianische Einwürfe, Wert darauf, daß es sich in Vers 3a nicht um einen Vergleich handle, da das Sein Gottes und das Sein des Menschen unvergleichlich seien. Übereinstimmend beziehen sie *Ps* 44,3a auf die *Oikonomia* und demonstrieren so die Unvergleichlichkeit des menschgewordenen Christus. Die wenigen Hinweise auf grammatische und syntaktische Besonderheiten dienen aber vor allem dazu, Mißverständnisse zu vermeiden und stellen keine Bausteine eines positiv geführten Beweis- oder Gedankenganges dar. Eine gewisse Wende in dieser Hinsicht wird bei Cyrill deutlich. Seine Argumentation gründet auf semantischen Distinktionen (z.B. zur Teilhabe) und dem sprachlogischen Duktus: Der göttliche Logos ist als Mensch gesalbt

worden; der, der Gott ist, hat sich selbst erniedrigt. Die Schlagkraft
dieser Schriftbeweise beruht auf der Tatsache, daß er sich auf das
Subjekt des Handelns konzentriert und sich nicht an grammatischen Detailfragen aufhält.

Die Analyse des Begriffs der Salbung wird ausdrücklich zur
Metaphern- bzw. Symbolinterpretation. War bis zur Mitte des 4.
Jahrhunderts noch das Gesalbtwerden als solches Indiz dafür, daß
Vers 8b auf den Menschen zu beziehen sei, wird in den späteren
Texten dieses spezielle Problem in den Auslegungen und Einzel-
analysen so nicht mehr erörtert. Die Interpretationen kreisen um
theologische Fragen, ausgehend von der Metapher 'Öl der Freude',
die unter Verweis auf *Gal* 5,22 sowie vor allem auf *Apg* 10,38 und
Jes 61,1 (*Lk* 4,18) auf den Hl. Geist gedeutet wird. Im Mittelpunkt
des Interesses steht damit die Unterscheidung zwischen Christus, in
dem die Fülle der Gottheit wohnt (*Kol* 2,9), und den Christen, die
am Geist nur Anteil haben (cf. *Joh* 1,16; 3,34; *Joel* 2,28; *Röm* 5,5).
Mit dem Akt der Salbung wird die Taufe am Jordan assoziiert.
Damit stellt sich als neues Problem die Frage nach dem Verhältnis
von Inkarnation und Salbung. Insofern die Salbung als Einigung
mit dem Hl. Geist verstanden wurde und insofern dieser Hl. Geist
nach *Lk* 1,35 bei der Inkarnation wirksam war, konnte man sich
beides nur schwer getrennt vorstellen. Apollinaris wie auch Didymus und Diodor nehmen demzufolge eine Salbung auf zwei Ebenen
an: zum einen die Herabkunft des Geistes auf Jesus bei der Taufe
als Einsetzung und sichtbares Zeichen seiner alles nur Menschliche
übersteigenden Einheit mit dem Hl. Geist; zum anderen die grundsätzliche ontische Einheit zwischen Sohn und Geist. Cyrill von Alexandrien demonstriert die Aporien eines wörtlichen Verständnisses
der Salbung und zeigt daran auf, daß sie 'geistig' (νοητῶς) zu verstehen sei. Je mehr man die Salbung nur als Symbol und Zeichen
der innigen Verbindung zwischen Geist und Sohn versteht, desto
schwerer fällt die Unterscheidung zwischen Salbung und Inkarnation, desto größer ist die Neigung, beides zusammenfallen zu lassen
und nur noch eine logische, nicht aber eine zeitliche Differenz anzunehmen (Cyrill, auch Augustinus). Die Salbung wird mehr und
mehr als Zeichenhandlung verstanden, die auf den gesalbten Jesus
Christus keine konkreten Auswirkungen zeitigt, und schließlich als
Bild, als Metapher für die Sendung des inkarnierten Logos, die einen bestimmten Aspekt seiner Menschwerdung bezeichnet und
davon nicht zu trennen ist. Insofern aber ist sie auch Name für den

göttlichen Logos, der von Ewigkeit als Retter bestimmt ist, mithin von Ewigkeit gesalbt (Gregor von Nyssa, Cyrill gegen Nestorius).

Zur trinitätstheologischen Deutung von *Ps* 44,2a setzt sich die im II. Teil offenkundig gewordene Tendenz fort, den Vers ausdrücklich metaphorisch zu interpretieren. Vor allem bei Didymus wird deutlich, wie eng diese Entwicklung mit dem Arianismus zusammenhängt und wie tiefgreifend die Auseinandersetzung, zumal mit dem Neuarianismus, die christologische Schriftargumentation des späten 4. und frühen 5. Jahrhunderts beeinflußte.

3. Christologische Schriftargumentation und Sprachreflexion

Daß Diodor, Didymus, Basilius und Chrysostomus ihre Auslegungen in Auseinandersetzung mit dem Arianismus verfaßten, läßt sich nachweisen an dem Bemühen, die für diese Kontroverse bezeichnenden Fragen und Einwände so früh als möglich abzuklären, an den Schriftstellen, die sie heranziehen (z.B. *Ps* 44,7-8 in Verbindung mit *Phil* 2,8f. oder *Joh* 20,17), an verschiedenen Problemstellungen—etwa der Bedeutung des 'deshalb' in *Ps* 44,3c und *Ps* 44,8b, der Frage nach einem Fortschritt und Verdienst Christi u.a.—und der Durchführung der christologischen Differenzierung als solcher. Über diese christologischen Fragen hinaus schlägt sich die Auseinandersetzung mit Eunomianischen Thesen in mehr oder weniger ausführlichen Sprachreflexionen und einem sehr bewußten Umgang mit Begriffen und Metaphern nieder.

Parallel zur *Oikonomia* des Sohnes heben Didymus, Basilius und Chrysostomus, in unterschiedlicher Akzentuierung, auf die *Oikonomia* des Wortes Gottes in der Sprache der Hl. Schrift und der menschlichen Sprache prinzipiell ab. Wie sich in der geschichtlichen Erscheinung Jesu Christi verschiedene Wirklichkeiten offenbaren, impliziert der einzelne Begriff oder das einzelne Bild verschiedene Bedeutungsebenen, die sich durch die sorgfältige Untersuchung der Sprache und sprachlichen Zusammenhänge und die *theoria* erschließen. In diesem Zusammenhang gewinnt die Bewertung des Psalms als Literatur, als ποίημα (Diodor), an theologischer Relevanz. Im sorgfältigen Nachbuchstabieren der vom Hl. Geist autorisierten Sprache, in der Analyse historischer, literarischer und rhetorischer Strukturen kann die *Oikonomia* der Sprache die *Oikonomia* Gottes erschließen, weil Gott sich selbst in ihr offenbart. Didymus expliziert im Zusammenhang von Vers 2 das Verhältnis von νόημα und λεκτόν und erklärt so die praktische Durchführung seiner Auslegung auf zwei Bedeutungsebenen, der der menschlichen und der göttlichen Realität Christi. Die Worte Christi selbst sind dabei der Schnittpunkt, in dem beide Wirklichkeiten zusammentreffen. Basilius und Chrysostomus erklären die Bilder und Metaphern gegen Eunomius, der darin höchstens Hinweise auf die göttliche *energeia* sähe, als Annäherung an das göttliche, an sich unbegreifliche Wesen, und sie tun das offenkundig auf der Grundlage von Sprachreflexionen im Zusammenhang der Eunomianischen Sprachlehren. Das belegen Berührungen mit *Contra Eunomium* und *De Spiritu sancto* des Basilius, mit den Predigten des Chrysostomus über die Unbegreiflichkeit Gottes und Verweise im *Tura-Kommentar* des Didymus.

Die Sprache selbst wird so zum theologischen Argument: Einerseits spiegelt sie den Abstieg, die *Synkatabasis* Gottes, andererseits ist sie 'Mittel' des Aufstiegs, der Annäherung an Gott. Die Art und Weise, wie man dieses Mittel ausgestaltet und benutzt, entspricht der christologischen Konzeption. Für Diodor heißt das: Wenn Gott menschlich spricht, läßt er sich im Menschen selbst finden. Dementsprechend ist diese Sprache sorgfältigst zu analysieren und das menschliche Leben Jesu Christi so ernst wie möglich zu nehmen. Didymus verbindet diesen Ansatz mit dem von Origenes beeinflußten Aufstiegsgedanken und einer durchdachten Sprachtheorie: Der eine Gedanke Gottes, den er mit seinem Wort ausdrücken will, ist für die Menschen aufgrund der ontologischen Differenz nicht als einer verständlich. Sie können sich ihm nur annähern, indem sie verschiedene Vorstellungen mit dem Wort verbinden. Folgerichtig interpretiert er, soweit das aus den erhaltenen Fragmenten zu ersehen ist, die christologischen Verse auf zwei Ebenen, der menschlichen und der göttlichen. Basilius und Chrysostomus verstehen die menschliche Sprache und menschliche Erscheinung Christi als Ausdruck der Wirkmacht des Göttlichen, der auf sein Wesen verweist. Analysen der eigentlichen Bedeutung der polysemen Worte und Bilder, um ihre 'gottwürdige' Bedeutung zu erschließen, und, analog, die Interpretation des Lebens Jesu als Manifestation Gottes eröffnen den Weg zu ihrer bzw. seiner 'uneigentlichen' Bedeutung und damit die Möglichkeit der Annäherung durch Anverwandlung an die göttliche Wirklichkeit. Basilius stellt das mit Hilfe der 'Schönheit' als Grenzbegriff zwischen Ästhetik und Ontologie dar, die eine unaufhaltsame Bewegung der Seele zu Gott in Gang setzt. Einzelargumentationen in antiarianischem (und antiapollinaristischem) Zusammenhang basieren explizit auf der Verweisfunktion der Sprache: So begegnen bei Basilius und Gregor von Nyssa Reflexionen auf den Christusnamen und Schriftbeweise, die sich auf die Metonymien 'Thron' und 'Stab' (Gregor von Nyssa, Chrysostomus), nicht auf grammatische Argumente berufen. Daß *Ps* 44,2a als Schriftbeweis für die Zeugung des Sohnes fehlt und bei Didymus nur als Erklärungsmodell, eingebettet in eine ausführliche Sprachreflexion, begegnet, dürfte nach der grundsätzlichen arianischen Kritik an der traditionellen trinitätstheologischen Argumentation kein Zufall sein.

Die Auslegungen, die sich nicht unmittelbar mit dem Arianismus und Neuarianismus auseinandersetzen, argumentieren grundlegend anders. Theodor von Mopsuestia interpretiert gegen die jüdische Auslegung auf Salomo den christologischen Teil des Psalms auf die über das Menschliche hinausgehende Macht Christi hin, die ausschließe, daß ein menschlicher König gemeint sei. Er wendet dabei weder Christi Worten (*Ps* 44,3) noch der Sprache selbst besondere Aufmerksamkeit zu. Theodoret verteidigt unter dem Eindruck der Auseinandersetzungen zwischen Nicaea und Chalcedon das volle Menschsein Christi, das seine menschliche Entscheidungsfreiheit einschließe. Hieronymus hebt stärker auf die Bedeutung für den einzelnen ab und betont die *virginitas Christi*; Augustinus entwickelt eine systematische christologisch-ekklesiologische Interpretation.

4. CHRISTUSBILD

Im Blick auf die die Auslegungen prägende christologische Differenzierung stellt sich die Frage, welche Züge das Christusbild dominieren und wie sie dargestellt werden. Der Tradition der alten Testimoniensammlungen entsprechend steht Christi Göttlichkeit und Herrlichkeit im Mittelpunkt, allerdings sehr unterschiedlich akzentuiert. Diodor, Theodor, Didymus und Theodoret versuchen, sein Menschsein herauszuarbeiten, kommen aber über Ansätze zu einzelnen Versen kaum hinaus. Keiner von ihnen gestaltet die der *Oikonomia* zugerechneten Verse konsequent auf der Ebene einer menschlichen Wirklichkeit, die auf die Christen übertragbar wäre. In allen Auslegungen ist das Bestreben dominant, den Unterschied zwischen Christus und den Christen herauszustreichen. Unter den vielen divergierenden Aspekten bestimmen besonders zwei Ansatzpunkte das Christusbild:

a) Die Schönheit Christi

Basilius und auch Augustinus entwickeln ein Christusbild mit Hilfe von Begriffskorrespondenzen und einer durchdachten Bildstruktur konsequent für die gesamte Interpretation. Für Basilius ist die Schönheit Manifestation des Göttlichen in der menschlichen Erscheinung, implizit Synonym des 'Guten, nach dem alles strebt', dessen also, was die einzelne Seele anzieht und motiviert, damit sie sich ihrerseits dadurch zum Schönen hin verwandle. Augustinus entfaltet das Thema gnadentheologisch und ekklesiologisch: Die Schönheit offenbart sich in der göttlichen Gnade, die die Menschen gerecht und damit schön macht, wobei dieser Prozeß nur im Rahmen der Kirche denkbar ist.

Chrysostomus, Diodor und Theodor deuten die Schönheit als Metapher von Christi Macht und Gnade, die in seinen Worten und Taten, vor allem in den Wundern, wirksam wird. Theodoret bezieht die Schönheit im *Psalmenkommentar* auf die vollkommene Tugend des Menschen Jesus Christus; im *Jesaja-* und *Hohelied-Kommentar* wird sie Ausdruck für das göttliche Wirken im Menschen. Im Schlußabschnitt der *Historia religiosa* gestaltet er in überfließenden Bildern das Anziehende dieser Schönheit, ohne in irgendeiner Form christologisch zu differenzieren.

Der bei Irenäus erstmals greifbare Ansatz, die Antithese zwischen *Ps* 44,3a und *Jes* 53,2 für eine christologische Argumentation im engeren Sinn zu nutzen, also für das Verhältnis von Gottheit und Menschheit, wird in der griechischen Theologie, im Unterschied zur lateinischen, in der Form nicht rezipiert. Verantwortlich dafür dürfte das Problem des Vergleichs sein, den *Ps* 44,3a allen gegenteiligen Beteuerungen zum Trotz nahelegt. Um einen Vergleich zwischen dem Sohn Gottes und den Menschen zu vermeiden, interpretiert man *Ps* 44,3a vorzugsweise auf Christus in der *Oikonomia*. Damit aber erübrigt sich eine Gegenüberstellung zu *Jes* 53,2f. als Demonstration der Gottheit und Menschheit Christi.

b) Prae participibus suis

Diese Formel aus *Ps* 44,8c ließe sich als Motto über alle Auslegungen schreiben: Wo von der Menschheit Christi die Rede ist, wird stets seine Besonderheit betont. Begründet wird sie je nach Ansatz durch seine Tugend und faktische Sündlosigkeit (Didymus, Theodoret, Diodor) oder aufgrund der Tatsache, daß dieser Mensch

auch Gott ist. Bei Basilius und Chrysostomus bleibt die Verhältnis-
bestimmung offen. Cyrill beruft sich auf das handelnde Subjekt, den
Logos, der Mensch geworden und damit von Natur aus sündlos ist.
Dementsprechend definiert er die *participatio* als Teilgabe am Hl.
Geist. Seine Vorgänger hatten die *participatio* ebenfalls mit dem Geist
verknüpft und sorgfältig zwischen Fülle und Anteil unterschieden.
Für ihre Deutung war das Bild vom 'Öl der Freude' ausschlaggebend, während Cyrill vom Begriff her argumentiert: Zwischen
dem, an dem man Anteil hat und dem Anteilhabenden ist ontologisch zu unterscheiden.

Bemerkenswert ist die Tatsache, daß Vers 8c kaum mit *2 Petr* 1,4
(*divinae consortes naturae*) assoziiert wird. Je nach Perspektive geht es
vielmehr um spezifisch christologische Fragen oder um die Gottheit
Christi, definiert man die *participatio* von Christus her als Annahme
des Fleisches oder, von den Menschen her, als Teilhabe an Christus
ermöglicht durch Glauben (cf. *Hebr* 3,14) bzw. durch den Hl. Geist.
Vor diesem Hintergrund ist es verwunderlich, daß von der Taufe
der Menschen und der damit verbundenen Salbung ebenso wie von
1 Joh 2,20.27 so wenig die Rede ist (cf. Eusebius, Hieronymus,
Cyrill von Jerusalem, *Cat. myst.*). Dementsprechend wird auch der
ekklesiologische Teil des Psalms nur selten in die christologische
Argumentation einbezogen.

Die Interpretationen der Schönheit und der Vorrangstellung
Christi nach Vers 8 decken sich mit den Interpretationen der Metaphern in Vers 3-6: Nahezu einhellig werden die Verse auf die
Oikonomia, das Menschsein Christi bezogen, und ebenso übereinstimmend wird dieser Mensch von den anderen Menschen abge-
rückt, wobei der Unterschied in den seltensten Fällen einzig aus
seiner moralischen Vorbildlichkeit zu erklären ist. Das Menschsein
Christi wird weniger als Ausweis der Nähe Gottes zu den Menschen
interpretiert, denn als Demonstration der göttlichen Macht und
Verweis auf sein göttliches Wesen. Der Christus des Psalms ist demzufolge nicht zuerst Vorbild und Ziel der Angleichung und *imitatio*,
sondern machtvolles, ggf. auch strafendes (Diodor, Theodor) Gegenüber, als Gott 'Mysterium tremendum et fascinosum' (Chrysostomus). Das Bild des machtvollen Christus und die Interpretation der
Metaphern in Vers 4-6 veränderte sich im Gegensatz zu den dogmatischen Implikationen und christologischen Argumentationen
im Lauf der Jahrhunderte nicht wesentlich.

5. BETEN DES PSALMS?

Unter dem Einfluß der dogmatischen Auseinandersetzungen domi-
niert in den spirituellen Auslegungen das lehrhafte Element, was
besonders deutlich bei Diodor und Theodoret zu beobachten ist.
Kommentierend paraphrasieren sie zwar z.T. in der zweiten Person
Singular, gestalten das aber nicht zu einer wirklichen Anrede aus.
Basilius und Chrysostomus führen den Dialog mit den Adressaten,
nicht mit dem besungenen Christus. Sie versuchen, den Prozeß der
Aneignung des Psalms dadurch zu katalysieren, daß sie durch die
Erklärung vor allem der Bilder und Metaphern die Adressaten in
die Dynamik ihres eigenen Verstehens hineinziehen.

Die individuelle Deutung von Vers 2a wird nur selten wirklich
genutzt, um den Psalm zu den Worten der Sprechenden und Betenden zu machen. Die Adaptation des Hieronymus bleibt die Ausnahme, aber auch er setzt die Einzelauslegungen in seinem Kommentar nicht für einen neuen Interpretationsansatz um. Wo der
Kreis der möglichen Sprecher über den Propheten hinaus ausge-
weitet wird, dominiert das lehrhafte Element: Der Psalm vermittelt
Wissen über Christus. Das deckt sich in gewisser Weise mit dem
katechetischen Impetus, der den alten Testimoniensammlungen
neben ihrer apologetischen Funktion innewohnte. Dieses Element
wird modifiziert und spirituell vertieft, wenn über die verschiedenen zentralen Begriffe hinaus (Christus—König—Gott, cf. Justin,
Eusebius) die Bilder ihre eigene Dynamik entfalten, aber nie völlig
aufgegeben, etwa zugunsten eines 'Dialogs' zwischen dem Betenden und dem Angesprochenen. Dementsprechend selten sind Ansätze eines Christusbildes als menschliches Vorbild für die *imitatio*
und Angleichung, die eine Übertragung der Metaphern auf den
Frommen ermöglichten. Es wäre zu prüfen, inwieweit das auch für
andere christologisch relevante und in Testimoniensammlungen
verbreitete Psalmen gilt.

6. DOGMATISCHE SCHRIFTARGUMENTATION UND SPIRITUELLE ANEIGNUNG—SYNTHESE IM SPÄTEN 4. JAHRHUNDERT. AUSBLICK

Bei Origenes ließen sich spezifisch dogmatische Argumentation und
geistliche Auslegungen einigermaßen sauber unterscheiden. Die
Einzelinterpretationen im Kommentar und in den Homilien zum
Hohenlied und zu *Leviticus* gründeten zwar auf der Christologie, wie

er sie in *Princ.* II 6 an *Ps* 44,8 entwickelte—und das eine ließ sich in das andere übersetzen—, aber Sprache und Methode differierten erheblich. Grundsätzlich begegnen Gedankengänge, die die Bedeutung und Funktion der Sprache thematisieren oder Bilder durch Bilder erklären, schon sehr früh (cf. Justins Erklärung zum Christus-Titel oder Tertullians Rede von der *vulva cordis*). Solche Ansätze werden aber erst im späteren 4. Jahrhundert ausdrücklich reflektiert und für die christologische Argumentation genutzt, wobei der Einfluß der Origenischen *Epinoiai*-Lehre noch weiter untersucht werden müßte.

Im 4. Jahrhundert häufen sich Mischformen: Hilarius fügt beispielsweise terminologisch äußerst dichte und präzise dogmatisierende Abschnitte in seine *Psalmentraktate* ein. In den trinitätstheologischen Auslegungen zu *Ps* 44,2a nähern sich die Ansätze an, weil der Vers unter dem Eindruck der arianischen Kritik als hinsichtlich seiner sprachlichen Struktur nicht hinterfragter Schriftbeweis nicht mehr haltbar ist. Ambrosius interpretiert sowohl in seinem Traktat *De patriarchis* als auch in *De fide* die Bilder durch Bilder.

Im späten 4. Jahrhundert verbinden sich die Gedankengänge, veranlaßt und begründet durch die von Eunomius forcierte Sprachreflexion. Der Argumentation mit Bildern und Vergleichen als solchen wächst eine tragende theologische Bedeutung zu, die sie vorher nicht hatte. Damit werden einerseits traditionelle Argumentationsmuster relativiert, Metaphern andererseits für systematische Gedankengänge aufgewertet.

Es scheint, als ob dieser Synthese keine allzu lange Lebensdauer beschieden gewesen wäre: Die Einzelargumentationen Cyrills von Alexandrien basieren auf der sprachlogischen Struktur. Die Metaphorik verliert an Gewicht. Das heißt nicht, daß die biblischen Metaphern aus den Gedankengängen verschwinden, aber sie werden nicht mehr in dem Maß hinterfragt bzw. aufgrund dieser Bildlichkeit zum Argument. Das scheint auch für Theodoret zu gelten, wobei hier zu berücksichtigen ist, daß es ihm in seinem *Psalmenkommentar* um das Menschsein Christi geht, nicht um seine Gottheit, die nur in uneigentlichen Redeweisen erfaßt werden könnte. Im Traktat über die Liebe in der *Historia religiosa* gewinnen die Bilder dagegen an Dynamik—aber Fragen nach Gottheit und Menschheit oder eine reflexive Begründung der Gottheit Christi spielen keine Rolle.

Die Ergebnisse dieser Arbeit gründen auf der Argumentation mit einem Psalm. Um die These, daß es im späten 4. Jahrhundert unter

dem Eindruck der damaligen Auseinandersetzungen zu einer be-
merkenswerten Synthese von Theologie und Spiritualität im theologischen Denken und Argumentieren kam, zu belegen, bedarf es
weiterer Forschungen. Grundlegend für diese genannte Entwicklung ist mit Sicherheit das Ringen um die Gottheit des Geistes:
Wenn der Hl. Geist als Sprecher oder Inspirator eines Wesens mit
Vater und Sohn ist, ist die Sprache der Hl. Schrift prinzipiell von
Gott selbst autorisiert und von anderer Qualität, als wenn man von
einem Hypostasenmodell ausgeht, das dem Geist eine Zwischenstel-
lung zwischen Gott und den Menschen zuweist. Die Bedeutung der
Pneumatologie des späten 4. Jahrhunderts für das Schriftverständnis und die Schriftauslegung müßte grundsätzlich bedacht und untersucht werden. Die Sprachreflexionen der christlichen Theologen
orthodoxer und arianischer Provenienz stehen im Kontext einer
Blüte der Sprachphilosophie im Neuplatonismus, in den stoisch beeinflußten Grammatik- und Rhetorikschulen und in der zeitgenössischen Aristotelesrezeption. Diese Zusammenhänge müßten noch
sehr viel gründlicher interdisziplinär erarbeitet werden. In diesem
Rahmen dürfte auch die Entwicklung der sog. Antiochenischen
Schule zu sehen sein, deren Wurzeln nach wie vor ungeklärt sind.
Vor diesem Hintergrund würde auch das gemeinsame Fundament
der unterschiedlichen Ansätze, die so verschieden nicht sind, wie
man jahrzehntelang behauptete, deutlicher.

Außerdem steckt die Erforschung zahlreicher Texte mit Blick auf
die theologischen und spirituellen Entwicklungen der Zeit noch in
den Anfängen. Gründlicher zu erarbeiten wären beispielsweise das
Verhältnis zwischen Theorien des Psalmengebets bzw. der Psalmenauslegung und der praktischen Umsetzung, die Argumentationen und Auslegungen des Basilius, Didymus und Chrysostomus im
Rahmen ihrer Auseinandersetzung mit dem Neuarianismus, die
Zusammenhänge zwischen doxologischem Sprechen, *lex orandi*,
theologischer Argumentation und Schriftauslegung.

Nebenstränge, die im Rahmen dieser Arbeit nicht berücksichtigt
werden konnten, wären weiterzuverfolgen. Von größtem Interesse
dürften dabei die Schriftargumentationen spiritualisierender häretischer Gruppierungen wie z.B. der Messalianer sein: Die Freiheit,
die sich beispielsweise Ps-Macarius in den *Geistlichen Homilien* für die
Interpretation der Bibel nimmt, wirkte möglicherweise zurück und
förderte die Verfestigung bestimmter Argumentationsstrukturen,
die sich spätestens ab der Mitte des 5. Jahrhunderts nicht mehr leugnen läßt.

LITERATURVERZEICHNIS

QUELLEN

AMBROSIUS, *De fide ad Gratianum*: O. FALLER, CSEL 78, 1962 (*Fid.*).
- *De patriarchis*: C. SCHENKL, CSEL 32,2, 1897, 123-160 (*Patr.*).
- *De Spiritu sancto*: O. FALLER, CSEL 79, 1964 (*Spir.*).
- *Explanationes in Psalmos*: M. PETSCHENIG: CSEL 64, 1919 (*Expl.Ps.*).
- *Expositio in Ps 118*: M. PETSCHENIG, CSEL 62, 1913.
APOLLINARIS, *Fragmenta in Psalmos*: E. MÜHLENBERG, Psalmenkommentare aus der Katenenüberlieferung I, Berlin 1975 (= M.).
- Fragmente: H. LIETZMANN, Apollinaris von Laodicea und seine Schule, Tübingen 1904.
ARNOBIUS IUNIOR, *Comm. in Psalmos*: K.-D. DAUR, CChr.SL 25, 1990.
ASTERIUS, Fragmente: G. BARDY, Recherches sur Lucien d' Antioche et son école, Paris 1936, 341-358.
- M. VINZENT, Asterius von Kappadokien, Die theologischen Fragmente, Leiden 1993.
ATHANASIUS, *Contra Arianos*: PG 26, 12-468 (*Ar.*).
- *De Decretis Nicaenae synodi*: G. OPITZ, GCS Ath. 2, 1935, 1-45 (*Decr.*).
- *De sententia Dionysii*: G. OPITZ, GCS Ath. 2, 1935, 46-67 (*Sent.Dion.*).
- *Epistula ad Marcellinum*: PG 27, 12-45 (*Ep.Marc.*).
- *Epistulae ad Serapionem 1-4*: PG 26, 526-676 (*Ep.Ser.*).
PS-ATHANASIUS, *Contra Arianos IV*: A. STEGMANN, Die pseudoathanasianische *IVte Rede gegen die Arianer* als *KATA AREIANON LOGOS* ein Apollinarisgut, Würzburg 1917.
PS-ATHANASIUS, *Contra Sabellianos*: PG 28, 96-121 (*Sab.*).
PS-ATHANASIUS, *Disputatio contra Arianos*: PG 28, 439-502 (*Disp.*).
PS-ATHANASIUS, *Expositiones in Psalmos*: PG 27.
AUGUSTINUS, *Contra Maximinum haereticum Arianorum episcopum*: PL 42, 743-814 (*C.Max.*).
- *Contra sermonem Arianorum*: PL 42, 683-708 (*C.serm.Ar.*).
- *De trinitate*: W.J. MOUNTAIN—F. GLORIE, CChr.SL 50-50A, 1968 (*Trin.*).
- *Enarrationes in Psalmos*: E. DEKKERS—I. FRAIPONT, CChr.SL 38-40, 1956 (*En.Ps.*).
BASILIUS VON CAESAREA, *Epistulae*: Y. COURTONNE, gr.-frz., 3 Bd., Paris 1957-1966.
- *Contra Eunomium*: B. SESBOUE, SCh 299; 305, 1982-1983 (*Eun.*).
- *Homiliae in Psalmos*: PG 29, 207-494 (*Hom.Ps.*).
- *Homiliae*: PG 31, 163-618.
- *De Spiritu Sancto*: B. PRUCHE, SCh 17bis, 1968 (*Spir.*).
CASSIODOR, *Expositiones in Psalmos*: M. ADRIAEN, CChr.SL 97, 1958 (*Exp. Ps.*).
CLEMENS VON ALEXANDRIEN, *Paedagogus*: O. STAEHLIN, GCS Clem. 1, [3]1972 (*Paed.*).
- H.-I. MARROU, in: SCh 70, 1960.
- *Stromata*: O. STAEHLIN—L. FRÜCHTEL, GCS Clem. 2-3, [3]1960, [2]1970 (*Strom.*).
Commentarius in Symbolum Nicaenum: C.H. TURNER, *Ecclesiae Orientalis Monumenta*

Iuris Antiquissima 1,2, Oxford 1913, 329-354 (= PLS 1, 220-240) (*Com.Symb.*).

CYPRIAN, *Testimonia Ad Quirinum*: G. HARTEL, CSEL 3,2, 1868 (*Test.*).

CYRILL VON ALEXANDRIEN, Briefe, antinestorianische Schriften: E. SCHWARTZ, ACO I 1,1-8, Berlin 1927.

- *Comm. in Esaiam*: PG 70 (*In Es.*).
- *Comm. in epistulam ad Hebraeos*: P.E. PUSEY, *Comm. in Ioh. evang.* III.
- *Comm. in Iohannis evangelium*: P.E. PUSEY, 3 Bd., Oxford 1872, Brüssel 1965 (*In Ioh.*).
- *Comm. in XII prophetas minores*: P.E. PUSEY, 2 Bd., Oxford 1868, Brüssel 1965.
- *De adoratione et cultu in spiritu et veritate*: PG 68 (*Ador.*).
- *Dialogi de sancta trinitate*: G.M. DE DURAND, SCh 231; 246, 1976-1978 (*Trin.*).
- *Explanatio in Psalmos*: PG 69, 717-1273.
- *Fragm. in epistulam ad Hebraeos*: J. LEBON, in: Mus. 44 (1931) 89-102.
- *Glaphyra in Pentateuchum*: PG 69 (*Glaph.*).
- *Quod unus sit Christus*: G.M. DE DURAND, SCh 97, 1964 (*QUC*).
- *Thesaurus de sancta et consubstantiali trinitate*: PG 75 (*Thes.*).

CYRILL VON JERUSALEM, *Catecheses*: PG 33, 331-1060 (*Cat.*).
- *Catecheses mystagogicae*: P. PIEDAGNEL, SCh 126bis, 1988 (*Cat.myst.*).

DIDYMUS VON ALEXANDRIEN, *Comm. in Zachariam*: L. DOUTRELEAU, SCh 83-84, 1962.
- *Fragmenta in Psalmos*: E. MÜHLENBERG, Psalmenkommentare aus der Katenenüberlieferung I-II, Berlin-New York 1975-77 (= M.).
- Der Psalmenkommentar aus den Tura-Funden: L. DOUTRELEAU—A. GESCHE—M. GRONEWALD, 5 Bd., Bonn 1968-1970 (= G.).

DIODOR VON TARSUS, *Comm. in Psalmos*: J.-M. OLIVIER, CChr.SG 6, 1980 (*Com.Ps.*).

DIONYSIUS VON ALEXANDRIEN: W.A. BIENERT, Dionysius von Alexandrien. Das erhaltene Werk (dt.), Stuttgart 1972.

EUNOMIUS VON CYCICUS, *Apologia*: R.P. VAGGIONE, Eunomius, The Extant Works, Oxford 1987 (*Apol.*).

EUSEBIUS VON CAESAREA, *Demonstratio evangelica*: I.A. HEIKEL, GCS Eus. 6, 1913 (*DE*).
  - engl. W.J. FERRAR, London 1920, NDr. Grand Rapids 1981.
- *Comm. in Psalmos*: PG 23 (*In Ps*).

EUSEBIUS VON EMESA, *Sermones*: E.M. BUYTAERT, Discours conservés en Latin I, Löwen 1953 (*S.*).

FACUNDUS VON HERMIANE, *Pro defensione trium capitulorum*: J.-M. CLEMENT—R.V. PLAETSE, CChr.SL 90A, 1974 (*Def.*).

GREGOR VON ELVIRA, *De fide*: V. BULHART, CChr.SL 64, 1975 (*Fid.*).
- M. SIMONETTI, Turin 1967.

GREGOR VON NYSSA, *Antirrheticus adv. Apollinarem*: F. MÜLLER, Opera III 1, Leiden 1958 (*Apol.*).
- *Contra Eunomium*: W. JÄGER, Opera I-II, Leiden 1960 (*Eun.*).

PS-GREGOR VON NYSSA, *De patre et filio adversus Arium et Sabellium*: F. MÜLLER, Greg.Nyss., Opera III 1, 1958, 71-85 (*Adv.Ar.*).

HIERONYMUS, *Comm. in Esaiam*: M. ADRIAEN, CChr.SL 73-73A, 1963.
- *Comm. in prophetas minores*: M. ADRIAEN, CChr.SL 76-76A, 1969-1970.
- *Epistulae*: CSEL 54-56, I. HILBERG, 1910-1918.
- *Homiliae in Psalmos*: G. MORIN, CChr.SL 78, 1958 (*In Ps*).

HILARIUS, *Tractatus super Psalmos*: A. ZINGERLE, CSEL 22, 1891 (*Tract.Ps.*).
- *De trinitate*: P. SMULDERS, CChr.SL 62-62A, 1979-1980 (*Trin.*).

HIPPOLYT, *Benedictiones Isaac et Iacob*: M. BRIERE—L. MARIES—B.-CH. MERCIER, PO 27, 1954 (*Ben.Iac.*).

- *Homilia in Psalmos*: P. NAUTIN, Le dossier d'Hippolyte et de Méliton, Paris 1953, 166-183.
PS-HIPPOLYT, *In sanctum Pascha*: P. NAUTIN, SCh 27, Paris 1951.
IRENÄUS, *Adversus Haereses*: A. ROUSSEAU—L. DOUTRELEAU, SCh 263f; 293f.; 210f.; 100; 152, 1962-1982 (*Haer.*).
- *Demonstratio apostolicae praedicationis*: K. TER-MEKERTTSCHIAN—E. TER-MINASSIANTZ, TU 31,8, 1908 (*Dem.*).
  - frz. F.M. FROIDEVAUX, SCh 62, 1959.
JOHANNES CHRYSOSTOMUS, *Contra Anhomoeos 7-12*: PG 48, 755-812 (*Anhom.*).
- *Catecheses ad illuminandos*: A. WENGER, SCh 50, [2]1970 (*Cat.*).
- *Comm. in Esaiam*: J. DUMORTIER, SCh 304, 1983 (*In Es.*).
- *Expositiones in Psalmos*: PG 55 (*Exp.Ps*).
- *Homilia IV ad populum Antiochenum*: PG 49, 59-68 (*Ant.*).
- *Homilia 20 in primam epistulam ad Corinthios*: PG 61, 159-170 (*In I Cor.*).
- *Homilia II de capto Eutropio*: PG 52, 395-414 (*Eutr.*).
- *Homiliae in epistulam ad Hebraeos*: PG 63, 9-236 (*Hom.Hebr.*).
- *Homiliae in Matthaei evangelium*: PG 57-58 (*Hom.Matth.*).
- *Homilia Propter fornicationes uxorem*: PG 51, 207-218 (*Fornic.*).
- *De incomprehensibili Dei natura*: A.-M. MALINGREY—R. FLACELIERE, SCh 28bis, 1970 (*Incompr.*).
JULIAN VON ECLANUM, *Comm. in Psalmos*: L. DE CONINCK, CChr.SL 88A, 1977.
JUSTIN, *Apologiae*: E.J. GOODSPEED, Göttingen 1915, 26-77 (*Apol.*).
  - gr.-frz. A. WARTELLE, Paris 1987.
- *Dialogus cum Tryphone Iudaeo*: G. ARCHAMBAULT, gr.-frz., 2 Bd., Paris 1909 (*Dial.*).
LAKTANZ, *Institutiones divinae*: S. BRANDT, CSEL 19, 1890 (*Inst.div.*).
MARCELL VON ANCYRA, Fragmente: E. KLOSTERMANN, GCS Eus. 4, 1906.
NESTORIUS, Fragmente: F. LOOFS, Nestoriana. Die Fragmente des Nestorius gesammelt, untersucht und herausgegeben, Halle 1905.
NOVATIAN, *De Trinitate*: G.F. DIERCKS, CChr.SL 4, 1972 (*Trin.*).
  - lat.-dt. H. WEYER, Darmstadt 1962.
ORIGENES, *Comm. in Canticum Canticorum*: W.A. BAEHRENS, GCS Orig. 8, 61-241, 1925 (*Com.Cant.*).
  - L. BRESARD—H.CROUZEL, SCh 375-376, 1991-92.
- *Comm. in Iohannem*: GCS Orig. 4, E. PREUSCHEN, 1903 (*Com.Ioh.*).
  - I-V: C. BLANC, SCh 120, 1966.
- *Comm. in Matthaeum*: E. KLOSTERMANN, GCS Orig. 10-11, 1933-1935 (*Com.Matth.*).
  - dt. H.J. VOGT, Origenes. Der *Kommentar zum Matthaeusevangelium*, 3 Bd., Stuttgart 1983-1993 (BGrL 18; 30; 38).
- *Contra Celsum*: P. KOETSCHAU, GCS Orig. 1-2, 1899 (*Cels.*).
  - M. BORRET, SCh 132; 136; 147; 150; 227, 1967-1976.
- *De principiis*: H. GÖRGEMANNS—H. KARPP, Darmstadt [3]1992 (*Princ.*).
  - H. CROUZEL—M. SIMONETTI, SCh 252f.; 268f.; 312, 1978-1984.
- *Fragmenta in Psalmos*: R. CADIOU, Commentaires inédits des Psaumes. Etudes sur les textes d'Origène, contenus dans le Ms. Vindob. 8, Paris 1936.
  - G. RIETZ, *De Origenis prologis in Psalmos quaestiones selectae*, Jena 1914.
  - PG 12, 1053-1686.
  - J.B. PITRA, Anal. sacra III, Paris 1883.
- *Fragm. in epistulam ad Ephesos*: J.A.F. GREGG, in: JThS 3 (1902) 554-576.

- *Hom. in Canticum Canticorum*: W.A. BAEHRENS, GCS Orig. 8, 26-60, 1925 (*Hom. Cant.*).
  - O. ROUSSEAU, SCh 37bis, 1966.
- *Hom. in Ezechielem*: W.A. BAEHRENS, GCS Orig. 8, 319-454, 1925 (*Hom. Ez.*).
  - M. BORRET, SCh 352, 1989.
- *Hom. in Ieremiam*: E. KLOSTERMANN—P. NAUTIN, GCS Orig. 3, 1-194, ²1983 (*Hom. Ier.*).
  - P. HUSSON—P. NAUTIN, SCh 232; 238, 1976-1977.
  - E. SCHADEL, Origenes. Die griechisch erhaltenen *Jeremiahomilien*, Stuttgart 1980 (BGrL 10).
- *Hom. in Leviticum*: W.A. BAEHRENS, GCS Orig. 6, 280-507, 1920 (*Hom. Lev.*).
  - M. BORRET, SCh 286f., 1981.
PHOEBADIUS VON AGEN, *Contra Arianos*: R. DEMEULENAERE, CChr.SL 64, 1985 (*Ar.*).
POTAMIUS VON LISSABON, *Epistula ad Athanasium*: A. WILMART, La lettre de Potamius à Saint Athanase, in: RBen 30 (1913) 257-285 (*Ep. Ath.*).
- *Epistula de substantia*: PLS 1, 202-216 (*Ep. subst*).
PS-SERAPION VON THMUIS, *De patre et filio*: G. WOBBERMIN, Altkristliche liturgische Stücke aus der Kirche Ägyptens nebst einem dogmatischen Brief des Bischofs Serapion von Thmuis, Leipzig 1898, 21-25 (TU 17, 3b) (*Patr.*).
TERTULLIAN, *Adversus Hermogenem*: A. KROYMANN, CChr.SL 1, 305-435, 1954 (*Herm.*).
- *Adversus Iudaeos*: H. TRÄNKLE, Wiesbaden 1964 (*Iud.*).
- *Adversus Marcionem*: A. KROYMANN, CChr.SL 1, 437-726, 1954 (*Marc.*).
- *Adversus Praxean*: A. KROYMANN—E. EVANS, CChr.SL 2, 1157-1205, 1954 (*Prax.*).
  - lat.-engl. E. EVANS, Tertullian's Treatise against Praxeas, Edition, Introduction, Commentary, London 1948.
  - lat.-ital. G. SCARPAT, Turin 1985.
THEODOR VON MOPSUESTIA, *Comm. in Psalmos*: R. DEVREESSE, Rom 1939 (= D.) (*Com. Ps.*).
THEODORET VON CYRUS, *Comm. in epistulam ad Hebraeos*: PG 82, 673-786.
- *Epistulae*: Y. AZEMA, SCh 98; 111, 1964-1965.
- *Explanatio in Canticum Canticorum*: PG 81, 27-214 (*Expl. Ps.*).
- *Historia religiosa*: P. CANIVET—A. LEROY-MOLINGHEN, SCh 234; 257, 1977-1979 (*Hist. rel.*).
- *De incarnatione Domini*: PG 75, 1419-1478 (*Inc.*).
- *Interpretatio in Esaiam*: J.-N. GUINOT, SCh 276; 295; 315, 1980-1984 (*In Es.*).
- *Interpretatio in Psalmos*: PG 80, 858-1998 (*Int. Ps.*).
- *Interpretatio prophetarum minorum*: PG 81, 1545-1988.
THEOPHIL VON ALEXANDRIEN, *Ad Autolycum*: R.M. GRANT, Oxford 1970 (*Autol.*).
ZENO VON VERONA, *Tractatus*: B. LÖFSTEDT, CChr.SL 22, 1971.

SAMMLUNGEN

R. GRYSON, *Scripta arriana latina*, CChr.SL 87, 1982.
A. HAHN, Bibliothek der Symbole und Glaubensregeln der alten Kirche, Breslau ³1897, NDr. Hildesheim 1962.
H.-G. OPITZ, Urkunden zur Geschichte des arianischen Streites 318-328, Berlin 1934 (= GCS Ath. 3,1).

LITERATUR

ABRAMOWSKI, L.: Dionys von Rom (+ 268) und Dionys von Alexandrien (+ 264/5) in den arianischen Streitigkeiten des 4. Jahrhunderts, in: ZKG 93 (1982) 240-272.
- Eunomios, in: RAC 6 (1966) 936-947.
- Zur Theologie Theodors von Mopsuestia, in: ZKG 72 (1961) 263-293.
ANDIA, Y. de: *Homo vivens*. Incorruptibilité et divinisation de l'homme selon Irénée de Lyon, Paris 1986.
ANDRESEN, C.: Zur Entstehung und Geschichte des trinitarischen Person-begriffes, in: ZNW 52 (1961) 1-39.
- Logos und Nomos. Die Polemik des Kelsos wider das Christentum, Berlin 1955.
BACQ, Ph.: De l'ancienne à la nouvelle alliance selon S. Irénée. Unité du livre IV de l'*Adversus Haereses*, Paris 1978.
BALAS, D.L.: The Idea of Participation in the Structure of Origen's Thought. Christian Transposition of a Theme of the Platonic Tradition, in: Orig. I (Bari 1975) 257-275.
BALTHASAR, H.U. von: Herrlichkeit. Eine theologische Ästhetik, II 1, Einsiedeln 1962.
BARDY, G.: La lettre des six évêques à Paul de Samosate, in: RSR 6 (1916) 17-33.
- Paul de Samosate, Löwen 1929.
BARNARD, L.W.: The Antecedents of Arius, in: VigChr 24 (1970) 172-188.
- Justin Martyr, Cambridge 1967.
- The OT and Judaism in the Writings of Justin Martyr, in: VT 14 (1964) 395-406.
BARTELINK, J.M.: Observations de Saint Basile sur la langue biblique et théologique, in: VigChr 17 (1963) 85-104.
BAVEL, T.J. van: Recherches sur la christologie de S. Augustin, l'humain et le divin dans le Christ d'après S. Augustin, Freiburg/Schw. 1954.
BENOIT, A: S. Irénée. Introduction à l'étude de sa théologie, Paris 1960.
BERGJAN, S.-P.: Die dogmatische Funktionalisierung der Exegese nach Theodoret von Cyrus, in: J. VAN OORT—U. WICKERT, Christliche Exegese zwischen Nicaea und Chalcedon, Kampen 1992, 32-48.
BERKHOF, H.: Die Theologie des Eusebius von Caesarea, Amsterdam 1939.
BERNARD, J.: Die apologetische Methode bei Klemens von Alexandrien. Apologetik als Entfaltung der Theologie, London 1968.
BERNARDI, J.: La prédication des Pères Cappadociens, Paris 1968.
BERTSCH, L.: Die Botschaft von Christus und unserer Erlösung bei Hippolyt von Rom, Trier 1967.
BEVENOT, M.: Cyprian von Karthago, in: TRE 8 (1981) 246-254.
BIENERT, W.A.: *Allegoria* und *Anagoge* bei Didymus dem Blinden von Alexandrien, Berlin 1972.
- Dionysius von Alexandrien, in: TRE 8 (1981) 767-771.
- Dionysius von Alexandrien. Zur Frage des Origenismus im 3. Jahrhundert, Berlin—New York 1978.
BODIN, Y.: S. Jérôme et l'Eglise, Paris 1966.
BÖHM, T.: Die Christologie des Arius. Dogmengeschichtliche Überlegungen unter besonderer Berücksichtigung der Hellenisierungsfrage, St. Ottilien 1991.
BONNER, G.: Christ, God and Man, in the Thought of St. Augustine, in: Ang. 61 (1984) 268-294.
BORCHARDT, C.F.A.: Hilary of Poitier's Role in the Arian Struggle, Den Haag 1966.
BOULARAND, E.: L'hérésie d'Arius et la foi de Nicée, 2 Bd., Paris 1972.

BOULLUEC, A. le: Controverses au sujet de la doctrine d'Origène sur l'âme du Christ, in: Orig. IV, Innsbruck 1987, 223-237.

BRAUN, R.: *Deus Christianorum*. Recherches sur le vocabulaire doctrinal de Tertullien, Paris 1962.

BRENNECKE, H.C.: Hilarius von Poitiers und die Bischofsopposition gegen Konstantius II. Untersuchungen zur dritten Phase des arianischen Streites, Berlin—New York 1984.

- Studien zur Geschichte der Homöer. Der Osten bis zum Ende der homöischen Reichskirche, Tübingen 1988.

- Lucian von Antiochien, in: TRE 21 (1991) 474-479.

BROX, N.: Offenbarung, Gnosis und gnostischer Mythos bei Irenäus von Lyon. Zur Charakteristik der Systeme, München 1966.

- Spiritualität und Orthodoxie. Zum Konflikt des Origenes mit der Geschichte des Dogmas, in: Pietas (FS B. Kötting), Münster 1980, 140-154.

- Zum literarischen Verhältnis zwischen Justin und Irenäus, in: ZNW 58 (1967) 121-128.

BRÜHL, L.: Die Erlösung des Menschen durch Jesus Christus. Anthropologische und soteriologische Grundzüge in der Theologie des Origenes, Diss. masch. Münster 1970, 198-200.

CANEVET, M.: Grégoire de Nysse et l'herméneutique biblique, Paris 1983.

CANIVET, P.: Le *PERI AGAPES* postface de l'*Histoire philothée*, in: StPatr 7 (TU 92) (1966) 143-158.

CANTALAMESSA, R.: La cristologia di Tertulliano, Freiburg/Schw. 1962.

CATTANEO, E.: Trois homélies pseudo-chrysostomiennes sur la Pâque comme œuvre d'Apollinaire de Laodicée. Attribution et étude théologique, Paris 1981.

CERESA-GASTALDO, A.: L'esegesi origeniana del *Cantico dei cantici*, in: Orig. II, Bari 1980, 245-252.

CHAPPUZEAU, G.: Die Exegese von *Hl* 1,2ab und 7 bei den Kirchenvätern von Hippolyt bis Bernhard. Ein Beitrag zum Verständnis von Allegorie und Analogie, in: JAC 18 (1975) 90-143.

CHARLIER, A.: L'Eglise corps du Christ chez S. Hilaire de Poitiers, in: EThL 41 (1965) 451-477.

CHENEVERT, J.: L'Eglise dans le Commentaire d'Origène sur le *Cantique*, Paris 1969.

CROUZEL, H.: Le contenu spirituel des dénominations du Christ selon le livre I du *Commentaire sur Jean* d'Origène, in: Orig. II, Bari 1980, 131-150.

- Origène et la 'connaissance mystique', Toulouse 1961.

- Théologie de l'image de Dieu chez Origène, Paris 1956.

CURTI, C.: L' esegesi di Eusebio di Cesarea: Caratteri e sviluppo, in: Ders., Eusebiana I, Catania 1987, 193-213.

DANIELOU, J.: Eunome l'Arien et l'exegèse néo-platonicienne du *Cratyle*, in: REG 69 (1956) 412-432.

- Message évangélique et culture hellénistique au 2e et 3e s., Paris 1961.

- Etudes d'exégèse judéo-chrétienne, Paris 1966.

DEHNHARD, H.: Das Problem der Abhängigkeit des Basilius von Plotin, Berlin 1964.

DESIMONE, R.J.: The Treatise of Novatian the Roman Presbyter on the Trinity. A Study of the Text and the Doctrine, Rom 1970.

DEVREESSE, R.: Les anciens commentateurs grecs sur les Psaumes, Rom 1970.

- Essai sur Théodore de Mopsueste, Rom 1948.

DEWART, J.M.: The Notion of 'Person' Underlying the Christology of Theodore of Mopsuestia, in: StPatr 12 (TU 115) (1975) 199-207.

DODD, C.H.: According to the Scriptures, London 1952.

DOIGNON, J.: *Adsumo* et *adsumptio* comme expressions du mystère de l'incarnation chez Hilaire de Poitiers, in: ALMA 23 (1953) 123-135.

- *Erat in Iesu Christo homo totus* (Hilaire, *In Mt* 2,5). Pour une saine interprétation de la formule, in: REA 28 (1982) 201-207.

- Hilaire écrivain, in: Hilaire et son temps, Paris 1969, 267-286.

- Les premiers commentateurs latins de l'Ecriture et l'œuvre exégétique d'Hilaire de Poitiers, in: Bible de tous les temps II, Paris 1985, 509-521.

- L'incarnation: la vraie visé du *Ps* 44,8 sur l'onction du Christ chez Hilaire de Poitiers, in: RThL 23 (1992) 172-177.

DROBNER, H.R.: Person-Exegese und Christologie bei Augustinus. Zur Herkunft der Formel *una persona*, Leiden 1986.

EICHINGER, M.: Die Verklärung Christi bei Origenes. Die Bedeutung des Menschen Jesus in seiner Christologie, Wien 1969.

FAHEY, M.A.: Cyprian and the Bible. A Study in Third-Century Exegesis, Tübingen 1971.

FARKASFALVY, D.: Theology of Scripture in St. Irenäus, in: RBen 78 (1968) 319-333.

FATICA, L.: I commentari a Giovanni di Teodoro di Mopsuestia e di Cirillo di Alessandria. Confronto fra metodi esegetici e teologici, Rom 1988.

FEDWICK, P.J.: The Church and the Charisma of Leadership in Basil of Caesarea, Toronto 1979.

FEIGE, G.: Die Lehre Markells von Ankyra in der Darstellung seiner Gegner, Erfurt 1991.

FIGURA, M.: Das Kirchenverständnis des Hilarius von Poitiers, Freiburg 1984.

FISCHER, B.: Die Psalmenfrömmigkeit der Märtyrerkirche, Freiburg 1949, NDr. in: Ders., Die Psalmen als Stimme der Kirche, Trier 1982, 15-35.

FREDE, H.J.: Kirchenschriftsteller. Verzeichnis und Sigel, Freiburg 1981; Aktualisierungshefte Freiburg 1984; 1988.

GALTIER, P.: S. Hilaire de Poitiers, Paris 1969.

GASTALDI, N.: Hilario de Poitiers, exegeta del Salterio. Un estudio de su exégesis en los *comentarios sobre los Salmos*, Paris 1969.

GEERLINGS, W.: *Christus exemplum*. Studien zur Christologie und Christusverkündigung Augustins, Mainz 1978.

GEEST, J.E.L. van der: Le Christ et le VT chez Tertullien, Recherches terminologique, Nimwegen 1972.

GESCHE, A.: La christologie du *Commentaire sur les Psaumes* découvert à Toura, Genf 1962.

GÖGLER, R.: Zur Theologie des biblischen Wortes bei Origenes, Düsseldorf 1963.

GREER, R.A.: The Antiochene Christology of Diodore of Tarsus, in: JThS 17 (1966) 327-341.

- The Captain of Our Salvation. A Study in the Patristic Exegesis of Hebrews, Tübingen 1973.

- Theodore of Mopsuestia. Exegete and Theologian, London 1961, 98-102.

GREGG, R.C.—GROH, D.E.: Early Arianism. A View of Salvation, Philadelphia 1981.

GREGG, R.C.: Cyril of Jerusalem and the Arians, in: Ders. (ed.), Arianism, Philadelphia 1985, 85-109.

GRILLMEIER, A.: Jesus der Christus im Glauben der Kirche I, Freiburg ³1990.

GRUBER, G.: ZΩH. Wesen, Stufen und Mitteilung des wahren Lebens bei Origenes, München 1962.

GUINOT, J.-N.: La christologie de Théodoret de Cyr dans son *commentaire sur le Cantique*, in: VigChr 39 (1985) 256-272.
- Un évêque exégète, Théodoret de Cyr, in: Bible de tous les temps I, Paris 1984, 335-360.
- Théodoret a-t-il lu les homélies d'Origène sur l'Ancien Testament?, in: VetChr 21 (1984) 285-312.
GUNTON, C.: Augustine, the Trinity and the Theological Crisis of the West, in: SJTh 43 (1990) 33-58.
HAGEMANN, W.: Wort als Begegnung mit Christus. Die christozentrische Schriftauslegung des Kirchenvaters Hieronymus, Trier 1970.
HANSON, R.P.C.: Allegory and Event. A Study of the Sources and Significance of Origen's Interpretation of Scripture, London 1959.
- Did Origen Apply the Word *Homoousios* to the Son?, in: Epektasis (FS J. Daniélou), Paris 1972, 293-303.
- The Influence of Origen on the Arian Controversy, in: Orig. IV, Innsbruck 1987, 410-423.
- The Search for the Christian Doctrine of God. The Arian Controversy 318-381, Edinburgh 1988.
- Tradition in the Early Church, London 1962.
HARDY, E.R.: Cyrillus von Alexandrien, in: TRE 8 (1981) 254-260.
HARL, M.: Origène et la fonction révélatrice du verbe incarné, Paris 1958.
- Origène et la sémantique du langage biblique, in: VigChr 26 (1972) 161-187.
HAY, C.: St. John Chrysostom and the Integrity of the Human Nature of Christ, in: FrS 19 (1959) 298-317.
HEIMANN, P. Erwähltes Schicksal. Die Präexistenz der Seele und christlicher Glaube im Denkmodell des Origenes, Tübingen 1988.
HILBERATH, B.J.: Der Personbegriff der Trinitätstheologie in Rückfrage von Karl Rahner zu Tertullians *Adversus Praxean*, Innsbruck-Wien 1986.
HILL, R.: Chrysostom's Terminology for the Inspired Word, in: EstB 41 (1983) 367-373.
HOFRICHTER, P.: Das Verständnis des christologischen Titels 'Eingeborener' bei Origenes, in: Orig. IV, Innsbruck 1987, 187-193.
HOUSSIAU, A.: La christologie de S. Irénée, Löwen 1955.
HÜBNER, R.M.: Der Gott der Kirchenväter und der Gott der Bibel. Zur Frage der Hellenisierung des Christentums, München 1979.
- Die Schrift des Apolinarius von Laodicea gegen Photin (Ps-Athanasius, *Contra Sabellianos*) und Basilius von Caesarea, Berlin—New York 1989.
- Soteriologie, Trinität, Christologie. Von Markell von Ankyra zu Apollinaris von Laodicea, in: Im Gespräch mit dem dreieinen Gott (FS W. Breuning) Düsseldorf 1985, 175-196.
HYLDAHL, N.: Philosophie und Christentum. Eine Interpretation der Einleitung zum *Dialog* Justins, Kopenhagen 1966.
JAY, P.: L'exégèse de S. Jérôme d'après son *commentaire sur Isaïe*, Paris 1985.
JASCHKE, H.-J.: Irenäus von Lyon, in: TRE 16 (1987) 258-268.
JOLY, R.: Christianisme et philosophie. Etudes sur Justin et les Apologistes grecs du IIᵉ s., Brüssel 1973.
JOUASSARD, G.: L'activité littéraire de S. Cyrille d'Alexandrie jusqu'à 428. Essai de chronologie et de synthèse, in: Mél. E. Podechard, Lyon 1945, 148-176.
- Cyrill von Alexandrien, in: RAC 3 (1957) 499-516.
- S. Cyrille d'Alexandrie aux prises avec la communication des idiomes avant 428 dans les ouvrages antiariens, in: StPatr 6 (TU 81) 1962, 112-121.
- La date des écrits antiariens de S. Cyrille d'Alexandrie, in: RBen 87 (1977) 172-178.

KACZYNSKI, R.: Das Wort Gottes in Liturgie und Alltag der Gemeinden des Johannes Chrysostomus, Freiburg 1974.

KANNENGIESSER, C.: Athanase d'Alexandrie, évêque et écrivain, Paris 1983.

- Athanasius of Alexandria and the Foundation of Traditional Christology, in: TS 34 (1973) 103-113.

- L'exégèse d'Hilaire, in: Hilaire et son temps, Paris 1969, 127-142.

- Holy Scripture and Hellenistic Hermeneutics in Alexandrian Christology: The Arian Crisis, in: The Center for Hermeneutical Studies 41, Berkeley 1981, 1-40.

KARPP, H.: Probleme altchristlicher Anthropologie, Gütersloh 1950.

- Schrift und Geist bei Tertullian, Gütersloh 1955.

KEHL, A.: Der *Psalmenkommentar* von Tura. Quaternio IX. *Ps* 29-30,13, Köln 1964.

KELLY, J.N.D.: Altchristliche Glaubensbekenntnisse. Geschichte und Theologie, Göttingen 1972.

KERRIGAN, A.: S. Cyril of Alexandria Interpreter of the OT, Rom 1952.

KETTLER, F.H.: Der ursprüngliche Sinn der Dogmatik des Origenes, Berlin 1966.

KNAUBER, A.: Ein frühchristliches Handbuch katechumenaler Glaubensinitiation: der *Paidagogos* des Clemens von Alexandrien, in: MThZ 23 (1972) 311-334.

KOCH, G.: Die Heilsverwirklichung bei Theodor von Mopsuestia, München 1965.

- Strukturen und Geschichte des Heils in der Theologie des Theodoret von Kyros, Frankfurt 1974.

KOPECEK, T.A.: A History of Neo-Arianism, 2 Bd., Cambridge (Mass.) 1979.

KUSTAS, G.L.: Saint Basil and the Rhetorical Tradition, in: P.J. FEDWICK (ed.), Basil of Cesarea. Christian, Humanist, Ascetic, 2 Bd., Toronto 1981, 221-279.

LABELLE, J.-M.: S. Cyrille d'Alexandrie. Témoin de la langue et de la pensée philosophiques au Vᵉ S., in: RevSR 52 (1978) 135-158; 53 (1979) 23-42.

LADARIA, L.F.: El bautismo y la unción de Jesus en Hilario de Poitiers, in: Greg. 70 (1989) 277-290.

- La cristología de Hilario de Poitiers, Rom 1989.

LAUSBERG, H.: Handbuch der literarischen Rhetorik, Stuttgart ³1990.

LAWRENZ, M.E.: The Christology of John Chrysostom, Milwaukee 1987.

LAWSON, J.A.: The Biblical Theology of St. Irenaeus, London 1948.

LECUYER, J.: Le sacerdoce céleste du Christ selon Chrysostome, in: NRTh 72 (1950) 561-579.

LEROUX, J.M.: Relativité et transcendance du texte biblique d'après Jean Chrysostome, in: La Bible et les Pères, Paris 1971, 67-78.

LIEBAERT, J.: Christologie. Von den apostolischen Vätern bis zum Konzil von Chalcedon (451), Freiburg 1965 (HbDG III 1a).

- S. Cyrille d'Alexandrie et l'unique *prosopon* du Christ aux origines de la controverse nestorienne, in: Universitas. MSR, Lille 1977, 49-62.

- La doctrine christologique de S. Cyrille d'Alexandrie avant la querelle nestorienne, Lille 1951.

- L'évolution de la christologie de S. Cyrille d'Alexandrie à partir de la controverse nestorienne. La *lettre pascale XVII* et la *lettre aux moines* (428/429), in: MSR 27 (1970) 27-48.

LIENHARD, J.T.: Marcellus of Ancyra in Modern Research, in: ThS 43 (1982) 486-505.

LINDARS, B.: New Testament Apologetics, London 1961.

LÖFFLER, P.: Die Trinitätslehre des Bischofs Hilarius von Poitiers zwischen Ost und West, in: ZKG 71 (1960) 26-36.

LÖHR, W.A.: Die Entstehung der homöischen und homöusianischen Kirchenparteien. Studien zur Synodalgeschichte des 4. Jahrhunderts, Bonn 1986.

LOI, V.: Lattanzio nella storia del linguaggio e del pensiero pre-niceno, Zürich 1970.

LOOFS, F.: Theophilus von Antiochien *Adversus Marcionem* und die anderen theologischen Quellen bei Irenäus, Leipzig 1930 (TU 46,1).

LORENZ, R.: *Arius judaizans*. Untersuchungen zur dogmengeschichtlichen Einordnung des Arius, Göttingen 1979.

- Die Christusseele im Arianischen Streit. Nebst einigen Bemerkungen zur Quellenkritik des Arius und zur Glaubwürdigkeit des Athanasius, in: ZKG 94 (1983) 1-51.

LUBAC, H. de: Histoire et esprit. L'intelligence de l'Ecriture d'après Origène, 1950.

LUIBHEID, C.: Eusebius of Caesarea and the Arian Crisis, Dublin 1981.

LUISLAMPE, P.: *Spiritus vivificans*. Grundzüge einer Theologie des Hl. Geistes nach Basilius von Caesarea, Münster 1981.

McNAMARA, J.: Theodoret of Cyrus and the Unity of Person in Christ, in: IThQ 22 (1955) 313-328.

MANDAC, M.: L'union christologique dans les œuvres de Théodoret antérieures au concile d'Ephèse, in: EThL 47 (1971) 64-96.

MARCUS, W.: Der Subordinatianismus als historiologisches Phänomen. Ein Beitrag zu unserer Kenntnis von der Entstehung der altchristlichen Theologie und Kultur, unter besonderer Berücksichtigung der Begriffe *Oikonomia* und *Theologia*, München 1963.

MARGERIE, B. de: Introduction à l'histoire de l'exégèse, 4 Bd., Paris 1980-1990.

- L'exégèse christologique de S. Cyrille d'Alexandrie, in: NRTh 102 (1980) 400-425.

MARIES, L.: Etudes préliminaires à l'édition de Diodore de Tarse sur les Psaumes, Paris 1933.

MARTINEZ SIERRA, A.: La prueba escriturística de los Arrianos según Hilario de Poitiers, in: MCom 41 (1964) 293-376; 42 (1964) 43-153.

MAUR, H. Auf der: Das Psalmenverständnis des Ambrosius von Mailand, Leiden 1977.

MAYER, C.: Die Zeichen in der geistigen Entwicklung und in der Theologie des jungen Augustinus, 2 Bd., Würzburg 1969-1974.

MAZZANTI, G.: Irrilevanza della cristologia di Basilio Magno nell'opinione corrente, in: CS 7 (1986) 565-580.

MEHAT, A.: Etude sur les *stromates* de Clément d'Alexandrie, Paris 1966.

MELONI, P.: Il profumo dell'immortalità. L'interpretazione patristica di *Cantico* 1,3, Rom 1975.

MESLIN, M.: Les Ariens d'Occident, Paris 1967.

MOINGT, J.: Théologie trinitaire de Tertullien, 4 Bd., Paris 1966-1969.

- La théologie trinitaire de S. Hilaire, in: Hilaire et son temps, Paris 1969, 159-173.

MONAT, P.: Lactance et la Bible. Une propédeutique latine à la lecture de la Bible dans l'Occident constantinien, 2 Bd., Paris 1982.

- Les *testimonia* bibliques de Cyprien à Lactance, in: Bible de tous les temps II, Paris 1985, 499-507.

MONDESERT, C.: Clément d'Alexandrie. Introduction à l'étude de sa pensée réligieuse à partir de l'Ecriture, Paris 1944.

MONTES MOREIRA, A.: Potamius de Lisbonne et la controverse arienne, Löwen 1969.

MORTLEY, R.: Connaissance réligieuse et herméneutique chez Clément d'Alexandrie, Leiden 1973.

- From Word to Silence, 2 Bd., Bonn 1986.

MÜHL, M.: Der λόγος ἐνδιάθετος und προφορικός von der älteren Stoa bis zur Synode von Sirmium 351, in: ABG 7 (1962) 7-56.

MÜHLENBERG, E.: Apollinaris von Laodicea, Göttingen 1969.

- Apollinaris von Laodicea und die origenistische Tradition, in: ZNW 76 (1985) 270-283.

- Die philosophische Bildung Gregors von Nyssa in den Büchern *Contra Eunomium*, in: M. HARL (ed.), Ecriture et culture philosophique dans la pensée de Grégoire de Nysse, Leiden 1971, 230-244.

- Psalmenkommentare aus der Katenenüberlieferung, 3 Bd., Berlin 1975-1978.

- Die Unendlichkeit Gottes bei Gregor von Nyssa, Göttingen 1966.

NAUTIN, P.: Notes critiques sur l'*In Iohannem* d'Origène (I-II), in: REG 85 (1972) 155-177.

- Origène. Sa vie et son œuvre, Paris 1977.

NEWLANDS, G.M.: Hilary of Poitiers. A Study in Theological Method, Bern 1978.

NEUSCHÄFER, B.: Origenes als Philologe, 2 Bd., Basel 1987.

NILSON, J.: To Whom is Justin's Dialogue with Trypho Addressed?, in: TS 38 (1977) 538-546.

NORMANN, F.: Teilhabe. Ein Schlüsselwort der Vätertheologie, Münster 1978.

NORRIS, R.A.: Christological Models in Cyrill of Alexandria, in: StPatr 13 (TU 116) (1975) 255-268.

- Manhood and Christ. A Study in the Christology of Theodore of Mopsuestia, Oxford 1963.

O'MALLEY, T.P.: Tertullian and the Bible. Language—Imagery—Exegesis, Nimwegen—Utrecht 1967.

ORBE, A.: La unción del Verbo (Estudios Valentinianos III), Rom 1961.

- Hacia la primera teología de la procesión del Verbo (Estudios Valentinianos I), Rom 1958.

OSBORN, E.F.: Justin Martyr, Tübingen 1973.

OTRANTO, G.: Esegesi biblica e storia in Giustino (*Dial.* 63-84), Bari 1979.

- La terminologia esegetica in Giustino, in: La terminologia esegetica nell'antichità, Bari 1987, 61-78.

PARYS, M. van: Exégèse et théologie dans les livres *Contre Eunome* de Grégoire de Nysse. Textes scripturaires controversés et élaboration théologique, in: M. HARL (ed.), Ecriture et culture philosophique dans la pensée de Grégoire de Nysse, Leiden 1971, 169-196.

PASCHER, J.: Das liturgische Jahr, München 1963.

- Das Stundengebet der römischen Kirche, München 1954.

PERI, V.: Omelie Origeniane sui Salmi. Contributo all'identificazione del testo latino, Rom 1980.

PLACES, E. des: Eusèbe de Césarée, commentateur. Platonisme et Ecriture Sainte, Paris 1982.

POLLARD, T.E.: Johannine Christology and the Early Church, Cambridge 1970.

- Exegesis of the Scripture and the Arian Controversy, in: BJRL 41 (1958-1959) 414-429.

POTTERIE, I. de la: L'onction du Christ par la foi, in: Bib. 40 (1959) 12-69.

POUCHET, J.R.: Les rapports de Basile de Césarée avec Diodore de Tarse, in: BLE 87 (1986) 243-272.

PRIGENT, P.: L'*épître de Barnabée* I-XVI et ses sources, Paris 1961.

- Justin et l'Ancien Testament. L'argumentation scripturaire du traité de Justin contre toutes les hérésies comme source principale du *Dialogue avec Trypon* et de la *Iere Apologie*, Paris 1964.

REVEILLAUD, M.: Le Christ-Homme, tête de l'Eglise. Etude de l'ecclésiologie selon les *Enarrationes in Psalmos* d'Augustin, in: RechAug 5 (1968) 67-94.

RICHARD, M.: L'activité littéraire de Théodoret avant le concile d'Ephèse, in: RSPhTh 24 (1935) 83-106.

- Notes sur l'évolution doctrinale de Theodoret, in: RSPhTh 25 (1936) 459-481.

RICKEN, F.: Die Logoslehre des Eusebios von Kaisareia und der Mittelplatonismus, in: ThPh 42 (1967) 341-358.

- Zur Rezeption der platonischen Ontologie bei Eusebios von Kaisareia, Areios und Athanasios, in: ThPh 53 (1978) 321-352.

RIEDMATTEN, H. de: Les Actes du procès de Paul de Samosate. Etude sur la christologie du IIIe au IVe s., Fribourg 1952.

RIST, J.M.: Basil's 'Neoplatonism'. Its Background and Nature, in: P.J. FEDWICK (ed.), Basil of Caesarea Christian, Humanist, Ascetic, 2 Bd., Toronto 1981, 137-220.

RITTER, A.M.: Arianismus, in: TRE 3 (1978) 692-719.

- Charisma im Verständnis des Joannes Chrysostomus und seiner Zeit, Göttingen 1972.

ROBITAILLE, L.: L'Eglise, épouse du Christ, dans l'interprétation patristique du *Psaume* 44(45), in: LTP 26 (1970) 167-179; 279-306; 27 (1971) 41-65.

ROLDANUS, J.: Le Christ et l'homme dans la théologie d'Athanase d'Alexandrie. Etude de la conjonction de sa conception de l'homme avec sa christologie, Leiden 1968.

RONDEAU, M.J.: Le *commentaire des Psaumes* de Diodore de Tarse et l'exégèse antique du *Ps* 109/110, in: RHR 176 (1969) 5-33; 153-188; 177 (1970) 5-33.

- Le *commentaire sur les Psaumes* d'Evagre le Pontique, in: OrChrP 26 (1960) 307-348.

- Les commentaires patristiques du psautier (IIIe-Ve siècles), 2 Bd., Rom 1982-1985.

- L'*épître à Marcellinus* sur les Psaumes, in: VigChr 22 (1968) 176-197.

- Une nouvelle preuve de l'influence littéraire d'Eusèbe sur Athanase: L'interprétation des Psaumes, in: RSR 56 (1968) 385-434.

ROWE, J.N.: Origen's Doctrine of Subordination. A Study in Origen's Christology, Bern u.a. 1987.

SCHADEL, E.: Einleitung, in: Ders., Origenes. Die griechisch erhaltenen *Jeremiahomilien*, Stuttgart 1980 (BGrL 10), 1-50.

SCHÄUBLIN, C.: Untersuchungen zu Methode und Herkunft der antiochenischen Exegese, Köln-Bonn 1974.

SCHENDEL, E.: Herrschaft und Unterwerfung Christi, Tübingen 1971.

SCIPIONI, L.I.: Nestorio e il concilio di Efeso, Mailand 1974.

SESBOUE, B.: La preuve par les Ecritures chez S. Irénée. A propos d'un texte difficile du livre III de l'*Adversus Haereses*, in: NRTh 103 (1981) 872-887.

SHOTWELL, W.A.: The Biblical Exegesis of Justin Martyr, London 1965.

SIDER, R.D.: Ancient Rhetoric and the Art of Tertullian, New York 1971.

SIDDALS, R.M.: Logic and Christology in Cyril of Alexandria, in: JThS 38 (1987) 341-367.

SIEBEN, H.J.: Athanasius über den Psalter. Analyse seines *Briefes an Marcellinus*, in: ThPh 48 (1973) 157-173.

- Herméneutique de l'exégèse dogmatique d'Athanase, in: Politique et théologie chez Athanase d'Alexandrie, Paris 1974, 195-214.
SIMONETTI, M.: Arianesimo latino, in: StMed 8 (1967) 663-744.
- La crisi ariana nel IV secolo, Rom 1975.
- Lettera e/o allegoria. Un contributo alla storia dell'esegesi patristica, Rom 1985.
- Origene catecheta, in: Sal. 41 (1979) 299-308.
- Il problema dell'unità di Dio da Giustino a Ireneo, in: RSLR 22 (1986) 201-240.
- *Per typica ad vera*. Note sull'esegesi di Ireneo, in: VetChr 18 (1981) 357-382.
- Studi sull' Arianesimo, Rom 1965.
SINISCALCO, P.: Appunti sulla terminologia esegetica di Tertulliano, in: La terminologia esegetica nell'antichità, Bari 1987, 103-122.
SKARSAUNE, O.: Justin der Märtyrer, in: TRE 17 (1988) 471-478.
- The Proof from Prophecy. A Study in Justin Martyr's Proof-Text Tradition. Text-Type, Provenance, Theological Profile, Leiden 1987.
SMULDERS, P.: La doctrine trinitaire de S. Hilaire de Poitiers, Rom 1944.
STEAD, G.C.: Arius on God's Many Words, in: JThS 36 (1985) 153-157.
- Divine Substance, Oxford 1977.
- 'Eusebius' and the Council of Nicaea, in: JThS 24 (1973) 85-100.
- *Homoousios* dans la pensée de S. Athanase, in: Politique et théologie chez Athanase d'Alexandrie, Paris 1974, 231-253.
- Rhetorical Method in Athanasius, in: VigChr 30 (1976) 121-137.
- The *Thalia* of Arius and the Testimony of Athanasius, in: JThS 29 (1978) 20-52.
STOCKMEIER, P.: Theologie und Kult des Kreuzes bei Johannes Chrysostomus, Trier 1966.
STUDER, B.: A propos des traductions d'Origène par Jérôme et Rufin, in: VetChr 5 (1968) 137-155.
- Gott und unsere Erlösung im Glauben der Alten Kirche, Düsseldorf 1985.
- La riflessione teologica nella chiesa imperiale (sec. IV e V), Rom 1989.
- Zur Frage der dogmatischen Terminologie in der lateinischen Übersetzung von Origenes' De principiis, in: Epektasis (FS J. Daniélou) Paris 1972, 403-414.
SULLIVAN, F.A.: The Christology of Theodore of Mopsuestia, Rom 1956.
TAMBURRINO, P.: Osservazioni sulla sezione cristologica dell'*Homilia in Ps 44* di san Basilio, in: RCCM 8 (1966) 229-239.
TETZ, M.: Athanasius von Alexandrien, in: TRE 4 (1979) 333-349.
- Zur Theologie des Markell von Ankyra I-III, in: ZKG 75 (1964) 215-270; 79 (1968) 3-42; 83 (1972) 145-194.
TIGCHELER, J.H.: Didyme l'Aveugle et l'exégèse allégorique, Nimwegen 1977.
TORJESEN, K.J.: Hermeneutical Procedure and Theological Method in Origen's Exegesis, Berlin 1986.
VAGGIONE, R.P.: Oὐχ ὡς ἓν τῶν γεννημάτων. Some Aspects of Dogmatic Formulae in the Arian Controversy, in: StPatr 17 (1982) 181-187.
VERWILGHEN, A.: Christologie et spiritualité selon S. Augustin, L'hymne aux Philippiens, Paris 1985.
VOGT, H.J.: Das Kirchenverständnis des Origenes, Köln 1974.
WALLACE-HADRILL, D.S.: Eusebius of Caesarea, London 1960.
- Eusebius von Caesarea, in: TRE 10 (1982) 537-543.
WEBER, A.: APXH. Ein Beitrag zur Christologie des Eusebius von Caesarea, Rom 1965.
WILES, M.: Eunomius: Hair-Splitting Dialectician or Defender of the Accessibility of Salvation?, in: The Making of Orthodoxy (FS H. Chadwick) Cambridge 1989, 157-172.
WILKEN, R.L.: Judaism and the Early Christian Mind. A Study of Cyril of Alexandria's Exegesis and Theology, New Haven—London 1971.

428   LITERATURVERZEICHNIS

- Tradition, Exegesis, and the Christological Controversies, in: ChH 34 (1965) 123-145.
WILLIAMS, R.: Arius. Heresy and Tradition, London 1987.
- Origen on the Soul of Jesus, in: Orig. III, Rom 1985, 131-137.
WINDEN, J.C.M. van: An Early Christian Philosopher. Justin Martyr's *Dialogue with Trypho*. Chapters 1-9, Introduction, Text and Commentary, Leiden 1971.
WLOSOK, A.: Zur Bedeutung der nicht-cyprianischen Bibelzitate bei Laktanz, in: StPatr 1 (TU 79) (1961) 234-250.
WOLINSKI, J.: Onction, in: DSp 11 (1982) 788-819.
YARNOLD, E.J.: Cyrillus von Jerusalem, in: TRE 8 (1981) 261-266.
YOUNG, F.: The Rhetorical Schools and Their Influence on Patristic Exegesis, in: The Making of Orthodoxy. (FS H. Chadwick) Cambridge 1989, 182-199.
ZANI, A.: La cristologia di Ippolito, Rom 1983.

INDEX I

ANTIKE AUTOREN

INDEX II

SCHRIFTSTELLEN

SUPPLEMENTS TO VIGILIAE CHRISTIANAE

22. BOEFT, J. DEN & HILHORST, A. (eds.). *Early Christian Poetry*. A Collection of Essays. 1993. ISBN 90 04 09939 5
23. McGUCKIN, J.A. *St. Cyril of Alexandria: The Christological Controversy*. Its History, Theology, and Texts. 1994. ISBN 90 04 09990 5
24. REYNOLDS, P.L. *Marriage in the Western Church*. The Christianization of Marriage during the Patristic and Early Medieval Periods. 1994. ISBN 90 04 10022 9
25. PETERSEN, W.L. *Tatian's Diatessaron*. Its Creation, Dissemination, Significance, and History in Scholarship. 1994. ISBN 90 04 10034 2
26. GRÜNBECK, E. *Christologische Schriftargumentation und Bildersprache*. Zum Konflikt zwischen Metapherninterpretation und dogmatischen Schriftbeweistraditionen in der patristischen Auslegung des 44. (45.) Psalms. 1994. ISBN 90 04 10021 0